Henning Steinführer, Gerd Steinwascher (Hrsg.)
75 Erinnerungsorte

VERÖFFENTLICHUNGEN
DER HISTORISCHEN KOMMISSION FÜR NIEDERSACHSEN
UND BREMEN

314

Geschichte und Erinnerung in Niedersachsen und Bremen

75 Erinnerungsorte

aus Anlass der Gründung der beiden Bundesländer
vor 75 Jahren
im Auftrag der Historischen Kommission
für Niedersachsen und Bremen

Herausgegeben von Henning Steinführer
und Gerd Steinwascher

Unter Mitwirkung von Brage Bei der Wieden, Jörn Brinkhus,
Stefan Brüdermann, Hans-Eckard Dannenberg, Konrad Elmshäuser,
Sabine Graf, Christine van den Heuvel, Jochen Oltmer, Arnd Reitemeier,
Detlef Schmiechen-Ackermann, Jana Stoklasa,
Hendrik Weingarten und Paul Weßels

WALLSTEIN VERLAG

Gefördert mit Hilfe von Forschungsmitteln des Landes Niedersachsen

Bibliografische Information der Deutschen Nationalbibliothek

Die Deutsche Nationalbibliothek verzeichnet diese Publikation in der Deutschen Nationalbibliografie; detaillierte bibliografische Daten sind im Internet über http://dnb.d-nb.de abrufbar.

www.wallstein-verlag.de
Vom Verlag gesetzt aus der Stempel Garamond
Umschlaggestaltung: Susanne Gerhards, Düsseldorf, © SG-Image
unter Verwendung der Abbildungen: siehe Abbildungsverzeichnis
Druck und Verarbeitung: Westermann Druck Zwickau
Lithografien: SchwabScantechnik, Göttingen
ISBN 978-3-8353-3872-2

Inhalt

Geschichte und Erinnerung in Niedersachsen und Bremen. 75 Erinnerungsorte

von Henning Steinführer und Gerd Steinwascher

Im November 2021 bzw. im Januar 2022 begehen Niedersachsen und Bremen ihre 75-jährigen Landesjubiläen. Die Historische Kommission hat diese Jubiläen zum Anlass genommen, sich mit den unterschiedlichen Erinnerungskulturen in ihren Stifterländern zu befassen. Dies geschieht am Beispiel von 75 regionalen sowie teilweise nationalen und europäischen »Erinnerungsorten«, die einen Bezug zu Niedersachsen oder Bremen bzw. zu beiden Bundesländern aufweisen. Zugleich soll der vorliegende Band die Vielfalt und Relevanz landesgeschichtlicher Themen verdeutlichen und zur Auseinandersetzung mit ihnen einladen.

Der hier verwendete Begriff »Erinnerungsort« ist vor einigen Jahrzehnten in die Geschichtswissenschaft eingeführt worden; heute ist seine Benutzung weit verbreitet. Doch was bedeutet dieser Begriff? Und warum stehen Erinnerungsorte nicht zuletzt in Nordwestdeutschland für eine lebendige und vielfältige Erinnerungskultur?

Was sind Erinnerungsorte?

Unter einem Erinnerungsort wird sich der historisch interessierte Laie eine konkrete Örtlichkeit vorstellen, ein Gebäude, ein Denkmal oder eine Fläche, auf der historisch bedeutsame Ereignisse stattfanden, wie eine diplomatische Verhandlung oder gar eine Schlacht. Erinnerungsorte können dies durchaus sein, doch ist der Begriff weiter gefasst. Er ist eine Übersetzung des französischen Begriffs »lieux de mémoire«, den Pierre Nora in den 1980er Jahren mit seinem mehrbändigen Werk zu französischen Erinnerungsorten prägte.[1] Diese Erinnerungsorte werden verstanden als »Kristallisationspunkte kollektiver Erinnerung und Identität« (Etienne François und Hagen Schulze), ob nun Orte, Gegenstände der Kunst und Literatur, Liedgut, Personen, Bräuche oder Ideen, die für eine Gruppe oder für die ganze Gesellschaft einer Region oder im nationalen sowie supranationalen Zusammenhang eine symbolische Bedeutung haben und dabei identitätsstiftend wirken. Somit kann alles auf seine Eigenschaft als Erinnerungsort befragt werden, was Gegenstand des kollektiven Erinnerns geworden ist.

Die Beschäftigung mit der Art und Weise des Erinnerns und Vergessens in einer Gesellschaft, also der Umgang mit gegenwärtigen und vergangenen sogenannten »Erinnerungskulturen«, hat seit den 1990er Jahren an Bedeutung gewonnen. Bereits in den 1920er Jahren hatte Maurice Halbwachs mit seinem Beitrag zum »kollektiven Gedächtnis« konzeptionelle Vorarbeiten für die spätere Beschäftigung mit Erinnerungskultur geleistet.[2] Einzelne soziale Gruppen und auch die Gesellschaft als Ganzes nutzten den Rückgriff auf die Vergangenheit, auf historische Ereignisse oder Personen, um kollektive Identitäten auszubilden und sich in der Gegenwart zu verorten. »Erinnerungsgemeinschaften« können sich ganz unterschiedlich zusammensetzen, ihre Gemeinsamkeit ist die Herausbildung und jeweilige Aktualisierung eines konstruierten Geschichts- oder Erinnerungsbildes.[3] Pierre Noras Erinnerungsorte befriedigten ein gesellschaftliches Erinnerungsbedürfnis. Das zunächst auf die französische Nation bezogene methodische Konzept wurde weit über Frankreich hinaus rezipiert, wobei an die Stelle des von Nora gesetzten nationalen Rahmens verschiedene, aus dem jeweiligen Kontext heraus zu bestimmende Erinnerungsgemeinschaften traten. Für den Erfolg der Erinnerungsorte spielten die wirtschaftlichen, technischen und gesellschaftlichen Umbrüche seit den 1970er Jahren eine wichtige Rolle. Mit Blick auf Deutschland seien in diesem Zusammenhang als Faktoren nur die Aufarbeitung der NS-Vergangenheit, die Folgen des Zusammenbruchs der kommunistischen Regime in Mittel- und Osteuropa, der erweiterte europäische Blick sowie die Vorstellung von einer sich rasant ausbreitenden Globalisierung, postkoloniale und migrationsgesellschaftliche Sichtweisen aufgezählt. Ähnliche gesellschaftliche Umbrüche führten im ausgehenden 19. Jahrhundert in Deutschland zur Heimatbewegung, in der die Menschen die Bewältigung von Zukunftsängsten durch die Hinwendung zur scheinbare ›heilen Welt‹ vergangener Zeiten suchten.[4] Und es mag kein Zufall sein, dass seit den 1970er Jahren Heimatvereine boomten und unzählige Ortschroniken entstanden oder sich in Auseinandersetzung damit Geschichtswerkstätten etablierten, die sich als ›Graswurzelbewegungen‹ einer kritischen lokalen Geschichtsschreibung verschrieben.

Was hier und schon zuvor an Vergangenheits- und damit Gegenwartsbewältigung geschah, wurde von der Forschung begleitet und analysiert. Erwähnt seien wenigstens die Arbeiten von Jan und Aleida Assmann, die zwischen einem kommunikativen Gedächtnis, das noch auf selbst Erlebtem sowie mündlich Tradiertem beruht, und einem kulturellen Gedächtnis, das allgemeine Vorstellungen über die Vergangenheit beinhaltet, unterscheiden.[5] Hinzuweisen ist schließlich darauf, dass etwa schon die synonyme Nutzung der Begriffe Gedächtnis und Erinnerung zu Irritationen führen kann. Erinnern, so scheint es, ist als Begriff für das aktive, dynamische und plurale Umgehen der Menschen mit Vergangenem geeignet. Dies gilt auch für die Verwendung der Begriffe Erinnerungsort und Erinnerungskultur(en), wobei der letztere Begriff eher die Akteure und Erinnerungstechniken in den Vordergrund stellt.[6] An der Diskussion um das Erinnern und Vergessen sind von den Geisteswissenschaften über die Kognitions- und Hirnforschung bis zur Psychologie zahlreiche Disziplinen und Forschungsrichtungen beteiligt. Speziell in der modernen Kulturwissenschaft ist die »Erinnerungskultur« sehr präsent.

Dass in besonderer Weise die Geschichtswissenschaft von dieser Diskussion berührt wird, kann nicht verwundern, ist diese doch selbst sowohl Miterzeugerin als auch Vermittlerin kollektiven Erinnerns. Dazu ist sie nicht zuletzt durch ihre quellenkritischen Methoden befähigt, auf deren Grundlage historische Forschung seit langem betrieben und Geschichte geschrieben wird. Chronikalische Quellen, aus denen die Geschichte des Mittelalters und der Frühen Neuzeit erschlossen wird, wurden verfasst, um dem Vergessen vorzubeugen und das Erinnern zu steuern. Genealogien deutscher Adelsgeschlechter, die in ihrer Herleitung auf Rom und Troja weisen, dokumentieren dies ebenso wie Gedächtnisfeiern in der Frühen Neuzeit zu Jubiläen von Herrscherdynastien, zur Reformation oder zum Westfälischen Frieden. Und auch die jüngere Geschichtsschreibung wird danach beurteilt, in welcher Zeit sie entstanden ist und welche Interessen ihre Verfasserinnen und Verfasser verfolgten.

»Erinnerungskulturen« sind also längst prominente Gegenstände historischer Forschung. Dem Beispiel Noras für Frankreich stehen mittlerweile nicht wenige Werke für Deutschland und seine Bundesländer gegenüber,[7] an Universitäten wurden Forschungsprojekte zu Erinnerungskulturen initiiert.[8] Und kaum eine große historische Ausstellung wird heute auf eine Rezeptionsgeschichte des Ausstellungsthemas verzichten. Zugleich hat sich auf nationaler wie internationaler Ebene eine lebhafte Debatte um die Erinnerungsorte als Forschungsparadigma entwickelt, die längst noch nicht zu Ende ist.[9] Der vorliegende Band hat nicht den Anspruch, hier eigene Akzente zu setzen. Er bedient sich vielmehr der eingeführten Begrifflichkeit der »Erinnerungsorte«, um anhand ausgewählter prominenter wie weniger prominenter Beispiele die Vielfältigkeit der historischen Erinnerung in Niedersachsen und Bremen anschaulich werden zu lassen. Ebenso wenig kann die intensive Forschungsdiskussion über das Thema »Erinnerungsorte« an dieser Stelle referiert werden. Stattdessen sollen drei Aspekte herausgegriffen werden, die für die Lektüre der nachfolgend vorgestellten 75 Erinnerungsorte aufschlussreich sein mögen:

– Ob ein historisches Ereignis, ein Bauwerk, eine Persönlichkeit oder eine Idee Erinnerungsort wird oder bleibt, ist letztlich die Leistung der Menschen, die zum aktiven Erinnern bereit sind. In der Regel ist dies ein generationenübergreifender Prozess, der von den Akteuren bewusst angestoßen und betrieben werden kann. In jedem Fall ist er aber das Ergebnis einer gesellschaftlichen Aushandlung über das eigene Selbstverständnis.

- Erinnerungsorte werden ständig neu ins Bewusstsein gerufen, über sie wird gestritten, sie werden unterschiedlich interpretiert, wodurch sich ihre Bedeutung verändert; sie werden positiv wie negativ erinnert, sie können aber auch in Vergessenheit geraten (was ihre Behandlung nicht weniger interessant macht), aktiv verdrängt oder wiederbelebt werden.
- Erinnerungsorte geben Auskunft über die Erinnerungskultur einer Gesellschaft. Sie informieren über eine veränderte Wahrnehmung und Wertung von historischen Ereignissen und Entwicklungen in unterschiedlichen Erinnerungsgemeinschaften.

Die nachfolgende Vorstellung einer Auswahl von niedersächsisch-bremischen Erinnerungsorten eröffnet den Leserinnen und Lesern dieses Buches die Möglichkeit, die Gegenwart beider Bundesländer und den Umgang mit ihrer Geschichte besser zu verstehen und einzuordnen.

Bremen und Niedersachsen – zwei Bundesländer mit vielfältigen Erinnerungskulturen

Sind nun die beiden Jubilare, die Bundesländer Bremen und Niedersachsen, nach 75 Jahren inzwischen selbst Erinnerungsorte? Man wird sich schwer damit tun, Bundesländer, zumal wenn sie nach dem Zweiten Weltkrieg neu und auch noch aus zuvor selbstständigen Ländern zusammengesetzt wurden, in ihrer staatlichen Form als Erinnerungsorte zu charakterisieren. In Bremen scheint die Sache einfach. Der am 21. Januar 1947 durch die Proklamation No. 3 der Militärregierung im amerikanischen Kontrollgebiet gegründete Zweistädtestaat führte die zunächst um heute niedersächsische Landkreise erweiterte US-Enklave Bremen weitgehend auf den territorialen Vorkriegsstand zurück, um bewusst an die Kontinuität der Stadtrepublik anzuschließen. »Bremen reichsunmittelbar« hatte schon im Oktober 1946 erleichtert der *Weser-Kurier* getitelt, auch wenn dies natürlich ein vielsagender Anachronismus war. In Bremen blickt man auf eine lange reichs- und hansestädtische Vergangenheit zurück, hier verweist der Name »Freie Hansestadt« auf die Vorstellung von einer besonderen Geschichte, die selbstverständlich eine Identifikation der Bremerinnen und Bremer mit ihrem Heimatort und Stadtstaat begünstigt. Doch war das, was heute selbstverständlich erscheinen mag, nach dem Zweiten Weltkrieg keineswegs zwangsläufig. Sowohl die englische Besatzungsmacht als auch die junge hannoversche Landesregierung konnten sich Bremen gut als Teil Niedersachsens vorstellen, zumal mit Wesermünde eine große ehemals preußische Kommune Bremerhaven zugeschlagen wurde. Dass die Länder dann doch benachbart, aber nicht vereint in die föderale Nachkriegsordnung gingen, ist neben dem Widerstand Bremens auch den Eigeninteressen der US-Besatzungsmacht zuzuschreiben, die Bremens Bürgermeister Wilhelm Kaisen geschickt zu nutzen wusste.[10]

Dagegen ist das Land Niedersachsen 1946 aus unterschiedlichen historischen Landschaften erwachsen, die selbst bereits Ergebnis des Zusammenschlusses historischer Entitäten waren. Die Länder Braunschweig, Oldenburg und Schaumburg-Lippe wurden mit dem kurz zuvor aus der preußischen Provinz entstandenen Land Hannover vereint. Dies geschah nicht durch einen einvernehmlichen Zusammenschluss der betroffenen Regionen, sondern auf Befehl der britischen Militärregierung. Zwar gab es schon vor 1946 Pläne für die Schaffung eines größeren Staatsgebildes im Norden Deutschlands, in denen bereits der Name Niedersachsen eine Rolle spielte, aber Einigkeit konnte darüber nicht hergestellt werden. Die Bezeichnung Niedersachsen, die an das alte Herzogtum Sachsen erinnert, dessen Name mit dem Herzogstitel einst elbaufwärts wanderte, wurde in der Frühen Neuzeit für einen Reichskreis genutzt, der keineswegs räumlich mit dem heutigen Bundesland Niedersachsen übereinstimmte. Im 19. Jahrhundert wurde die Bezeichnung nicht zuletzt von Historikern aufgegriffen, die damit einen kulturell einheitlichen Raum im Norden Deutschlands abzustecken suchten. Genutzt wurde er auch von der Heimatbewegung, die 1895 begründete Zeitschrift *Niedersachsen* oder der 1901 ins Leben gerufene »Heimatbund Niedersachsen« erinnern hieran.[11]

Die vorläufige niedersächsische Verfassung von 1951 nahm auf die Vorgeschichte der Landesgründung mit einem Traditionsparagraphen Rücksicht, den auch die Verfassung von 1993 übernahm.[12] Zwar wurden hierdurch die historischen Belange der ehemals selbstständigen Länder Braunschweig, Oldenburg und Schaumburg-Lippe unter Schutz gestellt, dennoch blieb die Bildung des Landes in Oldenburg und Schaumburg-Lippe lange umstritten. Noch im Januar 1975 erreichten bei Volksentscheiden die Gegner Niedersachsens in Schaumburg-Lippe und Oldenburg die notwendigen Stimmen für ein Quorum zur Rückgliederung der ehemaligen Länder aus dem neuen Bundesland. Dazu kam es nicht, da der Bundestag diese Neugliederungsziele ablehnte; viele Abstimmende in Oldenburg und Schaumburg-Lippe hatten auch weniger das Bundesland im Visier, sondern den Umgang mit dem ehemaligen Landesvermögen (Schaumburg-Lippe) bzw. die zuvor durchgesetzte Gebietsreform (Oldenburg).[13] Solche Vorbehalte und lokalen Gegenbewegungen verzögerten zunächst die Etablierung eines gemeinsamen Niedersachsenbewusstseins.

Entsprechend bescheiden fielen die Landesjubiläen aus. Als 1956 im Niedersächsischen Landtag in einem Staatsakt der Landesgründung gedacht wurde, durfte der damalige Vorsitzende der Historischen Kommission, Georg Schnath, den Festvortrag halten. Schnath, seit den späten 1920er Jahren ein Vorkämpfer für ein Land Niedersachsen, kam zu dem für ihn wenig überraschenden Ergebnis, dass die Landesgründung eigentlich der Schlusspunkt eines historischen Prozesses war, die sich bereits vor 1933 angebahnt habe.[14] 40 Jahre später war es der Politologe und Schriftsteller Christian Graf von Krockow aus Oldenburg, der im Landtag in Hannover die Festansprache hielt. Er betonte, selbst aus Pommern stammend, die Integrationsleistung, die Niedersachsen für die Flüchtlinge und Vertriebenen vollbracht hatte, und führte in einer launigen Rede durch das so unterschiedlich geprägte Land.[15] Es war aber wiederum einem Vorsitzenden der Historischen Kommission, Thomas Vogtherr, vorbehalten, zehn Jahre später, auf einer erheblich größer angelegten Festveranstaltung in Hannover die von Schnath 50 Jahre zuvor vermittelten Inhalte zu dekonstruieren und als Stärke des Landes Niedersachsen auf dessen Vielfalt an regionalen historischen Identitäten zu verweisen.[16]

Hieran knüpft der vorliegende Band zu Erinnerungsorten in Bremen und Niedersachsen an. Dabei geht es sowohl um Erinnerungsorte, die ihren Bezugspunkt vor den Landesgründungen haben, als auch um solche jüngeren Ursprungs. Zahlreicher aber finden wir im deutschen Nordwesten Erinnerungsorte, die auf ältere Bezüge verweisen und eine regional begrenzte Wirkung entfalten. Maria von Jever kennt fast jeder im Jeverland, aber nicht im Eichsfeld, mit dem Westfälischen Frieden von 1648 wird in Osnabrück jeder wenigstens einmal im Leben konfrontiert, der in dieser Stadt zur Schule geht, keineswegs aber in der Wesermarsch. Christoph Bernhard von Galen ist jedem gläubigen Katholiken im Oldenburger Münsterland ein Begriff, aber nicht unbedingt einem Protestanten im Landkreis Celle. Gleichzeitig hat sich um manche, scheinbar nur örtlich relevante Erinnerungsorte eine Erinnerungspraxis ausgebildet, die weit über Niedersachsen und Bremen hinausweist: »Westphalian sovereignty« ist zu einem stehenden Terminus des internationalen Rechts geworden, der an seine Ursprünge 1648 erinnert. Die Erinnerung an von Galen hat eine nationale Dimension, auch im Diaspora-Katholizismus jenseits Nordwestdeutschlands. Und die am Bunker Valentin sowie an anderen Gedenkorten von den überlebenden Opfern der Entrechtungs-, Verfolgungs- und Vernichtungspolitik des NS-Staats und mittlerweile ihren Nachkommen praktizierte Erinnerungskultur ist transnational verankert.

Die Konzeption des Projekts

Der Anstoß für ein niedersächsisch-bremisches Projekt zu Erinnerungsorten unter dem Dach der Historischen Kommission geht auf eine Initiative des Arbeitskreises Geschichte des 19. und 20. Jahrhunderts aus dem Jahr 2015 zurück. Über eine Umfrage wurde eine Anzahl von Erinnerungsorten ermittelt und in der Folge zwei Arbeitstagungen abgehalten. Den hier formulierten Ansatz haben Vorstand und Ausschuss der Kommission aufgenommen und zu einem Projekt anlässlich der 75-jährigen Landesjubiläen weiterentwickelt. Einem Aufruf des Vorstandes folgend, fand sich eine aus Mitgliedern der Kommission bestehende Arbeitsgruppe zusammen, die das Projekt innerhalb von zwei Jahren vorangetrieben und zu einem erfolgreichen Abschluss geführt hat. Die Mitglieder der Arbeitsgruppe waren: Brage Bei der Wieden, Jörn Brinkhus, Stefan Brüdermann, Hans-Eckard Dannenberg, Konrad Elmshäuser, Sabine Graf, Christine van den Heuvel, Jochen Oltmer, Arnd Reitemeier, Detlef Schmiechen-Ackermann, Henning Steinführer, Gerd Steinwascher, Jana Stoklasa, Hendrik Weingarten und Paul Weßels. Zahlreiche Autorinnen und Autoren, darunter sowohl renommierte Historikerinnen und Historiker als auch Nachwuchswissenschaftlerinnen und -wissenschaftler, haben bereitwillig Beiträge aus ihren jeweiligen Forschungsgebieten für diesen thematisch vielfältigen Band beigesteuert. Die Kommission ist ihnen dafür zu großem Dank verpflichtet.

Eine besondere Herausforderung stellte ohne jeden Zweifel die Auswahl der zu behandelnden Erinnerungsorte dar, die zeitlich, räumlich und thematisch niemals abschließend sein kann. Es kam vielmehr darauf an, eine Anzahl von Erinnerungsorten zusammenzustellen, die geeignet sind, wesentliche Merkmale und Eigenheiten der niedersächsisch-bremischen Landesgeschichte paradigmatisch abzubilden.

Bei der Auswahl wurden zunächst die oben erwähnten Umfrageergebnisse des Arbeitskreises berücksichtigt, bei der Vervollständigung der Liste dann aber auch darauf geachtet, eine regional, zeitlich und inhaltlich möglichst ausgewogene Verteilung zu gewährleisten. Die deutsche und eben auch niedersächsisch-bremische Erinnerungskultur ist nachhaltig von dem Gedenken an die Verbrechen der Nationalsozialisten geprägt. Hierauf wurde in angemessener Form Rücksicht genommen. Dafür stehen u.a. die Beiträge zu dem ehemaligen Konzentrationslager Bergen-Belsen, dem Bunker Valentin in Bremen, der Jüdischen Gartenbauschule Ahlem, der Alten Pathologie Wehnen sowie zu dem Maler Felix Nussbaum. Auch der Streit um die Benennung von Straßen und Plätzen, etwa in Hannover im Falle von Hinrich Wilhelm Kopf, oder die Akzeptanz von Denkmalen beschäftigen seit geraumer Zeit die Öffentlichkeit. So ist das Elefantenstandbild in Bremen ein instruktives Beispiel für die aktive Umgestaltung und Neudeutung eines Denkmals in postkolonialer Zeit. Dass viele der ausgewählten Erinnerungsorte in Beziehung zueinander stehen, wird an den Verweisen im Text deutlich, die über ein Verzeichnis am Ende des Bandes leicht nachschlagbar werden.

Die im vorliegenden Band vorgestellten Erinnerungsorte eignen sich in besonderer Weise, um die vielfältigen Formen des Erinnerns zu dokumentieren. So diente der Roland in Bremen je nach Epoche und den beteiligten Akteuren ganz unterschiedlichen Erinnerungszwecken. Der Streit um die Aufstellung eines Reiterdenkmals für Graf Anton Günther von Oldenburg entzweite noch vor wenigen Jahren die regionale Öffentlichkeit. Es gibt aber auch historische Tatbestände, die ohne Frage von Bedeutung für die Geschichte des Untersuchungsgebietes sind, um die sich aber keine Erinnerungskultur gebildet hat. Nicht immer also wird es gelingen, in einem Beitrag die Frage zu beantworten, wie und warum ein Erinnerungsort in bestimmter und zuweilen sehr unterschiedlicher Weise erinnert wurde und wird. Zudem gibt es vergessene Erinnerungsorte: Hierzu gehört etwa die Dynastie der Oldenburger, die in der Frühen Neuzeit und im 19. Jahrhundert für die europäische Geschichte von Bedeutung war, an die aber aus nachvollziehbaren Gründen in Skandinavien, Russland und Griechenland nicht gerne erinnert wird.

Dass genau 75 Erinnerungsorte porträtiert werden, ist an den Landesjubiläen orientiert und nicht inhaltlich begründet. Auch wird die hier präsentierte Auswahl nicht jeder Region, jeder Epoche und schon gar nicht jedem denkbaren Thema gerecht. Deshalb soll das Projekt nach den Jubiläumsjahren im Internet fortgesetzt und die Möglichkeit geschaffen werden, weitere Erinnerungsorte aus Niedersachsen und Bremen zu ergänzen. Mit dem vorliegenden Band möchte die Historische Kommission zum einen die Vielfalt der Gegenstände der Landesgeschichte aufzeigen, an die unterschiedliche und wandelbare Erinnerungen geknüpft sind. Zum anderen soll durch die Offenlegung der mit diesen Gegenständen verknüpften Erinnerungsdiskurse historisches Denken gefördert werden. Angesichts der zahlreichen geschichtspolitischen Debatten der Gegenwart ist dies sicher kein unwichtiges Anliegen.

Anmerkungen

1 Pierre NORA (Hrsg.), Les lieux de mémoire, 3 Bde., Paris 1984-1992. Es ist wichtig, darauf hinzuweisen, dass der von Nora verwendete Begriff »lieu« wohl eher im Sinne von »Gemeinplatz« zu verstehen ist, was durch das deutsche »Ort« nur bedingt zum Ausdruck kommt.

2 Maurice HALBWACHS, Das kollektive Gedächtnis, Frankfurt a.M. 1991.

3 Dazu Aby WARBURG, Der Bildatlas Mnemosyne, hrsg. von Martin WARNKE unter Mitarbeit von Claudia BRINK, Berlin 2000.

4 Vgl. Werner HARTUNG, Konservative Zivilisationskritik und regionale Identität. Am Beispiel der niedersächsischen Heimatbewegung 1895-1919, Hannover 1991.

5 Aleida ASSMANN, Erinnerungsräume, Formen und Wandlungen des kollektiven Gedächtnisses, München 1999; Jan ASSMANN, Das kulturelle Gedächtnis. Schrift, Erinnerung und politische Identität in frühen Hochkulturen, München 1992.

6 Astrid ERLL, Kollektives Gedächtnis und Erinnerungskulturen, Stuttgart/Weimar ²2011.

7 Vgl. u.a. Etienne FRANÇOIS/Hagen SCHULZE (Hrsg.), Deutsche Erinnerungsorte, 3 Bde., München 2001; Martin SABROW, Erinnerungsorte der DDR, München 2009; Mareike WITKOWSKI (Hrsg.), Oldenburger Erinnerungsorte. Vom Schloss bis zur Hölle des Nordens, von Anton Günther bis Horst Janssen, Oldenburg 2012; Reinhold WEBER (Hrsg.), Baden-württembergische Erinnerungsorte, Stuttgart 2012; Lena KRULL (Hrsg.), Westfälische Erinnerungsorte, Paderborn ²2018; Stefan BERGER u.a. (Hrsg.), Zeit-Räume Ruhr. Erinnerungsorte des Ruhrgebiets, Essen 2019.

8 Dies gilt etwa für die Universität Hannover, wo seit 2016 das Forschungsverbundprojekt »Cultural Heritage als Ressource? Konkurrierende Konstruktionen, strategische Nutzungen und multiple Aneignungen kulturellen Erbes im 21. Jahrhundert« durchgeführt wird (https://www.cher.uni-hannover.de/- letzter Zugriff 20.10.2020).

9 Für einen kurzen Überblick vgl.: Cornelia SIEBECK, Erinnerungsorte, Lieux de Mémoire, Version: 1.0, in: Docupedia-Zeitgeschichte, 2.3.2017 http://docupedia.de/zg/Siebeck_erinnerungsorte_v1_de_2017, DOI: http://dx.doi.org/10.14765/zzf.dok,2,784.v1.

10 Vgl. Konrad ELMSHÄUSER (Hrsg.), Der Stadtstaat – Bremen als Paradigma. Geschichte – Gegenwart – Perspektiven, Bremen 2005.

11 Vgl. Dietmar VON REEKEN, Die Gründung des Landes Niedersachsen und die Regierung Kopf (1945-1955), in: Geschichte Niedersachsens, Bd. 5: Von der Weimarer Republik bis zur Wiedervereinigung, hrsg. von Gerd STEINWASCHER in Zusammenarbeit mit Detlef SCHMIECHEN-ACKERMANN und Karl-Heinz SCHNEIDER, Hannover 2010, S. 625-681, hier S. 644ff.

12 Christine VAN DEN HEUVEL, Die Niedersächsische Verfassung. Ende eines Provisoriums, in: Christine VAN DEN HEUVEL u.a., Geschichte Niedersachsens in 111 Dokumenten, Göttingen 2016, S. 452-455.

13 Hendrik WEINGARTEN, Ein Bundesland mit 80.000 Einwohnern? Volksent-

scheide zur Unabhängigkeit Oldenburgs und Schaumburg-Lippes, in: van den Heuvel, III Dokumente, wie Anm. 12, S. 412-415.

14 Der Vortrag ist abgedruckt in: Niedersächsische Landeszentrale für Heimatdienst, Zehn Jahre Niedersachsen. Staatsakt zum Jubiläum des Landes 1956, [Hannover 1956], S. 7-19.

15 Abdruck der Rede im Heft 27 der Schriftenreihe des Niedersächsischen Landtags: 50 Jahre Niedersachsen, [Hannover] 1996, S. 14-25.

16 Vgl. dazu Thomas Vogtherr, Vortrag zum 60jährigen Jubiläum des Bundeslandes Niedersachsen, in: Henning Steinführer (Hrsg.), Für die Landesgeschichte. Beiträge aus Anlass der Übergabe der Festschrift für Thomas Vogtherr, Göttingen 2021, S. 77-87. Das Niedersächsische Landesarchiv erarbeitete zum Landesjubiläum eine Wanderausstellung, in der die regionalen Identitäten des Bundeslandes allerdings keine konzeptionelle Rolle spielten, vgl. Niedersächsisches Landesarchiv (Hrsg.), Alles war, alles wird. Alles Gute: Niedersachsen, [Hannover 2006].

Die Varusschlacht

Von Heidrun Derks

Abb. 1:
Der von Mike Guyer und Annette Gigon entworfene Museumsbau wurde im Jahr 2002 eröffnet.

Die Berge waren von Schluchten durchzogen und die Bäume standen dicht und hoch gewachsen, sodass die Römer schon vor dem feindlichen Angriff mit dem Fällen der Bäume, dem Bau von Wegen und Brücken große Mühe hatten. Überdies trennten Sturm und starke Regenfälle die Marschierenden voneinander. Der Boden um die Wurzeln und Stämme wurde schlüpfrig, jeder Schritt zur Gefahr und die abbrechenden und herabstürzenden Baumkronen verschlimmerten das Durcheinander. Während die Römer sich in einer derart verzweifelten Lage befanden, kamen die Barbaren, die ja alle Schleichwege kannten, aus den dichten Wäldern hervor und umzingelten sie – mit diesen Worten stimmte der antike Geschichtsschreiber Cassius Dio im 3. Jh. n. Chr. die Leser auf die Ereignisse ein, die als Varusschlacht in die Geschichte eingehen sollten. Alles hatte sich im Jahre 9 n. Chr. gegen die römischen Legionen verbündet – die Landschaft, das Wetter und natürlich die Germanen. In mehrtägigen Gefechten, die sich laut Cassius Dio über mehrere Orte erstreckten, verlor die römische Armee die 17., 18. und 19. Legion. Ihr Anführer, der Statthalter Publius Quinctilius Varus beging Selbstmord. *Varus, Varus, gib mir meine Legionen wieder*, soll Kaiser Augustus gerufen haben, als ihn die

Nachricht vom Untergang der drei Legionen in Germanien erreichte. Seit etwa 30 Jahren versuchte Rom die Region rechts des Rheins bis zur Elbe zu bezwingen. Eigentlich wähnte man sich am Ziel. Diese Niederlage hatte niemand erwartet. Doch noch gab sich Rom nicht geschlagen. Erst nach weiteren verlustreichen Schlachten zog sich das Imperium sechs Jahre später aus Norddeutschland zurück.

Der Text von Cassius Dio gilt heute als die verlässlichste Quelle zur Varusschlacht. Was sich so detailreich liest, ist allerdings kein Augenzeugenbericht. Über 200 Jahre waren vergangen, sodass Cassius Dio wohl auf heute unbekannte Werke anderer antiker Autoren sowie Senatsakten zurückgriff, um, wie er selbst bekundete, eine detaillierte und angemessene Beschreibung verfassen zu können. Doch auch er wollte seine Leser fesseln, denn dies war, Marcus Quintilian, einem bedeutenden Rhetoriker jener Zeit, zufolge, Ziel historischer Abhandlungen: *Es ist nämlich die Geschichtsschreibung der Dichtung am nächsten, gewissermaßen ein Gedicht ohne Verse; sie wird zum Erzählen verfasst, nicht zum Beweisen und alles, was in ihr dargestellt wird, gilt nicht der Rüstung zur Tat und einem gegenwärtigen Kampfgeschehen, sondern der Erinnerung der Nachwelt und dem Ruhm des begabten Erzählers.* Das Ergebnis war also Prosa, kein Protokoll. Doch wer hätte ahnen können, dass die antiken Texte 2.000 Jahre später auf Erkenntnis abgeklopft werden würden und ausgerechnet die Frage nach dem Ort der Varusschlacht solche Brisanz erhalten würde?

Im Laufe der Jahrhunderte geriet die fatale Niederlage der Römer in den norddeutschen Sümpfen fast vollständig in Vergessenheit. Dabei lagen viele antike Texte sorgfältig kopiert, allerdings kaum gelesen, in den Bibliotheken. Ab dem 15. Jahrhundert wurden sie (wieder-)entdeckt und rasch veröffentlicht: 1471 der Abriss der Geschichte nach Titus Livius von Lucius Annaeus Florus, 1515 die Annalen des Publius Cornelius Tacitus, 1517 die Römische Geschichte des Velleius Paterculus, 1520 die Kaiserbiographien von Gaius Suetonius Tranquillus und 1548 die Römische Geschichte des Cassius Dio Cocceianus. Diese Schriften zeichneten ein unbekanntes Bild der Vergangenheit. Anstelle ungehobelter und verlauster Germanen traten dem Leser hier tapfere Kämpfer entgegen, die die ruhmreiche Armee des römischen Imperiums besiegten und von einem Mann angeführt wurden, Arminius dem Cherusker, den selbst die römischen Autoren Paterculus und Tacitus priesen, als *rasch im Denken, als einen beweglicheren Geist als die Barbaren gewöhnlich sind* und als *unbestrittenen Befreier Germaniens*, der das Imperium auf dem Höhepunkt seiner Macht herausgefordert habe. Arminius hatte die germanischen Stämme geeint und die überlegenen Römer besiegt. Damit war der Grundstein für die Arminius-Begeisterung gelegt und zugleich eine Botschaft an die

Abb. 2:
Die Gesichtsmaske eines römischen Reiterhelmes wurde im Januar 1990 entdeckt und war ursprünglich mit einem Silberblech belegt.

Nachwelt formuliert, die sich in den nächsten Jahrhunderten zu einem wegweisenden und wirkmächtigen Propagandainstrument entwickeln sollte: Einigkeit macht stark, und Stärke macht frei! – beides war im Heiligen Römischen Reich Deutscher Nation »Mangelware«. Doch Arminius führte vor Augen, dass man selbst gegen übermächtige Gegner eine Chance hatte, wenn man sich (ver-)einigte. Fortan wurde mit Verweis auf die Varusschlacht angeprangert, angespornt, motiviert, mobilisiert und gemahnt. Maler, Dichter, Komponisten setzten den Sieg des Arminius in Szene und sorgten so für dessen steigende Bekanntheit. Historische Details und Fakten waren nebensächlich. Hauptsache, das Werk gefiel und die Botschaft kam an. Auch die Umbenennung von Arminius erwies sich als kluger Schachzug – als »Hermann« wurde der strahlende Held nun vollends »einer von uns«.

Die Varusschlacht »entwuchs« der Antike und wurde zum Argument im laufenden politischen Diskurs. War dieser im 17. und 18. Jahrhundert hierzulande maßgeblich geprägt durch die Suche nach Sinn und Identität, so nahm er unter dem Eindruck der napoleonischen Eroberung und der Einigungskriege im Verlauf des 19. Jahrhunderts nationalistische und aggressive Töne an. Die Errichtung des Hermannsdenkmals bei Detmold markierte 1875 den Höhepunkt der Euphorie: Die Varusschlacht wurde zum Gründungsmythos des 1871 in Versailles gegründeten Deutschen Reichs. Arminius war ein nationaler Held geworden.

Schon wenig später begannen seine Strahlkraft und die einigende, identitätsstiftende Wirkmächtigkeit des Mythos zu verblassen. Doch kurz vor dem Ersten Weltkrieg kehrte die Varusschlacht in die politische Agitation zurück, erneut als patriotisches, gegen den ›Erbfeind‹ Frankreich gerichtetes Thema. Hierzu diente v.a. die Wiederaufnahme von Heinrich von Kleists Drama *Hermannsschlacht*, das, ab 1933 von der NS-Propaganda mit antisemitischen und rassistischen Hassdiskursen versetzt, in zahlreichen Aufführungen Erfolge feierte. Jedoch rückte mit der Wahl Adolf Hitlers zum Reichskanzler Arminius ideologisch auf einen Nebenschauplatz. Selbst der Antrag des Städtischen Verkehrsamtes in Detmold, das Hermannsdenkmal zur nationalen Wallfahrtsstätte zu erklären, wurde vom Reichsminister für Volksaufklärung und Propaganda im Mai 1933 kurzerhand abgelehnt. Deutschland hatte einen Führer, ein zweiter wurde nicht gebraucht.

Während die Varusschlacht zur Schicksalsschlacht der deutschen Geschichte avancierte, interessierte das historische Ereignis selbst nur in einer Hinsicht: Wo hatte sich die Schlacht ereignet? Die antiken Quellen lieferten hierzu keine Antwort, und der von Tacitus genannte *saltus teutoburgiensis* ließ sich bis heute nicht lokalisieren. Im 17. Jahrhundert lösten findige Zeitgenossen das Problem auf ihre Art und benannten den Osning in Teutoburger Wald um. Damit war der Ort der Schlacht zwar nicht gefunden, der Suchraum aber deutlich kleiner. Nach der Errichtung des Hermannsdenkmals bei Detmold war für die meisten die Frage geklärt: Hier hatten die Germanen ihren Sieg errungen! Längst war in Vergessenheit geraten, wie der Teutoburger Wald zu seinem Namen gekommen war. Die Suche nach dem Ort der Varusschlacht entwickelte sich ab dem 19. Jahrhundert zu einer Art Breitensport, begleitet von erbitterten Kontroversen, die den Archäologen Friedrich Koepp zu der spöttischen Bemerkung veranlasste: *Noch immer geht der Schatten des Varus um und nimmt an den Enkeln des Arminius fürchterliche Rache,* während der Althistoriker Wilhelm Winkelmann im Jahre 1983 vermeldete: *700 Theorien – doch keine führt zum Schlachtfeld.*

Ende der 1980er Jahre entdeckte der britische Major Tony Clunn in Kalkriese bei Osnabrück römische Münzen und Schleuderbleie. Bereits 1885 hatte der Althistoriker Theodor Mommsen Kalkriese als Ort der Varusschlacht bezeichnet und sich auf die überraschend vielen römischen Münzfunde aus der Region berufen. Durchsetzen konnte er sich mit dieser Idee seinerzeit nicht. Rund 100 Jahre später

beganen nun bei Kalkriese die archäologischen Ausgrabungen. Sie erbrachten rund 6.000 römische Funde, darunter die Gesichtsmaske eines römischen Helmes, Waffen und Werkzeuge sowie hunderte römischer Münzen, deren Prägungen den Fundplatz in die Jahre ab 7 n. Chr. rücken.

Abb. 3: Ausblick vom Turm des Museums in Kalkriese über die Landschaft.

In den 1990er Jahren entwickelten sich die Ausgrabungen zu einem vielbeachteten Forschungsprojekt. Das direkt am Ausgrabungsort errichtete Museum präsentiert seit 2002 die Forschungsergebnisse, zieht damit alljährlich an die 80.000 Besucher nach Kalkriese.

Das innovative Konzept wurde 2004 mit dem European Union Prize for Cultural Heritage, dem Europa Nostra Award ausgezeichnet. An die Stelle von Heroisierung und Pathos sind Forschung und Wissenschaft, Bildung und Vermittlung getreten. Das Ereignis selbst gilt heute als ein frühes Beispiel für asymmetrische Kriegsführung, also eine Kampfhandlung, in der ein Gegner dem anderen sowohl technisch als auch zahlenmäßig derart unterlegen ist, dass er im Grunde keine Chance hat, aber diese Defizite durch geschicktes Agieren auszugleichen versteht.

Mit Beginn der Ausgrabungen in Kalkriese rückte zugleich eine Region ins Blickfeld, die in der Römerforschung bis dahin wenig Beachtung gefunden hatte: Niedersachsen. Zwar wusste man, dass das Gebiet des heutigen Niedersachsens von 12 v. Chr.–16 n. Chr. Operationsgebiet der römischen Armee gewesen sein musste, doch die

Belege fehlten. So sorgte die Erforschung des römischen Stützpunktes bei Hedemünden in der Nähe Göttingens ab 1998 für neue Schlagzeilen. Dieser verkehrsgünstig gelegene Außenposten diente von 11 bis 7 v. Chr. wohl als Umschlagplatz für die Versorgung der römischen Legionen. Aufsehenerregend war auch die Entdeckung eines römischen Marschlagers aus der Zeit um 1 bis 5 n. Chr. bei Wilkenburg nahe Hannover. 2008 gelang schließlich sogar die Lokalisation eines weiteren antiken Schlachtfeldes am Harzhorn bei Kalefeld. Dort lockten germanische Krieger erneut ein römisches Heer in einen Hinterhalt, doch die Römer behielten offenbar die Oberhand. Großartig gewürdigt wurde dies allerdings nicht – die Überlieferungslage ist dürftig. Demnach könnte sich dieser Überfall um 235 n. Chr. während militärischer Operationen unter Kaiser Maximinus Thrax ereignet haben. Mehr als 200 Jahre nach der Varusschlacht lag das heutige Niedersachsen noch immer im Blickfeld der Römer – und ist, wie die Funde der letzten Jahre nicht nur aus Kalkriese zeigen, weiterhin für Überraschungen gut.

Literatur

Ernst Baltrusch u.a. (Hrsg.), 2000 Jahre Varusschlacht. Geschichte – Archäologie – Legenden, Topoi Berlin Studies of the Ancient World, Vol. 7, Berlin/Boston 2012.

Friedrich Koepp, Lichter und Irrlichter auf dem Weg zum Schlachtfeld des Varus, Westfalen 13 (1927), S. 49-63.

Heike Pöppelmann u.a. (Hrsg.), Roms vergessener Feldzug. Die Schlacht am Harzhorn, Darmstadt 2013.

Marcus Fabian Quintilian, Institutio Oratoria Buch 10,1,31. www.perseus.tufts.edu/hopper/text?doc=Perseus:abo:phi,1002,00110:1:31, Letzter Zugriff 17.12.2020.

Lutz Walther (Hrsg.), Varus, Varus! Antike Texte zur Schlacht im Teutoburger Wald, Stuttgart 2008.

Wilhelm Winkelmann, 700 Theorien: doch keine führt zum Schlachtfeld, Westfalenspiegel, 1983, Bd. 32, S. 41-46.

Landesverband Lippe (Hrsg.), 2000 Jahre Varusschlacht. Mythos, Stuttgart 2009.

Karl der Große

Von Thomas Vogtherr

Über der Eingangstür des Osnabrücker Rathauses steht eine übermannsgroße Skulptur Karls des Großen (747/48-814) als beherrschender Schmuck der Fassade. Ursprünglich wohl im Ensemble der »Neun Guten Helden«, wird sie heute von Porträts von mittelalterlichen und neuzeitlichen Herrschern eingerahmt, die die Stadt gefördert haben. Karl der Große – in der Mitte stehend, deutlich herausgehoben und seit der Neuanfertigung der Skulptur 1883 durch den Osnabrücker Bildhauer Heinrich Seling auch deutlich größer als die anderen Statuen – wird an dieser Stelle als der Gründer von Stadt und Bistum geehrt. Ihm gilt in der Bischofsstadt die Verehrung auch der Bischofskirche, deren Begründer er gewesen sein soll, und des benachbarten Gymnasiums Carolinum, das sich auf einen Gründungsakt des Kaisers zurückführt.

Abb. 1: Statue Karls des Großen am Osnabrücker Rathaus (Heinrich Seling, 1883). Die Statue ist eine Umsetzung des berühmten Gemäldes Karls des Großen von Albrecht Dürer 1512.

Wie anders das Bild in Verden: Der Sachsenhain – unweit der Stadt gelegen – erinnert an die angeblich massenhafte Ermordung von 4.500

sächsischen Anführern im Verlaufe von Karls des Großen Sachsenkriegen im Jahre 782 (→ *Sachsenhain*). Auf Betreiben von Alfred Rosenberg wurde diese Gedenkstätte 1936 vollendet. Erinnern sollte sie an den heldenhaften Widerstand Sachsens gegen die gewaltsame Eroberung und Missionierung durch denselben Karl den Großen, der in Osnabrück so sehr verehrt wird. In Verden ist Widukind, der Anführer der Sachsen gegen die Franken, die heldenhafte und verehrungswürdige historische Figur. Der Einfall *Karls des Franken* in Deutschland, besonders in Sachsen, sei dagegen *eine furchtbare Niederlage für das deutsche Volk* gewesen, so ließ sich Rosenberg 1935 im Sachsenhain vernehmen.

1936 war das alles bereits wieder Ideologiegeschichte: Hitlers Kehrtwende in der Bewertung Karls des Großen machte aus dem Sachsenhain, kaum dass er fertiggestellt war, ein gegenstandsloses Objekt, und der Franke Karl avancierte ideologisch zum Einiger Europas unter deutscher Führung. Dass 1944 eine Division der Waffen-SS für französische Freiwillige auf den Namen »Charlemagne« getauft wurde, zeigt, wie weit der Wandel ging.

Eine nochmals andere Erinnerung verbindet Ostfriesland mit Karl dem Großen. Die legendäre Friesische Freiheit wird – ganz im Sinne der nationalen Romantik des 19. Jahrhunderts – als Grundlage friesischer Eigenständigkeit und friesischen Selbstbewusstseins betrachtet und auf Karl den Großen zurückgeführt (→ *Friesische Freiheit*). Gott und Kaiser hatten diese Freiheiten gegeben und schützten sie. Im Friesischen Recht wurde die Freiheit konkret: Reiche und Arme standen gleichberechtigt nebeneinander, geeint in dem Bewusstsein, alle Fremdherrschaft von außen zu bekämpfen und stattdessen – auf der Basis kaiserlicher Verleihung – ihr Leben selbst zu gestalten. *Rex Karolus Frisones liberos facit*, so heißt es deswegen auf dem großen Siegel der Friesen in Franeker: König Karl macht die Friesen zu Freien.

Drei niedersächsische Beispiele für Karl den Großen und das, was ihm zugeschrieben wird: der Gründer von Stadt und Bistum, der Sachsenschlächter oder der Ursprung und Garant Friesischer Freiheiten? Widersprüchlicher ist die Erinnerung an einen einzigen Herrscher kaum denkbar. Miteinander vereinbar sind die Wertungen nicht, sie schließen sich geradezu gegenseitig aus: Der gewissenlose Abschlachter der sächsischen Eliten kann nicht Garant für Freiheiten sein, der gewaltsam vorgehende Missionar kaum als friedlicher Gründer von Städten und Bistümern in Anspruch genommen werden. Schillers Aussage im Wallenstein-Drama könnte auf Karl den Großen gemünzt gewesen sein: *Von der Parteien Gunst und Haß verwirrt,/ Schwankt sein Charakterbild in der Geschichte.*

Auch ein näherer Blick auf weitere Beispiele des Karls-Gedenkens in Niedersachsen vermag kaum zu helfen, die Widersprüchlichkeiten

Abb. 2:
Mosaik mit Bildnisdarstellung Karls des Großen auf dem Denkmal in Rechtenfleth 1899 (Gebrüder Küsthardt, Hildesheim; angefertigt durch Villeroy & Boch, Mettlach).

aufzulösen. Als der Marschendichter Hermann Allmers aus dem osterstadischen Rechtenfleth (→ *Marschenbuch*) Karl dem Großen 1899 dort ein Denkmal setzen ließ, um an den Ort des vermeintlichen Weserübergangs des Königs im Jahre 797 zu erinnern, da spielte das Blutbad von Verden 782 naturgemäß keine Rolle. Vielmehr sollte die Erinnerung an die Sachsenkriege des Herrschers vorwiegend, wenn nicht allein, die Erinnerung an Karl als Christen, als Missionar, als Kulturbringer sein. Längst schon passte Karl der Große hinreichend nahtlos in eine Vorgeschichte des 1871 gegründeten Deutschen Kaiserreiches hinein, dessen Urvater er mit der Gründung des (ersten) Kaiserreiches 800 geworden war.

Wieder anders tritt Karl der Große im Lüneburger Rathaus in Erscheinung. Wie in Osnabrück steht seine Statue auch in Lüneburg an der Fassade des Baues. Neben ihm einige Verkörperungen der Tugenden, wichtiger aber sind seine historischen Nachbarfiguren: der (ost-)römische Kaiser Justinian, dessen *Codex Justinianus* das Römische Recht gültig zusammenfasste, und Kaiser Karl V., dessen *Carolina* von 1532 als erstes deutsches Strafgesetzbuch gilt. Dazwischen also Karl der Große als Gesetzgeber, der die – wie man lange sagte – »deutschen« Volksrechte aufzeichnen ließ.

Karl der Große – »ein« niedersächsischer Erinnerungsort? Das Besondere an der Art, in der man sich Karls des Großen erinnert, ist eher die Vielgestaltigkeit dieser Erinnerung. Je nachdem, welchem Bereich die Erinnerung gilt, fällt das Urteil unterschiedlich aus. Es gibt in der kollektiven Erinnerung nicht nur Niedersachsens, sondern Deutschlands und Europas insgesamt gewissermaßen mehrere Personen dieses Namens: den Missionar und Christen, den Machtpolitiker und den Gesetzgeber, um nur diese drei Aspekte zu nennen.

Die meisten Bistümer Niedersachsens führten im Mittelalter und bis heute ihre Gründung auf Karl den Großen und dessen missionarisches Wirken zurück. Die mehr als 30 Jahre dauernden Sachsenkriege des Königs von 772 bis 804, im Verlaufe derer in Münster, Osnabrück, Bremen, Verden, Minden und Hildesheim diese Bistümer entstanden, brachten in einer sehr typischen Verbindung von Mission und Eroberungskrieg eine neue Religion in den deutschen Norden. Die Erinnerung an Karl den Großen, ja an sein vermeintlich persönliches Eingreifen in diese Vorgänge, bestimmt bis heute den Blick auf jene Jahrzehnte. Wenn das Osnabrücker Rathaus Karl den Großen zeigt, wenn auf dem Schulhof des Gymnasiums Carolinum eine martialisch wirkende Statue Karls als Krieger steht, wenn er in Verden Patron eines Domaltars wurde, wenn in Verden und Bremen – um nur zwei Beispiele zu nennen – Urkunden gefälscht wurden, um Karls des Großen persönliches Eintreten für die Gründung dieser Bistümer auch schriftlich nachweisen zu können, dann sind das alles Zeugnisse für den ungemein hohen Stellenwert, der diesem Kaiser für die Frühgeschichte des Christentums in Niedersachsen zukommt.

Aber die Sachsenkriege waren eben auch ein Schauplatz nahezu ungebremster Machtpolitik Karls des Großen. »Gewalt und Glaube«, so der Untertitel einer Biographie des Herrschers von Johannes Fried, waren nicht voneinander zu trennen. Deswegen war und ist die Erinnerung an Karl den Großen eben auch vom Blutbad von Verden geprägt und damit eine der wohl beispiellosesten Gewalttaten eines hochmittelalterlichen Herrschers überhaupt. Die Niedersachsen konnten das an prominenter Stelle lesen: bei Hermann Löns in seiner Erzählung »Die rote Beeke« (erschienen 1906). Karl der Große tritt fett und sichtbar durch den italienischen Süden verweichlicht in Verden auf, verfügt die Hinrichtung von 4.500 *Gerechten, die ihre Hälse lieber dem Beile beugen, denn fränkischem Recht und fremder Art*, sieht den Hinrichtungen ungerührt zu und hält den sächsischen Widerstand damit für niedergeschlagen. Aber es bleibt den Sachsen, so Löns in den letzten Worten seines hasserfüllten Texts, *das Lied, das unter jedem Strohdach gesummt wird, das Lied vom aisken* [= fürchterlichen] *Schlächter und von der roten Beeke.*

Nachlesen konnte das, wer historisch interessiert war, aber auch bei Erich Rosendahl, einem welfisch eingestellten Journalisten und Verfasser einer 1927 erschienenen *Geschichte Niedersachsens*: Karl der Große habe *in furchtbarer, aller Menschlichkeit hohnsprechender Weise* eine *bestialische Art* der Kriegführung gegen die Sachsen praktiziert und *schreckte* selbst *vor dem Schändlichsten nicht zurück*. Karl der Große als Gewaltherrscher: In Niedersachsen war diese Sichtweise verbreitet, vor allem, aber nicht nur in Kreisen der Heimatbewegung um und nach 1900.

Deswegen konnte man in nationalsozialistischer Zeit auch an eine weithin bekannte Bewertung Karls anknüpfen und Widukind als Repräsentanten des freiheitswilligen germanischen Sachsenstammes zum Antipoden stilisieren. Aus der Ablehnung Karls des Großen durch Alfred Rosenberg, übrigens auch durch den Reichsbauernführer Richard Walther Darré und den aus Hannover gebürtigen Reichskulturminister Bernhard Rust, und aus der Betonung der Rolle Widukinds entstand ein Sachsenmythos, der in der Errichtung von NS-Gedenkstätten an prominenten Orten sächsischer Geschichte gipfelte, etwa in Quedlinburg, der Grabstätte König Heinrichs I., oder im Umbau der Braunschweiger Stiftskirche zum Andenken an Heinrich den Löwen. Karl der Große als Erinnerungsort ging in seiner Bedeutung über Niedersachsen immer weit hinaus.

Schließlich die Erinnerung an Karl den Großen als Gesetzgeber: Das tatsächliche Wirken des Herrschers wurde schon im Mittelalter mythisch überhöht. Ihm wurden Taten zugeschrieben und Eigenschaften angedichtet, die kaum einen realen Hintergrund hatten. Dafür steht seine vielfach beschworene Bedeutung als Gesetzgeber. Die Friesische Freiheit wurde in den »Siebzehn Küren«, der zentralen Aufzeichnung friesischen Rechts aus den Jahren um 1100, auf den Kaiser zurückgeführt. Er habe, so hieß es, die Friesen zu Herren gemacht und damit dem Adel gleichgestellt. Aus der Distanz gesehen war dieser Herrscher als Gesetzgeber allmächtig und diente zur Begründung einer gesellschaftlichen Realität, die auf der rechtlichen Fiktion der Gleichheit aller aufbaute.

Gesetzgeber allerdings war Karl der Große auch in ganz gegenteiliger Hinsicht: Was in den Jahren der Sachsenkriege an Regelungen für die Sachsen formuliert wurde, hatte den Charakter von Besatzungsrecht, und der Kampf der Sachsen gegen die fremde Religion, gegen die Machtausübung durch die landesfremden Franken unter Karls des Großen Führung war eben auch ein Kampf gegen das Recht, das dieser Herrscher über die beherrschten Sachsen im heutigen Niedersachsen gesetzt hatte. Dennoch war in einer merkwürdig gegenläufigen Interpretation dieser Karl als Gesetzgeber gleichzeitig Garant der Ordnung des Kaiserreiches, konnte also am Lüneburger

Rathaus gleichberechtigt neben den Namensgebern juristischer Grundlagenwerke der späten Antike und des 19. Jahrhunderts stehen und sichtbar als Verkörperung des Rechts in Erscheinung treten. Sich rechtlich auf Karl den Großen zu berufen, bedeutete, eine nicht mehr überbietbare Autorität im Munde zu führen, auf die sich zu beziehen keinen Widerspruch mehr erlaubte.

Karl der Große ist weit mehr als »ein« rein niedersächsischer Erinnerungsort. Die Erinnerung an ihn erweist sich als perspektivisch unterschiedliches Konstrukt: Je nach Sichtweise muss der Herrscher für eine ganze Reihe sehr verschiedener Anschauungen herhalten, die sich im Laufe der Jahrhunderte nach dem Ende des Mittelalters auch noch vielfach verändert haben. Die besondere Lage Niedersachsens an der Grenze des Fränkischen Reichs Karls des Großen machte und macht die Erinnerung an ihn hier aber besonders vielgestaltig.

Literatur

Axel Behne, Hermann Allmers' Denkmal für Karl den Großen in Rechtenfleth, in: Jahrbuch der Männer vom Morgenstern 87 (2008), S. 53-95.

Die Friesische Freiheit des Mittelalters – Leben und Legende, hrsg. von Hajo van Lengen, Aurich 2003.

Johannes Fried, Karl der Große. Gewalt und Glaube – Eine Biographie, München 2014.

Max Kerner, Karl der Große. Entschleierung eines Mythos, Köln 2001 (immer noch grundlegender, allgemeiner Überblick).

Sabine Kuhlmann, Der Streit um Karl den Großen, Widukind und den ›Tag von Verden‹ in der NS-Zeit, Stade 2010.

Thomas Scharff, Verden 782 – Krieg, Gewalt und das Bild Karls des Großen in der Historiografie, in: Christine van den Heuvel u.a. (Hrsg.), Perspektiven der Landesgeschichte. Festschrift für Thomas Vogtherr, Göttingen 2020, S. 21-46.

Abb. 1: Blick auf das »Haupthaus« der Anlage (links), rechts das »Platzwarthaus«, Postkarte 1930er Jahre.

Der Sachsenhain

VON JUSTUS H. ULBRICHT

Wer in Verden-Dauelsen den *Evangelischen Jugendhof Sachsenhain*, eine Bildungseinrichtung der Evangelisch-Lutherischen Landeskirche Hannover, besucht oder für pädagogische Aktivitäten nutzt, stößt auf einen ungewöhnlichen Denkmalskomplex, der den Eindruck eines Naturdenkmals vermittelt. Etwa 4.500 Findlinge (und einige Felsbrocken aus Steinbrüchen als Lückenbüßer) säumen einen zwei Kilometer langen Rundweg. Unter ihnen befinden sich auch einige Runen- und Opfersteine, die wohl aus dafür geplünderten Megalith-Gräbern der Region stammen. Zwei höher gelegene, steinumkränzte Aussichts-Kanzeln laden zum Blick in die Auenwiesen der Aller und des Halse-Baches ein.

Je nach Wetterlage ist dieser »Hain« ein idyllischer Ort, jedoch einer mit problematischer Vergangenheit, denn der »Sachsenhain« ist kein authentischer Ort der sächsischen Vorgeschichte oder ein frühmittelalterlicher Kult- und Versammlungsplatz. Vielmehr verdankt er seine Existenz dem Versuch einiger einflussreicher Nationalsozialisten, die deutsche »Stammes- und Volksgeschichte« propagandistisch umzudeuten, ideologisch aufzuladen und zur Legitimation ihres Regimes zu nutzen. Dieses Denkmalensemble ist damit ein gutes Beispiel einer »Erfindung von Tradition« in völkisch-nationalsozialistischer Absicht. Mit der »Machtergreifung« der Nationalsozialisten im Januar 1933 glaubten sich zwei Fraktionen der sozial wie ideologisch diffusen völkischen Bewegung am Ziel: diejenigen, die von einem Deutschen Reich der Stämme träumten, und andere, die meinten, allein eine überkonfessionelle, vorchristliche Religion des Neuheidentums sei die einzig sinnvolle »Nationalreligion« aller Deutschen.

Sympathisanten beider Ideenkomplexe, die sich seit etwa 1890 in Deutschland ausgebildet hatten, saßen nicht nur in den Organisationen der niedersächsischen Heimatbewegung oder in einzelnen Bünden der bürgerlichen Jugendbewegung, sondern auch im Zentrum der politischen Macht. Heinrich Himmler, der »Reichsführer SS«, Alfred Rosenberg, der einflussreiche, wenn auch nicht übermächtige »Weltanschauungsbeauftragte« der NSDAP, und NS-Landwirtschaftsminister Richard Walter Darré waren ausgesprochene Kirchengegner und Anhänger neuheidnischer Religiosität, die ihre weltanschaulichen Vorbilder im vorchristlichen Germanentum zu erkennen glaubten. Doch war dies keine Erfindung von NS-Ideologen. Sympathien für »Neuheidnisches«, die Verehrung der »alten Sachsen« als angeblich »rassereinste« Deutsche sowie Mythen um den legendären »Sachsenherzog« Widukind finden sich bereits seit 1900 in zahlreichen Artikeln der seinerzeit viel gelesenen Heimatzeitschrift *Niedersachsen*.

Was aus unserer Perspektive sonderbar und skurril erscheinen mag, war Teil einer kulturellen Identitätsstrategie, mit der versucht wurde, Niedersachsen zum »Kernland« oder gar »Zentral-Gau« Deutschlands zu stilisieren – und damit Halt und Orientierung in einer Gesellschaft zu finden, die sich seit 1870, erst recht aber nach 1918 schnell, ungewohnt und oftmals unkalkulierbar verändert hatte. Existentielle Sicherheit aber ließ und lässt sich auch dadurch gewinnen, dass man »Fremdes« (Ideen, Lebensweisen, Menschen) als nicht zugehörig zum eigenen Kollektiv, als »Bedrohung« und »Feind« stigmatisiert.

Im Zusammenspiel regionaler und kommunaler Parteigänger der Nationalsozialisten, einzelner Exponenten der Heimatbewegung sowie der erwähnten nationalsozialistischen Führungsfiguren entstand unmittelbar nach 1933 der Plan, dem »heroischen« Widerstand der (Nieder-)Sachsen gegen den »Römling« Karl und dessen Gegenspieler Widukind eine Gedenkstätte zu errichten, die ein »Wallfahrtsort für ganz Deutschland«, mindestens aber ein Zentralheiligtum aller Neuheiden werden sollte. Als Standort war von Anfang an Verden im Gespräch, denn dort hatte Karl, der später den Beinamen »der Gro-

ße« erhalten sollte, während der »Sachsenkriege« 782 an – vermutlich – Tausenden Sachsen ein politisches Strafgericht exekutiert (→ *Karl d. Gr.*). Ob dies ausschließlich »Edelinge« und heidnische Priester waren oder eher Stammesangehörige, die den Franken als Geiseln ausgeliefert worden waren, ist in der Forschung seit Ende des 19. Jahrhunderts ebenso umstritten wie die exakte Zahl der Getöteten. Dass es ein Strafgericht gegeben hat, für das beim Frankenkönig eine Mischung machtpolitischer, militärischer und kirchenpolitischer Motive existierte, ist hingegen unbestritten.

Abb. 2: Blick in den sog. »Kanzelweg«, Foto um 1934.

Völkisch-religiöse Kreise verstanden das *Verdener Blutgericht* ausschließlich als religionspolitische Maßnahme, mit der der christianisierte »Franke« Karl die »artbewussten« heidnischen Sachsen gewaltsam zu einem fremden Glauben habe bekehren wollen. In der Erzählung *Die Rote Beeke* (1906) des populären Heimat- und Heidedichters Hermann Löns sind solche Vorstellungen dichterisch gestaltet. Wirkmächtig war auch Löns' vor Gewalt- und Blutphantasien strotzender Roman *Der Wehrwolf* (1910), der die Geschichte eines kantigen, niedersächsischen Bauerngeschlechts, die der »Wulf-Bauern«, erzählt: … *zwei von den Wulfsbauern waren auch unter den Männern, die Karl an der Halsbeeke bei der großen Fähre wie Vieh abschlachten ließ.* Diese Strafexekution, der 782 die verheerende Niederlage eines fränkischen Heeres am Süntel vorausgegangen war, trug Karl den Beinamen »der Sachsenschlächter« ein. Der Name des Baches Halse, der bei Verden in die Aller mündet, lässt sich etymologisch nicht, wie gerne gemutmaßt wurde, mit dem »Enthalsen«, also dem Enthaupten, in Verbindung bringen.

Auf dem »Niedersachsentag 1934«, der zeitgleich in Wildeshausen, Braunschweig und Verden als *Gedenktag für Widukind und Heinrich den Löwen* inszeniert wurde, gab Rosenberg den Plan zum Bau eines »Sachsenhains« offiziell bekannt. Zur gleichen Zeit erwog der völkisch orientierte, einflussreiche Verleger Julius Friedrich Lehmann aus München, an der Aller ein gigantisches Widukind-Denkmal zu errichten, das in seinen Ausmaßen dem Monument für *Hermann den Cherusker* im Teutoburger Wald durchaus gleichgekommen wäre (→ *Varusschlacht*). Lehmanns Tod und Rosenbergs Einwände aber verhinderten dieses Denkmalprojekt.

In nur einem Jahr Bauzeit entstand nun also der »Sachsenhain« in der Gemarkung Dauelsen, bei dessen Bau Rosenbergs und Himmlers Einfluss, die Kunst des Hannoveraner Gartenarchitekten Wilhelm Hübotter, das Engagement des örtlich bekannten Nationalsozialisten Ernst Precht sowie das organisatorische Talent der Baufirma Matthei kongenial zusammenwirkten. Bedenken der regionalen und örtlichen Behörden richteten sich ausschließlich gegen den zuerst favorisierten Standort des Hains, der zu tief im Überflutungsgebiet der Aller gelegen hätte. Ansonsten hoffte man in Verden, durch den Bau des Hains deutschlandweite Aufmerksamkeit zu erhalten und aus dem gesamten Reich zahlreiche zahlende Gäste zu gewinnen.

Nachdem mancherlei finanzielle und organisatorische Krisen sowie die alljährliche Frühjahrsüberschwemmung der Aller-Wiesen gemeistert waren, wurde der »Sachsenhain« am 21. Juni 1935 mit großem Pomp eingeweiht. Wie bereits während der Grundsteinlegung zur Sommersonnenwende des Vorjahres nutzten die Festredner Rosenberg und Himmler dies Ereignis nicht allein zur Selbstdarstellung ihrer Macht, sondern auch zur Proklamation radikal antikirchlicher und antichristlicher Positionen. Rosenbergs Festrede stellte Hermann den Cherusker, Herzog Widukind und Adolf Hitler in eine Reihe als »Vorkämpfer« des »Deutschtums« gegen »Rom«.

Die Geschichte jedoch war eigentlich schon weiter vorangeschritten. Inzwischen nämlich versandete die reichsweite Thing(platz)-Bewegung, deren Protagonisten von etwa 600 Festplätzen und Feierstätten geträumt hatten. Hitler selbst stilisierte sich auf dem Reichsparteitag in Nürnberg 1935 zum legitimen Nachfolger Karls des Großen. Der dortige Oberbürgermeister überreichte *dem Führer aller Deutschen* zu diesem Anlass eine Nachbildung des karolingischen *Reichsschwer-*

tes. Religionspolitisch stand das Arrangement der Nationalsozialisten mit den beiden großen christlichen Kirchen auf dem Programm. Folglich gerieten die Freunde Widukinds, die Anhänger der »Niedersachsenart« und des Neuheidentums allmählich ins Hintertreffen.

Statt nun ein »Wallfahrtsort« für ganz Deutschland zu werden, diente der »Sachsenhain« bescheidener als Versammlungsplatz örtlicher und regionaler Formationen der SA, SS, HJ und NSDAP. Verantwortlich für das Gelände war die 80. SS-Standarte aus Berlin. Ein geplantes Bauernhaus-Museum kam über das Anfangsstadium nicht hinaus. Aufgestellt wurden nur fünf andernorts abgerissene Bauernhäuser als Unterkunfts- und Unterrichtsgebäude. Das Projekt wurde aber auch während der Kriegsjahre nicht eingestellt. Noch zwischen Januar und April 1945 waren acht Häftlinge des *KZ Außenlagers Verden* (ein Außenlager des KZ Neuengamme) mit dem weiteren Ausbau der *SS-Schulungsstätte Sachsenhain* beschäftigt.

Schließlich ließ das desaströse Ende des »totalen Kriegs« im Hain an der Aller Ruhe einkehren. Erst Vertriebene der letzten Kriegsmonate belebten unfreiwillig diesen Ort, bis neue Unterkünfte in Verden bezugsfertig waren.

Mit der realen wie symbolischen Besetzung des »Sachsenhains« durch den Jugendhof der Evangelischen Landeskirche Hannover im Jahr 1950 sollte ein neuer, christlicher Geist in den Ort einziehen. Fraglich blieb damals manchen Beobachtern, ob dies eine gelungene Art der Vergangenheitsbewältigung gewesen ist. Eine pragmatische Nachnutzung nationalsozialistischer Bauobjekte war allerdings in den 1950er Jahren gang und gäbe – nicht nur in Westdeutschland. Seit dem 50-jährigen Jubiläum des Jugendhofes 2000 erzählen einige Hinweistafeln im Gelände den Besuchern die Geschichte des »Sachsenhains«. Dieser wurde seit den 1990er Jahren immer mal wieder von völkischen und rechtsradikalen Gruppen als Erinnerungs- oder gar »Wallfahrtsort« geschätzt und auch genutzt. Diese Form der provokativen »Nachnutzung« eines völkischen NS-Denkmalprojekts durch neonazistische Gruppierungen ist unterdessen jedoch zurückgegangen.

Anmerkungen

1 Hermann Löns, Der Wehrwolf. Eine Bauernchronik, Jena 1910, S. 3.

Literatur

Karl Bangard, Geahnte Ahnen. »Germanische« Erinnerungsorte, in: Martin Langebach/Michael Sturm (Hrsg.), Erinnerungsorte der extremen Rechten, Wiesbaden 2015, S. 61-77.

Stefanie von Schnurbein/Justus H. Ulbricht (Hrsg.), Völkische Religion und Krisen der Moderne. Entwürfe »arteigener« Glaubenssysteme seit der Jahrhundertwende, Würzburg 2001.
Rainer Stommer, Die inszenierte Volksgemeinschaft. Die »Thing-Bewegung« im Dritten Reich, Marburg 1985.
Justus H. Ulbricht, »Heil Dir, Wittekinds Stamm«. Verden, der »Sachsenhain« und die Geschichte völkischer Religiosität in Deutschland, in: Heimatkalender für den Landkreis Verden 1995, Verden 1994, S. 69-123, und Heimatkalender 1996, Verden 1995, S. 224-267.

Abb. 1: Hausinschrift Einbeck 1571.

Niederdeutsche Sprache

Von Ulrich Scheuermann

»Sachsensprache, Hansesprache, Plattdeutsch« – treffend vermittelt dieser Titel eines Buches von Willy Sanders (1982), in welchem historischen Kontext und hinsichtlich welcher Funktionen an das Niederdeutsche zu erinnern ist. Mit Blick auf das kulturelle Gedächtnis im Sinne von Aleida und Jan Assmann spielt der jeweilige Grad der Verschriftlichung eine wichtige Rolle, denn Niederdeutsch ist nicht nur Gegenstand, sondern auch Medium von Erinnerungskultur. Für die Gegenwart und für seine identitätsstiftende Wirkung ist indes der mündliche Gebrauch dieser sprachlichen Variante des Deutschen maßgebend.

Bereits in altsächsischer Zeit (9. bis 12. Jahrhundert) sind sprachgeographische Unterschiede zu beobachten, die freilich auch auf die verschiedenen Textsorten zurückzuführen sind. Letztere reichen von Glossen, Beschwörungsformeln oder Zaubersprüchen über Genesis-Fragmente bis hin zu dem Epos *Heliand* (knapp 6.000 stabreimende Langverse), der Darstellung des Lebens Jesu nach dem Vorbild eines germanischen Heldengedichts. In ihm kommt eine poetisch gehobene Sprachform zum Tragen, die auch schichtenspezifische Merkmale aufweist. Die in München und London verwahrten Handschriften des *Heliand*, beide Fragmente, sind die wichtigsten altniederdeutschen Sprachdenkmäler.

Im frühen 13. Jahrhundert verfasste der Ostfale Eike von Repgow mit *Der sassen speyghel* ein weit über die Grenzen seiner Heimat hinaus einflussreiches Rechtsbuch, wohl das älteste überhaupt in mittelniederdeutscher Sprache. Diese blieb im norddeutschen Raum jahrhundertelang das vorherrschende Medium im mündlichen wie im schriftlichen (Rechtstexte, Stadtrechte, Urkunden, Verwaltungsschriftgut) Sprachverkehr, wurde im 14. und 15. Jahrhundert als Hansesprache für den grenzüberschreitenden Handel unentbehrlich, entwickelte sich zu einer Verkehrssprache in ganz Nordeuropa. Mit dem Niedergang der Hanse büßte sie diese Funktionen weitgehend ein, doch blieb, wie zahlreiche Entlehnungen in die skandinavischen und in die baltischen Sprachen zeigen, der damalige Sprachkontakt für das kulturelle Gedächtnis bis heute relevant.

Seit dem frühen 16. Jahrhundert erfolgte ein Schreibsprachenwechsel: Regional und nach Textsorten zeitlich abgestuft, gingen die fürstlichen und die städtischen Kanzleien sowie der Buchdruck zum Hochdeutschen über, jener Sprachvarietät, die durch die Verlagerung des politischen, wirtschaftlichen und kulturellen Schwergewichtes in den Süden des Reiches zur prestigeträchtigeren geworden war. Den mündlichen Sprachverkehr dominierte weiterhin das Niederdeutsche, das selbst welfische Barockfürsten gelegentlich gebrauchten: Mit *Du saßt nu myn leeve Soen sien* soll, so Georg Schnath, der Wolfenbütteler Herzog Heinrich der Jüngere 1564 seinen eben geborenen Enkel Heinrich Julius begrüßt haben. Letzterer, Fürst und Dichter, stellte in manchen seiner Theaterstücke plattdeutsch sprechende Figuren auf die Bühne.

Im Gefolge der Aufklärung wurde im 19. Jahrhundert die Rückständigkeit der ländlichen Bevölkerung gern mit dem Plattdeutschen als angeblicher Bauernsprache erklärt, weshalb Kirche und Schule es heftig bekämpften – ganz im Sinne des Jungdeutschen Ludolf Wienbarg, der für die Ausrottung dieser Sprache plädierte. Dass ihr Ansehen dennoch wieder wuchs, verdankte sich vor allem dem Einsatz des Holsteiners Klaus Groth, Verfasser u.a. des *Quickborn*, und des Mecklenburgers Fritz Reuter, Verfasser u.a. von *Ut mine Stromtid*. Reuters *Läuschen un Riemels* (1853) wurden zum Vorbild für eine Fülle von Gedichten und Schwänken, in denen norddeutsche Autoren sich ihrer plattdeutschen Heimatmundart bedienten – einer nordniederdeutschen, einer west- oder einer ostfälischen Variante mit je spezifischer Ausprägung in phonologischer, morphologischer und lexikalischer Hinsicht, mitunter auch einer hochdeutsch durchsetzten Mischsprache. Dabei hatte der niederdeutsche Humor Vorrang, sodass Platt fortan als Medium vornehmlich für Döneken galt. Diese Zuschreibung förderte seine häufig negativ konnotierte Wahrnehmung. Gleichwohl war es gerade jene Textsorte, die mit ihrem Lokalbezug und ihren Nutzungsmöglichkeiten bei Familien- oder Dorffesten sowie auf Laienspielbühnen zur Identifikation mit Heimat und Heimatsprache beitrug.

Heute ist die Verwendung des Niederdeutschen durch einen Rückzug auf den kommunikativen Nahbereich gekennzeichnet, verbunden mit einem deutlichen Nord-Süd-Gefälle im Gebrauch des lokalen Basisdialektes. Bedrängt wird dieser durch die lokale hochdeutsche Umgangssprache sowie die von Funk und Fernsehen begünstigte Herausbildung größerräumiger regionaler Dialekte. Das Plattdeutsche auszubauen und ihm, gestützt auf die Europäische Charta der Regional- oder Minderheitensprachen (1. Januar 1999), neue Domänen zu erschließen, ist das gemeinsame Anliegen von Institutionen und Vereinigungen wie dem Institut für niederdeutsche Sprache, dem Länderzentrum für Niederdeutsch, dem Niedersächsischen Heimatbund, der Ostfriesischen und Oldenburgischen Landschaft oder dem Ostfälischen Institut. Auch *Plattdüütsch in de Kark*, eine Initiative der Evangelisch-Lutherischen Landeskirche Hannover, und die nach wie vor recht lebendige, durch manch angesehenen Literaturpreis gestärkte literarische Szene tragen dazu nach Kräften bei. An mehreren norddeutschen Universitäten und Hochschulen wird das Plattdeutsche wissenschaftlich erforscht, insbesondere durch Mitglieder des Vereins für niederdeutsche Sprachforschung. Den Makel einer minderwertigen Sprache hat es inzwischen abgelegt. Insbesondere im Nordwesten besteht eine Zweisprachigkeit, bei der ihm ein sprachlicher Mehrwert zuerkannt und sein identitätsstiftender Beitrag als hoch eingeschätzt wird.

Den Hauptunterschied zwischen Niederdeutsch und Hochdeutsch markiert die sog. zweite oder hochdeutsche Lautverschiebung der Konsonanten k, p und t: *maken*, *ik; Perd*, *lopen*, *Slaap*; *Tuun*, *stöten*, *laten*, *Hart*, *düt* gegenüber hochdeutsch *machen*, *ich*; *Pferd*, *laufen*, *Schlaf*; *Zaun*, *stoßen*, *lassen*, *Herz*, *dies*. Im Vokalismus unterblieb die frühneuhochdeutsche Diphthongierung der alten hohen Langvokale i, ü, u zu ai, oi, au: nordniederdeutsch *Ies*, *piepen; schümen*, *Düvel*; *Huus*, *buen* (vgl. *bwen* in Abb. 2) gegenüber *Eis*, *pfeifen*; *schäumen*, *Teufel*; *Haus*, *bauen*.

Niederdeutsch war zu keiner Zeit nur die Sprache des Landmannes, sondern immer auch die des Stadtbürgers. In den Städten aber büßte es seine lokalen Spezifika rasch ein. Das Ergebnis dieses Prozesses führte für Hannover zu der Außenwahrnehmung, dort werde das Hochdeutsche am reinsten und am korrektesten gesprochen – ein über 200 Jahre alter Mythos. Das Stadthannöversche ist eine Variante der hochdeutschen Umgangssprache auf plattdeutschem Substrat, welches sich vorwiegend im Wortschatz erhalten hat: *Däz* Kopf, *kretten* necken, *miestern* leicht regnen, *Patt* Pfad oder *teuben* warten. Sie enthält überdies manches Wort französischen Ursprungs: *Bredullje* ausweglose Lage, *Madame*, *merßi*, *malkontant* unzufrieden, *Piesang* Bauer. Ihre Charakteristika hat Theodor Lessing in seinem Bestseller *Jäö* von 1919 literarisch persifliert, in dem er (so 1924) *Humoristische, hannoversche Sitten- und Sprachstudien* betrieb.

Abb. 2: Goslarer Ratskodex, Vorrede (Stadtrecht 14. Jh.).

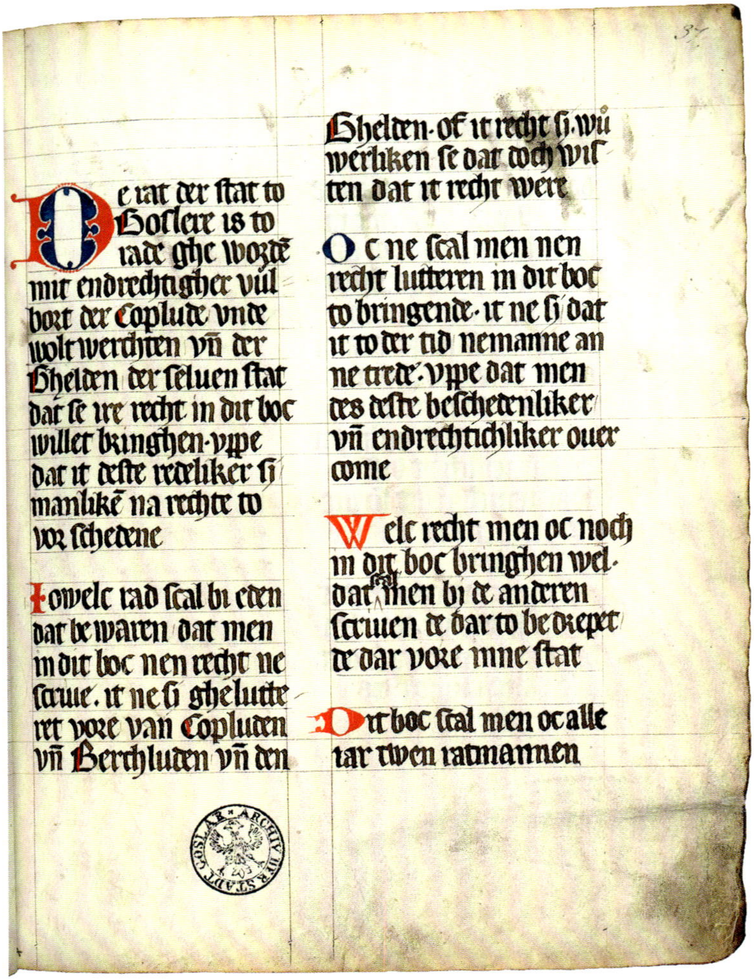

De rat der stat to Goslere is to rade ghe worden mit endrechtigher vulbort der Copluide vnde wolt werchten vn der Ghelden der seluen stat dat se ire recht in dit boc willet bringhen. vppe dat it deste redeliker si manliken na rechte to vorschedene

Swelc rad scal bi eden dat bewaren dat men in dit boc nen recht ne scriue. it ne si ghelutteret vore van Copluden vn Berchluden vn den Ghelden. of it recht si. wu werliken se dat doch wisten dat it recht were

Oc ne scal men nen recht lutteren in dit boc to bringende. it ne si dat it to der tid nemanne an ne trede. vppe dat men des deste bescheidenliker vn endrechtichliker ouer come

Welc recht men oc noch in dit boc bringhen wel. dat men bi de anderen scriuen de dar to bedrepet de dar vore inne stat

Dit boc scal men oc alle tar twen ratmannen

Als eines der Hauptmerkmale des Stadthannöverschen gilt Fremden bis heute das lange a, das über ai auf niederdeutsches langes i zurückgeht. Dieses wurde im Zuge der frühneuhochdeutschen Diphthongierung zunächst als langes a mit leichtem i-Nachklapp artikuliert – relikthaft bei Lessing (1924) *glaaich* oder *kraaischen*, bei Ludewig *Laaib*, *Laaiche* oder *Paain* , bevor es rasch zu dem langen a etwa in *maane*, *Schaabe* oder *Zaat* wurde. Die gleiche Entwicklung durchliefen Wörter mit anderer etymologischer Herkunft des ai, bei Ludewig etwa *Aai*, *aaigen*, *Flaaisch*, *Staain* oder *Taail*; die Endstufe war erreicht z.B. in *baade*, *Staan*, *(ich) waaß*, *zwaa* zwei.

Unter dem Andrang der neuen Wörter mit langem a wich das im Lautinventar bereits vorhandene lange a auf langes offenes ö aus, das zweite Hauptmerkmal des Stadthannöverschen. Da dieser Laut dem

Standarddeutschen fehlt, hält es für ihn auch keine eigene Schreibung vor. Lessing notierte es als äö. In äöbends, *lütje Läöge* oder *Wäögen* ist es noch heute zu hören (und in der Sprachneckerei *Junge, sprich aan kläöres* äö! – *Jäö Väöter, jäö* prägnant erfasst); die *Sträößenbäöhn* zwischen Hannover und Hildesheim hielt u.a. in *Hasede* (Heisede) und, nur 8 km weiter, in *Häösede* (Hasede). Beide Lautphänomene lassen sich nicht aus dem niederdeutschen Substrat erklären. Zwar ist das lange a aus hochdeutsch ai spontan nur noch selten zu hören, doch gilt es nach wie vor als besonders charakteristisch für das Stadthannöversche – und wird gern in parodistischer Absicht genutzt.

Im ostfälischen Umfeld der Großstädte hat sich trotz stadtsprachlicher Einflüsse die Mundart besser behaupten können. In den Dörfern ist noch Plattdeutsch zu hören – ein unverkennbar anderes als das etwa der nördlich angrenzenden Regionen: Es hat für ›Seife‹ und ›Leute‹ *Sepe* und *Luie* gegenüber nördlichem *Seep* und *Lü*, für ›ich habe‹ *ek hebbe* gegenüber *ik heff*, für ›sie fliegen‹ *sei fleiget* gegenüber *se fleegt*. Diese ostfälischen Merkmale (und weitere) waren Ende des 19. Jahrhunderts im hannoverschen Platt sehr wohl noch die Regel. Das belegt die 1879/1880 erfolgte Übertragung der 40 auf dialektale Spezifika abhebenden hochdeutschen Sätze des Marburger Dialektologen Georg Wenker in die jeweilige Mundart von mehr als 40.700 Schulorten des Deutschen Reiches, die die Datengrundlage für den *Deutschen Sprachatlas* bildet. Jene phonetische Eigenheit hingegen, die immer wieder angeführt wird, wenn es gilt, das Stadthannöversche zu charakterisieren, das berühmt-berüchtigte ›spitze‹ s vor p oder t, für das Lessing ß oder ss schrieb – *ßpatteln* strampeln, *Sspäöß*, *Sstaantor* Steintor, *Ssträöße* – kommt auch anderweitig vor.

Es sind mithin Aussprachephänomene sowie der niederdeutsch grundierte Wortschatz, die dem hochdeutschen Stadthannöversch seinen besonderen Platz auch in der niederdeutschen Sprachlandschaft sichern, sodass es als unverwechselbar erinnert wird – als ein Erinnerungsort, der sich heute dem schmunzelnden Leser insbesondere durch die satirische Überzeichnung Theodor Lessings öffnet. Unter literarischen Aspekten sind es vor allem die nordniedersächsischen plattdeutschen Varietäten, derer sich Autoren wie Moritz Jahn oder Wilhelmine Siefkes, Heinrich Schmidt-Barrien oder Johann D. Bellmann bedient haben, die als identitätsstiftende Orte des kollektiven Gedächtnisses zu gelten haben.

Literatur

Herbert Blume, Gesprochenes Hochdeutsch in Braunschweig und Hannover, in: Braunschweigische Heimat 73 (1987), S. 21-32.

Rüdiger KRÖGER, Sprache und Literatur in Hannover in der Reformationszeit, in: Niederdeutsches Jahrbuch 141 (2018), S. 41-74.

Theodor LESSING, »Jäö«. Humoristische, hannoversche Sitten= und Sprachstudien, Bad Pyrmont/Hannover 1924 (Erstauflage 1919 unter dem Pseudonym Théodore Le Singe).

Georg LUDEWIG, Stadt-Hannoversches Wörterbuch. Bearb. und hrsg. von D. STELLMACHER, Neumünster 1987.

Georg SCHNATH, Plattdeutsch im Munde welfischer Barockfürsten, in: Wolfgang KRAMER u.a. (Hrsg.), Gedenkschrift für Heinrich Wesche, Neumünster 1979, S. 279-285, Zitat S. 281.

Dieter STELLMACHER, Niederdeutsch. Formen und Forschungen, Tübingen 1981.

Der Rammelsberg

Von Johannes Grossewinkelmann und
Karl H. Schneider

Abb. 1: Luftbild der Kraftzentrale und Erzaufbereitungsanlage des Weltkulturerbes Erzbergwerk Rammelsberg.

Zu den herausragenden Erinnerungsorten der niedersächsischen Montanindustrie gehört die imposante Bergwerksanlage des Erzbergwerks Rammelsberg bei Goslar. Sie ist einerseits eine schon von weitem sichtbare Wegmarke, andererseits verweist sie auf eine über 3000-jährige Geschichte weitgehend ununterbrochenen Bergbaus. Das ist weltweit einmalig. Der größte Teil der in den 1980er Jahren unter Denkmalschutz gestellten Gebäude der Tagesanlagen des Erzbergwerks sind zwischen 1935 und 1942 in einem landschaftsgebundenen Architekturstil der NS-Zeit gebaut worden. Sie prägen das Gesicht des Bergwerks für die Touristen, aber auch für die Menschen, die in der Region leben. In der regionalen Erinnerungskultur wird dieses »Gesicht« der Bergwerksanlage häufig nicht mit der NS-Zeit in Verbindung gebracht, sondern mit der mittelalterlichen bzw. frühneuzeitlichen Geschichte des Bergbaus am Rammelsberg. Obwohl offensichtlich ist, dass die Architektur der Anlage dem 20. Jahrhun-

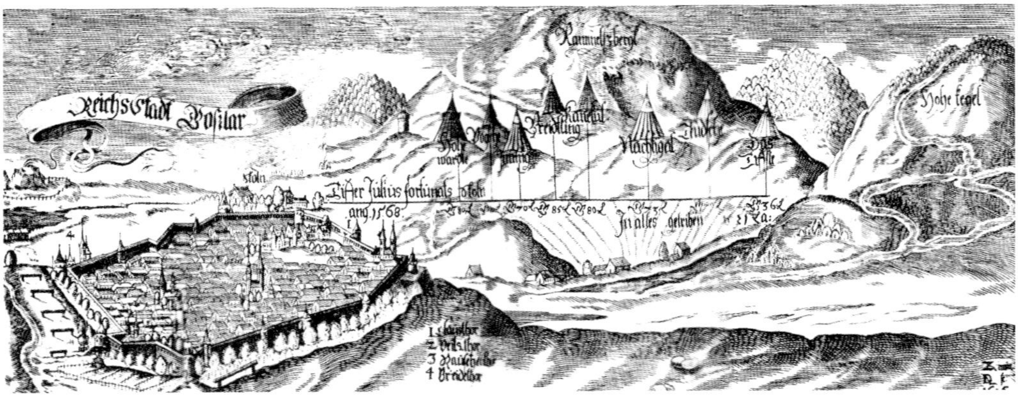

Abb. 2: Bergbaugebiet Rammelsberg nach einem Stich von Zacharias Koch, 1606.

dert entsprungen sein muss, werden weiter zurückliegende historische Ereignisse des Erzbergwerks benutzt, um diese auf das »Gesicht« der Anlage zu projizieren. So war zunächst auch der museale Umgang mit der Industrieanlage geprägt. Erst mit der Etablierung einer kulturhistorischen Dauerausstellung zu Anfang des 21. Jahrhunderts wurde der Erinnerungszeitraum für diesen Ort bis in die jüngere Vergangenheit einschließlich der NS-Zeit erweitert.

Aber so einfach lässt sich eine Erinnerungskultur nicht modifizieren. Die traditionellen Prämissen dominieren in vielen Bereichen des regionalen gesellschaftlichen Lebens weiterhin die Erinnerung an den Rammelsberger Bergbau. Die schulische und außerschulische historische Bildung trägt einen Großteil dazu bei, dass die alten Erinnerungsbilder immer wieder neu aufgelegt werden. Um zu verstehen, wie sich das traditionelle Erinnerungsbild zusammensetzt, müssen einige wichtige Ereignisse aus der Geschichte des Erzbergwerks Rammelsberg, die Teil dieses Erinnerungsbildes sind, vorgestellt werden.

Die Geschichte des Bergbaus am Rammelsberg beginnt lange vor dem Jahr 968, als die ersten schriftlichen Quellen über bergbauliche Aktivitäten hier südlich von Goslar verfasst wurden. Tatsächlich wurde nach archäologischen Forschungen seit der Bronzezeit am Rammelsberg Bergbau betrieben. In seiner langen Geschichte war der Bergbau in diesem Gebiet mehrfach bedroht. Im späten Mittelalter kam der Abbau zeitweise vollständig zum Erliegen; bis Mitte des 19. Jahrhunderts war das alte Lager weitgehend abgebaut. Eher durch Zufall gelang 1859 die Entdeckung eines neuen Lagers. In den späten 1920er Jahren waren infolge der Weltwirtschaftskrise die Preise für Erze so stark gefallen, dass der Abbau unrentabel wurde. 1932 stand das Erzbergwerk kurz vor der Schließung, die allerdings erst 1988 erfolgte. Galt der Rammelsberger Bergbau bis ins Mittelalter hauptsächlich dem Kupfer, so stand später das Silber im Mittelpunkt des wirtschaftlichen Interesses. Goslar wurde ab 1000 n. Chr. eine der

Abb. 3:
Ansicht der zwischen 1935 und 1942 neu gebauten Tagesanlagen des Erzbergwerks Rammelsberg, 1938.

größten Münzprägestätten des Deutschen Reiches. Zahlreiche Gebäude in der Stadt künden von dieser Blütezeit. Ab der frühen Neuzeit wurden die Blei- und im 20. Jahrhundert die Zinkerze aufbereitet und verhüttet. Die geförderten Mengen sind astronomisch: zwischen 27 und 30 Millionen Tonnen Erz. Zusammen mit der extrem langen Betriebsdauer macht diese Fördermenge das Erzbergwerk Rammelsberg weltweit einmalig.

Für seine Betreiber war der Bergbau sehr einträglich. Ohne die hohen Einkünfte aus der Erzförderung wäre die prächtige mittelalterliche Stadt Goslar mit der Kaiserpfalz nicht denkbar gewesen. Zunächst unterstand der Bergbau dem König. Im 13. Jahrhundert gelangten die Gruben in die Hände der Herzöge von Braunschweig-Lüneburg, die die Bergrechte an die Stadt Goslar verpfändeten. Goslar und einige vor Ort ansässige Kaufleute setzten am Ende des Mittelalters viel Geld und Energie ein, um die technischen Probleme der Wasserhaltung zu lösen, die im 14. Jahrhundert zur Stilllegung des Bergwerks am Rammelsberg geführt hatten. Nachdem die Wasserhaltung gelöst war und der Bergbau ertragreicher wurde, setzten die Herzöge ihre alten Eigentumsrechte wieder gegenüber der Stadt durch. Was für die Stadt Goslar ein schmerzlicher Einschnitt war, geriet für den Bergbau am Rammelsberg zum Vorteil. Die Herzöge erließen strenge Regeln für die Förderung (Bergrecht), und sie waren technischen Innovationen gegenüber aufgeschlossen.

In der frühen Neuzeit prägten die kegelförmigen Gaipelgebäude das Erscheinungsbild des Bergbaus. Sie standen über den Schächten und dienten der Förderung des Erzes. Die Schächte waren oberhalb der heutigen Tagesanlagen des Bergwerks am Rammelsberg, etwa auf der Höhe des noch bestehenden Maltermeisterturms, angesetzt. Eine wichtige Epoche ist mit der Arbeit des Bergbeamten Johann Christoph Roeder in der zweiten Hälfte des 18. Jahrhunderts verbunden. Roeder entwickelte von 1768 bis 1810 ein Stollensystem, in dem mit Hilfe von Wasserkraft Erze gefördert und die Gruben entwässert wurden. Die Wasserräder im Roeder-Stollen blieben bis Anfang des 20. Jahrhunderts in Betrieb. Heute ist dieses System für Besucher zugänglich. Es ist eine der Einrichtungen, die die Ernennung des Erzbergwerkes Rammelsberg zum Weltkulturerbe begründet haben. Zudem legte Roeder die Tagesförderstrecke an, durch die dann auf dem heutigen Niveau des Werksgeländes die Roherze aus dem Berg befördert werden konnten. Mit dem Bau der Tagesförderstrecke wurden zunehmend Betriebsgebäude wie das bis Anfang des 20. Jahrhunderts prägende sogenannte Vorhaus auf dem Gelände angelegt, wo heute die Werkstraße verläuft und die Werkstätten, die Kraftzentrale und die Aufbereitung sich befinden. Wichtige Impulse für technische Innovationen gingen ab 1859 von der Entdeckung eines neuen Erzlagers aus. 1874 wurde die erste Dampfmaschine in Betrieb genommen. Das bis ins 19. Jahrhundert praktizierte »Feuersetzen« zum Brechen des harten Gesteins wurde ab 1875 durch den Einsatz von Bohrhämmern und Sprengstoff abgelöst.

Im 19. und frühen 20. Jahrhundert war der bedeutendste Schacht des Bergwerks der Kanekuhler Schacht, der etwas südlich vom Maltermeisterturm stand und in dem auch die erste Dampfmaschine betrieben wurde. Im Kaiserreich kamen im Bereich der heutigen Anlagen neue Gebäude wie die Kraftzentrale (heute der älteste Bau auf dem Werksgelände), Bauwerke einer Sieb- und Klaubeanlage, Werkstätten und das Inspektionsgebäude an der Zufahrtstraße zum Bergwerk (heute ein Restaurant) hinzu.

Mit der Gründung der PREUSSAG 1923 wurden die Unterharzer Berg- und Hüttenwerke als GmbH für die Führung des Erzbergwerkes Rammelsberg verantwortlich. Die PREUSSAG blieb bis zur Stilllegung 1988 die Betreiberin des Bergbaus am Rammelsberg.

Statt der 1932 geplanten Stilllegung infolge der Weltwirtschaftskrise wurde das Bergwerk nach 1933 im Rahmen der nationalsozialistischen Autarkie- und Aufrüstungspolitik massiv ausgebaut und modernisiert. Dies geschah im Rahmen des sogenannten »Rammelsberg-Projekts«, welches nicht nur die Modernisierung des Rammelsbergs, sondern auch den Bau einer hochmodernen Zinkhütte in Harlingerode beinhaltete. Innerhalb kurzer Zeit wurden ca. 30 Millionen Reichsmark in das

»Rammelsberg-Projekt« und in die Modernisierung der Förderung und Verhüttung der Rammelsberger Erze investiert. Neue Verwaltungs-, Magazin- und Werkstattgebäude, das in den Hang gebaute Bauwerk der Aufbereitungsanlage und die Abteufung des Rammelsbergschachtes veränderten in einem Zeitraum von knapp vier Jahren die Situation der Tagesanlagen und der Bergwerksorganisation grundlegend. Im Krieg wurden dann über 300 Kriegsgefangene und sogenannte »Ostarbeiter« zwangsweise und unter menschenverachtenden Bedingungen am Berg eingesetzt.

Die Architekten für diese letzte bedeutende Ausbauphase des Rammelsberger Erzbergwerks im 20. Jahrhundert waren Fritz Schupp und Martin Kremmer, die vor allem im Ruhrgebiet große Industrieanlagen geplant und gebaut haben, u.a. die ebenfalls zum Weltkulturerbe gehörende Zeche Zollverein in Essen. Das sich auf Terrassen bergauf erstreckende Gebäude der Aufbereitungsanlage gilt als eine Meisterleistung des landschaftsgebundenen Bauens und nicht als eine typische Gestaltung der NS-Zeit. Übersehen werden bei dieser Bewertung aber die übrigen Gebäude dieser Zeit, die viele gestalterische Elemente (etwa die teilweise Verblendung mit Naturstein) aufweisen, die an anderen repräsentativen NS-Gebäuden verwendet wurden. Das Erzbergwerk Rammelsberg wurde im Zweiten Weltkrieg als kriegswichtig eingestuft, blieb aber von Zerstörungen durch Fliegerangriffe verschont und auch nach 1945 kam es nicht zur Demontage durch die Alliierten.

Nach 1945 hat es bei den Tagesanlagen des Erzbergwerks nur noch wenige Veränderungen gegeben. Koreakrieg und Wiederaufbau ließen die Fördermengen bis auf fast 1000 Tonnen tägliche Förderleistung ansteigen. Unter Tage veränderten sich die Förderverfahren zu einem immer großräumigeren Abbau des Erzes, weil das »Neue Lager« in den unteren Bereichen wesentlich mächtiger wurde. Der Einsatz dieselbetriebener Schaufellader und Bohrfahrzeuge ab 1970 bildete das Ende umfangreicher Modernisierungsmaßnahmen. Neue Bewetterungsanlagen (Lüftungsanlagen) sorgten bei zunehmender Abgasbelastung durch die Dieselfahrzeuge für ausreichend Frischluft in dem fast 500 Meter tiefen Grubengebäude. Die technische und organisatorische Modernisierung im Grubenbetrieb ab Mitte der 1960er Jahre bis Ende der 1970er Jahre führte zu erheblichen Veränderungen in der Belegschaftsstruktur. Es wurden weniger Leute beschäftigt, wobei die Zahl der ausländischen Arbeiter anstieg. Seit Mitte der 1970er Jahre war absehbar, dass die Lagerstätte am Rammelsberg in den nächsten 15 Jahren erschöpft sein würde. Am 30. Juni 1988 wurden die letzten Förderwagen aus dem Rammelsbergschacht gezogen. Schon kurz nach der Stilllegung erfolgte die Einrichtung eines Museums und Besucherbergwerks. 1992 erhielt das ehemalige Erzbergwerk Rammelsberg zusammen mit der Altstadt von Goslar den Weltkulturerbe-Status der UNESCO. Erstmalig wurde damit eine deutsche Industrieanlage Weltkulturerbe. Seitdem entwickelte sich der Standort zu einer kulturhistorischen Einrichtung, die das Wirken des Menschen in der Region auf der Basis des Bergbaus darstellt und vermittelt.

Die kollektiven Erinnerungen der Nachkriegsgeneration an den Rammelsberger Bergbau wurden wenig von den unmittelbar erlebten Ereignissen in der Zeit nach 1933 geprägt, weil die NS-Zeit die äußere Erscheinung der Bergwerksanlage zwar verändert hat, aber der Bergwerksbetrieb ähnlich weiterlief, zum Teil sogar mit denselben Führungskräften. Die Erinnerung vieler Rammelsberger Bergleute orientierte sich deshalb an historischen Ereignissen, die sie gar nicht erlebt hatten. Zudem schöpften viele Bergleute aus der älteren Geschichte Vorstellungen und Bilder, die sie in das kollektive Gedächtnis zur Erinnerung an den Ort transformierten. Deutlich ablesbar ist diese Transformation an den materiellen Hinterlassenschaften Rammelsberger Bergleute. In vielen Nachlässen der Bergleute sind z.B. Grubenlampen, Gedinge (Werkzeug) oder Andenken vorhanden, die den Erzbergbau vor dem Ersten Weltkrieg repräsentieren.

Literatur

Christoph Bartels, Das Erzbergwerk Rammelsberg, Goslar 1988.

Eberhard Klössel, 1000 Jahre Bergbau im Rammelsberg, Goslar 1988.

Reinhard Roseneck (Hrsg.), Der Rammelsberg, Goslar 2001.

Bernhild Vögel, »Wir waren fast noch Kinder«, Goslar 2003.

Weltkulturerbe Rammelsberg – Blog, https://blog.rammelsberg.de/, letzter Zugriff 26.3.2020.

Der Upstalsboom bei Aurich

von Paul Wessels

Abb. 1: Kunst-Installation von Monika Kühling am Upstalsboom in Rahe im Rahmen einer Ausstellung zur Friesischen Freiheit 2003.

Seit 2009 werden Reisende nach Ostfriesland mit einem Hinweisschild an den Autobahnen 28 bei Filsum und 31 bei Neermoor auf die Besonderheit der »Friesischen Freiheit« aufmerksam gemacht – ein Hinweis auf ein historisches Alleinstellungsmerkmal der Region, der ungewöhnlich ist, weil hier nicht auf eine konkrete Sehenswürdigkeit verwiesen wird, sondern auf eine einzigartige historische Tradition, die offensichtlich für sich in Anspruch nehmen kann, ein Erinnerungsort zu sein.

Mit der »Friesischen Freiheit« wird ein historisches Phänomen bezeichnet, das sich auf den Siedlungsraum der Friesen entlang der Nordseeküste zwischen Ijsselmeer und Weser bezieht, dem zugleich eine bis in die Gegenwart wirkende identitätsstiftende Bedeutung für die ansässige Bevölkerung nachgesagt wird. Die »Friesische Freiheit« als Begriff und Idee ist seit dem späten Mittelalter im Nordwesten Deutschlands virulent. Sie ist untrennbar verbunden mit dem »Ups-

Abb. 2: Autobahnhinweisschild Friesische Freiheit.

talsboom« als dem politischen Treffpunkt der Freien Friesen im Hochmittelalter sowie mit dem angeblich altfriesischen Gruß *Eala Frya Fresena* (»Seid gegrüßt, freie Friesen« oder »Edle freie Friesen«), der einem allenthalben in Ostfriesland begegnen kann. Der Spruch, der Ort und die »Friesische Freiheit« gelten in Ostfriesland als Synonyme. Noch heute werden Schulen, Kindergärten oder Hotelketten nach dem Upstalsboom benannt. In dem von Menschenhand aufgeworfenen Hügel nordwestlich von Aurich wurden Körper- und Urnengräber aus dem 9. Jahrhundert gefunden, die auf Bestattungen von Mitgliedern einer nicht näher zu identifizierenden, lokal oder regional bedeutenden Familie schließen lassen. Heute wird der Grabhügel von einer 1833 errichteten, etwa 4 Meter hohen schlichten Pyramide aus Feldsteinen gekrönt.

Seit der Zeit Karls des Großen gehörte Friesland zum Fränkischen Reich (→ *Karl d. Gr.*). An dessen nördlichem Randbereich gelegen und weit vom karolingischen Machtzentrum entfernt, offen zum Meer und abgeschirmt von einem Moorgürtel im Süden, unterblieb hier ein Ausbau königlicher Herrschaft. In der von Grünlandwirtschaft und Viehzucht geprägten Region konnten sich weder feudale Herrschaft noch eine Grafschaftsverfassung durchsetzen, was Ostfriesland von anderen historischen Landschaften im Nordwesten des Reichs abhob. Stattdessen entwickelten sich genossenschaftliche Strukturen und ein freies Bauerntum mit dem Recht auf Verfügungsgewalt über die eigene Person und das Eigentum. Zudem diente der Anspruch auf Reichsunmittelbarkeit dazu, Machtansprüche und damit auch Steuerforderungen »fremder Herren« zurückzuweisen – notfalls mit militärischer Gewalt.

Die Freien Friesen organisierten sich im 12. und 13. Jahrhundert im Rahmen einer »Konsulatsverfassung« in etwa 30 Landesgemeinden (*terrae*), strukturell den zeitgleichen städtischen Bürgergemeinden ähnelnd und mit Möglichkeiten zur Korrektur von Machtmissbrauch und Misswirtschaft ausgestattet. Gemeinfriesisches Recht wurde bereits seit dem späten 11. Jahrhundert kodifiziert; es findet sich hier an der Nordseeküste die dichteste Überlieferung von volkssprachlichen Rechtstexten in Europa.

So wurden »friesisch« und »frei« sowohl aus der Selbstwahrnehmung der *tota frisia* (Gesamtfriesland) als auch in der Außensicht zu einem identitätsstiftenden Wortpaar. Die Gleichartigkeit der rechtlichen und sozialen Verhältnisse sowie der Sprache ermöglichte einen losen gesamtfriesischen Zusammenschluss im Küstengebiet. Um sich gemeinsam zu organisieren, innere Fehden beizulegen oder Bedrohungen von außen abzuwehren, gab es am Upstalsboom seit der Zeit um 1100 unregelmäßige Treffen von gewählten Gesandten über einen Zeitraum von vermutlich 150 bis 200 Jahren. Indem sich die Friesen

Abb. 3: Der Upstalsboom in Rahe bei Aurich.

an der Begräbnisstätte ihrer bedeutenden Vorfahren trafen, versicherten sie sich zugleich an einem »Erinnerungsort« des Werts und der Funktion der »Friesischen Freiheit«.

Die Friesen nahmen ihre Situation früh als Besonderheit wahr: Im 13. Jahrhundert schrieb der Abt Emo von Wittewierum in seiner Chronik, Friesland sei gesegnet durch »das unschätzbare Gut der Freiheit von Armen wie Reichen«. Die Freiheit war im Selbstverständnis der Friesen nicht nur vom Kaiser, sondern auch durch Gott legitimiert. In der Außensicht bezeichnete schon 1070 der Domscholaster Adam von Bremen die Friesen als ein *barbara gens*, das *pro libertate* kämpfe. Bartholomäus Anglicus entwarf etwa Mitte des 13. Jahrhunderts das Bild der Friesen als eines hochgewachsenen, starken, trotzigen Volks, das geprägt sei von großer Freiheitsliebe und den Tod jederzeit der Knechtschaft vorziehen würde. Diese Charakterzeichnung wurde im Reich bis weit in die Neuzeit tradiert. Tatsächlich lösten in Ostfriesland etwa seit der Mitte des 14. Jahrhunderts Vertreter des lokalen Adels mit einer Herrschaft der »Häuptlinge« die Selbstverwaltung der Landes- und Kirchspielgemeinden ab. 1464 ermöglichte ein Konsens der Mächtigen in Ostfriesland die Erhebung Ulrich Cirksenas in den Reichgrafenstand. In Westfriesland wurde Herzog Albrecht 1498 zum Statthalter (Gubernator und Potestat) bestallt. Die ältere niederländische Historiographie sah damit die historische Phase der »Friesischen Freiheit« am Ende des 15. Jahrhunderts als beendet an. Ostfriesische Gelehrte wie Ubbo Emmius (1547-1625) betonten dagegen, dass die Erhebung Ulrichs nur möglich war unter Anerkennung des Fortbestehens der alten Freiheitsrechte und Privilegien. Damit erhielt die »Frie-

Abb. 4: Das Upstalsboom-Wappen der Ostfriesischen Landschaft im Ständesaal des Landschaftshauses in Aurich.

sische Freiheit« in Ostfriesland eine neue Bedeutung: Bestätigung der persönlichen Freiheit und das Recht zur politischen Mitbestimmung unter einem selbst gewählten Herrscherhaus.

Vor dem Hintergrund einer ständischen und stadtbürgerlichen Revolte gegen gräfliche Machtansprüche 1595 in Emden beschwor Ubbo Emmius zum Ende des 16. Jahrhunderts wieder die Traditionen der »Friesischen Freiheit«. Er gab dem Upstalsboom als »Altar der Freiheit« eine neue, politisch-legitimierende Bedeutung und machte in einem Siegelentwurf den stilisierten Ort mit einem geharnischten Ritter unter einer Eiche zum Symbol für das ganze freie Friesland. Mit dem Rückbezug auf alte Freiheitstraditionen konnte zugleich auch die Gewaltanwendung gegen den herrschenden Grafen in Ostfriesland begründet und gerechtfertigt werden. Das so geprägte Freiheitsideal diente während des 17. und 18. Jahrhunderts sowohl in Ost- als auch im niederländischen Westfriesland immer wieder als Legitimationsfolie bei politischen Auseinandersetzungen.

1678 verlieh Kaiser Leopold I. den ostfriesischen Landständen in einem singulären Akt ein eigenes Wappen und Siegel und bestätigte damit die besondere Machtposition der Stände als zweiter Souverän neben dem Fürstenhaus. Auch hier diente, indem das Wappen mit dem Motiv des Upstalsbooms geschmückt wurde, die Tradition der »Friesischen Freiheit« als Begründung.

1777 schlug der dem Denken der Aufklärung verpflichtete Historiker und spätere Syndikus der Ostfriesischen Landschaft Tileman Dothias Wiarda vor, das Grabdenkmal des Upstalsbooms durch ein darauf zu errichtendes Denkmal zu einem Erinnerungsort für einen »demokratischen Volksstaat« zu machen. Wiarda gehörte 1815 auch zu den Auricher Bürgern, die auf dem Upstalsboom einen Obelisken errichten wollten, um damit an die in den Befreiungskriegen gegen Napoleon gefallenen Ostfriesen zu erinnern. Hier zeigte sich ein neues politisches und national ausgerichtetes Denken, das über das Selbstverständnis einer *tota frisia* hinausging. Auch diese Initiative blieb nur eine Idee, und die geweitete Perspektive wurde im Königreich Hannover, zu dem Ostfriesland seit dem Wiener Kongress gehörte, wieder auf den regionalen Blickwinkel eingeengt. 1833 errichteten die Ostfriesischen Landstände auf dem Upstalsboom nach dem Geschmack der Zeit eine einfache Pyramide aus Feldsteinen. Man verzichtete allerdings auf eine sinnstiftende Inschrift, vermied somit auch jede Deutungsfestlegung und entschärfte die Idee der Freiheit, die im restaurativen Deutschen Bund als gefährlich galt.

Die gewollte Beliebigkeit reduzierte den Upstalsboom auf ein Symbol ostfriesischer Eigenständigkeit und Abgrenzung bei gleichzeitiger Anbiederung an die staatliche Macht in Hannover. Als die Stände 1843 dem hannoverschen Kronprinzen zur Hochzeit einen silbernen Tafelaufsatz in Gestalt eines Upstalsbooms als Huldigungsgeschenk überreichten, stand, den Anschluss an die Herrschertradition suchend, bezeichnenderweise neben dem Ritter am Upstalsboom angelehnt ein Schild mit dem herrschaftlichen Wappen der Cirksena anstelle des landschaftlichen Upstalsboom-Wappens.

Im 1848 fertiggestellten Ständesaal des Gebäudes der Ostfriesischen Landschaft in Aurich wurde das Upstalsboom-Wappen zum ersten Mal mit dem Spruch *Eala Frya Fresena* kombiniert. Der friesische Gruß ist in abgewandelter Form seit der frühen Neuzeit – vermutlich zunächst als Trinkspruch – nachweisbar. Wiarda hatte ihn in seiner 1777 veröffentlichten Geschichte über die Landtage der Friesen grammatikalisch falsch wiedergegeben. Vielleicht ist es auch nur seiner Phantasie entsprungen, dass man sich auf diese Weise im Mittelalter bei den Treffen am Upstalsboom begrüßte. Die Bildsprache des Ständesaals jedenfalls wirkt auf den heutigen Betrachter eher affirmativ: Die Friesen reihen sich hier mit ihren Besonderheiten ein in die jeweiligen Herrschaftsverhältnisse. An den Stirnwänden hängen die Porträts der hannoverschen und preußischen Herrscher über Ostfriesland; dem Upstalsboom-Wappen gegenübergestellt ist das Wappen des 1744 ausgestorbenen Grafenhauses. Die friesische Freiheitstradition wirkt hier nicht mehr trennend, sondern wird zu einem besonderen Charakteristikum, mit dem die Friesen sich im Staatsgebilde herausheben.

Der Upstalsboom erfuhr in der Folgezeit in allen Bevölkerungskreisen eine breite Popularität. Gedichte wurden veröffentlicht, und auf Ansichtspostkarten von Ostfriesland war der Upstalsboom ein beliebtes Motiv. Dieser Prozess der öffentlichen Aneignung wurde als Verflachung und Entwertung interpretiert, gleichzeitig einte er aber eine Region durch eine als besonders markant empfundene Tradition.

Nicht zuletzt wurde der Freiheitsbegriff so weit entleert, dass er aus jeder Richtung mit Inhalt gefüllt werden konnte: Während des Ersten Weltkriegs wollte man zeitweise am Upstalsboom einen Heldenhain für ostfriesische Gefallene errichten. 20 Jahre später wurde der Ort für NS-Feierstunden und Aufmärsche genutzt, ohne dass eine geplante Umgestaltung zu einer »germanischen Thingstätte« noch umgesetzt werden konnte. Ein »Friesenbataillon« fiel 1940 mit dem Leitspruch *Eala Frya Fresena* in Frankreich ein.

Nach dem Kriegsende 1945 wurde der Upstalsboom vor dem Hintergrund eines neuen versöhnenden grenzübergreifenden Verständnisses der Tradition der »Friesischen Freiheit« erneut zu einem vereinenden Versammlungsort. Bereits 1955 wurde hier bei einem internationalen Friesenkongress in einem »Friesischen Manifest« ein geeintes Europa gefordert.

Die 1968er-Bewegung führte zu einem Bruch in der öffentlichen Wahrnehmung von Upstalsboom und »Friesischer Freiheit«. Diese wurde zu einem wissenschaftlich erforschten Thema, das als solches 2003 in Ostfriesland mit einer großen Ausstellung wieder ins öffentliche Bewusstsein gerückt wurde. Seitdem hat vor allem die Tourismusindustrie der Nordseeküste die »Friesische Freiheit« zu einer »Marke« reduziert, die – wie auch die bekannten Ostfriesenwitze zeigen – zu dem vermeintlich besonderen, skurrilen Charakter der Einheimischen beitragen würde (→ *Ostfriesenwitz*).

In einer Gegenreaktion gibt es auch neue Tendenzen, die die Tradition des Mythos »Friesische Freiheit« erneut wieder aufnehmen. Ein Verein erinnert seit einigen Jahren regelmäßig mit einem Pfingsttreffen am Upstalsboom an die »Friesische Freiheit«, eine Friesen-Partei beruft sich auf »Geschichte und Freiheitstradition« und der »Ostfriesische Freiheitsmarsch« eines Sportvereins führt zum Upstalsboom. Der Erinnerungsort »Friesische Freiheit« wird heute gleichzeitig auf unterschiedliche Weise symbolhaft befüllt und zugleich noch immer als identitätsstiftend für Ostfriesland, Westfriesland und Nordfriesland wahrgenommen.

Literatur

Rudolf Bülck, Lewer duad as Slav. Geschichte eines politischen Schlagwortes, in: Zwischen Eider und Wiedau, 1979, S. 163-193.

Hajo van Lengen, Die Friesische Freiheit des Mittelalters. Leben und Legende, Aurich 2003.

Horst Haider Munske, Handbuch des Friesischen, Tübingen 2001.

Oebele Vries, Frisonica libertas. Frisian freedom as an instance of medieval liberty, in: Journal of medieval history, Bd. 41, 2, 2015, S. 229-248.

Königslutter –
Eine niedersächsische Herrschergrablege

Von Caspar Ehlers

Abb. 1 : Außenansicht des Kaiserdoms Königslutter.

Wer mit der Eisenbahn beziehungsweise mit dem Auto auf der Autobahn 2 oder der Bundesstraße 1 zwischen Braunschweig und Helmstedt unterwegs ist, kann im sanften Hügelland die Silhouette des Westbaues der Stiftskirche zu Königslutter erblicken. Die imposante Anlage, die einst das Etikett eines roten Bieres geschmückt hat, ragt aus dem Vorland des Elm heraus. Wenn der Interessierte dorthin abbiegt und die schöne Stadt aufsucht, wird er feststellen, dass er von Königslutter aus wiederum einen guten Überblick auf die Niederung hat, in der die oben genannten modernen Verkehrsadern verlaufen.

Das ist kein Zufall, sondern historisch-geographisch bedingt. In der Senke verlief seit Urzeiten der Hellweg, an der Ortslage befand sich zuerst eine ältere, vielleicht schon fränkische Burg. So lag das Kloster an einem Platz, der ursprünglich für eine militärische Funktion ausgesucht war. Aus dem Besitz der Grafen von Haldensleben erbte Lothar III. (1075-1137) von seiner Großmutter Gertrud unter anderem diese Anlage, in der sich vielleicht schon damals ein Kanonissenstift befand. Viele Burgen hatten im Laufe der Zeit ihre Funktion verloren, weil sich die geostrategischen Raumverhältnisse veränderten. Königslutter zum Beispiel diente einst der Kontrolle des Hellweges, als die westlich fließende Oker noch Grenzcharakter hatte und der Verkehr von West nach Ost und umgekehrt überwacht werden musste. Im 10. und 11. Jahrhundert hatte sich diese Grenzlage nach Osten an die Elbe und Saale verschoben, die Oker trennte fortan allein die sächsischen Bistümer Hildesheim und Halberstadt.

Viele der sächsischen Adelsfamilien begannen mithin in der Ottonenzeit damit, strategisch nutzlos gewordene Befestigungen in Klöster und Stifte für Männer- oder Frauenkonvente umzuwandeln. Der Unterschied zwischen diesen ist, dass erstgenannte der Benediktregel folgten (Mönche respektive Nonnen), die zweiten der des Augustinus (Kanoniker beziehungsweise Kanonissen) verpflichtet waren. Derartige Stiftungen hatten für die Gründerfamilien zudem den Vorteil, den Konvent mit dem ihm gegebenen Grundbesitz durch spezielle, die Nachfolge in der Würde des Abtes betreffende Nachfolgeregelungen sowie die weltliche Aufsicht ordnende Vogteibestimmungen unter eigener Kontrolle zu behalten und so einen Teil des Eigengutes der weltlichen Begehrlichkeit anderer zu entziehen. Wenn es sich um weibliche Gemeinschaften handelte, konnten auf diese Weise auch Töchter in die generationenübergreifende Familienherrschaft über Grundbesitz eingebunden werden.

Vermutlich handelten die Vorfahren der Grafen von Haldensleben, denen die Burgstelle in Königslutter gehört hatte, diesem Muster gemäß. Welche Überlegungen mögen nun anderthalb Jahrhunderte später Lothar geleitet haben, als er in derselben Region (Königs-)Lutter zur Gründung eines Konventes reformorientierter Benediktiner und zur Stätte einer familienbezogenen Grablege auswählte? Die Patrozinien Königslutters geben dafür keine bedeutenden Hinweise: Patron des Kanonissenstifts war Petrus, ein typisches Burgstiftspatrozinium, das von Lothar initiierte Benediktinerkloster nahm Paulus hinzu. Später war deren Tag, der 29. Juni, ein überregionaler Wallfahrtstermin in Königslutter.

Lothar III. stammte väterlicherseits von den seit dem beginnenden 11. Jahrhundert im Raum nachweisbaren Grafen von Süpplingenburg ab. Heute ist Süpplingenburg ein Dorf zwischen Königslutter und Helmstedt, in dem ein verstecktes Kleinod sächsischer Kirchenarchitektur besichtigt werden kann. Schon sein Vater Gebhard hatte in Opposition zu Heinrich IV. (1050-1106) gestanden und war in der Schlacht bei Homburg an der Unstrut am 9. Juni 1075 gefallen, als er selbst noch ein Säugling oder Kleinkind war. Über seine Mutter Hedwig war er mit den Grafen von Haldensleben verwandt.

Lothar III. hatte schon früh zu den Unterstützern Heinrichs V.

(1081/86-1125) gegen dessen Vater Heinrich IV. gehört und stand Adelskreisen im deutschen Reich nahe, die die kirchlichen Reformbewegungen ihrer Zeit unterstützten. Im Jahre 1100 heiratete er Richenza (um 1087/89-1141), die Enkelin Ottos von Northeim (um 1020-1083), des führenden Oppositionellen gegen Heinrich IV. in den sogenannten Sachsenkriegen der 70er Jahre des 11. Jahrhunderts. Schon 1106 ernannte ihn Heinrich V. nach dem Tode von Herzog Magnus Billung (um 1045-1106) zum Herzog von Sachsen. Wenige Jahre nach dem Beginn der selbstständigen Herrschaft Heinrichs V. jedoch verließ Lothar dessen Partei, als sich nämlich herausstellte, dass dieser wie sein Vater gegen die Herzöge zu regieren pflegte. 1112 setzte ihn der Kaiser für eine Zeit ab; als er sich 1114 unterwarf, erhielt er sein Herzogtum zurück. Doch ergriff er 1115 wieder die Seite der antisalischen Opposition und besiegte nachhaltig das Heer Heinrichs am 11. Februar 1115 in der Schlacht am Welfesholz.

Nach dem Tod des Saliers wählten die deutschen Fürsten den sächsischen Herzog Ende August 1125 in Mainz zum König, obwohl die Familie der Staufer erbrechtliche Ansprüche geltend machte. Diese Wahlentscheidung dürfte dadurch zu erklären sein, dass Lothar und Richenza in fortgeschrittenem Alter standen, nur eine Tochter, Gertrud (1115-1143), hatten und so keine Dynastiebildung durch den Gewählten zu erwarten war.

Doch kehren wir zurück nach Königslutter. Über die Anfänge des Konventes berichtet die frühneuzeitliche Klosterchronik: *Im Jahre des Herrn 1135 wurde durch den huldreichsten Lothar III., Kaiser der Römer, der ehrwürdige Vater und Herr Eberhard, Mönch des Klosters Berge, mit sechs Mönchen nach Königslutter versetzt und zum Abt dieses berühmten Klosters erhoben, das durch den genannten Kaiser und seine sehr fromme Gemahlin, die Kaiserin Richenza, herrlich gegründet und in Überfluss mit weltlichen Gütern ausgestattet worden war, wie man es in seiner Stiftungsurkunde breit dargelegt findet, nämlich nicht nur mit weltlichen Gütern, sondern auch mit geistlichen Vorrechten.*[1]

Der Kunsthistoriker Bruno Klein hat 1995 im Zusammenhang mit dem Kirchenbau am Elm hervorgehoben, dass die Gründung Königslutters 1135 auf dem Höhepunkt der Königsherrschaft Lothars III. erfolgt sei, die Realisierung und der Abschluss der Baumaßnahmen aber nach dem Tode des Kaisers und dem Scheitern seiner welfischen Sukzessionspläne. Ein Argument post festum, denn bei der Entwicklung der Pläne waren diese nachfolgenden Ereignisse kaum absehbar. Dennoch ist es zu berücksichtigen, wenn die Fortführung der Baumaßnahmen nach des Kaisers Tod analysiert wird.

Unabhängig davon ist eine weitere, nicht unwichtige Frage zu behandeln, die jedoch im gleichen Kontext steht: Hatte Lothar III. spätestens nach seiner Kaiserkrönung 1133 erwogen, sich in seiner Gründung am Elm in der baulichen Tradition seiner salischen Vorgänger zu Speyer beisetzen zu lassen und eine dynastische Grablege zu begründen? Diese Intention wäre jedenfalls durch seinen frühen Tod im Dezember 1137 jäh gescheitert, da es ihm nicht gelang, trotz allem das Vorhaben einer Nachfolgeregelung zu realisieren.

Dieser Plan sollte darauf abzielen, seinen welfischen Schwiegersohn, Heinrich den Stolzen (1102/08-1139), gegen die staufische Opposition zu seinem eigenen Königtum im Reich als Thronanwärter aufzustellen. Konsequent erscheint angesichts dieser Planungen, dass auch Heinrich der Stolze an der Seite seiner kaiserlichen Schwiegereltern Lothar und Richenza in Königslutter beigesetzt wurde. Nichts deutet also auf die hochschwingenden Pläne hin, die gar als Erneuerung des sächsischen Königtums gewertet werden könnten. Heinrich der Stolze und Gertrud von Süpplingenburg hatten jedoch einen prominenten Sohn, dem rückwirkend auch schon mal der Griff nach der Königskrone nachgesagt wurde, Herzog Heinrich der Löwe (→ *Heinrich d. Löwe*).

Es würde an dieser Stelle zu weit führen, die Stellung Königslutters im Kontext der Königsgrablegen im nachkarolingischen Mittelalter zu betrachten oder gar den Vergleich von Lothars Bestattung mit deutschen und französischen Grablegen durchzuführen. Jedoch zwingt die Singularität Königslutters als Herrschergrablege dazu, weiterhin vertiefend dem Phänomen nachzugehen, dass Lothar III. und seine Frau Richenza sowie deren gemeinsame Tochter und ihr Mann Heinrich der Stolze die Klosterkirche in Königslutter als Bestattungsort wählten.

Königslutters Schicksal als ›freie‹ Abtei endet offenkundig unter den staufischen Nachfolgern des dortselbst ruhenden Kaisers vor dem Hintergrund des sich zugunsten der Staufer wendenden Konfliktes mit den Welfen (→ *Welfen*). Am 1. Juni, vermutlich des Jahres 1192, verschenkt Heinrich VI. in Gelnhausen neben der Burg Haldensleben auch Hof und Abtei zu Königslutter (*curtem Lutere et abbaciam eiusdem loci*) mit allen Burgwarden, Ministerialen und Hörigen sowie den gesamten Pertinenzien Königslutters, die sogar noch um die Besitzungen Heinrichs des Löwen in Ostsachsen erweitert werden, an das Erzbistum Magdeburg.

Nach der Wiederentdeckung eines als vornehmlich ›deutsch‹ verstandenen Mittelalters zu Beginn des 19. Jahrhunderts, insbesondere nach der Gründung des »Zweiten deutschen Reiches« 1870/71, wurden zur historischen Legitimation der Vormachtstellung Preußens historische Stätten im gesamten deutschen Reich durch Restaurierungen und denkmalpflegerische Maßnahmen aufgewertet.

In diesem Zusammenhang erfuhr auch die Stiftskirche in Königslutter mit ihren prominenten Grablegen eine neue Wertschätzung. Ihre Instandsetzung hatte Albrecht von Preußen, Neffe Kaiser Wilhelms I. und seit 1885 gewählter Regent des Herzogtums Braunschweig, angeregt, der auch den Wiederaufbau der Burg Dankwarderode in der Stadt Braunschweig finanziell unterstützte. Die Stiftskirche in Königslutter erhielt in den 1890er Jahren, nach einer nicht fachgerechten Behebung älterer Baumängel, durch den Braunschweiger Hofmaler Adolf Quensen eine neue Ausmalung im Stil des Historismus. Diese orientierte Quensen an Vorlagen von August Essenwein, der beispielsweise auch an der restaurierenden Neugestaltung des Bonner Münsters beteiligt war. In Königslutter wurde, was noch an Resten der mittelalterlichen Wandmalerei vorhanden war, übermalt und dann in einer Mixtur aus romanisierendem sowie barockisierendem Stil völlig neugestaltet.

Ein Jahrhundert später hatten die erwähnten unsachgemäßen Erhaltungsmaßnahmen zu ihrem Gegenteil geführt, sodass erneut an die Bausubstanz der Kirche herangegangen werden musste. Da sich dies auf die Innenausmalung auswirken würde, stand nun die Grundsatzentscheidung an, wie die Gestaltung des späten 19. Jahrhunderts zu behandeln sei. Und im Gegensatz etwa zum Speyerer Dom wurde diese in Königslutter komplett wiederhergestellt. Eine Rückkehr zu den spätromanischen Ursprüngen wäre ohnehin nicht mehr möglich gewesen. Und so erstrahlt seit dem Anfang des 21. Jahrhunderts der Innenraum von Königslutter in den berauschenden Farben des Historismus und seiner Vorstellung vom Mittelalter: Auch aus diesem Grund ist die Stiftskirche in Königslutter ein bedeutender Erinnerungsort in Niedersachsen, der eine Brücke mit vielen Pfeilern vom Mittelalter über das von dieser Epoche geschichtsbesessene 19. Jahrhundert bis in die Gegenwart schlägt.

Abb. 2: Darstellung Lothars III. am nördlichen Vierungspfeiler.

Anmerkungen

1 Übersetzung von Klaus Nass, Die Chroniken des Klosters Königslutter, Braunschweig 2001, S. 24 und 25, Folio 1R.

Literatur

Hannes Böhringer (Hrsg.), Die tätowierte Wand. Über Historismus in Königslutter, München 2009.

Caspar Ehlers, Die historische Bedeutung von Königslutter für die Süpplingenburger und das Reich, in: Thomas Henkel (Hrsg.), Nicht Ruh' im Grabe ließ man euch … Die letzte Heimat Kaiser Lothars III. im Spiegel naturwissenschaftlicher und historischer Forschungen, Braunschweig 2012, S. 12-23.

Tobias Henkel (Hrsg.), Dem Mittelalter in die Augen geschaut. Der Kaiser-

dom zu Königslutter. Geschichte, Architektur, Bauskulptur, Malereien, Braunschweig 2010.
Tobias Henkel (Hrsg.), Kaiserdom Königslutter. Geschichte und Restaurierung, Petersberg 2008.
Bruno Klein, Die ehemalige Abteikirche von Königslutter, in: Jochen Luckhardt u.a. (Hrsg.), Heinrich der Löwe und seine Zeit. Herrschaft und Repräsentation der Welfen 1125-1235. Katalog der Ausstellung Braunschweig 1995, Bd. 2, München 1995, S. 105-119.

Die Welfen

Von Thomas Vogtherr

Niedersachsen – Welfenland? Diese Gleichsetzung geht historisch nicht auf, und sie ist niemals aufgegangen. Dennoch wird die große Bedeutung dieser ältesten europäischen Adelsfamilie für das Territorium des heutigen Bundeslandes kaum zu bestreiten sein. Als 1946 das Bundesland Niedersachsen geschaffen wurde, bestand sein Gebiet zu übergroßen Teilen aus dem ehemals von Welfen regierten Königreich Hannover, das 1866 zur preußischen Provinz gleichen Namens geworden war, und aus dem ebenfalls welfischen Herzogtum Braunschweig. Die übrigen Vorgängerterritorien Niedersachsens, das Großherzogtum Oldenburg und das Fürstentum Schaumburg-Lippe, spielten – all ihrem historisch begründeten Selbstbewusstsein zum Trotz – wenigstens territorial nur eine bescheidene Rolle. So kam es, dass der erste Ministerpräsident des Landes Hannover (1945/1946) und des Bundeslandes Niedersachsen (ab 1946), der SPD-Politiker Hinrich Wilhelm Kopf, denn auch umstandslos als »roter Welfe« bezeichnet werden konnte (→ *H. W. Kopf*). Die politische Vertretung der Welfen, die Deutsche

Abb. 1: Die Marienburg über der Leine bei Nordstemmen, im Bau um 1864. Die steile Holzrampe wurde für den Transport des Baumaterials vom Fluss zum Bauplatz errichtet und existiert heute längst nicht mehr.

Partei, spielte bis in den Beginn der 1960er Jahre eine bedeutende Rolle auf Landesebene und war regional teilweise deutlich stärker als die CDU. Der erst 1952 gegründete Welfenbund hielt und hält das Gedenken an die ehemalige Königsfamilie wach. Angehörige des Hauses der Welfen sind weithin im Lande bekannt und populär.

Symbolisch für die welfische Königsherrschaft thront die Marienburg über dem Leinetal bei Nordstemmen. Errichtet für die Gemahlin König Georgs V., wurde dieser imposante neugotische Bau erst fertiggestellt, als das Königreich von Preußen annektiert worden war und sein König ins Exil hatte gehen müssen. Nur kurz hatte Königin Marie, Georgs V. Frau, hier gewohnt, bevor sie ihrem Gatten ins Ausland folgte. Kaum irgendwo wird das plötzliche Ende des kurzlebigen welfischen Königreichs so deutlich wie hier: Die Marienburg ist in Architektur umgesetzter Machtanspruch und Repräsentationswille, ein Schlossbau blieb als leere Hülle für unerfüllte Träume. Nur selten residierten Welfen nach 1866 in diesem Bau, der schon lange museal genutzt wird, dessen Kunstsammlungen durch eine spektakuläre Versteigerung im Jahre 2005 dezimiert und in alle Winde verstreut wurden. Der geplante Verkauf dieses Baus durch die Erbauerfamilie an das demokratisch verfasste Land Niedersachsen würde auf nachgerade symbolische Weise den Übergang monarchischer Herrschaftssymbole in republikanische Hände markieren.

Wie die Marienburg, so fiel auch die Errichtung anderer Großbauten des Königreichs Hannover in die Herrschaftszeit des blinden Königs Georg V.: Das Welfenschloss in Hannover, auf halbem Wege von der Innenstadt nach Herrenhausen gelegen, entstand in derselben Zeit. Es sollte niemals als Schloss dienen und beherbergte stattdessen seit 1879 die Königlich Preußische Technische Hochschule, aus der die heutige Leibniz Universität Hannover hervorgegangen ist. Auch ein Welfenmuseum sollte in Hannover entstehen, für das bereits Sammlungen angelegt worden waren. Daraus wurde stattdessen die Keimzelle eines (preußischen) Provinzialmuseums, das heutige Niedersächsische Landesmuseum Hannover.

Andere welfische Schlösser verschwanden mehr oder weniger vollständig aus der öffentlichen Wahrnehmung: Das Fachwerkschloss Salzdahlum, im Herzogtum Braunschweig gelegen und 1694 fertiggestellt, wurde 1813 auf Betreiben des neuen Eigentümers, der Stadt Braunschweig, demontiert. Das Braunschweiger Stadtschloss aus dem 18. Jahrhundert wurde im Zweiten Weltkrieg schwer beschädigt und schließlich – in einem für Westdeutschland einmaligen Vorgang – 1960 abgerissen. Die Wiederauferstehung feierte es 2007 als Kombination von städtischen Kultureinrichtungen und einem Einkaufszentrum, der eine Replik der Schlossfassade vorgeblendet wurde (→ *Braunschweiger Schloss*).

Welfische Schlösser: Sie wurden abgerissen, zu Museen gemacht, als Standorte von Hochschulen benutzt oder für den Landtag umgebaut. Das alles ist typisch für viele Schlösser ehemals regierender Familien Deutschlands, und dennoch ist es etwas Besonderes, weil der Abbruch der monarchischen Traditionen die Welfen scheinbar so rasch ereilte und so sehr als Unrecht empfunden werden mochte.

Die Welfenbauten hatten also ein schwieriges Schicksal, so schwierig wie die welfische Herrschaft insgesamt. Aus machtvollen Anfängen mit Herzog Heinrich dem Löwen als Herzog von Sachsen und Bayern, dem großen Gegenspieler des staufischen Kaisers Friedrich I. Barbarossa, in seiner Residenzstadt Braunschweig mit Dom und Burg Dankwarderode wurde – trotz des kurzlebigen welfischen Kaisertums der Jahre nach 1209 durch Otto IV. – eben keine deutsche Großmacht, sondern allenfalls eine der mittelgroßen Mächte, deren politische Reichweite fast immer geringer war als ihr Anspruch. Sich königsgleich zu fühlen, bedeutete eben keineswegs, auch königsgleich zu sein. Teilungen des welfischen Herrschaftsgebietes parzellierten seit dem 13. Jahrhundert den Osten und Süden des heutigen Bundeslandes Niedersachsen und führten zwischen den Linien des Gesamthauses Braunschweig-Lüneburg zu familieninternen Zwistigkeiten, die sich durch die unterschiedlichen konfessionellen Parteinahmen nach der Reformation noch verstärkten. Dagegen stand eine phasenweise kluge Erwerbspolitik, die in Etappen praktisch das gesamte Land zwischen Weser und Elbe bis nach Harburg in den Besitz der Familie brachte.

Um 1700 erreichten die Welfen der Calenberger Linie die Spitze ihrer europäischen Geltung und ihres Einflusses – stets im Wettstreit mit ihren ähnlich ambitionierten Vettern der Linie Braunschweig-Wolfenbüttel. Seit 1692 zum Kurfürstentum erhoben, wurde 1705 das von Hannover aus regierte Territorium Calenberg durch Erbgang um das Fürstentum Lüneburg erweitert. Zu einem der wichtigen Mitwirkenden an einem ganz Europa umfassenden Mächtespiel wurde das Haus Hannover im Jahr 1701 durch die im Act of Settlement in Aussicht gestellte englische Thronfolge (→ *Sophie*). 1714 konnte Kurfürst Georg Ludwig die Personalunion seines Landes mit dem britischen Königreich erreichen, eine Vereinigung, die bis 1837 halten sollte. Das Kurfürstentum Hannover wurde in diesen mehr als hundert Jahren faktisch zu einer Art Nebenland. Die Könige machten sich in ihrer Heimat rar und ließen sich auch nach der Erhebung des Kurfürstentums zum Königreich auf dem Wiener Kongress 1815 in Hannover vertreten, die Königliche Residenzstadt Hannover wurde zu einer Residenz ohne König. Das Hauptaugenmerk der welfischen Könige bzw. Kurfürsten lag eindeutig auf England und Großbritannien, und das schloss internationale Verwicklungen im Siebenjährigen Krieg,

Abb. 2: Das Celler Schloss von Osten mit der prächtigen Renaissancefassade des 16. Jahrhunderts.

dem ersten Weltkrieg der Neuzeit, und im Amerikanischen Unabhängigkeitskrieg mit ein. Für Jahrzehnte waren die Welfen die Landesherren der entstehenden Vereinigten Staaten von Amerika.

Daneben lebte trotz aller Rivalitäten zwischen den Linien Hannover und Wolfenbüttel der Gedanke des welfischen Gesamthauses bis in das 19. Jahrhundert fort. Friedrich Wilhelm von Braunschweig-Wolfenbüttel, bekannt als der *Schwarze Herzog* und bis heute in Braunschweig nicht vergessen, kämpfte auf der Seite seines Vetters Georg III. von Großbritannien gegen Napoleon und fiel in der Schlacht von Waterloo 1815 (→ *Waterloo-Säule*). Bis zur Volljährigkeit seiner Söhne stand Braunschweig unter der Regentschaft der britischen Könige. Nicht zuletzt war es die familiäre Verbindung, die es 1913 dem Enkel des hannoverschen Königs Georg V. ermöglichte, die Regierung in Braunschweig anzutreten, nachdem seine Eheschließung mit der jüngsten Tochter Kaiser Wilhelms II. zu einer Aussöhnung zwischen den einst in Hannover regierenden Welfen und dem Haus Hohenzollern geführt hatte. Viktoria Luise von Preußen genoss bis zu ihrem Tode im Jahr 1980 in Hannover wie in Braunschweig großes Ansehen.

Was blieb im heutigen Niedersachsen? Wiederum sind es Schlossbauten, die beispielhaft für die Kontinuitäten und die Brüche welfischer Herrschaft stehen: das Schloss in Celle und das Leineschloss in Hannover. Celle war seit dem 14. Jahrhundert zur welfischen Residenz geworden und blieb es bis 1705, als es von Hannover abgelöst wurde. Das noch heute prachtvolle und eindrucksvolle Schloss war im 16. Jahrhundert im Renaissancestil umgebaut worden und hatte damit europäische Standards des Residenzbaus erreicht. Als die Residenz nach Hannover verlegt wurde, zogen Kurfürsten und Hof in den damals noch recht bescheidenen Vorgängerbau des heutigen Leineschlosses, der im 18. Jahrhundert durch ein Opernhaus erweitert und ein Jahrhundert später durch den Architekten Georg Ludwig Friedrich Laves durchgreifend umgestaltet wurde. Seit 1962 ist das ehemalige welfische Residenzschloss Sitz des Niedersächsischen Landtages. Das Stadtschloss in Wolfenbüttel – über annähernd fünf Jahrhunderte, von 1283 bis 1754, als Residenz genutzt – verweist in seiner heute vom Barock geprägten Gestalt auf die Kontinuität dieser Residenz der Braunschweiger Linie. Das in Braunschweigs Süden gelegene Lustschloss Richmond von 1768/69 steht mit seinem Landschaftsgarten in englischem Stil dem wesentlich jüngeren Georgengarten südlich des Schlosses Herrenhausen voran. Schlösser und Parks waren immer auch Ausdruck der innerfamiliären Konkurrenz.

Die Welfen und ihre Schlösser: In der Vielzahl der Schlösser und im Schicksal dieser Bauten bis in die Gegenwart hinein wird die dynastisch ungebrochene Geschichte einer europäischen Hochadelsfamilie von Rang ebenso deutlich wie ihre Brechungen durch die Politik, vor allem des 19. Jahrhunderts. Materielle Erinnerungen an die Rolle dieser Familie im heute niedersächsischen Raum sind diese Schlösser geblieben.

Hinter den welfischen Schlössern scheinen die Menschen, die in ihnen residierten (oder nach 1866 gerne residiert hätten), zurückzutreten. Dabei besteht die Erinnerung an die Welfen eben auch aus der Erinnerung an die Angehörigen dieser über lange Zeit weitverzweigten Familie: Herzog Heinrich der Löwe als der bekannteste mittelalterliche Welfe (→ *Heinrich d. Löwe*) und Kaiser Otto IV. (als weit weniger bekannter einziger Kaiser aus dieser Familie überhaupt) sind die wohl bedeutendsten mittelalterlichen Vertreter. Herzog Heinrich der Jüngere von Braunschweig-Wolfenbüttel gilt heute noch als einer der Köpfe des Katholizismus auf Reichsebene im 16. Jahrhundert. Auf der anderen Seite, der der Lutheraner, stand sein Vetter Herzog Ernst der Bekenner von Braunschweig-Lüneburg, in dessen Geburtsstadt Uelzen heute ein Gymnasium seinen Namen führt. Mit den Braunschweiger Herzögen August dem Jüngeren und Anton Ulrich haben sich zwei Welfen als bedeutende Förderer von Kunst und Wissenschaft erwiesen. Heute heißen die weltweit bekannte Bibliothek in

Wolfenbüttel und das bedeutende Braunschweiger Kunstmuseum nach ihnen.

In Großbritannien ist die Erinnerung ein wenig zwiespältiger: Die Könige aus dem Welfenhause wurden lange Zeit nicht gerade als vorbildlich angesehen. Ihnen schienen Sprach- und Landeskenntnisse zu fehlen, sie wurden als Fremdkörper im britischen politischen Leben betrachtet und erst in der Gegenwart besinnt man sich auf die Stärken dieser 123 Jahre amtierenden Könige aus dem deutschen Norden (→ *Personalunion*). *Farmer George*, der volkstümliche und an Landwirtschaft und Landleben sehr interessierte König Georg III., ist sprichwörtlich geworden, und die Londoner Regents Street verdankt ihre Bauten und ihren Namen seinem Sohn, dem Prinzregenten Georg IV., der 1820 zum König erhoben werden und Großbritannien bis 1830 regieren sollte.

Die Erinnerung an die Welfen hatte und hat immer auch eine zeitgenössische Komponente: »Der« Prinz ist auch im demokratischen Niedersachsen eine Person öffentlichen Interesses. Ernst August von Hannover (* 1983) steht, so gesehen, in einer nun schon längeren Tradition einer Hochadelsfamilie, die in demokratischem Umfeld als mehr angesehen wird als lediglich eine Familie von Privatleuten. Dass seit den Zeiten seiner Urgroßmutter, der preußischen Prinzessin und Braunschweiger Herzogin Viktoria Luise, immer wieder Welfen an der Spitze des Hannoveraner Schützenausmarsches zu sehen waren, zeigt den Übergang von monarchischen zu republikanischen Traditionen mehr als deutlich (→ *Schützenfest*).

Literatur

Hans-Georg Aschoff, Die Welfen. Von der Reformation bis 1918, Stuttgart 2010.

Bernd Schneidmüller, Die Welfen. Herrschaft und Erinnerung (819-1252), Stuttgart ²2014.

Thomas Vogtherr, Die Welfen. Vom Mittelalter bis zur Gegenwart, München 2014.

Heinrich der Löwe

Von Thomas Scharff

Nach dem Tod Heinrichs des Löwen am 6. August 1195 wurde sein Leichnam in der noch unvollendeten Braunschweiger Stiftskirche St. Blasius neben seiner sechs Jahre zuvor verstorbenen Frau Mathilde beigesetzt. Heinrich hatte die Kirche zu seinem Gedenken im Pfalzbezirk errichten lassen. Die beiden Gräber befanden sich im Langhaus vor dem Kreuzaltar und dem dahinter liegenden Chor, in einem auch Laien zugänglichen Bereich des Gotteshauses. Der gesamte Bau diente dem Totengedenken Heinrichs, also dem dauerhaften Gebet für seine Seele durch die Stiftsherren, die dieser Pflicht auch bis zur Reformation nachkamen. Später wurden weitere welfische Herzöge und deren Angehörige in der Nähe der beiden Gräber bestattet.

Abb. 1: Grabmal Heinrichs des Löwen und der Mathilde von England, Braunschweig Stiftskirche St. Blasius 13. Jh., Fotografie 1958.

Heinrich hatte also für seine Erinnerung gesorgt und versucht vorzugeben, wie sie ausgestaltet werden sollte. Dom und Pfalz waren ein bauliches Ensemble, das ganz auf seine Person zugeschnitten war.

Vor allem der bronzene Löwe im Zentrum des Pfalzbezirks war ein Bild des Herzogs, das ihn für immer präsent sein lassen sollte. Wenn man so will, hat Heinrich der Löwe sich in Braunschweig selbst einen Erinnerungsort im wörtlichen Sinn gestaltet. Offensichtlich haben die Bauten seine Zeitgenossen auch tatsächlich beeindruckt, denn bereits hochmittelalterliche Geschichtsschreiber erwähnten den Löwen, und Arnold von Lübeck, in dessen Chronik Heinrich anfangs im Zentrum steht, bezeichnete das Grabmal auch tatsächlich als dessen einzige wirkliche Hinterlassenschaft.

Historiographen aus dem Umfeld Heinrichs beschrieben den Herzog als Sieger über die Slawen und als deren Bekehrer zum Christentum sowie als großen Kirchengründer. Sie sahen ihn als mächtigen Eroberer, der dann aber auch in Sachsen den Frieden sicherte, welcher erst nach seinem demütig ertragenen Sturz ins Wanken geriet. Geschichtsschreiber mit größerer Distanz oder gar Ablehnung gegenüber dem Welfen betonten dagegen dessen Überheblichkeit und Grausamkeit, die dann auch zu seinem Sturz geführt habe. In der heute maßgeblichen Biographie über Heinrich den Löwen betont Joachim Ehlers allerdings, dass Darstellungen, die von Feindschaft gegenüber Heinrich geprägt waren, immer auch Achtung für die Größe des Herzogs und die Tragik seines Sturzes zum Ausdruck gebracht hätten, in dem sich beispielhaft die Wechselfälle des Glücks gezeigt hätten.

Diese mittelalterlichen historiographischen Werke sollten in den folgenden Jahrhunderten zum Ausgangspunkt der Erinnerung an Heinrich den Löwen werden, einer Erinnerung, die unterschiedliche Ausprägungen annehmen und verschiedenen Wandlungsprozessen unterworfen sein würde. Die Wertungen mittelalterlicher Geschichtsschreiber waren also für die kommenden Zeiten von entscheidender Bedeutung, auch wenn ihre zeitgebundenen Einschätzungen oftmals ganz neu verstanden wurden. Die Erinnerung an den Herzog manifestierte sich zudem in anderen Werken einer pragmatischen Schriftlichkeit wie Genealogien, Urkunden oder anderen Rechtstexten, die ebenfalls in sehr unterschiedlichen Formen rezipiert wurden. Daneben gab es einen breiten Strom literarischer Überlieferung, der als *Heinrichssage* bekannt ist und verschiedene fiktive Erzählungen über Heinrich beinhaltete und in unterschiedlichen Formen und Kombinationen tradierte. Schließlich ist auch an die monumentalen Überreste zu denken wie das Ensemble von Pfalz, Kirche und Löwenmonument in Braunschweig, die den Menschen in ihrer beeindruckenden Materialität vor Augen standen und sie zum Nachdenken über ihren Stifter und Erbauer geradezu aufforderten.

Gruppen, für deren Erinnerungskultur Heinrich im Lauf der Geschichte zum prägenden und identitätsstiftenden Bezugspunkt, zum Kristallisationspunkt ihres kollektiven Gedächtnisses wurde, gab und gibt es mehrere: die Herrscherfamilie der Welfen, deren bedeutender und sicherlich mächtigster Vertreter Heinrich der Löwe war, die Bürger der von ihm zur Residenz gemachten Stadt Braunschweig, aber auch Bürger anderer sächsischer Städte, als deren Gründer Heinrich galt. Sein kriegerisches Handeln ließ ihn zudem zum Vorbild des Adels werden, und im Zeitalter der Entstehung des Nationalstaates und des Nationalismus wurde versucht, sein politisches Handeln für oder gegen bestimmte zeitgenössische Entwicklungen zu vereinnahmen und den mittelalterlichen Herrscher somit zum Symbol auf nationaler oder regionaler Ebene zu machen. Überhaupt besteht die Erinnerungskultur um Heinrich den Löwen sehr stark aus Vereinnahmungen und Aneignungen des Welfen, die aber natürlich immer nur möglich waren, weil mit der Person bereits bestimmte Bilder verbunden werden konnten.

Die frühneuzeitliche Erinnerungskultur um Heinrich den Löwen verlief großenteils weiterhin in den vom Spätmittelalter vorgegebenen Bahnen. Für seine welfischen Nachfahren war er einer der bedeutendsten Vertreter des Geschlechts (→ *Welfen*). Juristen und Historiker wurden von ihnen bemüht, um den Nachweis zu führen, dass Heinrich seine Länder zu Unrecht verloren hatte, womit eigene Ansprüche auf Territorialbesitz oder Rangerhöhung begründet werden sollten. Die historiographischen Arbeiten des in welfischen Diensten stehenden Gottfried Wilhelm Leibniz sind zu einem großen Teil diesem Zweck geschuldet (→ *Leibniz*). Aber auch die auf der Heinrichsage basierende Oper *Enrico Leone* von Agostino Steffani aus dem Jahr 1689 zur Eröffnung des neuen Opernhauses in Hannover diente diesem Ziel.

Nicht zuletzt durch eine mit ihren Überblicksdarstellungen ins Bürgertum hineinreichende Geschichtswissenschaft wurde Heinrich im Deutschland des 19. Jahrhunderts bekannter und populärer als jemals zuvor. Zu einem nationalen Erinnerungsort konnte er allerdings nicht werden, denn die Einschätzungen und Beurteilungen seiner Persönlichkeit und seiner Politik gingen zu weit auseinander. Das lag vor allem daran, dass seine Herrschaft zum Teil einer mit historischen Argumenten geführten und auf das Mittelalter zurückprojizierten politischen Auseinandersetzung um die wahre Bestimmung deutscher Außenpolitik wurde. Hatte sich der Welfe richtig verhalten, weil er mit seinen Eroberungen die »Ostkolonisation« vorangetrieben und »deutsche« Kultur in die von Slawen bewohnten Gebiete getragen und diese damit auch dem Reich angegliedert hatte? Oder war er ein selbstsüchtiger Despot gewesen, der in der aus egoistischen Motiven geführten Auseinandersetzung mit seinem Vetter und Lehnsherrn, Kaiser Friedrich Barbarossa, dessen Italienpolitik und damit die Rolle des deutschen Reiches als europäischer Ordnungsmacht sabotiert hatte?

Auch wenn viele Menschen eher der von Heinrich scheinbar vertretenen »kleindeutschen« Lösung zuneigten, die nach der Reichsbildung 1871 auch Realität wurde, so sahen Geschichtswissenschaft und

Öffentlichkeit in Barbarossa doch zu sehr den Höhepunkt der »deutschen Kaiserzeit« verkörpert, als dass Heinrich zum deutschen Helden hätte aufsteigen können. Im Schatten des großen Staufers blieb er immer zumindest auch der auf seine Partikularinteressen fixierte Fürst, der den Belangen des Reiches nur nachgeordnete Bedeutung beimaß und sie hintanstellte, wenn es ihm nützte.

Anders dagegen verhielt es sich auf lokaler Ebene in Braunschweig. Hier hat man mit einigem Recht von einem »Heinrichskult« gesprochen. In einer Phase der radikalen Umgestaltung der Stadt in der Folge von Industrialisierung und Bevölkerungswachstum und der dynastischen Unsicherheit nach dem Tod Herzog Wilhelms und darauffolgender wechselnder Regentschaften wurde die historische Figur Heinrich der Löwe zu einem Fixpunkt einstiger Größe in einer längst vergangenen, scheinbar auf sozialer und politischer Ebene geordneten mittelalterlichen Welt. Ausdruck dieser Sichtweise waren die vom Stadtbaurat Ludwig Winter veranlassten baulichen Maßnahmen, deren wichtigste die historisierende Rekonstruktion der mehrfach umgebauten und 1873 niedergebrannten Pfalz Heinrichs wurde. Im Zuge dieses Neubaus zwischen 1887 und 1906 wurde der gesamte Bereich der alten Burg um das Löwenstandbild »mittelalterlich« umgestaltet. Auch der Heinrichsbrunnen auf dem Hagenmarkt mit einer krönenden Skulptur des Welfen geht auf einen Gesamtentwurf Winters zurück. Gerade an Stellen, an denen oder in deren unmittelbarer Umgebung das alte Braunschweig grundlegend verändert wurde und damit unwiderruflich verlorenging, knüpfte man bewusst an ein imaginiertes Mittelalter Heinrichs des Löwen an. Diese Bauten wurden auch zum Ort pseudomittelalterlicher Inszenierungen, so anlässlich des Besuchs Kaiser Wilhelms II. im Jahr 1889 oder bei der Veranstaltung eines »Romanischen Hoffests« zu Ehren des Regenten Johann Albrecht zu Mecklenburg im Jahr 1911, das zu großen Teilen von Ludwig Winter vorbereitet und inszeniert wurde. Heinrich der Löwe und seine Bauten mussten dabei für die fiktive Harmonie einer mittelalterlichen Eintracht zwischen den Ständen herhalten, die der Klassengesellschaft vor dem Ersten Weltkrieg eine angebliche Alternative entgegenstellen sollte. Betont wurde hierbei Heinrichs Bedeutung für die Nation und für das Bürgertum.

Als »Ostkolonisator« hatte Heinrich der Löwe natürlich auch im NS-Regime einiges Potential zur Identifikationsfigur. In Anknüpfung an die oben angesprochenen älteren und allgemein verbreiteten Vorstellungen ist dieses Potential auch durchaus genutzt worden. Nach 1933 wurde die Verehrung Heinrichs als eines mittelalterlichen Fürsten, der seiner vermeintlich »historischen Mission« nachgekommen war, auch über Braunschweig hinaus ausgesprochen populär. Im Verlauf der NS-Zeit trat diese Wertschätzung allerdings mehr in den Hintergrund, und die offizielle Propaganda betonte zunehmend, dass

Abb. 2: Standbild Heinrichs des Löwen auf dem Hagenmarktbrunnen (Adolf Breymann 1874).

das Deutsche Reich nicht nur die »historische Aufgabe« habe, die deutsche Kultur im Osten zu verbreiten, sondern auch einen auf ganz Europa gerichteten imperialen Auftrag. Dadurch wurde das mittelalterliche Reich als europäische Ordnungsmacht zum Vorbild erkoren. Nun waren es die großen Kaisergestalten wie Karl der Große (→ *Karl d. Gr.*), Otto der Große oder Friedrich Barbarossa, die den zuvor als Musterbeispiele für Germanen- und Deutschtum verehrten Fürsten wie Widukind oder eben Heinrich dem Löwen den Rang abliefen. Gemessen an Hitlers ebenso monströsen wie verbrecherischen Plänen im Krieg gegen die Sowjetunion ist es sicherlich verständlich, wenn er Heinrich aus seiner Perspektive 1942 als »Kleinsiedler« mit geringem Format titulierte, dessen Handeln ihm nicht zum Vorbild taugte.

Besonders intensiv und über den beschriebenen Bedeutungsverlust in der nationalsozialistischen Propaganda hinweg wurde die Heinrichverehrung in Braunschweig betrieben. Dort hatte sich bereits 1935 Ministerpräsident Dietrich Klagges, ein innerhalb der Partei nur mäßig vernetzter und im Reich wenig bedeutender Protagonist des Regimes, mit allen Mitteln bemüht, sich selbst in die Tradition Heinrichs des Löwen zu stellen und durch die Betonung von dessen Rolle gleichsam eine historische Fundierung für die angestrebte Steigerung der eigenen Bedeutsamkeit und Machtfülle zu erreichen. So erlebte Braunschweig spektakuläre Maßnahmen wie die Öffnung der Gräber Heinrichs und Mathildes und die Erbauung der Gruft für ihre Särge sowie die Profanierung des Domes und dessen Umwidmung in eine »Halle Heinrichs des Löwen«, in der seine Ostpolitik bildlich in Szene gesetzt und gefeiert wurde.

Nach 1945 entfiel die Frage nach dem Vorbildcharakter der expansiven Ostpolitik Heinrichs, und die Sgraffiti im Dom mit den gen Osten marschierenden pseudo-mittelalterlichen deutschen Kriegern und Siedlern wurden übermalt. Die Erinnerung an Heinrich ist seitdem nicht mehr in so offensichtlicher Weise politisiert. Gern wird in modernen Darstellungen über seine Rezeption darauf verwiesen, dass nach Kriegsende eine Verwissenschaftlichung im Umgang mit dem Welfen stattgefunden und dass eine starke Kommerzialisierung seines Gedenkens die vorherige Instrumentalisierung abgelöst habe. Das trifft nur bedingt zu, denn auch die historischen Studien der früheren Jahrhunderte waren, wenn sie gut waren, in wissenschaftlicher Hinsicht auf der Höhe ihrer Zeit. Und wenn seit den achtziger Jahren des 20. Jahrhunderts Braunschweig auf Ortsschildern als »Stadt Heinrichs des Löwen« angekündigt wird, dann nimmt das einen Slogan auf, den Werbestrategen der Stadt bereits im Nationalsozialismus geprägt haben.

Dass Heinrich weiterhin von großem Interesse ist, zeigt unter anderem der Erfolg der vielfach gelobten Ausstellung »Heinrich der Löwe und seine Zeit« von 1995, einer der großen Mittelalterausstellungen in Deutschland seit den 1970er Jahren. Es zeigt sich auch im großen Zuspruch von Vortragsveranstaltungen, in deren Ankündigungen sein Name auftaucht. Was dabei, außer ehemaliger Größe, mit dem Welfen verbunden wird, ist schwer zu sagen. Nach den Erfahrungen der Vergangenheit ist es aber vielleicht auch ganz gut, dass die kollektive Erinnerung an Heinrich gar nicht mehr so konkret mit symbolischer Bedeutung aufgeladen ist.

Literatur

Stefanie Barbara Berg, Heldenbilder und Gegensätze. Friedrich Barbarossa und Heinrich der Löwe im Urteil des 19. und 20. Jahrhunderts, Münster/Hamburg 1994.

Joachim Ehlers, Heinrich der Löwe. Eine Biographie, München 2008.

Jochen Luckhardt u.a. (Hrsg.), Heinrich der Löwe und seine Zeit. Herrschaft und Repräsentation der Welfen 1125-1235. Katalog der Ausstellung Braunschweig 1995, Bd. 3: Abteilung Nachleben, München 1995.

Bernd Schneidmüller, Die Welfen. Herrschaft und Erinnerung (819-1252), Stuttgart u.a. 2000.

Kloster Loccum

VON HANS OTTE

Abb. 1: Ansicht Klosteranlage.

Für den Ort Rehburg-Loccum, etwa 50 km nordwestlich von Hannover gelegen, und das evangelische Kloster dort ist der 6. Januar ein besonderer Tag. Alljährlich kommt der Ort in den regionalen Abendnachrichten vor, wenn vom Neujahrsempfang berichtet wird, den die hannoversche Landeskirche im Kloster ausrichtet: Namhafte Persönlichkeiten des öffentlichen Lebens aus Politik, Kultur oder Wirtschaft werden dazu eingeladen. Dieser traditionelle Epiphanias-Empfang der Evangelisch-lutherischen Landeskirche Hannovers findet nicht in der Landeshauptstadt statt, sondern eben in Loccum. Das Kloster gehört zur Landeskirche, meistens ist der Abt zugleich Landesbischof in Hannover. Das erregt oft Staunen, wie kann ein evangelischer Landesbischof Abt eines Klosters sein? Tatsächlich ist die Existenz des Klosters, das seit 1163 in ungebrochener Tradition besteht, nur aus seiner besonderen historischen Entwicklung zu verstehen.

Gegründet wurde Loccum von Zisterziensern, einem Reformorden, der – in der Nachfolge Jesu – auf Askese und Schlichtheit drängte. Ausgerichtet auf den Gottesdienst mit Gebet und Arbeit wollten die frühen Zisterzienser außerhalb der Städte möglichst einfach leben und arbeiten, damit grenzten sie sich gegen die Prachtentfaltung der mittelalterlichen Kirche ab. Gleichzeitig wirtschafteten sie innovativ und effektiv, entsprechend große Geldmittel standen den Zisterziensern zur Verfügung. Das zeigen auch die erhaltenen Klostergebäude in Loccum: ein Teil – die Kirche und das Dormitorium – stammt aus der frühen Zeit des 13./14. Jahrhunderts. Bald kamen eine Pilgerherberge, die Zehntscheune – wegen ihrer Größe der Elefant genannt –, die Walkmühle und weitere Wirtschaftsgebäude hinzu. In den benachbarten Städten errichtete das Kloster Niederlassungen, um von dort aus den Handel mit den Produkten des Klosters zu organisieren. So war es möglich, bemerkenswerte Bauten zu errichten, die einerseits Schlichtheit repräsentierten, andererseits durch ihre Größe und Weite Eindruck machten. Im Unterschied zu den meisten katholischen Zisterzienserklöstern, die im 18. Jahrhundert gern »barockisiert« wurden, blieb in Loccum der Kernbereich des Klosters – Kreuzgang und Kirche – in seiner spätmittelalterlichen Erscheinung erhalten. 1596 war das Refektorium fertiggestellt worden. 1778/80 wurde nur der westliche Klostertrakt neu gebaut. Dieser Bau entsprach dann dem Repräsentationsbedürfnis von Abt und Konvent im 18. Jahrhundert, orientierte sich aber weiterhin an den Maßen, die durch den Kreuzgang vorgegeben waren. Mit seinem Gebäudebestand bietet Loccum heute noch immer das Bild eines mittelalterlichen Zisterzienserklosters, wie es sich nördlich der Alpen sonst nur noch im Kloster Maulbronn in Württemberg findet.

Die Reformation ging am Kloster nicht spurlos vorüber. 1585 erreichte Herzog Julius von Calenberg, dass Abt und Konvent ihm huldigten; gegenüber dem Herzog nutzte dem Kloster ein kaiserliches Schutzprivileg von 1530 nichts. In einem weiteren Privileg, das der Herzog nach erhaltener Huldigung ausstellte, wurden dem Kloster aber die bisherigen Freiheiten und Rechte bestätigt, auch wurde dem Konvent gestattet, *das sie ihren itzige habit, so lang es ihnen gelegen und gefellig, behalten mögen.* Der Konvent brauchte seine hergebrachte Lebensform nicht aufzugeben. Damit war ein allmählicher Übergang zum lutherischen Bekenntnis möglich, nach 1600 wurde das Generalkapitel der Zisterzienser nicht mehr besucht, ein Taufstein, der in der Kirche aufgestellt wurde, machte deutlich, dass das Gebäude der Ortsgemeinde zur Verfügung stand. Im Dreißigjährigen Krieg wurden Abt und Konvent durch kaiserliche Truppen vertrieben, sie galten als Teil der »evangelischen Partei«. Ein neu eingesetzter »katholischer« Abt konnte sich aber nicht halten, als sich die kaiserlichen Truppen zurückzogen. Seitdem war das Kloster unbestritten evangelisch, die Stundengebete wurden weiterhin gehalten und einige Konventuale lebten auch noch ehelos. So war es naheliegend, dass im 17. Jahrhundert, als einzelne Theologen mit kaiserlicher Unterstützung über eine Wiedervereinigung der evangelischen und katholischen Kirche verhandelten, der Loccumer Abt Gerhard Wolter Molanus zusammen mit Gottfried Wilhelm Leibniz an den Verhandlungen beteiligt war (→ *Leibniz*).

Die Bindung an das Fürstentum Calenberg entfaltete Wirkung: Seit Anfang des 17. Jahrhunderts galten die Loccumer Äbte als vornehmster Landstand im Fürstentum, der Abt präsidierte den Landständen, deren politisch wichtigste Aufgabe die Steuerbewilligung war. So war der Abt indirekt an der Regierung des Landes beteiligt. Deshalb achteten die Herzöge – später die Kurfürsten von Hannover – darauf, dass der Konvent nur einen wirklich geeigneten Theologen zum Abt wählte. Für den Klosterbezirk, der mehrere Dörfer umfasste, war der Abt Gerichtsherr, er hatte für ein rechtmäßig besetztes Gericht zu sorgen und musste dessen Urteile bestätigen. Gleichzeitig gehörte er dem Konsistorium an, der Kirchenbehörde des Fürstentums, auch hier in leitender Funktion. In Hannover wohnte er im Loccumer Hof, dem seit dem Mittelalter in der Stadt bestehenden Wirtschaftshof des Klosters (im Zweiten Weltkrieg zerstört), von dort aus leitete er auch das Kloster, das er nur für einige Wochen im Jahr besuchte. Hier besorgte ein Konventual, meistens der Prior, die Klosterverwaltung, und ein Studiendirektor organisierte die Ausbildung der Hospites, die seit dem 17. Jahrhundert in das Kloster aufgenommen wurden. Hospites waren junge Theologen, die die Konventsmitglieder bei den Gottesdiensten unterstützen sollten und sich gleichzeitig auf das zweite theologische Examen vorbereiteten. Aus diesem »Hospiz« entstand das Predigerseminar: Wer nach dem Theologiestudium ein gutes (erstes) Examen abgelegt hatte und als Hospes aufgenommen wurde, konnte dort für wenigstens zwei Jahre kostenfrei leben, um sich auf das Pfarramt vorzubereiten; hier konnte er auch wissenschaftlich weiterarbeiten.

In der Zeit der Aufklärung, unter Johann Christoph Salfeld (Abt 1792-1829), erhielt das Predigerseminar eine feste Ordnung; in einer »Instruktion« wurden die Pflichten der Hospites beschrieben. Ein erfahrener Kandidat wurde zum »Studiendirektor« berufen. Er sollte den Kontakt zum Abt halten und die Studien der anderen Kandidaten organisieren. 1795 wurde die Ordnung für das Hospiz veröffentlicht. Die Ausbildung der »Hospites« hatte nun eine feste Struktur. Das sicherte dem Kloster das Überleben. Wenig später, in napoleonischer Zeit, wurden in vielen deutschen Staaten die Männerklöster aufgelöst und säkularisiert; sie galten als unproduktiv und ihr Vermögen schien ein gutes Mittel zu sein, um die staatlichen Finanzen zu sanieren. Loccum wurde von solchen Überlegungen ausgenommen, weil es der Ausbildung von Theologen diente, also eine sinnvolle Aufgabe hatte.

Die Loccumer Ordnung für das Hospiz wurde für die Theologen-

Abb. 2: Kreuzgang.

ausbildung des 19. Jahrhunderts vorbildlich, weit über Niedersachsen hinaus: Bis dahin war es nicht selbstverständlich gewesen, dass junge Theologen zusammenlebten, sich gegenseitig unterrichteten und in den Gemeinden der Umgebung Gottesdienste und Religionsunterricht übernahmen. Üblich war sonst, dass ein Kandidat nach dem ersten Examen einem Pfarrer zur Hilfeleistung zugewiesen wurde; ihm sollte er das Notwendige für die Führung eines Pfarramts abschauen. In Loccum war das anders: Wer ein gutes oder sehr gutes Examen gemacht hatte, wurde noch einmal für ein bis zwei Jahre freigestellt, um im Kloster zu studieren und die praktische Arbeit eines Pfarrers zu reflektieren, gleichzeitig konnte man auch noch größere wissenschaftliche Arbeiten schreiben, schließlich besaß das Kloster eine große Bibliothek. Der Studiendirektor hielt die Verbindung zum Abt in Hannover, der weiterhin in der Landespolitik engagiert war, sich aber regelmäßig berichten ließ.

In dieser Zeit hatte das Kloster sowohl eine politische und kirchliche Bedeutung. Sichtbar wurde das, als das Königreich Hannover 1866 von Preußen annektiert wurde: Der Abt wurde Mitglied des preußischen Herrenhauses; gleichzeitig musste der Konvent des Klosters einen Juristen als Vermögensverwalter aufnehmen. Insgesamt wirtschaftete das Kloster sparsam; es konnte weiterhin seine Aufgabe als Träger des Predigerseminars erfüllen. Durch diese Funktion in der Theologenausbildung war es für den Abt und den Konvent kein großes Problem, dass das Kloster schrittweise alle herrschaftlichen Rechte verlor. Die Aufgabe als »Hospiz« für angehende Pfarrer hat das Kloster bis heute behalten, indem es der Landeskirche die für die Vorbereitung auf das Pfarramt benötigten Räumlichkeiten überlässt. Inzwischen werden in Loccum auch die Theologen anderer Landeskirchen ausgebildet.

Als mit der Weimarer Reichsverfassung 1919 Kirche und Staat getrennt wurden, war das Kloster unbestritten eine kirchliche Einrichtung: In der Verfassung der hannoverschen Landeskirche 1924 wurde das Kloster als eigene kirchliche Körperschaft beschrieben. Sein Abt war der führende Geistliche der Landeskirche. Als 1928 ein neuer Abt zu wählen war, wurde ohne große Diskussion der hannoversche Landesbischof gewählt, dessen Amt wenige Jahre zuvor mit der Kirchenverfassung eingerichtet worden war. Seitdem war Loccum immer wieder mit der Kirchenpolitik des deutschen Protestantismus verflochten. So wurde hier 1933 eine Kirchenverfassung für eine deutsche evangelische Kirche ausgearbeitet, die dann aber wegen des Machtanspruchs der nationalsozialistischen »Deutschen Christen« kaum Wirkung entfaltete; hier wurde 1955 der »Loccumer Vertrag« geschlossen, der erste moderne Staatskirchenvertrag, der die Beziehungen zwischen dem Staat und den evangelischen Kirchen umfassend regelte. Mit seinen Bestimmungen war er Vorbild für alle späteren Verträge zwischen den Kirchen und dem Staat: Der Vertrag gestand den Kirchen einen grundsätzlichen Öffentlichkeitsanspruch zu – sie können sich aus eigenem Recht an den öffentlichen Debatten beteiligen –, er regelte auch Einzelfragen wie die Erhebung der Kirchensteuern, die Ausbildung der Theologen an der Göttinger Universität und den Religionsunterricht.

Der Landbesitz des Klosters ermöglichte nach dem Zweiten Weltkrieg die Ansiedlung weiterer kirchlicher Einrichtungen am Ort. Überregional bekannt ist vor allem die Evangelische Akademie Loccum. Sie lädt Menschen aus allen gesellschaftlichen Gruppen zum gesellschaftspolitischen Dialog ein, beschränkt sich dabei aber nicht auf religiöse und kirchliche Themen, sondern veranstaltet auch Tagungen und Gesprächsreihen über Kultur und Medien, Natur und Umwelt, Politik und Soziales.

Noch immer läutet täglich um 18 Uhr die Klosterglocke zur Hora, zum Gebet mit Lied und Bibellesung. Trotz aller Veränderungen im gesellschaftlichen Zusammenleben, in der Kultur und politischen Ordnung – dieser Kern monastischen Lebens wird bis heute in Loccum praktiziert.

Literatur

Horst HIRSCHLER/Ludolf ULRICH (Hrsg.), Kloster Loccum. Geschichten, Hannover 2012.

Horst HIRSCHLER u.a. (Hrsg.), Wort halten – gestern, heute, morgen. Festschrift zum 850-jährigen Jubiläum des Klosters Loccum, Göttingen 2013.

In Freiheit verbunden. 50 Jahre Loccumer Vertrag, hrsg. von der Konföderation Evangelischer Kirchen in Niedersachsen, Hannover 2005.

Ludolf ULRICH/Simon SOSNITZA (Hrsg.), Neue Forschungen zum Zisterzienserkloster Loccum, Kiel ^{2}2016.

Abb. 1: Die Schlacht bei Altenesch am 27. Mai 1234 in einer Miniatur der Sächsischen Weltchronik. *Links barfuß in Kitteln mit Spießen die Stedinger Bauern, rechts in Rüstung mit Schwertern die Kreuzfahrer.*

Die Stedinger

Von Konrad Elmshäuser

Am 27. Mai 1234 traf bei Altenesch an der Unterweser ein Kreuzfahrerheer auf die bewaffneten Verbände von Stedinger Bauern und schlug diese vernichtend. Die Erinnerung an dieses singuläre Ereignis – ein adliges Kreuzfahrerheer fällt in den Siedlungsraum christlicher Landbewohner ein – hat im Unterweserraum bis heute Spuren hinterlassen.

Die Stedinger besiedelten die Marschen links und rechts der unteren Weser nordwestlich von Bremen, das Zentrum Stedingens lag beiderseits der unteren Hunte. Die siedlungsfeindliche Region zwischen Weser und Geest wurde erst durch Deichbau und Entwässerung nutzbar, die Bevölkerung bestand aus Altsiedlern und neu herbeigerufenen Kolonisten. Zu Beginn des 13. Jahrhunderts hatten die Stedinger einen gewissen Wohlstand, ein günstiges Besitzrecht sowie eine geringe Abgabenlast von landesherrlichen und kirchlichen Lasten erreicht. Diesen Status verteidigten sie seit ca. 1204 auch bewaffnet zunächst gegen die Oldenburger Grafen und dann auch gegen den Erzbischof von Bremen. Als nach 1207 durch den Streit konkurrierender Anwärter auf den Bremer Erzbischofsstuhl ein landesherrliches Machtvakuum an Unterweser und Niederelbe entstand, beförderte auch dies die Autonomiebestrebungen. Sie mündeten in einen 15-jährigen Konflikt mit hohem Gewaltpotential auf beiden Seiten, nachdem 1219 der machtbewusste Gerhard II. zur Lippe Bremer Erzbischof wurde. Zur historischen Einordnung der Vorgänge gibt es keinerlei stedingische Quellen; vorwiegend geistliche Urkunden und Chroniken – darunter die Rasteder Klosterchronik und die *Sächsische Weltchronik* – berichten hierüber.

Unklar ist auch die innere Verfassung der Stedinger »Landesgemeinde«. Sie stützte sich wohl auf friesische Vorbilder von bäuerlicher Unabhängigkeit und bewaffneter Autonomie, doch weiß man Belastbares hierzu nicht. All dies hat die Stedinger zum idealen Gegenstand vielfältiger historischer Projektionen im 19. und 20. Jahrhundert gemacht, die ihren lang nachhallenden Höhepunkt in der NS-Zeit fanden.

Wieso weitete sich am Anfang des 13. Jahrhunderts ein lokaler Streit zu einem bewaffneten Konflikt von überregionaler Bedeutung aus? Eine wichtige Rolle spielte, dass zwei aufstrebende Adelsfamilien, die Grafen von Oldenburg und die Edelherren zur Lippe, sich mit widerständigen Bauern konfrontiert sahen. Erzbischof Gerhard II. brachte das hochadlige Selbstverständnis einer damals politisch höchst ambitionierten Familie in den Konflikt ein und verband die eigenen herrschaftlichen Ansprüche mit dem Schicksal »seiner« Kirche. Mit der Freiheit der Bremer Kirche – der uneingeschränkten Nutzung ihrer geistlichen und weltlichen Gerechtsame – war die Existenz autonomer bäuerlicher Strukturen unvereinbar.

Auf die Stedinger Verweigerung von Zehntzahlungen folgte daher die Exkommunikation, mit der alle geistlichen Handlungen in Stedingen eingestellt wurden. Doch beeindruckte dies die Stedinger nicht. So erfolgte zu Weihnachten 1229 ein erster militärischer Zug gegen die ungehorsamen Bauern – angeführt vom Bruder des Erzbischofs, Hermann zur Lippe. Der Feldzug endete mit einer Niederlage und dem Tod Hermanns, es war bereits die zweite Katastrophe, die die Herren zur Lippe im Konflikt mit aufständischen Bauern traf. 1227 war Gerhards Bruder Otto zur Lippe, Bischof von Utrecht, im Kampf gegen Drenther Bauern zu Tode gekommen. Verletzter Adelsstolz, Autoritätsverlust und die in jenen Jahren im Reich virulente Angst vor Ketzern und Häretikern ließen den Bremer Erzbischof zu einem drastischen Mittel greifen: der Verketzerung der Stedinger Bauern auf einer Bremer Synode im März 1230 oder 1231. Dies machte aus bäuerlichen Abgabenverweigerern Feinde der ganzen Christenheit, denen

Priestermord, Zauberei und Götzendienst vorgeworfen wurden. Nun wandte sich auch Papst Gregor IX. den verstörenden Vorgängen an der Unterweser zu. Er forderte im Juli 1231 die »Edlen und Mächtigen« auf, die ungläubigen Sünder wieder unter das Joch der Kirche zu bringen – doch nichts dergleichen geschah. Wohl auf Druck des Bremer Erzbischofs ergingen im Oktober 1232 und im Januar 1233 erneuerte päpstliche Dekrete gegen die Stedinger – nun aber erweitert um das Versprechen von Sündennachlass für Kriegswillige. Somit konnte Gerhard II. im Juli 1233 tatsächlich zwei Kreuzheere gegen die Stedinger senden. Das erste eroberte und verheerte Osterstade rechts der Weser. Das zweite gelangte gar nicht bis nach Stedingen, sondern wurde schon bei Hemmelskamp vernichtend geschlagen. Dabei fand Graf Burchard von Oldenburg-Wildeshausen den Tod. Noch während dieser Ereignisse hatte Gregor IX. seinen Kreuzzugsaufruf mit einer Bulle vom 17. Juli 1233 weiter verschärft. Jetzt winkte jedem, der gegen die Stedinger das Kreuz nahm, der gleiche Ablass wie jenen, die ins Heilige Land zogen. Verbreitet durch die Dominikaner, fand der Aufruf bis zum Frühjahr 1234 vor allem beim Adel in Westfalen und vom Niederrhein bis nach Flandern großen Widerhall. Warum sollte man das Risiko einer Kreuzfahrt in den Orient auf sich nehmen, wenn man für das Heil der Christenheit (und das eigene) schon in der Nachbarschaft kämpfen konnte? Dennoch war das Vorgehen nicht unumstritten, sodass der Papst im März 1234 einen Legaten zur Vermittlung entsandte. Doch war es dafür zu spät. Das Kreuzheer, dem u.a. der Herzog von Brabant und die Grafen von Holland, Geldern, Cleve, Jülich, Berg und Ravensberg angehörten, fiel mit Unterstützung der Oldenburger und Bremer zu Lande und mit Schiffen in Stedingen ein. *So nahmen die Stedinger ihr Ende* schließt die *Sächsische Weltchronik*. Auch wenn man danach von den Stedingern als politisch Handelnde nichts mehr hört – ihr Ende als Marschbauern war dies nicht. Ihre Höfe waren aber fortan der Grundherrschaft unterworfen – und die Geschichte von Widerstand und Autonomie wurde zur fernen Erinnerung.

600 Jahre nach der Schlacht bei Altenesch wurde am 27. Mai 1834 auf einem Hügel bei Süderbrook ein Denkmal für die *im Kampf für Freiheit und Glauben gefallenen Stedinger* eingeweiht – in Anwesenheit des Großherzogs von Oldenburg und auf Betreiben des aufgeklärt-patriotischen Pastors von Altenesch, Gerhard Steinfeld. Für das bis dahin weitgehend vergessene Stedinger-Thema sollte das Denkmal eine Initialzündung sein, denn allein in den nächsten zehn Jahren entstanden vier Romane, Tragödien und Gedichte über die Stedinger. Danach brachen die belletristischen Arbeiten nicht mehr ab, mit allein ca. 50 Bearbeitungen bis 1975! Den Beginn der historischen Forschung markiert die Studie des Bremer Historikers Hermann Albert

Abb. 2: August Hinrichs, Volksschauspiel De Stedinge, *Titelbild des Programmhefts der Spielzeit 1937 der Niederdeutschen Gedenkstätte »Stedingsehre Bookholzberg«.*

Schumacher, *Die Stedinger* (1865). Moderne Untersuchungen wurden mit den Arbeiten von Heinrich Schmidt und Rolf Köhn in den 1980er und 1990er Jahren vorgelegt, auch die DDR-Historiographie nahm sich des »antifeudalen« Themas an. Zählt man die wissenschaftlichen, aber vor allem die literarischen und künstlerischen Adaptionen zusammen, dürften die Stedinger eines der wirkungsmächtigsten mittelalterlichen Themen Deutschlands sein – ein Befund, der in auffallendem Kontrast zur spärlichen Quellenlage steht.

Bereits in den belletristischen Arbeiten im 19. Jahrhundert kam die Frage auf, was den Stedingern ihren Freiheits- und Widerstandsgeist in die Adern gelegt hatte. Der Historiker Heinrich von Treitschke beantwortet diese Frage 1856 nationalstaatlich, der Schriftsteller Hermann Allmers versucht 1858 in seinem in Osterstade verfassten Marschenbuch die Stedinger, und damit seine eigenen Vorfahren, zu freiheitsliebenden Friesen zu erklären – unverkennbar aus Enttäuschung über die politisch träge Haltung der Marschenbauern seit 1848 (→ *Marschenbuch*). Was hier noch liebenswürdig-heimatbewegtes Pathos war, bekam bald nach der Jahrhundertwende kämpferisch völkischen Einschlag. Weniger die soziale Frage aufständischer Bauernkämpfe als vielmehr antiklerikale Aspekte ließen sich trefflich mit frühvölkisch-nationalistischen Emotionen vermengen. Es bedarf kaum einer Erläuterung, warum der Stoff zwischen den Weltkriegen, als sich auch Historiker nicht dem Sog der national-völkischen Versuchung entzogen, seine Hochkonjunktur hatte und allein 23 Mal literarisch bearbeitet wurde – mit einem Höhepunkt in den 1930er Jahren. Wiederum war es die Säkularfeier – der 700. Jahrestag der Schlacht bei Altenesch 1934 –, die das Thema beförderte. Erste Planungen für das 700-jährige Gedenken lassen sich in Oldenburg bereits seit 1931 nachweisen, 1932 nahm ein Ausschuss die Arbeiten hierfür auf. Von besonderer Bedeutung für den Popularisierungsschub des Stedinger-Themas war, dass im Vorfeld der Säkularfeier in Oldenburg durch den damals bereits populären Heimatdichter August Hinrichs das niederdeutsche Volksschauspiel *De Stedinge* verfasst wurde.

Dieses fand 1933 die Protektion des NS-Gauleiters Carl Röver, der sich selbst – gebürtig aus Lemwerder – als Nachfahre von Stedinger Bauern verstand und inszenierte. Nach populären Dichtungen, Liedern, grafischen Arbeiten und Filmprojekten wurde Hinrichs' Schauspiel die sicher wirkungsmächtigste Adaption des Themas. Es wurde am 27. Mai 1934 in Altenesch vor rund 20.000 Zuschauern – darunter der NS-Ideologe Alfred Rosenberg und Reichsbauernführer Richard Walther Darré – als Freilichtspiel feierlich uraufgeführt. Röver wollte das Stedinger-Thema in seinem Gau *als Kraftquelle aller Menschen im Raume Weser-Ems* dauerhaft der NS-Propaganda dienstbar machen. Da hierfür das Dorf Altenesch nicht geeignet war, wurde noch am

Abb. 3: Blick auf die Freilichtbühne Stedingsehre während einer Aufführung im Jahr 1937.

19. Oktober 1934 auf einem Geestsporn bei Delmenhorst, an der Stelle eines abgebrochenen Bismarck-Denkmals, der Grundstein für eine *Niederdeutsche Kultstätte Stedingsehre-Bookholzberg* gelegt. Weniger als ein Jahr später wurde am 13. Juli 1935 die imposante, an den Geesthang gebaute Anlage mit Amphitheater, Wassergraben und Dorfanlage als Spielstätte feierlich eingeweiht. Der von dem Filmarchitekten Walter Reimann entworfene Komplex verband Versatzstücke eines völkisch begriffenen Mittelalters mit der NS-Blut und Boden-Ideologie und bot Platz für bis zu 7.800 Zuschauer.

In zwei Spielzeiten, 1935 und 1937, sahen dort zwar nach Angaben der NS-Presse weit mehr als 200.000 Menschen Hinrichs' Schauspiel, doch fand eine dritte Spielzeit schon nicht mehr statt. Verantwortlich hierfür waren die gigantomanischen Pläne des Gauleiters, der die Anlage großflächig ausbauen wollte und Bookholzberg 1937 zur »NS-Gauschulungsburg« erhob. Diese erlebte zwar 1938 noch ihre »Weihestunde«, doch nach dem Kriegsbeginn 1939 brachten ein Baustopp 1941 und der Tod des Gauleiters Röver 1942 das Projekt zum Stillstand. Eine englische Luftmine zerstörte zudem mit der Kirche den optischen Zentralbau der Anlage. Damit nahm ein NS-Prestigeprojekt ein klägliches Ende. Offenbar war es zu sehr an die Person des

Förderers Röver gebunden, dessen Stern ebenso wie der einer völkisch-niederdeutschen Widerstandsideologie (*Lewer dood as Slav*) in der Reichsführung schon zuvor gesunken war – auch dort gewann Karl der Große gegen Widukind (→ *Karl d. Gr.*).

Nachnutzungen der abgelegenen Anlage in der Nachkriegszeit durch die Alliierten, das Land Niedersachsen und kommunale Nutzer schonten die originale Bausubstanz, sodass das Ensemble sich bis heute als ebenso eindrucksvolles wie authentisches Beispiel gebauter NS-Ideologie weitgehend erhalten hat. Es steht seit 1991 unter Denkmalschutz, war Gegenstand kontroverser Auseinandersetzungen um Erhalt, Nutzung und angemessenes Erinnern und hat mit dem Umbau von »Haus 21« des ehemaligen Spieldorfs im Jahr 2021 auch das lange geforderte Informationszentrum Freilichtbühne Bookholzberg (IFB) erhalten.

Auch die Stedinger sind weder aus der Erinnerungskultur noch aus der Belletristik verschwunden. Für sie und das sogenannte Stedingergedenken gilt weiterhin das Diktum von Heinrich Schmidt, dass es wohl immer wieder »dazu herhalten muß, gegenwärtigen Bestätigungsbedürfnissen die schmückenden Federn zu liefern«.

Literatur

Gerhard Kaldewei, »Wo deutsche Bauernfäuste den Pflug durch die Muttererde führen«. Von der Schlacht bei Altenesch 1234 nach »Stedingsehre« auf dem Bookholzberg 1934, in: Oldenburger Jahrbuch 103 (2003), S. 107-168.

Rolf Köhn, »Lieber tot als Sklav'!« Der Stedingeraufstand als Thema der deutschen Literatur (1836-1975), in: Oldenburger Jahrbuch 80 (1980), S. 1-58; 81 (1981), S. 83-144; 82 (1982), S. 99-158.

Heinrich Schmidt, Zur Geschichte der Stedinger. Studien über Bauernfreiheit, Herrschaft und Religion an der Unterweser im 13. Jahrhundert, in: Bremisches Jahrbuch 60/61 (1982/83), S. 27-94.

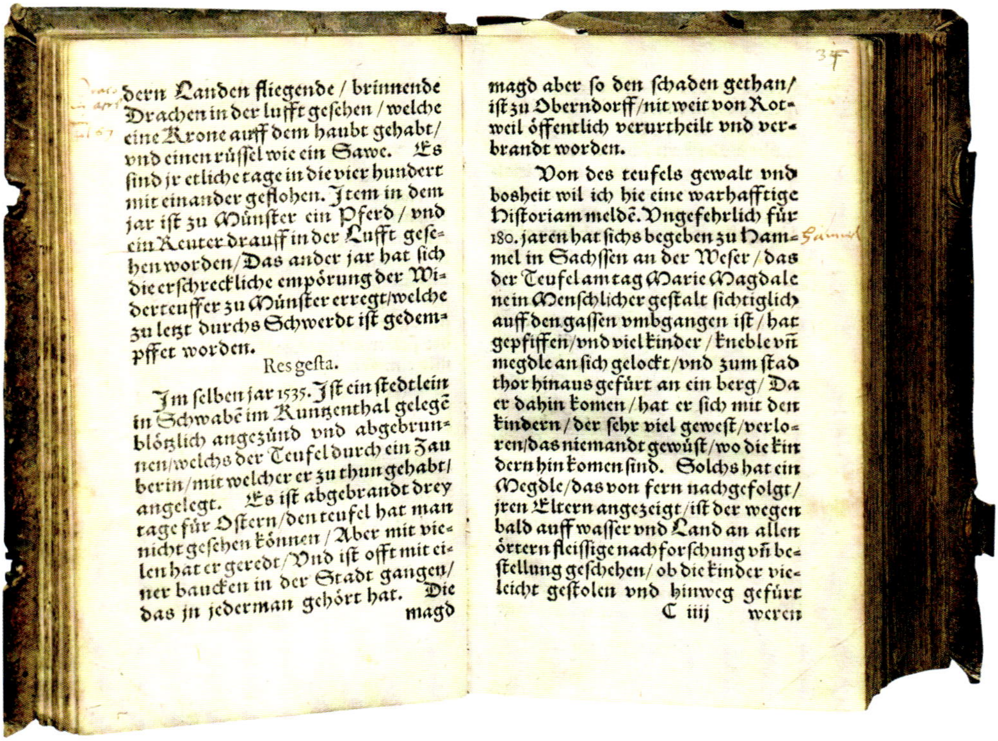
dern Landen fliegende / brinnende
Drachen in der lufft gesehen / welche
eine Krone auff dem haubt gehabt/
vnd einen rüssel wie ein Sawe. Es
sind jr etliche tage in die vier hundert
mit einander geflohen. Item in dem
jar ist zu Münster ein Pferd / vnd
ein Reuter drauff in der Lufft gese-
hen worden/ Das ander jar hat sich
die erschreckliche empörung der Wi-
derteuffer zu Münster erregt/welche
zu letzt durchs Schwerdt ist gedem-
pffet worden.

Res gesta.

Im selben jar 1535. Ist ein stedtlein
in Schwabē im Kuntzenthal gelegē
blötzlich angezünd vnd abgebrun-
nen/welchs der Teufel durch ein Zau
berin/mit welcher er zu thun gehabt/
angelegt. Es ist abgebrandt drey
tage für Ostern/den teufel hat man
nicht gesehen können / Aber mit vie-
len hat er geredt/Vnd ist offt mit ei-
ner baucken in der Stadt gangen/
das jn jederman gehört hat. Die
magd

magd aber so den schaden gethan/
ist zu Oberndorff/nit weit von Rot-
weil öffentlich verurtheilt vnd ver-
brandt worden.

Von des teufels gewalt vnd
bosheit wil ich hie eine warhafftige
Historiam meldē. Vngefehrlich für
180. jaren hat sichs begeben zu Ham-
mel in Sachssen an der Weser / das
der Teufel am tag Marie Magdale
ne in Menschlicher gestalt sichtiglich
auff den gassen vmbgangen ist / hat
gepfiffen/vnd viel kinder / kneble vnd
megdle an sich gelockt/vnd zum stad
thor hinaus gefürt an ein berg / Da
er dahin komen / hat er sich mit den
kindern / der sehr viel gewest/verlo-
ren/das niemandt gewüst/wo die kin
dern hin komen sind. Solchs hat ein
Megdle/das von fern nachgefolgt/
jren Eltern angezeigt/ist der wegen
bald auff wasser vnd Land an allen
örtern fleissige nachforschung vnd be-
stellung geschehen/ ob die kinder vie-
leicht gestolen vnd hinweg gefürt
C iiij weren

Abb. 1: Auszug aus der Prodigiensammlung Wunderzeichen *des Jobus Fincelius (Erstausgabe 1556), Frankfurt a. M. 1566, mit dem Text der Rattenfängersage (2. Absatz rechts).*

Der Rattenfänger von Hameln

Von Hans-Jörg Uther

Die dramatische Geschichte vom Rattenfänger von Hameln ist seit vielen Jahrzehnten die bekannteste deutsche Sage – weit vor der Binger Mäuseturmsage oder der Sage von der Lorelei.

Erzählt wird vom Verschwinden einer großen Anzahl von Kindern, die ein dämonisch gedachter Pfeifer aus der Stadt Hameln entführt haben soll. Vor allem die 1816 unter dem Titel *Die Kinder zu Hameln* veröffentlichte Fassung der Brüder Grimm in ihren *Deutschen Sagen* (Nr. 244) wirkt bis heute nach und machte die Sage auch außerhalb des deutschsprachigen Gebiets in Europa und vor allem in Nordamerika und Japan bekannt.

Das Geschehen soll sich im Jahr 1284 ereignet haben. Ein buntgekleideter Mann mit dem sprechenden Namen Bundting sichert den Einwohnern der Stadt gegen Entgelt zu, die Ratten- und Mäuseplage zu beenden. Mit einer Flöte lockt er die Tiere aus ihren Aufenthaltsorten und führt sie in die Weser. Als die Bürger den ausgehandelten Lohn verweigern, verlässt der Fremde verbittert die Stadt.

In Gestalt eines Jägers erscheint er am 26. Juni desselben Jahres erneut und lässt seine Pfeife in den Gassen ertönen. Diesmal folgen ihm Kinder, die er in einen Berg entführt. Auf drei unterschiedliche Arten sollen die Eltern vom Schicksal ihrer Kinder erfahren haben. (1) Ein Kindermädchen mit einem Kind auf dem Arm kehrt rechtzeitig wieder um. (2) Ein blindes und ein stummes Kind kommen zurück; das blinde kann nur das Geschehen erzählen, das stumme lediglich den Ort zeigen. (3) Ein Kind war im Hemd nachgelaufen und in die Stadt zurückgeeilt, um seinen Rock zu holen. Als es wieder zurückkommt, sind die anderen schon in der Grube eines Hügels verschwunden.

Neben Hinweisen auf schriftliche (Merkverse am Rathaus, Neuen Tor) und bildliche Zeugnisse (Kirchenfenster) folgen Erklärungen für Musikverbote und den Namen der sogenannten Bungelosenstraße, durch die die Kinder gezogen sein sollen, um in Siebenbürgen wieder herauszukommen.

Die verdichtete Darbietung entspricht hier der Bearbeitungsweise der Brüder Grimm. Diese waren geleitet von der romantischen Idee, es habe eine Volksüberlieferung gegeben. Die Tradierung sei jedoch nur noch bruchstückhaft in Literatur und Geschichtsquellen der sogenannten Vorzeit greifbar. Die Brüder Grimm verschmolzen die einzelnen überlieferten Fassungen, wobei sie die ihrer Ansicht nach charakteristischen Züge aus den Berichten herauslösten und – in den Worten der Brüder Grimm – *nach den Prinzipien der Wahrscheinlichkeit und Analogie zum organischen Ganzen* umbildeten. Statt einer empirischen Bestandsaufnahme haben wir bei den Grimmschen Bearbeitungen also stets mit einem extremen Subjektivismus zu rechnen. Eine solche Bearbeitungsweise führte dazu, dass ein wesentlicher Funktions- und Bedeutungswandel der Rattenfängersage sowie schon früh in den historischen Quellen zu findende ernsthafte Zweifel am Gehalt des Berichteten ausgeblendet wurden.

Die Blütezeit der Überlieferung lässt sich zweifellos zwischen 1650 und 1750 festmachen. Die Varietät der von den Brüdern Grimm ausgezogenen Quellen vermittelt einen guten Überblick über die unterschiedliche Tradierung der Sage: Johannes Weyers und Andreas Hondorffs Schriften rechnen zur Historien- und Exempelliteratur. Ihre Werke hatten eine ungeheure Nachwirkung und galten den Kompilatoren des späten 16. und 17. Jahrhunderts als glaubwürdige Autoritäten. Ihre Kompendien können als »Bestseller« im Bereich der protestantischen Predigtliteratur bezeichnet werden, am Erfolg nur noch mit Job(us) Fincel(ius) zu messen, der als Erster 1556 die Grundzüge der Sage in seiner mit Histörchen und Exempeln gemischten Prodigiensammlung veröffentlicht hatte und dessen Werk den Brüdern Grimm offenbar nicht zugänglich gewesen war.

Eine weitere wichtige Quelle der Rattenfängersage ist die 1650 erstmals erschienene *Musurgia universalis* des Jesuiten Athanasius Kircher. Ferner exzerpierten die Brüder Grimm Werke der Kuriositätenliteratur, barocker Traktatliteratur und Reiseliteratur, chronikalische Berichte, die mehrfach aufgelegte spezielle Abhandlung über den Auszug Hamelner Kinder von Samuel Erich (1661) sowie ein frühes Zeugnis in englischer Sprache. Aus diesen Quellen bastelten die Sagensammler nun die Rattenfängersage zusammen.

Frühe Quellen des 14./15. Jahrhunderts berichten einzig vom Geschehen eines Kinderauszugs. Deren genaue Datierung und deren Angaben sind allerdings zum Teil umstritten. Die Geschichte eines möglichen Einwohnerschwundes Hamelner Kinder führt der lutherische Literat und Mediziner Fincel auf das Wirken des Teufels zurück. Um ihren Ermahnungen mehr Nachdruck zu verleihen, drohten vor allem Autoren des 16. Jahrhunderts bei Fehlverhalten mit dem Teufel, der hinter vielen unerklärlichen Ereignissen als Urheber des Bösen vermutet wurde. In Fincels kompilatorisch angelegter Prodigiensammlung *Wunderzeichen* (1556) dient das Geschehen unter Berufung auf Hameln als eine *wahrhafftige Historie* und als Beispiel göttlichen Zorns für sündhaftes Verhalten. Wesentlich ist die didaktisch-moralische Bedeutung der Geschichte als Warnexempel, wie sie im gleichen Jahrhundert mit anderer und besserer Begründung in der protestantischen und katholischen Predigt-, Exempel- und Teufelsliteratur begegnet: Das Beispiel soll pflichtvergessene Eltern ermahnen, stets auf ihre Kinder zu achten. Weyer ist der erste und besonders nachwirkende Textzeuge, der dann 1566 und – breiter ausgestaltet in späteren Auflagen – das Motiv vom fremden Rattenfänger und seinem Konflikt mit den Stadtvätern mit dem Motiv vom Verschwinden der Kinder verknüpft. Außerdem führt er den Namen Bundting ein und äußert Mutmaßungen über den Ort des Verschwindens, die Überlieferung und bestimmte Bräuche und Namen in Hameln.

Im 17. Jahrhundert verliert sich die Funktion einer Warngeschichte. Die Erzählung ist nunmehr in unterschiedlichsten Quellenbereichen als Erkennungs- und Wahrzeichen für Geschehnisse aus Hameln verortet. Der sogenannte *Exodus Hamelensis* dient in der barocken, zum Teil mehrfach aufgelegten Traktatliteratur zur Erörterung unterschiedlichster Sachverhalte. Die in der älteren Überlieferung angelegte Dämonisierung der Figur als Abenteurer, Fremder oder Gaukler greift der Jesuit Athanasius Kircher auf und erörtert vor allem die durch Musik erzielte Wirkung, die er als Beleg für die Existenz der magisch zwingenden Kraft von Tönen göttlichen oder dämonischen Ursprungs hält. Heinrich Pipping (1708) nutzt den Kindes-

Abb. 2: Offizielles Plakat der Stadt Hameln (1984) anlässlich der Feiern »700 Jahre Rattenfänger«.

Abb. 3: Künstlerpostkarte von Oskar Herrfurth (1929).

raub für Konfessionspolemik und erläutert anhand der Sage, die Urheber der Entführung seien Jesuiten gewesen. Seit Mitte des 17. Jahrhunderts wird die Historizität der Geschichte von Chronisten und Kompilatoren überwiegend angezweifelt. Über die denkbaren Hintergründe des in der Sage dargestellten Geschehens herrschen bis heute unterschiedliche Ansichten vor.

(1) Ostkolonisation: Die Sage stehe in Zusammenhang mit der

Ostkolonisation und dem Auszug junger Hamelner Bürger, die auf Veranlassung des Bischofs von Olmütz durch Lokatoren für die Besiedlung Mährens geworben wurden. Auch Regionen wie Pommern, Masuren und – vorwiegend in der älteren Überlieferung – Siebenbürgen werden für den unerklärlichen Auszug in Betracht gezogen.

(2) Katastrophentheorie: Andere bringen das Verschwinden der Kinder mit einer Seuche wie der Pest in Verbindung, bei der eine hohe Kindersterblichkeit zu beklagen gewesen sei, mit einer Tanzwutepidemie (Veitstanz) oder mit der Schlacht bei Sedemünden (1261). Auch ein Brückeneinsturz oder ein Schiffsunglück werden als Ursachen angeführt.

(3) Kinderkreuzzug: Wiederum andere suchen das Ereignis mit der Beteiligung Hamelner Kinder an den sogenannten Kinderkreuzzügen vornehmlich des 13. Jahrhunderts zu erklären.

(4) Sozialgeschichtliche und ökonomische Aspekte (Ratten als Plage in einer überwiegend vom Getreidehandel lebenden Stadt) oder die Figur des Rattenfängers selbst spielen insgesamt eine untergeordnete Rolle.

Die Entstehung und denkbare Historizität der Sage bleiben im Dunklen. Nach überwiegender Auffassung sind erst Mitte des 16. Jahrhunderts zwei Themenkreise zu der Rattenfängersage zusammengefügt worden: Mutmaßungen über Kinderentführung/Einwohnerschwund und über erfolgreiche Rattenvertreibungen. Die größte Plausibilität besitzt die Hypothese von der Ostkolonisation. Die Schilderungen über Rattenvertreibungen durch Musik gehören dagegen ins Reich der Phantasie. Nach wissenschaftlichen Untersuchungen lassen sich Ratten nicht durch Flötentöne in ihrer Bewegung beeinflussen. Der sagenhafte Bericht eignet sich immer wieder als Nährboden für Spekulationen. Dieser Umstand dürfte dazu geführt haben, dass bis heute die Geschichte vom Rattenfänger von Hameln in die Nähe eines Mythos mit den Zutaten einer Kriminalgeschichte gerückt wird.

Der Stoff vom Rattenfänger von Hameln sowie die Rattenfängerfigur als Symbol finden vielfache Verwendung. Die Rattenfängersage zählt vor allem in Großbritannien (Robert Browning, 1842), in den USA und in Japan neben den Märchen der Brüder Grimm zu den bekanntesten deutschen Märchen. Die Sage dient besonders seit dem letzten Viertel des 19. Jahrhunderts unter anderem als Vorlage für über 200 Balladen, Lieder und Gedichte, Theaterstücke, Kinder- und Jugendbücher, Novellen, Romane und Werke der Science Fiction-Literatur und hat Eingang in die Gebrauchsgraphik (Bilderbogen, Reklamesammelbild, Postkarten, Notgeld, Briefmarken), in Film, Karikatur, Comics und Werbung gefunden. Allein in den letzten Jahrzehnten erschienen im deutschsprachigen Gebiet mehrere neue Bilderbücher sowie der mehrfach aufgelegte Roman *Der Rattenzauber* von Kai Meyer um das *Mysterium von Hameln*. Seit dem 19. Jahrhundert hat sich die Geschichte um den Rattenfänger immer mehr zu einer Rattenbanner- und Kinderentführer-Geschichte entwickelt, in deren Zentrum ein dämonisch gedachter Fahrender steht, der auch eine Metapher für politische Verführung ist.

Für Hameln selbst entwickelte sich der Stoff um den Rattenfänger seit dem letzten Viertel des 19. Jahrhunderts zu einem folkloristischen Markenkern. Wie viele Orte unseres Landes nutzt die Stadt gewinnbringend bis heute eine »alte« Überlieferung, um eine identitätsstiftende Erinnerungskultur etablieren zu können. Die Verwendung in allen neuen Medien sorgt für eine ständige Revitalisierung und wird befördert durch die Tatsache, dass ein genauer Ursprung der Sage und der Figur des dämonischen Verführers im Dunkel bleibt, die Sage damit zum Mythos wird. Dazu gehören die Einbindung Hamelns in die Deutsche Märchenstraße, die während des Sommers jeden Sonntag stattfindenden Rattenfängerspiele, der seit 1986 alle zwei Jahre verliehene Rattenfänger-Literaturpreis sowie der Rattenfänger als ikonographisches Wahrzeichen der Hamelner Tourismuswerbung. Im Dezember 2014 schließlich hat Hameln es erreicht, dass die Rattenfängersage als immaterielles Kulturgut der UNESCO anerkannt worden ist.

Literatur

Hans Dobbertin, Quellensammlung zur Hamelner Rattenfängersage, Göttingen 1970 (erw. Neuausgabe Hameln 1996).

Helmut Fischer, Rattenfänger-Sage, in: Kurt Franz/Günter Lange/Franz-Josef Payrhuber (Hrsg.), Kinder- und Jugendliteratur. Ein Lexikon, Meitingen 2002, S. 1-39.

Norbert Humburg, Der Rattenfänger von Hameln. Ein Lese-, Lieder-, Bilder-Buch. Hameln 1984.

Wolfgang Mieder, Der Rattenfänger von Hameln. Die Sage in Literatur, Medien und Karikaturen, Wien 2002.

Hans-Jörg Uther, Der Rattenfänger von Hameln. Zur Entstehung und Überlieferung einer berühmten deutschen Sage, in: Jahrbuch des Museumsvereins Hameln (2016), S. 107-124.

Die Weser

Von Arnd Reitemeier

Abb. 1: Ansicht der Stadt Hannoversch Münden aus Nordwesten, 1791 (kolorierter Stich von Andreas Range).

Für Niedersachsen ist die Weser heute primär aus touristischen Gründen von Bedeutung – seit einigen Jahren boomt besonders der Radtourismus. Die Wahrnehmung der Weser als »romantischer« Fluss begann im späten 18. Jahrhundert, als die Weser im Zuge des aufkommenden Nationalismus als der einzige Strom von Bedeutung beschrieben wurde, der in Deutschland entsprang und dessen Lauf vollkommen innerhalb Deutschlands lag, mithin also der einzige rein deutsche Fluss, an dessen Mündung mit Bremen einer der bedeutendsten Überseehäfen Deutschlands besteht. Von dieser Wahrnehmung zeugt noch heute der 1899 aufgestellte sog. Weserstein am Rande der Altstadt von Hannoversch Münden: *Wo Werra sich und Fulda küssen / Sie ihren Namen büssen müssen / Und hier entsteht durch diesen Kuss, / Deutsch bis zum Meer der Weser Fluss.*

Heute tragen zur Rezeption der Weser als »romantischer« Fluss bspw. Städte wie Hannoversch Münden oder Hameln bei, die von unzerstörten Fachwerkgebäuden dominiert werden. Hinzu treten naturräumliche Gegebenheiten, denn der Fluss hat sich tief durch Mittelgebirge wie den Reinhardswald und den Solling gegraben. Bekannt sind beispielsweise die Klippen bei Steinmühle oder bei Würgassen am südwestlichen Ausläufer des Solling, wo die Weser von Prallhängen mit einer Höhe von gut 75 Metern gesäumt wird. Ab Hameln treten die Höhenzüge zurück, sodass die Weser ihren Lauf verlangsamt, in großen Schleifen fließt und ihr zunehmend breites Tal umfassend landwirtschaftlich genutzt wird. Ein letzter Gebirgsdurchbruch erfolgt bei Porta Westfalica, wonach der Fluss die norddeutsche Tiefebene durchquert.

Aus niedersächsischer Sicht fungiert die Weser seit Jahrhunderten und über weite Strecken als Grenzfluss. In Folge der territorialen Zersplitterungen des späten Mittelalters und der frühen Neuzeit bildete sie über weite Strecken eine Grenze zwischen dem Herzogtum Braunschweig-Lüneburg und der Landgrafschaft Hessen sowie dem Fürstbistum Paderborn. Allerdings gab es territoriale Enklaven über den Fluss hinweg, die immer wieder Streitigkeiten sowie Einschränkungen im Handel und in der Schifffahrt auslösten. Auch heute bildet die Weser in ihrem oberen Teil streckenweise eine naturräumliche Grenze zwischen Niedersachsen, Hessen und Nordrhein-Westfalen, sodass sie, anders als bspw. die Leine, obwohl deren Quelle in Thüringen liegt, nur bedingt als niedersächsischer Fluss wahrgenommen wird.

Die Weser ergibt sich aus dem Zusammenfluss von Werra und Fulda, wobei die Fulda lange Zeit als Nebenfluss galt. Erst im Frühneuhochdeutschen kam es zu einer sprachlichen Differenzierung zwischen Werra und Weser. Mit einer Länge von ca. 451 Kilometern überwindet die Weser einen Höhenunterschied von 116,5m. Von der Bremer Weserwehr bei Hastedt bis zur Mündung in die Nordsee unterliegt die Weser den Gezeiten und wird ab der Mündung der Geeste zur Außenweser, die den Nationalpark Wattenmeer durchschneidet. Im Verlauf der letzten Jahrhunderte unterlag besonders die Unterweser umfassenden naturalen Veränderungen, indem bspw. Einbrüche in Folge von Sturmfluten eine Verbindung zum Jadebusen schufen, die erst durch Eindeichungen und Aufschüttungen im Verlauf der Frühen Neuzeit wieder aufgehoben wurde. Solches prägte – neben anderen Elementen – die Bedeutung der Weser aus Bremer Sicht.

Insgesamt sind 430 Kilometer der Weser schiffbar, allerdings beschränkt sich die Frachtschifffahrt heute vorwiegend auf die Unter- und Mittelweser bis Minden, wo über zwei Stichkanäle Anschluss an den Mittellandkanal besteht. Der Pegel besonders der Ober- und Mittelweser unterlag stets starken Schwankungen, sodass der Fluss über Jahrhunderte nur mit flachen Kähnen befahren werden konnte. Während für die Fahrt flussabwärts die Strömung der Weser ausreichte, mussten die Kähne flussaufwärts getreidelt werden, sodass Pfade am Ufer angelegt wurden, von denen manche heute als Radwege genutzt werden. Kähne und größere Schiffe mit Segeln kamen vorwiegend an der Unterweser zum Einsatz, wo der Wind besser genutzt werden konnte als in den engen Tälern der Oberweser. Holz wurde bis in das

Abb. 2: Weserkai am Südufer in Rinteln um 1920 - neben dem Dampfschiff gab es auch noch die Flöße auf der Weser.

20. Jahrhundert geflößt. Umfassende Umwälzungen resultierten aus der Einführung der Dampfschifffahrt, denn nun entfielen das Treideln wie zahlreiche Verdienstmöglichkeiten, denn für die immer größeren Schiffe wurde immer weniger Personal benötigt. Zugleich musste immer stärker in den Fluss eingegriffen werden, um die Fahrrinne zu erhalten. Bremen als Überseehafen war über Jahrhunderte hinweg nicht zuletzt für viele Auswanderer von größter Bedeutung.

Die streckenweise eher langsam fließende Weser transportiert in erheblichem Maß Sand und Schwebestoffe. In Verbindung mit den regelmäßig auftretenden Hochwassern bildeten sich Sandbänke und Inseln, von denen der Tanzwerder mit dem Weserstein in Hannoversch Münden den ersten und die beiden künstlich erhöhten und befestigten Inseln Langlütjen I und II in der Wesermündung die letzten bilden. Sandbänke, Inseln, Stromschnellen und Durchbrüche behinderten die Weserschifffahrt über Jahrhunderte hinweg – die Stadt Bremen beschloss Ende des 16. Jahrhunderts sogar den Bau eines Hafens bei Vegesack, weil die Stadt in Folge von Versandungen kaum noch angelaufen werden konnte. Ab dem 18. Jahrhundert griffen die verschiedenen Landesbehörden in immer umfangreicherem Maß in den Flusslauf ein und ließen Sandbänke beseitigten, Flussschleifen begradigen und die Ufer befestigten. Das Ziel war die Erhöhung der Fließgeschwindigkeit und die Sicherstellung einer reibungslosen

Schifffahrt, mit der Folge, dass der heutige Verlauf der Weser über weite Strecken menschlichen Vorgaben folgt. Auch wurden diverse Stromschnellen wie die Latferder Klippen oder die Vlothoer Gosse beseitigt. Schließlich wurden Staustufen samt Schleusen zur Regulierung des Flusses und der für die Schifffahrt notwendigen Wassermenge errichtet. Zum hierfür wichtigsten Bauwerk wurde die Edertalsperre in Nordhessen, von der Wasser kontrolliert über die Fulda in die Weser geleitet wird, um den Pegelstand möglichst gleich zu halten.

Seit dem Rückzug der Gletscher der letzten Eiszeit lassen sich Spuren menschlicher Besiedlung entlang der Weser finden, die stets als Kommunikations- und Handelsachse fungierte. Zahlreiche politische Verschiebungen in Norddeutschland erfolgten allerdings in West-Ost-Richtung, was sehr zur Bedeutung der Weserübergänge beitrug. Fähren ermöglichten jahrhundertelang den Transport über den Fluss und sind teilweise bis heute in Betrieb. Die ältesten Brücken wurden bereits im Mittelalter in Bremen, Hannoversch Münden und Hameln gebaut. Auch errichteten zahlreiche Städte Mühlen teils auf Pontons im Fluss oder am Ufer mit den dafür notwendigen Zuleitungen. An den acht Staustufen entlang der Weser sind bis heute Wasserkraftwerke in Betrieb. Der Weser kommt damit eine nennenswerte Bedeutung für die Energieproduktion Norddeutschlands zu, umso mehr als eine Reihe von Kohle- und Kernkraftwerken am Fluss stehen und diesem Kühlwasser entnehmen.

In welchem Maß christliche Missionare auf der Weser reisten, ist unbekannt, doch die frühen Bischofssitze in bspw. Bremen, Verden oder Minden lagen an wichtigen Verkehrswegen. In Corvey wurde Anfang des 9. Jahrhunderts eines der für Sachsen langfristig bedeutendsten Klöster gegründet. Als wichtige Städte entlang der Weser entstanden im Mittelalter neben Hannoversch Münden, Höxter, Holzminden, Hameln, Rinteln, Minden und Nienburg. Die Landgrafen von Hessen gründeten 1699 Bad Karlshafen als Handels- und Fabrikstadt am Endpunkt eines Schifffahrtsweges, der Weser und Lahn und damit die Residenzstadt Kassel mit der Weser unter Umgehung der Zollstationen bei Hannoversch Münden verbinden sollte. Insgesamt aber durchfließt die Weser keine beispielsweise mit dem Niederrhein vergleichbare Städtelandschaft – die diversen Städte sind heute regionale Zentren, und einzig Bremen und das erst 1827 gegründete Bremerhaven gelten als Großstädte.

Der Fischreichtum wurde im Mittelalter und in der Frühen Neuzeit mit Hamen (sackförmige Fangnetze), Schlepp- und Stellnetzen, Reusen und Körben ausgebeutet. Allerdings gerieten die Schiffer und die Müller über Jahrhunderte immer wieder in Konflikt mit den Weserfischern. Klagten die Schiffer über Jahrhunderte hinweg über Behinderungen durch die Fischer, so führten die Dampf- und nachfolgend die Motorschifffahrt zu einem Rückgang der Fischbestände. Dies verstärkte sich in Folge der Einleitung von verschmutztem Wasser im Zuge der Industrialisierung ab dem 19. Jahrhundert. So wird die Weser seit langem als Ort starker Umweltveränderungen wahrgenommen. Besonders schädlich ist insbesondere die Einleitung von stark salzhaltigen Abwässern der hessischen Kaliindustrie in die Werra, sodass Flora und Fauna des Flusssystems seit Anfang des 20. Jahrhunderts deutlich geschädigt wurden. Die sich über Jahrzehnte hinziehenden und bis heute nicht beendeten Auseinandersetzungen über die Genehmigung dieser Einleitungen sind Zeichen unterschiedlicher Politik der Bundesländer und haben zur Folge, dass die Weser nach wie vor ein ökologisch belasteter Fluss ist. Die Folgen sind weitreichend: Bei der 1828 entstandenen sogenannten Bremer Eiswette ging es um die Frage, ob die Weser zum 1. Januar so weit zugefroren ist, dass sie trockenen Fußes überquert werden kann. Tatsächlich fror die Weser das letzte Mal 1982 resp. 1986/87 zu, was neben diversen weiteren Gründen auch mit dem erhöhten Salzgehalt des Flusses in Verbindung gebracht wird.

Die Weser mit den angrenzenden Wäldern galt lange Zeit als unterentwickelte aber ressourcenreiche Gegend, sodass im 18. Jahrhundert bspw. Glashütten gleichsam als Strukturfördermaßnahme angesiedelt wurden. Die zweitälteste deutsche Porzellanmanufaktur Fürstenberg wurde 1747 im gleichnamigen fürstlichen Schloss gegründet, weil in der Nähe Kaolin gewonnen werden konnte und reiche Holzvorräte zur Verfügung standen. Bereits zweihundert Jahre zuvor hatten Adlige erhebliche Erlöse aus dem Verkauf von Holz und Getreide in die Niederlande erzielt. Ergänzt durch Gewinne in Folge der Vermietung von Söldnertruppen bspw. an den Kaiser oder an den französischen König konnten sie im Verlauf des 16. Jahrhunderts Herrschaftssitze wie Schloss Brake, Schloss Bevern, die Hämelschenburg oder das Wasserschloss Hehlen errichten. Architektonisch wurden bei diesen Bauten Elemente der Renaissance wie Halbkreisgiebel oder später Kerbschnittquader aufgegriffen, die sich auch weit jenseits des Weserraums finden lassen. Dennoch wurde diesen Schlössern, diversen Häusern wohlhabender Bürger sowie manchen Rathäusern entlang der Weser bis nach Bremen Anfang des 20. Jahrhunderts ein eigenständiger Stil zugeschrieben (→ *Weserrenaissance*), der angeblich auf einer kulturräumlichen Identität beruhte.

Dieses Konzept gilt mittlerweile als widerlegt, wie nicht zuletzt die Publikationen des Museums Hameln und des Schlossmuseums Brake zeigen. Weniger übergeordnete Zusammenhänge als vielmehr Regionalismen innerhalb Niedersachsens belegt hingegen beispielsweise das sogenannte Weserbogenlied.

Die Bedeutung der Weser für Niedersachsen und Bremen liegt damit in der Verfügbarkeit naturaler Ressourcen, in den touristischen Nutzungsmöglichkeiten sowie in der Funktion als Handelsachse mit Bremen resp. Bremerhaven als Schnittstelle zum Nordseehandel. Kulturelle Wahrnehmungen basieren häufig auf externen Zuschreibungen. Damit ist die Weser kein »langlebiger, Generationen überdauernder Kristallisationspunkt kollektiver Erinnerung und Identität«, sodass ihr eher geringe Bedeutung für die politische oder kulturelle Entwicklung der Länder Niedersachsen und Bremen seit 1946 zugeschrieben werden kann.[1]

Anmerkungen

1 François/Schulze, Deutsche Erinnerungsorte I, Einleitung, S. 18.

Literatur

Etienne François/Hagen Schulze, Einleitung, in: Dies. (Hrsg.), Deutsche Erinnerungsorte I, München 2001, S. 9-24.

Norbert Humburg/Joachim Schween (Hrsg.), Die Weser. Ein Fluss in Europa. Leuchtendes Mittelalter, Holzminden 2000.

José Kastler/Vera Lüpkes (Hrsg.), Die Weser. Ein Fluss in Europa. Aufbruch in die Neuzeit, Holzminden 2000.

Bernd Küster (Hrsg.), Die Weser 1800-2000, Bremen 1999.

Das Niedersachsenross

Von Brage Bei der Wieden

Das springende weiße Roß im roten Felde ist auf Grund seiner Herkunft, seiner geschichtlichen Entwicklung und seiner bisherigen Verwendung in erster Linie berufen, das Land zu repräsentieren. Das springende Pferd war in ältester Zeit das Symbol des Stammes der Sachsen, der weiten Teilen Nordwestdeutschlands in starkem Maße seinen Stempel aufgedrückt hat. Es ist nicht dynastischer Herkunft. So

Abb. 1: Pferdesiegel Herzog Johanns zu Braunschweig (Calenberg), 1361.

heißt es in der Referenten-Begründung zum Entwurf einer Vorläufigen Niedersächsischen Verfassung vom 26. Mai 1950.

Durch diese Begründung für die Einführung des Landeswappens erhielt das neue Bundesland Niedersachsen nicht nur eine lange Geschichte, die eine gemeinsame Geschichte aller Landesteile war, sondern sein Hoheitszeichen sogar eine quasi-demokratische Legitimation.

Als die Herzöge Albrecht und Johann sich 1361 neue Siegelstempel mit Pferdesymbolen (→ *Pferdeland*) schneiden ließen, können sie solche Folgerungen nicht geahnt haben, sie hätten sie nicht einmal verstanden. Die beiden Brüder gehörten zur Linie Grubenhagen des Hauses Braunschweig; sie waren – wie die Göttinger – die armen Vettern des Gesamthauses der Welfen (→ *Welfen*). Als Herzog Magnus I. von Braunschweig sich 1339 das Herzogtum Braunschweig-Lüneburg vom Kaiser als sein väterliches Erbe hatte bestätigen lassen, müssen die Grubenhagener um ihre Anteile am welfischen Zentralbesitz in und um Braunschweig gebangt haben; ebenso als Herzog Wilhelm im Jahre 1359 seinem Schwiegersohn Ludwig, einem anderen Vetter aus der Braunschweiger Linie, die Erbfolge im Fürstentum Lüneburg in Aussicht stellte. Die Machtverhältnisse drohten sich noch weiter zu Ungunsten der Grubenhagener zu verschieben.

Die Verwendung des Pferdesymbols auf erneuerten Grabsteinen längst verstorbener Vorfahren – in Bursfelde, in Göttingen – deutete an, worum es den Grubenhagener, dann den Göttinger Herzögen ging: um das Erbe der Brunonen. Der Besitz des reich begüterten Grafengeschlechts, das Braunschweig gegründet hatte, war nicht nur ökonomisch wichtig. Letztlich garantierte er den Herzogstitel, denn das Herzogtum Braunschweig(-Lüneburg) hatte seine materielle Grundlage in dieser Erbmasse, die über Lothar von Süpplingenburg und seine Tochter an die Welfen gelangt war. Die Brunonen hatten noch keine Wappen geführt. 1379/80 bezeichnete aber ein niederrheinisches Wappenbuch einen Wappenschild mit einem gezäumten und gesattelten Pferd als das *alte Wappen von Braunschweig*.

Weshalb die Brüder Albrecht und Johann ihre Ansprüche durch ein Pferd ausdrückten, ist nicht sicher zu sagen. Das Denken ihrer Zeit war assoziativ, fluid, kontextabhängig und nie auf eine einzige Möglichkeit festgelegt. Die größte Wahrscheinlichkeit hat, was um 1500 der Geschichtsschreiber Albert Krantz mutmaßte: dass das niederdeutsche Wort *Valen* (junges Pferd, Fohlen) an die Heer- und Grafschaftsbezeichnung *Falen* geknüpft wurde. In diesem Fall gäbe es wenigstens eine indirekte Beziehung zu den alten Sachsen.

Die alten Sachsen führten (wenn überhaupt) Feldzeichen, die einen Drachen, einen Löwen und einen Adler zeigten. Erst der Bielefelder Dekan Gobelin Person stellte um 1400 einen Zusammenhang zwischen den Sachsen und dem Pferdewappen her. In seiner Weltchronik kam er auf die Landnahme der Sachsen in Britannien zu sprechen und auf die Namen der Anführer, Hengist und Horsa, und mutmaßte: *Vielleicht ist es deswegen, dass die Wappen einiger Herzöge von Sachsen ein weißes Pferd sind.* Die welfischen Herzöge – auch aus der Linie Grubenhagen – haben das Ross jedoch während des Mittelalters nicht im Wappen geführt (Wappenfiguren blieben die braunschweigischen Leoparden bzw. der Lüneburger Löwe), sondern nur im Siegelbild oder als Helmzier benutzt.

Erzbischof Ruprecht von Köln gab dem Pferd, das er 1469 auf Pfennige prägen ließ, eine etwas andere Bedeutung. Er wollte wohl seinen Anspruch auf die Stadt Soest, die »Stadt der Engern«, veranschaulichen. Von diesem Münzbild leitet sich das heutige Westfalenross her.

Die definitive Geschichte zum Pferdewappen erzählte die *Croneken der Sassen*. Diese wohl in Braunschweig entstandene Chronik der Sachsen, eine reich illustrierte Inkunabel, erschien 1492 in Mainz: König Karl (der Große) (→ *Karl d. Gr.*) habe seinem Widersacher Widukind, der ein schwarzes Pferd im Schild geführt hatte, ein Wappen mit einem weißen Ross verliehen – als Zeichen für dessen Erleuchtung im christlichen Glauben – und ihn zum Herzog von Sachsen erhoben. Seitdem bezeichnet das weiße Ross Sachsen oder Niedersachsen, Westfalen, Ostfalen (Ostsachsen) oder auch Engern (»das Land an der Weser«).

Im 16. Jahrhundert benutzten die braunschweigischen Herzöge das Symbol des weißen Pferdes kontextabhängig in sehr unterschiedlicher Weise. Herzog Erich II., der die Fürstentümer Calenberg und Göttingen regierte, ließ 1562 in sein Schloss in Münden ein Wappen mit einem weißen Ross malen; sein Neffe, Herzog Julius, der mit Erich wegen des Rammelsberger Bergzehnten zerstritten war, gab Taler mit diesem Motiv aus. Julius' Sohn, Herzog Heinrich Julius, entwarf Allegorien eines weißen Rosses im Kampf mit einem Löwen, der die rebellische Stadt Braunschweig darstellen sollte; auf anderen Sinnbildern unterdrückte er hingegen selbst als Löwe den unbotmäßigen Adel.

Im Laufe des 17. Jahrhunderts verwendeten mehrere Herzöge aus dem Hause Braunschweig-Lüneburg Pferde-Embleme. Herzog Christian Ludwig ließ, nachdem er 1648 die Herrschaft in den Fürstentümern Lüneburg und Grubenhagen angetreten hatte, Pferdetaler prägen. Die Devise lautete: *sincere et constanter* (aufrichtig und standhaft). Sein Bruder Georg Wilhelm führte ein Wappen mit einem weißen Ross, sein Wahlspruch war: *Quo Fas et Gloria ducunt* (wohin Schicksal und Ruhm führen). Herzog Rudolf August aus der Wolfenbütteler Linie wurde mit einem aufbäumenden Schimmel als Symbol porträtiert; die Inschrift parallelisierte den Herzog und Julius Caesar: *Nescia*

Abb 2: Wappen der preußischen Provinz Hannover, 1891.

Virtus stare loco (die Tugend weiß nicht still zu stehen). Die Deutungen boten also eine große Variationsbreite.

Einen Platz in der Staatssymbolik erhielt das Pferd durch den hannoverschen Hofrat Gottfried Wilhelm Leibniz, der ihm im Wappen der kurfürstlichen Linie nach dem Kurschild die erste Stelle zuwies (→ *Leibniz*). Er nannte das Pferd »sächsisches« oder »niedersächsisches« Ross und bezog es wohl auf das Herzogtum Sachsen-Lauenburg oder Niedersachsen, das 1689 an Kurhannover gefallen war. Als 1714 der hannoversche Kurfürst Georg Ludwig als Georg I. zum Herrscher des Vereinigten Königreichs von Großbritannien und Irland gekrönt wurde, bot ein Nürnberger Verleger Medaillen an, die das Pferd im Sprung vom Kontinent auf die britischen Inseln zeigte. Das Welfenross fand Aufnahme ins königliche Wappen, in dem es bis 1837 seinen Platz hatte (→ *Personalunion*).

Abb 3:
Muster eines Wappenschildes für die Kreisdirektionen des Herzogtums Braunschweig, 1913.

Aber auch außerhalb der höfischen Sphäre gewann das Ross als Zeichen des angestammten Herrscherhauses an Popularität. Es findet sich im 18. Jahrhundert – und teilweise schon früher – auf Ofenplatten, Bierkrügen, Schüsseln und Wirtshausschildern, erscheint auf Feldzeichen, Uniformteilen, Dienstsiegeln von Unterbehörden und (seit 1795) im Titel der »Braunschweigischen Anzeigen«.

Mit dem Evolutionsgedanken und der dadurch beförderten Stammesideologie, die aktuelle Populationen wesenhaft mit Stämmen der Völkerwanderungszeit verknüpfte, wandelte sich das Welfenross im 19. Jahrhundert zum Sachsenross. Der Bildhauer Albert Wolff entwarf für König Georg V. von Hannover ein Pferdedenkmal, das dieser sicher eher mit dem Haus der Welfen als mit dem alten Sachsenstamm in Verbindung brachte. Noch heute steht das monumentale springende Ross an dem Platz, der ihm bereits vor der Annexion Hannovers durch Preußen zugedacht worden war: vor dem Neubau des hannoverschen Stadtschlosses, dem heutigen Hauptgebäude der Leibniz Universität Hannover. Die Ballade »Das weiße Sachsenross« des westfälischen Spätromantikers Maximilian von Oer hingegen, die Mitte des 19. Jahrhunderts Aufnahme in zahlreiche Anthologien fand, hatte mit den Welfen gar nichts zu tun und versuchte, den Gegensatz zwischen Franken und Sachsen zu harmonisieren.

Die neue Wissenschaft der Volkskunde und die agrarromantische Heimatbewegung assoziierten gekreuzte Pferdeköpfe an Bauernhausgiebeln, germanischen Pferdekult, die legendären Kriegerfürsten Hengist und Horsa und das Pferdewappen mit den alten Sachsen. Das

Abb. 3: Niedersächsisches Landeswappen.

wurde so rasch und gründlich allgemeine Überzeugung, dass es – wie eingangs zitiert – in der Begründung für das niedersächsische Landeswappen heißt, das Pferd sei in ältester Zeit Symbol des Sachsenstammes gewesen – und nicht dynastischen Ursprungs.

In Hannover wie in Braunschweig amalgierten also während des 19. Jahrhunderts im Symbol des Wappenpferdes dynastische Anhänglichkeit und neues Stammesbewusstsein. Eine höhere Autorität gewann es erst nach und nach, durch obrigkeitlichen Gebrauch, auf Orden und als Zeichen staatlicher Einrichtungen. Der Provinziallandtag bestimmte das Ross 1881 zum Wappentier der preußischen Provinz Hannover – das war nur möglich, weil es nicht mehr eindeutig mit dem Welfenhaus konnotiert wurde. Trotzdem konnte es zwanglos auf die welfische Vergangenheit bezogen werden. Im Freistaat Braunschweig kam das Pferd nach dem Ende der Monarchie, mit der Verfassung von 1922, ins Staatswappen.

Als der niedersächsische Landtag 1951 mit der vorläufigen Verfassung auch das Landeswappen annahm, gründete das auf die weitverbreitete Überzeugung, im weißen Ross ein fast ganz Niedersachsen vereinendes Symbol mit langer Tradition gefunden zu haben. Trotz der Vorbehalte aus Oldenburg, die ebenso wie die Schaumburg-Lipper ihre eigenen heraldischen Traditionen abgeschnitten sahen, wurde das Niedersachsenross bald unbestritten mit dem neuen Bundesland identifiziert. Wo immer Niedersachsen visualisiert werden soll, erscheint das Pferd, in Fürstenberger Porzellan ebenso wie häufig in der politischen Karikatur, den jeweiligen Ministerpräsidenten im Sattel, oder als veralbertes »Schweinhorn«, das die PARTEI verbreitet. Die Regierung Schröder führte 1991 einen stilisierten Pferdekopf als »Niedersachsen-Logo« ein, das Ministerpräsident Christian Wulff 2003 wieder abschaffte. Er wollte als Logo das hergebrachte Wappen verwendet sehen. Wenn also die Idee »Niedersachsen« sich irgendwo verdichtet hat, dann sicherlich im Landeswappen.

Literatur

Brage Bei der Wieden, Die Konkurrenz von Löwe und Pferd in der welfischen Herrschaftssymbolik, in: Ders. u.a. (Hrsg.), 850 Jahre Braunschweiger Löwe. Dokumentation der Tagung am 10. und 11. März 2017, Braunschweig 2019, S. 95-107.

Peter Veddeler, Das Niedersachsenroß. Geschichte des niedersächsischen Landeswappens, Hannover 1996.

Das hannoversche Schützenfest

Von Karolin Quambusch

Abb. 1: Temperagemälde von Ernst Jordan 1903: Pfingstfestschießen in Hannover im 15. Jahrhundert.

Schützenfeste werden über den Sommer in vielen niedersächsischen Städten und Dörfern gefeiert. Als Volksfeste begleiten sie die jährlich stattfindenden Schießsportwettbewerbe und sind Ausdruck vielfältiger örtlicher Bräuche und Traditionen. Doch gerade bei den großen Schützenfesten dürften der Schießsport und die zur Schau getragenen Schützenuniformen längst nicht mehr zu den dominierenden Elementen gehören, die die Besucher*innen mit dem »Fest der Schützen« assoziieren. Die wummernden Bässe, die farbenfrohen Beleuchtungen der Fahrgeschäfte und die zahlreichen gastronomischen Angebote lassen die Grenzen zwischen dem Schützenfest und anderen städtischen Volksfesten wie dem Frühlings- oder dem Oktoberfest verschwimmen.

Im Jahr 2015 wurde das deutsche Schützenwesen von der UNESCO in das bundesweite Verzeichnis für immaterielles Kulturerbe aufgenommen, da es [...] *vielerorts ein wichtiger, historisch gewachsener und lebendiger Teil regional-lokaler Identität* ist. Die meisten Schützenfeste werden auf dem Land gefeiert. Hier spielt das Schützenwesen eine gemeinschaftsbildende und identitätsstiftende Rolle. Dementsprechend sind die Schützenvereine hier weniger von Mitgliederschwund und Nachwuchsproblemen betroffen als andere Sport- oder Traditionsvereine. In vielen Städten führen dagegen »Überalterung« und Mitgliederschwund zunehmend zur Auflösung der Vereine und zur Aufgabe von Schützenhäusern und Schießsportanlagen. Auch in der niedersächsischen Landeshauptstadt ist diese Entwicklung deutlich zu erkennen, doch feiern die hannoverschen Schütz*innen jedes Jahr das *größte Schützenfest der Welt*, das mit mehr als 750.000 Besucher*innen zu den 30 größten Volksfesten Deutschlands zählt.

Die Wurzeln des hannoverschen Schützenwesens liegen in der mittelalterlichen Wehrverfassung, nach der die Verteidigung der Stadt von den Bürgern zu gewährleisten war. In Ergänzung zur hannoverschen Bürgerwehr stellte der Rat besoldete Landsknechte ein, deren Schießübungen mit der Armbrust auf einen bunten, papageienähnlichen Vogel erstmals in den städtischen Quellen des späten 14. Jahrhunderts zu finden sind.

Erste Belege über eine Beteiligung der hannoverschen Bürger an diesen Schießübungen stammen aus der zweiten Hälfte des 15. Jahrhunderts. Im Laufe des 16. Jahrhunderts entwickelten sich die Übungsschießen dann zu einem wichtigen Aspekt des bürgerlichen Selbstverständnisses, das einen festen institutionellen Rahmen erhielt. Zur gleichen Zeit entstanden auch anderenorts Schützenfeste, die vor allem der Repräsentation der städtischen Oberschicht dienten. Höhepunkte bildeten die großen Schützenhöfe mit überregionaler Beteiligung, zu denen sich die Schützen der Städte gegenseitig einluden. Sie bieten erste Anknüpfungspunkte für die Traditionen und Bräuche des heutigen Schützenfestes, da in diesem Zusammenhang erstmals von einem Umzug auswärtiger Schützen im Jahr 1582 und dem Angebot von Broyhan-Bier, Speisen und (Glücks-)Spielen im Jahr 1601 berichtet wurde. Dieser vergnügliche Teil des Festes mit *allerley Gesöff und Schwelgerey* stand im Mittelpunkt der Schützenfeste des 17. und 18. Jahrhunderts. Das Interesse der Bürger am Schießen schwand dagegen zunehmend. Ein Grund war die schrittweise Abschaffung der Wehrpflicht in Folge der Residenznahme Hannovers durch Herzog Georg von Braunschweig-Calenberg im Jahr 1636. Ohne Wehrauftrag verlor das Schützenwesen in vielen Städten an Bedeutung. Das hannoversche Bürgertum entwickelte stattdessen im 19. Jahrhundert ein zwar an die alten Traditionen der mittelalterlichen Wehrgemeinschaft anknüpfendes, aber gleichzeitig den neuen Gegebenheiten, d.h. dem veränderten bürgerlichen Selbstverständnis entsprechendes Schützenwesen. Im Zentrum dieses Selbstverständnisses stand nun nicht mehr der Schutz der eigenen Stadt, sondern der nationale Einheitsgedanke, wie sich unter anderem in der Gründung der *Uniformierten Schützengesellschaft* 1837 oder dem Anschluss der Schützen an die Bürgerwehr 1848 zeigt. Die Gründung des Deutschen Schützenbundes in Gotha 1861 gab der Schützenidee darüber hinaus national übergreifend Aufschwung. Als Narrativ diente den Schützen die Vorstellung eines wehrhaften, patriotischen Bürgertums mit ungebrochener Tradition seit den Anfängen des Schützenwesens im Mittelalter. In dieser Tradition sah sich auch der Schütze Heinrich Magdeburg, dessen Abhandlung über die Geschichte des hannoverschen Schützenwesens aus dem Jahr 1884 lange Zeit das herrschende Narrativ stützen sollte.

Auch das hannoversche Schützenfest in seiner heutigen Form entstand im Laufe des 19. Jahrhunderts nach dem Zusammenschluss der Schützen der Altstadt von Hannover mit denen der Calenberger Neustadt im Jahr 1825. Ebenso bildete sich der heutige Schützenausmarsch erst mit Aufhebung der Ausmarschpflicht 1874 heraus. Nun war die Teilnahme am Schützenausmarsch nicht mehr für jeden Bürger der Stadt verpflichtend. Was aus der Angst um einen Einbruch der Teilnehmerzahlen erwuchs, entwickelte sich zu einer gemeinsamen Tradition von Stadt und Schützen: Heute beteiligen sich zahlreiche städtische Institutionen sowie Musik-, Sport- und Traditionsvereine am hannoverschen Schützenausmarsch, der als größter seiner Art weltweit gilt. Die Entscheidung zur Aufhebung der Ausmarschpflicht war nicht zuletzt auch eine Folge des 4. Deutschen Bundeschießens 1872, das, von der Euphorie des jungen Deutschen Kaiserreichs geprägt, über 4.000 Schützen nach Hannover lockte. Auch das 14. Deutsche Bundesschießen 1903, nun ganz im Zeichen des wirtschaftlichen Aufschwungs im Kaiserreich, wurde in Hannover gebührend gefeiert. Zu diesem Anlass schrieb der nationalkonservative, nach seinem Tod von den Nationalsozialisten als Vorbild vereinnahmte Heimatschriftsteller Hermann Löns seine *Neun schönen neuen Lieder zum Bundesschießen*, in denen der älteste literarische Beleg über die *Lüttje Lagen* zu finden ist. Dieses ursprüngliche Getränk der Arbeiter entwickelte sich im 20. Jahrhundert, verbunden mit einer besonderen Trinktechnik, zur traditionellen Spezialität auf dem hannoverschen Schützenfest, die aus einem speziellen Bier und einem ins Bierglas fließenden Korn besteht.

Die im 19. Jahrhundert entstandene Verbindung zwischen den hannoverschen Schützen und dem Militär wurde auch noch in der ersten Hälfte des 20. Jahrhunderts gepflegt. So belegen die Schützenordnungen des frühen Jahrhunderts die Möglichkeit, mit *Original-Armeegewehren und -Munition* am Freischießen teilzunehmen und neben Festscheiben mit den Bezeichnungen Kaiser Wilhelm oder Senator Beuermann, nach dem langjährigen Schützensenator Carl Beuermann,

Abb. 2: Reges Treiben auf dem Schützenfest 1951.

wurde auch die *Armeegewehrfestscheibe Stadtdirektor Tramm* zum Freischießen aufgestellt. Der nationalliberale Politiker Heinrich Tramm (von 1891 bis 1918 Stadtdirektor von Hannover) unterstützte gezielt die Annäherung zwischen dem Militär und seinen Schützenkollegen. Doch erst in der Zeit des Nationalsozialismus wurde eine offizielle Verbindung geschaffen, nachdem das Schützenwesen nach dem Führerprinzip neu geordnet und »gleichgeschaltet« worden war. Ab dem 31. Mai 1934 wurde die bis dahin grundsätzlich jedermann offenstehende Teilnahme am städtischen Freischießen auf Mitglieder des Deutschen Schützenbundes oder aus diesem angehörenden Vereinen beschränkt. Zahlreiche Vereine wurden aufgelöst und die Schießstände für die wehrsportliche Ertüchtigung der Bevölkerung geöffnet. Nach Kriegsende verboten die Siegermächte den Schießsport aufgrund seiner militärischen Konnotation bis ins Jahr 1949. Bis heute führen einige der in den Schützenvereinen gepflegten Bräuche zu Vorurteilen bezüglich der politischen Einstellung ihrer Mitglieder, obgleich die patriotische Gesinnung der Schützen und Verbindung zum Militär im 19. und beginnenden 20. Jahrhundert ihren Höhepunkt erreicht hatte und sich in der Folge zunehmend ein von sportlichem und gemeinschaftlichem Geist getragenes Schützenwesen ausgeprägt hat.

Nach Aufhebung des Schießsportverbotes 1949 hatte sich das hannoversche Schützenwesen in kürzester Zeit wieder institutionalisiert. 1950 fand das erste Schützenfest nach dem Krieg statt, und die Begeiste-

Abb. 3: Herbert Schmalstieg im historischen Kostüm beim hannoverschen Schützenausmarsch 1979 am Neuen Rathaus.

rung für das Volksfest schien größer als je zuvor. Für viele Hannoveraner*innen übernahm das Volksfest, alte städtische Traditionen mit Gemeinschaft und Ausgelassenheit verknüpfend, eine identitätsstiftende Funktion in einer Stadt, die nur noch wenige sichtbare Anknüpfungspunkte an ihre Geschichte bot. 1979 beging man das 450-jährige Jubiläum des Schützenprivilegs. Allein beim Ausmarsch, auf dem historische Kostüme und Festwagen mit Szenen aus der hannoverschen Stadtgeschichte präsentiert wurden, verzeichnete Hannover mit über 14.000 Teilnehmer*innen und rund 300.000 Zuschauer*innen Rekordzahlen.

Ein bedeutsamer Unterstützer der hannoverschen Schützentradition war Oberbürgermeister Herbert Schmalstieg. In seiner Amtszeit (1972-2006) avancierte das Schützenfest zu einem wichtigen Image- und Tourismusfaktor. Seitdem wirbt Hannover weltweit mit dem größten Schützenfest der Welt. Inzwischen liegt auch die Verantwortung für die Durchführung des Schützenfestes bei der Stadt, die versucht, der seit Jahren sinkenden Besucher*innenzahlen mit einem Konzept- und Imagewechsel entgegenzuwirken. Um den besonderen Charakter des Volksfestes stärker hervorzuheben, setzt sie verstärkt auf eine Mischung aus Party und Brauchtum. Doch ist es schwer zu sagen, ob es sich hier um einen Rückgang des Interesses an der Schützentradition oder am Volksfest selbst handelt. Unabhängig davon verkörpert das Schützenfest für viele Hannoveraner*innen auch heute einen Teil ihrer städtischen Identität. So werden Gäste von Einheimischen auch außerhalb der Schützenfestzeit eingeladen, sich am Lüttje Lage-Trinken zu versuchen, und sicher trägt auch der Schützenausmarsch als gemeinsame Veranstaltung von Schütz*innen und Bürger*innen dazu bei, dass das Schützenfest weiterhin einen festen Platz in der hannoverschen Stadtgesellschaft einnimmt.

Literatur

Deutsche Unesco-Kommission e. V. (Hrsg.), Bundesweites Verzeichnis Immaterielles Kulturerbe. Wissen. Können. Weitergeben: A bis Z, Berlin ³2019.

Andres Fahl, Schützenstadt Hannover – Aspekte der Musealisierung eines Mythos, in: Matthias Dreyer (Hrsg.), »Museum machen: Museen zwischen Volkskunde und Management«, eine Festschrift für Rolf Wiese zum 65. Geburtstag, Ehestorf 2017, S. 153-167.

Carl-Hans Hauptmeyer, Das Schützenfest in Hannover im Spätmittelalter und in der frühen Neuzeit, in: Hans-Dieter Schmid (Hrsg.), Feste und Feiern in Hannover, Bielefeld 1995, S. 19-30.

Heinrich Magdeburg, Geschichte des Schützenwesen der königlichen Residenzstadt Hannover nach handschriftlichen Urkunden und mündlichen Mitteilungen, Hannover 1884.

Helmut Zimmermann, Das große hannoversche Schützenbuch, Hannover 1981.

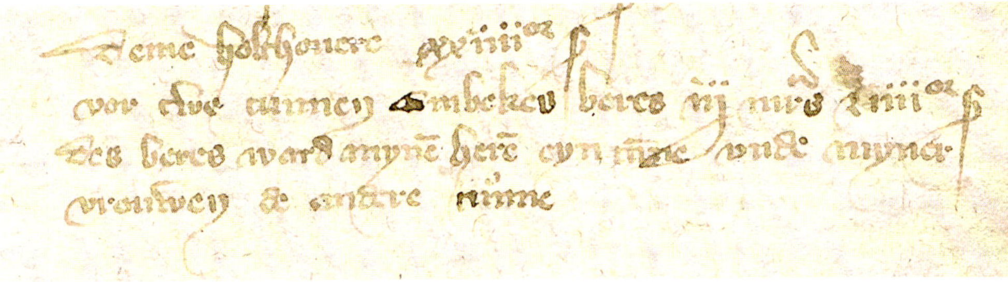

Abb. 1: Erstnachweis einer Sendung Einbecker Bieres im Celler Vogteiregister von 1378.

Einbecker Bier und schnelle Räder

Von Christine van den Heuvel

Die Niedersachsen kämen sicherlich nicht auf den Gedanken, den traditionsbewussten Bayern den Ruf des Münchener Oktoberfestes als weltweit größtes Volksfest abzusprechen. Doch der Ursprung des nicht nur auf der Theresienwiese so geschätzten Bockbieres darf mit Recht der niedersächsischen Stadt Einbeck zugesprochen werden.

Bier gehörte bis in die frühe Neuzeit – nicht zuletzt wegen der allgemein schlechten Qualität des Trinkwassers – zu den Grundnahrungsmitteln. Zu einem Volksgetränk, das vor allem aufgrund des hohen Nährwertes und seiner gesundheitsfördernden Wirkung geschätzt wurde, entwickelte sich das Bier erst im Verlauf des Spätmittelalters. Aufgrund der Rahmenbedingungen und der arbeitsteiligen Prozesse des Brauens zählte Bier zu den typischen Produkten der spätmittelalterlichen und frühneuzeitlichen Stadt. Der Brauvorgang war aufgrund der teuren aufwändigen Gerätschaften und der hohen Energiekosten sowie der Räumlichkeiten wie gemauerte Keller und weiträumige Dachböden ein kapital-, aber auch ein arbeitsintensives Handwerk. Galt das Hausbrauen zunächst als Privileg vornehmer Bürger, so förderte die Professionalisierung des Brauhandwerks im Spätmittelalter die genossenschaftliche Vereinigung der einzelnen Brauer zu Brauerzünften und Brauergilden. Neben den Nahrungsmittelzünften der Schlachter und Bäcker gehörten die Bierbrauer zu den bedeutendsten der städtischen Gewerbe.

Als Folge der komplexen Produktionsbedingungen entwickelte sich das sogenannte *Riege-* oder *Reihebrauen*. Die genossenschaftlich betriebene und zugleich Kosten senkende Herstellungsweise diente nicht zuletzt auch der Qualitätskontrolle des Bieres. Das Riegebrauen war vor allem in niedersächsischen Städten üblich und ist u. a. für Einbeck, Goslar, Hannover, Hameln und Rinteln belegt. In festgelegter

Reihenfolge wurde die große kupferne Braupfanne, die in der Regel Eigentum des jeweiligen Rates war, von Haus zu Haus zu den kupfernen Braukesseln getragen. Die Brauer gehörten zu den vermögenden Bürgern einer Stadt; vielfach stellten Angehörige der Brauergilden Ratsherren und Bürgermeister. Ihr Reichtum zeigte sich in ihren mächtigen Häusern mit breiten, der Straße zugewandten Toren, durch die die Braupfanne auf die Diele der Gebäude geschafft werden konnte. Die hohen Dächer mit den langgezogenen schmalen Dachlüftungen wiesen darauf hin, dass sich auf den Dachböden die Darre für die Trocknung des Hopfens befand. Zahlreiche dieser charakteristischen Brauhäuser aus dem 16. Jahrhundert prägen noch heute das Stadtbild von Einbeck: Nach einer aktuellen Bauinventarisation sind noch etwa 800 historische Hausstellen und ca. 500 historische Kellergewölbe nachweisbar.

Das Brauhandwerk unterlag im Spätmittelalter und in der frühen Neuzeit einer umfangreichen obrigkeitlichen Kontrolle, deren Regeln in der städtischen Brauordnung zusammengefasst waren. Diese sorgte für die Regelmäßigkeit des Produktionsprozesses und für die Qualitätssicherung des Endprodukts. Denn heimliches Experimentieren mit Kräutern aller Art und unterschiedlichsten Beimischungen, die den Wohlgeschmack und die Haltbarkeit des Bieres verbessern sowie seine Bekömmlichkeit befördern sollten, konnten auch das Gegenteil bewirken und gesundheitliche Schäden nach sich ziehen, die den guten Ruf eines Bieres gefährdeten. Es lag daher im Interesse des Rates der Stadt, Aufsicht und Kontrolle über das Endprodukt zu behalten, ohne die regionale Eigenheit des jeweiligen Bieres in Frage zu stellen, die sich letztlich nur über die in der Brauergilde gehütete Geheimrezeptur erhalten ließ. Die im Jahr 1324 erstmals für Einbeck nachgewiesene Verwendung von Hopfen führte dazu, dass anstelle des bisherigen Verfahrens, dem Bier Gagelstrauch als Gewürz beizumischen, das fortan produzierte Hopfenbier nicht nur an Qualität und Geschmack gewann, sondern weitaus haltbarer war als das bisherige, für den Transport weniger geeignete *Grutbier*. Die Nachfrage nach Hopfen für die Herstellung des Einbecker Bieres stieg mit wachsendem Umsatz seit der Mitte des 14. Jahrhunderts aufgrund der Vermarktung im Fernhandel kontinuierlich an und führte zu vermehrtem Hopfenanbau in den Dörfern der Einbecker Umgebung.

Ein im Niedersächsischen Landesarchiv in Hannover überliefertes Rechnungsregister für die Hofhaltung der Lüneburger Herzöge in der Residenz in Celle belegt, dass Einbecker Bier spätestens seit 1378 zu den dort regelmäßig bezogenen Getränken gehörte – neben Bieren aus Bremen, Salzwedel, Hannover und Hildesheim, die ebenfalls erwähnt werden.

Das kräftige Einbecker Starkbier wurde bis nach Innsbruck, Reval

Abb. 2: Brauhäuser in Einbeck, Tidexer Straße.

(heute Tallin) und Antwerpen geliefert. Dem um das Jahr 1500 mit ca. 7.000 Einwohnern zu den großen Städten zählenden Einbeck kam die verkehrstechnisch günstige Anbindung an die bedeutenden mitteleuropäischen Fernhandelswege zugute, von der insgesamt in dieser Zeit alle südniedersächsischen Städte profitierten. Denn auch die übrigen seit dem Spätmittelalter im heutigen Niedersachsen gebrauten Biere fanden nicht nur Absatz vor Ort. Sie galten weithin ebenfalls als Qualitätsbiere, die im gesamten deutschen Reich und darüber hinaus verkauft wurden. Ihre Bezeichnungen – Braunschweiger *Mumme*, Goslarer *Gose*, Osnabrücker *Buse*, *Ducksteiner* aus Königslutter, *Broyhan* aus Hannover, *Klapitt* aus Helmstedt – hatten einen guten Klang, der den Herkunftsstädten Wohlstand und Ansehen brachte. Die Bierbezeichnungen waren allerdings keine Markennamen im heutigen Sinn, sondern Herkunftsbezeichnungen, über deren Unverwechselbarkeit der Rat der jeweiligen Stadt umso stärker wachte, da auch ›Produktpiraterie‹ immer wieder vorkam.

Zu den gefragtesten Bieren des Spätmittelalters und der frühen Neuzeit zählte jedoch das Einbecker Bier, zu dessen Berühmtheit eine zwar umsatzfördernde, wegen des fehlenden Belegs jedoch als Legende zu bezeichnende Anekdote beigetragen haben dürfte, die noch Heinrich Heine in seiner *Geschichte der Religion und Philosophie in Deutschland* erwähnenswert fand: der zufolge habe Herzog Erich von Calenberg Martin Luther auf dem Reichstag in Worms 1521 nach der kräftezehrenden Verteidigung seiner Schriften einen Krug mit Einbecker Bier zur Stärkung angeboten. Zweifellos wusste Luther das Bier mit der hohen Stammwürze zu schätzen, wie das quellenmäßig belegte Geschenk einer Tonne Einbecker Bieres seitens des Wittenberger Rates zur Hochzeit des Reformators im Jahr 1525 zeigt.

Abb. 3: Vorderseite des Versandkataloges der Fa. Stukenbrok, 1911.

Dank seiner Qualität und seines Wohlgeschmacks war das Einbecker Bier auch an den Fürstenhöfen des Reichs sehr geschätzt. Es galt im wahren Sinne des Wortes als ›fürstliches‹ Geschenk, das vor allem die Herzöge von Braunschweig-Lüneburg bevorzugt weitergaben oder auch mit anderen, gleichermaßen begehrten Produkten tauschten. So sind für die 1570er Jahre Absprachen zwischen Herzog Julius von Braunschweig-Wolfenbüttel mit dem Bischof von Würzburg, dem Erzbischof von Mainz und dem Herzog von Württemberg belegt, nach denen ersterer Einbecker Bier gegen Weine aus den bevorzugten Weinanbaugebieten von Main, Rhein und Neckar tauschte. Seit der Mitte des 16. Jahrhunderts wurde auch die Residenz der bayerischen Herzöge in München nachweislich mit Einbecker Bier beliefert. Der Export aus Norddeutschland sollte Einbeck zur Heimatstadt des späterhin als ›Bock‹ bezeichneten Bieres machen, wobei die Namensgebung sich sprachlich aus dem nach München exportierten Einbecker Bier, dort bayerisch bezeichnet als *Einpökisch/Ainpokisch* (kurz: Bock-)Bier, entwickelte. Allerdings dürfte eine immer wieder in unterschiedlichen Varianten erzählte Geschichte bis zur Vorlage eines quellenmäßigen Nachweises ebenfalls in den Bereich der Phantasie gehören: danach habe der strikt katholische Herzog Maximilian I. von Bayern nicht länger das teure, aus der protestantischen Stadt Einbeck importierte und von ihm angeblich als *Ketzerbier* bezeichnete Starkbier trinken wollen, sodass er 1612 (nach anderen Darstellungen: 1614) einen Braumeister aus Einbeck namens Elias Pichler nach München habe abwerben bzw. gar entführen lassen, damit dieser für das neu erbaute Hofbräuhaus Bier nach Einbecker Art braute.

Nach zwei großen verheerenden Stadtbränden, die Einbeck 1540 und 1549 vermutlich als Folge von Brandstiftung erlitt, konnte sich die auf dem Bierexport beruhende Wirtschaftskraft der Stadt nicht mehr vollständig erholen. Die Pest des Jahres 1594 und die Folgen des Dreißigjährigen Krieges mit weiteren Stadtbränden 1626 und 1641 brachten das Braugewerbe fast zum Erliegen. Das ehemals wirtschaftlich blühende Einbeck mitsamt dem Kreis der einst ebenfalls prosperierenden südniedersächsischen Städte wie Hameln, Goslar, Northeim, Osterode oder Münden verkümmerten zu stagnierenden Kleinstädten. Entsprechend brauten in Einbeck im 18. Jahrhundert nur noch wenige Brauberechtigte Bier. 1794 versuchte der Rat mit dem Bau eines großen Brauhauses einen Neustart, um der gewerbeschwachen Stadt neue Einnahmen zu erschließen. Jedoch brannte der gesamte Gebäudekomplex während des letzten Stadtbrandes, den Einbeck im Jahr 1826 erleben musste, bereits wieder ab. Das Unglück aber ermöglichte dem Rat, das städtische Brauwesen auf eine neue wirtschaftliche Grundlage zu stellen. Der überwiegende Teil der Brauberechtigten gab ihr Braurecht gegen eine Entschädigung an die Stadt zurück, eine kleine Gruppe realisierte ihr Anrecht über *Brau-Actien* und machte damit nach 1846 den Weg frei für den Bau einer der zeitgemäßen Produktion entsprechenden städtischen *Dampf-Bierbrauerei*, die sich in der zweiten Hälfte des 19. Jahrhunderts für mehr als zwei Jahrzehnte einen großen Absatzmarkt in Übersee erobern konnte.

Bereits zu diesem Zeitpunkt begann August Stukenbrok – gebürtig aus Pegestorf an der Weser –, mit einer innovativen und mutigen Geschäftsidee den Namen der Stadt erneut bekannt zu machen. Auf die gesellschaftliche Dynamik des sich wirtschaftlich rasant entwickelnden Kaiserreichs mit dem gleichermaßen wachsenden Bedürfnis der Menschen nach Konsum, Mobilität und – noch völlig neu – nach Freizeit, reagierte Stukenbrok im Juni 1890 mit der Gründung der Firma »Deutschland-Fahrräder«.

Nach dem Umsatz von 28 Fahrrädern im ersten Geschäftsjahr waren es im Jahr 1897 bereits 3.300 Räder, die Stukenbrok verkaufte, 1903 lag die Zahl verkaufter Räder bei 21.000. Der agile Kaufmann hatte zur richtigen Zeit den Wert des in den 1880er Jahren entwickelten Nieder-Fahrrades als neues Fortbewegungsmittel entdeckt, das von seiner Konstruktion her deutlich verkehrssicherer war als das ältere Hochrad. Stukenbroks Verkaufsziel, dass jeder Mann – und für die Zeit überaus emanzipatorisch – auch jede Frau ein Fahrrad besitzen solle, traf den Nerv der Epoche, deren erwachende Begeisterung für Mobilität und Reisen in diesem Verkehrsmittel ein quasi egalitäres, weil erschwingliches Fahrzeug fand. Unter Einsatz des noch weithin unbekannten Versandhandels als innovativem Vertriebsweg und der äußerst umsatzfördernden Werbung durch Versandkataloge, von denen 1913, dem Jahr des größten Wachstums der Firma, ca. 1 Million Exemplare in die ganze Welt verschickt wurden, baute Stukenbrock ein Versandimperium auf, zu dem im Deutschen Reich zu diesem Zeitpunkt rund 700.000 Kunden zählten. Dramatische Umsatzeinbußen im Jahr 1929, der Tod des Eigentümers 1930 und nachfolgendes Missmanagement vor dem Hintergrund der Weltwirtschaftskrise bedeuteten 1931 das Ende der Firma. Immerhin war Einbeck als traditionsreiche Stadt des Bieres zeitweilig – und weit vor dem Siegeszug des Automobils – zur Stadt des Fahrrades geworden und hatte damit einen großen Beitrag zur Kulturgeschichte der Mobilität geleistet.

Literatur

Stefan Aumann, *… und wird gar weit geführet.* Die Geschichte des Einbecker Bieres, Oldenburg 1998.

Wolfgang Kampa/Werner Zänker, August Stukenbrok. Wirtschaftswunder der wilhelminischen Zeit, Oldenburg 2019.

Ernst Schubert, Essen und Trinken im Mittelalter, Darmstadt 2006.

Die Große Kirche Emdens

Von Klaas-Dieter Voss

Abb. 1: Ausstellung mit Werken des Druckgrafikers Otto Rohse, innerhalb der Ruine der Großen Kirche.

Nur wenige historische Mauern haben in Emden den Krieg überdauert. Die Stadt wurde wie auch andere deutsche Städte im Zweiten Weltkrieg zerstört. Am Abend des 6. September 1944 ging die Emder Innenstadt im Bombenhagel der alliierten Luftstreitkräfte unter. In gut zwanzig Minuten wurden 1.500 Sprengbomben, 10.000 Brandbomben und 3.000 Phosphorbomben abgeworfen. Die über Jahrhunderte gewachsene historische Altstadt wurde innerhalb kürzester Zeit in eine Trümmerwüste verwandelt. Die Ruine der bereits 1943 zerstörten Großen Kirche trotzte jedoch dem Bombardement und blieb erhalten. Sie wurde schließlich zum Mahnmal gegen den Krieg und blieb inmitten der neuen Bebauung stehen. Die Backsteinmauern der Emder Kirche und der von ihnen umbaute Raum waren und sind ein Erinnerungsort in vielerlei Hinsicht.

Die Kirchwarft, auf der die Große Kirche stand, wurde bereits im 9. Jahrhundert und somit in der Gründungsphase Emdens errichtet. Grabungen auf der Kirchwarft in den 50er Jahren des letzten Jahrhunderts ergaben, dass hier bereits um 850 Christen lebten und dass die Warft sehr wahrscheinlich schon damals für den christlichen Gottesdienst und für Bestattungen genutzt wurde. Erneute Grabungen in den 1990er Jahren erbrachten Beweise für eine Holzkirche. Eichenpfosten, bei denen es sich um die tragenden Pfeiler des Mittelschiffes einer dreischiffigen Kirche gehandelt haben dürfte, konnten anhand von dendrochronologischen Untersuchungen in das Jahr 966 n. Chr. datiert werden. Der Umstand, dass die Pfeiler auf älteren Bestattungen ruhten, wurde dahingehend gedeutet, dass schon vorher eine christliche Begräbnisstätte an diesem Ort existiert hat. Reste einer Vorgängerkirche wurden nicht gefunden. Sie würde zu den ältesten im ostfriesischen Raum gehören und damit zu einer der Keimzellen christlichen Glaubens in Ostfriesland.

Eine erste Backsteinkirche wurde um das Jahr 1200 errichtet, bei der es sich noch um eine relativ kleine Rechteckeinraumkirche handelte, die im 13. Jahrhundert zu einer Kreuzkirche umgebaut wurde. Der im Westen angegliederte Glockenturm fiel einer verheerenden Sturmflut, der sogenannten St. Katharinenflut von 1403, zum Opfer. Oberhalb des Westportals war das Wappen der Emder Häuptlingsfamilie Abdena angebracht und verwies auf die lokale Herrschaftsfamilie im Mittelalter (→ *Friesische Freiheit*). Die Burg Emdens stand nur wenige Meter von der Kirche entfernt. Die Zuständigkeiten und auch die Mächtigen wechselten und hinterließen Spuren unterschiedlichster Art. Nach dem Anbau von Seitenschiffen und dem damit verbundenen Umbau der Kirche zu einer Hallenkirche erfolgte ein Erweiterungsbau in Form eines Chorraumes auf der Ostseite, der 1455 von dem späteren ersten Grafen Ostfrieslands, Ulrich Cirksena, in Auftrag gegeben wurde. Doch auch der Chor wurde schon wenig später verlängert und auf der Nord- und Südseite durch Seitenschiffe erweitert. In der altgläubigen Zeit beherbergte die den Schutzpatronen Cosmas und Damian geweihte Kirche dreizehn Altäre. 1520 predigte Georgius Aportanus, der Erzieher der Grafensöhne, als Erster an diesem Ort im reformatorischen Sinne. Graf Edzard der Große ließ die Emder Kirche zu einer Simultankirche werden, in der nach wie vor katholische Messfeiern stattfanden, fortan aber auch protestantische Gottesdienste begangen wurden. Sein Sohn, Graf Enno II., führte 1529 unter Druck, nicht zuletzt bedingt durch die Drohgebärden Karl von Gelderns im Westen und die Kritik der benachbarten Städte im Osten, eine lutherische Kirchenordnung ein, hinderte Melchior Hoffman aber nicht daran, ein Jahr später durch eine Massentaufe in der Großen Kirche die erste Täu-

Abb. 2: Abendmahlschor in der Großen Kirche Emden vor 1943.

fergemeinde in Nordwesteuropa zu initiieren. Nach der verlorenen geldrischen Fehde (1531-1534) wurde Ostfriesland durch den obsiegenden katholischen Gegner zunächst eine zweite lutherische Kirchenordnung auferlegt, die am Ende eine Rekatholisierung des Landes einleiten sollte.

Doch es kam anders, Gräfin Anna von Oldenburg, die nach dem Tod ihres Mannes die vormundschaftliche Regierung für ihre Söhne übernommen hatte, beauftragte den polnischen Humanisten und Reformator Johannes a Lasco mit einer Neuordnung der ostfriesischen Landeskirche. Neue Glaubensinhalte hatten eine umgreifende Veränderung der Kirchenraumgestaltung zufolge. Im Laufe des 16. Jahrhunderts wurde die Emder Kirche den neuen Anforderungen angepasst. Der Chor wurde zum Abendmahlschor für die Gemeinde. Der südliche Chorraum, in dem sich die Herrenkapelle befand, verlor seine ursprüngliche Funktion und diente von nun an als Grablege der ostfriesischen Grafen. Gräfin Anna hatte flämische Renaissancekünstler beauftragt, eine neue Grabanlage zu bauen. Tradiert wird dabei der Name von dem berühmten Baumeister und Zeichner von Musterbüchern Cornelis Floris de Vriendt aus Antwerpen, der nachweislich für ihre Cousine, Fräulein Maria von Jever (→ *Maria von Jever*), tätig gewesen war und das Grabmal Edo Wiemkens in der Jeveraner Kirche entworfen hatte. Das Grabdenkmal für Enno II. entstand 1540 bis 1548 und wurde schließlich 1558 um eine Abschlusswand im Stil des niederländischen Manierismus ergänzt. Der aus Den Haag stammende Humanist Wilhelm Gnapheus beschreibt sie in seiner Lobrede auf die Stadt Emden als ein Werk, das Praxiteles, dem berühmtesten Bildhauer der griechischen Antike, würdig sei. Bildwerke in der Kirche jedoch, die der Verehrung von Heiligen dienten, wurden auf Wunsch des Reformators Johannes a Lasco und auf Veranlassung der Gräfin Anna entfernt.

1559 vermachte der Kirchenälteste Gerhard tom Camp der Gemeinde die Bücher aus seiner Studienzeit in der Schweiz und legte damit den Grundstein für die »Bibliothek der Großen Kirche«, wie sie lange Zeit hieß. Untergebracht waren die Bücher zunächst in einem Pfarrhaus. Nachdem die Allerheiligenflut von 1570 in Emden gewütet hatte, wurden die Bücher, die das Hochwasser überstanden hatten, in die Große Kirche zur Aufbewahrung gegeben. Nach dem Tode des Predigers Albert Hardenberg wurden sie durch eine weitere wertvolle Sammlung ergänzt, da auch er seine Bücher der Gemeinde zum Geschenk machte. Die Sammlung war sehr umfangreich und zeichnete sich durch die Provenienzen der einzelnen Bücher aus. Neben frühen Drucken aus dem Nachlass von Erasmus von Rotterdam gab es auch Inkunabeln aus dem Besitz des niederländischen Humanisten Rudolf Agricola sowie spätmittelalterliche Handschriften aus der Bibliothek des Klosters Aduard. 1578 wurde oberhalb der Konsistorienstube im zweiten Stockwerk der Großen Kirche ein Bibliothekssaal eingerichtet. Vor der Auslagerung der Bestände zu Beginn des Zweiten Weltkrieges umfasste die inzwischen deutlich gewachsene Bibliothek rund 18.000 Bände.

Die Emder Kirche war aber nicht nur ein Ort des Gottesdienstes und der Gelehrsamkeit. Die Gemeinde erfüllte ebenso diakonische Aufgaben. Emdens Hafen war ein Ort der Zuflucht. Viele Migranten bevölkerten schon in den 20er Jahren des 16. Jahrhunderts die Stadt, nachdem die Verfolgung von Protestanten im Westen Europas eingesetzt hatte. Es kamen Menschen aus allen Schichten der Bevölkerung, mit den unterschiedlichsten Konfessionen und aus den unterschiedlichsten Motiven. Korn- und Tuchhändler aus Flandern brachten Kapital und Know-how mit nach Emden. Ihre Handelsnetze überspannten schon bald einen Teil des europäischen Kontinents, und Emden entwickelte sich zu einem der wichtigsten Seehäfen der damaligen Zeit. Flandrische Buchdrucker machten die Stadt für die Niederlande zu einem wichtigen Erscheinungsort religiöser Literatur. In Emden wurden Theologen ausgebildet und von hier aus entsandt. 1571 fand im Kirchenraum der französisch-reformierten Gemeinde, der sich im Erdgeschoss der 1569 gebauten Stadthalle befand, eine wichtige Synode der niederländischen Kirchen unter dem Kreuz statt. Hier wurden Entscheidungen gefällt, die für die Organisation des reformierten Kirchenwesens von großer Bedeutung waren und sind.

Abb. 3: Ostportal der Großen Kirche Emden.

Die Emder Kirche entwickelte sich im reformierten Bereich zur Mutterkirche der niederländischen Reformation. Mitte des 17. Jahrhunderts erinnerten sich die Nachfahren der einstigen reformierten Glaubensflüchtlinge dankbar an die Rolle, die die Emder Kirche hundert Jahre zuvor gespielt hatte, und ließen ein Sandsteinportal an der Ostseite der Großen Kirche anbringen, das den Zweiten Weltkrieg überdauerte. Noch heute ist hier das Relief mit dem *Schepken Christi* zu sehen, das die Umschrift trägt: *GODTS KERCK VERVOLGT VERDREVEN – HEFT GODT HYR TROST GEGEVEN* (Gottes Kirche verfolgt vertrieben, hat Gott hier Trost gegeben).

1948/49 wurde auf einem Teil des in Trümmern liegenden Kirchenterrains mit Hilfe der Evangelisch-Reformierten Kirchen der Schweiz eine neue Kirche (die sogenannte *Schweizer Kirche*) gebaut. Der größere Teil des Terrains blieb aber in Trümmern liegen. Pläne in den 1960er Jahren, die Ruine abzutragen, um so Platz für ein neues Bibliotheksgebäude zu schaffen, wurden wieder aufgegeben. In den 1980er Jahren reifte aber dann der Entschluss, die Bücher der Großen Kirche wieder an den Ort zurückzubringen, an dem sie lange gestanden hatten. Von 1992 bis 1995 wurde eine neue Bibliothek auf dem Trümmergrundstück errichtet. Die Ruine der Großen Kirche wurde so in den Neubau integriert, dass eine wunderschöne Symbiose von Alt und Neu entstand. Die alten Mauern blieben unverändert, sodass der ihnen eigene Mahnmalcharakter erhalten blieb. Als die Bibliothek 1993 verselbständigt wurde, erhielt die Stiftung den Namen *Johannes a Lasco Bibliothek Große Kirche Emden*. Sie ist heute eine Spezialbibliothek für den reformierten Protestantismus bzw. für die Konfessionsgeschichte der Frühen Neuzeit. Doch sie birgt mehr. Die Bibliothek bietet Raum für Veranstaltungen unterschiedlichster Art. Es finden Konzerte, Ausstellungen, Tagungen und auch kirchliche Synoden statt. Daneben ist sie aber auch Museum und ein Haus der kirchenhistorischen Forschung.

Literatur

Klaus Brandt, Archäologische Quellen zur frühen Geschichte von Emden, in: Ders. u.a. (Hrsg.), Geschichte der Stadt Emden, Bd. I, Leer 1994.

Walter Deeters, Geschichte der Stadt Emden von 1890 bis 1945, in: Ernst Siebert u.a. (Hrsg.), Geschichte der Stadt Emden, Leer 1980.

Wilhelm Gnapheus, Aembdanae civitatis enkomion, Emden 1557.

Henning Jürgens, Johannes a Lasco in Ostfriesland, Tübingen 2002.

Walter Schulz, Große Kirche: Barockportal an der Nordostseite (1660) mit Schepken Christi, in: Johann Anselm Steiger (Hrsg.), Gedächtnisorte der Reformation. Sakrale Kunst im Norden (16.–18. Jahrhundert), Bd. 1, Regensburg 2016.

Heinrich Siebern, Die Kunstdenkmäler der Provinz Hannover, Stadt Emden, Hannover 1927.

Menno Smid, Ostfriesische Kirchengeschichte, Pewsum 1974.

Klaas-Dieter Voss, Die Große Kirche, in: Ders./Wolfgang Jahn (Hrsg.), Menso Alting und seine Zeit. Glaubensstreit, Freiheit, Bürgerstolz, Emden 2012.

Klaas-Dieter Voss, Doktor Alberts Staub und Schatten … Aus der Geschichte der ältesten Bibliothek Ostfrieslands, in: J. Marius J. Lange van Ravenswaay u.a. (Hrsg.), Orte der Reformation – Emden, Leipzig 2014.

Der Bremer Roland

Von Jörn Brinkhus

Abb. 1 a und b: Plakat zum »Eisernen Roland«, 1916 (links) und der »Eiserne Roland« vor dem Neuen Rathaus (rechts).

Während des Mittelalters und der Frühen Neuzeit waren Rolandstatuen und andere Rolanddarstellungen an manchen niedersächsischen Orten anzutreffen, so in Braunschweig, Göttingen oder in Hildesheim: Einige galten als Versinnbildlichungen der historisch-literarischen Rolandfigur; andere wurden als kommunale »Freiheits- und Autonomiesymbole verstanden und behandelt« (Bernd Ulrich Hucker). Teils bedienten sie als hybride Figuren auch beide Bedeutungen. Doch zwischen Harz und Nordseeküste entwickelte sich nur der Bremer Roland zu einem bis heute politisch bedeutungsvollen städtischen Wahrzeichen. Größe und Alter der Freiplastik begünstigten diese Entwicklung zwar, zu einem Erinnerungsort wurde der Roland aber, weil mit dem Denkmal seit seiner Erbauung Geschichtspolitik betrieben worden ist.

Anfang des 15. Jahrhunderts und damit im gleichen Zeitraum wie der Umbau des Bremer Rathauses geplant und errichtet, sollte die Statue daran erinnern, dass und wie sich die Kommune vom Bremer Bischof als ihrem Stadtherrn emanzipiert hatte. Der Stadtchronistik zu Folge brannten bischöfliche Kriegsknechte 1366, als der geistliche Fürst gewaltsam, aber erfolglos in innere Bürgerkämpfe eingriff, einen hölzernen Roland nieder. Mit der Errichtung der Steinstatue wollte die Ratsobrigkeit indes mehr als den zurückgewonnenen Status einer de facto autonomen Stadt bekräftigen: Indem die Inschrift des Schilds von einer durch *karl* gegebenen *vryheit* sprach, beglaubigte die Plastik eine – fiktive – Verleihung von Stadtrechten zu karolingischen Zeiten. Im Zusammenspiel mit gefälschten Urkunden sowie nachträglichen Einschüben in die Stadtchroniken wurde dem Denkmal dabei eine detaillierte Vorgeschichte mit dem Zweck angedichtet, Bremens politische Aufwertung zu einer Reichsstadt zu befördern. Dies gipfelte in den Andeutungen einer als städtische Auftragsarbeit 1602 publizierten Chronik, dass der tatsächlich 1404 erbaute Steinroland ein Geschenk Karls des Großen gewesen sei (→ *Karl d. Gr.*). Mit den durch diese Geschichtscamouflage unterstützten Anstrengungen war die städtische Führungsschicht schließlich erfolgreich, nach dem Westfälischen Frieden wurde Bremen zu einer Reichsstadt. Folgerichtig verlor der Roland seine appellative Funktion und wurde zu einem Symbol für den Status quo. Hierzu gehörte auch, weitere Rolande zu errichten, um den städtischen Macht- und Gebietsanspruch anzuzeigen, etwa in der Bremer Neustadt (1737) oder im Amt Bederkesa (1602), das von 1381 bis 1654 der Hoheit des Bremer Rats unterstand.

Darüber geriet das tatsächliche Errichtungsdatum des Denkmals in Vergessenheit. Erst nach 1820 wurde dieses wiederentdeckt. Zu diesem Zeitpunkt hatten die Französische Revolution und der Wiener Kongress die reichsstädtische Ausdeutung der Statue bereits irrelevant gemacht. Lediglich eine literarische Aneignung der Großplastik, nämlich Wilhelm Hauffs im Jahre 1827 veröffentlichten *Phantasien im Bremer Ratskeller*, nahm das Reichsmotiv auf. Ab 1871 wurde diese kommunale Deutungstradition unter gewandelten Umständen reaktiviert: Im neu gegründeten Kaiserreich beglaubigte der Roland den Anspruch der Stadtstaaten auf Selbstständigkeit. So stellt das bekannte Hamburger Bismarck-Denkmal den Reichskanzler als Bremer Roland und damit als Schutzpatron der freien Städte dar. Diese föderale Interpretation hat seitdem Bestand. Auch heute beziehen sich Bremer Landespolitiker gerne dann auf den Roland, wenn Diskussionen um eine Neugliederung des Bundesgebiets dazu Anlass geben.

Mit dem abrupten Ende des Alten Reichs 1806 fiel das Denkmal aber nicht einer zeitweisen Bedeutungslosigkeit anheim – ganz im Gegenteil. In der nach der französischen Besatzung von den gelehrten Schichten Bremens gedichteten und gelesenen Befreiungslyrik galt der Roland als symbolträchtiger Ort, an dem die Standarten der französischen Truppen zerstört worden waren: *Napoleons Adler wurde zur Rolands Füßen zerbrochen und verbrannt.*[1] Glaubwürdig wurde diese Neuerfindung als lokales Nationaldenkmal auch durch die nicht realisierten örtlichen Planungen in der Besatzungszeit, die Plastik für eine Umgestaltung des Marktplatzes zu entfernen. Ein Vorschlag, den die Pariser Zentralbehörden ablehnten. Später wurden die Geschehnisse allerdings verkürzt nacherzählt: Es waren »die« Franzosen, die den Roland abreißen oder – wahlweise – nach Paris abtransportieren lassen wollten. Indes wurde vergessen, dass der Anstoß für dieses Projekt aus Bremen kam.

In seinem Gedicht *Roland der Riese am Rathaus von Bremen* pointierte Friedrich Rückert diese nationalistische und frankophobe Ausdeutung des Denkmals. Zusammen mit Wilhelm Hauff gab der Lyriker so den Anstoß zu einer deutschlandweiten Popularisierung des Rolandthemas wie auch des Bremer Denkmals, zu der während des 19. Jahrhunderts auch andere politisierte Schriftsteller in und außerhalb Bremens beitrugen. Dies bereitete den Boden für eine überregionale Rolandrenaissance im Geiste des »Reichsnationalismus« (Hans-Ulrich Wehler). Nach 1871 wurden an zahlreichen Orten neue Rolandstatuen errichtet, ein Exemplar sogar in den kolonialen Besitzungen in China, nämlich auf dem Wilhelmplatz in der deutschen Handelsniederlassung Tientsin in der Provinz Hopei, heute Tianjin. Optisch orientierten sich diese Plastiken zumeist am Bremer Vorbild. Als eher literarische, gleichwohl geschichtlich beglaubigte Figur aus den Gründungszeiten des Alten Reichs wurde die Figur auch jenseits Bremens als ein Nationalsymbol adaptiert. Dabei traf die Rolandssymbolik keine klaren Aussagen über die Identität des Deutschen Reichs, das ein entlang innenpolitischer und sozialer Konfliktlinien gespaltenes Staats- und Gemeinwesen war: zwischen Preußen und den süddeutschen Bundesstaaten, zwischen Konservativen und Liberalen, zwischen Protestanten und Katholiken, zwischen Bürgertum und Arbeiterschaft, zwischen Stadt- und Landbevölkerung. Gerade diese inhaltliche Unbestimmtheit dürfte die Attraktivität des Rolands als nationales Integrationssymbol ausgemacht haben.

Wegen seiner Umdeutung zum Nationaldenkmal war der Roland geeignet, im Ersten Weltkrieg als Symbol für die Volksnation als eine Kampf- und Opfergemeinschaft zu gelten. Sinnbildlich wurde dies durch den »Eisernen Roland«, eine mit Genehmigung des Bremer Senats in direkter Nachbarschaft aufgestellte Holzfigur, in die gegen eine Spende für die nationale Sache Nägel eingeschlagen werden

Abb. 2: Künstlerische Darstellung des Bremer Rolands, 1862.

konnten. Solche Nagelfiguren wurden ebenso in Hannover, Magdeburg und in zahlreichen weiteren Städten im Deutschen Reich errichtet, doch nur in Bremen diente der »Eiserne Roland« nach dem Ersten Weltkrieg auch als Symbol für den Kampf gegen innere Feinde: Für die gewaltsame Niederschlagung der linksradikalen Bremer Räterepublik 1919 erhielten die Kämpfer der Regierungstruppen eine als »Eiserner Roland« bezeichnete Ehrenmedaille. Auch in der NS-Zeit setzte sich diese nationalistische Instrumentalisierung des Denkmals fort. Die 1938 erfolgte Restaurierung der Plastik, samt nachträglicher Einlassung einer Kassette mit Dokumenten, bot den NS-Stadtpolitikern eine mit viel Presseresonanz begleitete Gelegenheit, den Roland in eine sinnhafte Beziehung zur politischen Gegenwart zu setzen. Wenn dabei auf das »Reich« Bezug genommen wurde, so war nicht mehr das 1806 untergegangene Alte Reich mit seinem föderalen Erbe gemeint, sondern eine im völkischen Denken wurzelnde imperialistische Ordnung als dezidierter Gegenentwurf zum Nachkriegssystem des Versailler Vertrags. Trotz solcher propagandistischen Vereinnahmungen gingen die NS-Stadtpolitiker nicht so weit, den Roland durch eine 1942 vorgeschlagene Veränderung der Schildinschrift, bei der u.a. Adolf Hitler erwähnt werden sollte, zum Fürsprecher der NS-Programmatik zu machen.

Das Ende des Zweiten Weltkriegs entzog dieser nationalistischen Interpretation des Rolands den Boden; somit war die Deutung des Denkmals offen. 1947 sprach der Kulturchef des *Weser-Kuriers*, der wichtigsten Lokalzeitung, der Plastik sogar jeglichen aktuellen Symbolgehalt ab – doch ohne Erfolg. Neben eine durch manche Landespolitiker erneuerte föderale Deutungstradition trat bald eine zeitgenössische, dezidiert antitotalitäre Interpretation des Denkmals, maßgeblich befördert durch einige Bremer Schriftsteller und Journalisten. So galt eine 1939 erfolgte Umschalung und Einmauerung der Plastik (um gegen drohende Luftangriffe gewappnet zu sein) nicht mehr als kriegsbedingte Schutzmaßnahme, vielmehr habe das NS-Regime damit die Wirkung des Rolands als Freiheitssymbol entwerten wollen. Diskussionen entfachte die Frage, ob die 1938 eingelassenen Dokumente zu entfernen seien. Noch 1965 lehnte Bürgermeister Hans Koschnick diese Forderung mit dem Argument ab, dem Roland sei die damalige Vereinnahmung nicht mehr anzusehen. Die 1989 schließlich erfolgte Kassettenentnahme wurde vom zuständigen Kultursenator als »Entnazifizierung« des Denkmals auch medial inszeniert. Nachträglich ist diese Bedeutungsaufladung nur vor dem Hintergrund des »Historikerstreits« der 1980er Jahre verständlich, dessen wichtigstes Ergebnis (das »Dritte Reich« blieb der zentrale negative Bezugspunkt für die Identität der Bundesrepublik Deutschland) vor Ort durch diese erinnerungspolitische Intervention beispielhaft bekräftigt wurde. Das 600-jährige Rolandjubiläum 2004 diente nicht nur dem Stadttourismus, in der Vortragsreihe *Roland – ein alter Europäer* wurden nun auch die transnationalen Bezüge des Themas verhandelt.

Als ein nur von Stadt- und Landespolitikern sowie lokalen wie überregional wichtigen Intellektuellen geprägtes und verwendetes Symbol hätte der Roland kaum eine fortdauernde Beliebtheit gewonnen, die in Passantenbefragungen der Lokalpresse sowie in Leserbriefen immer wieder zum Ausdruck kommt. In der bremischen Alltagskultur nahm und nimmt der Roland seit jeher, etwa schon im spätmittelalterlichen Karnevalsbrauchtum, eine wichtige Rolle ein, in

Abb. 3: Schmückung des Bremer Rolands zum Freimarkt, 2016.

den überlieferten Quellen scheint diese Bedeutung allerdings nur episodenhaft auf. So verband der »Volksmund« ein bauliches Detail – die Darstellung eines Kopfes zwischen den Rolandsfüßen – mit der Bürgerweidesage als einer volkskulturellen Erklärung, wie die Bremer Kommune ihre Allmende, also ihre städtischen Weidegebiete, gewann. In der zweiten Hälfte des 18. Jahrhunderts etablierte sich zudem die bis heute virulente Vorstellung, dass ein möglicher Einsturz des Denkmals das baldige Ende der städtischen Autonomie anzeige. Zunächst bedachten die gelehrten Stände solche Ausdeutungen des Denkmals durch den »gemeinen Mann« noch mit Spott und Skepsis. Doch als nach 1800 eine Rückversicherung städtischer Identität notwendig war, weil der Status einer Reichsstadt an Bedeutung verlor, adaptierte die städtische Oberschicht solche Vorstellungen schnell. Nachträglich erschien der Fortbestand des Denkmals während der Franzosenzeit damit wie ein Vorzeichen für das baldige Ende der napoleonischen Herrschaft.

Durch solche Wechselwirkungen zwischen politischen und hochkulturellen Ausdeutungen sowie volkskulturellen Aneignungen entwickelte sich auch die nationalistische Interpretation des Denkmals weiter. Seit 1813 gedachte der Senat alljährlich am 6. November beim Roland dem Ende der französischen Besetzungszeit; aus dem Kreise der Bevölkerung wurde das Denkmal daraufhin immer am Vorabend geschmückt. Schon bald galt dieser 5. November als *Rolandgeburtstag*, was bis in die Gegenwart von Lokalpresse und Städtetourismus aufgegriffen wird. Als Zentralort mit geschichtlichem Eigenwert eignete und eignet sich der Roland zudem, um unterschiedliche politische Themen vordergründig in historische Zusammenhänge einzuordnen und ihnen so Gewicht zu verleihen. Die Schmückung des Rolands zur Freimarktzeit wurde 1865 von den kleindeutsch orientierten, nationalen Schützenverbänden adaptiert, die das Denkmal in Schwarz-Rot-Gold kleideten. 1933 griff die NS-Bewegung dieses auf und stülpte dem Rolandschild ihre Hakenkreuzflagge über, was andernorts nachgeahmt wurde. Nach 1945 verschwand diese Vereinnahmung des Denkmals als Gemeinschaftssymbol. Seitdem haben unterschiedliche Gruppen den Roland mit Plakaten behängt (so zum Beispiel die IG Metall mit dem Slogan *Roland hab' Acht vor Sozialabbau und Unternehmermacht*) und ihn so zum Bündnispartner für ihre Forderungen gemacht.

Anmerkungen

1 Friedrich Horn, Die Rolandssäule zu Bremen, [1815], Staatsarchiv Bremen 7.20-1423.

Literatur

Jörn Brinkhus, Der Bremer Roland – eine Symbolfigur bremischer Identität? in: Wittheit zu Bremen (Hrsg.), Heimat und Identität. Beiträge und Dokumentation zum Bremer Heimatpreis, Bremen 2021, S. 70-97.

Bernd Ulrich Hucker, Unbekannte Rolandssäulen im norddeutschen Raum. Versuch einer Bestandsaufnahme. Kritische Annotationen zur Klassifizierung von Rolanden, in: Dieter Pötschke (Hrsg.), Stadtrecht, Roland und Pranger. Zur Rechtsgeschichte von Halberstadt, Goslar, Bremen und Städten der Mark Brandenburg, Berlin 2002, S. 238-258.

Bernhard Jussen, Roland, in: Johannes Fried/Olaf Rader, Die Welt des Mittelalters. Erinnerungsorte eines Jahrtausends, München 2011, S. 396-408.

Dietlinde Munzel-Everling, Rolande. Die europäischen Rolanddarstellungen und Rolandfiguren, Dößel 2005, S. 48-96 und S. 146-153.

Bernhard Rieger, Was Roland a Nazi? Victims, Perpetrators, and Silences during the Restoration of Postwar Identity in Postwar Bremen, in: History and Memory 19 (2007), S. 75-112.

Die Dynastie der Oldenburger

Von Gerd Steinwascher

Abb 1: Schloss Oldenburg, »Stammsitz« der Dynastie.

Wenn bei einer der unzähligen Quizsendungen im deutschen Fernsehen nach einer hochadeligen Dynastie mit Anfangsbuchstaben »O« gefragt würde, dann würde wohl selbst ein aus Niedersachsen stammender Mitspieler ein Problem bekommen. Als Dynastien bekannt sind vielleicht die Welfen (→ *Welfen*), die Hohenzollern, die Habsburger, die Wittelsbacher, in Mitteldeutschland die Wettiner, aber die Oldenburger? Dabei gibt es die Oldenburger noch, eine Familie dieser hochadeligen Dynastie, die diesen Namen trägt. Oldenburgischer Abstammung sind aber auch Prinz Charles, der britische Thronfolger, König Harald von Norwegen und Margrethe von Dänemark oder die 2014 aufs Altenteil gesetzte Königin Sophia von Spanien. Sie alle lassen sich auf ein Grafengeschlecht zurückführen, das seit dem späten 11. Jahrhundert nachweisbar ist und im 12. Jahrhundert wiederum urkundlich belegbar in der an der Hunte gelegenen Oldenburg residierte.

Wer heute in der Stadt Oldenburg, die an dieser Burg entstand, nach den Spuren der Dynastie sucht, hat es schwer. Man erinnert in Oldenburg der 1918 abgesetzten Herrscherfamilie aus dem Haus Holstein-Gottorf-Oldenburg, die noch heute von der auch in Deutschland immer wieder neu auflebenden Faszination profitiert, die der Adel ausübt. Die Familie wohnt zwar seit vielen Jahren in Schleswig-Holstein, ist aber zumindest im Sommer in Rastede bei Oldenburg präsent. Die Beerdigung des 2014 gestorbenen Herzogs Anton Günther im Oldenburger Mausoleum der Familie war ein gesellschaftliches Ereignis. Aber die Dynastie? Selbst in der historischen Ausstellung in dem Schloss, in dem die Oldenburger residierten, sucht man vergebens nach der Geschichte einer Dynastie, die zu den bedeutendsten politischen Kräften in Nordeuropa in der Frühen Neuzeit und im 19. Jahrhundert zählte. Erinnert wird hier vor allem an Graf Anton Günther von Oldenburg, der im 17. Jahrhundert die Grafschaft Oldenburg regierte, und eben an die erwähnten Gottorfer Herzöge aus dem Haus Oldenburg, die dem Herzogtum bzw. Großherzogtum Oldenburg zwischen 1773 und 1918 vorstanden. Über eine Dynastie von europäischer Bedeutung aber erfahren die Besucher so gut wie nichts.

Da dies so ist, sei die Dynastie kurz vorgestellt. Genealogische Zufälle und eine komplizierte politische Situation in Dänemark führten dazu, dass ein eigentlich bedeutungsloses Grafengeschlecht im späten Mittelalter königliche Würden erlangte. Christian I. von Oldenburg wurde auf Vorschlag seines mächtigen Onkels Adolf von Holstein-Schaumburg im Jahre 1448 König von Dänemark und begründete eine bis ins 19. Jahrhundert reichende königliche Linie der Oldenburger. Damit regierten die Oldenburger aufgrund der damals noch funktionierenden Union der skandinavischen Königreiche auch sehr lange Norwegen und zeitweise Schweden. Christian erbte von seinem Onkel zudem die Herzogtümer Schleswig und Holstein, die zur Ausstattung nachgeborener Söhne genutzt wurden. Hier entstanden im 16. und 17. Jahrhundert zahlreiche Nebenlinien, von denen die Linien Holstein-Gottorf und die später nach dem Schloss Glücksburg genannte Sonderburger Linie die bedeutendsten wurden. Das Haus Holstein-Gottorf besetzte im 18. Jahrhundert durch Unterstützung der Kaiserin Elisabeth von Russland den russischen und schwedischen Thron, eine jüngere Linie des Hauses Gottorf erlangte 1773 das Herzogtum Oldenburg im Tausch gegen holsteinische Besitzungen. Der erwähnten Glücksburger Linie wurde 1863 in Gestalt von Christian IX. der durch die preußische Annexionspolitik in seiner Bedeutung arg herabgesetzte dänische Thron übertragen. Aber gerade durch die Herabstufung des dänischen Königreichs zu einer europäischen Mit-

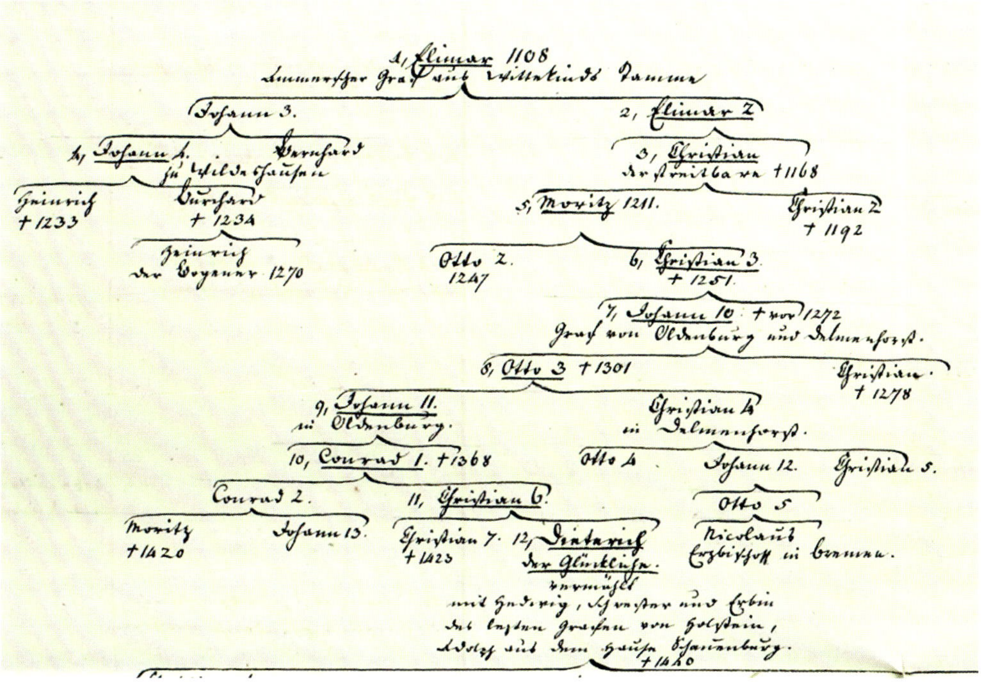

Abb. 2: Stammtafel der Dynastie der Oldenburger aus dem frühen 19. Jh.

telmacht wurde die Glücksburger Familie für europäische Problemlösungen interessant. Ein Sohn Christians, Georg I., begründete 1863 in dem von den Osmanen befreiten Griechenland als Nachfolger des gestürzten Wittelsbachers Otto das bis 1967 bzw. 1973 dort regierende Königshaus, ein Enkel, Haakon VII., das 1905 durch Volksabstimmung neu eingerichtete norwegische Königshaus.

Zu Beginn des 20. Jahrhunderts regierten Mitglieder der Oldenburger Dynastie in St. Petersburg, Kopenhagen, Oslo, Athen und in Oldenburg. Dies hieß aber nicht, dass sie eine dynastische Politik verfolgten, ihre gemeinsame Herkunft aus einem oldenburgischen Grafenhaus eine integrative Rolle für ihre Familienpolitik bedeutet hätte. Schon im 17. Jahrhundert liefen die Interessen der in Kopenhagen, Gottorf und Oldenburg regierenden Linien auseinander. Dies lag zweifellos am Scheitern des dänischen Königs als Oberhaupt der Dynastie, eine Suprematie im Ostseeraum zu behaupten und sich eine Machtbasis im norddeutschen Küstenraum aufzubauen. In der zweiten Hälfte des 17. Jahrhunderts entwickelte sich sogar eine ausgeprägte Feindschaft zwischen der königlichen Linie in Kopenhagen und der herzoglichen Linie in Gottorf. Letztere musste um ihre Existenz fürchten. Das eigentlich gemeinsame Erbe, die »Stammgrafschaft« Oldenburg, sicherte sich nach dem Tod des Grafen Anton Günther (1667) (→ *Anton Günther*) der dänische König. Die Gottorfer Linie rettete sich im 18. Jahrhundert durch die erworbenen Erbansprüche auf den russischen und schwedischen Thron, die freilich nur durch den politischen Willen der russischen Kaiserin Elisabeth Wirksamkeit erhielten. Die russische Kaiserin Katharina II., selbst eine Gottorferin, verfolgte dann allerdings eine als dynastisch zu bezeichnende Friedenspolitik für den Ostseeraum, die letztlich funktionierte. Im Zuge der russisch-dänischen Entspannungspolitik entstand auch das gottorfische Herzogtum Oldenburg. Die Gottorfer zogen in den »Stammsitz« der Dynastie und bauten Oldenburg zu einer respektablen Residenz aus.

Zumindest in der ersten Hälfte des 19. Jahrhunderts hielt man vor allem in Oldenburg an einer auf die Gesamtdynastie bezogenen Politik fest. Insbesondere St. Petersburg war für die Gottorfer in Oldenburg der Rettungsanker in der napoleonischen Zeit, als das Herzogtum für kurze Zeit im französischen Kaiserreich aufging. Aber nicht nur in St. Petersburg, sondern auch in Kopenhagen fragte Großherzog Paul Friedrich August nach, als man in Oldenburg 1831 über eine landständische Verfassung nachdachte. In der zweiten Hälfte des 19. Jahrhunderts lebte sich die Dynastie wieder auseinander. Die Orientierung auf den Nationalstaat überdeckte die dynastischen Beziehungen. In Oldenburg verblasste das dänische Jahrhundert (von 1667 bis 1773 regierten dänische Könige über Statthalter in Oldenburg), schon Herzog Peter Friedrich Ludwig bezog seine Herrschaftslegitimation eher auf den letzten Oldenburger Grafen Anton Günther als auf die dänischen Könige der Dynastie. Die Anlehnung der Oldenburger Herzöge an Preußen entfremdete diese von der in Kopenhagen ab 1863 regierenden Glücksburger Linie, was dann spätestens seit Kaiser Alexander III. auch für die in St. Petersburg regierende Gottorfer Linie galt. Obwohl gerade die russische Kaiserfamilie rein deutsche Wurzeln hatte, spielte das Kaiserhaus die russisch-nationalistische Karte. Genutzt hat ihr diese Anbiederung nichts, ermordet wurden ihre Mitglieder nicht von russischen Nationalisten, sondern von Anarchisten und nach der Oktoberrevolution von Bolschewisten.

Die Treffen großer Teile des europäischen Hochadels am Hofe Christians IX. von Dänemark in der zweiten Hälfte des 19. Jahrhunderts, der als »Schwiegervater Europas« bezeichnet wurde, waren letztlich eher familiärer Natur, hatten aber eine dezidiert antideutsche Stoßrichtung und schlossen die in Oldenburg regierende Gottorfer Linie aus. Für die Isolierung der deutschen Linien der Oldenburger bezeichnend war die Verschlechterung der Beziehungen der beiden gottorfischen Linien in St. Petersburg und Oldenburg. Das ehemals enge, durch Eheschließungen immer wieder gefestigte Familienbündnis brach schon vor 1914 auseinander. 1903 verzichtete Kaiser Nikolaus II. auf sein oldenburgisches Erbe, 1918 feierte der Oldenburger Großherzog Friedrich August II. nach der Ermordung seiner russischen Verwandtschaft und wenige Tage vor seiner eigenen Absetzung den Sieg der deutschen Waffen über die Bedrohung aus dem Osten. Als 1918 die Herrschaft der Gottorfer Linien in St. Petersburg und Oldenburg durch Revolutionen beseitigt wurde, war die Herrschaft der Glücksburger Linien in Kopenhagen und Oslo ohnehin längst konstitutionell eingeschränkt. Sie repräsentierten ihre Nationalstaaten, eine dynastische Herkunft spielte dabei eine untergeordnete Rolle. Während des Zweiten Weltkrieges stärkte gerade in Norwegen und Dänemark der Widerstand gegen die nationalsozialistischen Besatzer die Position der Königshäuser in ihren Ländern.

Entsprechend traten dynastische Wurzeln noch weiter in den Hintergrund. Das 1905 neu installierte norwegische Königshaus suchte mit der Namengebung (Haakon) ganz bewusst eine voroldenburgische Tradition aufzubauen. Wer die Internetpräsentation der heutigen norwegischen Königsfamilie anschaut, findet einen Familienstammbaum, der nur ins 19. Jahrhundert zurückreicht. Der Internetauftritt des dänischen Königshauses blendet die Oldenburger Dynastie nicht völlig aus, das königliche Wappen der Familie zeigt weiterhin an zentraler Stelle die beiden roten Balken in Gold, die das Oldenburger Grafenschild des Mittelalters zierten. Stolz verweist man aber auf eine Geschichte der Monarchie, die man ins 10. Jahrhundert zurückführt, und feierte 2015 das 150-jährige Jubiläum der Glücksburger Dynastie. Man kann nachvollziehen, dass die dänische Königsfamilie ihre deutschen Wurzeln nicht hervorhebt. In vielen Erinnerungsorten, vor allem den dänischen Königsschlössern, sind diese freilich unübersehbar, auch wenn man darauf bei Führungen eher nicht aufmerksam macht. Kompliziert gestaltet sich auch die Erinnerungskultur in Schleswig-Holstein, wo diese vom deutsch-dänischen Gegensatz überlagert wurde. Die zahlreichen Schlösser auf deutscher wie dänischer Seite erzählen zwar die komplizierte Geschichte einer transnationalen Region, aber auch hier spielen die Oldenburger als europäische Dynastie eher eine Nebenrolle.

Dass man diese Dynastie in Moskau und Athen für eine russische bzw. griechische Erinnerungskultur nicht benötigt, kann man am ehesten nachvollziehen. Wenn man die Romanovs in Russland zur Kenntnis nimmt, dann sicher nicht als deutschstämmiges Adelsgeschlecht. Auch in Griechenland passt die königliche Familie kaum in eine nationale Erzählung, zumal ihre Mitglieder niemals die Popularität erreichten, wie dies die Glücksburger in Kopenhagen und Oslo schafften. So verwundert es nicht, dass die allenfalls in historischen Fachkreisen bekannte Bedeutung der Dynastie der Oldenburger auch an ihrem »Stammsitz« kaum hervortritt. Wenn der aufmerksame Besucher im Oldenburger Schloss unter den Herrscherporträts auch auf König Christian V. von Dänemark und die russische Kaiserin Maria Feodorovna stößt, dann wird er nach der Lektüre dieses Artikels zumindest wissen, warum sie dort wirklich hingehören.

Literatur

Margarethe PAULY, Stammtafeln der Großherzöge von Oldenburg und verwandter Fürstenhäuser in Europa, Oldenburg 2004.

Gerd STEINWASCHER, Die Oldenburger, Stuttgart [2]2012.

Gerd STEINWASCHER, Die Oldenburger. Der Umgang mit der Geschichte einer europäischen Dynastie in einer traditionsbewussten Region, in: Niedersächsisches Jahrbuch 86 (2014), S. 7-25.

Maria von Jever

VON ANTJE SANDER

Abb. 1:
Maria von Jever, Öl auf Leinwand, Kopie Bernhard Winter um 1920 nach einem zeitgenössischen Original, um 1542.

In kaum einer Persönlichkeit wird die Geschichte des Jeverlandes so fokussiert, so zugespitzt wie in der historischen Figur Fräulein Marias (1500-1575), der letzten selbstständigen Regentin der kleinen Herrschaft im 16. Jahrhundert. Sie ist zu der Identifikationsfigur des Jeverlandes geworden. Bereits die Zeitgenossen ließen der friesischen

Häuptlingstochter ein Herrscherlob zuteilwerden, wie es denen anderer Fürsten des Reiches nicht nachsteht.

Das überbordende Geschichtsbild, die Sagen und Legenden, die Sichtweisen der jeweiligen Zeit auf »ihr« Fräulein, lassen Maria von Jever mit dem Schloss, der Stadt und der Herrschaft Jever zu einem Erinnerungsort werden, der heute weit über ihren einstigen Herrschaftsbereich hinausgeht.

Maria von Jever, 1500 geboren, war die zweite Tochter des jeverschen Häuptlings Edo Wiemken und seiner Frau Heilwig, einer Oldenburger Grafentochter. Sie wuchs zusammen mit ihren drei Geschwistern auf der Burg Jever auf. Der Ausbau der Landesherrschaft am westlichen Rand des Jadebusens, dem späteren Jeverland, war geprägt von dem Ringen um territoriale Selbstständigkeit gegen die Ansprüche der Grafen von Ostfriesland (→ *Friesische Freiheit*). Während sich im 15. Jahrhundert auf der ostfriesischen Halbinsel die Cirksenas als bestimmende Häuptlingsmacht etablieren konnten und sogar 1464 die Grafenwürde erlangten, konnten auch die jeverschen Wiemekinge eine eigenständige Herrschaft aufbauen. Sie umfasste weite Teile der ehemaligen Rüstringer, Wangerländer und Östringer Landesgemeinden.

Nach dem Tode des Vaters Edo 1511 und des Bruders Christoph 1517 wurden auf Betreiben des ostfriesischen Grafen Edzard für Maria Zukunftspläne gemacht. Beabsichtigt war eine enge Beziehung zur Grafschaft, die mit einem Verlobungsvertrag abgesichert wurde. Doch eine Hochzeit kam nicht zustande. Jever behielt durch den Wechsel des von Edzard eingesetzten ostfriesischen Drosten Boing von Oldersum auf die Seite der weiblichen Erben (1531) und der Lehnsauftragung an Burgund seine Selbstständigkeit.

Die Abneigung Marias gegen die Cirksena und die von ihr durchgesetzte Unabhängigkeit der kleinen Herrschaft waren Gründe für die Sonderentwicklung des Jeverlandes in den nachfolgenden Jahrhunderten bis hin zu dem merkwürdigen Phänomen, dass sich die Bewohner im heutigen, östlich von Ostfriesland gelegenen Landkreis Friesland mitnichten als Ostfriesen, sondern nach wie vor als Friesen verstehen.

Maria hat die Förderung Jevers und den Ausbau zur repräsentativen Residenz konsequent vorangetrieben: Die äußere Abgrenzung vom Umland erreichte der Flecken Jever 1536 mit der Befestigung durch Mauer, Wall und Gräben. Erst am Ende ihres Lebens, 1572, hat Fräulein Maria das sogenannte Stadtprivileg für Jever vollzogen und bestätigt.

Eng mit dem Ausbau der Residenz hängt auch die Wahl und Ausgestaltung des Ortes rund um die Grablege der Herren von Jever zusammen, bot sie doch die Möglichkeit zur repräsentativen Selbstdarstellung und zur sakralen Legitimierung des Geschlechtes und die Gewähr des konstanten dynastischen Gedenkens. Fräulein Maria gab eine Grablege mit dem Umbau des Chores der Stadtkirche von Jever

Abb. 2: Schloss Jever mit dem umliegenden Landschaftsgarten, der auf dem Gelände der ehemaligen Unterburg Teile der Befestigungsanlage mit Wall und Graben aufnimmt (Luftbild 2020).

in Auftrag. Offenkundig war diese als Familiengrab angelegt, welches ihr selbst, ihrem Vater und ihren Geschwistern als letzte Ruhestätte dienen sollte. Mit diesem Grabmal und der Kassettendecke im Schloss besitzt Jever bedeutende und unvergleichliche Werke der Renaissance, sicherlich einige der größten kulturellen Schätze Niedersachsens.

Seit dem Wiederaufbau der Burg 1428 diente diese dem Häuptlingsgeschlecht der Wiemkens als Residenz. Neben den militärischen Aufgaben lässt sich vom 15. bis zum 16. Jahrhundert mit dem Ausbau der Burg zum Schloss auch ein Funktionswandel bzw. eine Erweiterung belegen. Das Schloss wurde zum Mittelpunkt der Verwaltung, Zentrum höfischen Lebens und Wohnort der landesherrlichen Familie.

Dieser Ausbau war erst möglich geworden, nachdem ab den 1540er Jahren eine Friedenszeit auf der ostfriesischen Halbinsel und im Jeverland eintrat. Gestützt auf gute Berater hat Maria die Herrschaft Jever modernisiert, die Steuereinnahmen gebündelt, den Deichbau und die Einrichtung von Sielen gefördert. Das Land wurde damit nicht nur besser vor Sturmfluten gesichert. Die neu eingedeichten Länder brachten auch Gewinn in die landesherrliche Kasse. So konnte einerseits in die repräsentative Ausgestaltung der Residenz, aber auch in Bildung und soziale Infrastruktur investiert werden. Die Gründung einer Lateinschule diente zur Ausbildung von loyalem Personal, das dann in der Verwaltung und der Kirchenorganisation eingesetzt werden konnte. Maria erwies sich hier auch ganz im reformatorischen Sinne als gute Landesmutter.

Die Einführung der Reformation stellte sich in der Herrschaft Jever als ein langgestreckter Prozess dar. Die ersten Impulse, sich mit reformatorischem Gedankengut auseinanderzusetzen, lassen sich Anfang der 1520er Jahre fassen. Fräulein Maria und ihre Schwestern haben sich in dieser frühen Phase abwartend bis ablehnend verhalten. Erst unter dem Einfluss ihres Rentmeisters Remmer von Seediek Anfang der 1530er Jahre hat auch Maria die neuen Formen im Gottesdienst zugelassen. Für Maria bedeutete diese Haltung jedoch einen Konflikt. Einerseits wollte und konnte sie der reformatorischen Bewegung weder theologisch noch mit Gewaltmaßnahmen entgegentreten. Auf der anderen Seite durfte sie durch die Lehnsauftragung ihrer Herrschaft an das katholische Burgund kein offenes Bekenntnis zur Reformation wagen. Erst Ende der 1540er Jahre wurden daher auch die verschiedenen reformatorischen Strömungen und Liturgieformen unter Kontrolle gebracht. Ein wichtiger Schritt zum landesherrlichen Kirchenregiment Marias war die Einführung einer eigenen Kirchenordnung in dieser Zeit. Die persönliche Stellung Marias zum evangelischen Glauben und ihre innere Haltung zur Reformation bleiben jedoch unklar.

Das Bild Marias wird in großem Maße bereits von der zeitgenössischen Geschichtsschreibung bestimmt. Am jeverschen Hofe entstanden eine Fülle von Chroniken, Annalen und Genealogien, welche zur Herrschaftslegitimation dienten. Die starke Persönlichkeit Marias bot genügend Stoff, Geschichte und Geschichten zu erzählen: Sie blieb gerade wegen ihrer Rolle als letzte selbstständige Regentin auch nach ihrem Tode fest im kulturellen Gedächtnis des Landes verankert. Kenntnisse über die Biographie des Fräuleins bildeten sich in der jeverschen Öffentlichkeit seit dem Ende des 18. Jahrhunderts in volkstümlichen Erzählstoffen heraus.

Als Anfang des 19. Jahrhunderts auch die Legende vom Tode und Nachleben Fräulein Marias verschriftlicht wurde, band sich schon bald diese Sage an den einzigen unterirdischen Gang, der sich aus dieser Zeit erhalten hat. Der Legende nach ist Fräulein Maria nämlich 1575 nicht verstorben, sondern nur in einem unterirdischen Gang entschwunden, bewacht von einem großen schwarzen Hund, um dereinst, wenn sie wieder benötigt wird, zu ihrer Stadt zurückzukehren. Das Marienläuten am Abend, ein bis heute gepflegter Brauch, soll ihr den Weg weisen. Diese bereits im 19. Jh. verschriftliche und heute noch im Jeverland bekannte und populäre Geschichte erinnert sehr stark an die Barbarossa-Legende im Kyffhäuser, spiegelt sie doch die Sehnsucht nach einer gerechten, verlässlichen Herrschaft in unruhiger Zeit wider.

In die spätere Heimatgeschichtsschreibung wurden allerdings nicht alle mündlich tradierten Themen übernommen. Ein Konglomerat von Sagen, vermeintlich wissenschaftlich gesicherten Überlieferungen und historischen Erkenntnissen waren die Basis für die seit der Mitte des 19. Jahrhunderts bestehende Verehrung Fräulein Marias im Jeverland, die negative Aspekte ausblendete. Die lange Reihe der Darstellungen sieht Maria in dieser Zeit als »Mutter und Wohltäterin« ihres kleinen Landes. Keiner der Herrscher über das Jeverland nach Maria kam an die Popularität der Regentin heran: Weder der Oldenburger Graf Anton Günther (→ *Anton Günther*), noch die anhaltinischen Fürsten und erst recht nicht die Gottorfer Herzöge in Oldenburg, die aufgrund der strikten Einbeziehung Jevers in das Herzogtum Oldenburg eher unpopulär waren.

Abb. 3: Das Denkmal für Fräulein Maria von Jever zwischen Wallanlage und Schloss ist Kulisse für die Präsentation der kulturtouristischen Angebote zum FrauenORT in Niedersachsen 2016.

Zum 400. Geburtstag Marias wurde 1900 auf dem Alten Markt ihr zu Ehren ein Denkmal des Berliner Bildhauers Harro Magnussen errichtet. In dieser Zeit wurde auch die alte Latein- und spätere Provinzialschule bei der Errichtung des neuen Gebäudes am Rande des Schlossparks in »Mariengymnasium« benannt.

Die Themenbereiche, mit denen auf Maria verwiesen wurde, blieben auch im 20. Jahrhundert weitgehend konstant. Während der nationalsozialistischen Herrschaft fand die Verehrung ihren Höhepunkt mit der Tausendjahrfeier (bezogen auf Jevers Rolle als frühmittelalterlicher Handelsplatz mit Münzrecht) und dem 400-jährigen Jubiläum der Stadtrechtsverleihung 1536. Nun begannen auch »stammesmäßige« Einordnungen und der Verweis auf die »ruhmreiche Vorzeit« eine Rolle zu spielen. Ein von der niederdeutschen Heimatdichterin Marie Ulfers verfasstes Bühnenstück, ein Festzug mit historischen Szenen und weitere Publikationen stilisierten Maria zur Inkarnation der friesischen, nordischen Frau und instrumentalisierten damit den Mythos der historischen Persönlichkeit im Sinne der NS-Ideologie.

Nach 1945 standen literarische Werke im Vordergrund, die dem Leser die Gefühlswelt des Fräuleins nahebringen wollten. Zudem rückten die Kunstwerke, wie die Kassettendecke oder das Edo Wiemken-Grabmal, in den Vordergrund, die auf sie zurückzuführen sind. Seit den 1960er Jahren bezeichnet Jever sich als »Marienstadt«. In jüngerer Zeit entstand eine aktuellere Sichtweise auf Maria. Das neue weibliche Rollenverständnis wurde damit gleichsam auf das 16. Jahrhundert projiziert. Hierbei kamen die Eigenschaften von Maria als durchsetzungsstarke, weibliche »Führungspersönlichkeit« besonders zum Tragen. 2016 wurde Jever zum 30. FrauenORT in Niedersachsen und ein kulturtouristisches Angebot rund um die Geschichte des Fräuleins entwickelt.

Trotz aller Veränderungen ist sie damit die Symbolfigur des Jeverlandes geblieben. Die Sagen und Legenden, die sich um ihr Leben ranken, bezeugen eine willensstarke Frau, die eine wichtige und aus der Rückschau positive Phase der jeverschen Geschichte repräsentiert.

Literatur

Wolfgang Petri, Maria von Jever, Studien zur Persönlichkeit und Herrschaftspraxis, Aurich 1994.

Antje Sander (Hrsg.), Das Fräulein und die Renaissance. Maria von Jever 1500-1575. Herrschaft und Kultur in einer friesischen Residenz des 16. Jahrhunderts, Oldenburg 2000, darin bes. Joachim Tautz, »unser gnädig Fräulein«: »Streitbare Jungfrau« und »rechte Landesmutter« – das Bild Fräulein Marias im Jeverland seit dem Ende des 18. Jahrhunderts, S. 65-82.

Antje Sander, Friesischer Adel, Herkunft und Legitimation: die genealogisch-historischen Arbeiten am jeverschen Hof im 16. Jahrhundert, in: Wilfried Ehbrecht (Hrsg.), Der weite Blick des Historikers: Einsichten in Kultur-, Landes- und Stadtgeschichte; Peter Johanek zum 65. Geburtstag, Köln u.a. 2002, S. 665-680.

Antje Sander, »Sunder tuegend ist der adel gahr verlarenn«. Legitimation und Repräsentation am Hofe Fräulein Marias von Jever (1500-1575), in: Niedersächsisches Jahrbuch für Landesgeschichte 85 (2013), S. 37-58.

Heinrich Schmidt, Maria von Jever – Persönlichkeit und Bedeutung, in: Emder Jahrbuch 55 (1975), S. 31-45.

Abb. 1: Titelholzschnitt der Ausgabe Straßburg 1519.

Till Eulenspiegel

Von Brage Bei der Wieden

Das Buch von Till Eulenspiegel gilt als niedersächsischer Beitrag zur Weltliteratur. Und sicher ist kein literarischer Stoff aus dem heute Niedersächsischen erfolgreicher gewesen als dieser. Vieles aber an der Überlieferung der Inhalte und ihrer Interpretationen ist unsicher, zweifelhaft und umstritten. Der große Erfolg des Buches muss seine erste Erklärung in spezifischen Bedingungen des frühen 16. Jahrhunderts finden. Erst die weite Verbreitung der Geschichten bewirkte, dass der Name des Helden sich später als Chiffre für ganz unterschiedliche Inhalte ablösen konnte. Im Französischen heißt »espiègle« »verschmitzt, schlau, lustig, mutwillig«, und Eulenspiegel gilt heute ganz allgemein als Synonym für »Spaßmacher«.

Der älteste bekannte Druck ist nur in Teilen überliefert, die aufgrund der Schrifttypen einem Straßburger Drucker zugeschrieben und in das Jahr 1510 oder 1511 datiert werden können. Eine Ausgabe von 1515 ist in der Bibliothek des Britischen Museums überliefert. Sie hat den Titel: *Ein kurtzweilig lesen van Dyl || Vlenspiegel gebore vß dem land zů Brunßwick. Wie || er sein leben volbracht hatt. xcvi. seiner geschichten*. 1519 erschien, ebenfalls in Straßburg, ein verbesserter Druck offenbar derselben Vorlage.

Das Buch vereint 96 Schwänke in einer biografischen Reihung. Eulenspiegel wird nach der Überlieferung in Kneitlingen am Elm geboren, zieht durch Niedersachsen und angrenzende Gegenden, nimmt Fürstendienste, lässt Geistliche (vom Papst in Rom bis zum Pfarrer in Kissenbrück), viele Handwerker, auch Wirte und Bauern unter seinen Streichen leiden, kehrt, alt geworden, in seine Heimatregion zurück. Von dort macht er sich, elend und sehr krank, nach Mölln auf, wo sein Leben im Jahre 1350 endete. Die Schwänke oder Historien sind fast durchgehend mit Holzschnitten illustriert. Die komischen Effekte werden häufig durch Wortwitze, durch ein aggressives Wörtlich-Nehmen von Anweisungen oder beiläufigen Bemerkungen bewirkt. In starkem Maße durchzieht das Buch auch die Beschäftigung mit Tills Ausscheidungen: Er bescheißt im wörtlichen Sinne, weil er betrügt, und er scheißt, um Ekel zu erregen und auf diese Weise Überlegenheit zu erlangen.

Über den Autor ist viel gerätselt worden. Ganz ohne Zweifel lag dem hochdeutschen Druck ein Text in niederdeutscher Sprache zugrunde, das Niederdeutsche schimmert an vielen Stellen hindurch – aber war dieser Text schon entsprechend ausgestaltet? Ist die Angabe aus der Vorrede, der Verfasser sei ungelehrt und des Lateinischen nicht kundig, wörtlich zu nehmen – oder spielt hier jemand eine Rolle? Erfolgte die entscheidende Bearbeitung in Braunschweig oder in Straßburg? Oder muss man ohnehin von zwei Autoren, einem älteren und einem jüngeren, ausgehen? Als Namen wurden der elsässische Franziskaner Thomas Murner,[1] der Braunschweiger Zollschreiber Hermann Bote[2] oder Johannes Adelphus Muling, Stadtarzt in Straßburg, genannt. Ebenso unklar ist, ob der Name *Ulenspiegel* eine Bedeutung trägt. Der Titelholzschnitt zeigt den Protagonisten, wie er mit der rechten Hand eine Eule, mit der linken einen Spiegel emporstreckt. Er halte seiner Zeit den Spiegel vor: Indem die Klugen, die sich für prächtige Pfauen halten, in ihrem Spiegelbild eine hässliche Eule erblicken, werde ihre Narrheit kund. Oder man verweist darauf,

Abb. 2:
»Eulenspiegel, der Niedersachse«, 1944.

dass *Spiegel* in der Waidmannssprache »Hinterteil« heißt, *Ulenspiegel* könne ein Satzname sein: »Wisch den Hintern ab!« Im Mittelniederdeutschen heißt *speigel* aber auch »Spott, Hohn«. Es scheint, als solle dieser Name den Leser vexieren, weil er eben nicht eindeutig erfasst werden kann.

Die Wirkung des Drucks war weitreichend und anhaltend. Der Text wurde noch im 16. Jahrhundert ins Niederländische, Französische, Englische, Lateinische, Dänische, Polnische übersetzt und in zahlreichen Auflagen und Bearbeitungen verbreitet. Der Erfolg gerade der ersten Ausgaben ist nicht ohne weiteres zu erklären. Eulenspiegel ist ein Fahrender, der an keinem Ort lange bleiben konnte, ein Arbeitsverweigerer, der nichts gelernt hatte außer der Kunst des Seiltanzes. Eulenspiegel verweigert sich nicht nur der Arbeit, sondern jeder Form von Bindung, er erscheint völlig asozial. Einzig aus der Beziehung zu seiner Mutter kann er sich nicht lösen. Seine Scherze wirken heute kindlich. Das gilt ebenso für sein Interesse an den eigenen Ausscheidungen. Kinder kann schon die bloße Erwähnung von Kacken und Pupsen zum Lachen reizen, und Eulenspiegel arbeitet in dieser Materie sehr ausgiebig. Sexuelle Konnotationen hingegen fehlen völlig. Die Gegenwart von Kindern, die mit ihrer Scherzhaftigkeit die Aufmerksamkeit von ihm abzogen, mied Eulenspiegel übrigens.

Seine Denkform ist noch ganz mythisch: Alles hängt mit allem auch substanziell zusammen, Ähnlichkeiten vermitteln Zusammenhänge, und die Wörter und Namen sind keine abstrakten Zeichen, sondern wesenhaft mit den Gegenständen verbunden. Dabei werden Schwächen eines Denkens offenbar, das noch keine definierten Entitäten und essenziellen Unterschiede kannte. Es gab deshalb fraglos schon im 16. Jahrhundert Leser, die mit Eulenspiegel und andere, die über ihn lachten: Weil er sich als respektlos und überlegen erwies, Regeln und Tabus missachtete; aber auch, weil sein Denken und Handeln so begrenzt war und so wenig geeignet, die Verhältnisse tatsächlich zu ändern.

Die ersten Drucke enthalten sich weitgehend moralischer Wertungen. Deutlich allerdings wurde die Einleitung zur 31. historі: *In allen Ländern hatte Eulenspiegel sich mit seiner Bosheit bekannt gemacht, und wo er einmal gewesen war, da war er nicht willkommen.* Für die zweite Hälfte des 16. Jahrhundert kann man sicherlich sagen, dass Eulenspiegel eine rein negative Figur darstellte, eine Warn- und Schreckgestalt, die helfen sollte, Übles zu vermeiden und sich vor listigen Menschen zu hüten. Friedrich Dedekind, Pastor in Neustadt am Rübenberge, rechnete Eulenspiegel 1549 zu den grobianischen Leitbildern für abstoßendes Benehmen. Gleichwohl blieb das Interesse an ›Eulenspiegel‹ wach. In Mölln ließ der Rat eine Grabplatte des Narren herstellen und zeigte dessen angebliche Hinterlassenschaft; Reisende konnten Andenkenblätter mit dem Konterfei des berühmten Toten erwerben. 1662 hieß der Ackerhof Nr. 1 in Kneitlingen (zum Verdruss seines Besitzers) *Eulenspiegelhof*. Das Eulenspiegelbuch jedoch sank zu Jahrmarktdrucken und Kinderliteratur ab. Diese waren meistens schludrig redigiert und den herrschenden Moralvorstellungen wenigstens oberflächlich angepasst: Die besonders anstößigen Episoden wurden ausgelassen oder abgemildert, andere dafür angefügt.

Erst gegen 1800 inspirierte der Stoff wieder Literaten. An den bloßen Namen des Narren knüpften Zeitkritik und Satire an. Eine mythische Überhöhung erfuhr die Gestalt durch den franco-flämischen

Schriftsteller Charles de Coster, dessen *Légende et les aventures héroiques joyeuses et glorieuses d'Ulenspiegel et de Lamme Goedzak au pays des Flandres et ailleurs* 1867 erschien. Die Handlung spielt während des Freiheitskampfes der Niederlande, Ulenspiegel personifiziert den flämische Geist und Selbstbehauptungswillen.[3] Einen im Ersten Weltkrieg und der Nachkriegszeit moralisch orientierungslos gewordenen Eulenspiegel, der am Leben verzweifelte, beschrieb Gerhart Hauptmann in seinem Versepos *Des grossen Kampffliegers, Landfahrers, Gauklers und Magiers Till Eulenspiegel Abenteuer, Streiche, Gaukeleien, Gesichte und Träume* (1927). Jüngst hat Daniel Kehlmann in seinem Episodenroman *Tyll* (2017) im Narren den Geist des Dreißigjährigen Krieges abgebildet.

Von den Mythisierungen heben sich im 20. Jahrhundert deutlich zwei andere Interpretationen ab. Die eine ist die Kinderbucherzählung vom mutwilligen Spaßmacher, dem unabhängig-überlegenen Spötter, der die Dummheit bloßstellt und die Lacher auf seiner Seite hat. Er erscheint in der sinfonischen Dichtung *Till Eulenspiegel* von Richard Strauß im Jahre 1895 oder Erich Kästners freier Nacherzählung ausgewählter Geschichten (1938), die in der amerikanischen Übersetzung harmlos *Till Eulenspiegel, the Clown* heißt. Diesen Eulenspiegel kann man – wie es heute in Schöppenstedt geschieht – als »internationalen Sympathieträger des Braunschweiger Landes« betrachten.

Die andere ist die sozialkritisch-antikapitalistische Deutung: Eulenspiegel sei das Abbild des unterdrückten Bauern, der sich einfältig stellte, um sich an den Stadtbürgern (oder den Feudalverhältnissen) zu rächen. Die völkische Variante betont den niederdeutschen Typus und die Bindung an die braunschweigische Scholle (was, wie eingangs dargelegt, historischer Unsinn ist, weil Eulenspiegel den Antitypus des sesshaften Bauern darstellte). Dieses Bild Tills als eines echten Niedersachsen gestaltete mit besonderer Hingabe der Braunschweiger Hochschullehrer Ernst August Roloff d. Ä.

Heute erscheint Eulenspiegel als schalkhafter Narr: als Quelle jeder Art von Schabernack und Heiterkeit. Denkmäler erinnern an ihn z.B. in Braunschweig (1906), Einbeck (1941) oder Kneitlingen (1938/1950). Das Eulenspiegel-Museum in Schöppenstedt sammelt (wie die Museen in Mölln und Damme) Rezeptionszeugnisse. Unter dem Eindruck der Eulenspiegel-Festwochen, der *heiter-beschwingten Tage* des Jahres 1950, gründete sich in Schöppenstedt ein *Freundeskreis Till Eulenspiegel*, der ein *Eulenspiegel-Jahrbuch* herausgibt und in unregelmäßigen Abständen Politiker und Schriftsteller zum *Bruder Eulenspiegel* ernennt.

Diese Auszeichnung ist nicht mit dem Orden *Till, der Schelm – ein Mensch* zu verwechseln, den die Braunschweiger Karneval-Gesellschaft seit 1985 bevorzugt bühnenerprobten Schlagersängerinnen, Moderatoren, Komikerinnen und Komikern verleiht. Überhaupt spielt Till im Braunschweiger Karneval eine große Rolle und gehört dem dortigen närrischen Dreigestirn an. So wird es an Anknüpfungen für Eulenspiegeleien und neue Interpretationen auch in Zukunft nicht fehlen.

Anmerkungen

1 In einer Flugschrift von 1521 bezeichnet der lutherische Theologe Martin Bucer den gegen Luther polemisierenden Murner als Verfasser des Eulenspiegel (VD 16 ZV 2615, CIIV), um seine theologische Kompetenz in Zweifel zu ziehen. Diese Zuschreibung ist somit nicht beweisend. Für Murner sind auch keine Beziehungen ins Braunschweigische bekannt.

2 Hermann Bote ist ein bekannter Autor historisch-moralischer Werke in niederdeutscher Sprache. Seine Autorschaft hat einen hohen Grad an Wahrscheinlichkeit, weil die Anfangsbuchstaben der 90. bis 95. Historie die Folge ERMANB ergeben, und in Braunschweig, wo der ursprüngliche Text entstanden sein muss, kein anderer Autor namhaft gemacht werden kann. Bote hat aber sicherlich einen niederdeutschen, keinen hochdeutschen Text verfasst.

3 Die flämisch-niederländische Tradition bezieht sich auf einen Amsterdamer Druck von 1637. Eulenspiegel starb danach im heute belgischen Damme.

Literatur

Georg Bollenbeck, Till Eulenspiegel – der dauerhafte Schwankheld. Zum Verhältnis von Produktions- und Rezeptionsgeschichte, Stuttgart 1985.

Eulenspiegel-Jahrbuch 1 (1960) – 56/57 (2014-2019) (erscheint weiter).

Siegfried H. Sichtermann (Hrsg.), Die Wandlungen des Till Eulenspiegel. Texte aus fünf Jahrhunderten Eulenspiegel-Dichtung, Köln 1982.

Werner Wunderlich (Hrsg.), Eulenspiegel-Interpretationen, München 1979.

Die Klosterkammer Hannover und die ihr verbundenen Frauenklöster

Von Christiane Schröder

Abb. 1: Das Dienstgebäude der Klosterkammer Hannover in der Eichstraße.

Auf einem Eckgrundstück in der hannoverschen Oststadt ruht ein zweiflügelig weit ausladendes Gebäude. Mit seinem neoklassizistischen Stil und seiner hell verputzten Fassade hebt es sich deutlich aus der schlichteren Architektur der Umgebung hervor und präsentiert sich sinnfällig als ein besonderer Ort: Es ist seit 1876 der Dienstsitz der 1818 gegründeten Klosterkammer Hannover, einer bundesweit einmaligen Sonderbehörde, die heute zum Aufsichtsbereich des Niedersächsischen Ministeriums für Wissenschaft und Kultur gehört. Ihre Aufgabe ist es, vier öffentlich-rechtliche Stiftungen zu verwalten, in denen ursprünglich klösterlicher und kirchlicher Besitz zusammengefasst ist. Keimzelle ist der Besitz der Klöster im früheren welfischen Fürstentum Calenberg, die im Zuge der Reformation unter der Regentschaft von Herzogin Elisabeth von Braunschweig-Calenberg säkularisiert wurden. Sukzessive entstanden eine separat verwaltete Zentralkasse für klösterliche Einnahmenüberschüsse sowie eine eigene Verwaltungsabteilung für Klosterangelegenheiten. Nachdem dem hannoverschen Staat infolge des Reichsdeputationshauptschlusses 1803 und des Wiener Kongresses 1815 weiteres säkularisiertes Vermögen zugefallen war, fasste ein *Patent* des Prinzregenten Georg, des späteren Königs Georg IV. von Großbritannien und Hannover, dieses 1818 zum Allgemeinen Hannoverschen Klosterfonds (AHK) zusammen und richtete zu dessen Verwaltung die Klosterkammer Hannover ein. Heute ist die Behörde mit 11.000 Hektar meist verpachtetem landwirtschaftlichen Boden und 26.600 Hektar selbst bewirtschafteten Forsten die größte niedersächsische Flächen- und Waldbesitzerin sowie mit fast 17.000 Erbbaunehmer*innen deutschlandweit die größte Ausgeberin von Erbbaurechten. Mit den erwirtschafteten Erträgen erhält sie 800 zum Fondsvermögen gehörende Gebäude, darunter achtzehn bewirtschaftete Klostergüter, fünfzehn Klöster und Stifte sowie 43 Kirchen, Dome und Kapellen. Des Weiteren fördert sie, die Intention der mittelalterlichen Klosterstifter*innen fortsetzend, kirchliche, soziale und bildungsbezogene Projekte.[1]

Die stattliche Vermögensmasse – Bilanzsumme 2018: 670 Millionen Euro – weckte immer wieder Begehrlichkeiten. Das Patent von 1818 hatte jedoch die dauerhafte Trennung des AHK vom Staatshaushalt bestimmt und überdies verfügt, dass die Kammer allein dem König, nicht aber der Ständeversammlung, der Vorläuferin des Landtages, Rechenschaft ablegen müsse. So konnte sie mehrfache politische oder gerichtliche Auseinandersetzungen zu ihren Gunsten entscheiden. Das durchschlagendste Argument beruht auf einem Gesetz von 1866, mit dem Preußen nach der Annexion Hannovers Klosterfonds und Klosterkammer als *berechtigte Eigentümlichkeit der Hannoverschen Lande* anerkannt hatte.[2] Bis heute hebt die Kammer ihre welfischen Wurzeln hervor. So suchte unter anderem ihr von 1931 bis 1955 amtierender Präsident Albrecht Stalmann jeglichem möglichen Auflösungsgedanken der britischen Besatzer entgegenzuwirken, indem er in seiner im Herbst 1945 verfassten Denkschrift *Die Klosterkammer und der Hannoversche Klosterfonds unter der Herrschaft der NSDAP – Zwölfjähriger Kampf um das Bestehen der Klosterkammer* den *historischen und auf Tradition gerichteten* Charakter der *auf niedersächsischem Boden entstandene[n] Einrichtung* unterstrich.[3] Mit einem Urteil des Niedersächsischen Staatsgerichtshofs in Bückeburg schließlich erhielt diese Argumentation im Sommer 1972 Verfassungsrang. Das Gericht wies einen Vorstoß der Landesregierung zur Eingliederung des Fondsvermögens in den Landeshaushalt ab, da der AHK eine für das frühere Land Hannover *typisch gewordene Form der Erfüllung kultureller und sozialer Fürsorge* sei und zu den überkommenen *heimatgebundenen Einrichtungen* Niedersachsens zähle.[4] Seitdem genießt der Fonds den in der Niedersächsischen Verfassung garantierten sogenannten Traditionsschutz. Ungeachtet dessen bleibt die in dem Patent von 1818 nicht vorgesehene parlamentarische Kontrolle der Stiftungsverwaltung in der Kritik. Als Resonanz auf jüngere politische Forderungen nach modernen und transparenten Führungs- und Kontrollstrukturen[5] wurde 2013 ein Kuratorium eingerichtet, das die Klosterkammer berät, aber keine Steuerungs- und Kontrollkompetenzen hat. Damit bleibt die starke Stellung der Kammerpräsident*innen vorerst erhalten – ein Amt, das Hinrich Wilhelm Kopf zufolge einer von *nur zwei wirklich guten Posten* in der preußischen Verwaltung gewesen sei[6] (→ *H. W. Kopf*).

Insbesondere zwei Präsidenten prägten das öffentliche Bild der Klosterkammer maßgeblich und nachhaltig. Einer war Albrecht Stalmann, der mit seiner Denkschrift von 1945 die bis in die jüngste Zeit hinein unhinterfragte Meistererzählung formte, dass sich die Kammer während der NS-Ära als *Insel im allgemeinen Chaos*[7] nur dank seines Einsatzes *Angriffen und Übergriffen* [...] *von stärkeren Parteistellen*[8] hatte erwehren können. Dabei blendete Stalmann konsequent aus, dass die Klosterkammer – auch wenn sie nicht der Radikalisierung des NS-Regimes aktiv zugearbeitet hat – wie jede andere Behörde der Zeit nazifiziert war, mit ihren Überschüssen auch nationalsozialistische Einrichtungen förderte und durch den Einsatz von Zwangsarbeiter*innen auf ihren Besitzungen in die vom Gewaltregime begangenen Gesellschaftsverbrechen involviert war. Dieses Narrativ von der Behörde mit strahlender Fassade wurde erst jüngst durch eine von der Kammer unterstützte kritische Aufarbeitung ihrer Geschichte in der NS-Ära relativiert und als symbolische Entschuldigung mit einer Million Euro als Fördersumme für politische Bildungsarbeit zum Nationalsozialismus quittiert.

Axel Freiherr von Campenhausen, Präsident von 1979 bis 1999, prägte die Formel *Der Sache nach Kirche, der Form nach Staat*, um *den Doppelcharakter* des AHK als *staatliche Stiftung mit überwiegend kirchlicher Zweckbindung* zu verdeutlichen.[9] Diese Wendung beschreibt keinesfalls nur einen Status quo, sondern kann genauso als programmatische Kursbestimmung gelesen werden. Dies zeigt sich augenfällig an der jüngeren Entwicklung der elf evangelischen Frauenklöster im Zuständigkeitsbereich der Klosterkammer.

Die Calenberger Klöster Barsinghausen, Mariensee, Marienwerder, Wennigsen und Wülfinghausen und die Lüneburger Klöster Ebstorf, Isenhagen, Lüne, Medingen, Walsrode und Wienhausen werden als letztes Relikt der einst über 200 mittelalterlichen Männer- und Frauenklöster auf niedersächsischem Gebiet bis heute von christlich geprägten Frauengemeinschaften bewohnt. Während die Calenberger Klöster als Teil des AHK unmittelbar von der Klosterkammer verwaltet werden, sind die Lüneburger Klöster (sowie die hier nicht behandelten Damenstifte Bassum, Börstel, Fischbeck und Obernkirchen)

Abb. 2: Äbtissinnen und Konventualinnen der Klöster und Stifte aus dem Verwaltungsbereich der Klosterkammer Hannover anlässlich der Einführung einer neuen Äbtissin im Kloster Medingen, 2014.

eigenständige juristische Personen unter der Rechtsaufsicht des Kammerpräsidenten. Sie alle beanspruchen für sich die Traditionsklausel der Niedersächsischen Verfassung. Nach der Reformation hatten die Calenberger Herzogin Elisabeth wie der Lüneburger Herzog Ernst I. die Frauenklöster erhalten, um nicht die Gunst des Landadels, dessen Töchter hier lebten, zu verlieren. Trotz Beibehaltung der Bezeichnung »Kloster« entwickelten sich die Häuser im Laufe der Zeit zu weltlichen Damenstiften, deren begehrte Plätze – etwa zwölf pro Konvent – die Landesherrschaft einst an ledige Töchter von hohen Beamten und Militärs verlieh. König Ernst August unterstrich diese enge Bindung der Klöster an den Landesherrn, als er ihnen 1842 Orden verlieh, die die Äbtissinnen und Konventualinnen noch heute mit der bei besonderen Anlässen angelegten traditionellen Tracht tragen.

Die Klöster boten den Konventualinnen mit einer mietfreien Wohnung und einer Unterhaltszahlung soziale Sicherheit und den Rahmen für ein standesgemäßes Leben, das trotz gemeinschaftlicher Verpflichtungen vergleichsweise große persönliche Freiräume ließ. Sukzessive lockerten sich die geistlichen Verpflichtungen, bis im frühen 20. Jahrhundert nur noch die lutherische Konfessionszugehörigkeit und die regelmäßige Teilnahme an Gottesdienst und Abendmahl erwartet wurden. Erst in der zweiten Hälfte des 20. Jahrhunderts verloren die Klöster mit der wachsenden Erwerbstätigkeit von Frauen und ihrer damit einhergehenden finanziellen Unabhängigkeit ihre Funktion, ledige Töchter einflussreicher Familien abzusichern. Außenstehenden erschienen sie jetzt als »Altersheime« und »Abstellgleis«, und nur die bei wichtigen Anlässen getragene Klostertracht erzeugte die Vorstellung einer de facto nicht mehr existierenden Gemeinschaft.[10] Die immer virulentere Nachwuchsfrage konnte weder durch die endgültige Aufhebung des sogenannten Adelsprivilegs noch durch die Aufnahme zunächst verwitweter, später auch geschiedener Frauen gelöst werden. Um die Klöster mit ihren Frauengemeinschaften zu erhalten, musste ein neues Selbstverständnis etabliert werden. Deshalb bemühen sich die Klosterkammer und die Äbtissinnen seit den frühen 1960er Jahren einvernehmlich, den traditionellen christlichen Charakter des Klosterlebens nachdrücklich zu intensivieren. Konnten keine klassischen Konvente aufrechterhalten werden, übernahmen wie in Barsinghausen und Wülfinghausen von außerhalb kommende evangelische Schwesternschaften und Communitäten die Pflege der klösterlichen Tradition. Kloster Wennigsen verkörpert mit seiner nicht dauerhaft vor Ort lebenden Frauengemeinschaft das derzeit weitreichendste Konzept einer Neuorientierung auf dem Weg zwischen Tradition und Wandel.

Anmerkungen

1 Im alten Land Braunschweig brachte die Reformation mit dem Braunschweigischen Klosterfonds eine Einrichtung mit vergleichbaren Aufgaben hervor, die heute Teil der Stiftung Braunschweigischer Kulturbesitz ist.

2 Gesetz-Sammlung für die Königlichen Preußischen Staaten 1866, S. 592.

3 Kritische Edition der Denkschrift mit Anmerkungen zur Entstehung in Schmiechen-Ackermann u.a., S. 335-421, Zitat S. 369.

4 Klosterkammer Hannover (Hrsg.), »Der Sache nach Kirche, der Form nach Staat.« Die Klosterkammer Hannover im Spiegel von Landesverfassung und Staatskirchenrecht, Hannover 2014, S. 28 und S. 29.

5 Vgl. die Landtagsdrucksachen 16/3919, 16/4604, 16/5123 und 17/5795.

6 Herr über Damenstifte, in: Der Spiegel 1959, Nr. 29, S. 20-21, hier S. 21.

7 Geheimes Staatsarchiv Preußischer Kulturbesitz Berlin, VI. HA, Nl Grimme, A., Nr. 2543, Albrecht Stalmann an Adolf Grimme, 30. Juli 1954.

8 Zitiert nach Schmiechen-Ackermann u.a., S. 369.

9 Klosterkammer Hannover, wie Anm. 4, S. 2.

10 Erika Altgelt, Staub und Tradition des vergangenen Jahrhunderts. Was einst ein adliges Fräuleinstift war …, in: Berliner Kurier, 9. November 1960, S. 5.

Literatur

Christine van den Heuvel/Thomas Vogtherr (Hrsg.), »Für wohlthätige Anstalten aller Art.« Zur Geschichte der Hannoverschen Klosterkammer vom 18. bis zum frühen 20. Jahrhundert, Göttingen 2018.

Klosterkammer Hannover, www.klosterkammer.de, letzter Zugriff 28. Juli 2020.
Detlef Schmiechen-Ackermann u.a. (Hrsg.), Die Klosterkammer Hannover 1931-1955. Eine Mittelbehörde zwischen wirtschaftlicher Rationalität und Politisierung, Göttingen 2018.
Eva Schlotheuber u.a. (Bearb.), Herzogin Elisabeth von Braunschweig-Lüneburg (1510-1558). Herrschaft – Konfession – Kultur, Hannover 2011.
Christiane Schröder, Mauern mit offenen Pforten. Konventualinnen in den fünf Calenberger Klöstern vom 17. bis zum 19. Jahrhundert, in: Karin Ehrich/Christiane Schröder (Hrsg.), Adlige, Arbeiterinnen und …: Frauenleben in Stadt und Region Hannover vom 17. bis zum 20. Jahrhundert, Bielefeld 1999, S. 13-37.

Abb. 1:
Lateinschule Alfeld.

Die Weserrenaissance

Von Thomas Schwark

Sie sind schon bemerkenswert, diese großen und kleinen Schlossanlagen, Adelshöfe, Schulen und bürgerlichen Bauten, die zwischen Reformation und Dreißigjährigem Krieg links und rechts der Weser entstanden. Die Städte Bremen und Kassel, Osnabrück und Helmstedt stecken in etwa die Region ab, in der sich frühneuzeitliche Bauwerke von großartiger baukünstlerischer Qualität und in hoher Dichte finden lassen. Mit der Erkenntnis frühneuzeitlicher Fürsten, im eigenen Territorium dauerhaft präsent sein zu müssen, zugleich Herrschaftsanspruch und staatliche Strukturen zu demonstrieren, wurde eine ständige Residenz obligatorisch. So entstanden im heutigen Niedersachsen – neben herausragenden Beispielen im Paderborner Land, in Höxter und im Kreis Lippe – bedeutende Beispiele renaissancezeitlicher Architektur wie die Schlösser Hannoversch Münden, Celle,

Hehlen, Schwöbber, Bevern, Apelern, Schelenburg, Hülsede und Bückeburg – Ersteres wegen seiner erstklassigen, monumentalen Wandmalereien zu antiken und biblischen Themen – Letzteres wegen seiner üppigen, vorbarocken Ausstattungsdetails: etwa der Schlosskapelle und der legendären »Götterpforte«. Bauherr Ernst von Schaumburg ließ zeitgleich in Stadthagen ein aufwändiges Mausoleum errichten: würdiger Raum für ein imposantes Bronzegrabmal von der Hand des niederländischen Bildhauers Adriaen de Vries – Schüler des flämisch-italienischen Manieristen Giambologna.

Der nach dem Paderborner Schloss Neuhaus (1524) wohl älteste, in schlichten Frührenaissanceformen erbaute landesherrliche Palast steht in Stadthagen (1538) und trägt in seiner strengen, fast wehrhaften Fassadengestaltung die Handschrift des Tübinger Baumeisters Jörg Unkair. Noch früher dürften die ebenfalls von ihm geplante Schelenburg (1532) und das 1559 von Herzog Erich II. von Braunschweig-Calenberg-Göttingen in Auftrag gegebene vierflügelige Schloss Freudenthal (Uslar) datieren, das 1612 vollständig abbrannte. Der Erbhof Thedinghausen (1619), Domizil der Mätresse des Bremer Erzbischofs Johann Friedrich, gilt als eines der späten Beispiele renaissancezeitlicher Schlossarchitektur.

Stellte der Adel – regierende Häuser wie landadelige Familien – in Grundriss und Fassadengestaltung seiner Residenzen sowohl seinen Machtanspruch, klassische Bildung, Frömmigkeit, Weltläufigkeit als auch Kunstsinn zur Schau, so orientierten sich viele wohlhabende Bürger gleichermaßen an diesen Idealen, indem sie ihre Wohn- und Handelshäuser vergleichbar repräsentativ und in Renaissancemanier ausführen ließen. Denn zahlreiche Städte waren seit dem Spätmittelalter zu wirtschaftlicher Blüte gelangt, und so bezeugen die prachtvoll dekorierten Bürgerhäuser etwa in Goslar, Einbeck, Rinteln, Stadthagen, Nienburg – und in besonderem Maße in Hameln – bürgerliches Selbstbewusstsein und offenkundige Prosperität der Städte. Sinnfällig brachten denn auch die Rathäuser gewachsene bürgerliche Souveränität zum Ausdruck, wenn sie mit renaissancetypischen Baudetails, Symbolen und Allegorien – oft ganzen Figuren- oder Bilderzyklen – versehen wurden; so in Hannoversch Münden, Göttingen, Alfeld, Nienburg, Rinteln, Celle, Wolfenbüttel und – mit unverhohlen demonstrativem Überlegenheitsgestus – in Bremen. Hohen Symbolwert weist auch das Wehrhaftigkeit und den Besitz moderner Waffen demonstrierende Zeughaus in Wolfenbüttel auf sowie das »Hochzeitshaus« in Hameln, das der bürgerlichen Festkultur gewidmet war.

Der schon 1532 datierte Bau des Celler Hauses Poststraße 8 scheint das früheste Beispiel renaissancezeitlicher Bürgerhausarchitektur zu sein – giebelständig und im Grundriss noch weitgehend am Niederdeutschen Hallenhaus orientiert, allerdings mit straßenseitig sichtbaren Details: Standerker als Kennzeichen großzügiger, rauchfrei beheizbarer Stuben, Ziergiebel mit Fächerrosetten und Halbkreisbekrönungen (»welsche Giebel«), Voluten, Fialen oder Obelisken – manchmal auch farbig gefasst. Fast alle Schlossbau-Details finden sich an den Bürgerhäusern wieder: Werksteine mit Steinmetzarbeiten wie Bossierungen, Roll- und Beschlagwerk, Halbsäulen und Pilaster, Reliefs mit klassisch-humanistischen und biblischen Motiven, ornamental oder bildhaft beschnitzte Ständer, Fußbretter und Brüstungen.

Das 1652 fertiggestellte Domizil der Familien von Sode/von Lüde (sogenanntes Leibnizhaus, Schmiedestraße 10, 1943 kriegszerstört) in Hannover gilt mit seiner üppigen Fassadengestaltung und den plastisch in Sandstein ausgeführten biblischen Szenen als repräsentatives Stadthaus der späten, manieristischen Phase der Weserrenaissance.

Im heutigen Niedersachsen ging die Begeisterung für den Formen- und Themenvorrat der Renaissance mit der Hinwendung vieler Herrscher*innen zur Lehre Martin Luthers einher: Ernst von Braunschweig-Lüneburg im Jahre 1527, Elisabeth von Braunschweig-Calenberg-Göttingen im Jahre 1542, Otto IV. von Schaumburg im Jahre 1559, Julius von Braunschweig-Wolfenbüttel im Jahre 1568. Doch gemessen am enormen Boom beim profanen Bauen entstanden nur wenige Gotteshäuser neu. Zu den zwischen Reformation und Dreißigjährigem Krieg errichteten Sakralbauten gehören die Schlosskirche Hämelschenburg (1563), die Gutskirche Hastenbeck (1620), die Kapelle im Celler Schloss (1576) sowie die »evangelischen Marienkirchen« in Hornburg (1616) und Wolfenbüttel (1624); Letztere wurde 1608 von Heinrich Julius von Braunschweig-Wolfenbüttel in Auftrag gegeben. 1611-1615 ließ Ernst von Schaumburg die Stadtkirche in Bückeburg aus Obernkirchener Sandstein errichten; der Schweizer Giovanni Maria Nosseni entwarf für sie eine opulent dekorierte Schaufassade und bekrönte die Säulen im Innenraum mit korinthischen Kapitellen – ganz in Renaissance-Manier, antiken Vorbildern entlehnt.

Zumeist wurden bestehende Kirchen dem neuen Ritus angepasst: Wegen der hohen Bedeutung der Predigt erhielt die Kanzel eine zentrale Position und wurde oft mit Darstellungen reformationsrelevanter Bibelszenen versehen. Zeitgenössisch gestaltete Orgelprospekte und Sängeremporen trugen der Bedeutung von Gemeindegesang und Kirchenmusik Rechnung. Unverkennbar renaissancezeitlich war das Bedürfnis, Verstorbene mit Epitaphien zu würdigen: oft prunkvoll gestaltete Bildwerke, bewusst Formen der antiken Erinnerungskultur und mittelalterlicher Andachtsbildnisse aufgreifend, vielfach skulptural oder malerisch ausgeführt, manchmal eingebettet in plastisch-architektonische Rahmungen mit Giebeln, Säulen, Hermen – zumeist

Abb. 2: Stadtkirche Bückeburg (Außenansicht).

mit lateinisch abgefassten, biografisch-erklärenden Texten erläutert. Adelige Familien legitimierten hier vielfach ihre Abstammung mit den Wappen ihrer Vorfahr*innen (»Ahnenprobe«).

Neben dem neuen Bekenntnis der evangelisch gewordenen Adeligen und Bürger prägte nicht zuletzt das Gedankengut des Humanismus Fassadenschmuck und Bildprogramme besonders gewidmeter Gebäude: 1592-1597 ließ der hoch gebildete Heinrich Julius von Braunschweig-Wolfenbüttel in Helmstedt das repräsentative *Novum Juleum* errichten – ein stattliches Hörsaalgebäude für die vom Vater gegründete, erste protestantische Universität. Seit 1523 gehörte auch die Stadt Alfeld zu seinem Herzogtum. Sie verfügte schon seit 1462 über eine Lateinschule, die 1609-1612 neu in Fachwerk errichtet und mit einem ungewöhnlich reichhaltigen Bildprogramm dekoriert wurde: Über 100 allegorische, mythische und historische Figuren sind hier umlaufend in querrechteckigen, geschnitzten Reliefbildern dargestellt und repräsentieren den humanistischen Bildungskanon der Zeit um 1600.

Lateinschulen – wenn auch nicht annähernd so reich verziert – gab es in zahlreichen Städten der Weserregion, so schon seit 1330 in Stadthagen. Engagiert für eine umfassende Gelehrsamkeit investierte Landesherr Otto IV. 1565 in einen Neubau der Schule, und Graf Ernst von Schaumburg erhob sie 1610 zum *Gymnasium illustre*. Zur Universität avanciert, zog das Institut 1621 nach Rinteln in das ehemalige Jakobskloster um.

Neue Frömmigkeit, humanistische Programmatik, Rezeption europäischer Kunst- und Architekturströmungen waren bestimmend für die hohe Qualität und Dichte der Renaissancebauwerke im Weserraum. Die Finanzierung der so anspruchsvollen Bauprojekte speiste sich zum einen durch den intensivierten Getreideanbau links und rechts der Oberweser und den blühenden Handel auf dem Flussweg über Bremen, der die hohe Nachfrage in den niederländischen Metropolen decken half. Zum anderen erschlossen sich landsässige Adelige wie Hilmar von Münchhausen, Christoph von Wrisberg und Georg von Holle neue Betätigungsfelder und Einnahmequellen als Militärunternehmer, indem sie für unterschiedliche Kriegsherren Söldnertruppen anwarben und sie auf wechselnden Kriegsschauplätzen in den Kampf führten. Oft übernahmen dann die Ehefrauen die Verantwortung für die Bauvorhaben, so Anna von Canstein, Ilse von Saldern und Anna von Holle.

Schließlich galt die Hochkonjunktur um 1600 auch für ein ganz besonderes Handelsgut: den weithin wegen seiner Witterungsbeständigkeit und Eignung für bildhauerische Arbeiten geschätzten Obernkirchener Sandstein. Er wurde zum europaweit gefragten Exportartikel – ebenfalls über Bremen auf der Weser verschifft. Verbaut wurde er u.a. am Kölner und Aachener Dom, am Ulmer Münster, in den Schlössern von Amsterdam, Den Haag, Kopenhagen und St. Petersburg, an den Rathäusern in Bremen, Leiden, Aachen und Antwerpen.

Es heißt, Erinnerungsorte seien »Kristallisationspunkte kollektiver [...] Identität, die [...] sich in dem Maße verändern, in dem sich die Weise ihrer Wahrnehmung, Aneignung, Anwendung und Übertragung verändert«.[1] In diesem Sinne gehört die mit Weserrenaissance benannte Baukunst durchaus in die Reihe regionaler Phänomene von immer wieder aufkommender Wirkmacht. Dabei gilt es, eben jenen Wandel zu bedenken, dem der Begriff und sein Narrativ unterliegen: Wurden etwa im Kontext der Reichsgründung 1871 die frühneuzeitlichen Bauwerke an der Weser als Beispiele einer »Deutschen Renaissance«[2] aufgefasst, zeichnete sich bald darauf die Auffassung einer regionalen Ausprägung der Renaissancebaukunst ab. Die Weser (→ *Weser*) als räumlicher Bezugspunkt erscheint zeitgleich 1912 im Handbuch der deutschen Kunstdenkmäler von Georg Dehio und bei Richard Klapheck,[3] der den Begriff schließlich prägt. Seitdem lassen sich schwankende Konjunkturen identifizieren – von der Heimatbewegung der 1920er Jahre bis zur Indienstnahme der Weserrenaissance für ehrgeizige Touristik-Konzepte unserer Tage.

Tatsächlich taugt der populäre Ausdruck »Weserrenaissance« weder zur Kennzeichnung einer vermeintlich autochthonen Stilentwicklung, noch gar zur Zuschreibung einer kulturräumlichen Sonderidentität. Die Baukunst der Renaissance ist eben keineswegs volkstümlich und »wurzelt« gerade nicht in der Weserregion. Vielmehr sind Qualität und Häufung hochwertiger Renaissance-Architektur Ergebnisse eines intensiven, weit überregionalen Wissenstransfers und der Rezeption europäischer Kunst- und Kulturströmungen: erlebt im Handelskontakt mit Norditalien oder den Niederlanden, entdeckt auf den Bildungsreisen Adeliger und bürgerlicher Eliten oder vermittelt durch reisende Baumeister und Künstler – nicht zuletzt verbreitet anhand druckgrafischer Vorlagewerke, den »neuen Medien« einer in so vieler Hinsicht neuen Zeit.

Anmerkungen

1 Etienne François, Einleitung, in: Ders./Hagen Schulze (Hrsg.), Deutsche Erinnerungsorte, Bd. 1, München 2001, S. 12-31, hier S. 14.
2 August Ortwein, Deutsche Renaissance, Bd. 3, Abt. 27, Leipzig 1872, Tafel 1-10.
3 Engelbert Kerckrinck zur Borg/Richard Klapheck, Alt Westfalen. Die Bauentwicklung Westfalens und der Renaissance, Stuttgart 1912, S. XVII.

Literatur

Michael Bischoff, Weserrenaissance – was ist das? In: Ders./Hillert Ibbeken (Hrsg.), Schlösser der Weserrenaissance, Stuttgart 2008, S. 22-27.

G. Ulrich Grossmann, Renaissance entlang der Weser, Köln 1989.

Institut für Architektur-, Kunst- und Kulturgeschichte in Nord- und Westdeutschland (Hrsg.), Schriften/Materialien zur Kunst- und Kulturgeschichte in Nord- und Westdeutschland, 24 Bde., Marburg 1989 ff.

José Kastler, Die Weser und die europäische Renaissance. Aufbruch in die Neuzeit, in: Ders./Vera Lüpkes (Hrsg.), Die Weser. Ein Fluss in Europa, Holzminden 2000, S. 10-19.

Birgitta Ringbeck, Heimatschutzbewegung und Weserrenaissanceforschung. Zu den Anfängen der Baupflege in Westfalen, in: Heimatpflege in Westfalen. Rundschreiben des Westfälischen Heimatbundes 2 (1989), S. 1-6.

Universität Helmstedt

Von Elizabeth Harding

Abb. 1: Das Universitätshauptgebäude – Juleum Novum in Helmstedt.

Würde es in diesem Beitrag um den Landkreis Helmstedt und deutsche Erinnerungsorte gehen, hätte man es leicht, denn viele verbinden mit der Region am Elm die nahegelegene ehemalige innerdeutsche Grenze Helmstedt-Marienborn, die zu einem wichtigen Gedenkort geworden ist (→ *Grenzübergang*). Helmstedt ist, ähnlich wie die Hauptstadt Berlin, ein Fluchtpunkt für kollektiv geteilte Erinnerungen an die deutsche Teilung. Ein 1994 gegründetes Zonengrenz-Museum Helmstedt dokumentiert die Geschichte der Zeit der Teilung am Beispiel des Landkreises Helmstedt. Die ehemalige ostdeutsche Grenzstätte steht seit 1990 unter Denkmalschutz. Nicht nur die Geschichtspolitik und -pädagogik formt die Erinnerungen an die Region und hält diese Epoche wach. Zu einem zweifelhaften Ruhm hat es die ehemalige Grenzstadt in ihrer noch heute vielfach zitierten, bis 1989 sprichwörtlichen Funktion als *Letztes Klo vor Berlin* gebracht. Darin kommt zum Tragen, wie sehr mit dem Namen Helmstedt nicht nur Erinnerungen an die neuere Politikgeschichte im Allgemeinen, sondern auch westliche Alltagserfahrungen in Bezug auf die Teilung abgerufen werden können. Dass die Kölner Musikgruppe BAP 2015 in einem Lied spielerisch die Frage aufwirft, ob *Helmstedt domohls*, vor der Wiedervereinigung, *schon Ostzone woor*, macht in Hinblick auf die Wirksamkeit der aktuellen geschichtspolitischen Initiativen nachdenklich. In jedem Fall eignet sich Helmstedt damit für die Erforschung des gebrochenen nationalen Kollektivgedächtnisses. Es hätte mit Fug einen Platz in den Bänden der »Deutschen Erinnerungsorte« beanspruchen können, die 2001 von Etienne François und Hagen Schulze herausgegeben wurden.

Was begründet aber einen Beitrag zur Universität Helmstedt in einem Buch über bremische und niedersächsische Erinnerungsorte? Welche Rolle spielt die Helmstedter Hochschule für Niedersachsen? Heute ist die Universität Helmstedt außerhalb der Region nur wenig bekannt. 1576 wurde sie als Academia Julia gegründet, jedoch 1810 wieder geschlossen, nachdem sie zuvor unter die Verwaltung des napoleonischen Königreichs Westphalen gekommen war. Dabei gehörte die protestantische Landesuniversität Helmstedt nach ihrer Gründung durch Herzog Julius, Fürst von Braunschweig-Wolfenbüttel, und vor allem im 17. Jahrhundert zu den prominenteren Hochschulen. Zu den geachteten Professoren, die an der Universität Helmstedt lehrten und zum guten Ruf der Hochschule beitrugen, gehörte etwa Hermann Conring, der heute als Begründer der deutschen Rechtsgeschichte gilt.

Für die damalige Zeit lässt sich angesichts der im Vergleich zur heutigen Universität wenig formalisierten Studienverläufe und -abschlüsse die Größe der Studentenschaft schwer rekonstruieren. Die Immatrikulationslisten zeigen jedoch, dass Helmstedts Ruf über die Grenzen des Braunschweig-Wolfenbütteler Landes und Norddeutschlands, ja sogar über das Alte Reich hinausreichten. Dies galt auch für die akademischen Lehrer, wie das Beispiel Duncan Liddel belegt, ein schottischer Gelehrter, der um 1590 nach Helmstedt kam. Als ungewöhnlicher Einzelfall ist noch Giordano Bruno zu nennen, der, als Ketzer aus Italien verbannt, kurzzeitig Helmstedt aufsuchte und dort unterrichtete.

Helmstedts Erfolg lässt sich auch mit der akademischen Vermarktungsstrategie erklären. Dazu gehört etwa eine von der Universität eigens betriebene Erinnerungskultur, also das Veranstalten von Festen und Verbreiten von Druckschriften, insbesondere anlässlich von Jubiläen. Mit diesen führte man einer größeren Öffentlichkeit vor Augen, dass man sich über viele Jahre als höhere Lehranstalt behauptet hatte und daraus dauerhafte Legitimität ableitete. Den Veranstaltungen lag so eine klar auf die Zukunft gerichtete erinnerungspolitische Absicht zugrunde. 1676, zu Helmstedts Blütezeit, lud die Universität anlässlich der Hundertjahrfeier neben Vertretern der drei welfischen Herzogshäuser Calenberg, Celle und Wolfenbüttel, die die Universität zu dieser Zeit finanzierten, Deputierte der Landschaft und weitere Amtsträger nach Helmstedt. Ihr zweihundertjähriges Bestehen im Jahr 1776 markierte die Hochschule mit einer Reihe von Predigten und Reden.

Ungeachtet der Schließung der Helmstedter Universität im Jahr 1810 feierte man wenige Jahre später das 250-jährige Gründungsfest. Allerdings steht dieses Fest, das mit einem Jahr Verspätung im Jahr 1822 gefeiert wurde, für zwei grundlegend neue Zielrichtungen: Einige Gäste, es waren überwiegend ehemalige Studenten, wurden durch die Rückkehr an die Alma Mater wieder kurzzeitig in ihre Jugend versetzt. Andere begingen das Jubiläum als Totenfeier, die, wie man meinte, daher auch keiner Wiederholung fähig sei. Im Zentrum stand also nicht die Geschichte der Universität, sondern die gemeinsame Biographie der Studentenschaft. In den wenigen Kontexten, in denen die Zeit davor reflektiert wurde, fokussierte man auf die Herrscherdynastie und das Territorium als Identifikationspunkte. Zur Verstärkung der patriotischen Stimmung wird beigetragen haben, dass das Fest hauptsächlich im Juleum, dem Hauptgebäude der Universität, stattfand, wo noch kurz zuvor ein französisches Lazarett untergebracht war. Rufe nach Wiedereröffnung der Universität oder einem universitären Neuanfang gab es hingegen nicht.

In den folgenden Jahrzehnten lag die Deutungshoheit über die Geschichte der Universität vor allem bei einigen wenigen Helmstedter Bürgern – mehr noch, kaum andere Kreise interessierten sich für sie. Zum Jubiläum 1876 wurde in Helmstedt eine kleine Gedenkschrift veröffentlicht, die ein allgemeines Unwissen über die alte Universität beklagte. Indes, eine gewisse Zäsur bildete die Gründung des Helmstedter Universitätsbundes (1911). Denn die mit ihm verbundenen Aktivitäten, zu denen auch Bestrebungen einer universitären Neugründung zählen (allerdings erfolglos, wie man heute weiß), markieren den Beginn der Musealisierung der Universitätsgeschichte. Nachdem bereits 1912 der Ruf nach einem Heimatmuseum aufgekommen war und 1918 ein Archivar Erinnerungen an die Hochschule zu einer

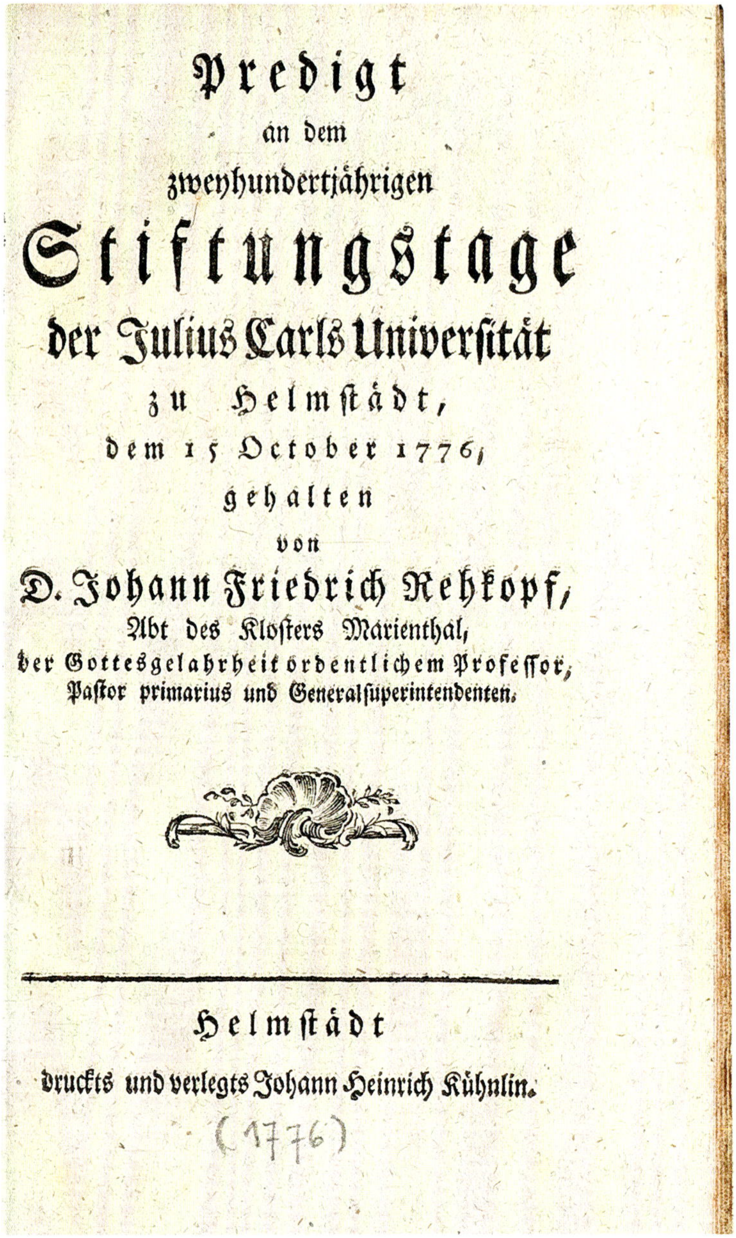
Predigt
an dem
zweyhundertjährigen
Stiftungstage
der Julius Carls Universität
zu Helmstädt,
dem 15 October 1776,
gehalten
von
D. Johann Friedrich Rehkopf,
Abt des Klosters Marienthal,
der Gottesgelahrheit ordentlichem Professor,
Pastor primarius und Generalsuperintendenten.

Helmstädt
druckts und verlegts Johann Heinrich Kühnlin.
(1776)

Abb. 2: Titelblatt: Predigt an dem zweyhundertjährigen Stiftungstage, 1776.

Schau verarbeitet hatte, wurde seit 1928 mit einigen Unterbrechungen eine entsprechende Schau präsentiert, jedoch immer neben weiteren, die Präsentation dominierenden volks- und heimatkundlichen Dingen, urgeschichtlichen Überresten und, später, Kunstobjekten. Zwar wurde bereits in den 1980er Jahren die Universitäts- und Wissenschaftsgeschichte als städtische Besonderheit hervorgehoben, die es zu vermarkten gelte. Erst nachdem der Landkreis jedoch für das Expojahr 2000 eine Sonderausstellung zur Universitätsgeschichte ausgerichtet hatte, wurde dieser Teil der Sammlung räumlich und mengenmäßig zu einem Hauptthema für die neue Dauerausstellung aufgewertet. Die Neuausrichtung zeigt die Umbenennung in »Kreis- und Universitätsmuseum« (2003).

Museumsmachern und ihren Geldgebern war die Geschichte der geschlossenen Universität offenbar etwas zu sperrig für eine marktfähige und identitätsstiftende Erinnerungskultur. Tatsächlich fällt in der Gesamtschau der städtischen kulturellen Aktivitäten auf, dass sich bis in jüngere Zeit allein die seit 1995 veranstalteten sogenannten Universitätstage auf die Helmstedter Alma Mater beziehen. Aktuell werden jährlich im Rahmen von Veranstaltungen Fragen nach politischen Grenzen, nicht nur zwischen Ost und West, und deren Überwindung öffentlich diskutiert. Seit einigen Jahren gibt es als Zusatzangebot in diesem Kontext noch das Universitätskino. Die Universität spielt für die inhaltliche Konzeption und Verortung keine Rolle. Der Hinweis auf die Academia Julia begründet allein ihre wissenschaftliche Tradition. Und so bestätigt sich auch in Bezug auf die Universitätstage, wie sehr Helmstedt ein Erinnerungsort für die Teilung und Wiedervereinigung ist, in dem sogar die Geschichte der 1810 aufgehobenen Universität aufgehen kann.

Welche Rolle spielt die ehemalige Universität heute? Inzwischen mehren sich kulturelle, wissenschaftliche und politische Aktivitäten, die mit der einstigen Universität Helmstedt verbunden sind. Etliche, aber nicht alle dieser Maßnahmen, das öffentliche, auch touristische Interesse auf die Hochschule zu lenken, stehen im Zusammenhang mit dem Versuch, die Region nach der Wiedervereinigung aufzuwerten. Beleg hierfür ist nicht nur die Umbenennung des Museums, sondern sind auch Initiativen, die vom Land Niedersachsen ausgehen. Ab 2006 etwa förderte das Niedersächsische Ministerium für Wissenschaft und Kultur für mehrere Jahre ein wissenschaftliches Großprojekt zur »Wissensproduktion an der Universität Helmstedt«. Eines der Ziele der an der Herzog August Bibliothek in Wolfenbüttel verorteten Forschungsinitiative war es, diese zwei ehemals über die gemeinsame Trägerschaft des welfischen Gesamthauses eng verbundenen und für die Landesgeschichte wichtigen Institutionen wieder enger zusammenzuführen. Besonders aktiv ist der 2012 gegründete Verein »Academia-Julia«, der unterschiedliche Vortragsreihen anbietet, sowie eine sogenannte Kinderuniversität und ein »Academia-Julia Helmstedt Kurs«, eine Sommerschule für Studierende und Promovierende. Eine Stiftungsprofessur wird angedacht. Zuletzt hat der Vereinsleiter noch die Gründung einer staatlich anerkannten, privaten Hochschule ins Gespräch gebracht. Eine konkrete Umsetzung solcher Ideen kann die Otto-von-Guericke Business School Magdeburg vorweisen, die am Standort Helmstedt (Campus Helmstedt) und damit über Landesgrenzen hinweg einen nebenberuflichen Studiengang mit Unterricht am Wochenende anbietet, veranstaltet explizit in der Tradition der alten Hochschule.

Dass diese Bemühungen um ein verstärktes Erinnern an die ehemalige Universität mit einiger Verzögerung zum Gedenken an die Grenze eingesetzt haben, unterstreicht die Bedeutung der deutschen Teilung für die Region nach 1945. Möglicherweise erleben wir nach einem Generationswechsel am Beispiel Helmstedts eine Deutungskonkurrenz um die unterschiedlichen Helmstedter Erinnerungsorte. Die vor wenigen Jahren musikalisch geäußerte Unsicherheit der Musikgruppe BAP zu Helmstedts Ort in der politischen Geographie könnte in diese Richtung deuten. Sicher ist, dass die Wiederbelebung der vor über 200 Jahren geschlossenen Hochschule auch durch das Hinterfragen tradierter Hochschulkonzepte möglich wurde. Und so sind die Geschichte der Universität Helmstedt und die Erinnerung daran nicht zuletzt aufgrund dieser neuen Pfade in der Hochschulwelt sicher nicht an einem Endpunkt.

Literatur

Jens Bruning, Helmstedt, in: Wolfgang Adam/Siegrid Westphal (Hrsg.), Handbuch kultureller Zentren der Frühen Neuzeit. Städte und Residenzen im alten deutschen Sprachraum, Bd. 2, Berlin/New York 2012, S. 901-934.

Jens Bruning/Ulrike Gleixner (Hrsg.), Das Athen der Welfen. Die Reformuniversität Helmstedt 1576-1810, Ausstellungskatalog Herzog August Bibliothek, Wolfenbüttel 2010.

Landkreis Helmstedt (Hrsg.), Vom Bibliothekssaal in den Weinkeller. Aus der Geschichte des Kreis- und Universitätsmusuems Helmstedt, Helmstedt 2003.

Friedrich Karl Strombeck, Feier des Gedächtnisses der vormahligen Hochschule Julia Carolina zu Helmstedt, veranstaltet im Monate Mai des Jahres 1822, Helmstedt 1822.

Abb. 1: Weltweiten Erfolg symbolisiert das Titelfoto der Zeitschrift Der Hannoveraner, *1991.*

»Pferdeland« Niedersachsen

Von Hans-Werner Niemann

Versteht man Erinnerungsorte nach Hagen Schulze als »materielle wie immaterielle, langlebige, generationenübergreifende Kristallisationspunkte kollektiver Erinnerung und Identität«, so gehören Pferde im »Pferdeland« Niedersachsen ohne Frage in diese Kategorie. Der Oldenburger *Pferdegraf* Anton Günther, das 1735 gegründete Landgestüt in Celle, die Verdener Auktionen, zahlreiche im internationalen

Pferdesport extrem erfolgreiche Spring-, Dressur- und Vielseitigkeitspferde, Pferderassen wie *Ostfriesen*, *Oldenburger Kutschpferde* oder *Hannoveraner* sind weithin ein Begriff, und das touristische Freizeitreiten erfreut sich in Niedersachsen großer Beliebtheit. Als Wappentier des Bundeslandes Niedersachsen ist das Pferd im öffentlichen Bereich (Behörden, Kfz-Zulassungsstempel, Notariate), aber auch als kommerzielles Emblem und Logo allgegenwärtig.

Einen besonderen Status im Bewusstsein der alteingesessenen Bevölkerung hat die Pferdezucht in Oldenburg. Für die Oldenburger ist die Pferdezucht unauflöslich mit dem Grafen Anton Günther, dem sogenannten *Pferdegrafen,* verbunden. Anton Günther bezog Pferde aus Neapel, Spanien, der Türkei, Polen und England und legte auf seinen Besitzungen Gestüte an. Er verschenkte seine Pferde in großer Zahl an europäische Herrschaftshäuser und versuchte nicht zuletzt damit, seine diplomatischen Bemühungen um eine Neutralität Oldenburgs im Dreißigjährigen Krieg zu untermauern. Das Reiterporträt des Grafen auf seinem Lieblingspferd *Kranich* ist eine Oldenburger Bildikone. Die beeindruckende Mähne des *Kranich* wird noch heute als »Reliquie« im Oldenburger Landesmuseum für Natur und Mensch verwahrt (→ *Anton Günther*).

1819 wurden in Oldenburg die Körpflicht für Hengste eingeführt und Prämien für die besten Tiere ausgesetzt. Prämierte Hengste und Stuten wurden seit 1861 in ein Stammregister eingetragen. Im Gegensatz zu Hannover erfolgte die Oldenburger Zucht auf rein bäuerlicher Grundlage ohne Landgestüte. Seit 1892 gab es die erste Hengsthaltungsgenossenschaft. Auf den fetten Weiden der heimischen Marsch wurden in erster Linie Kutschpferde gezüchtet, eine wetterfeste und kraftvolle Rasse.

Bereits 1868 belief sich der Gesamtwert des Oldenburger Pferdebestandes auf 3.683.400 Taler. Für den Hengst *Erbfürst* wurden am Vorabend des Ersten Weltkriegs 32.500 Mark bezahlt. Man kann diese Summe besser einordnen, wenn man bedenkt, dass der Jahresbarlohn eines Großknechts in der Wesermarsch damals 400-650 Mark betrug.

In einem Land, das noch lange agrarisch geprägt blieb, gab es um 1900 keine anderen Produkte von Weltrang. Entsprechend stolz waren die politischen und gesellschaftlichen Eliten des Oldenburger Landes und die züchtenden Bauern auf die Erfolge der heimischen Pferdezucht. Pferde gehörten zu den wichtigsten Exportgütern Oldenburgs. Die zahlreichen öffentlichkeitswirksamen Veranstaltungen wie die Körungen in Rodenkirchen, Varel, Cloppenburg oder Vechta, zahlreiche Tierschauen und Leistungsprüfungen auf nationaler wie internationaler Ebene verankerten die Pferdezucht im Bewusstsein einer breiten Öffentlichkeit. Das *Landwirtschafts-Blatt* und die allgemeine Regionalpresse feierten insbesondere die zahlreichen von Oldenburger Pferden gewonnenen Preise, etwa wenn auf der Pariser Weltausstellung im Jahr 1900 fünf Oldenburger Hengste und zehn Stuten gezeigt wurden, die zwei erste Plätze und weitere obere Platzierungen errangen. Noch erfolgreicher waren Oldenburger Pferde auf der folgenden Weltausstellung 1904 in St. Louis mit sieben ersten Plätzen und zahlreichen Platzierungen. Das war eine gute Werbung für den Absatz Oldenburger Kutschpferde in Nordamerika. Auch nach Australien und Südafrika wurden die Pferde verkauft.

Welchen Stellenwert Pferde im kollektiven Bewusstsein und in der regionalen Identität einnahmen, zeigt auch die Namensgebung prominenter Pferde aus Oldenburger Zucht. Auf eine vollständige Gleichsetzung von Land und Pferdezucht verweisen Namen wie *Landessohn* oder auch *Erbfürst*. Der Topos vom *Pferdegrafen* und der Stolz auf die im 19. Jahrhundert wieder aufblühende Pferdezucht waren Bestandteil des sich nach 1848 ausbildenden oldenburgischen Staats- und Heimatgefühls, das als patriotisches Amalgam die divergenten wirtschaftlichen und kulturellen Traditionen und Orientierungen in den einzelnen Teilen des Landes überlagerte und integrierte.

In den 1930er Jahren verwiesen die Oldenburger in der Auseinandersetzung mit Bremen um den Titel einer Gauhauptstadt auf ihre *Hinwendung zum Bäuerlichen und zur Landwirtschaft* sowie ihre Rolle als Militärstandort. In diesem Selbstbild kam auch der Pferdezucht ein mindestens ebenso hoher Stellenwert zu. Sie war nicht nur in der Tagespresse allgegenwärtig, sondern ließ sich zudem gut in die allgemeine Militarisierung jener Jahre einfügen. Ein 1937 erschienener Artikel trug den vielsagenden Titel *Das Oldenburger Pferd im Dienste der Wehrmacht*. Das NS-Regime bediente sich gern des Verweises auf die Pferdezucht, um die Bauern zu ähnlich hohen Leistungen auch auf anderen landwirtschaftlichen Gebieten anzuspornen.

Anders als in Oldenburg geschah die Zucht des *Hannoveraners* unter der staatlichen Regie des 1735 von König Georg II. gegründeten Landgestüts Celle, das als eine Art Hengstdepot fungierte. Ganz im Sinne einer merkantilistischen Politik sollte der Bedarf an Pferden für den sich ausdehnenden Ackerbau und das hannoversche Militär aus eigener Zucht gedeckt werden. In Holstein, wo sich auf den großen Gütern ein repräsentatives Reit- und Militärpferd unter dem Namen *Holsteiner Schwarze* entwickelt hatte, wurden zwölf Hengste eingekauft. Bis 1770 stellte das Landgestüt vor allem Holsteiner Hengste, aber auch schon einzelne Hengste aus England, Spanien, Süditalien und Trakehnen (Ostpreußen) ein.

1834 fand in Celle das erste Pferderennen statt. In der Folgezeit entwickelte sich eine immer breitere Palette von Leistungsprüfungen. Der Pferdesport war im 19. Jahrhundert noch ganz eine Domäne des Militärs. 1866 wurde in Hannover das *Militär-Reit-Institut* gegründet.

Um die Mitte des 19. Jahrhunderts wuchs die Nachfrage nach schweren Pferdeschlägen für die Landwirtschaft. Aus England wurden daher großrahmige, kalibrige Modelle, die sich dort im Postkutschenverkehr bewährt hatten, importiert. Sie trugen erheblich dazu bei, den *Hannoveraner* entstehen zu lassen. Der 1867 gegründete *Verein zur Förderung der hannoverschen Landespferdezucht* definierte das Zuchtziel wie folgt: *Die Erhaltung eines kräftigen, großen, starken Pferdes, eines tüchtigen Kutschschlages und daneben eines brauchbaren Militärpferdes.*

Pferde waren in Niedersachsen nicht nur ein Wirtschaftsfaktor, sondern immer auch ein Bezugspunkt kollektiver Identität – zumeist in der harmlosen Variante als Regionalstolz, nicht selten aber auch in Form ideologiebehafteter Inanspruchnahme für agrarromantische, bisweilen sogar völkisch-politische Belange. *Das Pferd ist ein Produkt der Scholle*, so lautete das Credo der Züchter. Gekreuzte Pferdeköpfe an den Giebeln niedersächsischer Bauernhäuser gehörten zum Standard-Bildrepertoire der Heimatbewegung, die sich als Reaktion auf Industrialisierung und Modernisierung seit dem Ende des 19. Jahrhunderts der Erhaltung der bäuerlichen Traditionen verschrieben hatte. Propagiert wurde von der Heimatbewegung eine Art »persönlicher Heimatschutz«, bei dem das Sachsenross als »altes Stammeszeichen« und Ausdruck eines »welfisch-stammestümlichen Patriotismus« – so Dieter Lent[1] – eine zentrale Rolle spielte und eine breite Popularisierung als Schmuckgegenstand, Uhranhängsel oder Brosche erfuhr.

Auch in der direkten politischen Auseinandersetzung ließ sich das Pferd als Symbol niedersächsischer Identität trefflich instrumentalisieren. Zu sehen ist dies z.B. auf einer Propagandakarte anlässlich der von der Deutsch-Hannoverschen Bewegung betriebenen Volksabstimmung von 1924 über die Loslösung von Preußen. Dort hat das sich aufbäumende weiße Sachsenross soeben die Kette gesprengt, die es an den preußischen Grenzpfahl gefesselt hatte, und ist im Begriff, den Schlagbaum in Richtung auf das »freie« Hannover zu überspringen.

Im völkischen Diskurs ließ sich das Pferd problemlos in den Blut und Boden-Kult der Nationalsozialisten einfügen. So schrieb der Vorsitzende des Reichsverbandes für Zucht und Prüfung deutschen Warmbluts, General der Kavallerie Maximilian von Poseck, in seinem Grußwort für die 50-Jahr-Feier des Stutbuchs im Jahre 1938 über den Hannoveraner: *Er ist ein außerordentlich vielseitiges Pferd, das für Heer, Landwirtschaft und Sport gleich hervorragend geeignet ist. Nicht ohne Grund führen die Niedersachsen die gekreuzten Pferdeköpfe an den Giebeln ihrer Wohnstätten, denn vor allem ist der Hannoveraner das Bauernpferd, gezüchtet durch Generationen auf gleicher Scholle mit einer Passion und Liebe, die den Niedersachsen besonders eigen sind.*[2] Besonderen propagandistischen Wert für das

NS-Regime hatten die überragenden Erfolge der deutschen Reiter bei der Olympiade 1936. Hier sollte der Welt eine für »große« Aufgaben gerüstete Offiziers-Elite präsentiert werden.

Als sich nach der Währungsreform 1948 und mit dem beginnenden wirtschaftlichen Aufschwung die Motorisierung in Landwirtschaft und Gewerbe immer stärker durchsetzte, musste sich die Pferdezucht umorientieren. Hatte jahrzehntelang die Steigerung der Zugleistung oberste Priorität gehabt, so wurde nun mit Blick auf den Einsatz im Sport die »Rittigkeit« in Verbindung mit Leistungsbereitschaft des Pferdes bei einwandfreiem Charakter und Temperament zum obersten Zuchtziel. Die Verdener Junghengstkörungen und Auktionen erregten weltweite Aufmerksamkeit. Zahlreiche später weltberühmte Sportpferde wurden hier zugeschlagen, wie z.B. *Simona* unter Hartwig Steenken, *Ferdl* unter Alwin Schockemöhle und der auch *Springender Geldschrank* genannte Wallach *Deister*, auf dem in den Jahren zwischen 1981 und 1985 Paul Schockemöhle dreimaliger Europameister der Springreiter wurde. Derartige sportliche Erfolge trugen den Ruf der Hannoveraner in alle Welt und machten das Land zum internationalen Marktführer in der Zucht von Sportpferden.

Abb. 2: Das Logo zum 60-jährigen Bestehen des Landes Niedersachsen brachte die weitgehende Identifikation des Landes mit seinen Pferden zum Ausdruck.

Die erfolgreichsten Pferdezüchter der Welt residieren heute im Oldenburger Münsterland. Längst hat sich die Zucht des Hannoveraners zu einem »global business« entwickelt.

2007 wurden aus Niedersachsen 320.000 Pferde exportiert. Schon längst sind Freizeitreiterei und Reitsport keine ausschließliche Angelegenheit der Oberschicht mehr: 2011 gab es in Niedersachsen 7.707 Reit- und Fahrvereine mit 727.980 Mitgliedern.

Mit guten Gründen ist die Bezeichnung »Pferdeland Niedersachsen« mittlerweile eine werbewirksame Marke mit offiziellem Status. Seit 2005 sind Züchter und Pferdesportverbände als Gesellschafter in der *Pferdeland Niedersachsen GmbH* zusammengeschlossen, deren Ziel die Bündelung und gemeinsame Interessenvertretung der Pferdekompetenz in Niedersachsen und die Förderung der Potentiale pferdeorientierter Projekte in Niedersachsen ist. Zum 60-jährigen Jubiläum des Landes Niedersachsen 2006 gab es in Berlin eine Sonderausstellung mit dem vielsagenden Titel *60 Jahre Niedersachsen – Hauptsache Pferd*.

Anmerkungen

1 Dieter Lent, Der Weg zum Lande Niedersachsen, in: Carl Haase (Hrsg.), Niedersachsen. Territorien – Verwaltungseinheiten – geschichtliche Landschaften, Göttingen 1971, S. 14.

2 Hannoveraner Verband (Hrsg.), Hannoveraner: Zucht und Entwicklung der weltweit gefragten Pferde, Warendorf 2016, S. 37 f.

Literatur

Pferde. Niedersachsens Stärke. Begleitheft zur Ausstellung 2006. Mit Beiträgen von Ulrike Weiss, Kathleen Allner, Irmela Wilckens, Waldemar R. Röhrbein, Hannover 2006.

Pferdeland. Spezial der Zeitschrift *Niedersachsen* für Kultur, Geschichte, Heimat und Natur, Hannover 2008.

Hollandgänger

Von Jochen Oltmer

Vom frühen 17. bis in das frühe 20. Jahrhundert hinweg arbeiteten Männer (und äußerst selten Frauen) aus dem nordwestdeutschen Binnenland in großer Zahl als Saisonarbeitskräfte in den Niederlanden und in Ostfriesland. Überwiegend wurden sie dort als Grasmäher und Heumacher in der intensiven Viehwirtschaft beschäftigt oder als Torfstecher, die die steigende Nachfrage nach Brennstoffen für Gewerbe und Privathaushalte befriedigten. In den Niederlanden standen wegen des florierenden Handels, der kolonialen Expansion und der starken gewerblichen Produktion kaum Arbeitskräfte für derartige saisonale Tätigkeiten zur Verfügung. Im Abwanderungsraum, der die heutige Westhälfte Niedersachsens und das nördliche Nordrhein-Westfalen umfasst, gab es demgegenüber zahlreiche landwirtschaftliche Kleinstellenbesitzer und Pächter (Heuerlinge), die die Wochen, in denen ihre Arbeitskraft in den auf Getreideproduktion ausgerichteten Betrieben entbehrlich war, nutzten, um an der Nordseeküste Bargeld zu verdienen. In einigen Herkunftsgemeinden erreichte der Anteil der Hollandgänger ein Viertel der männlichen Erwerbsbevölkerung.

Abb. 1: »War in der Heimat bittere Not, in Holland gabs Verdienst und Brot«. Notgeldschein der Stadt Freren 1921.

Die napoleonischen Kriege führten zu einem Einbruch der Hollandgängerei. Danach stabilisierte sie sich auf niedrigerem Niveau. Ab Mitte des 19. Jahrhunderts kam es zu einem erneuten Rückgang angesichts der Konkurrenz attraktiver neuer industrieller und urbaner Ziele (Hamburg, Bremen, Ruhrgebiet) sowie der Zunahme der transatlantischen Auswanderung (→ *Auswandererhafen*). Vor allem aber wirkte der steigende Bedarf an Arbeitskräften in der sich modernisierenden nordwestdeutschen Landwirtschaft. 1811 hatte beispielsweise die Landdrostei Osnabrück 8.000 Hollandgänger gezählt, 1871 rund 3.500, an der Wende zum 20. Jahrhundert waren es nur noch wenige Hundert.

Bereits ab Mitte des 17. Jahrhunderts kam es zu einer Diversifizierung der Arbeitsfelder der Hollandgänger, weil Saisonarbeitskräfte in den Zielgebieten neue Beschäftigungsmöglichkeiten erschlossen. Torfstecher aus dem Lippischen lernten etwa das Ziegelbrennen in Ostfriesland kennen und spezialisierten sich auf die Produktion von Ziegeln und Dachpfannen. Erstmals wurden die sogenannten Lippischen Ziegler 1657 im rheiderländischen Weener schriftlich erwähnt. Innerhalb weniger Jahrzehnte monopolisierten sie den Arbeitsmarkt für Ziegler in Ostfriesland und im niederländischen Friesland, im 19. Jahrhundert dann in Schleswig-Holstein und in Jütland.

Ähnlich gelagerte Prozesse von Spezialisierung und Expansion finden sich bei den sogenannten Tödden. Diese Wanderhändler stammten aus der Grafschaft Lingen sowie dem Kirchspiel Hopsten im Fürstbistum Münster, wo sie in einigen Gemeinden an die 50 Prozent der männlichen Erwerbsbevölkerung ausmachten. Die Tödden vertrieben mit Rucksäcken und Tragekörben Textil- und Kleineisenwaren zunächst in den Niederlanden, später im gesamten Raum von Nordfrankreich bis ins Baltikum. Manche Tödden ließen sich schließlich nieder, wie im Falle der Gründung der Firma »C & A Brenninkmeyer« im friesischen Sneek 1841. Nicht nur C&A, sondern auch später namhafte Textilhandelsunternehmen wie Hettlage, Boecker, Lampe oder Voss entstammen der Tradition der Tödden.

Weitere Spezialisierungen ergaben sich im Falle der Wal- und Heringsfänger auf niederländischen und ostfriesischen Schiffen oder der Oldenburger Stukkateure, die vornehmlich aus den Kirchspielen Osternburg, Hatten und Wardenburg stammten. Obwohl die Gruppe recht klein blieb, verfügte sie bei Stuckarbeiten in den Niederlanden über eine monopolartige Position. Im weitesten Sinne in den Kontext des Hollandgangs gehören auch Zehntausende junger Männer aus Nordwestdeutschland, die im 18. und 19. Jahrhundert auf Handelsschiffen der Niederländischen Ostindien-Kompanie als Seeleute sowie in der niederländischen Kolonialarmee als Soldaten dienten.

Das amtliche und öffentliche Interesse an der Hollandgängerei blieb in den 300 Jahren ihrer Existenz recht gering. Ähnliches gilt für die wissenschaftliche Auseinandersetzung, einzig die Dissertation des späteren Bremer Senatssyndikus Johannes Tack, die 1902 erschien, wird bis heute zitiert. Eine vergleichsweise große Aufmerksamkeit gegenüber der Migration der Lippischen Ziegler zeigte die Regierung des Fürstentums Lippe-Detmold aus wirtschafts- und finanzpolitischen Erwägungen. Jenseits dessen fokussierte die Verwaltung auf Konfliktfälle und Straftaten oder auf die Frage, ob die schweren gesundheitlichen Belastungen der Hollandgänger durch Akkordarbeit und miserable Unterkünfte die Armenlasten der Herkunftsgemeinden erhöhen könnten. Im Falle der Tödden kamen Handelsstreitigkeiten sowie Debatten um Gewerbeförderung und Zollangelegenheiten hinzu. Im 19. Jahrhundert traten schließlich mit dem Auf- und Ausbau nationalstaatlicher Strukturen vermehrt Pass- und Staatsangehörigkeitsfragen auf.

Über publizistisch tätige Beamte, wie den Osnabrücker Geheimen Justizrat Justus Möser (→ *Möser*), gelangten Elemente amtlicher Diskurse auch in die Öffentlichkeit, die die Hollandgängerei nicht nur über die Berichterstattung in den Zeitungen, sondern auch über Landesbeschreibungen oder Reiseberichte kannte. Auf die schwierigen Arbeits- und Lebensbedingungen machten zudem protestantische Reiseprediger aufmerksam, die die Hollandgänger an den Arbeits- bzw. Wohnstätten in den Niederlanden betreuten. Ihrer wortgewaltigen Initiative war es zu verdanken, dass für diese in den 1860er Jahren eine Krankenversicherung und ein Krankenhaus eingerichtet wurden.

In den Niederlanden finden sich in der zeitgenössischen Publizistik zahlreiche herabsetzende Auslassungen über die nordwestdeutschen »Fremden«, die vornehmlich der Stärkung des Selbstbildes des niederländischen »Eigenen« dienten: Der Leibeigenschaft kurzzeitig entflohen, mache das wohlhabende und freie Holland und Friesland die Hollandgänger, als *mieren* (Ameisen) oder *hannekemaaiers* (dumme deutsche Grasmäher) bezeichnet, staunen. Als einfältig, unwissend, stinkend, schmutzig und plump charakterisiert, bildeten sie äußerst populäre Figuren in niederländischen Komödien. Ob und inwieweit Elemente davon in das Deutschen- bzw. Deutschlandbild in den Niederlanden eingegangen sind, lässt sich nicht ermessen.

Von Ausnahmen abgesehen, wie insbesondere dem Aufbau eines *Tüöttenmuseums* 1962 in Mettingen, das der dortige Heimatverein zwischen 1966 und 1969 erheblich erweiterte, ist das gegenwärtig zirkulierende Wissen über die Hollandgängerei vornehmlich Ergebnis der wissenschaftlichen Aufarbeitung in den 1980er und 1990er Jahren sowie dem Aufgreifen der Thematik im Rahmen von Ausstellungsprojekten und musealen Präsentationen zu verdanken. Das wissenschaftliche Interesse an der Hollandgängerei resultierte aus dem Aufstieg der Historischen Migrationsforschung in Europa seit den 1970er Jahren. Sie profitierte vom Bedeutungsgewinn der Sozial- und Wirtschaftsgeschichte und ging anfänglich einher mit der wachsenden Aufmerksamkeit gegenüber der Arbeiter- und Arbeiterbewegungsgeschichte.

In einen solchen Kontext gehört die Pionierarbeit des niederländischen Historikers Jan Lucassen. Seine Dissertation an der Universität Utrecht 1984 ordnet die Hollandgängerei als Teil eines von Nordfrankreich bis Bremen reichenden »Nordsee-Systems« starker Arbeitsmigrationen aus dem Binnenland in die Küstenzonen ein. Lucassen griff das damals neue Konzept der »Migrationssysteme« auf: Migrantinnen und Migranten bewegen sich in der Regel zwischen Räumen, die bereits durch intensive und langwährende ökonomische, politische und kulturelle Beziehungen geprägt sind. Grenzüberschreitende Arbeitsmärkte und interpersonale Netzwerke entstehen, die die Bewegungen über zum Teil lange Zeiträume eigendynamisch aufrechterhalten.

Darüber hinaus bot die Hollandgängerei eindrückliche Beispiele für die Herausbildung von »Migrantenberufen«, wie sie sich bis in die Gegenwart beobachten lassen. Migrantinnen und Migranten spezialisieren sich in den Zielgebieten in beruflichen Nischen, die nicht auf ökonomische Aktivitäten im Herkunftsgebiet zurückgeführt werden können: Ziegler aus einem Raum der Fachwerkhäuser, Stukkateure aus einem Landstrich der Lehmwände, Heringsfänger aus dem küstenfernen Binnenland …

Museal aufgegriffen wurde das Thema Hollandgängerei im Kontext eines zunehmenden Interesses an einer internationalen Zusammenarbeit der Museen und dem gemeinsamen Erarbeiten grenzüberschreitender Ausstellungsvorhaben. Auch den zeithistorischen Hintergrund des Abbaus europäischer Grenzkontrollen im Zuge der Umsetzung des Schengener Abkommens gilt es zu beachten, das seit Ende der 1980er Jahre breit diskutiert und schließlich bis 1995 umgesetzt wurde. Diese Debatte befeuerte Initiativen zur Schaffung eines Europabewusstseins und einer europäischen Zivilgesellschaft. Einen unmittelbaren Bezug darauf nahm etwa die Ausstellung *Wanderarbeit jenseits der Grenze. 350 Jahre auf der Suche nach Arbeit in der Fremde*, die 1993 gemeinsam vom Drents Museum Assen, dem Museumsdorf Cloppenburg, dem Westfries Museum Hoorn und dem Emslandmuseum Lingen erarbeitet wurde, oder das Heimatmuseum Petershagen-Heimsen, dessen Ausbau seit Mitte der 1980er Jahre in die Entstehung des Heringsfängermuseums Heimsen mündete.

Nicht zu vernachlässigen sind zudem die intensiven Debatten um das Selbstverständnis Deutschlands angesichts vermehrter Migration, die in die Frage mündete, ob die Bundesrepublik ein Einwanderungs-

Abb. 2: Hollandgänger-Denkmal in Uelsen, Grafschaft Bentheim. Skulptur von 1997.

land sei. Von diesen breiten öffentlichen und medialen Diskussionen profitierte die (Historische) Migrationsforschung, deren Ergebnisse außerhalb eines engeren akademischen Milieus gefragt waren, wie sich etwa 1999 in dem Ausstellungsprojekt *Fremde in Deutschland – Deutsche in der Fremde* im Museumsdorf Cloppenburg zeigte, das der Hollandgängerei einen prominenten Platz einräumte. Sammlungs- und Präsentationsaktivitäten von Heimatvereinen traten hinzu, deren Initiative die Errichtung von Erinnerungsstätten (etwa den »Hollandgänger-Denkmälern« in Uelsen von 1997 und in Ladbergen von 2002) entsprang.

Ein weiteres Element, das die museale und öffentliche Beschäftigung mit der Hollandgängerei hervorbrachte, bildete das museale Interesse an den Themenfeldern Industrialisierung und Industriegesellschaft, das in den 1980er und 1990er Jahren in die Gründung von Industriemuseen bzw. Museen für Industriekultur mündete. So trat beispielsweise das Westfälische Industriemuseum (später LWL-Industriemuseum) 1996 mit einer Dauerausstellung zu den Lippischen Zieglern am Standort Ziegeleimuseum Lage (Lippe) hervor. Das Ausmaß der touristischen Vermarktung der Hollandgängerei blieb demgegenüber gering, sieht man von Initiativen wie dem *Töddenland Radweg* oder der Herausgabe von historischen Wanderführern im Emsland zum *Hollandgängerpfad* ab.

Schließlich brachte die erneut hohe öffentliche Aufmerksamkeit gegenüber dem Themenkomplex Migration in den 2010er Jahren neues Interesse an den Hollandgängern mit sich, das nicht nur zu weiteren Aktivitäten zur Erschließung und Präsentation von archivalischen und musealen Beständen in der Kooperation von Museen, Bibliotheken, Archiven und Forschungseinrichtungen führte, sondern auch zum Aufbau des Museums MeyerHaus Berge oder zur Entwicklung einer Ausstellung im Emslandmuseum Lingen 2018/2019. Damit mag zwar die Hollandgängerei weiterhin keinen übergreifenden, fest verankerten niedersächsischen oder westfälischen Erinnerungsort bilden, ausmachen lässt sich dennoch ein vor dem Hintergrund einzelner Aufmerksamkeitskonjunkturen lokal und regional verbreiteter Wissensbestand zu einem bedeutsamen Kapitel europäischer Migrationsgeschichte.

Literatur

Franz Bölsker-Schlicht, Die Hollandgängerei im Osnabrücker Land und im Emsland. Ein Beitrag zur Geschichte der Arbeiterwanderung vom 17. bis zum 19. Jahrhundert, Sögel 1987.

Piet Lourens/Jan Lucassen, Arbeitswanderung und berufliche Spezialisierung. Die lippischen Ziegler im 18. und 19. Jahrhundert, Osnabrück 1999.

Jan Lucassen, Naar de Kusten van de Noordzee. Trekarbeid in Europees perspektief, 1600-1900, Gouda 1984.

Hannelore Oberpenning, Migration und Fernhandel im »Tödden-System«. Wanderhändler aus dem nördlichen Münsterland im mittleren und nördlichen Europa des 18. und 19. Jahrhunderts, Osnabrück 1996.

Johannes Tack, Die Hollandgänger in Hannover und Oldenburg. Ein Beitrag zur Geschichte der Arbeiterwanderung, Leipzig 1902.

Graf Anton Günther von Oldenburg

Von Gerd Steinwascher

Es gibt keine Person in der über 900-jährigen Geschichte Oldenburgs, die selbst noch in der heutigen Stadt und Region Oldenburg bekannter ist als Graf Anton Günther (1583-1667). Dies ist schon deshalb erklärungsbedürftig, weil der im 17. Jahrhundert wirkende Landesherr keine wichtige Schlacht gewann, keine Stadt oder Universität gründete oder sich durch besondere kulturelle Leistungen hervortat. Man hat zuweilen den Eindruck, als sei Teilen der an Kultur und Geschichte interessierten Bevölkerung diese Popularität sogar etwas peinlich. Und dennoch: Als die Oldenburger *Nordwest-Zeitung* 1973 angesichts heftiger Kontroversen eine Umfrage startete, wie man die neue Universität nennen sollte, entschied sich eine deutliche Mehrheit bei den Personennennungen für Anton Günther; er bekam fast das Sechsfache an Stimmen als der schließlich als Namenspatron durchgesetzte Carl von Ossietzky. 2009 bestätigte sich diese Popularität des

Abb. 1: Kramermarktumzug in Oldenburg 2019.

Abb. 2: Logo des Fanclubs »Kommando Donnerschwee« des Fußballvereins VfB.

einstigen Landesfürsten bei einer Befragung über »Erinnerungsorte« in Oldenburg. Heftig diskutiert und überregional belächelt wurde und wird seit einigen Jahren ein Denkmal, das den Grafen auf seinem berühmten Pferd *Kranich* zeigt und im Umfeld des Oldenburger Schlosses seinen Platz finden sollte. Vertreter von Politik, Kultur und Wissenschaft lehnten dies mehrheitlich ab und sind bis jetzt standhaft geblieben, obwohl das Denkmal von privater Seite bezahlt war und letztlich nur noch aufgestellt werden müsste. Eine Flut von Leserbriefen für und gegen ein solches Denkmal löst seitdem jedes Ereignis aus, das an den Grafen erinnert.

Allerdings bedarf es so eines Denkmals nicht, um das Andenken an Anton Günther in Oldenburg am Leben zu erhalten. Als Herrscher auf seinem Pferd ist er als Wandgemälde in der Fußgängerzone unübersehbar. Auch ist eine der größten Schulen der Stadt nach ihm benannt, im Landesmuseum für Kunst und Kulturgeschichte gibt es für ihn eine Art Reliquienraum. Aber auch für die kulturell vielleicht eher Desinteressierten ist der ehemalige Landesfürst bei jedem Kramermarktumzug in Oldenburg präsent: Ein in einem Kostüm des 17. Jahrhunderts gekleideter, den Festzug anführender Reiter stellt den Grafen als angeblichen Begründer des Oldenburger Kramermarkts dar. Man darf hier daran erinnern, dass der Kramermarkt eines der größten

Abb. 3:
Graf Anton Günther auf seinem Lieblingspferd Kranich, *1671.*

Volksfeste Norddeutschlands ist. Wer aber an dieser Stelle immer noch Zweifel hat, ob der Graf auch wirklich in der Breite der Bevölkerung verankert ist, den sollte das an manchem Oldenburger Laternenpfahl angeklebte Emblem des Fanclubs des führenden Oldenburger Fußballvereins VfB namens »Kommando Donnerschwee« überzeugen, das den reitenden Grafen zeigt.

Wer an den Grafen denkt, der sieht ihn vor seinem geistigen Auge auf seinem Schimmel *Kranich* mit langem Schweif und Mähne sitzend, in der Hand statt eines Schwertes oder Degens eine Gerte haltend. Mit diesem Reiterbild werden zwei Charakteristika dieser Person visualisiert, die von Anton Günthers Bewunderern immer wieder vorgetragen werden: Der Graf habe als Pferdezüchter und als Friedensfürst für Oldenburg Geschichte geschrieben. Anton Günther würde diese Beurteilung seiner Person gefallen haben, denn er hat einiges zur Bildung dieses Mythos beigetragen. Das Reiterbild, das sich, wie Markus Evers mit Recht festhielt, »in das kollektive Bildgedächtnis der Menschen in der Region eingebrannt (hat)«, findet sich schon in der Darstellung seines Lebens, die der Graf durch den Hofhistoriographen Justus Winkelmann anfertigen ließ. Das biographische Werk verweist bereits im Titel auf die Friedenspolitik des Grafen, der sich nie mit Waffen portraitieren ließ.

Ein Blick auf die Ergebnisse der historischen Forschung über das Leben des berühmten Grafen ernüchtert hingegen. Unbestritten war zwar Anton Günther ein begeisterter Pferdeliebhaber. Seine Pferdezucht war überregional so bekannt, dass Pferde, die er in großer Zahl als Geschenke an europäische Königs- und Fürstenhäuser übergab oder auch – nicht ohne Hintergedanken – Gesandten des westfälischen Friedenskongresses (→ *Friedensstadt*) zukommen ließ, durchaus begehrt waren. Übersehen wird in der Regel aber, dass diese Pferdezucht bereits sein Vater Johann VII. von Oldenburg ins Leben gerufen und zur Blüte gebracht hatte (→ *Pferdeland*). Nicht zu Unrecht hat Anton Günther für sich reklamiert, dass er seine Untertanen möglichst aus den Auseinandersetzungen des Dreißigjährigen Krieges herausgehalten hat. Nach außen wahrte der Landesfürst nämlich Neutralität und zog jede Verhandlungslösung einer militärischen Auseinandersetzung vor. Er war aber sicherlich kein Friedensfürst, vielmehr ein mit allen Wassern gewaschener »Diplomat«, glänzend vernetzt und mit gutem Personal umgeben.

Der 1583 geborene Graf wurde nach dem Tod seines Vaters Johann früh in die Verantwortung genommen und hatte bis zu seinem Tod im Jahre 1667 fast 64 Jahre Zeit, seinen Herrschaftsbereich zu gestalten. Er verfolgte innen- wie außenpolitisch einen Kurs, den bereits sein Großvater und Vater eingeschlagen hatten. Der relative Wohlstand der Grafschaft beruhte vor allem auf den eingedeichten Marschländereien an Küste, Weser und Hunte, die u.a. einen lukrativen Ochsenhandel ermöglichten. Die Kreditmöglichkeiten des Grafen schienen unbeschränkt – ein Phänomen, das es noch zu erforschen gilt. Innenpolitisch tat sich Anton Günther wenig hervor, sorgte weder für eine moderne Deichordnung noch für eine straffe Landesverwaltung. Nach außen reüssierte er dagegen in dem Jahrzehnte währenden Streit mit der Stadt Bremen um den an der Weser bei Elsfleth eingerichteten Weserzoll, der ab 1623 bis 1653 den Frieden in der Region erheblich bedrohte. Er profitierte dabei von dem traditionell guten Verhältnis zum Kaiser, aber auch von der militärischen Unterstützung des dänischen Königs, des mit ihm verwandten Christian IV. Er schaffte es zugleich, die in seiner Zeit unbestrittene Macht in Norddeutschland, die schwedische Krone, von der von ihm beteuerten Neutralität im Dreißigjährigen Krieg zu überzeugen.

Tatsächlich blieben die Herrschaftsgebiete des Grafen, zu denen die Grafschaften Oldenburg und Delmenhorst sowie die Herrschaften Jever und Kniphausen gehörten, weitgehend vom Krieg verschont. Dies war zwar nicht allein sein Verdienst, sondern vielmehr eine Konsequenz der geopolitischen Lage im Kriegsgeschehen, doch konnte der Graf die vergleichsweise positive Bilanz für sich verbuchen. Dieser Erfolg überlagerte auch die Tatsache, dass er keinen rechtmäßigen Erben vorweisen konnte. So war er gezwungen, mit viel Geld seinen unehelichen Sohn, Anton von Aldenburg, vom Kaiser legitimieren und zum Reichsgrafen ernennen zu lassen und ihm die Statthalterschaft über die Grafschaften Oldenburg und Delmenhorst zu verschaffen, die dem König von Dänemark und dem Herzog von Gottorf nach seinem Tod als Erbe zustanden (→ *Oldenburger*). Anton Günther stattete seinen Sohn Anton mit der Herrschaft Varel-Kniphausen aus und vermachte die Herrschaft Jever seinem Neffen aus dem anhaltinischen Fürstenhaus. Die Tatsache, dass das mühsam gewonnene Herrschaftsgebiet nach seinem Tod in drei Teile zerfiel, hat zwar Historiker des 19. und 20. Jahrhunderts, für die eine territoriale Herrschaftsausdehnung das Credo jeder fürstlichen Politik war, durchaus irritiert, sie hat Anton Günthers Andenken aber keineswegs geschadet.

Dies hieß vor allem, dass der von ihm selbst herausgestellte Ruhm, ein Friedensfürst gewesen zu sein, die nachfolgende über 100-jährige Herrschaft der dänischen Könige in Oldenburg überdauerte. Dies mag damit zusammenhängen, dass die ersten Jahrzehnte der dänischen Herrschaft für Oldenburg wesentlich unruhiger verliefen, eine Pestwelle und eine Brandkatastrophe insbesondere die Residenzstadt Oldenburg in Mitleidenschaft zogen. Es war aber sicherlich auch eine Konsequenz der Tatsache, dass die Anton Günther beerbenden dänischen Könige sich selten in Oldenburg sehen ließen. Die Erinnerung an die dänische Herrschaft verblasste im 19. Jahrhundert sofort. Dagegen blieb der Graf als Friedensbewahrer im Gedächtnis der Bevölkerung und wurde Gegenstand mancher lokalen Sage; er war jedenfalls so beliebt, dass der erste ernst zu nehmende oldenburgische Historiker, Gerhard Anton von Halem, sein Andenken Ende des 18. Jahrhunderts nicht anzurühren wagte.

Gleiches galt für die ab 1773 nunmehr wieder in Oldenburg residierenden Herrscher aus dem oldenburgischen Hause Holstein-Gottorf. Als während des von Herzog Peter Friedrich Ludwig veranlassten Neubaus der Oldenburger St. Lambertikirche das von Anton Günther selbst noch für sich in Auftrag gegebene monumental-barocke Epitaph durch einen Gebäudeeinsturz zertrümmert wurde, sorgte der Herzog sofort für Ersatz. Für Anton Günther gab er ein klassizistisches Kenotaph in Auftrag und inszenierte dies so, dass die neue

Herrscherfamilie direkt in die Nachfolge des populären Grafen gestellt wurde. Diese Anerkennung Anton Günthers durch seine gottorfischen Nachfolger diente zwar der Herstellung einer neuen Herrschaftslegitimation der herzoglichen Familie, förderte aber zugleich das Ansehen des Grafen, dessen ikonografische Darstellung als ›Graf auf dem Pferd‹ populär blieb und noch heute im Gedächtnis Oldenburgs präsent ist. Das Reiterbildnis schaffte es in viele oldenburgische Wohnstuben, die Erzählungen vom Grafen eroberten die oldenburgischen Schulbücher. An der Popularität des Grafen änderte auch die Tatsache nichts, dass im Kaiserreich Versuche, Anton Günther ein Denkmal zu setzen, schließlich am fehlenden Geld scheiterten. Anton Günther blieb präsent, auch die Nationalsozialisten, die Oldenburg zur Gauhauptstadt erhoben, nutzten sein Ansehen für sich, als sie im Zusammenhang mit dem Oldenburger Stadtjubiläum noch Anfang 1945 eine Sonderbriefmarke mit dem Reiterbildnis planten.

Während bis heute eine wissenschaftlich fundierte Biographie Anton Günthers fehlt, ist er belletristisch vermarktet worden. Hierzu bot nicht zuletzt das Drama um seine Mätresse Elisabeth von Ungnad, die Mutter seines Sohnes Anton von Aldenburg, den geeigneten Stoff. Wenn man also auch heute noch Stadtführungen in Oldenburg von einem Fachkundigen buchen kann, der diese im Kostüm des Grafen Anton Günther bestreitet, dann verweist dies auf eine einmalige Erinnerungskultur um einen regional bedeutenden Herrscher des 17. Jahrhunderts. Beruhte das Gedächtnis an den Grafen im 17. und 18. Jahrhundert auf die ihm zugeschriebenen Leistungen in einem auch im Oldenburgischen lange in Erinnerung gebliebenen Dreißigjährigen Krieg, dann ist der »Graf auf dem Pferd« heute eher ein Markenzeichen Oldenburgs von großer Popularität und hohem Wiedererkennungswert. Ob ein Mitglied des Fußballfanclubs »Kommando Donnerschwee« also wirklich weiß, wer denn der Reiter auf dem Emblem seines Fußball-Fanclubs genau war, wann er lebte und was er tat, ist dafür unerheblich.

Literatur

Markus Evers, Graf Anton Günther. Zur Erinnerungsgeschichte und gegenwärtigen Präsenz der oldenburgischen Symbolfigur und Ikone, in: Mareike Witkowski (Hrsg.), Oldenburger Erinnerungsorte. Vom Schloss bis zur Hölle des Nordens, von Anton Günther bis Horst Janssen, Oldenburg 2012, S. 133-208.

Gerd Steinwascher, Graf Anton Günther von Oldenburg – Wirken und Mythos eines Oldenburger Herrschers, in: Oldenburger Jahrbuch 117 (2017), S. 27-47.

Friedensstadt Osnabrück

Von Gerd Steinwascher

Abb. 1: Staatsoberhäupter und lokale Prominenz (rechts Oberbürgermeister Fip) im Osnabrücker Friedenssaal, 1998.

Schon wer die Stadtgrenze von Osnabrück passiert oder auch nur an der Stadt auf der Autobahn vorbeifährt, wird durch Schilder darauf aufmerksam gemacht: Man hat sich einer Stadt genähert, die sich dem Frieden verschrieben hat. Im Fachbereich Kultur der Stadtverwaltung gibt es eigens ein *Büro für Friedenskultur*, das die zahlreichen Aktivitäten Osnabrücks für ein friedliches Zusammenleben der Menschen unabhängig von Religion und Herkunft koordiniert. So wird alle zwei Jahre der Erich-Maria-Remarque-Friedenspreis verliehen, und man ist stolz darauf, dass die Deutsche Stiftung Friedensforschung und terre des hommes ihren Sitz in der Stadt haben. Seit den 1980er Jahren organisiert die Verwaltung zusammen mit der Universität Osnabrück die Osnabrücker Friedensgespräche, für die man prominente Redner aus Politik, Publizistik und Wissenschaft gewinnen kann.

So aktuell in Osnabrück das Thema Frieden auch diskutiert und vorgelebt wird, man kann darauf verweisen, dass die Verpflichtung, Friedensstadt zu sein, weit zurück in der Vergangenheit liegt. Die Stadt bekam gemeinsam mit der Stadt Münster 2015 von der Europäischen Kommission als *Stätten des Westfälischen Friedens* das Europäische Kulturerbe-Siegel verliehen. Als Erinnerungsorte des Westfälischen Friedens stehen die beiden Rathäuser dieser Städte mit ihren Friedenssälen, die zu einem Muss jeder Stadtbesichtigung sowohl in Münster wie auch in Osnabrück gehören. Auch wenn die Vorstellung, in den Friedenssälen sei der Westfälische Frieden von 1648 ausgehandelt und beschlossen worden, einer historischen Überprüfung nicht standhält, erinnert wurde an das Friedenswerk in den beiden Rathäusern tatsächlich schon kurz nach dem Abschluss der Friedensverhandlungen im Jahr 1648.

Dass Münster und Osnabrück 1641 zu Verhandlungsorten für einen Friedenskongress wurden, der endlich einen Ausweg aus einem für große Teile Europas verheerenden Krieg finden sollte, war eher eine Verlegenheitslösung. Für Osnabrück machten sich die Schweden stark, die die Stadt 1633 besetzt und zu ihrer Festung ausgebaut hatten. Die Neutralisierung Osnabrücks für die Verhandlungen, die 1643 erfolgte, war für die Bürgerschaft unverhofft eine mehrfache Chance: Sie wurde die schwedische Besatzung los, war vor dem Kriegsgeschehen, das unabhängig von den Verhandlungen weiterging, nicht mehr bedroht und konnte sogar hoffen, die neu gewonnene Autonomie von der bischöflichen Landesherrschaft, die im Krieg verloren gegangen war, und damit auch die lutherische Konfession zu festigen. Diese Erwartungen wurden nicht ganz erfüllt. Als am 25. Oktober 1648 von der Rathaustreppe der Westfälische Frieden verkündet wurde (so verlangten es die Vereinbarungen), war die Enttäuschung in der Stadt so offensichtlich, dass es die wenigen noch in Osnabrück verbliebenen Gesandten bemerkten: Osnabrück wurde keine Reichsstadt, der katholische Bischof Franz Wilhelm von Wartenberg, ein Hardliner sondergleichen, wurde wieder Landesherr.

Statt den Frieden zu feiern, wie dies in Münster geschah, brach die Bürgerschaft die noch im Aufbau befindliche bischöfliche Residenz und Festung Petersburg in ihren Mauern ab und provozierte damit sogar ihre protestantischen Verbündeten unter den Gesandtschaften. Doch zeitgleich wurden aus der Werkstatt des niederländischen Künstlers Anselm van Hulle Porträts der Friedensgesandten in Auftrag gegeben, die – wie zeitgleich auch in Münster geschehen – im Rathaussaal an die Bedeutung Osnabrücks als Verhandlungsstadt erinnern sollten. So unbeliebt der Friedensschluss zunächst in Osnabrück war, die Stadt setzte hier ein Zeichen positiver Erinnerungspolitik. Als dann nach der Aushandlung der reichsweit einmaligen Verfassung für das Fürstbistum Osnabrück auf dem Nürnberger Deputationstag 1649/1650 immer deutlicher wurde, dass Osnabrück mit diesem Frieden sehr gut leben konnte, dass insbesondere die lutherische Konfession ungefährdet war und dass die Eingriffsmöglichkeiten des katholischen Bischofs auf die städtische Autonomie begrenzt blieben, schlug die Stimmung um. Als man 1748 das 100-jährige Jubiläum des Friedens im Reich in sehr unterschiedlicher Weise beging, gehörte Osnabrück zu den Städten, in denen die Bürgerschaft den Friedensschluss ausgiebig feierte.

Der Rathaussaal mit den dort an den Wänden präsentierten Friedensgesandten blieb weitgehend unverändert und erinnerte an die Bedeutung Osnabrücks für den Friedensschluss auch in der folgenden Zeit, als der Westfälische Frieden nicht mehr populär war. Im 19. und beginnenden 20. Jahrhundert tat man sich in Osnabrück wie in ganz Deutschland schwer damit, an das Jahr 1648 zu erinnern. Im Friedenswerk sah man Deutschland den Interessen fremder Mächte geopfert, entsprechend wurden die Jubiläumsveranstaltungen genutzt, um die Feindschaft zu Frankreich zu pflegen. Einen traurigen Höhepunkt erreichte diese Instrumentalisierung des Westfälischen Friedens im Zweiten Weltkrieg, als sich Münster und Osnabrück um eine von Hitler geplante Nutzung der Friedensorte für eine Demütigung des geschlagenen Frankreichs bewarben und darüber heftig in Streit gerieten. In Osnabrück war es Ludwig Bäte, ein Lehrer und Schriftsteller, der Osnabrücks Bedeutung für die Friedensverhandlungen hervorhob und den Gegensatz zu Münster auch noch in der Nachkriegszeit schürte. Hätte er sich ideologisch nicht so verrannt, dann wären seine Hinweise auf die große Bedeutung Osnabrücks für den Erfolg des Friedenskongresses vielleicht ernster genommen worden. Tatsächlich war 1647 und 1648 der Verhandlungsdurchbruch in Osnabrück gelungen, und im Unterschied zu Münster war der Rathaussaal Schauplatz zahlreicher Verhandlungsrunden insbesondere der protestantischen Reichsstände gewesen.

Als 1948 in der vom Bombenkrieg stark zerstörten Stadt das 300-jährige Jubiläum des Westfälischen Friedens begangen wurde, war das Rathaus mit Unterstützung der britischen Besatzungsmacht bereits wieder aufgebaut und galt als Symbol eines Neuanfangs. Die Erinnerung an den Westfälischen Frieden wurde wachgehalten. Dazu diente nicht zuletzt das 1948 erstmals und seit 1953 jährlich stattfindende Steckenpferdreiten von Schulkindern, an das sich alle erinnern, die in der Stadt aufgewachsen sind. Dies war aber nichts im Vergleich zu der Erinnerungspolitik, die zum Gedächtnis des Westfälischen Friedens im Jahre 1998 betrieben wurde. In Münster und Osnabrück fand eine Europaratsausstellung statt, der Höhepunkt war freilich der Besuch der Staatsoberhäupter der ehemaligen Kriegsmächte im Osnabrücker Friedenssaal. Der Zeitpunkt war günstig, der Frieden in Europa schien nach den Ereignissen von 1989 dauerhaft gesichert. Der Westfälische Frieden bekam als europäisches Ereignis eine neue Bedeutung und wurde als Verpflichtung empfunden, für eine europä-

Abb. 2: Erich Maria Remarque in der Zeit seines ersten Bucherfolgs, 1929.

ische Einigung und eine dauerhafte Friedenssicherung einzutreten. Dass man diese Chance in Osnabrück entschieden und konsequent aufgriff, war die Leistung von Oberbürgermeister Hans-Jürgen Fip, der die Jubiläumsfeierlichkeiten nutzte, um unermüdlich für das Selbstverständnis Osnabrücks als Friedensstadt zu werben.

Der Weg zum »Markenzeichen« Friedensstadt führte also zweifellos über den Friedenssaal im historischen Rathaus. Aber dabei blieb es eben nicht. Es gab noch andere Anknüpfungspunkte, den Friedensgedanken auf Osnabrück zu lenken. Immerhin war der Schriftsteller Erich Maria Remarque in Osnabrück geboren und aufgewachsen, der im Jahre 1929 mit seinem Antikriegsroman *Im Westen nichts Neues* auf einen Schlag weltberühmt wurde. Zu diesem Zeitpunkt hatte Remarque Osnabrück zwar längst verlassen, doch bezog sich der von den Nationalsozialisten verhasste, aber für diese zum Glück unerreichbare Schriftsteller in seinen Romanen immer wieder auf seine Geburtsstadt. Dass man sich dennoch schwertat, auf diesen berühmten Sohn der Stadt stolz zu sein, war kein Problem, das nur die Osnabrücker hatten. Die bundesdeutsche Öffentlichkeit und ihre gesamte Publizistik hatten ihre Schwierigkeiten mit dem zunächst vor allem im Ausland berühmten »Weltbürger« und »Weltliteraten«, der schlicht für Pazifismus stand, für den die Wiederbewaffnung eines nur rudimentär entnazifizierten Deutschlands ein ebenso großes Gräuel war wie das Wettrüsten der Großmächte. Dass die Osnabrücker Stadtpolitik Remarque schließlich 1963 mit der Justus Möser-Medaille auszeichnete, war ein erster Schritt aus der Sackgasse, für den sich vor allem ein lebenslanger Freund des Schriftstellers, Hanns Gerd Rabe, einsetzte. Später benannte man eine Straße nach der von den Nationalsozialisten ermordeten Elfriede Scholz, der Schwester des Schriftstellers; heute tragen ein großer Straßenzug, eine Schule und ein Hotel den Namen des 1970 verstorbenen Remarque. Auch wenn der Nachlass nach New York ging, in die Stadt, in der sich Remarque am wohlsten fühlte, so entstand doch in Osnabrück mit dem Remarque-Archiv eine Institution, die – in direkter Nachbarschaft zum Rathaus des Westfälischen Friedens – die Forschung über den Schriftsteller an sich gezogen hat. Hierfür war die Gründung der Universität in Osnabrück nicht unwichtig, wo sich der Literaturwissenschaftler Tilman Westphalen, zuletzt Ehrenvorsitzender der Erich Maria Remarque Gesellschaft, für die Erinnerung an Remarque einsetzte. Nicht zufällig 1998, im Jubiläumsjahr des Westfälischen Friedens, wurde die Dauerausstellung *Unabhängigkeit – Toleranz – Humor* und damit das Erich Maria Remarque-Friedenszentrum eröffnet.

Damit war schon der Weg geebnet, den Friedensgedanken aus einer Erinnerung an ein Ereignis des 17. Jahrhunderts in die Gegenwart zu ziehen und ihn mit der Aufarbeitung der NS-Vergangenheit Osnabrücks zu verknüpfen. Dass dies gelang, war dem Engagement und der enormen Hartnäckigkeit Einzelner geschuldet, die sich gegen viel Misstrauen und auch Widerstand durchsetzen mussten. So waren es u.a. der Journalist Wendelin Zimmer und die Mitarbeiter des städtischen Museums, insbesondere Manfred Meinz und Karl-Georg Kaster, die einen in Osnabrück geborenen, von den Nationalsozialisten ermordeten jüdischen Maler, Felix Nussbaum, für die Hasestadt entdeckten und für den Ankauf seiner Bilder und deren Präsentation sorgten (→ *Nussbaum*). Das endgültige Ausrufezeichen hinter diesem durchaus mutigen Engagement wurde mit dem Bau eines auf das Werk bezogenen Museums gesetzt, das der jüdische Stararchitekt Daniel Libeskind entwarf. Das neue Museum wurde im Jahr der großen Jubiläumsfeier des Westfälischen Friedens rechtzeitig fertig. Auch wenn – insbesondere in den Niederlanden – nicht ganz unumstritten, wurde auch der von Yad Vashem gewürdigte Einsatz des Osnabrücker Rechtsanwalts Hans Calmeyer für niederländische Juden insbesondere durch seinen Biographen Peter Niebaum in die städtische Öffentlichkeit getragen.

Osnabrück hat sich mit dem Selbstverständnis, eine Friedensstadt zu sein, durchgesetzt. Dies ist nicht nur dadurch gelungen, dass man Erinnerungsorte wie den Friedenssaal, das literarische Werk des Pazifisten Remarque und die Felix-Nussbaum-Sammlung pflegt und damit die Bedeutung von Frieden und Toleranz für das Selbstverständnis der Stadt hervorhebt. Glaubwürdig wird dies nur, weil erhebliche Teile der städtischen Öffentlichkeit, die Bildungseinrichtungen von den Schulen bis zur Universität, dies mittragen, der Friedensgedanke das Leben in der Stadt auch nach innen bestimmt. Der Friedenssaal in Osnabrück symbolisiert also mehr als nur die Erinnerung an einen Friedenskongress des 17. Jahrhunderts.

Literatur

Gerd Steinwascher, Städtische Erinnerungskultur zwischen protestantischer Polemik und Marketing. Die Jubiläumsfeiern des Westfälischen Friedens in Osnabrück, in: Heinz Duchhardt (Hrsg.), Städte und Friedenskongresse, Köln/Weimar/Wien 1999, S. 69-82.

Gerd Steinwascher, Osnabrück und der Westfälische Frieden. Die Geschichte der Verhandlungsstadt (1641-1650), Osnabrück 2000.

Wilhelm von Sternburg, »Als wäre alles das letzte Mal«. Erich Maria Remarque. Eine Biographie, Köln ²1998.

Der tausendjährige Rosenstock am Hildesheimer Dom

Von Thomas Scharf-Wrede

Es ist auffallend, die Mehrzahl der jährlich nach Tausenden zählenden Besucher unseres Domes pflegt nicht zunächst nach den unvergleichbaren Schätzen bernwardinischer und späterer Kunst, die der Dom in reicher Fülle birgt, zu fragen, sondern nach dem tausendjährigen Rosenstock. Weit volkstümlicher und anziehender … als St. Bernwards eherne Flügeltüren und Christussäule, als Hezilos gewaltige Lichterkrone, als Wilbernus' wunderbarer einzigartiger Taufbrunnen und Arnold Freidags Lettner erscheint der schlichte Rosenstrauch, so

Abb. 1: Blüte des Hildesheimer Rosenstocks.

urteilt Hermann Seeland im Jahre 1947 in einer der wenigen umfassenden Darstellungen der Geschichte des Hildesheimer Rosenstocks. Der Hildesheimer Rosenstock resp. die mit ihm verbundene Legende ist ein die Jahrhunderte hindurch bekannter Erinnerungsort des Bistums und der Stadt Hildesheim.

Die Anfänge dieses Erinnerungsorts sind eng mit der Gründungsgeschichte bzw. -legende des Bistums Hildesheim verknüpft, nach der Kaiser Ludwig der Fromme am Ort des heutigen Domes einen Gottesdienst mitfeierte, bei dem – wie es in der im 11. Jahrhundert verfassten *Fundatio ecclesiae Hildensemensis* heißt – sein Kaplan ein Marienreliquiar *an den Ast eines Baumes (arbor)* hängte, das sich danach nicht wieder ohne weiteres abnehmen ließ, was der Kaiser als göttliches Zeichen deutete, an dieser Stelle eine Marienkirche zu errichten und ein neues Missionsbistum zu begründen.

In der Geschichte der Kirche und im religiösen Alltagsleben der Christen kommt Maria – die übrigens in der Heiligen Schrift nur an wenigen Stellen dezidiert Erwähnung findet – als Mutter Jesu von Anfang an eine besondere Bedeutung zu, wovon bis heute u.a. eine Vielzahl von Marienfesten und die immense Menge der ihr geweihten Kirchen und Altäre zeugt; insbesondere im Bistum Hildesheim gibt es ausgesprochen viele Marienkirchen. Auch wird sie in etlichen Gebeten wie im *Magnificat* und in der *Lauretanischen Litanei* oder in Liedern wie *Salve Regina* und *Maria, breit den Mantel aus* sehr eindringlich angerufen resp. verehrt. Dabei ist die Rose gleichsam eine Art »Ursymbol« für die Gottesmutter: die weiße Rose als Sinnbild ihrer Reinheit und Unschuld, die rote Rose als Sinnbild ihre Verbindung zum Kreuzestod ihres Sohnes.

In der bistumsgeschichtlichen Überlieferung der nachfolgenden Jahrhunderte wurde der in der Gründungslegende nicht näher umschriebene bzw. benannte Baum nur bedingt thematisiert, auch nicht in den Viten von Bischof Bernward (amtierend 933-1022) und Bischof Godehard (amtierend 1022-1038). Und ob im Zusammenhang mit dem durch einen großen Brand notwendig gewordenen Neubau des Hildesheimer Domes durch Bischof Hezilo (amtierend 1054-1079) wirklich vom »Baum« aus der Gründungszeit des Bistums Hildesheim berichtet wird, der an der Außenmauer des Domes »hinaufgeleitet« sei, muss offenbleiben, da die diesbezügliche schriftliche Überlieferung unsicher ist.

Wirklich »greifbar« wird der Hildesheimer Rosenstock – eine einfache Heckenrose *(rosa canina)* mit in Bögen überhängenden Ästen und Zweigen, die meist ab Ende Mai für zwei bis drei Wochen eine beeindruckende Fülle weißrosafarbener Blüten trägt, aus denen sich dann bis in den Herbst am Rosenstock verbleibende Hagebutten entwickeln – eigentlich erst im 17. Jahrhundert. So heißt es etwa in der

Abb. 2: Der Hildesheimer Rosenstock.

Chronik von Georg Elbers SJ: *Ob die Lipsanothek Ludwigs des Frommen am Rosenstock aufgehängt gewesen? Einige versichern, dass das wunderbare Bild der Gottesmutter, welches in der Krypta der Kathedrale sogfältig verwahrt und verehrt wird, aus dem ›Baum‹ geschnitzt sei, an welchem die Lipsanothek Ludwigs des Frommen gehaftet, auch sagen einige, dass dieser Baum eine Esche, andere, dass es eine Pappel gewesen sei. Viele sind überzeugt, dass der Strauch der Waldrosen, welchen man hinter dem Chore der Kathedrale erblickt, derselbe sei, an welchem die Reliquien aufgehängt gewesen.*

Zunehmend Erwähnung fand der Hildesheimer Rosenstock jetzt auch in Reiseberichten und in der Literatur: So zeigte sich etwa im Januar 1710 der Frankfurter Bürgermeister Zacharias Konrad von Uffenbach anlässlich eines Besuchs des Hildesheimer Domes von diesem ungemein beeindruckt, zählte Joseph Anton Cramer, Professor am Gymnasium Josephinum in Hildesheim, ihn 1792 zu den *allerseltensten Naturprodukten aus dem Pflanzenreiche*, dessen Blüteintensität zudem *von alters her* ein Zeichen für das Wohlergehen des Bistums und der Stadt Hildesheim sei und schrieben Wilhelm und Jacob Grimm in ihren *Deutschen Sagen* 1818 davon, dass der Hildesheimer Rosenstock bereits seit der Bistumsgründung *bis auf die Zeiten grünt und blüht*.

Im Laufe des 19. Jahrhunderts wurde das Interesse an der Geschichte des Hildesheimer Rosenstocks stetig größer, der jetzt immer häufiger auch als »1000-jähriger Rosenstock« bezeichnet wurde. Johann Michael Kratz, Bibliothekar an der Dombibliothek Hildesheim und in vielerlei Hinsicht umtriebiger Regionalhistoriker, ging in seiner grundlegenden Studie zur Geschichte des Hildesheimer Doms dem Rosenstock genauso nach wie Hermann Roemer, langjähriges Mitglied des Magistrats der Stadt Hildesheim und des Preußischen bzw. Deutschen Reichstags. Aufgrund seiner Initiative fand 1881 in Hildesheim eine Botanische Fachtagung statt, die zu einer nachhaltigen Professionalisierung der Pflege des Rosenstocks führte. Spätestens ab dem letzten Drittel des 19. Jahrhunderts war es für Besucher der Stadt Hildesheim selbstverständlich, neben dem Dom auch dessen Kreuzgang und damit den tausendjährigen Rosenstock zu besichtigen, weil man hier – wie Gertrud von le Fort, die um 1890 herum eine Zeit lang in Hildesheim gelebt hat, einmal geschrieben hat – gleichsam in die Zeit vor tausend Jahren »eintauchen« konnte. Und natürlich besuchten auch »besondere« Gäste der Stadt Hildesheim jetzt den Rosenstock, wie etwa Kaiser Wilhelm II. am Reformationstag des Jahres 1900. Übrigens beschränkte er seinen Besuch auf den Annenfriedhof, der Begräbnisstätte der Mitglieder des Hildesheimer Domkapitels, und den Rosenstock; den katholischen Dom selbst besichtigte er aus konfessionellen Erwägungen nicht.

In den 1920/1930er Jahren nahm die innerkirchliche Bedeutung des Doms als »Zentrum« des Bistums Hildesheim deutlich zu, indem immer mehr auch Katholikinnen und Katholiken aus Göttingen, Braunschweig, Hannover, Lüneburg usw. an »großen« Gottesdiensten teilnahmen, in deren »Beiprogramm« dann auch der Rosenstock besichtigt wurde. Gleichzeitig gewann die »Ensemblewirkung« des Annenfriedhofs mit der Annenkapelle, dem Doppelkreuzgang und dem Rosenstock an Gewicht.

Die Zerstörung der Stadt Hildesheim am 22. März 1945 traf auch den Mariendom mit dem Domhof und den ihn umgebenden kirchlichen Einrichtungen: *Von dem alten Hildesheim steht nichts mehr. ... Der Dom? Ein einziger Trümmerhaufen! Er hat mehrere Volltreffer schwersten Kalibers erhalten. Es stehen jetzt nur noch die ausgebrannten Türme mit der Eingangshalle, drei mehr oder weniger zerstörte Seitenkapellen und ein Teil der Krypta. Alles andere ist zerstört*, so Domdechant Clemens Stolte. Allerdings ließen sich das Domkapitel und die Gläubigen nicht entmutigen und begannen unverzüglich mit umfassenden Sicherungs- und Räumarbeiten, in deren Verlauf sie auch Äste des Rosenstocks freilegten, die dann wenige Wochen später wieder austrieben: für das Bistum Hildesheim wie für die Stadt Hildesheim ein Zeichen der Hoffnung und des Neubeginns nach der Katastrophe des Zweiten Weltkriegs, wobei es bis zur Grundsteinlegung zum Wiederaufbau des Mariendoms noch fünf Jahre und bis zu dessen Vollendung weitere zehn weitere Jahre dauern sollte.

Die Neuweihe des Hildesheimer Mariendoms am 27. März 1960 war eingebunden in das Jubiläumsjahr der Heiligen Bischöfe Bernward und Godehard. Sonntag für Sonntag kamen Gläubige aus dem gesamten Bistum Hildesheim – das nach dem Zweiten Weltkrieg durch den Zuzug von rund 400.000 katholischen Flüchtlingen aus Schlesien, Ermland usw. ein vollkommen »neues Gesicht« erhalten hatte – in die Bischofsstadt, wo sie dann entweder im Dom oder am Rosenstock Gottesdienst feierten. Dieser kirchlich resp. bistumsseitig motivierte Besuch des Doms und des Annenfriedhofs mit dem tausendjährigen Rosenstock hielt in den 1960er Jahren im Kontext des Zweiten Vatikanischen Konzils in Rom (1962-1965) und der Hildesheimer Diözesansynode (1968/1969) an, wie auch in den 1970/1980er Jahren dieser Besuch für die Hildesheimer Diözesanen – etwa im Zusammenhang mit der Erstkommunion oder Firmung – nahezu selbstverständlich blieb. Darüber hinaus wurde die »Hildesheimer Rose« immer mehr zu einem auch touristischen Markenzeichen der Stadt Hildesheim, etwa durch einen dieses Motiv aufgreifenden Wegweiser durch die Stadt.

Eine neue, kirchlich-religiös wie kulturhistorisch-touristisch verortete Wertschätzung erfuhr und erfährt der Hildesheimer Rosenstock infolge der Sanierung und liturgischen Neugestaltung des Hildesheimer Mariendoms sowie des Neubaus des Dommuseums 2010-2015. Tagtäglich kommen Menschen hierher und werden durch den Besuch des tausendjährigen Rosenstocks mit den sagenumwobenen Anfängen wie der realen Entwicklung des Bistums Hildesheim seit rund 1.200 Jahren in Beziehung gebracht – und kaum einer ist dabei, der sich nicht in irgendeiner Weise berühren bzw. ansprechen lässt.

Literatur

Bernhard GALLISTL, Erzähltes Welterbe. Zwölf Jahrhunderte Hildesheim, Hildesheim u.a. 2015.

Hans GOETTING, Die Hildesheimer Bischöfe von 815 bis 1221 (1227), Berlin/New York 1984.

Hildegard MATHIES, Die Hildesheimer Rose. Ein blühendes Wunder seit mehr als 1000 Jahren, Regensburg/Hildesheim 2014.

Mittelalterliche Quellen zur Geschichte Hildesheims, eingeleitet, übersetzt und kommentiert von Klaus NASS, Hildesheim 2006.

Thomas SCHARF-WREDE, Das Bistum Hildesheim im 20. Jahrhundert, Straßburg 2001.

Hermann SEELAND, Der tausendjährige Rosenstock am Dom zu Hildesheim, Hildesheim 1947.

Sophie von der Pfalz

Von Christine van den Heuvel

Abb. 1: Silbermedaille auf den Tod der Kurfürstin Sophie 1714 von Ehrenreich Hannibal. Vorderseite: Kurfürstin Sophie mit Witwenschleier; Rückseite: vermutlich Garten von Herrenhausen mit untergehender Sonne.

Die Erinnerung an Kurfürstin Sophie (1630-1715) ist historisch interessierten Zeitgenossen bis heute in mehrfacher Hinsicht präsent: Als Erbin des britischen Throns und Ahnin des hannoverschen wie preußischen Königshauses, als Gesprächspartnerin und Protektorin von Gottfried Wilhelm Leibniz (→ *Leibniz*), als Gartenliebhaberin, scharfzüngige Beobachterin ihrer Mitmenschen und geistreiche Kommentatorin ihrer Zeit. Ihr phänomenaler Aufstieg in den ersten Rang der europäischen Herrscherhäuser war ihr allerdings nicht in die Wiege gelegt.

Als Herzog Ernst August von Calenberg im Jahr 1658 in Heidelberg Sophie von der Pfalz heiratete, schien es zunächst so, als hätte die mittlerweile 27-jährige Prinzessin, die dort noch unversorgt am Hofe ihres Bruders, des Kurfürsten Karl Ludwig lebte, nicht unbedingt die beste Partie gemacht. Ernst August lebte zu diesem Zeitpunkt – ungeachtet seiner zeitlich unbestimmten Anwartschaft auf das Hochstift Osnabrück – ausschließlich von der Apanage seines Bruders Herzog Georg Wilhelm von Calenberg an dessen Hof in Hannover (→ *Welfen*). Auch Sophie, von ihrer Abstammung als jüngste Tochter des böhmischen Winterkönigs Friedrich von der Pfalz und Enkelin des englischen Königs Jakobs I. zweifellos für jedes Herrscherhaus akzeptabel, besaß nicht einmal realistische Aussichten auf ein nennenswertes Erbe, das sie mit in die künftige Ehe hätte bringen können. Geradezu stoisch hatte Sophie sich in die Rolle der geduldigen Braut gefügt, als Herzog Georg Wilhelm, der ihr zunächst sein Eheversprechen gegeben hatte, dieses brach und stattdessen seinen jüngeren Bruder Ernst August zum Ehegatten anbot. Um die Ehre des Welfenhauses und die der Braut zu retten, war Ernst August auf den Brauttausch eingegangen, den ihm sein Bruder mit dem erbrechtlichen Anspruch auf das Fürstentum Lüneburg schmackhaft gemacht hatte. Der Erbvertrag mit Herzog Georg Wilhelm eröffnete dem jungen Paar und seinen Nachkommen zwar die Perspektive auf die Landesherrschaft in einem oder mehreren der braunschweig-lüneburgischen Teilfürstentümer, doch vorerst blieb Ernst August als dem jüngsten der welfischen Prinzen nichts anderes übrig, als mit seiner Frau am Hofe des Bruders in Hannover zu wohnen.

Mit dem Tod des Osnabrücker Bischofs Franz Wilhelm von Wartenberg 1661 kündigte sich jedoch ein erster Aufstieg an, denn nun konnte Ernst August als protestantischer Fürstbischof die Nachfolge seines katholischen Vorgängers im Hochstift Osnabrück antreten: ein reichsrechtliches Kuriosum, das auf eine Kompromissformel des westfälischen Friedensvertrages zurückging (→ *Friedensstadt*). Mit den beiden inzwischen geborenen Söhnen Georg Ludwig und Friedrich August nahm das Paar 1662 zunächst Residenz auf der Iburg, einem bescheidenen Schloss südlich von Osnabrück, für das man schon bald im Herzen der Stadt Osnabrück mit einem Schlossneubau und einem barocken Garten Ersatz schaffte. Hier sollte das Herrscherpaar bis 1679 residieren. Sophie erfüllte in dieser Zeit ihre Hauptaufgabe als Herrschergemahlin und gebar eine wachsende Zahl von Kindern. Insgesamt überlebten sechs Söhne und eine Tochter, die 1668 geborene Sophie Charlotte, die später Gemahlin des brandenburgischen Kurfürsten und Königs Friedrich I. und damit erste preußische Königin wurde.

Für den Bischof und die »Bischöfin« waren die Jahre in Osnabrück erst der Anfang eines beispiellosen Aufstiegs, den das Fürstenpaar kühl berechnend und zielstrebig verfolgte. Als Georg Wilhelm – seit 1665 als Herzog des Fürstentums Lüneburg in Celle residierend – sich entgegen seinen ursprünglichen Versprechungen ehelich band und absehbar war, dass seine französische Gemahlin Eléonore d'Olbreuse aus niederem Adel gar zur Herzogin aufsteigen würde, erkannten Sophie und Ernst August schnell die Gefahr, dass die beim Brauttausch 1658 vereinbarte Erbregelung im Falle männlicher Erben in Celle Makulatur werden könnte. Als in Celle männlicher Nachwuchs ausblieb, sicherten sich Ernst August und Sophie das Erbe Georg Wilhelms, indem sie 1682 ihren erstgeborenen Sohn Georg

Abb. 2: Marmorne Sitzfigur der Kurfürstin Sophie von Wilhelm Engelhard, aufgestellt 1878 im Großen Garten von Herrenhausen.

Ludwig mit Sophie Dorothea, der einzigen Tochter des Celler Herzogpaares, verheirateten.

Es wurde eine Ehe unter rein dynastischen Gesichtspunkten, aus der ein Sohn und eine Tochter hervorgingen: Georg August, der spätere Georg II. von Großbritannien, und Sophie Dorothea, späterhin Ehefrau des »Soldatenkönigs« Friedrich Wilhelm I. und Mutter Friedrichs II. von Preußen. Das Scheitern der Beziehung zweier charakterlich grundverschiedener Menschen sollte durch die sogenannte »Königsmarck-Affaire«, die Liebesaffaire Sophie Dorotheas mit dem in hannoverschen Diensten stehenden Philipp Christoph von Königsmarck und dessen ungeklärten Tod, in der Welt der europäischen Höfe öffentlich werden.

Auch die Ehe von Sophies Tochter Sophie Charlotte mit dem Brandenburger Kurprinzen, der 1688 seinen Vater beerbt hatte, war unter rein dynastischen Gesichtspunkten zustande gekommen. Sophie Charlotte und Friedrich III. (Friedrich I.) verbanden nur wenig gemeinsame Charaktereigenschaften und Interessen. Sophie Charlotte, die 1688 ihr einziges überlebendes Kind, den späteren »Soldatenkönig« Friedrich Wilhelm I. gebar, suchte schon bald dem starren Hofleben ihres Gatten zu entfliehen und schuf sich mit dem Schloss Lietzenburg vor den Toren Berlins einen eigenen Musenhof. Ihr Enkel Friedrich II. sah in der Intellektualität der Tochter der Kurfürstin Sophie, seiner Großmutter, durchaus das Vorbild für seine Selbstdarstellung als »Roi philosophe«.

Für Sophie von Hannover wie auch für ihre Tochter in Berlin wurde der bürgerliche Gelehrte Leibniz ein einfühlsamer, intellektueller und sprachlich gewandter, mit der Welt der Höfe vertrauter Unterhalter, ein unerschöpfliches Wissensreservoir, auf das die Kurfürstin stets zurückgreifen konnte, sei es in theologischen, philosophischen, historischen, politischen Fragen oder Problemen des alltäglichen Lebens. Zwischen dem Philosophen und der nüchternen, stets Contenance und Haltung bewahrenden, dem gesunden Menschenverstand verpflichteten Fürstin gab es so etwas wie eine Geistesverwandtschaft, auch wenn Sophie Leibniz' metaphysische Spekulationen eher mit leisem Spott bedachte und den Realitäten der Welt die größere Bedeutung zumaß. Skeptisch gegenüber jeder Form des religiösen Dogmatismus war die christliche Religion für Sophie in erster Linie Gottes- und Menschenliebe, alles andere, was die Konfessionen ihrer Zeit bewegte und spaltete, *ein hauffen Pfaffengezenck.*

Nach dem Tode ihres Gemahls Ernst August im Jahr 1698 blieb Sophie in Hannover weiterhin als eine Art First Lady in den Hof ihres geschiedenen Sohnes eingebunden. Selbst nach 1705, als die fast 75-jährige Kurfürstin mit Sophie Charlotte das vierte ihrer Kinder verloren hatte, residierte sie zumeist in Herrenhausen, wo tägliche Spaziergänge und die Ausgestaltung des Großen Gartens mit seinen Fontänen und Kaskaden, dem Heckentheater und den Lindenalleen entlang der eingrenzenden Grachten ihr zum Lebenselixier geworden waren.

Als im Juni 1701 das britische Parlament der Kurfürstin als der einzigen protestantischen Nachfahrin der Stuartkönige die Anwartschaft auf den englischen Thron übertrug, konnte Sophie nicht mehr damit rechnen, selbst die Nachfolge der seit 1702 regierenden Königin Anne anzutreten (→ *Personalunion*). Trotzdem verfolgte sie das Ziel, dass ihr Sohn und ihr Enkel einmal Könige von Großbritannien werden würden, mit Energie – beraten von einem manchmal übereifrigen, politisch nicht immer glücklich agierenden Leibniz. Geistig nach wie vor auf der Höhe, täglich mit einer weitläufigen Korrespondenz, der

Pflege und dem Ausbau ihrer umfangreichen Gemäldesammlung befasst, nach wie vor misstrauisch gegenüber allen Ärzten, im Jahre 1714 lediglich bedauernd, dass sie ihre Zähne nur bis zum 82. Lebensjahr vollständig gehabt habe, war Sophie als *Serenissima* des hannoverschen Hofes nach wie vor eine imposante Erscheinung, die der Bewunderung der zahlreichen auswärtigen Besucher gewiss sein konnte. Der Tod ereilte Sophie, wie sie es erhofft hatte. Sie verstarb 84-jährig am 8. Juni 1714 bei einem Spaziergang durch Herzversagen an dem Ort, den sie für den einzigen hielt, *mit dem Hannover prunken* könne: im Großen Garten von Herrenhausen.

Just dort, im Herrenhäuser Barockgarten, wurde im Juli 1878 für Kurfürstin Sophie ein monumentales Denkmal errichtet, in dessen Entstehungsgeschichte in besonderer Weise das divergierende historische Legitimationspotential des Erinnerungsortes »Sophie« sichtbar wurde. Die hannoverschen Zeitungen feierten diesen Akt als Zeichen des Wohlwollens der preußischen Regierung in Berlin gegenüber der Bevölkerung der noch jungen Provinz Hannover, als Akt der Versöhnung zwischen Welfen und Hohenzollern – symbolisiert in der Stiftung eines Denkmals für die gemeinsame Ahnin des preußischen wie auch des bis 1866 regierenden welfischen Herrscherhauses, dessen Königreich nach der Schlacht von Langensalza von Preußen annektiert worden war.

Nur ein kleiner Kreis der mit dem Vorgang der Denkmalerrichtung betrauten Politiker und Beamten im preußischen Kultusministerium in Berlin sowie im Oberpräsidium in Hannover kannten die Geschichte dieses Denkmals. Der lange Vorlauf des Projekts, das auf einen Auftrag Georgs V. im Gedenken an den 150. Todestag der Kurfürstin am 8. Juni 1864 zurückging; die Initiative des beauftragten Bildhauers, der ab 1869 bei der preußischen Regierung in Berlin mehrfach auf Vollendung des Denkmals drängte; die erst 1871 erteilte Zusage, mit dem Projekt fortzufahren, und letztlich die Finanzierung der Statue aus Erträgen des Welfenfonds – diese Hintergründe waren in Hannover nicht bekannt, ebenso wenig das vom Kultusministerium in Berlin kalkulierte Hinauszögern der öffentlichen Übergabe: Man wollte den Tod des seit Jahren kranken ehemaligen hannoverschen Königs abwarten. Als Georg V. am 12. Juni 1878 verstarb, war der Weg endlich frei für die Installation des Denkmals, das noch heute im Großen Garten von Herrenhausen steht.

Die näheren Umstände der Denkmalerrichtung verdeutlichen in besonderer Weise, wie historische Personen oder Ereignisse der jeweiligen Gegenwartsdeutung unterliegen können. Sie zeigen zudem, wie sehr die hannoversche Kurfürstin sowohl aus der Perspektive eines preußisch-nationalen wie auch aus Sicht des in der preußischen Provinz Hannover noch immer stark vertretenen welfisch-föderalen Geschichtsverständnisses in der 2. Hälfte des 19. Jahrhunderts als eine in jeder Hinsicht anschlussfähige historische Persönlichkeit mit hohem Integrationspotential angesehen wurde. Die Erinnerung an Sophie von Hannover erfüllte in einer ohnehin geschichtsversessenen Zeit ein spezifisches Bedürfnis nach historischer Legitimation der Gegenwart.

Sophie verkörperte den Aufstieg des Welfenhauses zur Königswürde, und sie war auch integrierbar in das Selbstbild des preußischen Herrscherhauses, das sich mit seinem Rückgriff auf die hannoversche Ahnin als legitimer Nachfolger des gescheiterten welfischen Königs darstellen konnte. Historiker, die zum Leben und dem schriftlichen Nachlass der Sophie von Hannover forschten, erhielten daher Unterstützung und Förderung von höchster Stelle in Berlin. So schien die von Robert Geerds 1913 veröffentlichte Edition der Memoiren und des Briefwechsels der Kurfürstin unter dem Titel *Sophie von Hannover – die Mutter der Könige von Preußen und England* im Jahr der Eheschließung Ernst Augusts III. von Hannover mit der Kaisertochter Viktoria Luise historisch zusammenzuführen, was dynastisch längst zusammengehörte.

Nach wie vor fühlt sich in Hannover die 1897 ursprünglich als höhere Töchterschule gegründete Sophienschule der Namenspatronin in besonderer Weise verbunden. Das zu Anfang des 20. Jahrhunderts errichtete, heute denkmalgeschützte Sophienhaus, gelegen Ecke Sophien-/Prinzenstraße in Hannover, erinnert ebenfalls an sie. Der Große Garten von Herrenhausen ist dagegen in den vergangenen Jahrzehnten aus Marketing-Interessen zur Stätte vielfältiger Kulturevents geworden, bei denen die Erinnerung an seine Schöpferin nur noch eine marginale Rolle spielt.

Literatur

Mathilde Knoop, Kurfürstin Sophie von Hannover, Hildesheim 1964. Nachdruck Hannover 1999.

Christine van den Heuvel, Sophie von der Pfalz (1630-1714) und ihre Tochter Sophie Charlotte (1668-1705), in: Kerstin Merkel/Heide Wunder (Hrsg.), Deutsche Frauen der Frühen Neuzeit, Darmstadt 2000, S. 77-92.

Martina Trauschke/Ulrich Klappstein (Hrsg.), Memoiren der Kurfürstin von Hannover, 4. Aufl., Göttingen 2014.

Gottfried Wilhelm Leibniz

Von Gerd van den Heuvel

Abb. 1: Leibniztempel im Georgengarten.

Wollte man den Erinnerungsort »Leibniz« im eigentlichen Wortsinn eingrenzen, die Erinnerungsleistung an ihn einer Stadt oder einem Land exklusiv zuordnen und dabei auch den Grundüberzeugungen des Erinnerten Rechnung tragen – man hätte ein denkbar schlechtes Beispiel für einen *lieu de mémoire* gewählt. In seinem Selbstverständnis war der Universalgelehrte Gottfried Wilhelm Leibniz ein europa- wenn nicht weltweit engagierter Kosmopolit, der sich in jungen Jahren eine *amphibische* Existenz zwischen Deutschland und Frankreich erhoffte, der gegen Ende seines Lebens gegenüber Zar Peter erklärte, er gehöre nicht zu denen, *so auff ihr Vaterland, oder sonst auff eine gewisse Nation erpicht seyn*, und der schon 1676 am Beginn seiner hannoverschen Tätigkeit seinem Dienstherrn Herzog Johann Friedrich von Braunschweig-Lüneburg zu verstehen gab, dass er sich nicht *zu einer steten residenz* [...] *resolviren* könne. Und auch die Nachwelt, die sich an Werk und Wirken von Leibniz erinnert, war und ist keineswegs auf ein einzelnes Land beschränkt, ablesbar zum Beispiel an den heute weltweit aktiven Leibniz-Gesellschaften. Gleichwohl bildet Hannover als hauptsächliche Wirkungsstätte des Universalgelehrten und als Aufbewahrungsort seines Nachlasses ein Zentrum der Memoria, wo in den letzten drei Jahrhunderten die Rückbesinnung auf, aber auch die jeweils gegenwartsbezogene Instrumentalisierung von Leibniz besonders gepflegt wurde.

Während die gelehrte Welt sich nach Leibniz' Tod daranmachte, die Schätze seines weitgehend in Manuskriptform vorliegenden Nachlasses zu heben, schien die Person Leibniz im weiteren Verlauf des 18. Jahrhunderts in Vergessenheit zu geraten. Ähnlich wie verschiedene Reiseberichte beklagten auch die *Annalen der Braunschweig-Lüneburgischen Churlande* 1786, dass man in Hannover nicht einmal in der Lage sei, dem auswärtigen Besucher die genaue Lage der Grabstätte des Philosophen zu zeigen, während Till Eulenspiegel in Mölln seit langem ein Ehrengedächtnis in Form eines Grabmals zuteilgeworden sei *(→ Eulenspiegel)*. Offensichtlich trug diese Polemik dazu bei, die Errichtung eines Leibniz-Denkmals in der Landeshauptstadt in Angriff zu nehmen. Von mehreren Regierungsräten initiiert und vorangetrieben, durch Spenden hannoverscher Honoratioren und Angehörigen des Herrscherhauses finanziert und von König Georg III. mit der Zusage gebilligt, künftig die Unterhaltskosten für das Monument zu übernehmen, konnte der runde Säulentempel mit der Marmorbüste des Philosophen im Jahre 1790 auf der Esplanade, unweit des Archivgebäudes am heutigen Waterlooplatz, feierlich eingeweiht werden (→ *Waterloo-Säule*). Die Presse ebenso wie Berichte auswärtiger Besucher machten in Worten und Bildern schon bald das Denkmal als würdige Erinnerung an einen der berühmtesten Einwohner der Residenzstadt über Hannover hinaus bekannt.

Dass Leibniz und sein Denkmal auch kulturpolitisch instrumentalisierbar waren, zeigte sich während der napoleonischen Besatzungszeit. König Jérôme ließ 1811 verlauten, er habe bei seiner *Anwesenheit in Hannover bemerkt, daß das dem verstorbenen Leibnitz errichtete Monument sehr verfallen sey*. Mit der überlegenen Geste des Repräsentanten einer kosmopolitischen französischen Kulturnation, die bereit war, die Vernachlässigung von Leibniz' Andenken durch die hannoverschen Behörden zu korrigieren, befahl der Bruder Napoleons, *aus Achtung für die Verdienste dieses großen Philosophen* [...] *dasselbe wieder herstellen zu lassen*. Eine scharfe Kritik des Hamburger Domherrn Johann Lorenz Meyer an den seiner Meinung nach inkompetenten *Restaurationskünsten* [...] *an dem Denkmal dieses unsterblichen Deutschen* ließ nach der Vertreibung des westphälischen Königs nicht lange auf sich warten. Nach mehreren vergeblichen Bemühungen, das Leibniz-Denkmal an anderer Stelle in die Stadttopographie zu integrieren, erfolgte 1935 die Versetzung des Monuments in den Georgengarten.

Die Erinnerungskultur an Leibniz jenseits der Fachwissenschaften erschöpfte sich allerdings nicht in der Denkmalpflege. Nachhaltig und breitgefächert zeigte sich das memorialpolitische Potential des Universalgelehrten vor allem in der Vereinnahmung durch die unterschiedlichen (kultur-)politischen Strömungen des 19. und 20. Jahrhunderts.

Der 200. Geburtstag des Universalgelehrten 1846 gab dem Leibniz-Herausgeber Gottschalk Eduard Guhrauer Anlass, Leibniz als *Stolz*

Abb. 2: Werbeanzeige zum Leibniz-Bahlsen-Keks aus der Illustrirten Zeitung *vom 18. Januar 1912.*

der deutschen Nation zu feiern, ohne ihn allerdings nationalistisch zu vereinnahmen. Dem konvertierten Juden war es wichtig, Leibniz zugleich als Patrioten und Weltbürger darzustellen, als Anwalt von Humanität, Einheit und Verbrüderung. Ebenfalls ohne Inanspruchnahme für politische Zwecke fand an Leibniz' Geburtstag am 1. Juli 1846 in Hannover ein Fest im öffentlichen Raum statt, bei dem unter großer Publikumsbeteiligung zwischen lorbeergeschmücktem Leibnizhaus, Archivgebäude und dem Leibniz-Denkmal am Waterlooplatz mit Gedenkreden und glanzvoller Illumination an Leibniz erinnert wurde.

Die Rückbesinnung auf den Kosmopoliten Leibniz verblasste spätestens mit der Reichseinigung von 1870/71. Im Kaiserreich wurde das Possessivpronomen zum wichtigsten Kriterium für die Einordnung des Philosophen. Es war *unser Leibniz*, der für Christentum und Vaterland gekämpft hatte und der nun auch zur Rechtfertigung der Bismarckschen Position im Kulturkampf dienen musste, *weil das deutsche Volk nie einen entschiedeneren Feind des Ultramontanismus erzeugt hat, als unsern Leibniz*. Mit regelmäßigen Ansprachen an die Schüler der hannoverschen Leibniz-Schule stimmte deren Direktor nach der Wende zum 20. Jahrhundert in diesen nationalistischen Tenor ein, der seinen vorläufigen Gipfel im Ersten Weltkrieg erreichen sollte. In einer der zahllosen Kriegspredigten erinnerte der Licentiat M. Peters am 14. November 1916, dem 200. Todestag von Leibniz, am Orte der Grablege in der Neustädter Kirche an den Optimisten Leibniz als Vorbild und Wegweiser gegen einen *selbstgefälligen Pessimismus*. Und die *Hannoversche Schulzeitung* rief aus gleichem Anlass den symbolträchtigen Standort des Leibniz-Denkmals am Waterlooplatz ins Gedächtnis, *auf dem Tausende und Abertausende zum Kampf für das Vaterland vorbereitet wurden und werden*.

Die Vereinnahmung von Leibniz als *Vater der völkischen Bewegung* am Ende des Ersten Weltkrieges markierte nur den vorläufigen Höhepunkt der Konstruktion eines chauvinistischen Leibnizbildes, an das der Nationalsozialismus nahtlos anknüpfen konnte. Völkischer Wehrgedanke, Anschluss Österreichs und deutsche Eroberungen im Osten wurden schon bald nach 1933 dem Vordenker Leibniz zugeschrieben. Besondere Beachtung fanden einige militärtheoretische Manuskripte von Leibniz 1936 im Zuge der deutschen Wiederbewaffnung. Der Direktor der hannoverschen Provinzialbibliothek, Otto Heinrich May, in dessen Obhut sich der größte Teil des Leibniz-Nachlasses befand, präsentierte in mehreren Zeitungsartikeln den Universalgelehrten als *Vater der Lazarettbaracke* sowie als Erfinder von *Mehrladevorrichtungen, Handgranaten, Flammen- und Minenwerfern* und Propagator des Gaskrieges. In der *Niedersächsischen Tageszeitung* vom 13. November 1941 nahm derselbe Direktor unter dem Titel *Leibniz und der Osten* den Philosophen für die Neugestaltung des eroberten Osteuropa in Anspruch. Im Augenblick, so erklärte er, handele zwar noch der Soldat, danach aber müsse man sich auf Leibniz besinnen, der *früh die weiten Möglichkeiten der politischen, der wirtschaftlichen und der kulturellen Entwicklung des Nahen Osten erkannt* habe. Wie weit Leibniz' Name gerade von lokalen NS-Größen der eigenen Profilierung dienstbar gemacht wurde, erhellt der Vorstoß des Gauleiters Süd-Hannover/Braunschweig und Oberpräsidenten Hermann Lauterbacher, der noch 1943/44 in Konkurrenz zu der seit Jahrzehnten von der Preußischen Akademie der Wissenschaften vergebenen Leibniz-Medaille eine eigene, mit 10.000

Reichsmark dotierte Medaille mit Leibniz' Namen in Hannover stiftete.

Schon bald nach dem Zusammenbruch der nationalsozialistischen Herrschaft bot der 300. Geburtstag von Leibniz im Jahre 1946 Gelegenheit, den Universalgelehrten als Vertreter des »besseren Deutschland«, als Philosophen der Harmonie und Humanität sowie als *Seher der abendländischen Einheit* in Anspruch zu nehmen. Als Namenspatron für den Neuanfang stand er gerade in Hannover an erster Stelle. Als Oberpräsident der Provinz Hannover lud Hinrich Wilhelm Kopf im Juli 1946 zu einer Leibniz-Ausstellung ins Provinzialmuseum ein (→ *H. W. Kopf*). Im selben Jahr erfolgte unter Leitung von Max Planck und Adolf Grimme die Gründung der Leibniz-Stiftung für Kunst und Wissenschaft, eine Vorläuferin des Stifterverbandes der deutschen Wissenschaft. Die Fülle der nach Leibniz in der Folgezeit benannten hochkarätigen deutschen Wissenschaftsinstitutionen hier aufzuzählen, verbietet sich aus Platzgründen.

Die Verwendung von Leibniz' Namen sollte sich in den folgenden Jahrzehnten nicht nur im Wissenschaftsbereich und nicht nur in Hannover ungebremst fortsetzen. 47 Prozent der 209 größten deutschen Städte haben Straßen oder Plätze nach Leibniz benannt, weder die Expo 2000 noch die Hersteller eines Medikaments *für geistige Frische* wollten in ihrer Werbung auf Namen und Porträt des Genies verzichten. Und natürlich warben auch Computerhersteller mit dem Bildnis des Erfinders des binären Zahlencodes. In ihrer Reichweite und Dauerwirkung werden alle diese Namensadaptionen jedoch bei weitem überragt durch ein Lebensmittel, das seit 1892 Leibniz' Namen trägt: das von der Firma Bahlsen zunächst als Leibniz-Cake, später als Leibniz-Keks angebotene Hartgebäck. Ob der weltweite Vertrieb der gelbgrundigen Kekspackung beim Konsumenten dazu beiträgt, sich der historischen Person Leibniz und ihres Werks zu erinnern, darf bezweifelt werden. Dazu beitragen kann eher ein 2008 eingeweihtes Denkmal im Zentrum von Hannover am Opernplatz, das insbesondere die bahnbrechenden mathematischen Erfindungen von Leibniz ins Gedächtnis ruft.

In Hannover entstand in den letzten Jahrzehnten geradezu ein Wettlauf verschiedener Einrichtungen um die Namensadaption. Ein zusätzliches ›branding‹ mit dem Namen des Universalgenies besitzt auch für langjährig etablierte Institutionen nach wie vor eine hohe Attraktivität. Seit 1997 vergibt der Presse Club Hannover einen Leibniz-Ring für herausragende Leistungen einzelner Persönlichkeiten oder Institutionen, 2005 stellte die Niedersächsische Landesbibliothek ihrem bisherigen Namen die Benennung Gottfried Wilhelm Leibniz Bibliothek voran und seit 2006 kann auch die Universität Hannover nach einem Namensstreit mit der etablierten Leibniz-Akademie-Hannover sich mit dem Namen Gottfried Wilhelm Leibniz

Universität Hannover schmücken. Der Versuch, im Jahre 2012 den Herrenhäuser Barockgarten als Manifestation Leibnizscher Philosophie zu interpretieren und damit dem Ziel einer Aufwertung des Gartens zum Weltkulturerbe näherzukommen, scheiterte an mangelnder Plausibilität. Ob die Tendenz anhält, in der niedersächsischen Landeshauptstadt alles, was noch nicht Ernst August heißt, mit Leibniz' Namen zu belegen, wird die weitere Auseinandersetzung mit dem Erinnerungsort ›Leibniz‹ zeigen.

Literatur

Fachhochschule Hannover (Hrsg.), Der andere Leibniz. Kulturelle und kommerzielle Verwendung eines großen Namens, Hannover 1994.

Gerd van den Heuvel, Leibniz als Jubilar. Das Leibnizbild des 19. und 20. Jahrhunderts im Spiegel von Gedenktagen (1846-1946), in: Hannoversche Geschichtsblätter, N.F. 51 (1997), S. 313-334.

Gerd van den Heuvel, Der Große Garten in Herrenhausen. Ein Spiegelbild Leibnizscher Metaphysik? Zu Horst Bredekamps ›Leibniz und die Revolution der Gartenkunst‹, in: Niedersächsisches Jahrbuch für Landesgeschichte 85 (2013), S. 379-391.

Ingrid Weibezahn, Das Leibnizdenkmal in Hannover. Geschichte, Herkunft und Wirkung, in: Niederdeutsche Beiträge zur Kunstgeschichte 11 (1972), S. 191-248.

Die Schaumburger Tracht(en)

Von Lu Seegers

Abb. 1: Die Schaumburger Trachten, v.l.n.r. Friller Tracht, Bückeburger Tracht, Lindhorster Tracht.

Die mehr als 900 Jahre alte Schaumburg oberhalb der Weser auf dem Nesselberg, die als Stammsitz der Schaumburger Grafen gilt, hat dem Schaumburger Land den Namen gegeben. Die alte Grafschaft Schaumburg wurde 1647 in die Grafschaft Schaumburg-Lippe und in die hessische Grafschaft Schaumburg aufgeteilt. Große Teile des historischen Schaumburg sind seit dem Jahr 1977 wieder im niedersächsischen Landkreis Schaumburg vereinigt. Trotz der territorialen Trennung blieb das Bewusstsein der Zusammengehörigkeit lebendig. Eine zentrale Rolle nehmen dabei die Trachten ein. Noch in den 1970er Jahren hieß es, Schaumburg sei das *Land der roten Röcke*.

In den Grundformen gehen die Schaumburger Trachten – ähnlich wie andere norddeutsche Trachten – auf die niederländisch-spanische Mode aus der Zeit des ausgehenden 16. Jahrhunderts zurück. Sie haben von ihr neben dem hochgeschlossenen Hemd mit dem gekräuselten Kragen und der Mütze vor allem die schweren Stoffe beibehalten. Schultertücher und Halbärmel entstammen der Mode des 18. Jahrhunderts. Noch um 1835 waren die Trachten im Schaumburger Land eher schlicht gehalten. Im Laufe des 19. Jahrhunderts führten bäuerlicher Wohlstand, Kreativität und regionales Selbstbewusstsein dazu, dass die Schaumburger Trachten immer üppiger, qualitativ hochwertiger und bunter wurden. Ihren gestalterischen Höhepunkt erreichten die Schaumburger Trachten um 1910 zu einem Zeitpunkt, als in manchen anderen Regionen Deutschlands die Trachten bereits verschwunden waren. Fünf Jahre zuvor hatte der Heimatforscher Wilhelm Wiegmann in seiner *Schaumburg-Lippischen Heimatkunde* eine erste Unterteilung nach ihrer Zugehörigkeit zu den Kirchspielen in Friller, Bückeburger und Lindhorster Tracht vorgenommen.

Die Bückeburger Tracht wurde und wird im Plattdeutschen auch als *Westerten Tracht* bezeichnet, die *Österten Tracht* war im nördlichen Teil Schaumburgs verbreitet, die *Friller Tracht* wurde vor allem im heutigen Nordrhein-Westfalen getragen. Diese hat im Gegensatz zur *Westerten* und *Österten Tracht* keine besondere Pracht entwickelt, möglicherweise weil hier die Erweckungsbewegung im 19. Jahrhundert stark prägend wirkte. Das wichtigste Unterscheidungsmerkmal bei den Schaumburger Frauentrachten ist die Mützenform, ihre auffälligste Gemeinsamkeit der rote Rock. Bei den Männertrachten waren es der weiße Leinenrock sowie eine Mütze aus Dachs-, Marder-, Otter- oder Fuchsfell.

Kirche und Tracht standen in enger Beziehung zueinander. Die Tracht begleitete die Menschen durch das ganze Leben – vom Säugling bis zum Greis. Außerhalb von Trauerzeiten war die Farbe Rot in den Bändern und Stickereien für Mädchen und junge Frauen vorherrschend. Verheiratete Frauen trugen vornehmlich die Farbe Grün. Die Farben Blau und Violett waren älteren Frauen etwa ab dem 50. Lebensjahr vorbehalten. Die Farben Schwarz und Weiß prägten die Trachten in der Trauerphase. Die Tracht war demzufolge gewissermaßen ein nonverbaler Marker für die Lebensumstände der Trägerin bzw. »erinnerte« die Dorfgemeinschaft an ihre persönliche Situation. Säuglinge trugen ein prachtvolles Taufbrüstchen aus rotem Stoff, ab dem dritten Lebensjahr bekamen Kinder eine Tracht, die der der Erwachsenen im Schnitt glich, aber in Material und Gestaltung deutlich einfacher war. Zur Konfirmation erhielten Jugendliche ihre erste Abendmahlstracht, die die feierlichste Kleidung der Tracht darstellte. Sie wurde nur zu sakralen Anlässen wie Taufe, Konfirmation, Hochzeit, Beerdigung und Abendmahl sowie an hohen christlichen Feiertagen getragen. Besonders auffällig ist die bis in die 1950er Jahre angelegte Brauttracht im Österten-Trachtengebiet gearbeitet – mit der Brautkrone aus Glasperlen, vielen bunten Bändern und kleinen Spiegeln. Die übliche Sonntagstracht der Frauen zeichnete sich durch besonders kreative Muster aus, womit zugleich auch die soziale Position signalisiert wurde. Die Werktagskleidung entsprach in den Grundformen der Sonntagstracht, allerdings fehlen die wertvoll bestickten Stücke.

Abb. 2: Brauttracht der »Österten Tracht«.

In den Städten und in größeren Orten des Schaumburger Landes hatten sich z.T. jüdische Kaufleute angesiedelt, die Seidenstoffe aus Frankreich, Glasperlen aus Gablonz, Samtbänder und vieles mehr anboten. Der Handel war international, aber das Leinen für die Hemden und die Leinenröcke der Männer wurde in heimischen Webereien hergestellt. Durch den im 19. Jahrhundert einsetzenden landwirtschaftlichen Fortschritt und die damit einhergehenden höheren Ernteerträge konnten sich die Menschen auch eine üppigere und kostbarere Ausstattung leisten. Insofern war die Tracht immer auch ein Gradmesser für den allgemeinen wie individuellen Wohlstand im Schaumburger Land.

In der zweiten Hälfte des 19. Jahrhunderts setzte im Zuge der Heimatbewegung eine bewusste Trachtenpflege ein, die in Schaumburg insbesondere nach der Reichsgründung vom Fürstenhaus kräftig gefördert wurde. Die Prachtentfaltung, die bei den Schaumburger Trachten nach 1871 zu beobachten ist, korrespondierte mit ihrer zunehmenden überregionalen, deutschlandweiten Wahrnehmung und Bedeutung. Das schaumburg-lippische Fürstentum setzte die Schaumburger Tracht auch und gerade zu politisch-repräsentativen Zwecken ein. Als Kaiser Wilhelm II. etwa im Sommer 1889 Bückeburg besuchte, wurde er von zahlreichen Trachtenträgerinnen und -trägern begrüßt. Bei der Einweihung des Kaiser-Wilhelm-Denkmals in Porta Westfalica im Jahr 1896 nahm in Anwesenheit des Kaisers sowie des schaumburg-lippischen Fürstenpaars ebenfalls ein großes Aufgebot Schaumburger Trachtenträgerinnen und -trägern teil. Fürstin Marie Anna zu Schaumburg-Lippe trug zudem etwa bei ihrer Silberhochzeit im Jahr 1907 selbst Tracht, um sich als volksnahe und fürsorgliche Landesmutter zu zeigen und zugleich der ländlichen Bevölkerung zu huldigen. Die zunehmende Bekanntheit der Schaumburger Trachten ist im Kontext der sich deutlich intensivierenden Heimatpflege und dem Bestreben zu sehen, regionale Identitätskonstruktionen zu pflegen und zu bekräftigen. Je näher der Erste Weltkrieg heranrückte, desto mehr wurde der Heimatkult von einem neuen, häufig völkisch geprägten Nationalismus durchdrungen.

In der Weimarer Republik veränderte sich die alltägliche Kleidungspraxis in den dörflichen Regionen des Schaumburger Landes. Die Männer legten die Tracht vielfach ab und trugen nur noch vereinzelt die kurze Weste. Viele Mädchen und Frauen vereinfachten ebenfalls ihre Tracht. Im Gebiet der *Westerten Tracht* wurde die unbequeme und vor allem auch kostspielige Flügelhaube nur noch bei Kirchgängen getragen und ab 1930 häufiger durch ein gestricktes Kopftuch (*Koppmüssen*) ersetzt.

Das NS-Regime förderte von 1933 bis 1937 mit dem »Reichserntedankfest« als zentraler Großveranstaltung im Herbst auf dem Bückeberg im Landkreis Hameln-Pyrmont seine Idee der rassistisch aufgeladenen »Volksgemeinschaft« (→ *Bückeberg*). Dabei spielten Trachtengruppen eine wichtige Rolle in der Bildpropaganda, und die größte Gruppe von Trachtenträgerinnen kam aus dem benachbarten Schaumburger Land. Sie standen in der ersten Reihe Spalier, wenn Adolf Hitler als Höhepunkt der Veranstaltung seinen »Weg durch das Volk« zur Rednertribüne nahm. 1935 erschien eine Briefmarke mit der Trachtenträgerin Anna-Sophie Brands aus Probsthagen, die die vermeintliche Aufwertung des »Bauernstands« im NS-Regime belegen sollte. Während es den Nationalsozialisten auf diese Weise gelang, die Schaumburger Trachtenträgerinnen und -träger in die nationalsozialistische »Volksgemeinschafts«-Propaganda einzubinden, waren tiefergreifende Versuche, eine einheitliche deutsche Volkskultur zu kreieren, zum Scheitern verurteilt. So misslangen etwa Versuche, eine germanisch-deutsche »Urtracht« und neue Volkstänze einzuführen. Hier zeigten sich die interpretativen Grenzen der Instrumentalisierung der Regionalkultur im Sinne einer rassistischen Nationalisierung.

Nach dem Zweiten Weltkrieg wurden bei den Händlern zunächst kaum noch trachtentypische Stoffe und Bänder angeboten. Diejenigen, die weiterhin Trachten trugen, hatten ihre Kleidung mittlerweile weiter simplifiziert. Nach den Männern legten aber auch viele vor allem junge Frauen in den Dörfern die Tracht vollständig ab, um sich lieber mit der zunehmend angebotenen Konfektionsmode zu kleiden. Wirtschaftswunder und Strukturwandel ließen Frauen in Tracht jetzt vielfach als rückständig erscheinen. Aber seit den späten 1970er Jahren erfuhr die Trachtenkleidung eine Renaissance im Zuge einer Nostalgie- und Folklorewelle, was auch zu einer zunehmenden Wertschätzung ihrer Trägerinnen führte. Sie galten nunmehr als selbstbewusste Frauen, die in Haus und Hof »ihren Mann standen«. So wurde etwa der Lindhorsterin Karoline Duhnsen im Jahr 1999 vor der Markthalle

Abb. 3:
»Roter Rock« aus der Kollektion »Chez Schaumburg«.

Hannover noch zu Lebzeiten ein Denkmal gesetzt. Es zeigte die Marktfrau, die seit den 1920er Jahren zweimal pro Woche in Hannover Wurstwaren verkaufte, in ihrer Tracht und mit einer prallgefüllten Kiepe auf dem Rücken. Die Trägerinnen der »roten Röcke« galten nun durchaus als selbstbewusste emanzipierte Frauen, die individuell Geschichtsbewusstsein zeigten und für Brauchtumspflege eintraten.

Nachdem die letzten authentischen Trachtenträgerinnen Anfang des 21. Jahrhunderts verstorben waren, setzen sich heute zahlreiche Trachtenvereine im Schaumburger Land für den Erhalt des damit verbundenen Brauchtums ein. Die Museen in Stadthagen, Bückeburg und Rodenberg sammeln und zeigen Trachtenstücke als regionale Besonderheit. Auf diese Weise bleiben die »roten Röcke« als »Botschafter« Schaumburgs in der Öffentlichkeit weiterhin präsent. Die

Schaumburger Landschaft führte in Kooperation mit der Hochschule Hannover von 2012 bis 2016 das Projekt »Nach Neuem Trachten« durch, bei dem die Schaumburger Tracht als Inspirationsquelle für junge Modedesigner diente und vier Kollektionen von der Streetwear bis zur Haute Couture entstanden, die nicht nur in einem Bildband, sondern auch performativ u.a. als Beitrag des Landes Niedersachsen zur Expo in Mailand im Jahr 2015 präsentiert wurden. In Anlehnung an die Schaumburger Tracht wurde von der Schaumburger Landschaft auch in Kooperation mit der Hochschule Hannover in dem Projekt »Neue Trachten« eine alltagstaugliche und bequem tragbare Kollektion aus regionalen und nachhaltigen Stoffen entwickelt. So kann diese Fortentwicklung der Schaumburger Tracht mittlerweile als Form der »Slow-Fashion« gelten, die auf eine nachhaltige Produktion und Verwendung von Kleidung setzt, sodass die Schaumburger Tracht bis heute ein hohes Identifikationspotential birgt, auch wenn sie im Alltag nicht mehr getragen wird.

Literatur

Bernhard Gelderblom, Die NS-Reichserntedankfeste auf dem Bückeberg 1933-1937. Aufmarsch der Volksgemeinschaft und Massenpropaganda, Holzminden 2018.

Jennifer Hoyer, Die Tracht der Fürstin. Marie Anna zu Schaumburg-Lippe und die adelige Trachtenbegeisterung um 1900, Münster/New York 2016.

Wolf Lücking, Trachten im Schaumburger Land, Münster/New York/München/Berlin 2002.

Friederike Kästing/Sophie Mensching, Rote Röcke. Trachten und Brauchtum im Schaumburger Land, Stadthagen 2000.

Nach Neuem Trachten – Schaumburger Modebilder, hrsg. von der Schaumburger Landschaft, Hannover 2013.

Adelheid von Saldern, Kunstnationalismus. Die USA und Deutschland in transnationaler Perspektive 1900-1945, Göttingen 2021.

Die Personalunion

ARND REITEMEIER

Abb. 1: Georg Wilhelm Vestner, Medaille auf den Regierungsantritt des Kurfürsten Georg Ludwig von Hannover als Georg I. von Großbritannien und Irland.

Es kommt ein Würdiger zu den in einer eigenen Welt lebenden Briten (accedens dignus divisos orbe Britannos), so lautete ein Teil der Umschrift auf einer Medaille von 1714, die aus Anlass der Personalunion zwischen dem Kurfürstentum Hannover und dem Königreich Großbritannien in Europa vermarktet wurde.

Der als »Würdiger« betitelte Georg Ludwig, *Herzog zu Braunschweig und Lüneburg, des Heiligen Römischen Reichs Erzschatzmeister und Churfürst*, wurde am 31. Oktober 1714 zum *von Gottes Gnaden König von Großbritannien, Frankreich und Irland, Beschützer des Glaubens* gekrönt.[1]

Verfassungsrechtlich gesehen verband von nun an der König in seiner Person das Kurfürstentum Hannover mit dem Königreich Großbritannien. Diese Verbindung endete im Jahr 1837 mit dem Tod von Wilhelm IV., dem in Großbritannien seine Nichte Victoria als Königin folgte. Im Königreich Hannover, dem Nachfolgestaat des Kurfürstentums Braunschweig-Lüneburg, konnten nur männliche Nachkommen auf den Thron kommen, sodass die Personalunion aufgelöst wurde und Victorias Onkel, Ernst August, Herzog von Cumberland, zum König von Hannover gekrönt wurde.

Eine Personalunion war im Europa des 18. Jahrhunderts nichts Ungewöhnliches: Nicht nur waren beispielsweise Dänemark und Norwegen, Sachsen und Polen, Dänemark und die Grafschaft Oldenburg jeweils in Personalunion miteinander verbunden, sondern Kurhannover selbst bestand aus verschiedenen für sich stehenden Fürstentümern, die lediglich durch die Dynastie zusammengehalten wurden. Politisch gesehen trug das englische Parlament 1701 im *Act of Settlement* Kurfürstin Sophie die Krone an, als sich abzeichnete, dass Königin Anne kinderlos bleiben würde (→ *Sophie*). Die Begründung lag in den dynastischen und konfessionellen Zusammenhängen, denn die Mutter von Kurfürstin Sophie war eine Tochter des englischen Königs Jakob I. Die Krönung Georgs I. im Jahr 1714 beruhte damit auf zwei Gemeinsamkeiten der beiden Länder: England wie Kurhannover waren protestantisch – und Kurhannover war dynastisch mit den in England und Schottland herrschenden Stuarts verbunden.

Zwischen 1714 und 1737 etablierten sich die Strukturen und Mechanismen der Personalunion. Die Verwaltung Kurhannovers erfolgte mittels der sogenannten Deutschen Kanzlei in London. Allerdings hielten sich Georg I. und Georg II. wiederholt in Kurhannover auf. Zu den für beide Länder nachhaltig wirksamen Entscheidungen dieser Könige gehörten beispielsweise die aktive Begünstigung der lutherischen Mission in Nordamerika wie die Gründung der Universität Göttingen im Jahr 1734.

Von etwa 1762 bis zur Besetzung Kurhannovers durch die französische Armee 1803 gewannen die Kommunikation und der Austausch an Umfang. Georg III. betrat kein einziges Mal das Kurfürstentum; stattdessen residierte sein zweitgeborener Sohn Friedrich August von York von 1781 bis 1787 in Hannover, und weitere Söhne weilten zum Studium in Göttingen. Georg sah sich primär als Briten – aber auch als Deutschen. Mit Georg Christoph Lichtenberg oder den Geschwistern Wilhelm und Caroline Herschel wurde vom König eine kleine Gruppe anglophiler Wissenschaftler gefördert, die die Bekanntheit der Universität Göttingen im englischsprachigen Raum steigerten. Zugleich machten beispielsweise die Verleger Vandenhoeck und Ruprecht Göttingen zu einem der wichtigsten Zentren der Übersetzung britischer Literatur.

Von 1803 bis 1813 brachen viele Kontakte zwischen beiden Län-

Abb. 2: Georgengarten Hannover, 2021.

dern aufgrund der Besetzung Kurhannovers durch die Franzosen und der Kontinentalsperre ab. Das welfische Korps in britischen Diensten, die sogenannte *King's German Legion*, wurde zum Symbol der Ablehnung Frankreichs und einer idealisierten Hinwendung zu Großbritannien. Allerdings vertieften sich die ökonomischen Ungleichheiten zwischen Großbritannien und dem 1814 zum Königreich erhobenen Hannover. Dort stieß die Herrschaft auf Distanz zunehmend auf Kritik, und immer offener wurden eine repräsentative Verfassung, bürgerliche Freiheiten, die Gleichberechtigung der Konfessionen und Meinungsfreiheit gefordert.

Im Rahmen der Personalunion nutzten die Kurfürsten die politischen Handlungsspielräume des englischen Monarchen, sodass Kurhannover territorial beispielsweise 1719 um Bremen-Verden erweitert wurde. Wichtiger noch war das Prestige der politischen Verbindung, denn die Könige schufen ein festes Netzwerk protestantischer Fürstentümer in Norddeutschland. Diese versuchten gemeinsam Politik in Europa zu gestalten, was umso bedeutsamer war, als Norddeutschland wiederholt zum Schauplatz militärischer Auseinandersetzungen der Großmächte wurde – beispielsweise im Siebenjährigen Krieg wie in den sogenannten Befreiungskriegen gegen die napoleonische Herrschaft. Tatsächlich aber verloren Kurhannover und die norddeutschen Territorien immer mehr an politischem Einfluss in Europa, während andere Staaten wie Großbritannien oder Preußen politisch wie ökonomisch an Bedeutung gewannen. Wichtige Schlachten wie bei Dettingen 1743 oder Minden 1759 fanden außerhalb des heutigen Gebietes von Niedersachsen statt und blieben eher im kulturellen Gedächtnis Großbritanniens als Niedersachsens verhaftet.

Die Residenz in Herrenhausen, das Stadtschloss am Leineufer in Hannover und das Jagdschloss in der Göhrde waren bevorzugte Aufenthaltsorte der Herrscher und ihrer Familien. Zu den wenigen Örtlichkeiten, die gleichsam als Erbe der Personalunion bezeichnet werden können, gehört das Haus Downing Street 10 als Amtssitz des britischen Premierministers, das seit 1720 der Krone gehörte und in dem bis 1732 der Hannoveraner Geheime Rat Johann Kaspar von Bothmer wohnte. Ökonomischer Mittelpunkt der Personalunion war stets London, dessen Hafen zu den geschäftigsten der Welt gehörte und das sich auch zum Finanzzentrum der Welt entwickelte.

Spätestens seit dem ausgehenden 18. Jahrhundert interessierten sich die englische Politik und Kunst zunehmend für China oder Indien – aber nicht für Kurhannover, das als unwichtiges Agrarland galt. Umgekehrt blickte das im Königreich Hannover erwachende Bürgertum nach London und teilte die auch im übrigen Deutschland wachsende Anglophilie. So wurden in Norddeutschland Landschaftsgärten nach englischem Vorbild errichtet oder Kaffeehäuser eröffnet. Solche Entwicklungen aber basierten auf der Rezeption des seit langem in England geführten Diskurses um die Freiheit des Menschen und auf dem sich ausweitenden globalen Handel, durch den immer mehr Konsumgüter auch nach Norddeutschland gelangten. Die langanhaltende Begeisterung für vieles (vermeintlich) aus England Kommende beruhte auf der Wahrnehmung Großbritanniens als Hort der Freiheit, was sich unter anderem aus der unzensierten Presse und der vergleichsweise unregulierten Wirtschaft speiste und was im Gegensatz zur repressiven Politik der Könige von Hannover nach 1837 gesehen wurde. Auch die preußische Herrschaft nach 1866 wurde von vielen im ehemaligen Königreich Hannover als Besatzung wahrgenommen. Ökonomisch stand dem die enorm wachsende britische Handelsschifffahrt gegenüber, die im 19. Jahrhundert Tausenden von Menschen besonders aus den Küstenregionen des heutigen Niedersachsens Möglichkeiten zur Beschäftigung und zum Kennenlernen entfernter Länder bot.

Im weiteren Verlauf des 19. Jahrhunderts wurde die Anglophilie beispielsweise durch die Bestattung von Georg V., dem letzten König von Hannover, 1878 in Schloss Windsor verstärkt. Verknüpft mit der

Dynastie der Welfen gab es stets und besonders in Hannover eine latente, niemals aber dominierende englandfreundliche Einstellung. Die Meinung, dass es eine spezielle Verbindung zu Großbritannien gebe, gipfelte in dem Glauben, im Zweiten Weltkrieg vom Bombardement der *Royal Air Force* verschont zu bleiben. Auch wenn sich dies als falsch herausstellte, so wollten doch Teile der 1945 neu gegründeten Niedersächsischen Landespartei die Provinz Hannover direkt an Großbritannien anschließen und aus Deutschland lösen. Der im Folgejahr beschlossene Zusammenschluss der vier Länder Hannover, Braunschweig, Oldenburg und Schaumburg-Lippe zum Bundesland Niedersachsen beruhte dann auf einer Verordnung der britischen Militärregierung.

Wiederholt wurden einzelne Aspekte und Perioden der Personalunion sowohl von britischen als auch von deutschen Historiker*innen untersucht. Während von britischer Seite der Schwerpunkt auf die Verknüpfung der kontinentalen Politik Großbritanniens mit seinem Aufstieg zur Weltmacht gelegt wurde, lag der Forschungsschwerpunkt in Deutschland eher auf den kunsthistorischen, administrativen und politischen Verbindungen. Einen deutlichen Schub erhielt die Forschung durch das Vorhaben des Landes Niedersachsen, im Jahr 2014 der Epoche der Personalunion zwischen 1714 und 1837 zu gedenken, was im Rahmen einer großen Landesausstellung an diversen Orten erfolgte. Die Wirkung in der Öffentlichkeit war weniger nachhaltig als erhofft. Wird also die gängige Definition von François/Schulze zugrunde gelegt, wonach ein Erinnerungsort ein »langlebiger, Generationen überdauernder Kristallisationspunkt kollektiver Erinnerung und Identität [ist], [der] in gesellschaftliche, kulturelle und politische Üblichkeiten eingebunden« ist, dann gibt es diverse Elemente und Räume im heutigen Niedersachsen, die im Kontext der kulturhistorischen Beziehungen zwischen dem ehemaligen Kurfürstentum Hannover (oder Norddeutschland) auf der einen und Großbritannien auf der anderen Seite gesehen werden können.[2] Der Personalunion als politisch-verfassungshistorischem Ereignis einschließlich ihrer kulturellen Erweiterung als Transferraum aber fehlen für einen Erinnerungsort des heutigen Bundeslandes Niedersachsen das rezipierende Kollektiv wie eine Konkretisierung der Erinnerung.

Anmerkungen

1 Richard Drögereit, Quellen zur Geschichte Kurhannovers im Zeitalter der Personalunion mit England 1714-1803. Quellenhefte zur Niedersächsischen Geschichte, Hildesheim 1949, S. 25.

2 François/Schulze, Deutsche Erinnerungsorte I, Einleitung, S. 18.

Literatur

Etienne François/Hagen Schulze, Einleitung, in: Dies. (Hrsg.), Deutsche Erinnerungsorte I, München 2001, S. 9-24.

Arnd Reitemeier, Hannover und Großbritannien: Die Personalunion 1714-1837, in: Katja Lembke (Hrsg.) Als die Royals aus Hannover kamen. Hannovers Herrscher auf Englands Thron 1714-1837, Dresden 2014, S. 18-46.

Ronald G. Asch (Hrsg.), Hannover, Großbritannien und Europa. Erfahrungsraum Personalunion 1714-1837, Göttingen 2014.

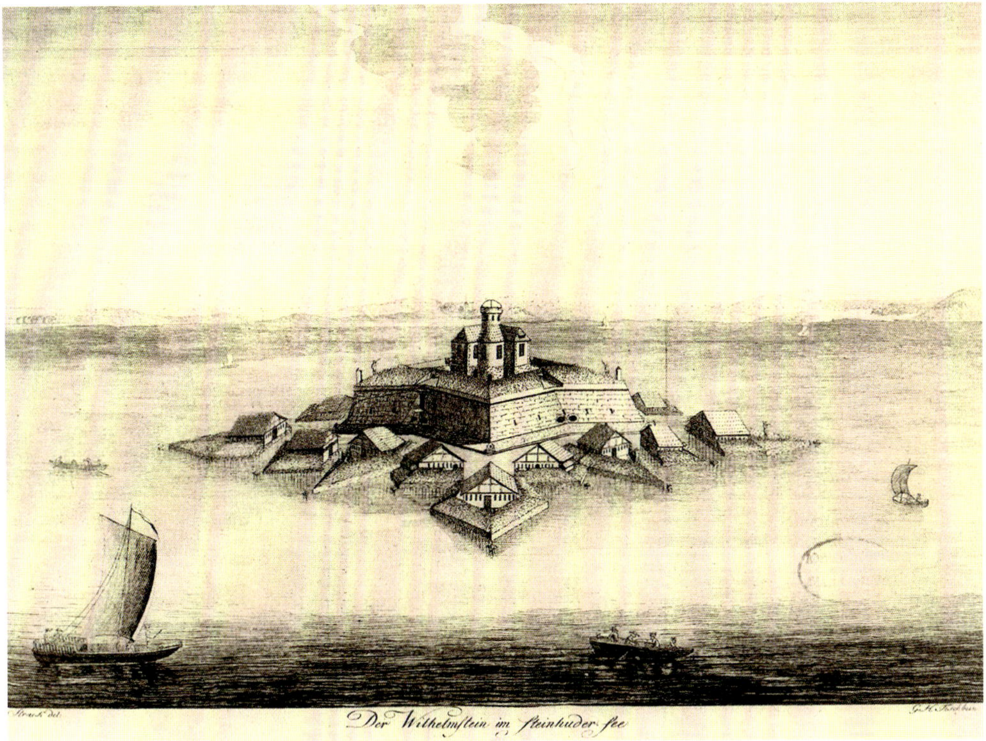

Graf Wilhelm zu Schaumburg-Lippe

VON STEFAN BRÜDERMANN

Abb. 1: Festung Wilhelmstein im Steinhuder Meer, Kupferstich von Anton Wilhelm Strack, 1788.

Stellt man einen eingesessenen Bürger*smann vor das große Porträt im Schloß, das einen hageren Herrn in roter Uniform mit Tressen und Stern darstellt, die Rechte auf den Feldmarschallstab gestützt, einen kleinen Dreispitz über dem klugen, gebräunten und merkwürdig langen Gesicht – und fragt: Wer ist das? Der Bürgersmann wird ohne Besinnen antworten: Graf Wilhelm! Und ein Unterton wird darin liegen, der sagt: UNSER Graf Wilhelm!*[1] So schrieb die Bückeburger Schriftstellerin Lulu von Strauß und Torney vor knapp 90 Jahren und kennzeichnete den Grafen damit als Identifikationsfigur. Auch heute noch gehört Graf Wilhelm zu den wichtigsten Gestalten der schaumburg-lippischen Geschichte, vielleicht ist er als Persönlichkeit die markanteste unter ihnen.

Graf Wilhelm zu Schaumburg-Lippe wurde 1724 in London geboren, in England, denn seine Großmutter Johanna Sophie hatte ihren notorisch untreuen und zudem aggressiven Ehemann, den regierenden Grafen Friedrich Christian zu Schaumburg-Lippe, verlassen und war mitsamt ihren Kindern ins Exil gegangen. Ihr ältester Sohn Albrecht Wolfgang heiratete in London Gertrud Margarethe von Oeynhausen, die schon damals als uneheliche Tochter des englischen Königs Georg I. angesehen wurde. Erst mit fünf Jahren, nach dem Tod des Großvaters, kam der in dieser Ehe in London geborene Wilhelm nach Bückeburg, wurde aber schon 1735 zusammen mit seinem älteren Bruder Georg zur akademischen Ausbildung nach Genf und Leiden geschickt. Wilhelm galt schon seinen Zeitgenossen als Enkel des englischen Königs, und er selbst bezeichnete sich noch viel später als *born Englishman*. Er strebte eine militärische Karriere an – was für den zweitgeborenen Abkömmling eines kleinen regierenden Hauses nahelag –, aber im Jahr 1742 wurde mit dem Duelltod seines Bruders klar, dass Wilhelm später in Bückeburg regieren würde.

Die folgende Zeit verbrachte er mit Reisen, Italienaufenthalten und Teilnahme an Feldzügen bei der österreichischen Armee. 1748 trat Wilhelm nach dem Tod seines Vaters die Regierung in Bückeburg an. Zunächst widmete er sich der Sanierung des Landeshaushalts und suchte das Land wirtschaftlich voranzubringen. Sein Hauptaugenmerk galt aber bald dem Aufbau einer kleinen Armee. 1757 schloss er sich der Koalition zwischen Großbritannien/Kurhannover und Preußen an, trat mit seinen Truppen in den Siebenjährigen Krieg ein und errang in der Schlacht bei Minden 1759 sowie bei anderen Kampfhandlungen anerkannte militärische Erfolge. 1762 wurde er auf englisches Betreiben in Portugal als Oberkommandierender zur Verteidigung gegen einen spanischen Angriff eingesetzt. Es gelang ihm trotz des desolaten Zustands der portugiesischen Truppen eine unverhoffte Abwehr des Angriffs. Geehrt mit dem britischen Rang des Feldmarschalls und dem portugiesischen Titel »Altezza«, blieb er bis 1764 in Portugal und kehrte, beauftragt mit einer Heeresreform, 1767/68 noch einmal dorthin zurück.

In Schaumburg-Lippe hatte er bereits 1750 Johann Christoph Friedrich Bach, einen der »Bach-Söhne«, als Leiter der Hofkapelle nach Bückeburg geholt. 1765 zog er den Rintelner Professor Thomas Abbt als Rat an seinen Hof, der allerdings bereits Ende 1766 starb. Dessen Nachfolger Johann Gottfried Herder blieb als Konsistorialrat immerhin von 1771 bis 1776 in Bückeburg, gewann aber nicht das Vertrauen des Grafen. Mit dem zwischen 1761 und 1767 erbauten Wilhelmstein, einer kleinen Festung auf einer künstlich aufgeschütteten Insel mitten im Steinhuder Meer, setzte er sich als Landesherr ein charakteristisches architektonisches Denkmal. Auf dem Festland ließ Graf Wilhelm auf dem *Wilhelmsteiner Feld* Soldaten als Bauern ansiedeln und landwirtschaftliche Anbaumethoden sowie neuartige Befestigungsanlagen erproben. Die Inselfestung wurde zugleich Standort einer kleinen Kriegsschule, an der Graf Wilhelm selbst unter anderem Gerhard von Scharnhorst unterrichtete, den späteren preußischen Reformer.

Die letzten Lebensjahre des Grafen Wilhelm waren von Trauer und Einsamkeit geprägt, nachdem 1774 seine dreijährige Tochter Emilie vermutlich an den Folgen einer Pockenimpfung und 1776 seine Gemahlin Marie Eleonore an Tuberkulose starben. Zurückgezogen in sein noch in Bau befindliches Haus Bergleben in der Nähe des Steinhuder Meeres starb er am 10. September 1777.

Dass Graf Wilhelm für seine Zeitgenossen und für die nachgeborenen Schaumburg-Lipper eine so bemerkenswerte Persönlichkeit war und ist, liegt nur zum Teil an seiner Lebensleistung als aufgeklärter Landesherr und militärischer Befehlshaber. Eine große Rolle dürften wohl auch seine Lebensumstände und seine Persönlichkeit spielen. Eine Persönlichkeit, die in etlichen Anekdoten und kleinen Geschichten gespiegelt wird.

Als der Göttinger Physikprofessor Georg Christoph Lichtenberg im September 1772 kurz in Bückeburg weilte, besuchte er natürlich, der Sitte seiner Zeit entsprechend, die bedeutenden und interessanten Männer auf seiner Reiseroute. Den zu seinem Bedauern abwesenden Grafen Wilhelm bezeichnete er als die *größte Merckwürdigkeit des Schlosses.* Graf Wilhelm war schon zu seinen Lebzeiten zu einer Sehenswürdigkeit geworden und zu einer höchst sonderbaren obendrein. Sehr bald kursierten über den Grafen zum Teil skurrile Anekdoten und idealisierende Beschreibungen: Der kurhannoversche Leibarzt Johann Georg Zimmermann berichtet, ein Verwandter des Grafen habe ihm erzählt, *daß er in seiner Jugend mit jedem Engländer in Allem wetteiferte. Er wettete, zum Exempel, daß er rückwerts von London nach Edinburg reiten wolle; das ist, der Kopf des Pferdes mußte nach Edinburg gerichtet seyn, und der Kopf des Grafen nach London. So ritt Er durch einige englische Provinzen. Er reiste nicht etwa nur zu Fusse durch England; zum Spaaße bettelte Er sich durch verschiedene englische Provinzen, gemeinschaftlich mit einem deutschen Fürsten.* Durch die Donau sei er an einer Stelle geschwommen, an der sie so reißend und gefährlich sei, dass man ihn kaum noch habe retten können. Wieviel an diesen von mehreren Seiten berichteten Geschichten authentisch ist, ist kaum noch festzustellen. In seiner Jugendzeit wurde Graf Wilhelm somit zu einem unbändigen Spaßvogel mit skurrilen Zügen stilisiert, der mit seiner überschüssigen Kraft kaum etwas Vernünftiges anzufangen wusste.

Dem erwachsenen Regenten attestierte Zimmermann mit Begriffen wie *Erhabenheit, Scharfsinn, Feinheit, Milde, Güte und Ruhe* eine ganze Reihe von Herrschertugenden. Für Thomas Abbt war er der Mann, der *ganze Stellen aus dem Shakespear mit der vollen Empfindung des Inhaltes her sagen* und *bey einer gestirnten Nacht mit philo-*

Abb. 2: Graf Wilhelm, Kopie nach einem Gemälde von Johann Georg Ziesenis, um 1770.

sophischen Tiefsinn und bescheidenem Zweifel, über die wichtigsten Materien, die den Menschen angehen sprechen konnte. Englisch, Französisch, Italienisch und Portugiesisch sprach und schrieb Wilhelm nach Kenntnis seines zeitgenössischen Biographen Theodor Schmalz, *als wäre er dort geboren*.

Gerhard von Scharnhorst, der ihn aus seiner Zeit als Offiziersschüler kannte, hebt des Grafen Gerechtigkeitssinn und seine Unerschütterlichkeit hervor. Als Kommandeur habe Wilhelm *wie der gemeine Soldat* gelebt und in einer Belagerung nie die Kleidung abgelegt, sogar auf das Rasieren verzichtet, *um nicht den geringsten Vorzug vor dem Gemeinen zu haben* [...]. Er zeige *eine seltene Gleichgültigkeit bey*

Gefahren, […] seine Stärke übertreffe alles […] er springt über die breitesten Gräben. Er ließ seine Artillerie auf den oberen Teil eines Zeltes schießen, in dem er mit anderen Offizieren beim Essen saß, um deren Zielgenauigkeit zu demonstrieren. Andererseits soll er, als seine Artillerie bei einer Belagerung Münster in Brand schoss, über das unglückliche Schicksal der Stadt in Tränen ausgebrochen sein.

Ähnlich wie bei den vielen Erzählungen, die über Friedrich II. von Preußen kursierten, dienten auch die Anekdoten über den Grafen Wilhelm zu Lebzeiten und kurz danach der Stilisierung eines aufgeklärten Herrschers. Diese Idealisierung hatte einerseits typisierende Züge, die fast austauschbar erscheinen, andererseits haben manche Anekdoten auch eine individualisierende Tendenz. Graf Wilhelm wurde nicht nur als weiser und aufgeklärter Regent und als tapferer Truppenführer idealisiert, er avancierte auch zum kraft- und gefühlvollen »Originalgenie«, fast im Sinne des »Sturm und Drang«.

Mit knapp 150 Jahren Abstand wird bei Hermann Löns aus dem Aufklärer ein *echter Westfale, ein eigenartiges Gemisch von Träumer, Theatermensch, Religionsphilosoph und Kriegsmann.* Er wird im Stil der Zeit um 1900 zugleich regionalisiert und vergrößert. Während seine kulturellen Eigenschaften zurücktreten, wurde seine historische Bedeutung nunmehr auf seine militärischen Erfolge zurückgeführt: *man darf es getrost sagen, daß er nächst dem großen Friedrich und dem Herzog Ferdinand von Braunschweig der bedeutendste deutsche Feldherr seiner Zeit war.* Löns schreibt sogar, die Entführung einer hübschen jungen Schauspielerin (während eines längeren Aufenthaltes am Wiener Hof) habe Kaiserin Maria Theresia ihm so übelgenommen, dass Graf Wilhelm aus diesem Grund nicht Oberbefehlshaber der österreichischen Truppen geworden sei. Auf diese Weise wurde Graf Wilhelm gar zum verhinderten militärischen Gegenspieler Friedrichs des Großen stilisiert. Während die Geschichte von der Entführung der Schauspielerin stimmt, führt Letzteres ins Reich der Legende. Zugleich gehört zum Bild des Grafen um 1900, dass er *halb vergessen* sei – das heißt im Grunde: nicht genügend gewürdigt.

Es ist dann gerade die militärische Seite an Wilhelms Wirken, die in den dreißiger Jahren des 20. Jahrhunderts das Potential für eine einseitige Umbewertung seiner Persönlichkeit birgt. Graf Wilhelm hatte ein Erfassungssystem der Landbevölkerung geschaffen, das als Grundlage für die Truppenergänzung diente. In der NS-Zeit wurde Wilhelm vor diesem Hintergrund zum »Erfinder« der Wehrpflicht stilisiert, ja, er wurde als soldatischer Held gegen den toleranten Geist der Aufklärung in Stellung gebracht. Der Bückeburger Chefredakteur Adolf Manns schrieb am 29. Oktober 1935 in der Zeitung *Die Schaumburg*: *Wir bekennen uns nicht zu dem Geist eines Nathan des Weisen. Wir bekennen uns zur heldischen Gesinnung unseres Grafen Wilhelm.*

Den wir den Grossen nennen wollen. Der aufgeklärte Landesherr, der den Philosophen Moses Mendelssohn nach Bückeburg holen wollte, wurde nun von einem nationalsozialistischen, antisemitischen Propagandisten beansprucht.

In den letzten Jahrzehnten des 20. Jahrhunderts hat der Blick auf Graf Wilhelm eine erneute Wendung genommen, befördert durch die Ausgabe seiner Werke von Curd Ochwadt. In seinem militärtheoretischen Hauptwerk *Mémoires pour servir à l'art militaire défensif* bezeichnet Graf Wilhelm den Krieg als eines der größten Übel, das den Menschen widerfahren kann. Somit wird seine Strategie der defensiven Verteidigung (deren architektonischer Ausdruck auch der Wilhelmstein ist) zum Mittel, möglichst den Krieg überhaupt zu verhindern. Damit aber wird aus dem Feldherrn im Zeitalter der »Kabinettskriege« ein Urahn der Abschreckungsstrategie der zweiten Hälfte des 20. Jahrhunderts, er wird so auch in einer friedfertigen Gesellschaft wieder anschlussfähig.

Anmerkungen

1 Lulu von Strauss und Torney, Vom Biedermeier zur Bismarckzeit, Jena 1933, S. 11 f.

Literatur

Stefan Brüdermann, Schaumburg-Lippe, Graf Wilhelm und Herder in der Lichtenberg-Zeit, in: Lichtenberg-Jahrbuch (2013), S. 33-49 (Lichtenberg-Zitat S. 34).

Stefan Brüdermann, Der Aufklärungsphilosoph Thomas Abbt in Rinteln und Bückeburg, in: Niedersächsisches Jahrbuch für Landesgeschichte 90 (2018), S. 77-99 (Abbt-Zitat S. 89).

Hans H. Klein, Wilhelm zu Schaumburg-Lippe. Klassiker der Abschreckungstheorie und Lehrer Scharnhorsts, Osnabrück 1982.

Hermann Löns, Der Kanonengraf, in: Ders. (Hrsg.), Gedanken und Gestalten, Hannover 1924, S. 82-96 (Zitate S. 82, 84 u. 88).

Gerhard von Scharnhorst, Characterzüge und Anecdoten. Aus einem ungedruckten Schreiben eines Officiers von der Alliirten Armee im Jahr 1761, in: Neues militairisches Journal (1788), S. 123-127 (Zitate S. 123 f.).

Wilhelm zu Schaumburg-Lippe, Schriften und Briefe, hrsg. von Curd Ochwadt, Bd. 1-3, 1976-1983.

Theodor Schmalz, Denkwürdigkeiten des Grafen Wilhelm zu Schaumburg-Lippe, Hannover 1783 (Zitat S. 145).

Johann Georg Zimmermann, Über die Einsamkeit. Dritter Theil, Leipzig 1785 (Zitate S. 458 f.).

Lessing

Von Cord-Friedrich Berghahn

Abb. 1: Gotthold Ephraim Lessing, Porträt von Anna Rosina de Gasc, 1768.

Gottfried Ephraim Lessing (1729-1781) als niedersächsischer Erinnerungsort: Damit ist die letzte Dekade seines unbehausten Lebens gemeint, knapp elf Jahre, die der Dichter als Bibliothekar an der Wolfenbütteler Herzog August-Bibliothek verbracht hat. Dieser Abschnitt seines Lebens ist mehr als jeder andere durch krasse Gegensätze geprägt: In Wolfenbüttel erlebte Lessing seine glücklichsten und seine unglücklichsten Tage, er schrieb hier seine bekanntesten Dramen und zugleich ein bis heute weitgehend unbekanntes hochspekulatives

Spätwerk, und während seine briefliche Vernetztheit ihren Höhepunkt erreichte, vereinsamte er vor Ort. Als er am 15. Februar 1781 in Braunschweig starb, standen ihm nur seine Stieftochter Amalia und der jüdische Kunsthändler und Journalist Alexander Daveson bei. Sein Grab auf dem Magnifriedhof in Braunschweig geriet bald in Vergessenheit und konnte erst 1833 wieder aufgefunden werden.

Dennoch sind es diese letzten elf Jahre, die unser Lessingbild ikonisch geprägt haben – als das eines Autors nämlich, der neue Formen der Auseinandersetzung erprobte, die er sich nur als öffentliche Angelegenheit vorstellen konnte *und* als das eines Dichters, der das große und (bis heute) immer aktueller werdende Thema der Toleranz vor aller Augen auf die Bühne brachte *und* als das eines Gelehrten, der in neuartiger Art und Weise das gespeicherte Wissen seiner Bibliothek in die Öffentlichkeit trug und für die Kämpfe der Gegenwart nutzbar machte. Dies alles hat die Wolfenbütteler Jahre im Hinblick auf Lessings Wirkungsgeschichte zu den wichtigsten gemacht. So dominiert der Wolfenbütteler Lessing den Berliner, Breslauer und Hamburger Lessing, obwohl auch diese Städte wichtige Abschnitte in Lessings Leben und Schreiben markieren.

Niedersachsen verdankt diesen für unser Verständnis von Meinungsfreiheit, Toleranz und Autonomie so wichtigen Erinnerungsort einer Reihe von Zufällen. Das passt gut in ein Lebensmuster, das, wie Hugh Barr Nisbet in seiner faszinierenden Lessing-Biographie zeigt, vom *Skandalon des Zufalls* charakterisiert ist; davon, dass Lessing sich momentanen Einfällen überließ und keinen finalen ›Lebensplan‹ hatte; dass er immer neue literarische Projekte verfolgte, von denen nicht einmal die Hälfte abgeschlossen wurde, und dass er sich gerade dann intensiv in ein Thema, in einen Streit oder eine Polemik stürzte, wenn der Widerstand am größten war.

Einer dieser Zufälle war das Scheitern des Hamburger Nationaltheaters, an dem Lessing 1767-1769 als Dramatiker, Dramaturg und Kritiker wirkte; ein anderer das finanzielle Debakel, das er als Verleger in Hamburg erleben musste; und es war schließlich die zufällige Bekanntschaft mit dem in Hamburg weilenden Gelehrten Johann Arnold Ebert, der als Professor am Braunschweigischen Collegium Carolinum jenen entscheidenden Kontakt zwischen dem Dichter und dem Braunschweigischen Erbprinzen Karl Wilhelm Ferdinand knüpfte, der im September 1769 dann zum Ruf als Bibliothekar an die *Bibliotheca Augusta* nach Wolfenbüttel führte. Der Dichter folgte ihm zögernd und traf nach Mäandern, die wohl auch der Suche nach Besserem galten, im April 1770 in der Stadt ein.

In Wolfenbüttel bezog Lessing zunächst fünf Zimmer im ansonsten verwaisten ehemaligen Residenzschloss. Die nächsten sechs Jahre war er der einzige regelmäßige Bewohner des Riesenbaus. Die einstige

Residenzstadt war in diesen Jahren ein trostloser Ort. Lessing hat dies sofort gespürt und an die Freunde kommuniziert; das Gefühl der Isolation hat ihn hier nie wieder verlassen. Im November 1774 schreibt er dem Dichter Karl Wilhelm Ramler in Berlin, dass er, der *die ganze Welt ausreisen wollte*, ausgerechnet *in dem kleinen Wolfenbüttel unter Schwarten vermodern* werde.

Gegen die Einsamkeit half der Kontakt mit den Professoren am Collegium Carolinum. Und Lessing hat sich nicht zuletzt aus diesem Grund schon 1770 eine zweite Wohnung am Braunschweiger Ägidienmarkt angemietet (hier sollte er elf Jahre später auch sterben). Das Collegium Carolinum gehört zu den bemerkenswertesten Orten der deutschen Aufklärung. 1745 als moderne Bildungsinstitution gegründet war es nicht nur hinsichtlich der Ständeschranken ungewöhnlich durchlässig, es hatte auch einen der modernsten Lehrpläne seiner Zeit. Bürger und Adlige lernten hier Fremdsprachen und Realien und wurden in den politischen Wissenschaften wie in den schönen Künsten unterwiesen. Dabei bestand der Kern des Lehrkörpers aus Intellektuellen, die mit Lessing schon deshalb harmonierten, weil sie ein fortschrittliches Literaturideal und eine ausgesprochen moderne Wissenschaftspraxis vertraten; zugleich waren sie mehrheitlich an Prozessen des literarischen Kulturtransfers interessiert, waren Dichter, Philologen und Übersetzer in einer Person – so Johann Arnold Ebert, so der Dichter, Übersetzer, Journalist und Verleger Justus Friedrich Wilhelm Zachariä, so der Anglist und Latinist Konrad Arnold Schmid und so vor allem der Shakespeare-Übersetzer und Ästhetiker Johann Joachim Eschenburg, mit dem Lessing eine intensive Freundschaft verband. Gemeinsam traf man sich in Braunschweig und Wolfenbüttel, vor allem aber im Großen Weghaus in Stöckheim, das auf halber Strecke zwischen beiden Städten lag. Hier wurde im geselligen Kreis über Literatur und Kultur und wohl auch über Politik diskutiert, und hier wurden jene wenigen intensiveren Freundschaften vor Ort gepflegt, die Lessing seine letzten Lebensjahre erträglicher machten.

An seinem eigentlichen Wirkungsort, der Bibliotheca Augusta, hat Lessing eine bemerkenswerte und lange Zeit nicht angemessen gewürdigte Wirksamkeit entfaltet. Ohne für diese Aufgabe in spezifischer Weise ausgebildet gewesen zu sein, hat er die seit dem Tode seines berühmten Vorgängers Gottfried Wilhelm Leibniz (→ *Leibniz*) richtungslos dahindümpelnde Institution quasi über Nacht modernisiert, professionalisiert und zukunftsfähig gemacht. Zu seinem ambitionierten Programm (bei beschränkten Mitteln) gehörte die Abstimmung des Bestandes und der Neuanschaffungen mit anderen wissenschaftlichen Institutionen und Bibliotheken, die Aufstockung des Anschaffungsetats, die Festlegung von Sammlungsschwerpunkten und vor allem die Aufstellung der schon damals gewaltigen Sammlung nach Sachgebieten. Allein dies hätte Lessing einen Platz in der Geschichte des Wissens garantiert. Doch der Bibliothekar Lessing war zugleich auch Gelehrter und Autor und Dichter. Und so stehen seine Wolfenbütteler Jahre im Zeichen einer einzigartigen Synthese mit bedeutsamen religions- und philosophiegeschichtlichen, vor allem aber mit weltliterarischen Folgen.

Als Bibliothekar war es Lessing wichtig, das in der *Bibliotheca Augusta* gespeicherte Wissen der Öffentlichkeit zugänglich zu machen. Zu diesem Zweck hat er eigens eine Zeitschrift gegründet, die ab 1772 erschien. Ihr Titel – *Zur Geschichte und Litteratur. Aus den Schätzen der Herzoglichen Bibliothek zu Wolfenbüttel* – war Programm. Sie sollte der Popularisierung der Bibliotheksbestände dienen, sollte Handschriften und seltene Drucke der Öffentlichkeit vorstellen und diese zur Diskussion und Interpretation einladen. Lessing selbst hat sich in diesem Zusammenhang ganz neue Themen erarbeitet und avancierte *en passant* zu einem der bedeutendsten Paläographen und Mediävisten seiner Zeit.

Im Rahmen seiner publizistischen Strategie hat Lessing aber auch jene Themen wieder aufgenommen, die ihn seit langem beschäftigten. Dazu gehört das Thema der Religion resp. des Nebeneinanders der Religionen und das der Wahrheit der religiösen Überlieferung. Alle diese Themen drehten sich um die Frage der Toleranz, die Lessing seit seiner Jugendkomödie *Die Juden* (1749) nicht mehr losgelassen hat. In diesem Kontext hat sich Lessing in Wolfenbüttel mit den Schriften des (vermeintlichen) Ketzers Berengar von Tours beschäftigt, der im elften Jahrhundert die Transsubstantiationslehre ablehnte. Im Bestand seiner Bibliothek befand (und befindet) sich ein Manuskript des Berengar, dessen polemische Form Lessing faszinierte; seine Publikation durch Lessing war eine kirchengeschichtliche Sensation.

Ab 1774 nutzte Lessing seine Bibliothekszeitschrift, um in der Öffentlichkeit gezielt Fragen der religiösen Wahrheit zu diskutieren. Die berühmteste und folgenreichste dieser Debatten ist unter dem Namen ›Fragmentenstreit‹ in die Literatur- und Kulturgeschichte der europäischen Aufklärung eingegangen. Worum ging es? Im Kern um das Recht, über Religion öffentlich und kontrovers diskutieren zu dürfen. Ab 1774 publizierte Lessing in seiner Bibliothekszeitschrift die sog. *Fragmente eines Ungenannten* – in Wahrheit Auszüge einer religionskritischen Untersuchung des Aufklärers Hermann Samuel Reimarus –, die die kirchlichen Doktrinen nach kritischer Prüfung verwarfen. Entscheidend ist, dass es Lessing *nicht* darum ging, auf vulgäraufklärerische Art und Weise Religion auf das empirisch Nachprüfbare zu reduzieren, sondern vielmehr um das Recht der öffentlichen Diskussion religiöser Wahrheiten.

Der Fragmentenstreit hat weit über die gelehrte Welt hinaus Wellen geschlagen. Er bestimmte Lessings späte Jahre mehr als jede andere seiner Tätigkeiten. Und er hat entscheidend zur Bildung einer ganz neuen Form von Öffentlichkeit in Deutschland beigetragen. In ihr nahm Lessing eine Rolle ein, die es vorher so in Deutschland nicht gab – die des kritischen Intellektuellen, der sich einer Frage von allgemeiner Brisanz annimmt und diese zur Diskussion stellt. Dabei hat Lessing auch als Erster die Folgen eines kritischen Engagements zu spüren bekommen: Im Juli 1778 entzog ihm der Herzog (der Vater des aufgeklärten Erbprinzen) die Zensurfreiheit.

Für Lessing war die Debatte damit aber keinesfalls beendet. Im Gegenteil: In einem genialen Schachzug verlagerte ihn der *Dichter* Lessing auf ein anderes Feld. Im September 1778 nämlich schreibt er, dass er die Kontroverse nun auf seiner *alten Kanzel, auf dem Theater* fortsetzen wolle. Gemeint war damit sein seit der Italienreise von 1775/1776 latentes Projekt, die Parabel von den drei Ringen aus Boccaccios *Decamerone* in eine dramatische Form zu übertragen. Am Ende dieses Transferprozesses steht *Nathan der Weise. Ein dramatisches Gedicht in fünf Aufzügen* – die wohl bedeutendste Manifestation des Toleranzdenkens in der europäischen Aufklärung und zugleich eines der berühmtesten Theaterstücke der Weltliteratur.

Im Zentrum des Stücks steht die Parabel von den drei Ringen, die, äußerlich ununterscheidbar, die drei positiven Buchreligionen Judentum, Christentum und Islam symbolisieren. Die drei Söhne der Parabel lassen sich ohne Schwierigkeiten als Vertreter dieser Offenbarungsreligionen identifizieren. Sie alle behaupten, den echten Ring (also die wahre Religion) zu besitzen; sie alle können dies aber nicht beweisen. Sie können nur, das ist die Lehre der Parabel, an die Echtheit des jeweils eigenen Ringes *glauben* und diese durch ihr *Handeln* erweisen. So fällt der Richter in der Parabel kein Urteil, sondern empfiehlt: *Wohlan! / Es eifre jeder seiner unbestochnen / Von Vorurteilen freien Liebe nach! / Es strebe von euch jeder um die Wette, / Die Kraft des Steins in seinem Ring' an Tag / zu legen! komme dieser Kraft mit Sanftmut, / Mit herzlicher Verträglichkeit, mit Wohltun, / Mit innigster Ergebenheit in Gott, / Zu Hülf'!* (V. 524-532). Diese handlungsorientierte Idee praktischer Toleranz – die von keiner religiösen Doktrin geliebt wird – steht im Zentrum des *Nathan*-Dramas und hat bis heute nichts von ihrer Aktualität verloren.

In Wolfenbüttel hat Lessing seine glücklichsten und seine unglücklichsten Tage erlebt. Beide hängen mit Eva König zusammen, der Witwe eines befreundeten Hamburger Kaufmanns, die Lessing nach langem Werben und komplizierten Lebensverläufen am 8. Oktober 1778 endlich heiraten konnte und mit der er im Herbst 1776 im Meißnerhaus zusammenzog. Damit fing das glücklichste Jahr in Lessings

Abb. 2: Unbekannter Künstler: Lessing und Mendelssohn (und Könemann und Daveson) vor dem heute als Lessing-Haus bekannten Wohnhaus des Dichters neben der Bibliotheksrotunde.

nicht eben glücklichem Leben an. Sein Höhepunkt war der Umzug der Familie in das frisch renovierte Schäffersche Haus neben der Bibliothek, das heute als Lessing-Haus bekannt ist.

Hier wurde am ersten Weihnachtstag 1777 Eva und Gotthold Ephraim Lessings Sohn Traugott geboren; er starb nach nur 24 Stunden. Am 10. Januar 1778 starb auch Eva, die sich von der Zangengeburt nicht mehr erholt hat. Der auf Augenhöhe geführte Briefwechsel zwischen Eva König und Lessing zeugt bis heute von der intellektuellen und emotionalen Präsenz dieser autonomen Frau.

Im Lessing-Haus zu Wolfenbüttel hängt heute eine Zeichnung aus dem 19. Jahrhundert, die Lessing im Kreis seiner späten Freunde zeigt. Obwohl dieses Bild nicht zu Lessings Lebzeiten entstand und somit keinen Anspruch auf historische Authentizität machen kann, ist es für mich eines der wahrhaftigsten Lessing-Bilder. In ihm nämlich verdichtet sich das, wofür Lessings Wolfenbütteler Jahre stehen: Toleranz, Vorurteilslosigkeit, Wahrheitssuche, Freundschaft – und die von Goethe in einer unnachahmlichen Formulierung gerühmte Eigenschaft, die eigene Würde jederzeit wegwerfen zu dürfen im Bewusstsein, sie auch jederzeit wiederaufnehmen zu können.

Auf dem Bild sind vier Männer und ein Hund zu sehen. Historisch hat sich die Szene so nicht abgespielt, aber wir können vermuten, dass der Künstler hier Moses Mendelssohns letzten Besuch beim Freunde Lessing in Wolfenbüttel zum Anlass des Bildes nahm. Das war am 20. Dezember 1777, kurz vor dem Tode von Frau und Kind. Auf dem Bild zu sehen ist neben Lessing und Mendelssohn die Rückenansicht zweier weiterer Männer, die etwas später in Lessings gesellschaftlichen Umgang traten und die er beide in sein Haus aufnahm: der hochgewachsene Anarchist Könemann (von dem wir bis heute keinen Vornamen wissen) mit seinem schwarzen Hund und der eben aus der (unrechtmäßigen) Haft entlassene jüdische Kunsthändler Alexander Daveson, den Lessing mitsamt seiner Familie beherbergte und so von der Straße rettete. Es ist dieses Tableau, das mehr als jedes andere Lessing-Bild das Wagnis seines Lebens zeigt: das nämlich, gegen alle Bedenken und Konventionen dem Menschen die Treue zu halten, und zwar ungeachtet seines Standes, seiner Religion und anderer Zufälligkeiten.

Das Andenken an Gotthold Ephraim Lessing und seine Ideen wird seit 1971 durch die Lessing-Akademie in Wolfenbüttel lebendig gehalten. Neben wissenschaftlichen und literarischen Projekten verleiht sie alle zwei Jahre den Lessing-Preis für Kritik. Zeitgleich veranstaltet die Stadt Wolfenbüttel zweijährlich das Lessing-Festival, bei dem eine Vielzahl von theatralischen und künstlerischen Formaten Aktualität und Relevanz des Lessingschen Erbes immer neu unter Beweis stellen.

Literatur

Gotthold Ephraim Lessing, Werke und Briefe in zwölf Bänden, hrsg. von Wilfried Barner u.a., Frankfurt a.M. 1985-2003.

Monika Fick, Lessing-Handbuch. Leben – Werk – Wirkung, Stuttgart [4]2016.

Hugh Barr Nisbet, Lessing. Eine Biographie. Aus dem Englischen übersetzt von Karl S. Guthke, München 2008.

Renate Stauf/Christian Wiebe (Hrsg.), Märchenstadt und Parnass. Literatur in Braunschweig, Braunschweig 2019.

Friedrich Vollhardt, Gotthold Ephraim Lessing. Epoche und Werk, Göttingen 2018.

Justus Möser

VON CHRISTINE VAN DEN HEUVEL

Abb. 1: Mösers Geburtshaus am Markt in Osnabrück, um 1900.

Bei einem Spaziergang durch die historische Altstadt Osnabrücks kommt man unweigerlich am Möser-Denkmal vorbei, das sich in der Mitte der *Großen Domsfreiheit* befindet, einem weiten öffentlichen Platz zwischen der spätromanischen Basilika St. Peter und der ehemals *Fürstbischöflichen Kanzlei* des 1802 säkularisierten Hochstifts Osnabrück. Das 1836 enthüllte und nach wie vor an seinem Ursprungsstandort befindliche Denkmal erinnert an den Staatsmann, Rechtsgelehrten, Publizisten und Historiker Justus Möser, der 1720 in Osnabrück geboren wurde und 1794 in seiner Heimatstadt verstarb.

Die Pläne zur Errichtung des Denkmals waren von einer kleinen Gruppe angesehener Bürger Osnabrücks angestoßen worden, die sich 1832 eigens zu diesem Zweck in einem *Möser-Verein* zusammengeschlossen hatten. Dem Verein standen mit Herbert Sigismund Ludwig von Bar, dem Präsidenten der Osnabrücker Provinzialregierung, und

Weihbischof Carl Anton Joseph Lüpke zwei für das Fürstentum Osnabrück namhafte Persönlichkeiten vor, die – für das Selbstverständnis der Region wichtig – den überkonfessionellen Charakter der Denkmalstiftung verkörperten und überdies noch Justus Möser persönlich gekannt hatten: Man fühlte sich seinem Andenken verpflichtet.

Trotz der Zustimmung des Rates zu dem geplanten Vorhaben sah der wenig später zum Bürgermeister von Osnabrück gewählte Johann Carl Bertram Stüve die geplante Monumentalisierung Mösers zunächst kritisch: Er hätte statt der Errichtung eines *fruchtlosen Steinhaufens* den Bürgern eine inhaltliche Auseinandersetzung mit Mösers Werken gewünscht. Eindeutig konsensfähig war dagegen in der Regierungsspitze des Königreichs Hannover die Bewahrung eines ehrenden Gedenkens an Justus Möser. Adolph Friedrich von Cambridge als Vizekönig sowie der aus dem Fürstentum Osnabrück stammende Ernst Friedrich Herbert Graf zu Münster, bis 1831 erster Mann im hannoverschen Staat, unterstützten das Unternehmen mit ihrer Ehrenmitgliedschaft. Nach der Vorstellung der Initiatoren sollte mit der Denkmalerrichtung allerdings mehr erreicht werden: Aus ihrer Sicht stand Justus Möser eine gesamtnationale Ehrung zu, da dieser zu seinen Lebzeiten – so formulierten sie in ihrem Aufruf – die Eigenschaften eines Staatsmannes verkörpert habe, die Deutschland angesichts seiner politischen Zerrissenheit aktuell so dringend benötige.

Die reichsweite Werbe-Kampagne, die die Denkmal-Initiatoren ab Herbst 1832 starteten, mobilisierte nicht die Spendenbereitschaft, die man sich erhofft hatte. Während in weiten Teilen des Königreichs und insbesondere im Osnabrückischen ansehnliche Summen zusammenkamen, blieben beispielsweise Spenden aus Ostfriesland gänzlich aus. In Berlin kümmerte sich der Nachfolgeinhaber der Nicolaischen Buchhandlung Gustav Parthey um die Werbung für das Vorhaben. Der Enkel des Berliner Schriftstellers und Verlagsbuchhändlers Friedrich Christoph Nicolai hatte nur noch eine indirekte Beziehung zu Justus Möser, doch erhoffte er sich durch die Unterstützung des Denkmal-Projekts eine Umsatzförderung seines Verlagssortiments, denn Partheys Großvater war nicht nur ein Briefpartner Mösers gewesen, er war zugleich auch Verleger von dessen vielbeachteten *Patriotischen Phantasien* sowie der posthum erschienenen Gesamtausgabe des Möserschen Werks einschließlich der Fortsetzung der aus dem Nachlass herausgegebenen *Osnabrückischen Geschichte.* Überdies stammte aus Nicolais Feder die erste 1797 erschienene Biografie über Möser. Als umfassendere Würdigung des Osnabrücker Staatsmannes und Schriftstellers wurde sie noch in den 1860er Jahren unverändert aufgelegt und prägte somit für Jahrzehnte die Möser-Rezeption in Deutschland. Unterstützung, allerdings nur ideell, erhielt der *Möser-Verein* auch aus Bayern. König Ludwig I. begrüßte das

Vorhaben sehr und ließ nach Osnabrück melden, dass Justus Möser zur ersten Reihe der Persönlichkeiten zähle, deren bereits fertiggestellte Büsten in der im Bau befindlichen nationalen Gedenkstätte *Walhalla* bei Regensburg Platz finden sollten. Überdies rief die Bayerische Akademie der Wissenschaften – wenn auch letztlich erfolglos – öffentlich zu Spenden für das Möser-Denkmal auf.

Das Standbild zu Ehren Mösers konnte nach einer vierjährigen Planungszeit im September 1836 der Öffentlichkeit übergeben werden, auch dank einer Unterstützung der Regierung in Hannover und des Königshauses. Mit der Ausführung des Denkmals hatte das Komitee zunächst den Schadow-Schüler Christian Daniel Rauch, einen der herausragendsten Vertreter der Berliner Bildhauerschule, gewinnen wollen. Der von Aufträgen überlastete Künstler empfahl jedoch seinen Schüler Johann Friedrich Drake, dem er damit zu seinem ersten Großauftrag verhalf. Das Denkmal ähnelt, von der leicht vergrößerten Körpergestalt abgesehen, in der Physiognomie dem Porträt, das der Maler Ernst Gottlob im Jahr 1777 von Möser gefertigt hatte. Da Drake den Osnabrücker Staatsmann mit den Insignien des Juristen und Schriftstellers, einer Urkunde und einem dickleibigen Buch, der von Möser verfassten *Osnabrückischen Geschichte*, in der Hand darstellte, könnte der Künstler zusätzlich auch auf das Möser-Porträt von Ernst August Howind zurückgegriffen haben. Eines der vier überlieferten, von Gottlob erstellten Möser-Bildnisse war für die heute noch bestehende Sammlung des Möser-Korrespondenten Johann Wilhelm Ludwig Gleim in Halberstadt bestimmt, der in seinem Haus einen idealisierten *Freundschaftstempel* mit rund 200 Gemälde-Porträts befreundeter Dichter und Dichterinnen zusammentrug, und somit bereits zu Mösers Lebzeiten auch einen Erinnerungskult um den Osnabrücker betrieb.

Das von Drake geschaffene Möser-Standbild beurteilte Stüve nach der Fertigstellung zwar als *künstlerisch wohlgeraten*, es *gereich*[e] *dem Künstler zur Ehre*, jedoch kritisierte er die *eng persönlich*[e], *osnabrückisch*[e] Sichtweise, mit der die Bürgerschaft Möser aus lokalpatriotischer Selbstbezogenheit heroisierte. Dabei war ihm bewusst, dass er selbst in einer merkwürdigen Nähe zu Möser stand. Diese Nähe hatte Stüve bereits während seines Studiums erfahren, standen doch Mösers Werke bei seinen Professoren Friedrich Carl von Savigny in Berlin und bei Karl Friedrich Eichhorn in Göttingen in hohem Ansehen. So hinterließ v.a. Mösers Geschichtsauffassung in den Veröffentlichungen der beiden Juristen nachhaltige Spuren: Der Osnabrücker Publizist und Jurist Möser wurde zum Kronzeugen der sich nach dem Wiener Kongress formierenden Historischen Rechtsschule, die sich gegen das Vernunftrecht wandte und positiv gesetztes Recht als Ausfluss revolutionären Gedankenguts ablehnte, stattdessen den Eigenwert des historisch entwickelten Rechts betonte, das in seiner individuellen und organischen Genese als Grundlage allen menschlichen Zusammenhangs zu bewahren sei.

Stüve selbst hatte nach dem Ende seines Studiums zum weiteren Bekanntheitsgrad von Möser beigetragen, als er 1823 auf Anregung seines akademischen Lehrers Eichhorn die Bearbeitung des 3. Teils der *Osnabrückischen Geschichte* aus dem Möserschen Nachlass übernahm. Ein literarisches Denkmal mit ungeahnter Breiten- und Folgewirkung war Möser und seinem Osnabrücker Wirkungskreis bereits ein knappes Jahrzehnt zuvor von Johann Wolfgang von Goethe zuteilgeworden. Goethe hatte in Band 3 seines 1814 erschienenen biographischen Rückblicks *Dichtung und Wahrheit* die *Patriotischen Phantasien – dieses unvergleichlichen Mannes kleine Aufsätze staatsbürgerlichen Inhalts* – zu einem literarischen Abbild der kleinstaatlichen Lebensverhältnisse der Deutschen schlechthin erklärt und Stadt und Hochstift Osnabrück zum Prototyp der 1806 untergegangenen Staatenwelt des Alten Reichs erhoben. Dass bereits ein Gespräch ›über‹ Möser Türen öffnen und Karrieren fördern konnte, hatte Goethe anlässlich seiner Vorstellung 1775 bei seinem künftigen Landesherrn Carl August von Sachsen-Weimar-Eisenach zu seinem Vorteil erfahren. Gleiches galt für den Goethe-Verehrer Stüve, der seine Einladung zu einem Besuch bei dem Dichter in Weimar 1827 v.a. seiner Osnabrücker Herkunft und dem entsprechenden Bezug zu Möser verdankte.

Wenige Jahre später sah sich Stüve selbst – zumindest hinsichtlich seines erfolgreichen Einsatzes für die Ablösung bäuerlicher Lasten und die Abfassung des hannoverschen Staatsgrundgesetzes – in der geistigen Nachfolge Mösers. Allerdings betonte Stüve immer öfter, dass Mösers Weltsicht als Grundlage für konkrete politische Handlungsanweisungen an Aktualität verloren habe. Dennoch griffen im 19. Jahrhundert immer wieder Juristen, Staatsrechtler, Ökonomen und Philosophen mit ganz unterschiedlichen politischen Einstellungen auf Mösers Werke zurück, so z.B. Friedrich List, Robert von Mohl, Georg Beseler, Lorenz von Stein, Gustav Schmoller, aber auch Karl Marx, Friedrich Engels und Ferdinand Lasalle.

Die sich am Ende des 19. Jahrhunderts formierende Heimatbewegung glaubte in Justus Möser den *Vater der deutschen Volkskunde* entdeckt zu haben, nachdem bereits 1859 der Kulturhistoriker Wilhelm Heinrich Riehl Möser zum Ahnherrn volkskundlicher Forschung erklärt hatte. Um 1900 nahm auch in Stadt und Land Osnabrück das Interesse an Möser wieder zu, begleitet von einer Musealisierung seiner Person und der Betonung seiner vermeintlichen Bodenständigkeit. In der Zeitschrift des einst von Stüve 1847 gegründeten Vereins für Geschichte und Landeskunde von Osnabrück erschienen nunmehr vermehrt Beiträge zu Möser. Im Osnabrücker Schloss befand sich, in den 1930er Jahren eingerichtet, bis zur Kriegs-

*Abb. 2:
Das Justus-Möser-Denkmal auf der Großen Domsfreiheit, Osnabrück,* 2011.

zerstörung des Gebäudes ein *Möser-Zimmer* – quasi als Ersatz für ein Möser-Museum. Spürbaren Aufschwung erfuhr die Möser-Forschung in den 1920er Jahren durch den Historiker Karl Brandi, der sich auch für das Projekt einer historisch-kritischen Möser-Ausgabe bei der Göttinger Akademie der Wissenschaften einsetzte, deren erster Band 1943 erschien. Die u.a. von Brandi und den mit ihm befreundeten Möser-Forschern Ludwig Schirmeyer und Ludwig Bäte betriebene Möser-Renaissance erleichterte die ideologische Vereinnahmung des Osnabrücker Staatsmannes durch die lokale Geschichtspolitik der NS-Zeit. So nutzte die Stadtverwaltung in Verbindung mit der NS-Organisation *Kraft durch Freude* 1936 die Gedenkfeier zum 100. Jahrestag der Übergabe des Möser-Denkmals, den *größten Sohn* der Stadt, den *Schutzgeist von Osnabrück*, den *ewigen Deutschen* zum Ahnherrn völkischer Gemeinschaft zu erklären. Der in Osnabrück aufgewachsene Brandi sowie Schirmeyer und Bäte wurden 1944 erstmals mit der kurz zuvor gestifteten Möser-Medaille ausgezeichnet. Wenige Monate später fiel das Geburtshaus von Möser neben der Marienkirche am Markt 26/27 den Bomben zum Opfer. Der heute an dieser Stelle stehende Wiederaufbau der 1950er Jahre erinnert in seiner äußeren Fassade, die eine Gedenktafel trägt, an das einstige Möser-Haus.

Eine Straße in Osnabrück war Möser schon 1866 gewidmet worden. 1927 wurde die älteste, 1828 gegründete Bürger-Realschule in *Möser-Realschule* umbenannt. Die 1944 zum Andenken an den 150. Todestag von Justus Möser gestiftete Möser-Medaille ist noch heute die höchste Auszeichnung, die die Stadt regelmäßig vergibt. 1987 erhielt die Möser-Forschung einen neuen Impuls durch die als Sektion des Osnabrücker Historischen Vereins gegründete Justus-Möser-Gesellschaft. Seither finden jährlich um Mösers Geburtstag am 14. Dezember gemeinsam mit der Stadt veranstaltete Festvorträge im Friedenssaal des Rathauses statt. Die kurz zuvor an der Universität Osnabrück gegründete Justus-Möser-Dokumentationsstelle, die die wissenschaftliche Auseinandersetzung mit Möser intensivieren sollte, wurde 2005 jedoch wieder aufgelöst. Ausstellungen, Vorträge, Tagungen und historische Präsentationen, die anlässlich der Erinnerung an Mösers Geburtstag vor 300 Jahren für das Jahr 2020 geplant waren, mussten weitgehend wegen der weltweit grassierenden Pandemie abgesagt werden.

In einem eigens entwickelten Rahmenkonzept zur Osnabrücker Erinnerungskultur, mit der sich die Stadt der Aufarbeitung des Nationalsozialismus und der Verbreitung des Friedensgedankens (→ *Friedensstadt*) verschrieben hat, wird insbesondere das Gedächtnis an Erich M. Remarque, Felix Nussbaum und Hans Calmeyer gepflegt. Doch gehört in eine weitergefasste Osnabrücker Erinnerungskultur ebenso auch Justus Möser, zumal seine Beschreibung kleinräumiger Lebenswelten, die Fortdauer seiner reformkonservativen Ideen im 19. Jahrhundert und die nachträgliche Betonung seiner regionalbezogenen *Local-Vernunft* das Selbstverständnis der Osnabrücker nachhaltig geprägt haben.

Literatur

Thorsten HEESE/Martin SIEMSEN, Justus Möser 1720-1794. Aufklärer, Staatsmann, Literat. Die Sammlung Möser im Kulturgeschichtlichen Museum Osnabrück, Bramsche 2013.

Heinrich SCHMIDT, Justus Möser und Johann Carl Bertram Stüve, in: Niedersächsisches Jahrbuch für Landesgeschichte 79 (2007), S. 257-273.

Ulrich WINZER/Susanne TAUSS (Hrsg.), »Es hat also jede Sache ihren Gesichtspunct …«. Neue Blicke auf Justus Möser (1720-1794), Münster/New York 2020.

Torf und Moor

VON MICHAEL HAVERKAMP

Abb. 1: Pflugarbeiten im Bourtanger Moor. Mitglieder des Deutschen Bundestages und des Niedersächsischen Landtages während einer Informationsveranstaltung der Emsland GmbH.

Die naturräumliche Gliederung Nordwestdeutschlands war geprägt durch große, mächtige Hochmoorgebiete und ausgedehnte Niedermoore, die schon früh in der geschichtlichen Entwicklung die Siedlungsbildung als auch die wirtschaftliche Entwicklung des gesamten Raumes beeinflussten. Trockengelegte Niedermoore und Hochmoore wurden bis in das 18. Jahrhundert hinein als Viehweide, zur Plaggenentnahme, für den Buchweizenanbau und zur Gewinnung von Schwarztorf für den Hausbrand genutzt. Zur wirtschaftlicheren Nutzung der Moore fehlten Investitionen in die hierfür benötigte Infrastruktur, wie sie in den niederländischen Veenkulturen üblich waren. Auf deutscher Seite kopierte einzig Papenburg das niederländische Kulturprinzip ab 1631 so erfolgreich wie die Niederländer. Nur 200 Jahre später besaß die Freiheit Papenburg bereits etwa 3.300 Einwohner und war damit größer als die Städte Lingen und Meppen. Die im Bremer und Oldenburger Umland, Ostfriesland oder dem Emsland gegründeten Fehn- und Moorkolonien konnten an eine so erfolgreiche, wirtschaftlich prosperierende Entwicklung nicht anknüpfen, wodurch viele Siedler jahrzehntelang in mehr oder weniger großem Elend ihr Dasein fristeten. Die vorwiegende Nutzung der nordwestdeutschen Moore blieb der Buchweizenanbau mit der einhergehenden Moorbrandkultur. Hierbei wurde nach einer einfachen, oberflächlichen Moorentwässerung die obere Vegetationsschicht im Frühjahr abgebrannt. Die dabei entstehende Asche bildete einen kurzlebigen Dünger, in den Buchweizen, eine recht anspruchslose Knöterichart, gesät wurde.

Schätzungen gehen davon aus, dass im Nordwesten Niedersachsens bis zu vier Fünftel des Gebietes unkultivierter Boden war. Die Moore riefen daher immer wieder Fachleute auf den Plan, die vor dem Hintergrund schwindender Holzvorräte und mangelhafter Kohleversorgung die energetische Nutzung der enormen Schwarztorfvorräte forderten. Agrarökonomen sahen in der Nutzung der Moore durch Trockenlegung, Besiedlung und landwirtschaftliche Nutzung ein großes Potential zur Beseitigung der Agrarkrise des frühen 19. Jahrhunderts.

Erst das preußische Ministerium für Landwirtschaft, Domänen und Forsten unternahm ernsthafte Schritte zur Verbesserung der Landeskultur und schuf die gesetzgeberischen und organisatorischen Voraussetzungen für eine allumfassende Ödlandkultivierung, deren Schwerpunkte zunächst auf der landwirtschaftlichen Nutzung der Moore lagen. Der Grund war in der Ausweitung des Kohlebergbaus zu suchen; die Nutzung der Kohle als Energieträger war in die entlegensten Winkel Nordwestdeutschlands vorgedrungen und machte selbst in moorreichen Gebieten dem Schwarztorf in vielen Haushalten Konkurrenz. Mit Schwarztorf war nur noch Geld zu verdienen, wenn eine Nutzung vor Ort stattfand oder wenn, wie in beiden Weltkriegen, Brennstoffknappheit herrschte. 1910 kam es zum Bau eines Torfkraftwerks in Wiesmoor. Im Jahre 1924/1925 ging ein weiteres, das von den Heseper Torfwerken AG gebaute Torfkraftwerk Rühlermoor (Meppen) an das überregionale Stromnetz. Pläne für den Bau weiterer Torfkraftwerke in den preußischen Mooren wurden nicht mehr verwirklicht.

Insgesamt verlagerte sich das Nutzungsinteresse der ab 1890 boomenden Torfindustrie auf die Weißtorfe, welche in den Vieh- und Pferdeställen der wachsenden Städte, in der Landwirtschaft und in einigen Industrien, in Ergänzung oder als Ersatz bereits bestehender Produkte steigende Anwendung fanden. So etwa als Einstreu in den Ställen und in Torftoiletten, zur Nutzung als Torffasern und Torfmull in Pferdedecken, Satteldecken, Lappen, Teppichen, Matten, Packpapier, Papier, in Torfwatte für medizinische Zwecke und als Isoliertorf im Hausbau. Daneben wurde die »Deutsche Hochmoorkultur«, also die landwirtschaftliche und forstwirtschaftliche Nutzung der Hochmoore vorangetrieben und deren Wirkungsgrad im Rahmen von Entwässerung, Kalkung und Düngung stetig verbessert.

Bereits um 1920 war kein einziges der Nordwestdeutschen Moore mehr in natürlichem Zustand.

Nach der Rohstoffknappheit und Bewirtschaftung der Moore unter den Bedingungen des Zweiten Weltkriegs änderte sich die wirtschaftliche Ausbeutung der nordwestdeutschen Moore – sie beschleunigte sich noch einmal um ein Vielfaches. Ausschlaggebend hierfür war die am 5. Mai 1950 getroffene Entscheidung des Deutschen Bundestages, zur Erschließung des Emslandes Mittel des Bundeshaushaltes und Mittel aus dem Marschall-Plan zur Verfügung zu stellen. Was auf zehn Jahre angelegt war, dann aber fast vierzig Jahre dauerte, war eine Raumneuordnung unvorstellbaren Ausmaßes, die überregionalen Modellcharakter besaß und auch erhebliche Auswirkungen auf andere Gebiete mit Ödländereien (Moore/Heiden) hatte. Unter der Leitung einer für diesen Zweck eigens gegründeten Gesellschaft – der Emsland GmbH – wurden Kultivierungs-, Siedlungs- und Strukturmaßnahmen durchgeführt. Die Torfindustrie räumte im Rahmen der Gesamtplanung den Torf nun im Rekordtempo ab, um die angestrebte bäuerliche Siedlungsentwicklung zu beschleunigen. Dabei half, dass die Schwarztorfe aufgrund veränderter Produktionsmethoden nun neben dem Weißtorf ebenfalls im Gartenbau Verwendung fanden, der Erwerbsgartenbau aufgrund des konstanten Bevölkerungswachstums und der Technisierung der Produktion stark expandierte und immer größere Mengen Torf abnahm.

Ende der 1980er Jahre waren die meisten Flüsse Nordwestdeutschlands eingedeicht und/oder reguliert, die Vorfluten geregelt, Niedermoore und Hochmoore für den Torfabbau entwässert, neue Siedlungen gegründet, ebenso tausende Bauernhöfe und landwirtschaftliche Nebenerwerbsstellen geschaffen, die notwendigen Kirchen, Schulen und Sportstätten gebaut, Straßen und Wirtschaftswege angelegt, Wasserverbände und Elektrizitätswerke gegründet und die Infrastruktur ausgebaut, Industriebetriebe und solche des Handels angesiedelt – die Liste der Maßnahmen ließe sich fortführen.

Mit der allumfassenden Kultivierung der nordwestdeutschen Moore verschwanden diese als Naturraum endgültig. Das in den 1970er Jahren erlassene niedersächsische Moorschutzgesetz erzwang zwar einen Ausgleich zwischen Naturschutz und wirtschaftlichem Interesse, kam aber zu spät, um größere Moorgebiete dauerhaft als Naturschutzraum zu bewahren. Lediglich für 575 qkm niedersächsische Moorflächen gab es 2010 Ausweisungen als Naturschutzgebiete, zerstückelt in hunderte kleiner und kleinster Einzelflächen, viele degeneriert und im Landschaftszustand vom natürlichen Ökosystem Moor weit entfernt. Dazu gehören auch die sich noch derzeit in der Abtorfung befindlichen etwa 115 qkm Moor sowie die 140 qkm nach der Abtorfung ebenfalls stark degenerierten und renaturierten Moorflächen.

Abb. 2: Schwarztorfbagger der Heseper Torfwerke in Groß Hesepe.

In Niedersachsen werden derzeit noch immer 2.290 qkm Hoch- und Niedermoor als Grünland und etwa 780 qkm als Ackerland landwirtschaftlich genutzt. Dabei nimmt ihre Klimaschädlichkeit mit steigender Entwässerungs- und Nutzungsintensität zu. Jährlich werden in Deutschland ca. 8 Mio. cbm Torf auf 2% der Moorflächen industriell abgebaut und hierbei ca. 1,9 Mio. t CO_2-Äquivalente freigesetzt. Das entspricht einem Anteil von ca. 7% an den aus deutschen Mooren und Torfen stammenden Treibhausgasemissionen. Mit 84% oder 22,8 Mio. t CO_2-Äquivalente den Löwenanteil emittieren allerdings die land- und forstwirtschaftlich genutzten Moorböden. Diese haben sich zu wahren Kohlendioxidschleudern entwickelt und bilden eine potenzielle Gefahr für unser Klima.

2006 wurden im äußersten Nordwesten Niedersachsens in den Naturschutz überführte degenerierte Restmoorflächen im deutsch-niederländischen Naturpark Moor – Veenland zusammengefasst, u.a. mit dem Ziel, die Moorflächen im Naturschutz zu stärken. Ähnliche Unterschutzstellungen und Gebietskulissen entwickelten sich oder sind in Planung in den Großräumen Oldenburg, Hannover, Stade sowie im Harz. Den in diesen Regionen etablierten Museen und Naturschutzstationen verbleibt heute die enorm wichtige Aufgabe der Wissensvermittlung über ein in Geschichte und Gegenwart fast gänzlich verschwundenes Ökosystem und seine Bedeutung für unser Klima (→ *Lüneburger Heide*).

Getragen wird das nach wie vor große Allgemeininteresse an Mooren und Moorlandschaften in unserer Region sicherlich durch die Geschichten um Moorleichen (in den Ausstellungen der Landesmuseen Oldenburg und Hannover) und der großen Verbreitung des »Mythos Moor« in Kunst und Kultur. »Moora«, das Mädchen aus dem Uchter Moor, ist der jüngste und mit dem baldigen Ende des Torfabbaus auch wohl letzte Leichenfund in niedersächsischen Mooren. Ihre Überreste wurden im Jahr 2000 (2005) bei Uchte im niedersächsischen Landkreis Nienburg/Weser durch Torfarbeiter entdeckt und sorgten in ganz Deutschland für Schlagzeilen. Untersuchungen eines eigens gegründeten archäologisch-paläoökologisch und paläoanthropologischen Forscherteams ergaben, dass die etwa 16 bis 21 Jahre alte Frau bereits um 650 v.Chr. im Moor den Tod fand. Die Todesursache konnte zwar nicht ermittelt werden, doch die Lebensumstände ließen sich aufgrund umfangreicher Analysen und Untersuchungen sehr gut rekonstruieren. Der Leichenfund war eine Publikumssensation und rief ein großes überregionales Interesse hervor. Dabei spielen der Grusel und das Unheimliche, meisterhaft bereits in Literaturklassikern erfasst wie in Sherlock Holmes' *Der Hund von Baskerville*, aber auch in Literatur und Dichtung wie der Ballade vom Knaben im Moor von Annette von Droste Hülshoff, noch immer zentrale Rollen. Das bis heute nachhallende Wirken der Künstler aus Worpswede (Teufelsmoor bei Bremen) lässt sich ebenfalls aus diesem Mythos heraus erklären. Die Werke von etwa Fritz Mackensen, Hans am Ende, Otto Modersohn, Paula Modersohn-Becker, Fritz Overbeck oder Hans Saebens prägten unser Bild vom Moor nachhaltig (→ *Worpswede*). Diese idealisierte bäuerliche Idylle ist auch einer der Gründe, warum die Moorkultivierung über lange Zeitläufte hinweg positiv besetzt blieb. Es wurden Siedlungen, Wald und Wiese, nutzbarer Boden, Industrie und Mehrwert geschaffen. Das bedeutete Fortschritt und eine deutliche Verbesserung der Lebensqualität für die Bewohner dieser Gegenden. Die negativen Auswirkungen der wirtschaftlichen Nutzung unserer Moore auf das Ökosystem und Klima werden erst seit kurzem intensiver diskutiert. Dies ist deshalb so wichtig, weil der Torfabbau in Deutschland zwar endet, aber in anderen europäischen Ländern trotz bestehender Klimaziele nach wie vor ausgeweitet wird. Auch Landwirtschaft auf Moorstandorten nimmt zu.

Moore müssen nass, sagt der Greifswalder Moorforscher Hans Joosten, intakte Moore bestehen aus 95 % Wasser und lediglich 5 % festen Stoffen, nur so ist ein Moor in der Lage, in hohem Maße CO_2 zu binden. Zusammengenommen speichern Moore weltweit mehr Kohlenstoff als Wälder, machen aber nur 3 % der Landfläche aus. Mit gezielter Moorregeneration könnte also ein deutlich höherer Effekt beim Klimaschutz erreicht werden als etwa mit der Aufforstung weiterer Wälder.

Literatur

Andreas Bauerochse u.a. (Hrsg.), »Moora« – Das Mädchen aus dem Uchter Moor. Eine Moorleiche der Eisenzeit aus Niedersachsen I. und II., Rahden/Westfalen 2008.

Karl E. Behre, Landschaftsgeschichte Norddeutschlands, Umwelt und Siedlung von der Steinzeit bis zur Gegenwart, Neumünster 2008.

Eugenie Berg, Die Kultivierung der Nordwestdeutschen Hochmoore, Oldenburg 2004.

Christof Haverkamp, Die Erschließung des Emslandes im 20. Jahrhundert als Beispiel staatlich regionaler Wirtschaftsförderung, Sögel 1991.

Michael Haverkamp (Hrsg.) unter Mitarbeit von Dieter Ostendorf, Von den Heseper Torfwerken zur Klasmann-Deilmann GmbH 1913-2013, Bramsche 2013.

Was haben Moore mit dem Klima zu tun? Broschüre der Deutschen Gesellschaft für Moor- und Torfkunde. Redaktion: Heinrich Höper, Kiel 2010.

Die Bremer Stadtmusikanten

Von Konrad Elmshäuser

Das Märchen von den Bremer Stadtmusikanten wurde 1819 in der zweiten Auflage der *Kinder- und Hausmärchen* der Brüder Grimm erstmals veröffentlicht. Es ist eines der populärsten Märchen dieser Sammlung, die mittlerweile als Teil des UNESCO-Programms Memory of the World zum Dokumentenwelterbe der Menschheit gehören.

Abb. 1: Vier Tiere als Erinnerungsort: Besuch des niederländischen Königspaares am Stadtmusikantendenkmal von Gerhard Marcks im April 2019.

Mit der Freien Hansestadt Bremen bilden die vier Tiere nicht nur eine begriffliche Einheit, sondern sie sind die international bekannteste Marke der Hansestadt – noch weit vor den UNESCO-Welterbestätten

Roland und Rathaus. Wesentlichen Anteil an der nicht nur erzählerischen, sondern auch körperlichen Verortung der Stadtmusikanten in Bremen hat das 1953 vor dem Bremer Rathaus aufgestellte Stadtmusikanten-Denkmal des Bildhauers Gerhard Marcks. Mit seiner grazilen Gestalt wurde die Silhouette der Tierpyramide zum vielfach reproduzierten Symbol der Hansestadt, die mittlerweile in Stadtmarketing und Logos nicht auf die Sympathieträger verzichten möchte. Einen besonderen Erinnerungsort bildet das Denkmal der Stadtmusikanten zudem durch die Erzählung, dass, wer die Beine des Esels berührt, Glück erhält und in die Hansestadt zurückkehren wird. Das sorgt bei Touristen für Entzücken und beim Esel für stets glänzend polierte Hufe.

Da Märchen zumeist in einer unbestimmt fernen Vergangenheit (*Es war einmal …*) und an unkonkretem Ort (*… in einem fernen Land*) angesiedelt sind, ist die Verbindung eines Märchens mit einer existenten Stadt gänzlich ungewöhnlich. Daher hat die Frage »Warum Bremen und warum Stadtmusikanten?« immer wieder Forschung und Publikum bewegt. Dabei ist sie recht einfach zu beantworten: Im Zielort Bremen und im Beruf des Stadtmusikanten lässt der Grimm'sche Märchenstoff Vorstellungen anklingen, die im Oberweserraum in Nordhessen, Ostwestfalen und Südniedersachsen – der Herkunftsregion des Märchens – offenbar mit der Hafenstadt Bremen verbunden wurden. Aus den Anmerkungen der Brüder Grimm zu den *Kinder- und Hausmärchen* wissen wir, von wem und woher mehrere leicht abweichende Erzählformen des Märchens übermittelt wurden. Dies war zum einen Dorothea Viehmann aus Zwehren in Oberhessen, während die 1819 publizierte Fassung auf den Freiherrn August von Haxthausen aus Bökendorf bei Höxter zurückgeht. Für diese Region war die Weser um 1800 die Verkehrsader, die sie mit der Welt verband. Auf die große Hansestadt an der Unterweser lief der Fernverkehr zu, auf sie konnten Hoffnungen auf Wohlstand und ein selbstbestimmtes Leben projiziert werden. Die Erfahrung von wirtschaftlicher Not und sozialem Druck spricht das Märchen mit seinem Kernthema recht konkret an: *Etwas Besseres als den Tod findest du überall.* Den sozialen Hintergrund des Märchens – Ungerechtigkeit und Undank am Ende eines langen, arbeitsreichen Lebens – bildete ein klassisches Gesindeschicksal, aus dem das Märchen aber einen unerwarteten Weg weist: die Utopie von der Selbstermächtigung, vom solidarischen Weg zu einem selbstbestimmten Leben. Diese zeit- und voraussetzungslos verständliche Kernbotschaft hat dem Märchen zu erheblicher Popularität und internationaler Verbreitung verholfen. Auch um 1819 traf sie offenbar einen Nerv der Zeit, denn Armut und Entrechtung waren damals für Gesinde und einfache Leute an der Tagesordnung. An der Oberweser wie in Bremen.

Doch welche Vorstellungen verbanden sich mit dem Berufsbild des Stadtmusikanten als Sozialutopie? Städtische Musici waren seit dem

Mittelalter in vielen großen Städten anzutreffen, in Bremen arbeiteten sie als Turmbläser und spielten bei Ratsempfängen und Hochzeiten auf. Bildquellen zur Bremer Stadtmusik zeigen vor bürgerlichen Hochzeitszügen Posaunenbläser in Amtstracht. Die Ratsmusiker waren seit dem Spätmittelalter zünftig organisiert, führten ein Wappen und ein Siegel und bekämpften erbittert die Konkurrenz freier Spielleute. Im 17. Jahrhundert stand die Bremer Ratsmusik zeitweise in einer kurzen künstlerischen Blüte, sie geriet aber im 18. Jahrhundert durch die Konkurrenz der Musiker des Stadtmilitärs in einen stetigen Niedergang. Kurz nach 1800 wurde sie aufgelöst, nachdem ihre letzten Vertreter, wie es im Jahr 1800 in einem Aufsatz heißt, *nicht in die beste Gesellschaft* gerieten, wodurch sie *immer mehr verwildern mussten. Musikant*, so heißt es dort weiter, bekam in Bremen *einen solchen Makel und üblen Ruf, dass viele ehrliche Bürger ihre Kinder lieber alles andere, als Musik hätten lehren lassen*. Ihr Ruf als verwilderte Gesellen war also das Kennzeichen der Bremer Stadtmusik um 1800 – ein soziales Stigma, das außerhalb Bremens durchaus zum Vorbild für die Katzenmusik vagabundierender Tiere in einem Märchentext werden konnte. Ähnliche Gedanken trieben 1865 den Hamburger Autor Otto Beneke um, der in einer kulturhistorischen Arbeit rückblickend schrieb: *Schier rätselhaft ist es, wie die reiche und mächtige Stadt Bremen jemals in eine solchen Mißcredit hat kommen können, daß die Volkssatyre den Esel, den Hund, die Katze und den Hahn die Bremer Stadtmusikanten betitelt*. Ähnlich distanziert wird auch das Bremer Bürgertum die vier fragwürdigen Tieren gesehen haben, die mehr satirische Persiflagen als Identifikationsobjekte waren, zumal in Bremen ein Mangel an solchen nicht bestand. Neben dem übermächtigen Roland (→ *Bremer Roland*) gab es seit 1845 die populären Bremer Volkssagen von Friedrich Wagenfeld mit der Gluckhenne, den Sieben Faulen, der Gräfin Emma, dem Krüppel und nicht zuletzt die *Brema* als Stadtpatronin.

So spielten die Stadtmusikanten in Bremen im 19. Jahrhundert keine besondere Rolle, obwohl Bremens Bürgermeister Johann Smidt mit den Brüdern Grimm eng befreundet war und 1815 Jacob Grimm für die Sammlung von Märchen und Sagen einen Korrespondentenkreis in Bremen empfohlen hatte.

Erst um 1900 endet die Ignoranz, mit der man in Bremen die Stadtmusikanten behandelte. Für einen Monumentalbrunnen auf dem Domshof, dem größten Platz der Bremer Altstadt, der bis 1803 hannoversches Territorium gewesen war, wurde 1894 ein reichsweiter Wettbewerb veranstaltet. Unter 104 Beiträgen befand sich auch der im Wettbewerb unterlegene Entwurf *Die Bremer Stadtmusikanten* des Dresdner Bildhauers Heinrich Möller. Ihn protegierte der Bremer Künstlerpapst Arthur Fitger und regte in der *Weser-Zeitung* an, *die*

Abb. 2: Heinrich Möllers Stadtmusikantenskulptur von 1899 auf einer Postkarte des Bremer Ratskellers von 1905.

ungeheure aus Esel, Hund, Katze und Hahn gebildete gespenstische Pyramide als Ehrengabe des Senats auszuführen. Arthur Fitger war die erste öffentliche Stimme für die Stadtmusikanten in Bremen; ihm ist zu verdanken, dass Bürgermeister Victor Marcus die Ausführung als Mäzen finanzierte. 1898/1899 wurden die Stadtmusikanten als Bronzeskulptur hergestellt und der Stadt vermacht. Die öffentliche Aufstellung erfolgte an einem prominenten Ort: im Ratskeller, in dem

Senatszimmer genannten Vorraum des Kaiserzimmers, wo regelmäßig die namensgebenden Senatsempfänge bei Besuchen von Kaiser Wilhelm II. stattfanden. Dort ist Möllers Werk seither auf einem drehbaren Sockel montiert. Mit einem Weinfass als zentralem Gegenstand gelang Möller eine ikonographisch einzigartige Umsetzung des Stadtmusikanten-Themas, die dem Umstand geschuldet war, dass die Skulptur für einen wasserspeienden Großbrunnen gedacht war. Doch passte auch die Zweitverwendung im Rathaus perfekt zu Ort und Ambiente: im Ratsweinkeller gegenüber von Fitgers Wandfresko der weinspendenden Brema. Der Wahrnehmung und Akzeptanz der Stadtmusikanten als Bremen-Symbol gab dies enormen Aufschwung.

Der Hersteller der Statue ließ noch im Jahr 1899 die Bronzegruppe als *eine Schaale Bremer Stadtmusikanten* herstellen und *geschäftlich ausnutzen* – offenbar waren die Stadtmusikanten nun auch in der breiten Publikumsgunst angekommen. Schon wenig später wird die Ratskeller-Bronze als Sehenswürdigkeit auch in Bremen-Reiseführern erwähnt. Zeitgleich begegnen die Tiere nun ebenso als Souvenirs und auf Postkarten. Auch im öffentlichen Raum leistete eine prominente Platzierung der wachsenden Popularität Vorschub. An der wichtigsten Sichtachse der Innenstadt an der Ecke Markt/Obernstraße wurde das Ratscafé (heute Deutsches Haus) errichtet. Den Bau ziert seit 1911 ein mächtiger Laternenausleger mit vier vergoldeten Tiergestalten: den Stadtmusikanten, die hier erstmals im öffentlichen Raum der Hansestadt auftraten. Ihnen folgten in den kommenden Jahren in der Bremer Innenstadt mehrere prominente und künstlerisch qualitätsvolle Adaptionen des Themas. Seit den 1930er Jahren wurde auch der Ruf nach einer denkmalhaften Großplastik laut. Doch konnten sich Senat und Kulturpolitik in der NS-Zeit für das wenig heldenhafte Thema nicht recht erwärmen, sodass bis zum Kriegsbeginn nichts dergleichen erfolgte.

Als 1951 an den Bildhauer Gerhard Marcks anlässlich einer Werkausstellung in der Kunsthalle Bremen die Frage herangetragen wurde, *eine große Gruppe der weltberühmten Bremer Stadtmusikanten* zu schaffen, nahm dieser die Idee sofort auf und stellte eine Plastik fertig, die 1953 probeweise vor dem Bremer Rathaus aufgestellt wurde, um zu sehen, ob sie *den Beifall der Bevölkerung findet*. Dies war nicht wirklich der Fall. Gerhard Marcks hatte künstlerisch zweifellos das Wesentliche der vier Tiere eingefangen, aber mehr Mühe auf die künstlerische Herausforderung der Tierpyramide als auf die Botschaft des Märchens verwandt. Dieses war ihm wohl mehr erinnerlich als wirklich vertraut – so vergaß er im ersten Entwurf die Katze. Durch die Verkleinerung des Esels auf halbe Lebensgröße brachte Marcks die Pyramide zwar in ein Ebenmaß, sodass die Tiere nun artig im Lot standen, überfallartiger Krawall ging von ihnen aber nicht

Abb. 3: Die Stadtmusikanten im Logo der Freien Hansestadt Bremen.

mehr aus. Die Stadtmusikanten wurden im Moment ihrer bislang prominentesten Umsetzung mit der recht braven Ästhetik der 1950er Jahre gleichsam gezähmt. Dies brach mit den Erwartungen des Publikums und rief Enttäuschung bis hin zu Ablehnung und Protest hervor. Dem stand aber der gute Ruf des Künstlers und die hohe Qualität des Kunstwerks entgegen, sodass die Skulptur angekauft und 1954 beschlossen wurde, dass das Denkmal an dem vom Künstler gewünschten Standort vor dem Rathaus bleibt. Dass Bremen an den Stadtmusikanten seither nicht nur ein weiteres Symbol, sondern eine international unverwechselbare grafische Marke hat, ist ganz wesentlich der einprägsamen Silhouette des Denkmals zu verdanken.

So sind die vier vagabundierenden Tiere nach 200 ereignisreichen Jahren nicht mehr wegzudenken aus Bremen. Ihr Weg dahin dauerte länger als gedacht, und, wie es am Schluss des Märchens heißt, *wer das zuletzt erzählt hat, dem ist der Mund noch warm.*

Literatur

Dieter Brand-Kruth, Auf nach Bremen. Den Stadtmusikanten auf der Spur, Bremen 2019.

Konrad Elmshäuser, Die Bremer Stadtmusikanten – zum Verhältnis von Herkunft, Heimat und Identität in einem Märchenstoff, in: Jahrbuch der Wittheit zu Bremen 2021, S. 34-69.

Andreas Röpcke/Karin Hackel-Stehr (Hrsg.), Die Stadtmusikanten in Bremen. Geschichte – Märchen – Wahrzeichen, Bremen 1993.

Landschaften als Institutionen in Niedersachsen

Hans-Eckhard Dannenberg

Abb. 1: Frühes Zeugnis der Formierung von Landständen in Niedersachsen (hier exemplarisch für Bremen-Verden): Erzbischof Otto von Bremen, das Domkapitel, Prälaten, Mannschaft, Städte und Landgemeinden des Erzstiftes Bremen schließen eine Einung auf acht Jahre zu gegenseitigem Rechtsschutz. Urkunde vom 6. Dezember 1397.

Das Land Niedersachsen weist eine in Deutschland einzigartige Besonderheit auf: die Fortexistenz der seit dem Mittelalter bestehenden Institutionen der Landschaften bis in die Gegenwart. Im 14. und 15. Jahrhundert bildeten sich in den deutschen Territorialstaaten »Landstände« heraus: zumeist dreigeteilte Korporationen derjenigen Kräfte, die in einem Territorium über Grundbesitz und darauf beruhende Rechte und Einnahmen verfügten. Sie bestanden zunächst aus der Geistlichkeit, dem landsässigen Adel (meistens in Gestalt von Ritterschaften, die aus den dem Landesherrn dienstpflichtigen Ministerialen hervorgegangen waren) und den Städten. Nach der Reformation und den Säkularisierungen des 17. Jahrhunderts und 1803 durch den Reichsdeputationshauptschluss bildeten in der Regel die Ritterschaften, die Städte und nicht-ritterschaftlichen Grundbesitzer die Landstände. Die Landesherren benötigten die lokalen Herrschaftsträger zum Aufbau und zur Verwaltung eines möglichst fest umschlossenen Herrschaftsgebietes, im Gegenzug erkämpften sich die Stände Privilegien und Rechte der Mitwirkung bei Gesetzgebung und Landesverwaltung, insbesondere bei der Erhebung und Verwaltung von Steuern. Auf regelmäßigen Versammlungen, den sogenannten Landtagen, kamen die Landstände mit den Landesfürsten zur Beratung zusammen, zunächst meist unter freiem Himmel, später in festen Häusern. Auf den Landtagen wurden Heeresaufgebote zusammengestellt, Gerichtsurteile gefällt und Steuern bewilligt. Da auf den Landtagen verbindliche Beschlüsse für alle Bewohner eines Landes gefasst wurden, verstanden sich die Landstände über ihre Gruppen- und Partikularinteressen hinweg zunehmend auch als Repräsentanten des ganzen Landes. In der Bezeichnung »Landschaft«, die für sie im 18. Jahrhundert allgemein gebräuchlich wurde, fanden dieses Selbstverständnis und auch das ständische Selbstbewusstsein ihren prägnanten Ausdruck. Die Bezeichnung »Landtag« setzte sich für die alten Ständeversammlungen des Mittelalters und der Frühen Neuzeit ebenso durch wie für die heutigen Landesparlamente.

Die *regionalgeschichtliche Vielfalt* – so ein Diktum des Göttinger Historikers Ernst Schubert – ist ein historisches Erbe des 1946 gebildeten Bundeslandes Niedersachsen. Die flächendeckende Erforschung der ständischen Entwicklungen und Traditionen in Niedersachsen wurde ab 2000 durch die Historische Kommission für Niedersachsen und Bremen mit dem beeindruckenden Ergebnis eines zweibändigen *Handbuches der niedersächsischen Landtags- und Ständegeschichte* (erschienen 2004 und 2013) ins Werk gesetzt und führt die Vielzahl von 28 Territorien auf dem Gebiet des heutigen Niedersachsen an. In fast allen dieser ehemals eigenständigen Staaten ließen sich zudem Landstände nachweisen, die in sehr unterschiedlich ausgeprägter Wirkungsmacht an der Verwaltung ihres Landes teilhatten. Neben den Dynastien der Landesfürsten waren so in der Regel die Landstände in ihren Ländern integrierende Faktoren über lange Zeiträume hinweg.

Den Höhepunkt ihrer Mitwirkungsrechte in Staat und Regierung erreichten die Landstände im 15. und 16. Jahrhundert. Im 17. Jahrhundert ging ihr Einfluss deutlich zurück, insbesondere als im Dreißigjährigen Krieg die landesherrliche Gewalt erstarkte und sich die Errichtung stehender Heere durchsetzte, die durch feste Steuern unabhängig von landständischen Bewilligungen finanziert werden mussten. Im Kurfürstentum Hannover und (seit 1814) im Königreich Hannover konnten sich die Landschaften allerdings eine vergleichsweise starke Stellung bewahren. Die dauernde Abwesenheit des Landesherrn in der Zeit der hannoversch-britischen Personalunion (→ *Personalunion*) führte zu einer Schwäche der Zentralgewalt und begünstigte die alten landschaftlichen Rechte und Privilegien in den einzelnen Provinzen. In den Grafschaften, Fürsten- und Herzogtümern Bremen-Verden, Calenberg-Grubenhagen, Diepholz, Hoya und Lüneburg bewilligten und verwalteten die Landschaften Steuern und kamen regelmäßig zu Landtagen zusammen. Beim 1711 gegründeten Ober-Appellationsgericht zu Celle, das als oberste Justizbehörde für das ganze Land zuständig war, stellten die Landschaften zwei Drittel der Richter.

In den nicht-hannoverschen Grafschaften Oldenburg und Schaumburg sorgten demgegenüber starke, absolutistisch herrschende Landesfürsten dafür, dass die Mitwirkungsrechte die Landstände an der Landesverwaltung stark zurückgingen bzw. dass sich im Falle Oldenburgs Landstände erst gar nicht formieren konnten. In Ostfriesland bildeten im Gegensatz dazu Adlige, Stadtbürger und Bauern starke Stände von großem Selbstbewusstsein. In der von der Ostfriesischen Landschaft jährlich organisierten Veranstaltung des *Oll'n Mai* lebt die Tradition der einflussreichen ostfriesischen Landtage und allgemeinen Landesrechnungsversammlungen bis heute fort. Im Fürstentum Wolfenbüttel, hervorgegangen aus dem alten welfischen Herzogtum Braunschweig-Lüneburg, bildeten sich ebenfalls einflussreiche Stände, deren landschaftliche Organe in erheblichem Umfang für Steueraufkommen und -verwaltung der chronisch verschuldeten Fürsten sorgten.

Während der napoleonischen Herrschaft in Nordwestdeutschland waren die Landschaften aufgelöst. Die erste Ständeversammlung, die der britische Prinzregent Georg (IV.) danach für das neugegründete und um die ehemals selbstständigen Territorien Bentheim, Hildesheim, Osnabrück, Ostfriesland und einen Teil des Niederstifts Münster erweiterte Königreich Hannover 1814 einberief, wurde zunächst aus Vertretern der regionalen, nunmehr wieder ins Leben gerufenen ehemaligen Landschaften gebildet. Diese Ständeversammlung war eine landesweite, als Übergangslösung gedachte Einkammerversammlung (daher die Bezeichnung *Allgemeine* oder *Provisorische Ständeversammlung*), die 1819 von der nunmehr aus zwei Kammern bestehenden ständisch getrennten hannoverschen Ständeversammlung abgelöst wurde. Neben ihr bestanden im Königreich Hannover aber die (mit Ostfriesland) sieben alten Landschaften als *Provinziallandschaften* fort, die weiterhin kurial verfasst waren. Sie wurden mit dem Recht ausgestattet, in ihren Provinzen regionale Steuern und Abgaben zu erheben, was allerdings in der Realität nicht zum Tragen kam. Bis 1866 kam es auf Druck des hannoverschen Innenministeriums in allen hannoverschen Landschaften zu Organisationsanpassungen und Reformen ihrer Statuten, die u.a. das zahlenmäßige Übergewicht des Adels zu Gunsten der bürgerlichen und bäuerlichen Grundbesitzer beseitigen sollten. Der preußische Staat garantierte 1867 den Bestand der hannoverschen Landschaften, begrenzte aber ihre Rechte auf die eigenständige Verwaltung ihrer Einrichtungen und ihres Vermögens sowie auf die *Wahrnehmung kommunaler Angelegenheiten der Land-*

Abb. 2:
Das Landschaftshaus in Aurich, erbaut 1898-1901, Sitz der Ostfriesischen Landschaft.

schaftsbezirke als besondere Korporationen unter Aufsicht der Staatsregierung (Verordnung vom 22. September 1867 betreffend die Provinziallandschaften im Gebiete des vormaligen Königreichs Hannover, § 1). Daran hat sich im Prinzip bis heute nichts geändert.

Die heute noch bestehenden sechs historischen Landschaften sind vor allem »hannoversche« Landschaften, das heißt Landschaften, die sich auf dem Gebiet des ehemaligen Kurfürstentums bzw. Königreiches Hannover gebildet haben: die Landschaft der Herzogtümer Bremen und Verden mit Sitz in Stade, die Calenberg-Grubenhagensche Landschaft mit Sitz in Hannover, die Landschaft des vormaligen Fürstentums Hildesheim mit Sitz in Hildesheim, die Hoya-Diepholz'sche Landschaft mit Sitz in Nienburg/Weser, die Landschaft des vormaligen Fürstentums Lüneburg mit Sitz in Celle, die Landschaft des ehemaligen Fürstentums Osnabrück mit Sitz in Osnabrück. Als Körperschaften des öffentlichen Rechts nehmen sie – trotz des Verlustes früherer weitergehender Rechte – auch im modernen demokratischen Staat gemeinwohlorientierte Aufgaben wahr. Hierzu zählen vor allem die Trägerschaft der Landschaftlichen Brandkasse Hannover in der Versicherungsgruppe Hannover (VGH) – dieses große öffentlich-

Abb. 3: Der Rittersaal im Landschafts- und Ritterschaftshaus in Celle mit dem Wappen der Adelsfamilien, Klöster und Städte im Fürstentum Lüneburg. Das 1652 erbaute und 1730 von der Landschaft des Fürstentums Lüneburg erworbene und erweiterte Haus ist heute im Besitz des Ritterschaftlichen Kreditinstitutes des vormaligen Fürstentums Lüneburg.

rechtliche Versicherungsunternehmen ist aus regionalen Feuerversicherungsanstalten entstanden, die die Landschaften im 18. Jahrhundert gegründet hatten – und die Mitträgerschaft von »modernen« Landschaften und Landschaftsverbänden in Niedersachsen, die von ihnen in der zweiten Hälfte des 20. Jahrhunderts gegründet worden sind. Mehrere Landschaften unterhalten »Landschaftshäuser«, die von ihnen bzw. ihren Ritterschaften erbaut oder erworben worden sind, und sie nutzen sie als Sitze ihrer Geschäftsstellen, so in Celle, Hannover, Hildesheim und Nienburg/Weser. Die Ritterschaften, die auch heute noch eine Kurie innerhalb der Landschaften bilden, sind nicht nur Teile »ihrer« Landschaften, sondern zugleich auch eigene Körperschaften des öffentlichen Rechts. Sie unterhalten teilweise eigene Einrichtungen, zum Beispiel »Ritterschaftliche Kreditinstitute«. Die Ritterschaft des Herzogtums Bremen ist zudem seit 1683 auch Eigentümerin des Klosters Neuenwalde.

Eine Sonderrolle zwischen Tradition und Moderne nimmt die Ostfriesische Landschaft ein: Sie ist einerseits eine seit 1464 belegte historische Landschaft, die sich als Nachfolgerin der ostfriesischen Landstände und *Hüterin der friesischen Überlieferung und der geschichtlichen und kulturellen Zusammenhänge des friesischen Küstenraumes* versteht. Andererseits ist sie zugleich ein moderner regionaler Kommunalverband mit Kultur-, Forschungs- und Bildungsaufgaben auf der Grundlage einer demokratisch-parlamentarischen Verfassung, die die Kommunen Ostfrieslands, die die Landschaft tragen, 1947 verabschiedet haben (zuletzt revidiert 2017). Die Ostfriesische Landschaft und auch die 1974 durch ein niedersächsisches Landesgesetz gegründete Oldenburgische Landschaft, die auf dieser Grundlage *an der Pflege und Förderung der kulturellen und historischen Belange des ehemaligen Landes Oldenburg* mitwirkt, sind ebenfalls Körperschaften des öffentlichen Rechts.

Als die britische Militärregierung am 23. November 1946 per Verordnung rückwirkend zum 1. November das neue Land Niedersachsen schuf, fügte sie mit einem Verwaltungsakt die vier bis dahin selbstständigen Staaten Braunschweig, Hannover, Oldenburg und Schaumburg-Lippe zusammen, die ihrerseits wiederum aus zahlreichen historisch gewachsenen Regionen mit jeweils eigenen Traditionen und Identitäten bestanden. Die am 13. April 1951 verabschiedete *Vorläufige Niedersächsische Verfassung* trug dem Rechnung, indem sie in Artikel 56 bestimmte, dass die *kulturellen und historischen Belange der ehemaligen Länder … durch Gesetzgebung und Verwaltung zu wahren und zu fördern* seien. Dieser sogenannte Traditionsartikel der Verfassung wurde unverändert auch in die neue, nach Vollendung der deutschen Einheit nun nicht mehr vorläufige, Verfassung des Landes Niedersachsen vom 1. Juni 1993 als Artikel 72 aufgenommen. Dies ist ein starkes Indiz für das Weiterwirken eines nach wie vor ausgeprägten, historisch fundierten Regionalbewusstseins in Niedersachsen als einem »Land der Regionen«. Zu den überkommenen heimatgebundenen Einrichtungen dieser Länder, die nach der Verfassung *dem heimatlichen Interesse dienstbar zu machen und zu erhalten* sind, zählen nach allgemein anerkannter Auffassung auch die historischen Landschaften.

Vor allem auf ihre Initiative hin sind in Niedersachsen in der zweiten Hälfte des 20. Jahrhunderts »Landschaften und Landschaftsverbände neuen Typs« (Werner Knopp) entstanden. Auch in Regionen, in denen es längst keine Landschaften mehr gab, wurden diese als moderne regionale Einrichtungen neu gegründet, sodass es mittlerweile 13 von ihnen gibt, die flächenmäßig bis auf den Regionsverband Hannover ganz Niedersachsen abdecken. Mit Ausnahme der Ostfriesischen und der Oldenburgischen Landschaft sind diese Landschaften und Landschaftsverbände neuen Typs privatrechtlich eingetragene Vereine. Die Gründung des Landschaftsverbandes der ehemaligen Herzogtümer Bremen und Verden (Landschaftsverband Stade) e.V., 1963 durch die Stader historische Landschaft gemeinsam mit den Landkreisen, Städten und Geschichts- und Heimatvereinen ihres Gebietes realisiert, stand am Anfang dieser Entwicklung. Nach und nach folgten bis 1996 die anderen Regionen Niedersachsens: Hildesheim, Emsland und Grafschaft Bentheim, Osnabrück, Lüneburg, Südniedersachsen, Braunschweig, Weser-Hunte, Harz, Schaumburg, Hameln-Pyrmont. Die Bezeichnung »Landschaft«, die sich diese noch relativ jungen Einrichtungen in einigen Regionen gegeben haben, macht es auf den ersten Blick nicht leicht, zwischen alten und neuen Landschaften zu unterscheiden.

Gemeinsam ist allen Landschaften und Landschaftsverbänden neuen Typs in Niedersachsen die Aufgabe der Kulturförderung und Kulturarbeit in ihren historisch gewachsenen Regionen. Finanzielle Projektförderungen, Beratung und kulturelle Dienstleistungen, eigene Kultur- und Forschungsprojekte, Kooperationen und Vernetzung ehrenamtlicher und professioneller Kulturschaffender, teilweise auch die Trägerschaft eigener kultureller und wissenschaftlicher Einrichtungen sind ihre Tätigkeitsfelder. Insbesondere in den 1980er Jahren ermutigte die Niedersächsische Landesregierung die historischen Landschaften zur Gründung von Landschaftsverbänden, und seit den 1990er Jahren fördert die VGH in ihrem Geschäftsgebiet die Landschaften und Landschaftsverbände neuen Typs. Das waren starke Impulse für die landesweite Entwicklung dieser neuen niedersächsischen »Landschaft der Landschaften und Landschaftsverbände«.

Seit 1997 arbeiten diese regionalen Einrichtungen in der »Arbeitsgemeinschaft der Landschaften und Landschaftsverbände in Niedersachsen (ALLviN)« zusammen, die Stadt und Region Hannover und die Stiftung Braunschweigischer Kulturbesitz als assoziierte Mitglieder. Der 2018 gegründete »Verbund der Historischen Landschaften« ist seit 2019 ALLviN-Mitglied. Nach Auflösung der Bezirksregierungen in Niedersachsen 2004 übertrug die Landesregierung im folgenden Jahr den Landschaften und Landschaftsverbänden die Aufgabe der regionalen Kulturförderung (in Braunschweig allerdings nicht der Braunschweigischen Landschaft, sondern der Stiftung Braunschweigischer Kulturbesitz). Entsprechend werden sie vom Ministerium für Wissenschaft und Kultur mit Landesmitteln ausgestattet. Bei aller Vielgestaltigkeit und manchen Unterschieden ist die regionale kulturelle Zusammenarbeit über kommunale Grenzen hinweg auf historischer, »landschaftlicher«, Grundlage ihr Wesensmerkmal.

Literatur

Brage Bei der Wieden (Hrsg.), Handbuch der Niedersächsischen Landtags- und Ständegeschichte, Bd. 1: 1500-1806, Bd. 2: 1815-1946, Hannover 2004 und 2013.

Hans-Eckhard Dannenberg, »Einheit in Vielfalt«. Geschichte, Regionen, Kultur, in: Niedersachsen. Bausteine einer Landeskunde, hrsg. von Hansjörg Küster und Norbert Fischer, Hamburg 2018, S. 261-282.

Werner Knopp, Kultur der Regionen. Die Landschaften und Landschaftsverbände in Niedersachsen, Vortrag gehalten am 13. Februar 1997, hrsg. von der Arbeitsgemeinschaft der Landschaften und Landschaftsverbände in Niedersachsen 1997.

Wolf-Rüdiger Reinicke, Landstände im Verfassungsstaat. Verfassungsgeschichte und gegenwärtige Rechtsstellung der Landschaften und Ritterschaften in Niedersachsen, Göttingen 1975.
200 Jahre Erste Allgemeine Ständeversammlung. Von Landschaften und Landschaftsverbänden, hrsg. vom Präsidenten des Niedersächsischen Landtages und den Hannoverschen Landschaften, [Hannover 2014].

Der Auswandererhafen Bremerhaven

Julia Kahleyss

Abb. 1: Columbusbahnhof mit MS Bremen, 1963.

Maritime Moderne mit Tradition und Zukunft – unter dieses Motto stellte Bremerhaven noch vor wenigen Jahren sein Tourismuskonzept. Es steht für den erfolgreichen Versuch der Seestadt, die »Geschichte, die Strukturen der Gründungsjahre« zu einer wichtigen »Kraftquelle« für den Tourismus zu machen.[1] Dazu gehören in erster Linie die maritimen Traditionen sowie Denkmale, seien es Gebäude oder auch Schiffe. Schon der Name der ehemaligen bremischen *Colonie* weist nicht nur auf die enge Bindung zu Bremen, sondern auch auf die zentrale Bedeutung der Häfen für die Stadtentwicklung hin. Bremerhaven ist ohne Häfen kaum denkbar, auch wenn die wirtschaftlich wichtigsten, der Übersee- und der Fischereihafen, formal weitestgehend stadtbremisch bzw. im Eigentum Bremens sind. Der 1827 an der Mündung der Geeste in die Weser gegründete Ort entwickelte sich in den folgenden Jahrzehnten zu der heute so bezeichneten »einzigen Großstadt an der Nordsee« – wiewohl die Frage, ob Bremerhaven noch an der Weser oder schon an der Nordsee liegt, durchaus Gegenstand von Debatten ist.

Neben den Werften und dem Fischfang spielte auch das Geschäft mit der Auswanderung, vor allem in die USA, eine zentrale Rolle bei der Entwicklung der Stadt. Die Beziehungen zu den Vereinigen Staaten gestalteten sich bis zum Abzug der Amerikaner 1994 sehr eng, was beispielsweise eine viel besuchte Bronzetafel zur Erinnerung an Elvis Presley, der in Bremerhaven am 1. Oktober 1958 von Bord ging, bezeugt. Die Verbindungen in die »Neue Welt« reichen weit zurück: Während der Nordatlantikverkehr nach Nordamerika im 18. Jahrhundert aufgrund von Handelsbeschränkungen ausschließlich von britischen Schiffen bedient wurde, konnte sich die bremische Seefahrt nach dem Ende des Amerikanischen Unabhängigkeitskrieges neu entfalten. Die zunehmende Versandung der Weser in den Jahren ab 1820 wurde jedoch zu einem Problem für die bremische Wirtschaftsstrategie. Die Gründung eines Hafens an der Wesermündung bot eine gute Lösung für diese Problematik und gilt als diplomatische Meisterleistung des Bremer Bürgermeisters Johann Smidt, der das Gebiet zuvor vom Königreich Hannover für die Hansestadt erworben hatte.

Gefördert durch gesetzliche Bestimmungen des Bremer Senats nahm der Auswandererverkehr in Bremerhaven schnell Fahrt auf, das so zum größten Auswandererhafen Europas avancierte. Am 19. Juni 1847 wurde mit der Ankunft des amerikanischen Raddampfers *Washington* eine regelmäßige Dampfschiffverbindung zwischen Bremerhaven und New York etabliert. Die Auswandererzahlen stiegen schnell an: 1845 brachen erstmals über 30.000, 1857 dann schon knapp 77.000 Personen von Bremerhaven aus in die USA auf. Die Unterbringung und Verpflegung der Auswanderer vor Ort war zunächst angesichts der geringen Einwohnerzahl Bremerhavens problematisch. Erst der Bau des Auswandererhauses 1850 durch den Bremerhavener Kaufmann Johann Georg Claussen erleichterte den Aufenthalt in Bremerhaven. Mit dem Bau der Kaiserhäfen I bis III, der Kammerschleuse zur Weser und der Kaiserdocks I und II wurde der Hafen seit den 1870er Jahren erweitert. Auch der Norddeutsche Lloyd (NDL) nutzte seit 1858 die Hafenanlagen und später insbesondere zwei Wartehallen samt direktem Eisenbahnanschluss, den sogenannten *Lloydbahnhof*. In den 1920er Jahren gingen die Auswandererzahlen stark zurück. In der Folge wurden die Hafenanlagen zunehmend auch für den Tourismus genutzt. 1927 erfolgte die Fertigstellung der Columbuskaje mit dem *Bahnhof am Meer*. Legendäre Schiffe wie die Schnelldampfer des NDL legten in Bremerhaven an und brachten der Stadt viel Prestige. Während der Weltwirtschaftskrise und der NS-Zeit blieben die Auswandererzahlen auf niedrigem Niveau. Bremerhaven kam als Auswandererhafen für deutsche Juden nur eine geringe Bedeutung zu. Direkt nach dem Zweiten Weltkrieg

Abb. 2: Auswandererdenkmal von Frank Varga.

stieg die Zahl der Auswanderer und Touristen zunächst wieder an, bis das Flugzeug dem Schiff Mitte der sechziger Jahre den Rang ablief.

In dieser Zeit tätigte die bremische Politik eine Investition, die sich als teurer Fehler erweisen sollte: Trotz rückläufiger Fahrgastzahlen wurde von 1958 bis 1962 mit der Fahrgastanlage II eine optimistisch dimensionierte neue Abfertigungsanlage an der Columbuskaje gebaut. Die zukünftige Bedeutung der Passagierschifffahrt für Bremerhaven wurde vermutlich aus Prestigegründen zu hoch eingeschätzt, sicherlich auch aus Angst vor der Konkurrenz in Hamburg, Cherbourg und Southampton. Der Bremer Senat und der Bremerhavener Magistrat vertraten in dieser Hinsicht dieselbe Meinung: Mit der Fahrgastanlage II sei, so Wilhelm Kaisen, der Präsident des Bremer Senats, eine *Visitenkarte Deutschlands* entstanden und Bremerhaven damit *für viele Jahrzehnte gerüstet* (→ *Kaisen*). Heute bilden die Gebäude jedoch ein schwieriges (weil kostenintensives und weit unterausgelastetes) Erbe: Seit 2003 befindet sich das *Columbus Cruise Center Bremerhaven* im nördlichen Teil, während die Fahrgastanlage II bzw. der Columbusbahnhof einem Neubau weichen soll.

Die für die Auswanderer seit der Mitte des 19. Jahrhunderts geschaffenen Einrichtungen stellen wichtige Elemente des Bremerhavener Stadtbildes dar. Auf zeitgenössischen Bildern wurden einprägsame Abschiedsszenen an der Lloydhalle oder am Columbusbahnhof ebenso festgehalten wie zentrale Ereignisse, so die Erringung des »Blauen Bandes« für die schnellste Atlantiküberquerung 1929 durch die *Bremen IV*. In diese Reihe gehört auch die Passage des seit 1883 in der Außenweser gelegenen Leuchtturmes *Roter Sand*, der als ikonisches Symbol für den Abschied und damit als Bremerhavener Pendant zu der den Neuanfang symbolisierenden Freiheitsstatue im Hafen von New York angesehen wurde.

Aktuell ist die Erinnerungskultur rund um das Thema Auswandererhafen vor allem mit dem touristischen Angebot Bremerhavens verknüpft. Viele Spuren aus der Hochzeit der Auswanderung sind noch sichtbar und werden durch Denkmale in Erinnerung gerufen. Wenn auch die herausragende Rolle Bremerhavens als Auswandererhafen nicht bestritten werden kann, ist der Stellenwert der Auswanderung und die Einschätzung der Motive der Auswanderer schwankend und allgemeinen, gesellschaftlichen und weltanschaulichen Trends unterworfen. Ein Beispiel hierfür ist das ehemalige Auswandererhaus: Da es in der Anfangszeit keine festen Abfahrtszeiten der Schiffe gab, mussten die Auswanderer teilweise wochenlang in Bremerhaven ausharren. Diese Problematik wurde erst durch den Bau des Auswandererhauses 1850 durch den Bremerhavener Kaufmann Johann Georg Claussen zumindest erleichtert. Es bot mit neun Schlafsälen bis zu 2.000 Personen Übernachtungs- und Verpflegungsmöglichkeiten. Bereits 1865 musste diese Einrichtung allerdings wieder geschlossen werden. Nachfolgend war sie vielen unterschiedlichen Nutzungszwecken vorbehalten, unter anderem als Kriegsgefangenenlager und Lazarett während des Deutsch-Französischen Krieges 1870/71, während der NS-Zeit als Gefängnis und bis Ende der 1970er Jahre als Sitz der Karlsburg-Brauerei, bis sie seit 1983 zum Grundstock der heutigen Hochschule Bremerhaven umgewandelt wurde. An die Geschichte des einstigen Auswandererhauses erinnert heute die 1998 von dem russischen Künstler Ilya Kabakov gestaltete Gedenkstätte *The Last Step*, die in Form eines mit roten Klinkern verkleideten *Meditationskubus* Szenen auf dem Deck eines Auswandererschiffes zeigt. Das Denkmal soll auf einer eher abstrakten Ebene die *emotionale Energie* des originalen Ortes bündeln und zum Nachdenken anregen. Es wurde als Gegenentwurf zu dem in den Augen der Jury unzeitgemäßen Auswandererdenkmal an der Seebäderkaje gestaltet. Der Bau dieses Denkmals lässt sich nicht auf Bremerhavener Akteure zurückführen, sondern auf eine Initiative der 1974 von dem Deutsch-Amerikaner James C. Morgan gegründeten *German-American Memorial Association*. Unterstützt wurde er auf Bremerhavener Seite von dem neu gegründeten Förderverein Deutsches Auswandererhaus, während sich das Kulturamt eher zurückhielt. Das 1986 geschaffene Werk des Detroiter Bildhauers Frank Varga stellte eine Auswandererfamilie dar. Es erntete von deutscher Seite viel Kritik und wurde unter anderem als *Klischee in Disney-Barock* und *gigantischer Klotz* direkt am Ufer bezeichnet. Insbesondere die überlebensgroße Hand des in die Ferne weisenden, vorwärts drängenden Vaters und die zurückblickende, »zaudernde« Mutter galten als personifizierte Geschlechterstereotype.

Wichtige Elemente der Erinnerungskultur sind die Bremerhavener Museen. Den Anfang machte das 1976 eröffnete Deutsche Schiffahrtsmuseum (DSM), bei dessen Planung der Alte Hafen als späterer Museumshafen eine wichtige Rolle spielte. Punktuell und sehr früh befasste sich auch das DSM mit Migrationsgeschichte, so zum Beispiel 1976 in einer Ausstellung zum Thema *Auswanderung Bremen – USA*. Der Gründung des Deutschen Auswandererhauses (DAH) – des ersten deutschen Museums mit dem Schwerpunkt Migration – gingen jahrzehntelange Planungen durch den Bremerhavener Förderverein Deutsches Auswanderermuseum (FDAM) voraus. Dies geschah in deutlicher Konkurrenz zu den anderen Bremerhavener Museen, teilweise aber auch in Kooperation. Zumindest in den achtziger Jahren blieben die Aktivitäten des FDAM ohne Förderung und Billigung durch den Bremer Senat. Der Verein betrieb eine intensive Öffentlichkeitsarbeit in der Regionalpresse und wurde seit Anfang der 1990er Jahre auch vom Bremerhavener Kulturdezernenten unterstützt. Die Stadt musste in dieser Zeit viele wirtschaftliche Rückschläge verkraften und setzte zunehmend auf den Tourismus als neues Standbein. Das Migrationsmuseum sollte die Attraktivität der Stadt steigern. Es wurde auch in die Planungen zum Beitrag Bremerhavens zur Expo 2000 und als *Erlebniswelt Auswanderung* in das höchst kontroverse, letztlich nicht verwirklichte Großprojekt *Ocean Park* einbezogen. Seit ca. 2000 stand es in Konkurrenz zu dem Hamburger Projekt *BallinStadt. Auswanderermuseum Hamburg*. Das Gebäude des DAH wurde am Standort der ehemaligen Wartehalle des NDL errichtet. Die »erlebnisorientierte« Gestaltung bietet eine fiktive Zeitreise durch die Einwanderungsgeschichte seit ca. 1870, wobei die Umsetzung vor allem auf rekonstruierte Szenen setzt. 2012 kam ein weiterer Museumsteil zum Thema Einwanderung hinzu. Der Schwerpunkt der wissenschaftlichen Forschung am DAH liegt dementsprechend auf der Migration im Allgemeinen, wozu neben der Auswanderung auch zunehmend Flucht und Vertreibung gehören. Auch bietet das Museum interessierten Besucherinnen und Besuchern Möglichkeiten zur eigenen Datenbankrecherche.

Die Annäherung Bremerhavens an das Thema Auswanderung ist vielfältig und aktuell vor allem auf den Tourismus orientiert, wobei zunehmend auch die geschichtswissenschaftliche Forschung einen größeren Raum einnimmt. Gerade im Hinblick auf gesamtdeutsche Veränderungsprozesse in Bezug auf die Migration – Wandel der Wahrnehmung Deutschlands als Einwanderungsland – sind die Bremerhavener Erkenntnisse und Erfahrungen auch zukünftig von Bedeutung. Wer sich einmal vor Ort auf die Spuren der Auswanderer in Bremerhaven begeben möchte, findet in zahlreichen Einrichtungen Anregungen, um sich in die Welt der Auswanderer hineinzuversetzen und damit gleichzeitig ein tieferes Verständnis für diesen wichtigen Teil der Bremerhavener Geschichte und Identität zu gewinnen, der die Stadt und ihre Einwohner bis heute prägt.

Anmerkungen

1 Bremerhaven Touristik (Hrsg.), Bremerhaven. Die Stadt hat Küste. The City on the Coast, Bremerhaven o. J.

Literatur

Hartmut Bickelmann, »... den Vorzügen, welche Bremen als Verschiffungshafen darbietet, einen neuen hinzufügen«: Bremen und die deutsch-amerikanische Auswanderung; Verlauf – Strukturen – Hintergründe, in: Lars U. Scholl (Hrsg.), Bremen und Amerika, Bremen 2010, S. 116-137.

Bremerhaven Touristik (Hrsg.), Bremerhaven. Die Stadt hat Küste. The City on the Coast, Bremerhaven o. J.

Tanja Fittkau, In die neue Welt. Von Bremerhaven nach Amerika. Atlantiküberquerung im 19. Jahrhundert und die Bedingungen an Bord der Schiffe, Stuttgart 2010.

Harald Focke/Dirk J. Peters, Die Columbuskaje in Bremerhaven, Erfurt 2015.

Martin Schlutow, Das Migrationsmuseum. Geschichtskulturelle Analyse eines neuen Museumstyps, Berlin 2012.

Die Waterloo-Säule in Hannover

Von Christine van den Heuvel

Abb. 1: Die Königlich-Hannoversche Armee bei der Parade auf dem Waterloo-Platz um 1840. Farbige Lithografie.

Wer sich von Westen kommend Hannovers Innenstadt nähert, muss zuvor den in der Calenberger Neustadt liegenden Waterloo-Platz mit der markanten, mehr als 46 Meter hohen und von einer Statue der Siegesgöttin Victoria gekrönten Säule passieren. Im Jahr 1832 an dieser Stelle errichtet, erinnert das Denkmal an die für Großbritannien, Preußen, Hannover und eine Reihe weiterer deutscher Staaten siegreiche Schlacht gegen Napoleon I. bei Waterloo am 18. Juni 1815.

Der Verlauf der Schlacht unweit des Dörfchens Waterloo (heute Belgien), wo die Franzosen die alliierte Armee unter Feldmarschall Wellington angriffen, ist historisch bis ins Detail aufgearbeitet. Die Herausforderung für die alliierte Armee bestand darin, den Angriffen der französischen Übermacht bis zum Eintreffen der preußischen Truppen standzuhalten. Als schlachtentscheidend erwiesen sich in dieser von Wellingtons Armee nicht lange zu haltenden Stellung die Kämpfe um den Hof von La Haye Sainte, wo sich die etwa 400 Hannoveraner des 2. leichten Bataillons der Königlich Deutschen Legion unter dem Kommando von Major Georg Baring verschanzt hatten. Diese konnten das Gehöft trotz fehlenden Munitionsnachschubs und großer menschlicher Verluste gegen die Übermacht der anstürmenden französischen Truppen solange verteidigen, bis preußische Truppen des Generals Blücher gegen Abend eintrafen. Die Vereinigung des preußischen Heeres mit Wellingtons Armee besiegelte den Untergang des napoleonischen Heeres. Etwa 65.000 Tote und Verwundete zählte man auf dem Schlachtfeld. Einer der derzeit besten Kenner der Schlacht bei Waterloo, der irische Historiker Brendan Simms, hält den Kampf der ca. 400 hannoverschen Schützen, die nach seinem Urteil angetrieben waren von »dynastischer Loyalität zum König von England, deutschem Patriotismus, Kameradschaft im Regiment, persönlichen Freundschaften und Berufsethos« für schlachtentscheidend, wenn auch die Würdigung des Anteils der hannoverschen Truppen am Gesamtsieg im Verlauf des Jahrhunderts immer mehr in Vergessenheit geriet.

Die *King's German Legion*, zu deren Verband im Jahr 1812 ca. 18.000 Soldaten gehörten, wurde im Februar 1816 aufgelöst. Der größte Teil der Soldaten kehrte über Großbritannien in ihre hannoversche Heimat zurück; ein Teil von ihnen schloss sich bald der Armee des neuen Königreichs an. Die Ankunft der Truppen im Königreich glich einem Triumphzug, wie Berichte aus den Städten Hannover und Osnabrück belegen. Als Zeichen der Ehrerbietung ritt ihnen der Statthalter des hannoverschen Königs, Herzog Adolph Friedrich von Cambridge, Oberbefehlshaber der nun aufgelösten Truppe, von Hannover aus entgegen. Der Prinzregent, der spätere britische und hannoversche König Georg IV., hatte bereits kurz nach der Schlacht die Guelphen-Ordens-Medaille und 1817 die Waterloo-Medaille gestiftet, mit der alle Beteiligten dieser Schlacht ausgezeichnet wurden. Noch Jahre später fanden im Leineschloss in Hannover am Jahrestag der Schlacht auf Einladung des Herzogs von Cambridge große Bankette mit bis zu 600 Veteranen statt. Von der Bevölkerung begeistert gefeiert, galten die Hannoveraner, die bei Waterloo gekämpft hatten, fortan »als Helden« (Brendan Simms); der Tag der siegreichen Schlacht wurde zum öffentlichen Gedenktag. Die Memoria um die Schlacht entwickelte sich zum Gründungsmythos des neuen Königreichs, denn die sozial- und gesellschaftlich übergreifende Erinnerung an Waterloo eignete sich in besonderer Weise zur Formulierung eines gemeinsamen, identitätsstiftenden Narrativs, das alle Elemente besaß, dem jungen Königreich eine Traditionsgrundlage zu verschaffen.

Die Idee der Stiftung eines Denkmals entstand in Hannover nur

Abb. 2:
Einzug der King's German Legion in Hannover 1816. Mittelteil eines dreiteiligen Gemäldes von Ernst Hildebrand im ehemaligen Sitzungssaal des Hannoverschen Provinziallandtages 1888 (1943 kriegszerstört).

wenige Wochen nach Rückkehr der Legionäre im Mai 1816. Hier wie andernorts – so zeitgleich in Osnabrück und Fallingbostel sowie wenige Jahre später in Braunschweig, wo ebenfalls Waterloo-Denkmäler entstehen sollten – gingen die Initiativen vom Bürgertum aus. Für das Denkmalprojekt in Hannover übernahm alsbald der Herzog von Cambridge das Patronat, der Aufruf zu einer öffentlichen Sammlung sowie zur Einsendung von Architektenentwürfen folgten unmittelbar. Unter den verschiedenen eingereichten Skizzen waren die Planentwürfe von Georg Friedrich Ludwig Laves, 1816 zum Königlichen Hofbaumeister ernannt, am weitesten ausgereift.

Wegen zunächst ungeklärter Finanzierung und mangels eines geeigneten Standorts wurde das Denkmal-Projekt erst 1825 fortgesetzt, als mit der Zusammenlegung der hannoverschen Altstadt und der Calenberger Neustadt die Pläne für eine grundlegende Umgestaltung und einen modernisierenden Umbau der Residenzstadt Hannover vorlagen. Laves, mit dem städtebaulichen Gesamtkonzept beauftragt, gestaltete in diesem Zusammenhang das Waterloo-Monument als Siegessäule, in Anlehnung an die Vendôme-Säule in Paris und die Nelson-Säule in London. Als Standort war der Mittelpunkt des ebenfalls neu entstehenden Exerzierplatzes vorgesehen, süd-westlich gelegen von der königlichen Stadtresidenz und in unmittelbarer Sichtachse des neu angebauten Wintergartens (heute Dienstzimmer des/der Landtagspräsidenten/tin) an der Leine-Seite des ebenfalls modernisierten königlichen Stadtschlosses. Nach der Grundsteinlegung im

Jahr 1829 konnte die Waterloo-Säule am Jahrestag der Schlacht 1832 in Anwesenheit des Vizekönigs Adolph Friedrich von Cambridge eingeweiht werden. In den Folgejahren erhielt der Waterloo-Platz mit dem Bau des Neuen Zeughauses, eines Artillerie-Depots und verschiedener Kasernen einen deutlich militärischen Charakter, der später in preußischer Zeit mit weiteren Bauten im Umfeld des Platzes noch verstärkt wurde.

Die in den folgenden Jahrzehnten in der Stadt Hannover und in zahlreichen anderen Städten und Ortschaften des Königreichs veranstalteten Waterloo-Gedenkfeiern zeigten deutlich den Wandel der öffentlichen Stimmung. Fehlte bei der ersten öffentlichen Feier des Jahres 1816 in Hannover noch jegliches nationales Pathos, herrschte stattdessen Trauer über die große Zahl der Toten und eher die Erleichterung über den von Briten, Preußen, Hannoveranern und Braunschweigern gleichermaßen errungenen Sieg vor, so wurde 1832 die Einweihungsfeier der Waterloo-Säule vom Bekenntnis zum Welfenhaus bestimmt, sollten Liedvorträge und *volle Becher* für eine gelöste Stimmung sorgen. Das 25. Jahresgedenken an die Schlacht war 1840 dagegen einer Initiative der Veteranen zu verdanken und fand abweichend von der Regel nicht in Hannover, sondern in dem zu dieser Zeit sehr beliebten Badeort Rehburg statt. König Ernst August hatte zwar die Schirmherrschaft übernommen, war aber selbst bei der Feier nicht anwesend. Möglicherweise wollte man angesichts der durch den Verfassungskonflikt von 1837 herrschenden politischen Missstimmung im Königreich eine öffentliche Feier in der Hauptstadt vermeiden. Redner der 50. Jahresfeiern 1863 und 1865, die aus Anlass der Völkerschlacht bei Leipzig und der Schlacht bei Waterloo stattfanden, äußerten sich bereits mit deutlich nationalen Untertönen. So war in der öffentlichen Predigt des Garnisonspfarrers 1863 auf dem Waterloo-Platz das Gedenken an die gefallenen Kämpfer von Leipzig weitgehend verblasst, stattdessen stand der Aufruf zu einer allgemeinen Kriegsbereitschaft im Vordergrund – allerdings noch geprägt vom Bekenntnis zum welfisch-partikularen Staat und seiner Monarchie. Noch weiter ging der Osnabrücker Bürgermeister Johannes Miquel in seiner Waterloo-Gedenkrede vom 18. Juli 1865. Sein Aufruf, den Partikularstaat des Deutschen Bundes zu überwinden, stattdessen das *Vaterland zu bauen …, den Dom der deutschen Einheit und Freiheit … in den Himmel zu richten,* […] *daß nimmer zurückkehren dürfe die Fremdherrschaft mit aller Schmach und Schande über deutsche Lande*, war beispielhaft für eine nationalistische Grundstimmung, die dem Einigungskrieg gegen Frankreich von 1870/71 den Weg bereitete.

Nach der Niederlage des Königreichs und seiner Annexion durch Preußen im Jahr 1866 verblasste das Gedenken an Waterloo; es wurde v.a. nach dem Deutsch-Französischen Krieg von den auch in der Provinz Hannover öffentlich propagierten Sedan-Gedenktagen überflügelt. Der Sedan-Tag wurde zum bedeutendsten Nationalfeiertag im Kaiserreich. Eine sehr unterschiedliche Sichtweise auf die bei Waterloo gewonnene Schlacht hatte sich bereits kurz nach 1815 unter den Siegern durchgesetzt: Während sich Briten wie Preußen um die Deutungshoheit über den Sieg stritten, den jede Seite für sich reklamierte, gerieten die militärischen Verdienste der hannoverschen Soldaten insbesondere in Preußen in Vergessenheit. Als eine Geste der Versöhnung seitens des preußischen Staates an den einstigen Gegner von Langensalza und an die weiterhin in der Provinz Hannover vorhandenen Sympathien für die welfischen Traditionen konnte daher der dreiteilige Bilderzyklus, den Einzug der Königlich Deutschen Region 1816 in Hannover darstellend, verstanden werden, der den Sitzungssaal des 1880 errichteten Gebäudes des Hannoverschen Provinziallandtages schmückte (1943 kriegszerstört).

Der Gedenktag von Waterloo des Jahres 1899 brachte endgültig die Vereinigung der hannoverschen und preußischen Memoria an die Schlacht von 1815: Ca. 250 ehemalige hannoversche Offiziere überreichten Wilhelm II. eine Miniaturnachbildung der Waterloo-Säule – als Dank für die Auszeichnungen, die der Kaiser wenige Monate zuvor der früheren Königlich Hannoverschen Armee verliehen hatte.

Dagegen verwahrloste das Waterloo-Denkmal, seine bauliche Unterhaltung blieb bis zum Ende des Kaiserreichs ein Streitpunkt zwischen dem preußischen Staat und der Stadt Hannover. Bei der 100-Jahrfeier der Schlacht von Waterloo im Kriegsjahr 1915, die auf eine Initiative der Deutsch-Hannoverschen Partei zurückging und unter großer Anteilnahme der Bevölkerung auf dem Waterloo-Platz stattfand, musste auf öffentliche Reden verzichtet werden, um nicht althannoversche Erinnerungen an die vormalige Waffenbrüderschaft mit Großbritannien zu wecken, dem nunmehrigen Feind und Gegner.

Nach den ab 1937 entstandenen Plänen des NS-Staates zur Umgestaltung Hannovers sollte der Waterloo-Platz zum »Gauforum« werden, der Platz selbst hätte jedoch nach den Plänen für zwei weitere Foren am Maschsee und Rudolf-von Bennigsen-Ufer seine Zentralität in der Topografie der Stadt verloren. Das Waterloo-Denkmal selbst besaß in der NS-Ideologie keinen besonderen Stellenwert mehr.

Im Zuge des Wiederaufbaus des kriegszerstörten Hannover nach 1945 erfuhr der Waterloo-Platz eine Entmilitarisierung und erhielt mit dem Aufbau eines ›Regierungsviertels‹ für das neugegründete Bundesland nunmehr eine demokratische Zweckbestimmung. Ausgehend von dem wiedererrichteten, zum Sitz des niedersächsischen Landtages erklärten alten Leineschloss sollte sich nach zeitweiligen Plänen der 1960er Jahre am Friederiken-Platz der Neubau der niedersächsischen Staatskanzlei anschließen, perspektivisch geöffnet zum ebenfalls neu

Abb. 3: Waterloo-Platz mit Waterloo-Säule 2015.

angelegten Leibnizufer wie auch zum Waterloo-Platz mit seinen Neubauten für verschiedene Ministerien, die dort an Stelle der kriegszerstörten Militärbauten errichtet wurden. Allerdings griff die nordwestlich der Waterloo-Säule neu angelegte Straßenführung für die geforderte »autogerechte Stadt« massiv in die ursprüngliche Zentralität des Platzes ein. Als Missachtung des von Laves einst konzipierten freien Raumes erwies sich der 1995 fertiggestellte achtgeschossige Anbau des Bezirksregierungsgebäudes am westlichen Rand des Waterloo-Platzes, der seither den einzigartigen Blick auf die Waterloo-Säule vor der Silhouette der Altstadt massiv beeinträchtigt. Noch aktuell vermisst man in der Stadtspitze Hannovers einen angemessenen Umgang mit dem einmaligen Platz, wie die derzeitige Belegung mit Wohncontainern oder die Vorschläge für den Bau mehrstöckiger Wohnhäuser zeigen. Dagegen war die kurzzeitige Umwandlung des Waterloo-Platzes in eine Fanmeile mit Tausenden begeisterten Zuschauern und Zuschauerinnen während der Fußball-Weltmeisterschaft im Jahr 2006 ein gelungenes Beispiel für eine friedlich-fröhliche Adaption des öffentlichen Raumes.

Dass das Waterloo-Denkmal entgegen aller Entpolitisierung seiner einstigen Botschaft auch nach dem Zweiten Weltkrieg noch zum Gegenstand diplomatischer Irritationen auf höchster Ebene werden konnte, zeigte der vor dem geplanten Staatsbesuch der britischen Königin Elisabeth II. im Mai 1965 in Hannover geäußerte Wunsch der

Monarchin, angesichts des bevorstehenden 150. Jahrestages der Schlacht von Waterloo einen Kranz zu Ehren der hannoverschen Truppen niederzulegen. Mit Rücksicht auf die im Élysée-Vertrag von 1963 begründete deutsch-französische Freundschaft verhinderte die Adenauer-Regierung die am Waterloo-Denkmal geplante königliche Geste. Eine demonstrative Antwort auf das notgedrungen eingegangene Zugeständnis der Briten war die musikalische Darbietung von 600 Militärmusikern der britischen Rheinarmee auf dem Waterloo-Platz vor ca. 50.000 Besuchern unmittelbar nach Abreise der Queen.

Literatur

Jasper Heinzen, A Negotiated Truce: The Battle of Waterloo in European Memory Since the Second World War, in: History and Memory 26, H. 1 (2014), S. 39-74.

Gerhard Schneider, Die Waterloogedenkfeier 1915, in: Hannoversche Geschichtsblätter, N.F. 65 (2011), S. 207-237.

Brendan Simms, Der längste Nachmittag. 400 Deutsche, Napoleon und die Entscheidung von Waterloo. Aus dem Englischen von Wiebke Meier, München 2014.

Abb. 1: Denkmal vor dem Göttinger Bahnhof, 2015.

Die Göttinger Sieben

Von Jörg H. Lampe

Der Protest von sieben Göttinger Professoren gegen die Aufhebung der Verfassung des Königreichs Hannover, des Staatsgrundgesetzes, durch den seit Juni 1837 regierenden König Ernst August war eines der Ereignisse in der niedersächsischen Geschichte mit der größten Auswirkung auf ganz Deutschland und daher eines mit der größten allgemeinen Bekanntheit. Weniger bekannt ist der Fort- und Ausgang des Verfassungsstreits im Land.

Seit 1833 besaß das Königreich Hannover mit dem Staatsgrundgesetz eine Verfassung, mit der das Land Anschluss an die konstitutionelle Entwicklung in den süddeutschen Staaten gefunden hatte. Hannover stand am Ende einer zweiten Welle von Verfassungsgebungen nach Kurhessen, Sachsen und Braunschweig in den Jahren 1831/1832. In allen vier Staaten waren teilweise gewaltsame Unruhen vorausgegangen, die Probleme offengelegt hatten, deren Lösung sich die führenden Kräfte des Bürgertums von einer Verfassung erhofften.

Am 20. Juni 1837 war in London König Wilhelm IV. gestorben, der seit 1830 in Großbritannien und Hannover regiert hatte. Mit ihm endete die Personalunion, die seit 123 Jahren bestanden hatte (→ *Personalunion*). In Großbritannien folgte ihm seine Nichte Victoria, in Hannover aufgrund des unterschiedlichen Erbfolgerechtes sein jüngerer Bruder Ernst August.

Der neue König traf am 28. Juni in seiner Residenzstadt ein und erließ einen Tag später ein Patent, mit dem er die gerade versammelte Ständeversammlung vertagte und eine Überprüfung des Staatsgrundgesetzes ankündigte. Den in der Ständeversammlung abzuleistenden Eid auf die Verfassung, den das Staatsgrundgesetz vorsah, vermied er damit. Zur Gegenzeichnung des Patents hatte er einen neuen Minister ernannt, Georg von Schele, der seit 1815 zum Anführer der Adelsopposition im Land geworden war. 1831/1833 hatten er und seine Gesinnungsgenossen in der ersten Kammer heftigen, aber erfolglosen Widerstand gegen das Staatsgrundgesetz geleistet. Seit einem Besuch des damaligen Herzogs von Cumberland in seinem zukünftigen Königreich Ende 1835 war Schele zu dessen politischem Einflüsterer geworden.

Am 1. November 1837 erklärte der König in einem weiteren Patent die Wirksamkeit des Staatsgrundgesetzes für erloschen. Gleichzeitig entband er die Staatsdiener von ihrem Eid auf die Verfassung.

Das Zentrum des Geschehens verlagerte sich nun für einen entscheidenden Moment nach Göttingen in die Professorenschaft, in der seit Mitte des Jahres das Verfassungsthema beredet worden war. Der Historiker Friedrich Christoph Dahlmann, der seit 1829 in Göttingen lehrte, entwarf einen Protest gegen das Patent des Königs. Dahlmann war seit 1815 als Verteidiger ständischer Rechte und als Advokat einer gemäßigten Staatsform auf der Basis historischer Verhältnisse hervorgetreten (*Die Politik*, 1835). 1831 war er in die Landespolitik involviert worden: Im Januar des Jahres hatte er entschieden für Festigkeit gegenüber einer von Privatdozenten, Studenten, Anwälten und Bürgern getragenen Revolte in Göttingen plädiert. Diese Standfestigkeit hatte ihm das Vertrauen des Vizekönigs, des Herzogs von Cambridge, verschafft, der Dahlmann mit dem Entwurf einer Verfassung für das Land beauftragte. Deren Ausgestaltung war dann allerdings in Auseinandersetzung zwischen den liberalen Kräften in der Ständeversammlung, der Adelsopposition und der Regierung geschehen.

Der Protest wurde durch den Juristen Wilhelm Eduard Albrecht, die Germanisten Jacob Grimm und Wilhelm Grimm, den Literatur-

Abb. 2: Die Göttinger Sieben, Lithografie von Carl Rohde, Göttingen o. D.

historiker Georg Gottfried Gervinus, den Theologen Heinrich Ewald und den Physiker Wilhelm Weber unterzeichnet.

Dahlmann stellte fest, dass die Verfassung in ihren Augen nicht rechtsgültig aufgehoben worden sei und dass sich die Protestierenden daher nicht an Neuwahlen zur Ständeversammlung beteiligen könnten. Der Protest war damit ein eminent politischer. Daran ändern auch die weiteren Argumente nichts: die Verletzung ihres Eides auf das Staatsgrundgesetz, den der König nicht von sich aus aufheben könne, sowie ihre Integrität als Professoren, die ihnen verbiete, gegen ihre wissenschaftlichen und moralischen Überzeugungen zu lehren. Die Tatsache, dass Jacob Grimm und Heinrich Ewald die Eidfrage und den – zeitgenössisch wirkmächtigen – Gewissenspunkt in den Mittelpunkt ihrer Anfang 1838 verfassten Rechtfertigungsschriften gestellt haben, hat später Anlass zur Verdunkelung des politischen Aspektes geboten.

Berichte über den Protest tauchten sehr bald in der deutschen Presse auf. Dahinter stand ein System von spontanen Schreibstuben, durch die der Protest innerhalb von wenigen Tagen mehrere tausend Mal vervielfältigt und versandt wurde. Daran beteiligt hatten sich etwa 300 von 900 Göttinger Studenten.

Der über die Verbreitung besonders erboste König verfügte die Entlassung der Professoren und ihre gerichtliche Einvernahme. Da drei von ihnen einräumten, jeweils ein Exemplar an Freunde versandt zu haben, wurden diese – Dahlmann, Jacob Grimm und Gervinus – des Landes verwiesen. In Göttingen bekundeten große Teile der Studentenschaft ihre Sympathie für die Professoren, soweit dies unter den Bedingungen polizeilicher Kontrolle möglich war. Den Höhepunkt bildete der Empfang der drei Exilierten im hessischen Witzenhausen direkt hinter der hannoverschen Grenze.

Mit Entlassung und Ausweisung wuchsen deutschlandweit Bekanntheit und Ansehen der von nun an als »Göttinger Sieben« bekannten Professoren. Presseberichte, Unterstützungsadressen, Feiern und Geldsammlungen ließen sie zu Heroen bürgerlicher Ideale und Märtyrern ihrer politischen Überzeugungen werden. Diese Aktionen trugen wesentlich zur Ausbildung einer politischen Öffentlichkeit in Deutschland und zur Vorgeschichte der Revolution von 1848 bei.

Zugleich begann die publizistische Auseinandersetzung über die Rechtfertigung des Handelns der Sieben. Inhaltlich ist neben der historisch-politischen Darstellung Dahlmanns (*Zur Verständigung*, 1838) vor allem die Schrift Albrechts wichtig, der exemplarisch ein neues Verständnis des Staates formulierte: der Staat als juristische Person im Gegensatz zu der älteren Ansicht, die ihn als Privateigentum des Fürsten ansah. Der Streit darüber war Ende der 1830er Jahre in der Rechtswissenschaft noch nicht geklärt. Damit ist auch die Frage, ob der König nach den Normen der Zeit rechtmäßig gehandelt habe, juristisch nicht zu entscheiden. Dies hat eine Kontroverse unter Rechtshistorikern in den 1970er und 1980er Jahren gezeigt. Es handelt sich bei dieser Frage um den juristischen Ausdruck des Konfliktes zwischen einem – historisch überholten – patriarchalischen bzw. neoabsolutistischen Staatsverständnis und einem konstitutionellen, das bestrebt war, die Rechte des Monarchen durch eine Verfassung einzuhegen. Ob aber die Verteidigung einer solchen begrenzten konstitutionellen Verfassung durch die »Göttinger Sieben« als Öffnung des Weges zum parlamentarischen System mit Volkssouveränität in Anspruch genommen werden kann, wie es das 1998 errichtete Denkmal vor dem Landtag in Hannover nahelegt, mag bezweifelt werden.

Die »Göttinger Sieben« haben eine bis in die Gegenwart reichende Aufmerksamkeit gefunden. Dabei sind die wechselnden Urteile sehr stark von den jeweiligen politisch-historischen Standpunkten der Autoren abhängig, wie Miriam Saage-Maaß gezeigt hat. Die wirkungsmächtigste Darstellung ist die Heinrich von Treitschkes im vierten Band seiner *Deutschen Geschichte*. Treitschke hat den Protest von 1837 und seine Protagonisten von den Kräften des Konstitutionalismus und Liberalismus abgelöst in die nationale Bewegung eingeordnet. Es ist bezeichnend, dass sein welfischer Gegenpart William von Hassell ebenso von Treitschke abhängig blieb wie die DDR-Geschichtsschreibung und selbst noch einzelne Autoren des Jubiläums von 1987.

Während im späteren Kaiserreich und bis in die 1920er Jahre sich die Aufmerksamkeit mangels Anknüpfungspunkten weniger auf die »Göttinger Sieben« richtete, brachten die 1930er Jahre zunächst eine gründliche, quellenbasierte Untersuchung von Hans Kück hervor. Dagegen sind die Beiträge von Rudolf Smend und Ernst R. Huber zum Jubiläum von 1937 von dem Versuch geprägt, die Professoren für ein antiliberales, völkisch-nationales Rechtsverständnis zu vereinnahmen. Nach dem Ende des Nationalsozialismus knüpften beide Autoren an ihre früheren Veröffentlichungen an und produzierten Darstellungen, in denen die Sieben zu Symbolfiguren für universitäre Freiheit und professorale Autonomie wurden (bei Smend in seiner Rektoratsrede von 1950) bzw. zum Exempel eines Kampfes gegen monarchische Willkür (Huber in seiner *Deutschen Verfassungsgeschichte*). In derselben Zeit nutzten Professoren und Studenten die »Göttinger Sieben« als Legitimationsreserve in politischen Aktionen gegen die Berufung eines rechtsradikalen Verlegers zum niedersächsischen Kultusminister 1955 und beim Appell von 18 Göttinger Professoren gegen die Atombewaffnung der Bundeswehr 1957.

Die zum Jubiläum 1987 angestellten Bemühungen, die Göttinger Sieben und ihre »Zivilcourage« zur Legitimation des parlamentarischen Staates wie der Freiheit der Universität heranzuziehen, gipfelten in der Benennung des zentralen Platzes auf dem Göttinger Universitätscampus sowie des Platzes vor dem Plenarsaal des niedersächsischen Landtages nach ihnen. Dabei spielte auch das Motiv niedersächsischer Identitätsstiftung hinein. 1998 und 2007 folgten aus ähnlichen Antrieben Denkmäler in Hannover und auf dem Göttinger Campus, 2015 ein weiteres vor dem Göttinger Bahnhof.

Im Königreich Hannover aber war es mit der Verfassungsfrage, dem Ausgangspunkt des Protestes, ohne die Sieben weitergegangen. Mit der Berufung einer neuen Ständeversammlung nach dem Statut von 1819 begann im Inneren der Kampf gegen die Aufhebung des Staatsgrundgesetzes, wobei der Protest und sein deutschlandweites Echo die hannoverschen Oppositionskräfte zweifellos neu erweckt hatten. Dieser Kampf wurde auf mehreren Ebenen ausgetragen: bei Wahlen, durch die Weigerung, eine Verfassungsvorlage zu beraten, durch Resignationen von Abgeordneten, die die Kammer zeitweise beschlussunfähig machten, und schließlich durch Steuerverweigerungen. Die Regierung beantwortete das Vorgehen mit harschen Repressionsmaßnahmen. Dennoch stand sie nach etwa anderthalb Jahren am Rand einer Niederlage. Gerettet wurde sie durch den Deutschen Bund, der am 5. September 1839 die Beschwerde der Opposition gegen die Aufhebung des Staatsgrundgesetzes auf Betreiben Österreichs und Preußens abwies.

In der Folge kam es 1840 zum Kompromiss des Landesverfassungsgesetzes. Mit diesem besaß das Land weiterhin eine Verfassung konstitutioneller Art, wenn auch wesentliche Mitspracherechte der Stände aufgegeben werden mussten und der Monarch wieder den ausschließlichen Zugriff auf die Domänen und ihre Einnahmen erhielt. Ernst August sah dies als Erfolg an, als ein Beispiel für die Durchsetzung des monarchischen Prinzips.

Der Widerstand der Bürger, der sich selbst in dem polizeilich eng überwachten Göttingen gezeigt und seinen Höhepunkt mit Straßenprotesten in Hannover erlebt hatte, nachdem der dortige Stadtdirektor Wilhelm Rumann im Zuge des Kampfes der Opposition entlassen worden war, ging auch noch Anfang der 1840er Jahre weiter, schlief dann aber für einige Jahre ein. Infolge der Revolution von 1848 wurden die restriktiven Bestimmungen des Landesverfassungsgesetzes aufgehoben und inhaltlich der Zustand des Staatsgrundgesetzes wiederhergestellt.

Der »Sieg« des Königs war so nach wenigen Jahren Makulatur. Dafür war das Vertrauen der Bürger in den Staat und die Monarchie erschüttert worden und das Königreich Hannover in ganz Deutschland in den Ruf eines reaktionären Staates geraten. Dem 1861 errichteten Denkmal des Königs vor dem Bahnhof in Hannover mit seiner Widmung »Dem Landesvater sein treues Volk« stellt der 2015 vor dem Göttinger Bahnhof aufgestellte leere Sockel, der den in Hannover nachbildet, die Inschrift »Dem Landesvater seine Göttinger Sieben« entgegen. Die Leere darüber veranschaulicht den langfristigen Sieg der Sieben und der hannoverschen Opposition über den Verfassungsbruch von 1837.

Literatur

Wilhelm Bleek, Friedrich Christoph Dahlmann. Eine Biographie, München 2010.

Wilhelm Bleek/Bernhard Lauer (Hrsg.), Protestation des Gewissens. Die Rechtfertigungsschriften der Göttinger Sieben, Kassel 2012.

Hans Kück, Die Göttinger Sieben. Ihre Protestation und ihre Entlassung im Jahre 1837, Nachdruck der Ausgabe von 1934, Aachen 1986.

Miriam Saage-Maass, Die Göttinger Sieben – demokratische Vorkämpfer oder nationale Helden? Göttingen 2007.

Sieben gegen den König. Texte und Materialien zum Hannoverschen Verfassungskonflikt, Hannover 2007.

Das »rote Linden«

Von Detlef Schmiechen-Ackermann

Abb. 1: Blick auf die »drei warmen Brüder«.

Wie wurde aus dem einst *stillen, ackerbautreibenden Dörflein* die proletarisch geprägte *rote* Industriestadt Linden mit ihren *schaurigen reizlosen Backsteinkasernen*?[1] Eine intensive protoindustrielle Gewerbetätigkeit (Leinweberei, Baustoffe, Brennerei) hatte vor allem die adlige Familie von Platen entfaltet, die von 1688 bis 1816 das von Altensche Gut bewirtschaftete. Zu Beginn des 19. Jahrhunderts entwickelte sich Linden zum Garten- und Villenvorort und wurde 1837 als *das schönste Dorf im ganzen Königreich*[2] Hannover gepriesen. Der Böttchergeselle Johann Egestorff sorgte als *Selfmademan* im ersten Drittel des 19. Jahrhunderts für eine rapide Expansion frühindustrieller Gewerbetätigkeit. Bei seinem Tod 1834 hinterließ er elf florierende Unternehmen. Sein Sohn Georg Egestorff wurde zum eigentlichen Gründer der Lindener Industrie, als er 1840 als erstes Großunternehmen eine Maschinenfabrik (die spätere HANOMAG) gründete, die im Zeichen des einsetzenden Eisenbahnbaues bald stark expandieren konnte. Ein zweiter industrieller Komplex entstand mit der als Aktiengesellschaft gegründeten

Baumwollspinnerei und -weberei sowie der Mechanischen Weberei in Linden-Nord. Initiatoren waren die Bankiers Adolph Meyer und Alexander Abraham Cohen, die aufgrund ihrer jüdischen Herkunft seit der NS-Zeit als prägende lokale Unternehmerpersönlichkeiten kaum noch wahrgenommen wurden, während Georg Egestorff 1935 mit einem völkisch gestalteten Denkmal am Lindener Berg zum strahlenden Industriepionier stilisiert wurde. Aufgrund der restriktiven Gewerbe- und Bevölkerungspolitik im Königreich Hannover war eine nachhaltige frühindustrielle Entwicklung nur vor den Toren von Hannover möglich. Insofern kann man bis 1866 von einer sehr ungleich ausgeprägten »ergänzenden Nachbarschaft« sprechen: rühriger Fabrikvorort hier, beschauliche Residenzstadt dort.

Hieraus erwuchsen nicht nur erhebliche soziale und wirtschaftliche Disparitäten, sondern auch unterschiedliche Mentalitäten und politische Präferenzen. Im März 1848 ließ die hannoversche Bürgerwehr das Calenberger Tor aufgrund der Besorgnis schließen, der »Lindener Mob« könne eine »soziale Umwälzung« in die Residenzstadt tragen. Erst nach Beginn der preußischen Herrschaft und der Einführung der Gewerbefreiheit (1866) siedelten sich auch in Hannover vermehrt Industriebetriebe an. Dennoch verschlossen sich die politischen Eliten der Stadt ganz vehement dem vom Lindener Gemeindevorstand zwischen 1865 und 1895 viermal vorgetragenen Wunsch nach Eingemeindung. Linden hatte sich mittlerweile mit den Worten von Walter Buschmann vom »größten Industriedorf Preußens« (1862 mit 10.000 Einwohnern) zu einer »klassizistisch geformten Arbeiterstadt« entwickelt, der 1885 (mit über 25.000 Einwohnern) die Stadtrechte verliehen wurden. Als es 1920 endlich zu der durch neue politische Verhältnisse erzwungenen Eingemeindung kam, zählte »Groß Linden« bereits 83.000 Einwohner.

Ressentiments wurden gegenseitig gepflegt: *In Linden ist nichts zu finden*[3], lautete ein geflügeltes Wort in Hannover. Es galt als durchaus anrüchig, aus Linden zu stammen oder dort zu wohnen. Die Lindener *Buttjer* revanchierten sich mit der Parole *Lindener Blut ist keine Buttermilch* und betonten selbstbewusst die Energie und ungekünstelte Gradlinigkeit ihrer proletarischen Milieukultur. Begrenzte materielle Möglichkeiten und kollektiv erprobte Problembewältigungsstrategien hatten sich in gemeinschaftsbildenden Lebensformen verfestigt. Um 1900 war eine Vielzahl lokaler Arbeiterkultur- und Arbeitersportvereine entstanden (→ *Konsumgenossenschaft*). Die Anfänge der politischen Organisation reichten in die 1860er Jahre zurück, als sich in Linden eine Gruppe des Allgemeinen Deutschen Arbeitervereins (ADAV) gebildet hatte. 1884 gelang es erstmals, mit dem Zigarrenmacher Heinrich Meister einen Sozialdemokraten und Gewerkschafter als Reichstagsabgeordneten für den Wahlkreis Hannover-Linden zu

Abb. 2: *1925: Blick vom Lindener Berg (Wasserwerk) über Linden auf Hannover.*

wählen. Die SPD dominierte bei allen folgenden Reichstagswahlen unumstritten. Die in den 1920er Jahren als Konkurrenz auftretende KPD konnte sich zwar als weitaus kleinere zweite Kraft des sozialistischen Wählerlagers etablieren, erzielte aber begrenztere Erfolge als in anderen Großstädten. Linden konnte spätestens seit 1880 eindeutig als »rot« charakterisiert werden, allerdings eher als »gemäßigt rot«, da die lokale Sozialdemokratie eindeutig reformistisch und nicht revolutionär geprägt war. Noch bei der letzten freien Reichstagswahl im Herbst 1932 dominierte die SPD in Linden-Nord mit einem Stimmenanteil von knapp über 50% gegenüber der KPD mit 22%.

Dies darf aber nicht dazu verleiten, sich das Quartiersmilieu seit dem späten 19. Jahrhundert als völlig homogen proletarisch und sozialistisch vorzustellen. In jedem noch so typischen Arbeiterquartier gibt es immer auch eine (klein-)bürgerliche Schicht aus Geschäftsleuten, freiberuflich Tätigen und Angestellten. Linden sei zwar insgesamt »rot« gewesen, aber es gab auch *einen schwarzen Fleck*. Mit diesen Worten hat ein Zeitzeuge zudem auf die Bedeutung der rund ein Sechstel der Bevölkerung ausmachenden Katholiken verwiesen. Diese waren seit der zweiten Hälfte des 19. Jahrhunderts vornehmlich als Arbeitskräfte für die expandierende Textilindustrie aus dem Eichsfeld und anderen entfernteren Rekrutierungsgebieten zugewandert. Polnische Arbeitsmigranten bildeten eine kleinere, aber signifikante Untergruppe dieses katholischen Milieus. Die alljährlichen Fronleichnamsprozessionen rund um das »katholische Viereck« (Konfessionsschule, katholisches Krankenhaus, Josephsstift und Bennokirche) stellten nach Zeitzeugenerinnerungen eine demonstrative Selbstbehauptung der katholischen Diasporagemeinde auf schwierigem Terrain dar.

Ende Juli 1932 verkündete die sozialdemokratische Tageszeitung *Volkswille* selbstbewusst: *Es ist der alte Geist, der das rote Linden beherrscht [...]. Rot sind die Fahnen, die über Linden wehen, rot werden sie bleiben, mag sich die SA auch unter dem Schutz der Polizei in Linden dicke tun, sie schlägt nicht Bresche in dieses rote Arbeitervier-*

tel.[4] Auch in etlichen älteren Forschungen ist der Mythos der »roten« Hochburg, in der die antifaschistischen Kräfte besonders stark und aktiv waren, beschworen worden. Zeitzeugen erinnern sich aber nicht nur an heroischen Widerstand: *Kurz vor dem 30. Januar zog noch eine kommunistische Schalmeien-Kapelle durch Linden. Unter ihnen waren welche, die einige Tage später in SA-Uniformen durch die Straßen gingen und Nazigegner verhafteten.*[5] Plötzlich wehten in Linden viele Hakenkreuzfahnen. Der Politologe Bernd Rabe arbeitete an der Mythisierung des »roten Linden«, indem er als spezifische Quartiersmentalität einen »sozialdemokratischen Charakter« konstruierte, der drei Generationen aktiver SPD-Mitglieder auf unterschiedliche Weise gekennzeichnet habe. Ein differenzierteres Bild zeichnete die Soziologin Heidi Rosenbaum, die zwar für den größten Teil der Lindener Bevölkerung proletarische Lebensverhältnisse konstatierte, aber zugleich den Blick für unterschiedliche politische Orientierungen schärfte: Neben dem dominierenden sozialistischen Arbeitermilieu kommen bei ihr auch das katholische Sozialmilieu sowie ein »kleinbürgerliches Arbeitermilieu« als zwar weniger umfangreiche, aber prägnante kollektive Gesinnungsgemeinschaften in den Blick.

Aufgrund der verschärften Wohnungsnot musste die Bevölkerung nach dem Zweiten Weltkrieg in den ohnehin kleinen Arbeiterwohnungen noch enger zusammenrücken. Linden wurde von der Stadtplanung in der Nachkriegszeit weitgehend vernachlässigt; das Gefühl, als »Hinterhof« Hannovers angesehen zu werden, breitete sich aus. Ein positives Signal wurde erst gesetzt, als 1961 ein Freizeitheim eingeweiht wurde, welches sich schnell zu einem wichtigen kulturellen und sozialen Treffpunkt entwickelte und bald als bundesweit vorbildlich galt. Ein Jahr später ging das am Ihme-Ufer errichtete Fernwärme-Heizkraftwerk ans Netz, dessen drei Türme (im Volksmund: *die drei warmen Brüder*) sich aufgrund der futuristischen, in der Regel rot strahlenden Beleuchtung bei Nacht inzwischen zum Wahrzeichen entwickelt haben. 1971 wurde der Grundstein für das Ihme-Zentrum als eine hochverdichtete »Stadt in der Stadt« gelegt. Was den Planern damals als modern erschien, ist aufgrund seines architektonischen Brutalismus bald zum städtebaulichen Sanierungsobjekt geworden. Parallel begannen umfangreiche Sanierungsmaßnahmen in Linden-Süd (bis 1990) und Linden-Nord (bis 2000). Die anfangs praktizierte Flächensanierung rief heftige Proteste hervor, die in intensive Formen der Bürgerbeteiligung mündeten.

Es war durchaus symbolkräftig, dass sich mit dem »Büro Schumacher« das Zentrum sozialdemokratischer Politik 1945/1946 zunächst in der Jacobsstraße 10 in Linden befunden hatte. Auf der »Wennigser Konferenz« wurde Kurt Schumacher Anfang Oktober 1945 offiziell mit der Leitung des Wiederaufbaus der SPD beauftragt. Bei den Kommunalwahlen erzielten die Sozialdemokraten in Hannover bis 1976 durchgängig absolute Mehrheiten, in manchen Lindener Wahllokalen sogar bis zu 80% der Stimmen. Bei einer Wohnbevölkerung von rund 47.600 Personen zählte allein die Lindener SPD beachtliche 1.650 Parteimitglieder – und sie positionierte sich explizit links: *Vom ›roten Linden‹ aus wollen die Linken in den nächsten Jahren die Macht über die hannoversche SPD erobern*, resümierte 1973 ein Situationsbericht von der Basis.[6]

Durch den Zuzug von Studierenden, Kreativen und Arbeitsmigranten sowie die Entstehung zahlreicher alternativer Projekte hat sich der ehemals unattraktive »Hinterhof« inzwischen zum angesagten multikulturellen Szeneviertel entwickelt. Die hannoversche Tourismuswerbung stellt die zahlreichen Bars, Kneipen und Restaurants als *anders, aber nicht artig* vor. Bei gutem Wetter wird auf der Limmerstraße massenhaft *gelimmert* – d.h. das Leben zwanglos genossen. Bereits im ersten Wahlgang der hannoverschen Oberbürgermeisterwahl im Herbst 2019 konnte der grüne Kandidat Belit Onay in Linden eine absolute Mehrheit gewinnen. Ob man das Viertel als »rot« oder »grün« wahrnimmt, einen »schwarzen Fleck« oder vor allem eine bunte, sehr diverse Mischung identifiziert, ob dabei der proletarische Touch des Historischen oder der heutige Charme eines quirligen Stadtteils dominiert, hängt am Ende stark von der interpretativen Brille der Betrachtenden ab. Stammtisch in der Eckkneipe oder trendige Weinbar? Das Linden des 21. Jahrhunderts steht für beides und vereinigt sehr unterschiedliche Aspekte in einem überaus lebendigen Mix.

Anmerkungen

1 Karl Reineke, Alte und neue Zeit in Linden, in: Niedersachsen 8 (1912/13), S. 249.

2 [ohne Vorname] Lampe, Das Dorf Linden, in: Vaterländisches Archiv, 1837, S. 422.

3 Helmut Zimmermann, Linden. Vom Bauerndorf zum Ihmezentrum, Hannover 1986, S. 8.

4 Volkswille, 31.7.1932.

5 Freizeitheim Linden (Hrsg.), Wir aus der Kochstraße, Hannover 1986, S. 95.

6 'ne Republik Linden-Limmer?, in: DER SPIEGEL, 22.10.1973.

Literatur

Walter Buschmann, Linden. Geschichte einer Arbeiterstadt im 19. Jahrhundert, Hildesheim 1981.

Bernd Rabe, Der sozialdemokratische Charakter. Drei Generationen aktiver Parteimitglieder in einem Arbeiterviertel, Frankfurt a.M./New York 1978.

Heidi Rosenbaum, Proletarische Familien. Arbeiterfamilien und Arbeiterväter

im frühen 20. Jahrhundert zwischen traditioneller, sozialdemokratischer und kleinbürgerlicher Orientierung, Frankfurt a. M. 1992.
Detlef Schmiechen-Ackermann, Ländliche Armut und die Anfänge der Lindener Fabrikarbeiterschaft. Bevölkerungswanderungen in der frühen Industrialisierung des Königreichs Hannover, Hildesheim 1990.
Detlef Schmiechen-Ackermann, Nationalsozialismus und Arbeitermilieus. Der nationalsozialistische Angriff auf die proletarischen Wohnquartiere und die Reaktion in den sozialistischen Vereinen, Bonn 1998.

Das Braunschweiger Residenzschloss

Von Henning Steinführer

Abb. 1: Portikus des Braunschweiger Residenzschlosses.

Es gibt wohl kaum ein Gebäude in Niedersachsen, dessen Schicksal in den letzten Jahrzehnten Anlass zu leidenschaftlicheren historischen Debatten gegeben hat als das Braunschweiger Residenzschloss. 1841 fertiggestellt, wurde das Welfenschloss im Zweiten Weltkrieg stark beschädigt, 1960 abgerissen und schließlich 2007 als moderner Bau mit historischen Fassaden neu errichtet. Das Schicksal des Schlosses war vor allem nach dem Zweiten Weltkrieg begleitet von kontroversen Diskussionen um das Für und Wider der Erhaltung bzw. Wiederherstellung historischer Bauten und deren Bedeutung für das braunschweigische Landesbewusstsein.

Das Braunschweiger Schloss und der Schlossplatz können als ein gebautes Buch der braunschweigischen Landesgeschichte interpretiert werden. Ihre Gestaltung vermittelt wichtige Zusammenhänge der Geschichte des alten Landes Braunschweig. Beide Orte waren darüber hinaus Schauplätze wesentlicher historischer Ereignisse. Über dem Mittelbau erhebt sich heute eine über neun Meter in den Himmel ragende kupferne Quadriga. Auf einem antiken Streitwagen steht die Brunonia, eine im 19. Jahrhundert erdachte allegorische Schutzpatronin des Braunschweiger Landes. In der Rechten hält sie einen Ehrenstab mit einem lorbeerumkränzten »W«. Die Initiale steht für den Bauherrn des Schlosses Herzog Wilhelm. Das Braunschweiger Schloss war ein nach Plänen des Hofbaumeisters Carl Theodor Ottmer errichtetes Meisterwerk des Spätklassizismus und gehörte zu den letzten in Europa errichteten Residenzschlössern. Der repräsentative Bau war nötig geworden, weil der Vorgängerbau während der revolutionären Erhebung von 1830 zerstört worden war. Der Unmut der Braunschweiger Bevölkerung hatte sich gegen Wilhelms Bruder Karl II. gerichtet, der alle Reformforderungen im Lande verweigerte und schließlich das Herzogtum verlassen musste. Die Regierung übernahm Wilhelm, der einen Neubau in Auftrag gab. Aus Kostengründen hatte man zunächst weitgehend auf die eigentlich vorgesehenen Kolonaden sowie den antikisierenden Figurenschmuck verzichtet. Dies änderte sich, als 1865 die Quadriga hinzugefügt und 1868 der Portikus mit einem die Geschichte der Braunschweiger Welfen thematisierenden Figurenprogramm versehen wurde. In dessen Zentrum im Giebelfeld des Tympanons steht eine Darstellung Heinrichs des Löwen (→ *Heinrich d. Löwe*). Heinrich erscheint hier umgeben von Rittern, Geistlichen und einem Bauern, die dem einstigen Herzog von Sachsen und Bayern wie einem König huldigen. Als Vollplastiken und gleichermaßen als Assistenzfiguren erheben sich oberhalb des Tympanons rechts mit Schwert und Reichsapfel ausgestattet Otto IV., der einzige Kaiser aus dem Welfenhaus, sowie links Otto genannt das Kind, der erste Herzog von Braunschweig(-Lüneburg). Unterhalb des Tympanons, hinter den Säulen des Portikus sind die Wappen des Herzogtums Braunschweig und seiner Landesteile angebracht. Die so vermittelte historische Programmatik ging auf Herzog Wilhelm selbst zurück, der damit der dynastischen Qualität und dem Selbstverständnis der Welfen in schwierigen Zeiten Ausdruck zu verleihen suchte (→ *Welfen*). Das verwandte Haus Hannover hatte 1866 sein Königtum an Preußen verloren und war ins Exil gezwungen worden. Die Unabhängigkeit des Herzogtums Braunschweig hatten Wilhelm und seine Regierung nur mit Mühe bewahren können.

Auf dem Schlossplatz vor dem Portikus stehen heute wieder zwei Reiterstandbilder aus Kupfer auf steinernem Sockel. Es handelt sich um die überlebensgroßen Abbilder der unmittelbaren Vorfahren Herzog Wilhelms: zur Linken sein Großvater, Herzog Carl Wilhelm Ferdinand, zur Rechten Wilhelms Vater, Herzog Friedrich Wilhelm. Beide hatten im Kampf gegen Napoleon ihr Leben verloren. Carl Wilhelm Ferdinand war in der Schlacht von Jena und Auerstedt tödlich verwundet worden und Friedrich Wilhelm im Umfeld der Schlacht von Waterloo im Gefecht gefallen (→ *Waterloo-Säule*). Besonders der »schwarze Herzog« Friedrich Wilhelm wurde in seiner braunschweigischen Heimat als Held verehrt. Die über Spenden finanzierten Standbilder waren 1874 als Geschenk der Braunschweiger Bürger aufgestellt worden. Die Bürger beteiligten sich auf diese Weise unmittelbar an der welfischen Traditionsbildung. Die Reiterstandbilder verknüpften darüber hinaus die braunschweigische, auf das Welfenhaus gerichtete Perspektive mit der nationalen Ebene einer gerade in den Jahren nach der Reichsgründung allenthalben sehr populären Bezugnahme auf die Befreiungskriege.

Nach Wilhelms erbenlosem Tod 1884 vermochte das eigentlich zur Thronfolge in Braunschweig berechtigte Haus Hannover seinen Anspruch gegenüber Preußen nicht durchzusetzen. Um die Unabhängigkeit des Landes dennoch zu sichern, war gesetzlich bestimmt worden, dass in diesem Fall Regenten so lange die Regierung übernehmen sollten, bis eine Lösung der Thronfolgefrage gefunden sein würde. Da die beiden Regenten Albrecht von Preußen (amt. 1885-1906) und Johann Albrecht zu Mecklenburg (amt. 1906-1913) ihr Amt nur zurückhaltend ausübten, lag die eigentliche Macht im Herzogtum in den Händen einer kleinen Gruppe von Großbürgern, höheren Beamten und lokalen Großgrundbesitzern, die wenig Interesse an einer Modernisierung der politischen Verhältnisse hatte.

Daher machte sich um 1900 zunehmend ein Reformstau bemerkbar. Die Landesverfassung und insbesondere das herrschende Dreiklassenwahlrecht schlossen große Teile der Bevölkerung von der politischen Willensbildung aus. Dagegen kämpfte vor allem die in der Industriestadt Braunschweig starke Sozialdemokratie mit zunehmender Verbitterung an. Eine ausgeprägte politische Polarisierung war die Folge. Das Schloss galt vor allem den Vertretern der Arbeiterschaft als ein Ort und Symbol der Reaktion in der Stadt selbst wie im Land Braunschweig. Die unversöhnliche Lagerbildung bestand auch während der kurzen Regierungszeit von Herzog Ernst August fort, der 1913 nach Beilegung des Streits mit Preußen als letzter regierender Welfe ins Schloss eingezogen war. In unmittelbarer Nähe der Residenz war im Jahr seines Regierungsantritts die Zentrale von SPD und Gewerkschaften eröffnet worden, die im Volksmund als »Rotes Schloss« bezeichnet wurde (→ *Rotes Schloß*). Der weite Platz vor dem Schloss war seit dem ausgehenden 19. Jahrhundert immer wieder für Zusammenkünfte, Kundgebungen und Aufzüge genutzt und so allmählich zur wichtigsten politischen Arena in Braunschweig geworden.

Am 8. November 1918 dankte Herzog Ernst August als erster deutscher Monarch ab und legte die Regierungsgeschäfte förmlich in die Hände des Arbeiter- und Soldatenrates. Diese Machtübergabe fand im Schloss statt, das anschließend als Sitz der revolutionären Regierung diente und über dem bis zum Ende der Räteherrschaft im April 1919 die rote Fahne wehte.

In der Zeit der Weimarer Republik demokratisierte der neugegründete Freistaat Braunschweig das in sein Eigentum übergegangene Schloss: Kultur-, Verwaltungs- und Bildungseinrichtungen fanden hier ein neues Domizil.

Die Nationalsozialisten waren in Braunschweig bereits seit 1930 an der Macht beteiligt. Dadurch wurde es möglich, den Freistaat als Bühne nationalsozialistischer Machtdemonstrationen zu nutzen. Eine solche fand am 31. Oktober 1931 statt, als 100.000 SA-Männer in Anwesenheit Adolf Hitlers durch die Stadt und über den Schlossplatz marschierten. Am 10. Mai 1933 fand auf dem Schlossplatz die von der Deutschen Studentenschaft initiierte öffentliche Bücherverbrennung statt, an die seit 2013 eine in den Boden des Schlossplatzes eingelassene Bronzetafel erinnert. Im Schloss selbst richtete die SS 1935 eine sogenannte »Junkerschule« zur Ausbildung und ideologischen Schulung ihres Führungsnachwuchses ein. Der Schlossplatz wurde in »Platz der SS« umbenannt. Damit war die ehemalige Welfenresidenz zu einem der zentralen Orte der NS-Herrschaft in Braunschweig geworden. Während der Bombenangriffe im Zweiten Weltkrieg wurde das Schloss wie große Teile der Innenstadt schwer getroffen und zu erheblichen Teilen zerstört.

In der unmittelbaren Nachkriegszeit war die Frage nach dem weiteren Schicksal des zwar stark zerstörten, allerdings durchaus nicht irreparabel beschädigten Gebäudes zunächst in den Hintergrund gerückt. Die Wiederherstellung und der Ausbau der kommunalen Infrastruktur sowie die Schaffung von Wohnraum genossen eindeutig Vorrang vor dem Wiederaufbau des in Teilen ruinösen Schlosses. Das änderte sich in der Mitte der 1950 Jahre, als das Land Niedersachsen als Rechtsnachfolger des Freistaates Braunschweig das symbolträchtige Bauwerk an die Stadt übertrug. Es wurde vertraglich vereinbart, dass die Kommune entweder innerhalb von fünf Jahren eine Wiederaufbau- und Nutzungsperspektive entwickeln oder aber das Gebäude endgültig abbrechen sollte. An Ideen für einen teilweisen oder vollständigen Wiederaufbau und eine Nutzung etwa als Stadthalle mangelte es nicht. Allerdings wurden die Planungen nicht entschlossen genug vorangetrieben. Die Gründe dafür waren vielfältig: Sie reichten von Geldmangel über die Priorisierung anderer Projekte bis hin zu einer generellen Ablehnung des Wiederaufbaus. Besonders auf Seiten der mit absoluter Mehrheit in Braunschweig regierenden SPD, die auch die verantwortlichen Akteure in der Stadtverwaltung stellte, war das ehemalige Residenzschloss als Symbol für Monarchie und Reaktion, vor allem aber durch seine Verbindung zur NS-Gewaltherrschaft negativ konnotiert. Die daraus resultierenden Vorbehalte gegen

Abb. 2: Karikatur auf die Wiederaufbaupläne, Silvesterausgabe der Braunschweiger Zeitung *1958.*

den Wiederaufbau waren begleitet von einer zu dieser Zeit allgegenwärtigen Geringschätzung der Architektur des 19. Jahrhunderts.

Gegen den drohenden Abriss erhob sich ein laut vernehmbarer öffentlicher Protest, der in erster Linie von der CDU, von weiteren bürgerlichen Parteien, engagierten Privatpersonen sowie von Architekten und Denkmalschützern getragen wurde. Hauptargument war neben dem unbezweifelbaren Rang des Schlosses als Baudenkmal seine große Bedeutung für die Landesgeschichte. Aus der Perspektive der Befürworter eines Wiederaufbaus bedeutete die Beseitigung des Schlosses zugleich die Zerstörung eines wesentlichen Bezugspunkts des historischen Landesbewusstseins. Die endgültige Entscheidung für den Abriss fiel im Januar 1960 in einer Sitzung des Braunschweiger Stadtrates mit der knappen Mehrheit von zwei Stimmen. Einen Einspruch von Seiten der Landesregierung in Hannover gab es nicht. Der Abbruch erfolgte noch 1960, dabei wurden zumindest Teile der Fassaden, darunter der Figurenschmuck des Portikus, geborgen und eingelagert. Die Erinnerung an das Schloss lebte in den folgenden Jahrzehnten nur im Namen des statt seiner angelegten Schlossparks und durch die an einen anderen Ort versetzten Reiterstandbilder fort. Im kollektiven Gedächtnis der Stadt ließ die Abwesenheit des Schlosses allerdings eine spürbare städtebauliche und historische Leerstelle.

An dieses Bewusstsein konnten zu Beginn der 2000er Jahre Pläne anknüpfen, die in Zusammenhang mit der Ansiedlung eines Einkaufszentrums auch eine Rekonstruktion zumindest der Schlossfassaden vorsahen. Diese Idee löste wiederum eine höchst kontroverse Debatte in der Stadtgesellschaft aus. Die Befürworter des Wiederaufbaus verwiesen erneut auf die historische Bedeutung und den Symbolwert des Schlosses für Braunschweig. Um den besonderen Charakter des Gebäudes zu betonen, sollten im Bereich der Schlossfassaden keine Geschäfte eingerichtet, sondern hauptsächlich Kulturinstitutionen wie die Stadtbibliothek und das Stadtarchiv untergebracht werden. Die Gegner, die unter anderem in einer Bürgerinitiative organisiert waren, antworteten mit dem Vorwurf, dass hier Geschichte nur »erfunden« werde und als schöner Rahmen für ein kommerzielles Projekt dienen solle. Außerdem unterstellte man den Befürwortern eine unzeitgemäße Welfennostalgie. Darüber hinaus spielte der Wunsch nach einer Erhaltung des Schlossparks mit seinem teilweise noch aus der Zeit des authentischen Schlossparks stammenden alten Baumbestand eine wichtige Rolle. Trotz der Proteste setzten sich 2002 die Befürworter des Wiederaufbaus im Stadtrat mit der Einstimmenmehrheit der Fraktionen von CDU und FDP durch. Diese Entscheidung kann als ein Beispiel für kommunalen Pragmatismus und eine Politik des Machbaren gelten. Das öffentliche Interesse an der Errichtung der unter Einbeziehung von Originalteilen weitgehend originalgetreuen Fassaden und der durch einen privaten Stifter finanzierten neuen Quadriga war außerordentlich groß. Angesichts der leidenschaftlichen Debatten war es erstaunlich, wie schnell das »Schloss« nach seiner Eröffnung 2007 als Verbindung zwischen Einkaufszentrum, Kultureinrichtungen und Schlossfassaden in der Bevölkerung akzeptiert war. Der Braunschweiger Schlosskonflikt kann heute als beigelegt gelten. Über die Schlossgeschichte kann man sich seit 2010 in einem Schlossmuseum informieren, in dem in nachempfundenen Räumlichkeiten auch originale Ausstattungsstücke gezeigt werden. Der ebenfalls wiedererstandene Schlossplatz, auf den seit 2007 auch die Reiterstandbilder zurückgekehrt sind, hat seinen Platz als zentraler Ort nicht zuletzt politischer Veranstaltungen ebenfalls längst wieder zurückerlangt.

Literatur

Gert Hoffmann, Von Irrwegen in die Verantwortung. Zeitzeuge und Gestalter in bewegten Zeiten, Essen 2018, bes. S. 312-353.

Hans-Ulrich Ludewig, Das Braunschweiger Schloss als Erinnerungsort, in: Sinngeschichten. Kulturgeschichtliche Beiträge für Ute Daniel, hrsg. von Christian Frey u.a., Köln u.a. 2013, S. 231-240.

Georg Wagner-Kyora, Schloss ohne Geschichte. Der Braunschweiger Wiederaufbau-Konflikt 1950-2007, Berlin 2009.

Bernd Wedemeyer, Das Residenzschloss Braunschweig. Vom Herzogssitz zum kulturellen Zentrum, Braunschweig 2017.

Abb. 1: Allmers als Cicerone im Kreis seiner Gelehrten- und Künstlerfreunde. Heinrich von Dörnberg, Die Gegenwart der Marschen (Sechstes Bild des historischen Zyklus in Allmers' »Marschensaal«), 1875, Öl auf Leinwand in Grisaille.

Rechtenfleth, Allmers und das *Marschenbuch*

Von Axel Behne

> *Hat Euch Menke denn auch von meinem Aufenthalt in Frankfurt erzählt? Nette Tage das, mit Vogel und Appell und Fischer und Creizenach. [...] Ich hieß da nicht anders als der Marschmensch, der Moormensch, der Mensch vom letzten Ufer, der Rohrmensch* (H. Allmers, Briefwechsel mit bremischen Freunden, Brief 42).

So schreibt Hermann Allmers im August 1856 aus Tübingen an seine Freunde in Bremen. Der kurze Passus aus einem sehr langen Brief, der zunächst wie eine Beiläufigkeit anmutet, zeitigte jedoch eine bedeutende literarische Folge. Der gesellige Verkehr mit den Bekannten in Frankfurt a.M. belehrte den weitgehend autodidaktisch gebildeten Großbauernsohn aus Rechtenfleth an der Unterweser, »welch falsche, zum Theil abgeschmackte Begriffe dort, ja oft selbst noch in den nächsten Städten über unser Land und seine Zustände herrschen«.

Dem abzuhelfen veröffentlichte Allmers knapp zwei Jahre später, um Ostern 1858, das seinerzeit epochemachende *Marschenbuch*. Getragen von der Idee der (Kultur-)Nation zielte dieses Werk auf die Aufnahme der bis dahin unkartierten Regionen entlang der Nordseeküste in die Kulturlandkarte Deutschlands. Dabei griff Allmers im Untertitel des Buches – *Land- und Volksbilder aus den Marschen der Weser und Elbe* – den im deutschen Sprachraum lang schon geläufigen und von Wilhelm Heinrich Riehl populär gemachten Zusammenhang von *Land und Leuten* auf.[1] So war es denn auch kein Geringerer als

Riehl, der Vater der Volkskunde als Wissenschaft, der Allmers' erste Buchveröffentlichung im August 1858 in der damals tonangebenden *Augsburger Allgemeinen Zeitung* besprach. Nachdem er Allmers im Sommer zuvor in Rechtenfleth besucht und mit ihm das Land Wursten durchwandert hatte, klassifizierte Riehl das *Marschenbuch* als »einen Beitrag zu jener neuen Wissenschaft der Landes- und Volkskunde, in der sich die Einwirkungen Humboldts und Ritters begegnen.« Und in der Tat war es der Geograph Carl Ritter gewesen, der Allmers Anfang 1856 ermuntert hatte, eine unter dem Titel *Norddeutsche Vegetationsbilder* erschienene Reihe von Zeitungsaufsätzen zu einer zusammenhängenden Darstellung auszubauen. Zeitgleich war der Kunsthistoriker und Schriftsteller Franz Kugler zum Paten der kunstgeschichtlichen Ambitionen Allmers' geworden, indem er dessen Aufsatz über *Die Ruinen der Cisterzienserabtei Hude im Großherzogtum Oldenburg*, später ebenfalls in das *Marschenbuch* aufgenommen, zunächst zum Abdruck im *Deutschen Kunstblatt* empfahl.

Dem Riehlschen Ansatz entsprechend entfaltet Allmers in seinem *Marschenbuch* eine Landeskunde, die vom physischen Ursprung der alluvialen Böden über deren Geologie, Fauna und Flora bis hin zu ihrer menschlichen Besiedlung und von dorther zu einer Landes- und Volkskunde der Marschen reicht. Auch die literarischen Verarbeitungen der Landschaften entlang der Nordsee schildert er in einem weiten Bogen von den Beschreibungen Plinius' des Älteren (*Naturalis Historia*, XVI/2) bis hin zu der Ode *An den Wind* von Johann Heinrich Voß aus dessen vierjährigem Marschenaufenthalt in Otterndorf. Die beiden Hauptkapitel zum »Land« und zu seinen »Leuten« vermehrt Allmers um einen gleichsam deskriptiven dritten Abschnitt, in dem er eine *Revue der einzelnen Marschstriche* gibt. Dabei bleibt der Blick konzentriert auf Allmers' weitere Heimat, die hannoverschen und die, ihm zufolge, sittlich und zivilisatorisch höherstehenden oldenburgischen Wesermarschen (*Marschenbuch* S. 128, 132). Nur gelegentlich streut er, namentlich bei kunsthistorischen Erörterungen, Ausblicke ins Jeverland, nach Ostfriesland oder nach Dithmarschen und Nordfriesland ein. Dabei fußen Allmers' Eindrücke und Ausblicke stets auf persönlicher Anschauung und einer gründlichen Kenntnis des Schrifttums, namentlich der Werke Johann Gottlieb Visbecks, August von Wersebes, Peter von Kobbes, Johann Hinrich Pratjes und Wilhelm von Hodenbergs.

Dem Leser von heute mag mitunter das vorwissenschaftliche Romantisieren in Allmers' archäologischen und landesgeschichtlichen Ausführungen auffallen, namentlich der Kult, den er um Karl den Großen entfaltete (*Marschenbuch* S. 116) – welcher ihm übrigens noch zu Lebzeiten den Zorn der Rechtsnationalen und nach 1933 die Verachtung ihrer nationalsozialistischen Nachfahren einbringen sollte (→ *Karl d. Gr.*).

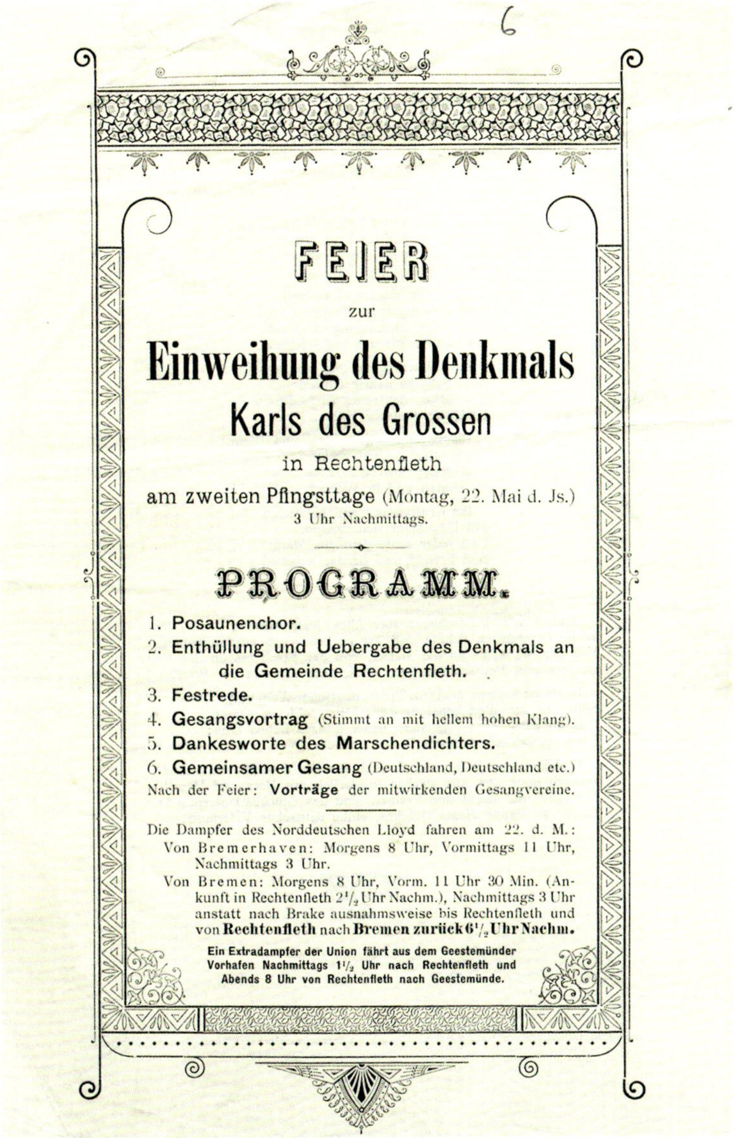

FEIER

zur

Einweihung des Denkmals

Karls des Grossen

in Rechtenfleth

am zweiten Pfingsttage (Montag, 22. Mai d. Js.)

3 Uhr Nachmittags.

PROGRAMM.

1. **Posaunenchor.**
2. **Enthüllung und Uebergabe des Denkmals an die Gemeinde Rechtenfleth.**
3. **Festrede.**
4. **Gesangsvortrag** (Stimmt an mit hellem hohen Klang).
5. **Dankesworte des Marschendichters.**
6. **Gemeinsamer Gesang** (Deutschland, Deutschland etc.)

Nach der Feier: **Vorträge** der mitwirkenden Gesangvereine.

Die Dampfer des Norddeutschen Lloyd fahren am 22. d. M.:

Von Bremerhaven: Morgens 8 Uhr, Vormittags 11 Uhr, Nachmittags 3 Uhr.

Von Bremen: Morgens 8 Uhr, Vorm. 11 Uhr 30 Min. (Ankunft in Rechtenfleth 2½ Uhr Nachm.), Nachmittags 3 Uhr anstatt nach Brake ausnahmsweise bis Rechtenfleth und von **Rechtenfleth** nach **Bremen zurück 6½ Uhr Nachm.**

Ein Extradampfer der Union fährt aus dem Geestemünder Vorhafen Nachmittags 1½ Uhr nach Rechtenfleth und Abends 8 Uhr von Rechtenfleth nach Geestemünde.

Abb. 2: Programm zur Einweihung des Denkmals Karls d. Gr. in Rechtenfleth, Pfingsten 1899; zu dieser Einweihung erschienen gut 2.500 Besucher, die zum größten Teil, wie das Programm ausweist, von Bremen, Bremerhaven und Geestemünde auf dem Wasserwege kamen.

Bei Allmers' verklärenden Blicken in die Vergangenheit ist aber zu bedenken, dass der *Verein für Geschichte und Alterthümer der ehemaligen Herzogtümer Bremen und Verden* als Motor einer historischen Erforschung der Weser-Elbe-Region erst 1856 gegründet worden war. Und darüber hinaus ist auch festzuhalten, dass historische Kenntnisse für Allmers kein Selbstzweck waren, sondern ein wesentliches Agens im Prozess gesellschaftlicher Entwicklung. Gerade vor diesem Hintergrund ist die Zielsicherheit bemerkenswert, mit der

Allmers die Kernmomente des historischen Werdens erfasste, etwa die Bedeutung der lokalen Kirchen und Pfarreien (*Marschenbuch* S. 118, 149 u.ö.) und des Deichbaus als Keimzellen, Rückzugsorte und Garanten des Zusammenhalts der genossenschaftlich verfassten Marschgesellschaften. Auch findet sich bei Allmers, vermutlich erstmals, der hierauf fußende Hinweis, dass die Marschen sich in die fundamentalen sozialgeschichtlichen Kategorien von »Stadt« und »Land« nicht fügen (*Marschenbuch* S. 250). An ihre Stelle tritt an der Nordsee der grundlegende Gegensatz von *leichter Geest und schwerer Marsch* (*Marschenbuch* S. 123), sowohl in der Beschaffenheit des Landes, wie auch im Habitus seiner Leute. Auch weist Allmers, mit Seitenhieben auf die *Zopfzeit* und *das Unwesen Bernini's* (*Marschenbuch* S. 122), auf den enormen künstlerischen Verlust hin, den die reichen Kirchen der Marschen durch die Einführung der Neuen Lehre erfuhren, so dass vielerorts die Taufbecken die einzigen Überbleibsel aus den ältesten Zeiten dieser Gotteshäuser sind (*Marschenbuch* S. 119) – ein Sachverhalt, der gerade im Gefolge des 500. Jubiläums der Reformation neuerlich wissenschaftliche Aufmerksamkeit fand.

Bezeichnend für Allmers Beschreibung des ländlichen Lebens ist die konsequente Abkehr von einem verklärenden Naturalismus Rousseauscher Prägung. *Im Gegenteil, hier zeigt sich der merkwürdige Umstand, daß gerade in dem Maaße, wie Luxus und Mode sich mehrten, im Allgemeinen auch der moralische Zustand sich hob* – bei welcher Feststellung sich der Autor in den 1850er Jahren schon auf statistische Untersuchungen (*Marschenbuch* S. 132) beruft. Die Prosa solcher und ähnlicher Betrachtungen weiß Allmers jedoch sehr wohl mit Dramatik anzureichern, durch die Schilderung der Gefahr des Ertrinkens im Watt (*Marschenbuch* S. 247) zum Beispiel, oder auch mit Ironie zu würzen, so etwa wenn er den Usus schildert, dass die Hausmanns-Töchter der Wesermarsch für ein Jahr ins Pensionat nach Oldenburg oder Bremen gehen, um *sich den Firniß feinen Benehmens anzueignen* (*Marschenbuch* S. 130). Klingt in Wendungen wie dieser die Kritik an gewissen Zuständen nur an, so standen dem Autor des *Marschenbuches* doch auch andere Register zur Verfügung. Seine Ambivalenz gegenüber der jungen Stadt Bremerhaven (→ *Auswandererhafen*), die er auf Grund ihrer weltläufigen Betriebsamkeit und Üppigkeit an Waren und Dienstleistungen bewunderte, deren Bewohnern er aber anderseits den *crassesten Materialismus* bei einem gänzlichen *Mangel an Sinn und Geschmack für Höheres und Schöneres* (*Marschenbuch* S. 214) vorwarf, empörte einen Teil seiner Leser, die sich zu Gegenreden in den Zeitungen des Unterweserraums veranlasst sahen. Ähnlich hart verfuhr er mit Stade. Für ihn war »*die kleine hannöverische Festung* an der Schwinge *ein langweiliges, nüchternes Nest* (280). Interessant ist auch die Wertung des heutigen Cuxhavener Stadtteils

Duhnen. Das *arme Fischerdorf*, das er noch als *traurigen, öden Aufenthalt* (*Marschenbuch* S. 248) wahrnahm, sollte sich in den letzten Jahren des 19. Jahrhunderts zur beliebten Sommerfrische namhafter Künstler der Karlsruher Kunstakademie entwickeln.

Das Thema des Buches, vor allem aber der künstlerische Schwung, mit dem Allmers sein *Marschenbuch* verfasste, machten ihn schlagartig populär. Im Gefolge seiner Veröffentlichung erhielt Allmers Anfragen, namentlich aus dem Umfeld der *Gesellschaft für bildende Kunst und vaterländische Altertümer zu Emden*, seine Schilderungen in einem weiteren Band oder einer späteren Auflage auf Ostfriesland auszudehnen – wozu es aber nicht kam. Für die holsteinischen Marschen leistete Allmers' enger Freund Detlef Detlefsen Ähnliches mit seiner zweibändigen *Geschichte der holsteinischen Elbmarschen* (Glückstadt 1891/92). Sie entstand im engen Austausch mit Allmers, aber auch in deutlicher landeshistorischer Absetzung von den anekdotischen Zügen des *Marschenbuches*.

Sind viele der Eigenheiten, die Allmers in der Mitte des 19. Jahrhunderts beobachtete und gekonnt beschrieb, heute auch durch die gesetzmäßig voranschreitende »Angleichung der Lebensverhältnisse« bis zur Unkenntlichkeit verflacht, so ist und bleibt das *Marschenbuch* gerade deshalb ein Erinnerungsort der kleinräumigen Diversität des für Deutschland einst so landschaftstypischen Lebens. Hierin liegt der eigentümliche Reiz des Allmersschen Buches bis zum heutigen Tage.

Um 1860 hingegen hatte Allmers mit der Konzeption und der Stilistik des *Marschenbuches* den Geschmack des lesenden Publikums exakt getroffen. Den Auswirkungen seiner Popularität konnte er zunächst noch entgehen durch eine fünfzehnmonatige Reise nach Italien, die den Stoff abgeben sollte für seinen größten literarischen Erfolg, die *Römischen Schlendertage* (Erstausgabe 1868, elf weitere Auflagen folgten). Doch nachdem er zu Weihnachten 1859 heimgekehrt war, überrollte ihn förmlich die umso kraftvoller geschwollene Woge des Ruhms. Dieser Ruhm führte Besucher in nie gesehener Zahl zu ihm und in sein heimatliches Rechtenfleth. Bezeichnend hierfür und auch für den Autor des *Marschenbuches* ist die diesbezügliche Mitteilung, die Allmers seinem Freund Heinrich Romberg, dem späteren Direktor der Bremer Seefahrtschule, im Frühjahr 1860 schrieb:

> *Wie es in meinem weltabgeschiedenen Hause jetzt hergeht so etwas ist wirklich nie dagewesen so lange seine Mauern stehn. [...] Kaum bin ich wieder von B[remen] zurück tritt ein ... Jüngling mit langwallenden Haaren in die Thüre. – »Angeregt durch das Marschenbuch habe ich mir vorgenommen einige Bilder aus der Geschichte der Stedinger zu malen. Hier ist der erste Karton dazu ...« – Es war der junge Historienmaler Griepenkerl aus Oldenburg. Kaum*

ist dieser wieder fort so tritt ein … Jüngling mit noch länger wallenden Haaren in meine Stube, verneigt sich u spricht wie folgt: »Angeregt durch das Marschenbuch habe ich aus dem Stedinger Kreuzzug den Stoff zu einem Drama genommen welches ich hiermit Ihrem gütigen Urtheile unterwerfen möchte«. […] Sicherlich hoffe ich nun daß in den nächsten Tagen einer mit noch viel länger wallenden Haaren eintrifft der, angeregt durch das [Marschenbuch], die Stedinger zu einer Oper u ein … Jüngling endlich mit den längsten Haaren der die Unvermeidlichen zu einem Ballet verarbeitet hat u solches mir flüchtig vortanzen will. Ich aber frage mich stets bei solchen Gelegenheiten innerlich leise: Welch ein Gefühl muß ich o großer Mann! u. s. w. (Hermann Allmers, Briefwechsel mit bremischen Freunden, Brief 61)

Das Allmerssche Haus, in dem sich diese unterhaltsamen Vorgänge abspielten, ist bis heute als einer der authentischsten niedersächsischen Erinnerungsorte, so wie es der Dichter hinterließ, in Rechtenfleth an der Weser zu besichtigen.

Anmerkungen

1 Riehl, Land und Leute, Stuttgart 1854 (= *Die Naturgeschichte des Volkes als Grundlage einer deutschen Social-Politik*, Band 1). Das Begriffspaar *Land und Leute* erscheint in Allmers' Marschenbuch. Land- und Volksbilder aus den Marschen der Weser und Elbe, Ndr. der Erstausgabe Gotha 1858, hrsg. von Bernd Ulrich Hucker, Osnabrück 1979, u.a. auf S. 250.

Literatur

Hermann Allmers, Marschenbuch. Land- und Volksbilder aus den Marschen der Weser und Elbe, Ndr. der Erstausgabe Gotha 1858, hrsg. von Bernd Ulrich Hucker, Osnabrück 1979.

Hermann Allmers, Marschenbuch …, unveränd. Ndr. der 4. Aufl. Oldenburg/Leipzig 1902, Leer 1979.

Hermann Allmers, Briefwechsel … (Bremer Ausgabe, Bde. I – III/2), hrsg. von Hans Gerhard Steimer und Axel Behne, Bremen 2010-2019.

Die erste Erdölbohrung »der Welt« in Wietze

Von Oliver Werner

Abb. 1: Wietze um 1900.

Es gibt Orte, die waren oder sind für unser Leben von wesentlicher Bedeutung und daher erinnerungswürdig, drängen sich aber nicht als Erinnerungsorte auf. So können Orte zu sehr mit anstrengender Erinnerungsarbeit verbunden sein, als dass sie sich heute leicht einer Identitätsbildung und Selbstverortung von Individuen und Gruppen unserer Gesellschaft erschlössen. Die Aneignung von Vergangenheit wird mindestens ebenso von Erinnerungen wie von Verdrängungen geprägt. Manchmal haben es auch Selbstverständlichkeiten schwer, als Erinnerungsorte angenommen zu werden. Voraussetzungen und Zusammenhänge des eigenen Lebens in der industriellen Gesellschaft können manchmal derart auf der Hand liegen, dass man sie eher im alltäglichen Umgang erlebt, als sich auf einen Ort konzentriert an sie zu erinnern.

Vor diesem Hintergrund überrascht es nicht, dass es der kleine Ort Wietze im Landkreis Celle schwer hat, sich als »Erinnerungsort« zu etablieren. Hier begann im April 1858 die erste Erdölbohrung der Welt, ein Jahr vor der ersten Bohrung in den USA, und mit den im Juli 1859 erreichten 35 Metern auch 14 Meter tiefer als in Amerika. Dieses Datum könnte stolz machen, Niedersachsen eine industrielle Vorreiterrolle zuschreiben und uns alle an den langen Weg erinnern, den die noch immer essentielle Grundlage unseres Lebens bereits hinter sich hat.

Aber so leicht ist es eben nicht. Erdölvorkommen wurden seit der Antike von den Menschen genutzt. Manchmal trat das Öl an die Oberfläche, aber es wurde auch nach ihm gegraben oder sogar – in geringeren Tiefen – nach ihm gebohrt, allerdings aus technischen Gründen nicht systematisch. Erst die Entwicklung geeigneter, zusammensetzbarer Bohrwerkzeuge aus widerstandsfähigem Metall ermöglichte eine gezielte Erdölsuche in tieferen Erdschichten.

Der von der hannoverschen Regierung mit der Bohrung in Wietze beauftragte Professor für Geognosie (so bis ins 19. Jahrhunderts die Bezeichnung für Geologie) Georg Hunaeus war 1858 ursprünglich auf der Suche nach *Kohle*vorkommen, und das seit dem 17. Jahrhundert bekannte, aus dem Erdreich austretende Öl sah er als Hinweis auf vorhandene Braunkohlelagerstätten. Als Hunaeus den Vorteil größerer Erdölvorkommen erkannte und im folgenden Jahr weiterbohren konnte, stießen die Arbeiter in etwa 35 Meter Tiefe auf undurchdringlichen Felsen und brachen die Bohrarbeiten ab. Insgesamt war das Unternehmen nicht von Erfolg gekrönt, und die nächsten ölexplorierenden Bohrungen in Wietze fanden erst 1875 statt. Tatsächlich war der Bedarf auch zu diesem Zeitpunkt noch nicht so groß, als dass sich umfangreichere Investitionen gelohnt hätten.

Mit Wietze als erstem Ort einer Erdölbohrung mit modernem technischem Gerät konkurrieren verschiedene Orte auf der Welt. Am prominentesten ist Titusville in Pennsylvania, das heute damit wirbt, die dortige Erdölbohrung habe 1859 eine Industrie in Gang gesetzt, die für immer das Gesicht unserer modernen Welt veränderte. Anders als in Wietze zielte diese Bohrung von Beginn an auf Öl, und die Funde in Titusville wurden relativ bald ökonomisch erfolgreich ausgebeutet. Der Streit, welcher Ort tatsächlich die erste Erdölbohrung »der Welt« für sich in Anspruch nehmen könnte, fand vor allem in Deutschland statt und hatte häufig genug nationalistische Untertöne. Diese Konnotationen erschwerten es nach 1945, das Recht zu beanspruchen, dass Wietze tatsächlich einer der ersten Orte auf der Welt war, an denen Mitte des 19. Jahrhunderts technisch aufwendig und mit ökonomischem Interesse nach Erdöl gebohrt worden ist.

Als Ende des 19. Jahrhunderts die Erdölvorkommen im Kreis Celle kommerziell erschlossen wurden, wandelte sich das Bild der idyllischen Heidelandschaft innerhalb weniger Jahre grundlegend (→ *Lüneburger Heide*). Dies wurde bereits von Zeitgenossen wie Hermann

Abb. 2: Bohrmannschaft Wietze um 1906.

Löns als Naturzerstörung und Verlust von »Heimat« wahrgenommen, zumal das ländliche Sozialgefüge einem tiefgreifenden Umbruch unterworfen blieb, der den Menschen schier Unerträgliches zumutete. Die Bohrungen in Wietze stießen auch auf an Sand gebundenes zähflüssiges Öl, das über eine Bohrlochförderung nur schwer gewonnen werden konnte, sodass es ab 1918 in Schächten und unterirdischen Minen von Bergarbeitern abgebaut wurde – eine sehr harte und ausgesprochen dreckige Arbeit. Die in Wietze als Ölmuckel bezeichneten Arbeiter, es waren ausschließlich Männer, entwickelten durchaus einen Stolz auf ihre anstrengende und angesichts immer wieder auftretender Unfälle auch gefährliche Tätigkeit. Die Arbeitsbedingungen blieben in den nächsten Jahrzehnten unvermindert hart und trugen neben den prekären Wohnverhältnissen mit zu einer hohen Fluktuation unter den Bergleuten bei.

Mit der Erschließung weiterer Erdölfelder im Raum Celle, Hannover und Braunschweig wurde die preußische Provinz Hannover zum Zentrum der deutschen Erdölförderung. Zeitweise kamen über 90% des im Deutschen Reich geförderten Mineralöls aus der niedersächsischen Region. Die zu Beginn der 1930er Jahre vorbereiteten Gesetze zur leichteren Zusammenfassung von Ölgebieten wurden von den Nationalsozialisten umgesetzt und 1934 mit einem »Reichsbohrprogramm« gekoppelt. In den folgenden Jahren entwickelte sich die niedersächsische Ölförderung mit der wirtschaftlichen Autarkiepolitik und der deutschen Kriegsvorbereitung zu einem wesentlichen Aspekt der Rüstungswirtschaft. Das zähflüssige, zur Brennstoffherstellung nur bedingt geeignete Öl aus Wietze wurde dabei unverzichtbar: Egal, ob die Panzer- und Flugzeugmotoren mit Benzin aus Rumänien, aus Österreich oder aus heimischer Kohleverflüssigung betrieben wurden – geschmiert wurden sie zumeist mit Erdöl aus Wietze und anderen hannoverschen Ölfeldern.

Mit Beginn des Zweiten Weltkriegs 1939 setzten Ölfirmen wie die den Erdölschacht Wietze betreibende »Deutsche Erdoel AG« (DEA) Kriegsgefangene und Zwangsarbeiter in der Erdölförderung sowie KZ-Häftlinge in den Raffinerien ein. Ende 1944 waren von den 26.820 Beschäftigten der DEA ein Drittel »Kriegsgefangene« (2.989) bzw. »Ausländer« (6.165), wobei sich für die gesamte Zeitspanne der genaue Anteil von Zwangsarbeitern und KZ-Häftlingen aus der Betriebsstatistik nicht herauslesen lässt. Die Arbeitsbedingungen waren generell unmenschlich, und die hohe Sterberate wurde häufig verschleiert, indem man kranke Häftlinge von den Außenlagern in das zuständige Hauptlager zurücktransportierte.

Dieser verbrecherische Aspekt der florierenden niedersächsischen Erdölindustrie wurde nach Kriegsende rasch verdrängt. Ab 1945 verfiel das *bescheiden prosperierende Wietze*, wie sich die Zeitzeugin Ingrid Krau erinnert, *in ein tiefes Schweigen über sich selbst*, und von den *Zwangs- und Zivilarbeitslagern* sind *keine Spuren geblieben.* Dieses Schweigen hält im Grunde bis in die Gegenwart an und hat mit dazu beigetragen, dass Wietze den Ansprüchen einer differenzierten Erinnerungskultur bisher nicht gerecht geworden ist.

Die Erdölförderung in Niedersachsen wurde nach Kriegsende zunächst von der britischen Besatzungsmacht vorangetrieben, die dabei auf das eingespielte und kaum »entnazifizierte« deutsche Personal zurückgriff, und expandierte weiter – so im Emsland, wo 1942 ebenfalls Ölvorkommen entdeckt worden waren. Anfang der 1950er Jahre bildete Niedersachsen wieder das Zentrum der nun westdeutschen Erdölförderung. Während die Ölförderung in Wietze 1963 aufgrund versiegender Vorkommen eingestellt wurde, produzierten ergiebigere Felder im Emsland sowie in der Nordsee noch mehrere Jahrzehnte niedersächsisches Erdöl. Hinzu kamen seit den 1960er Jahren neu erschlossene Erdgasvorkommen, und die in vielen Gebieten sichtbaren »Gasfackeln« prägten bis in die 1990er Jahre hinein das Landschaftsbild Niedersachsens – in ähnlicher Weise, wenn auch weniger umstritten, wie heute die Windkraftanlagen.

Mit dem Ende der Ölförderung in Wietze 1963 wurden die dortigen Anlagen zunächst im kleinen Rahmen als Anschauungsobjekte genutzt und sukzessive zu einem Museum ausgebaut, das die US-amerikanische Texaco, inzwischen Mehrheitseigner der DEA, im September 1970 offiziell der Gemeinde Wietze übergab. Lange konzentrierte sich die dortige Ausstellung auf die geologischen, technischen und wirtschaftlichen Zusammenhänge der niedersächsischen Erdölförderung. Gegenwärtig wird die Ausstellung überarbeitet, und das

Museum soll dann auch die sozialen Bedingungen, die Arbeitswirklichkeiten sowie nicht zuletzt die Entwicklung der Wietzer Erdölförderung im Nationalsozialismus dokumentieren.

Abb. 3: Das Freigelände des Deutschen Erdölmuseums Wietze, 2020.

Die Gewinnung primärer Rohstoffe hat lange die niedersächsische Wirtschaft, das Leben der Bevölkerung und das Gesicht des Landes in besonderer Weise bestimmt. Wie diese Entwicklung weitergeht, entscheidet sich auch damit, ob noch vorhandene, schwerer zugängliche Öl- und Gasvorkommen in Niedersachsen durch »Fracking« gefördert werden. Unter hohem Druck wird dabei Flüssigkeit in das Gestein eingepresst, um Fließwege für eingeschlossene Vorkommen zu schaffen. Das Verfahren wird von vielen Menschen als problematisch wahrgenommen, da die Folgen für Stand und Qualität des Grundwassers nicht immer eingeschätzt werden können. Diese zum Teil sehr hitzig geführte Debatte berührt nicht nur die energetischen Grundlagen unseres Lebens, sondern auch die fundamentale Frage nach unserem Umgang mit den begrenzten Ressourcen der Erde und den Konsequenzen unseres Lebensstils.

Es ist daher naheliegend, für diese wesentlichen Zusammenhänge einen Ort in Niedersachsen zu haben, der auch an die lange und schwierige Geschichte der Energiegewinnung erinnert und zugleich den Preis offenlegt, den wir (und andere Menschen) für unsere Entscheidungen zu zahlen hatten und haben. Dieser Erinnerungsort kann der kleine, für die Ölindustrie traditionsreiche Ort Wietze im Landkreis Celle sein, und das Deutsche Erdölmuseum könnte den Raum bieten, um über diese existentiellen Fragen weiter zu reflektieren – und zu streiten.

Literatur

https://www.erdoelmuseum.de/ (Letzter Zugriff: 13.10.2020).

Rainer Fröbe, Arbeit für die Mineralölindustrie: Das Konzentrationslager Misburg, in: Ders. u.a., Konzentrationslager in Hannover. KZ-Arbeit und Rüstungsindustrie in der Spätphase des Zweiten Weltkriegs, Bd. 1, Hildesheim 1985, S. 131-275.

Rainer Karlsch/Raymond G. Stokes, Faktor Öl. Die Mineralölwirtschaft in Deutschland 1859-1974, München 2003.

Ingrid Krau, Kohle, Öl und Krieg. Eine Biographie, Berlin 2015.

Stephan A. Lütgert (Hrsg.), Erdöl und Erdgas in Niedersachsen. Ursprünge, Entwicklungen, Perspektiven, Kiel/Hamburg 2020.

RWE-DEA AG (Hrsg.), 100 Jahre RWE-DEA. 1899-1999, Hamburg 1999.

Wilhelm Busch: »Max und Moritz«

VON GERT UEDING

Abb. 1: »Und schon ist er auf der Brücke, Knacks! Die Brücke bricht in Stücke«.

Wer von *Max und Moritz* spricht, meint keine Kinder aus der Nachbarschaft, sondern zwei *Phantasiehanseln*, wie ihr Schöpfer Wilhelm Busch sie nannte, nämlich die beiden Helden des wohl berühmtesten Kinderbuchs der Weltliteratur. Wie nur ganz wenige andere seiner Art, wie Heinrich Hoffmanns *Struwwelpeter* (1844) oder wie Lewis Carrolls *Alice's Adventures in Wonderland*, das 1865, im selben Jahr wie *Max und Moritz*, erschienen ist, sprengt Buschs Bildergeschichte die Grenzen des Genres. Seine Leser kommen aus allen Altersschichten und seine Bewunderer, wie Erich Ohser, der unter dem Decknamen »e.o.plauen« *Vater und Sohn* erfand, Tomi Ungerer, der ihnen einen schön frivolen 8. Streich nachschrieb, oder die Cartoonisten der Neuen Frankfurter Schule, zählen zu den berühmtesten Künstlern ihres Metiers. Verbreitet in Millionen von Exemplaren, die längst keiner mehr schätzen kann, übersetzt in mehr als 30 Sprachen, in zahlreichen Variationen fortgeführt, in die Form von Ballett- und Chormusik gegossen, als Musical oder, wie erst jüngst, 2019, als »Swinging Busch« vertont, ist es in das Bild- und Versgedächtnis von Generationen eingewandert: *Ach, was muß man oft von bösen Kindern hören oder lesen!! Wie zum Beispiel hier von diesen, welche Max und Moritz hießen …«* Von ihren Streichen kann man in billigen kartonierten und grell kolorierten Ausgaben aus dem Kaufhaus oder im Faksimile der Original-Handschrift des Autors lesen.

Dieser unvergleichliche Erfolg war den beiden *Konturwesen* (Busch) nicht an der Wiege gesungen. Die stand, trotz des dörflichen Gepräges ihrer Geschichte, in München, wo Wilhelm Busch seit 1854 an der Kunstakademie studierte und sich als humoristischer, auch satirischer Zeichner schon einen Namen gemacht hatte. Inspiriert hatte ihn allerdings die Erinnerung an seine Kindheit, die er zu einem großen Teil nicht bei den Eltern in Wiedensahl, sondern bei seinem Onkel, dem Pastor Georg Kleine, in Ebergötzen bei Göttingen verbracht hatte. In dessen Obhut hatten ihn die Eltern schon mit neun Jahren gegeben, weil ihr Haus für die größer gewordene Familie nicht mehr ausreichte, oder vielleicht auch, weil ihnen dieser Sohn mit seinem früh sichtbar gewordenen Zeichentalent nicht recht ins Erziehungskonzept zu passen schien. Die Ausbildung war bei Pastor Kleine allerdings nicht weniger streng und von der zeitgenössischen Prügelpädagogik bestimmt wie bei den Eltern. Er sei in *protestantischen Anschauungen aufgewachsen*, bemerkte Busch später einmal, und tatsächlich hat er mehr als die Hälfte seines Lebens in Pfarrhäusern verbracht. Sie waren die äußere Seite des Gehäuses, das die protestantische Lehre schon früh in seinem Innern aufgerichtet hatte. Der Wechsel nach Ebergötzen hatte sicher seine guten Seiten; von *meinem lieben, alten Ebergötzen* wird Busch später sprechen, *wo ich den letzten und schönsten Teil meiner Kinderjahre verlebte* und wo er sich mit dem Müllerssohn Erich Bachmann anfreundete. In dem kleinen Ort kann man noch heute die Mühle besuchen, an die Busch beim letzten Streich von Max und Moritz gedacht haben mag. Sie schließt an eine viel ältere und sagenhafte Tradition an, in der Müller und Mühle auf unheilvolle und unheimliche Weise ihr Unwesen treiben. Das Motiv verweist auf die Kehrseite der gar nicht so glücklichen Kindheit. *Heimweh*, so erinnerte sich Busch später, *das sind solch eigentümliche Halsschmerzen; ich hab sie in Ebergötzen gehabt, als ich in frühsten Kinderjahren von zu Hause fortkam.* Die Frage, wie er diese einschneidende Maßregel verschuldet haben könnte, hat ihn nicht losgelassen. Sie verband sich mit der Erfahrung einer autoritativen, das Schuldbewusstsein stets lebendig haltenden Erziehung. Von deren Folgen berichten *Max und Moritz* und die anderen Kinderepisoden seiner Bildergeschichten. Sie malen, mit dem Zeichenstift zugespitzt und in scherzhafte Verse verpackt, die üblen Folgen und gesellschaftlichen Sanktionen aus, die Ungezogenheit und Aufsässigkeit nach sich ziehen. Noch in einem Brief an die holländische Schriftstellerin Maria Anderson aus dem Jahre 1875 wird die prekäre Seelenlage sichtbar, die diesen zum weisen deutschen

Abb. 2:
»Schnupdiwup! Da wird von oben Schon ein Huhn herausgehoben. Schnupdiwup! Jetzt Numero zwei; Schnupdiwup! Jetzt Numero drei; Und jetzt kommt noch Numro vier: Schnupdiwup! Dich haben wir.«

Haushumoristen umgedeuteten Künstler nie mehr verließ. *Das Krähen des Hahns, der der Hel* (Hölle) *geweiht, ist freilich bedeutungsvoll. Den Dieben und Kranken, den armen Sündern und Gespenstern tönt vor Allen sein mahnender Ruf. Petrus ging hinaus und weinte bitterlich. Ich selber hab ihn oft gehört, wenn ich in der Fremde vom nächtlichen Gelage kam. Er rief mir dann ein wohlbekanntes ländliches Haus vor die Seele, das Haus meiner Eltern.*

Wir Heutigen können kaum noch ermessen, mit welchem Getöse *Max und Moritz, diese beiden* in die scheinbar heile Kinderwelt des 19. Jahrhunderts einbrachen. Deren Wunschbild hatte am schönsten und sehnsüchtigsten der romantische Maler und Zeichner Ludwig Richter aufs Papier gebracht, und ausgerechnet dessen Sohn und Verleger bot Busch seine *Kinderepopöe* zum Druck an. Daraus wurde natürlich nichts.

Vor Busch hatte nur Heinrich Hoffmann mit seinem *Struwwelpeter* einen anderen Ton ins übliche Kinderbuch-Konzert gebracht. *Max und Moritz* aber sprengten alles bisher Bekannte. Auf Buschs *Papiertheater* führten sie ein befremdliches, ja skandalöses Stück auf. Es gibt in Buschs Werk eine Reihe von Vorstufen dafür, die wichtigste ist die kleine Bildergeschichte *Diogenes und die bösen Buben von Korinth*, die auch schon etwas von dem politischen Untergrund erkennen lässt, auf den auch *Max und Moritz* aufgetragen sind. Einer der beiden noch namenlosen *Buben* trägt eine Mütze, die der Jakobinermütze abgeschaut ist. Auch in dieser Geschichte wird schon ein hartes Exempel statuiert. Zur Strafe dafür, dass die beiden Störenfriede ihr übermütiges Spiel mit Diogenes treiben, werden sie von dem Tonnengehäuse des Philosophen plattgewalzt. Die pädagogische Quintessenz erscheint schon hier absichtlich willkürlich und unangemessen, das *fabula docet* ist zur leeren Formel erstarrt: *Diogenes der Weise aber kroch ins Faß und sprach: Ja, ja, das kommt von das!!*

Die sehr viel hintergründigere Geschichte von Max und Moritz entwickelt sich mit dramatischer Konsequenz, auch wenn die Szenen auf den ersten Blick fast beliebig aufeinander zu folgen scheinen. Am Anfang trifft es nur das *liebe Federvieh* der Witwe Bolte, mittelbar sehr schlagkräftig ihren Spitz. Dem Schneider Böck winkt bereits schlimmes Unheil, das zum Glück dann nur als Magendrücken kommt. Lehrer Lämpel ist nach der Explosion seines Pfeifenkopfes kaum wiederzuerkennen. Ausgerechnet der so harmlos wirkende Maikäferstreich, bloß als *schlechter Witz* angekündigt, enthält eine böse Vorausdeutung auf das Ende: *Onkel Fritz in dieser Not, Haut und trampelt alles tot.* Beim Meister Bäcker, dem nächsten Ziel, geht erstmals alles schief; der erwischt die beiden *Bösewichte*, und verbackt sie in großen Brotlaiben: *Jeder denkt, die sind perdü!* Doch das Moment der letzten Spannung folgt sogleich: *Aber nein! – noch leben sie!* Und beweisen es sofort an den *Maltersäcken* des Bauern Mecke, der sich grinsend ihrer bemächtigt und in seinen Kornsäcken verpackt zur Mühle trägt. Ein Vers, grässlich lautmalerisch lässt keinen Zweifel am fatalen Ende: *Rickeracke! Rickeracke! Geht die Mühle mit Geknacke.* Zur ausgleichenden Gerechtigkeit und ringkompositorisch zurückverweisend ist es dann *Meister Müllers Federvieh*, das die Reste der beiden Konturwesen vertilgt.

Der Verleger einer Satirezeitschrift, für die Busch schon gearbeitet hatte, erkannte, welches Geniewerk da auf seinem Schreibtisch lag, bot tausend Gulden und hatte das Geschäft seines Lebens gemacht. Und das sogar mit einem doppelbödigen, anspielungsreichen Werk von größter künstlerischer und literarischer Meisterschaft, in welchem Bild und Sprache in jener kühn pointierten Einfachheit zusammenspielen, wie man das nur in seltenen Glücksfällen findet. *Busch ist ein Blitz am Himmel der Graphik. In seinem Licht wird das Wesen der Bewegung und Verwandlung sichtbar*, rühmte der Maler Ernst Fuchs seinen Kollegen. Das gilt nicht nur für seine Zeichenkunst, auch in *Schliff und Form* seiner Verse, damit sie *geläufig ins Gedächtnis und über die Lippen gehen*, hat ihr Autor es zu einer Meisterschaft gebracht, die keine Vergleiche zu scheuen braucht.

Busch verdreht nicht nur das Muster des bürgerlichen Kinderbuchs mit seinen moralischen Kulissen, indem er die sonst darin traktierten Folgen kindlicher Widerspenstigkeit (*Aber wehe, wehe, wehe! Wenn ich auf das Ende sehe!!*) ins absurde Extrem treibt und das eigentlich Anstößige kindlichen Treibens zur Quelle ästhetischen Vergnügens macht, dafür in den Sagen- und Volkserzählungsschatz greift (das gut gebackene Kind) und den politischen Karikaturenbestand seiner Zeit persifliert. Die Maikäfer, die den guten Onkel Fritz so erbosen, dienten den satirischen Zeichnern als Metapher für das Treiben der 1848er Revolutionäre, und in dem Baum, von dem sie heruntergeschüttelt werden, schwingt derart noch die Erinnerung an den Freiheitsbaum. Der Hühnerhof dient bis heute als boshaftes Gleichnis parlamentarischer Unsitten, und sogar ein Fingerzeig auf jakobinische Umtriebe hat sich in Moritz' Haartolle erhalten – besonders schön erkennbar nach dem Bad im Brotteig. Auch begegnen wir noch einem Stück Philosophiegeschichte: Der in den beiden triebbestimmten Kinderfiguren als *Vorstellung* verkörperte Wille überlebt auch ihren Tod: *Hier kann man sie noch erblicken Fein geschroten und in Stücken.* Müllers Federvieh sorgt dafür, dass sie, frei nach Arthur Schopenhauer, Buschs Hausphilosophen, wieder in den Kreis der Natur eingespeist werden.

Das mag genügen, auch wenn die Fülle an Verweisen und Anspielungen damit sicher nicht erschöpft ist. Aber wir haben es hier ja auch noch mit einem zuvor nie gesehenen graphischen Kunstwerk zu tun. *Max und Moritz*, wie alle seine späteren Bildergeschichten, ist eine artistische Schöpfung, die zwar genügend Anspielungen auf die Alltagserfahrung der Leser enthält, sich aber zu einem selbstständigen Spielfeld der Phantasie auswächst, mit eigenen Regeln und Zeichen – deshalb grenzt *Alices Wunderland* ziemlich nahe daran. In dieser Kleinbilderwelt senkt sich der Boden, wenn der Bewegungsverlauf es verlangt, Enten ziehen einen Schneider aus einem reißenden Fluss, der vorher noch als harmloser Bach dahinplätscherte, Requisiten (Angel, Säge, Stuhl) tauchen aus dem Nichts auf und verschwinden wieder darin, wenn sie nicht mehr gebraucht werden, und die Größenverhältnisse in den Bildern variieren je nach Aufnahmeperspektive. Busch entwickelte hier eine ganze *Schrift durch Bilder*, wie er es nannte.

Die Wirkung, die schnell eintrat, hatte so allerdings 1865 niemand erwarten können. Sie ging weit über Bestsellerauflagen hinaus und hat bis heute nicht nachgelassen. *Max und Moritz* wurden schließlich zu Stammfiguren eines neuen Massenmediums. Man begegnete ihnen ab 1897 sogar leibhaftig wieder, und zwar in der Eröffnungsvorstellung des »Comic«, die im amerikanischen *Sunday Journal* stattfand. Die *Katzenjammer-Kids* heißen die beiden dort, und sogar ihre Physiognomie und ihre Frisuren haben die weite Reise unbeschadet überstanden.

Das Geheimnis dieses Erfolgs? Ganz wird man es nie ergründen. Einzigartig geblieben ist der geniale Schmelztiegel dieser Kunst, der sie zeichnerisch und literarisch so dicht und vieldeutig macht. Erziehungskomödie und moralkritische Posse, Lehrstück über soziale Gewalt und scherzhaftes Heldengedicht, Satire und Parodie, Vers und Zeichnung – keine Gegend, die nicht besucht, keine Grenze, die nicht überschritten würde. *Ein Riesenformat von Kerl*, hat Olaf Gulbransson Wilhelm Busch genannt.

An den großen Niedersachsen und sein vielfältiges Werk erinnern heute das Museum Wilhelm Busch – Deutsches Museum für Karikatur und Zeichenkunst in Hannover, getragen von der 1930 gegründeten und derzeit etwa 2.000 Mitglieder zählenden Wilhelm-Busch-Gesellschaft e.V.; des Weiteren das Geburtshaus von Wilhelm Busch in Wiedensahl nördlich von Stadthagen und das einstige Pfarrhaus von Mechtshausen (heute zu Seesen gehörend), wo er seine letzten Lebensjahre verbrachte und 1908 starb. Buschs letzte Ruhestätte befindet sich auf dem Friedhof in Mechtshausen.

Literatur

Gert Ueding, Wilhelm Busch. Das 19. Jahrhundert en miniature, Frankfurt a.M. 1977. Erweiterte und revidierte Neuausgabe Frankfurt a.M. 2007.

Heiko Postma, »Ich müßte lachen, wenn gerade die Welt unterginge …« Über den Dicht-, Denk- und Zeichenkünstler Wilhelm Busch, Hannover 2009.

Wilhelmshaven – Stadt der Marine?

Von Gerd Steinwascher

Abb. 1: Revolution in der Marinefestung: Wilhelmshaven am 6. November 1918.

Im Jahr 2019 feierte die Stadt Wilhelmshaven ihren 150. Geburtstag. *Aus Tradition im Wandel* war das offizielle Motto. Damit brachte die immer noch junge Stadt ein Problembewusstsein zum Ausdruck, das angesichts ihrer aktuell schwierigen Situation (Arbeitslosigkeit, Bevölkerungsrückgang) durchaus angebracht ist. Zur Tradition in der Geschichte dieser Stadt gehört vor allem ihre Beziehung zur Marine, was jeder Besucher von Wilhelmshaven nicht übersehen kann, wenn er die Kaiser-Wilhelm-Brücke, das vielleicht bedeutendste Bauwerk der Stadt, überquert. In der Stadt befindet sich nicht zufällig das in privater Trägerschaft befindliche Deutsche Marinemuseum. Der Aufbau einer Seestreitmacht durch Preußen bzw. dann durch das Deutsche Kaiserreich war der Grund für die Entstehung einer Großstadt an der Jademündung. Diese Abhängigkeit von der Marine war aber angesichts der wechselhaften Geschichte der deutschen Seestreitkräfte gleichzeitig der Grund, dass sich Wilhelmshaven immer wieder darum bemühen musste, dieser Abhängigkeit zu entgehen oder sie zu begrenzen. Der Erinnerungsort »Marine« bedeutet für die Stadt an der Jade Fluch und Segen.

Vieles in der Geschichte Wilhelmshavens verbindet die Stadt an der Nordsee mit der großen Schwester an der Ostsee, mit Kiel. Beide Städte wurden in der zweiten Hälfte des 19. Jahrhunderts zu Reichskriegshäfen ausgebaut. In Wilhelmshaven beginnt freilich – anders als in Kiel – die Geschichte der Stadt erst mit der Gründung des Kriegshafens. Wo heute Wilhelmshaven steht, war vor gut 150 Jahren Grünland, auf dem Kuh- und Schafherden weideten und kleine Siedlungen der Marschbauern das Bild bestimmten. Als 1853 das Königreich Preußen und das Großherzogtum Oldenburg sich darauf einigten, dass hier am Jadebusen, wo eine Tiefwasserrinne ideale Bedingungen für einen Hafen bot, der preußische Marinestandort an der Nordsee entstehen sollte, war noch keineswegs an die Gründung einer Stadt gedacht. Dass diese zwangsläufig entstand, weil ein Marinestützpunkt eben auch ziviles Leben nötig machte, Schiffe gewartet und repariert werden, also Werften entstehen mussten, hätte man eigentlich voraussehen können. Dass die Werften im Zuge der Aufrüstung auch Kriegsschiffe bauten, ergab sich als logische Konsequenz. 1869 war es jedenfalls so weit, mit der Eröffnung des Hafens wurde auch die Stadt Wilhelmshaven gegründet.

Es war eine Stadt der Marine, die angesichts des Aufrüstungsprogramms der Reichsmarine nach der Gründung des Kaiserreichs einen ungeheuren Wachstumsschub erlebte, für den die vom oldenburgischen Staat erworbene Fläche bald zu klein wurde. So entstanden um Wilhelmshaven herum oldenburgische Arbeitersiedlungen, die später zur oldenburgischen Stadt Rüstringen zusammengefasst wurden und mehr Einwohner hatten als die Haupt- und Residenzstadt Oldenburg selbst. Der Marinestandort mit seinen Werften entwickelte sich zu einem High-Tech-Gebiet des wilhelminischen Kaiserreiches. Alle bedeutenden deutschen Industrieunternehmen waren hier vertreten. Kaiser Wilhelm II., bekanntlich in die Marine vernarrt, kam fast jährlich zu Besuch. Die Stadt erhielt früh eine Infrastruktur, die sich sehen lassen konnte: Wasserwerk, Kanalisation, Gasanstalt, Elektrifizierung, ja sogar eine Straßenbahn. Mitten im oldenburgisch-ostfriesischen Marschengebiet entstand ein hochindustrieller Fremdkörper, als wäre ein Raumschiff gelandet. Der neue Kriegshafen wurde immerhin so bekannt, dass Jules Verne 1881 hier Station machte, um sich umzuschauen. Die preußisch-oldenburgische Doppelstadt Wilhelmshaven/Rüstringen hatte vor dem Beginn des Ersten Weltkriegs bereits rund 80.000 Einwohner.

Vieles in der Entwicklung Wilhelmshavens gleicht dem, was im stets größeren und bedeutenderen Kiel geschah. Den Verantwortlichen für die Aufrüstungspolitik des Reichs und speziell der Marine mit dem Kaiser an der Spitze war der Auf- und Ausbau der beiden Kriegshäfen so wichtig, dass sie keine Mittel scheuten, aber auch keine Skrupel kannten. Da die zivile Welt dem Militärischen untergeordnet wurde, waren die Städte Kiel wie auch Wilhelmshaven bzw. Rüstringen ohne größeren Einfluss auf das Geschehen. In Kiel führte dies zu einer »Hassliebe« zwischen Marine und städtischem Bürgertum, in Wilhelmshaven fehlte solches schlechterdings. Was man hier vielmehr fürchtete, war das »Virus« einer sozialdemokratischen Arbeiterbewegung, die sich im benachbarten Rüstringen unter der Werftarbeiterschaft breitmachte. Die zuständige Regierung in Oldenburg reagierte zwar nicht mit gewaltsamen Gegenmaßnahmen, unterstellte aber die größte Stadt des Herzogtums einer Amtsverwaltung. In Wilhelmshaven hatte es die Marine sicherlich einfacher als in Kiel, wo der Kriegshafen den Handelshafen der Stadt abschnürte und sich Stadt und Militärbehörden auch vor den Gerichten bekämpften. An der Jademündung wurde ohne größere Probleme eine Stadtplanung in Gang gesetzt, auf deren Grundlage die repräsentativen Marinegebäude, Kirchen und Schulen, natürlich auch Kasernen errichtet und durch Parkanlagen ergänzt wurden. Wilhelmshaven wurde zum Paradebeispiel für die wilhelminische Architektur. Im unmittelbar benachbarten Rüstringen wurde eine »Muster-Grünstadt« entworfen, und für die immer zahlreicher werdenden Werftarbeiter wurden Arbeitersiedlungen errichtet, in denen es auszuhalten war.

Nun war der Kriegshafen aber nicht gebaut worden, damit um ihn herum eine »Muster-Großstadt« des Reiches entstand, in der sich Stadtplaner und Architekten verwirklichen konnten. Im Ersten Weltkrieg wurde Wilhelmshaven als Festung dem Militärrecht unterstellt. Die im Kriegshafen und auf Reede liegende Flotte aber führte bis auf die Schlacht vor Skagerrak und den Einsatz der U-Boote ein Schattendasein. Aber nicht zufällig bei den Matrosen, die mehrheitlich aus der Arbeiterschaft stammten, setzte die militärische und politische Krise bei Kriegsende revolutionäre Energien frei, die in Wilhelmshaven und Kiel von der Flotte auf die organisierte Werftarbeiterschaft übersprangen und sich von den Kriegshäfen aus rasch im Reich ausbreiteten. Die Selbstversenkung der nach Kriegsende internierten Flotte in Scapa Flow im Jahr darauf, gleichsam als nachgeholter Untergang mit wehender Flagge inszeniert, wurde nicht zum heroischen Akt zur Rettung des Rufs der Marine, ebenso scheiterten aber auch die revolutionären Matrosen in Wilhelmshaven mit ihrem Traum einer sozialistischen Republik Oldenburg-Ostfriesland.

Die erhebliche Reduzierung der Kriegsflotte und die Rüstungsbeschränkungen des Versailler Vertrags bedeuteten für Wilhelmshaven wie auch für Kiel ein Ende des stürmischen Wachstums. Kiel hatte wenigstens einen zivilen Handelshafen. Beide Städte mussten in der

Weimarer Republik nach weiteren zivilen Standbeinen suchen, um die Abwanderung in Grenzen zu halten und ein großstädtisches Leben zu erhalten. Projekte einer »Hochseefischerei AG« und einer »Industriehafen und Lagerhaus AG« hatten keine Perspektive. In Wilhelmshaven blieb eine staatliche Werft erhalten, die wenigen Aufträge musste man sich aber später mit Kiel wieder teilen. Die Konkurrenz um militärische Aufträge wurde in der Endphase der Republik zum Wahlkampfschlager. Der pazifistische Flügel der Sozialdemokratie hatte in Wilhelmshaven keine Chance. In Wilhelmshaven wurden also wie auch in Kiel die alten Marine-Strukturen nur auf Eis gelegt. Daran änderte wenig, dass man in Wilhelmshaven versuchte, die Küstenlage touristisch zu nutzen, zumal auch hierbei die Marine eine wesentliche Rolle spielte. So sehr der Ruf der Marine, deren Beteiligung am Kapp-Putsch kein Geheimnis blieb, auch gelitten hatte, man war weiter auf sie angewiesen. Diese Abhängigkeit wurde durch die erneute Aufrüstung, die schon vor 1933 einsetzte, aber durch die Kriegsvorbereitungen der Nationalsozialisten scheinbar keine Grenzen mehr kannte, auf die Spitze getrieben.

Wilhelmshaven wurde wieder Reichskriegshafen, die Nationalsozialisten profilierten sich mit dem Plan einer modernen »Stadt der 500.000«. Der Zusammenschluss von Wilhelmshaven und Rüstringen im Zuge des Groß-Hamburg-Gesetzes im Jahre 1937 diente hierzu. Der weitere Ausbau der Stadt, die 1940 133.000 Einwohner zählte, war auf den geplanten Krieg ausgerichtet. Dieser machte aus der Stadt ein Trümmerfeld, sie war trotz des Ausbaus der Luftverteidigung ein leichtes Opfer der alliierten Bombenangriffe. 60% Wilhelmshavens waren am Kriegsende zerstört, die britischen Besatzer sprengten die Hafen- und demontierten die Werftanlagen. Die Marine war der Stadt, die für sie gegründet worden war, zum Verhängnis geworden.

Eine zivile Vision der Stadtentwicklung war deshalb nach 1945 gefragt, auch wenn diese implizite Kritik an der militärischen Identität der Stadt von Teilen der Bevölkerung nicht geteilt wurde. 1950 wurde Wilhelmshaven aufgrund der hohen Arbeitslosenzahlen (über 30%) zum Notstandsgebiet erklärt. Zivile Industriezweige wurden in die Stadt und ihre Umgebung geholt, so Metall- und Textilbetriebe, bekannt sicherlich die Olympia-Werke in Roffhausen. Bildung und Kultur sollten der Stadt ein neues Gesicht geben. War es nur Gedankenlosigkeit, dass man beim Neuaufbau der Stadt die Spuren der wilhelminischen Architektur fast vollständig beseitigte? Hiermit hatten die Nationalsozialisten schon begonnen, dass man nun damit weitermachte, erscheint aus heutiger Sicht als ein schmerzlicher Entschluss. Schon zehn Jahre nach dem Ende des Krieges holte Wilhelmshaven die Vergangenheit wieder ein: Die Bundesmarine nutzte den Hafen und wurde nach und nach wieder zum wichtigsten Arbeitgeber. Als

Abb. 2:
Fregatte Hamburg *passiert im Juli 2007 die Kaiser-Wilhelm-Brücke.*

1969 bei der Feier des Stadtjubiläums ein Kieler Historiker in seinem Festvortrag die positive Bedeutung der Marine für die Stadt in Zweifel zog, war dies nicht nur für die anwesenden Repräsentanten der Marine ein Eklat. Wie der zeitgleich dazu ausgetragene Streit um das im Zweiten Weltkrieg »entmannte« Denkmal Wilhelms I., das erst zum Stadtjubiläum 1994 durch private Initiative wieder mit dem Kaiser versehen wurde, entzweite dies politisch rechte und linke Kräfte in der Stadt und Marine. Ohne die Marine ging es nicht, zumal das Projekt »Industriestadt des Nordens« angesichts des Niedergangs der Textilindustrie und der 1991 erfolgten Schließung der Olympia-Werke gescheitert war.

Freilich war die Bundesmarine durch ihre Ausstattung und vor allem ihren Auftrag nur noch begrenzt ein Faktor der Stadtentwicklung. Die Abrüstungspolitik nach dem Fall der Mauer und dem Zerfall des Warschauer Paktes wirkte nach den beiden Weltkriegen im Grunde wie ein dritter »Lockdown« für Wilhelmshaven. Die Arbeitslosenzahlen blieben hoch, die Stadt verlor stetig Einwohner. Die Suche nach Alternativen war unausweichlich: Mit dem Ölhafen und dem 2012 eröffneten Jade-Weser-Port wurden neue Wege beschritten, zumindest bei der Ansiedlung von Forschungseinrichtungen und der Förderung des Tourismus (Weltnaturerbe Wattenmeer) kam und kommt man gut voran. Gleichwohl ist die Bundeswehr mit etwa 10.000 Arbeitsplätzen bis heute der größte Arbeitgeber der Stadt und prägend für ihre Identität. Wilhelmshaven beheimatet Deutschlands größten Bundeswehrstandort wie seinen größten Marinehafen.

Steht Wilhelmshaven als Erinnerungsort für die Marine bzw. bildet die Marine das Identitätsprofil für eine großstädtische Siedlung, deren Entstehung und Geschichte von den Seestreitkräften bestimmt war? Dass die Antwort zwar eindeutig ist, aber trotzdem zu formulieren schwerfällt, liegt vielleicht daran, dass die Marine selbst ein Problem mit ihrer Erinnerung hat. Ganz unabhängig davon, wie sich Wilhelmshaven zukünftig weiterentwickelt, ob als bedeutender Hafen, als Mittelpunkt eines Wissenschafts- und Freizeitzentrums oder eben doch als Marinestützpunkt, die Marine wird immer ein zentrales Element der Erinnerungskultur der Stadt bleiben.

Literatur

Jens Graul, Die Stadt auf Befehl. Strukturwandel und Konversion in Wilhelmshaven, Diss. Oldenburg 1996.

Gerd Steinwascher, Wilhelmshaven-Rüstringen – Glanz und Elend einer preußisch-oldenburgischen Doppelstadt im Umfeld des Ersten Weltkriegs, in: Niedersächsisches Jahrbuch für Landesgeschichte 87 (2015), S. 203-228.

Gunnar Zamzow, Die Marine als Generator für Gemeinschaft – Städtische Images Wilhelmshavens während des Nationalsozialismus und nach dem Zweiten Weltkrieg, in: Dietmar von Reeken/Malte Thiessen (Hrsg.), »Volksgemeinschaft« als soziale Praxis – neue Forschungen zur NS-Gesellschaft vor Ort, Paderborn 2013, S. 191-206.

Die Konsumgenossenschaft Hannover

Von Jana Stoklasa

Abb. 1:
In einer Verteilungsstelle um 1900.

Wer heute in der Altstadt Hannovers spazieren geht, findet keinen Hinweis darauf, dass die *Konsumgenossenschaft Hannover* einst vor dem Zweiten Weltkrieg gegenüber der Marktkirche ein Kaufhaus für Manufakturwaren geführt hat. Selbst wenn die Stadtverwaltung Hinweistafeln an den früheren Standorten dieser hannoverschen Organisation aufstellte – die meisten Interessierten würden sich wohl fragen, was es mit Konsumgenossenschaften eigentlich auf sich hatte. Dieser Teil der Arbeiterkultur scheint vor allem in den »alten« Bundesländern so gut wie in Vergessenheit geraten zu sein. In den »neuen« Bundesländern wirken bis dato vornehmlich geschichtspolitische Vereinnahmungen nach.

Die Geschichte der deutschen Konsumgenossenschaften beginnt im 19. Jahrhundert als Folge der industriellen Revolution, als sich Arbeiter aus wirtschaftlicher Not heraus in kleinen Gemeinschaften zusammenschlossen, um ihre Versorgung mit Grundnahrungsmitteln in lokalen Vereinen zu organisieren. In Linden wurde 1885 der *Haushaltsverein Linden* gegründet (→ *Linden*). Dieser verschmolz nach der später erfolgten Eingemeindung der Arbeitervorstadt mit dem 1888 gegründeten *Oststädtischen Haushaltsverein*, welcher seit 1892 die Bezeichnung *Hannoverscher Konsumverein* führte.

Um Mitglied zu werden, erwarb man für geringfügige Beträge Geschäftsanteile. Im Gegenzug wurden die Mitglieder entsprechend der Höhe ihrer Einkäufe durch eine sogenannte Rückvergütung prozentual an den Gewinnen der Organisation beteiligt. Die gemeinwirtschaftliche Kollektivselbsthilfe repräsentierte aufgrund dieses Rückvergütungssystems eine attraktive und ernstzunehmende Alternative zum Einzelhandel. Zu den Grundsätzen der Konsumgenossenschaften zählten politische und religiöse Neutralität, Solidarität sowie die wirtschaftliche Unabhängigkeit durch Eigenproduktion. Diese Prinzipien gelten heute noch als weltweite Leitlinien der Genossenschaftsbewegung.[1] Aufgrund dieser Ideale wurde die Genossenschaftsidee 2014 von der UNESCO auch zum Weltkulturerbe erklärt.[2] Bemerkenswert ist allerdings der heutige Kontrast zwischen internationaler Bedeutung und Vergessen auf der lokalen Ebene. Dieses Spannungsverhältnis prägt die Erinnerungsleistung an die Konsumgenossenschaftsbewegung auch im heutigen Niedersachsen. Der *Konsum*, wie es im zeitgenössischen Sprachgebrauch hieß, war nämlich auch hier in Stadt und Land vertreten und hatte bis zu seiner weitgehenden Auflösung in den 1990er Jahren den Einzelhandel wesentlich mitgeprägt. Die lokalen Eigeninitiativen förderten neben der Versorgung gleichzeitig den Zugang zu Kultur und Bildung.

Historische Bedeutung erlangten die Konsumvereine ab 1890, indem sie zum Selbstbewusstsein und Zusammenhalt der Arbeiterbewegung beitrugen. Ihr gewachsener Stellenwert manifestierte sich in der Schaffung einer eigenen Großhandelsorganisation, mit der der Konkurrenz von Einzelhändlern begegnet wurde. Zu Beginn des 20. Jahrhunderts bildeten sich zwei konkurrierende Konsumgenossenschaftsverbände aus: die sozialreformerische »rote« (mit dem Zentrallager der Großeinkaufs-Gesellschaft Deutscher Consumvereine in Hamburg) und die christlich-nationale »schwarze« Richtung mit Sitz in Köln. Der Anschluss des hannoverschen Vereins an die Hamburger Richtung stützte den Verein wirtschaftlich und förderte seine Entwicklung hin zu einem sozialreformerischen Instrument. Trotz der Prinzipien der parteipolitischen und konfessionellen Neutralität bestand in der Praxis eine solidarische Zusammenarbeit mit den Freien Gewerkschaften sowie ab 1910 mit der SPD, um die Lage der Arbeiter zu verbessern. Viele der hannoverschen Mitglieder und Mitarbeiter waren SPD-Mitglieder und gewerkschaftlich organisiert.

Als Personenvereinigungen und Wirtschaftsbetriebe, in denen Frauen eine wesentliche, leider kaum erforschte Rolle spielten, erfuhren die Konsumvereine noch vor dem Ersten Weltkrieg ihre Blütezeit und zählten 1913 bereits über 1.621.000 Mitglieder. Auch der hannoversche Mitgliederbestand war auf 8.280 angewachsen. In diese Zeit der erfolgreichen Etablierung fällt auch die Errichtung der hannoverschen Betriebszentrale in der Hildesheimer Straße 7 in Laatzen. Hier entstand eine moderne Eigenproduktionsanlage mit der damals im Raum Hannover größten Bäckerei und Konditorei. So konnten die Mitglieder trotz der schwierigen Lage auch im Ersten Weltkrieg mittels Warenrationierungen versorgt werden. Dieser Zusammenhalt löste einen konstanten Zustrom neuer Mitglieder aus, und die Mitgliederzahl stieg bis Kriegsende auf 2.231.900. Die Laatzener Großbäckerei hatte in dieser Zeit, so wie auch andere Großbetriebe der Konsumgenossenschaften, als sogenannte Kommissbrotbäckerei das Heer beliefert.

Abb. 2: Titelblatt der Zeitung Genossenschaftsfamilie *aus dem Jahre 1932.*

Zu einem wichtigen Element im Emanzipationskampf der Arbeiterbewegung waren die Konsumvereine in der Zeit zwischen den beiden Weltkriegen herangewachsen. Ihr Solidarprinzip bewährte sich während des gesamtgesellschaftlichen Wandels vom Kaiserreich zur Weimarer Republik, entsprechend verdoppelte sich der Mitgliederstand auf über vier Millionen.

Diese lange Aufschwungphase der Konsumbewegung endete mit dem Beginn der Weltwirtschaftskrise 1929. Die Vereine wurden nun vermehrt angegriffen und in der Öffentlichkeit als unwirtschaftlich diffamiert. In der NS-Zeit erfolgte dann eine weitgehende Anpassung der Konsumgenossenschaften an den radikalen politischen Wandel, um die eigene wirtschaftliche Existenz zu erhalten. Zahlreiche nationalsozialistisch Gesinnte strömten in die Organisationen, während sogenannte marxistische Elemente »entfernt« wurden. In den noch weiterhin bestehenden Kontaktkreisen der Vereine bestanden aber parallel Mikromilieus, die von nischenhafter Resilienz geprägt waren. Der vom NS-Regime betriebene Übergang materieller Werte von einer halben Milliarde Reichsmark in die Verfügung von NS-Organisationen oder Privateigentümern konnte aufgrund der damit verbundenen Probleme für die Gesamtwirtschaft nur schrittweise umgesetzt werden. Eine komplette Abschaffung der Konsumvereine war auch später aus kriegspolitischen Gründen nicht möglich, denn die deutsche Zivilbevölkerung musste weiterhin mit Lebensmitteln versorgt werden. Ein Großteil der Konsumläden wurde ab 1936 zwangsprivatisiert, so auch 120 Verteilungsstellen und 30 Fleischereiläden in Hannover.

Die Großbetriebe, die schließlich 1941 im Gemeinschaftswerk der Deutschen Arbeitsfront zentralisiert wurden, fungierten im Zweiten Weltkrieg erneut als Lieferanten des Militärs. Hinzu kam die Belieferung aller Formen von Arbeits- und Konzentrationslagern samt SS-Personal sowie von Rüstungsbetrieben. Die Produktionsbetriebe arbeiteten während des Krieges mit einem hohen Prozentsatz ausländischer Zwangsarbeiter. Diese systemstabilisierende Funktion, die Umsetzung der sogenannten Rassenlehre und die Beteiligung an Geschäften mit Raubwaren aus den besetzten Gebieten sind in der Nachkriegszeit kaum hinterfragt worden. Denn unter der Verwaltung der Militärregierungen stand ab 1945 der Wiederaufbau einer funktionierenden Versorgung eindeutig im Vordergrund. Die »Ehemaligen« des Gemeinschaftswerks galten in den Westzonen als »unentbehrlich« und waren von der Entnazifizierung deshalb nicht betroffen. In der sowjetischen Zone wurden die Milieus wiederum von Andersdenkenden »gesäubert«.

Diese fehlende kritische Auseinandersetzung mit der NS-Zeit mündete in einem selektiven Erinnerungsdiskurs. In den Erzählungen der Nachkriegszeit wurde die erfolgte Infiltration der Milieus, die Kollaboration mit der Kriegswirtschaft sowie die Pervertierung der Genossenschaftsidee verdrängt. Die Geschichte der Konsumgenossenschaften im Nationalsozialismus ist in beiden deutschen Staaten vereinfacht und ihre Eigenschaft als während des NS-Regimes verfolgte Organisation überbetont worden.

Als Konsequenz der allmählichen Steigerung des Lebensstandards in der Nachkriegszeit veränderte sich auch die Konsumkultur. Diese Entwicklung sowie die rivalisierenden politischen Systeme im geteilten Deutschland beeinträchtigten zusätzlich die Eignung der Organisationen, zum gesellschaftlichen Wandel beizutragen. Das wurde spätestens in den 1970er Jahren deutlich, als sich die neuen sozialen Bewegungen in der Bundesrepublik zwar auf genossenschaftsverwandte Ideen von Partizipation, Sozialreform und Selbsthilfe beriefen, aber in traditionellen Institutionen wie den Konsumgenossenschaften keinen Bezugspunkt mehr sahen.

In dieser Phase fusionierten die niedersächsischen Konsumgenossenschaften nach und nach zur *co op Niedersachsen*, die 1978 in der bundesweiten *co op AG* aufging, die durch Umwandlung in die Rechtsform einer Aktiengesellschaft das Ende der konsumgenossenschaftlichen Gemeinwirtschaft einläutete. Als dann infolge eines 1988 vom *Spiegel* aufgedeckten Betrugsskandals die Auflösung der *coop AG* begann, scheiterten alle Versuche, die mehr als 100 niedersächsischen Filialen zu sanieren. Der durch kriminelle Machenschaften von Managern verursachte Untergang[3] und Verlust eines geschätzten Vermögens von fünf Milliarden DM trägt bis heute als »peinliches Ende« sicherlich zum Vergessen der Konsumgenossenschaftsbewegung und ihrer sozialgeschichtlichen Bedeutung bei.

Der Untergang des ostdeutschen *Konsum* folgte kurze Zeit nach dem westdeutschen co op-Skandal. Eine Art Genossenschaftsrenaissance fand nach der Wiedervereinigung nicht statt. Zwar hatten mehr ost- als westdeutsche Organisationen überlebt, aber diese sind weder privatisiert worden, noch erhielten sie eine Sicherheit im Einigungsvertrag. Unter diesen Wirtschaftsbedingungen scheiterten dann die

Abb. 3:
Titelblatt Die co op AG Niedersachsen. *Werbebroschüre aus dem Jahr 1983.*

meisten der einstigen DDR-Organisationen an ihren Altschulden.[4] Diese komplexen Konstellationen der doppelten deutschen Entwicklung tragen dazu bei, dass die Erinnerung an den Konsum als ein zum gewinnorientierten Handel alternatives Verbraucherkonzept der Vergessenheit anheimgefallen ist. Dem konnten auch nach dem Untergang der co op Niedersachsen die von der co op-Geschichtsgruppe 1994 und 2005 realisierten Ausstellungen ›*Konsum – Coop*‹. *Eine Wirtschafts- und Sozialgeschichte in Niedersachsen 1867-1994* nur bedingt entgegenwirken.

Dies wird ebenfalls am Umgang mit dem Laatzener Gelände der ehemaligen hannoverschen Konsumgenossenschaft greifbar. Als Betriebszentrale fungierte es bis Ende der 1960er Jahre, bis der Lebensmittelsektor im Zuge von Modernisierungsmaßnahmen umstrukturiert wurde. Die Lager zogen dann von Laatzen in die neu erbaute Zentrale in Sarstedt. 1986 begannen Abrissarbeiten auf dem alten Gelände in Laatzen, das von dem Unternehmen Siemens erworben wurde. Als neuer Besitzer sanierte Siemens das Verwaltungsgebäude des *Hannoverschen Konsumvereins*, riss aber alle anderen Gebäude ab.

Heute befindet sich am ehemaligen Verwaltungsgebäude eine Gedenkplatte, die in erster Linie die architektonische Bedeutung des

Gebäudes thematisiert. Ein identitätsstiftender Bezug auf die sozialreformerische Leistung des Genossenschaftswesens und die einstmals große Bedeutung der hannoverschen Konsumgenossenschaft scheint dagegen aus dem kollektiven lokalen Gedächtnis verdrängt zu sein.

Anmerkungen

1 International Co-operative Alliance: https://www.ica.coop/en/about-us/international-cooperative-alliance, letzter Zugriff: 2. Oktober 2020.
2 Deutsche UNESCO Kommission, https://www.unesco.de/kultur/immaterielles-kulturerbe/bundesweites-verzeichnis/eintrag/genossenschaftsidee.html, 2. Oktober 2020.
3 Der Untergang war nicht vollständig, denn heute noch gibt es die co op Schleswig-Holstein, welche nicht mit der bundesweiten co op AG fusioniert hatte. Auch sind die Märkte einiger weniger westdeutscher Konsumgenossenschaften in der Supermarktkette Edeka aufgegangen.
4 Von den 198 Organisationen in der DDR gibt es heute noch 13.

Literatur

Jan-Frederik Korf, Von der Konsumgenossenschaftsbewegung zum Gemeinschaftswerk der Deutschen Arbeitsfront: Zwischen Gleichschaltung, Widerstand und Anpassung an die Diktatur, Norderstedt 2008.

Michael Prinz, Brot und Dividende. Konsumvereine in Deutschland und England vor 1914, Göttingen 1996.

Jana Stoklasa, The Transformation of German Consumer Cooperatives after the Second World War, in: Acta Universitatis Carolinae – Studia Territorialia Vol. 20, No 1 (2020), Charles University Karolinum Press, S. 45-70.

ver.di Landesbezirk Niedersachsen Bremen/co op-Geschichtsgruppe Hannover (Hrsg.): Bildgeschichte der Konsum-Genossenschaften in Niedersachsen: co op – ein Stück Wirtschafts- und Sozialgeschichte 1867-1994, CD-Archiv mit 1250 Dokumenten, Hannover 2008.

Worpswede

Von Bernd Küster

Als der Dichter Rainer Maria Rilke kurz nach der Wende vom 19. zum 20. Jahrhundert eher unfreiwillig die Aufgabe übernahm, eine damals kaum mehr als zehn Jahre bestehende Gruppe junger Maler zu porträtieren, die sich in einem weltabgelegenen Dorf am Rande des Teufelsmoores niedergelassen hatte, da beklagte er eingangs, es sei die Geschichte der Landschaftsmalerei, der er die Worpsweder Maler zugehörig empfand, noch gar nicht geschrieben worden. 120 Jahre später wäre nachzutragen, dass auch eine Geschichte der deutschen Künstlerkolonien noch nicht verfasst worden ist, um diesem kulturgeschichtlichen Phänomen Rechnung zu tragen, das unbedingt in die Phase des Übergangs aus dem 19. Jahrhundert in die Moderne gehört.

Abb. 1: Heinrich Vogeler, Sommerabend auf dem Barkenhoff, 1903-1905, Ölbild. Von links nach rechts: Paula Modersohn-Becker, Agnes Wulff, Otto Modersohn, Clara Rilke-Westhoff, Martha Vogeler, Franz Vogeler, Martin Schröder und – verdeckt – Heinrich Vogeler.

Temporäre oder auch dauerhafte Studienorte wie Worpswede wurden die zentralen Austragungsorte einer Kunst, deren Praxis ganz auf das visuelle Erleben von Landschaft und Augenblick bezogen war und wo allmählich diese hochentwickelte Naturbeziehung zugunsten einer größeren formalen und inhaltlichen Freiheit preisgegeben wurde, die dann auch das gemeinsame Arbeiten an einem Standort entbehrlich machte. Im Grunde löste die Freilichtmalerei als originäre

Praxis der Künstlerkolonien die akademische Bindung der Malerei auf.

Rilke, dessen Worpswede-Monografie 1903 erschien, spürte bereits ein gewisses Unbehagen, was den Gemeinschaftsgeist der jungen Worpsweder anbetraf, die ihrer individuellen Karriere in der Gruppe Vorschub zu leisten versuchten und sowohl in ihren Mentalitäten als auch künstlerischen Haltungen wenig harmonierten. Der amtliche Zusammenschluss zum »Künstler-Verein Worpswede«, dessen erster Satzungsparagraph *Volle Freiheit jedes einzelnen für sich selbst* versprach, dauerte ganze fünf Jahre und wurde bereits 1899 formell aufgelöst.

Eine Gruppe ohne verbindendes Programm konnte auf Dauer nicht funktionieren, so sehr Kritiker den Worpsweder Malerkreis auch in dieser Richtung zu stilisieren suchten und es deren Gründer am Ende des Jahrhunderts noch nach einer deutschen Ausgabe nach dem Vorbild der Malerkolonie von Barbizon verlangte. *Denkt doch mal an Barbizon*, schrieb Otto Modersohn, der die Auflösung forciert hatte, 1899 seinen Kollegen, *da lebten auch die Kollegen als Freunde ohne Verein zusammen und soviel mir bekannt, in tiefstem Frieden. Können wir denn nicht so in Worpswede leben?*

Ähnliche Symptome der Auflösung traten zu gleicher Zeit auch an den anderen Künstlerorten auf, wo es nach dem Ende des Naturalismus nicht mehr nur um eine gemeinschaftliche Naturerfahrung, um malerischen Konsens ging, sondern um die Erfüllung eines subjektiven Auftrags an die Kunst. Und so dominierte bei den Worpswedern bereits nach 1893 eine lyrisch verklärte Stimmungslandschaft, die Raum für Poesie und große Empfindungen ließ und in ihrer Menschenleere auch die Sehnsucht der Maler nach schöpferischer Einsamkeit spiegelt.

Äußerlich gesehen war Worpswede auch in seiner heroischen Zeit nur ein temporärer Zusammenschluss mit dem strategischen Ziel, auf einem anspruchsvollen Kunstmarkt, wo sich die Sezessionen und fortschrittliche Künstlerverbände zu behaupten begannen, bestehen zu können. Sobald das Ziel erreicht schien, gab man den bis dahin gehüteten Gemeinschaftsgeist zugunsten der individuellen Entwicklungen auf: zuerst zog sich Carl Vinnen zurück, dann wanderten Fritz Overbeck und schließlich auch Otto Modersohn ab.

Entwicklungsgeschichtlich war Worpswede eigentlich zu spät gekommen und erst in den Verbund der europäischen Künstlerkolonien eingetreten, als mit dem Impressionismus sich auch an solchen Studienorten die traditionelle Naturbindung aufzulösen begann. Zwei Merkmale fielen dabei zugunsten Worpswedes ins Gewicht: dass sich hier innerhalb weniger Jahre eine Entwicklung vollzog, die andernorts nahezu eine ganze Generation beansprucht hatte und dass der Ort, an Wechsel, an Verschiedenheiten des Ausdrucks und deren Gleichzeitigkeit gewöhnt, in den folgenden Jahrzehnten weiterhin in

*Abb. 2:
Bernhard Hoetger, Grabmal für Paula Modersohn-Becker auf dem Worpsweder Friedhof, 1919.*

der Vielfalt bestehen konnte: durch heterogene und immer wieder kurzlebige Gemeinschaften – oder aber herausgehobene Einzelleistungen.

Die große Bewährungsprobe kam nach Ende des Ersten Weltkrieges. Worpswede wurde nun ein Fluchtpunkt auf der Landkarte heimatlos gewordener oder verfolgter Künstler, versprengter Kriegsheimkehrer und Pazifisten, die sich auf dem Barkenhoff von Heinrich Vogeler zu einer Kommune ohne jedwede künstlerische Ambition zusammenfanden. Aus den Verbündeten der Gründergruppe wurden politische Gegner, die politische Zerrissenheit der Weimarer Republik spiegelte sich auch in dieser künstlerischen Enklave wider. Jetzt zehrte der Ort bereits von seiner Vergangenheit, als der Nimbus Paula Modersohn-Beckers junge Künstler der Expressionisten-Generation anzog, denen die Vorgeschichte Worpswedes nichts bedeutete. Mit Bernhard Hoetger trat ein Bildhauer und Architekt auf den Plan, dessen verwegene, expressiv anmutende Baukultur das Ortsbild bis heute prägt und der jene Symbiose von freier und angewandter Kunst ins Dorf brachte, die seither fest zu dessen Überlebensstrategie gehört.

Eine weitere Generation später, als neben expressionistischen auch abstrakte Kunstformen heimisch wurden, hatte sich das Bild der Tradition soweit verfestigt, dass es vor allem Heinrich Vogeler und Paula Modersohn-Becker waren, die wie Monolithe daraus hervorragten und neue Kräfte an den Ort binden konnten. Durch die regelmäßige Fluktuation bildender Künstler, den Austausch mit Kollegen und Galeristen und durch die Wahrung einer insgesamt kreativen Atmosphäre – die keineswegs Eintracht bedeuten muss – konnte Worpswede im Gegensatz zu allen anderen Kolonieorten des 19. Jahrhunderts seine Lebendigkeit bewahren.

Nach dem Ende des Zweiten Weltkrieges musste sich Worpswede neu erfinden, auch und vor allem, weil die Ereignisse in der NS-Zeit das Klima vergiftet hatten und der Frevel, den man an einigen Künstlern begangen hatte, noch längst nicht vergessen war. Wenige von ihnen, die vor dem Holocaust geflohen waren, kehrten zögerlich zurück, so 1946 der jüdische Grafiker und Schriftsteller Karl Jakob Hirsch, der die trügerische Ruhe jetzt nicht mehr aushielt und nach ein paar Tagen wieder verschwand.

Unter dem allmählich anwachsenden Besucherstrom, der aus zunehmender zivilisatorischer Enge für einen Tag oder ein Wochenende in das naturnahe Milieu des Künstlerdorfes zu entfliehen suchte, entwickelten sich in den 1950er und 1960er Jahren Galerien und Ausstellungshäuser. Gemälde aus der Frühzeit hatten immer noch die Deutungshoheit über eine Landschaft, die der Zugriff des industriellen Fortschrittes noch nicht erreicht zu haben schien. Gegen solche bis heute gültige Ikonen einer kunstvoll stilisierten Moorlandschaft (→ *Moor*) stand damals eine Kunst, die sich den Entwicklungen nicht entgegenstellte, sondern sie verkörperte. Andernorts wären künstlerische Existenzen, wie sie bald auch in Worpswede auftraten, wenig in den Konflikt zwischen Tradition und Gegenwart eingespannt gewesen. Hier aber, wo die Stimme des Vergangenen immer noch nachhallte, war es umso schwerer, gegen die große Tradition ein Neues und Gegenwärtiges zu behaupten.

Die Attraktivität einer zwar nicht stilbildenden, aber stilprägenden Künstlerkolonie des späten 19. Jahrhunderts und das kleine Wunder ihres Überlebens als »touristische Attraktion« beschäftigte 100 Jahre nach ihrer Erstbesiedlung die Medien, die in den Erklärungen allzu oft auf den Mythos des verwunschenen Moores zurückfielen. Was dieser Ort an gegenwärtigen Leistungen aufbot, die schließlich sein Überleben sicherstellten, erschien oft sekundär und wurde in Nebensätzen abgehandelt. Vorurteile, Superlative und Fehldeutungen gehörten damals ins Repertoire der zahlreichen Würdigungen eines außergewöhnlich langlebigen Phänomens, dessen Bedeutung aber weitgehend als eine bereits vergangene erschien.

Was findet man heute von alledem, was einst diese Keimzelle norddeutscher Hochkultur bedeutend machte, was ist im Gedächtnis von der kreativen Vielfalt der bislang vier Künstlergenerationen geblieben? Es gibt am Ort keine öffentliche Einrichtung, in der die Geschichte der vor 130 Jahren gegründeten Kolonie dokumentiert ist, keine Institution, die in breiterem Umfang die Leistung der ersten oder zweiten Malergeneration zeigen und würdigen könnte. Der Bremer Kaffeekaufmann Ludwig Roselius, dessen mäzenatische Haltung nach dem Ersten Weltkrieg den Kulturstandort existentiell sicherte, hatte das Projekt einer zentral gelegenen Kunsthalle nicht realisiert. Seine Bildersammlung indes, oftmals Stützungsankäufe für in Not geratene Künstler der ersten Generation, bildet den wichtigsten, Ende der 1970er Jahre vom Landkreis Osterholz übernommenen Präsenzbestand alter Worpsweder Kunst am Ort. Überblicksausstellungen zur Geschichte der Worpsweder Kunst waren u.a. der Kunsthalle Bremen und dem Landesmuseum Hannover vorbehalten, wo neben hochwertigen Sammlungen Worpsweder Kunst auch wissenschaftliche Expertise vorhanden war. Vor allem in den 1980er Jahren weckten Nachlassbearbeitungen, monografische Würdigungen und museale Ausstellungen ein breiteres Forschungsinteresse, das letztlich Worpswede zugutekam, wo mit dem »Worpsweder Archiv« das kulturelle Gedächtnis des Ortes einen festen Platz bekam. Im Jahr 1989 wurde das einhundertjährige Bestehen als Künstlerkolonie mit Retrospektiven auf vier Generationen von Künstlern und Kunsthandwerkern gefeiert, mit einer deutlichen Betonung von Expressionismus und Kunsthandwerk. 2014 folgte ein Überblick über 125 Jahre Geschichte als Künstlerort mit einer Würdigung der Sammlungen und Standorte. Den »Entdecker« Worpswedes, Fritz Mackensen, der den Ort und seine Geschichte für immer veränderte, aus Anlass seines 150. Geburtstages im Jahr 2016 zu würdigen, hat man nicht für nötig befunden.

Nicht viele authentische Stätten sind im Ortsbild verblieben und jedermann zugänglich, an denen die Kunstgeschichte Worpswedes, vor allem der frühen Zeit, nachvollzogen werden kann. Eines der geschichtsträchtigsten und erhaltenen Gebäude ist Heinrich Vogelers Barkenhoff, in den 1980er Jahren in öffentlichen Besitz genommen und 2004 als Heinrich Vogeler-Museum eröffnet. Von der Atmosphäre des alten Worpswedes geprägt ist nach wie vor das Haus im Schluh, das Vogelers Ehefrau Martha nach ihrer Trennung als Ort der Reminiszenz an die große Zeit des Barkenhoff errichten ließ. Otto Modersohns Werk wird in Fischerhude in einem Stiftungsgebäude, der früheren Wirkungsstätte des Künstlers, bewahrt und ausgestellt – das von Fritz Overbeck in einer eigenen Stiftung in Bremen-Vegesack. Und dem Andenken Paula Modersohn-Beckers war bereits 1927 in Bremen ein Museum gewidmet worden, das weltweit erste für eine Künstlerin.

So gelingt mit Hilfe des regionalen Umfeldes und der Hansestadt Bremen immer noch eine gehaltvolle und umfängliche, wenn auch vereinzelte Vorstellung von der Leistung jener Künstlergeneration, die das kleine Dorf am Weyerberg einst zu einem »Weltdorf« werden ließ.

Literatur

Guido Boulboullé/Michael Zeiss, Worpswede. Kulturgeschichte eine Künstlerdorfes, Köln 1989.

Hans Christian Kirsch, Worpswede, München 1989.

Landkreis Osterholz (Hrsg.), Worpswede 1889-1989. Hundert Jahre Künstlerkolonie, Worpswede 1989.

Israelitische Gartenbauschule Ahlem

Von Marlis Buchholz und Hans-Dieter Schmid

Abb. 1: Gärtnerlehrlinge, Hauswirtschaftsschülerinnen, Schüler und Schülerinnen der Volksschule sowie Lehrer und Lehrerinnen der Israelitischen Erziehungsanstalt Ahlem vor der Südseite des Haupthauses, 1906.

Die Israelitische Gartenbauschule Ahlem (bis 1919 »Israelitische Erziehungsanstalt zu Ahlem bei Hannover«) wurde 1893 von dem hannoverschen Bankier Alexander Moritz Simon gegründet. Simon griff seit Mitte der 1880er Jahre die innerjüdische Diskussion um die »bürgerliche Verbesserung der Juden« durch »Berufsumschichtung« auf, um auf diese Weise die Massierung der Juden im Handel, insbesondere im Klein- und Nothandel, zu reduzieren und damit dem erneuten Anstieg des Antisemitismus im Kaiserreich den Boden zu entziehen. Da er der Meinung war, dass eine solche jahrhundertelange Prägung nur zu verändern wäre, wenn man bei den Kindern ansetzte, gründete er schließlich aus eigenen Mitteln die Gartenbauschule, die zunächst vor allem für Kinder aus den ärmeren Schichten des deutschen Judentums gedacht war. Simon stiftete nicht nur Grundstück und Gebäude, sondern prägte auch die Konzeption der als Internat geführten Schule. Nach seinen Vorstellungen sollte die Schule in erster Linie zur produktiven Tätigkeit in der Bodenkultur – konkret im Gartenbau – und im Handwerk erziehen. Entsprechend ruhte die Ausbildung in Ahlem auf drei Pfeilern: der Volksschule, der Lehrlingsabteilung und – von 1903 bis 1921 – der Mädchenabteilung. Die Schülerinnen und Schüler

Abb. 2: Im »Umschichtlerkurs« wurden junge Männer ab Juni 1933 ein Jahr lang auf »eine Arbeiter-Tätigkeit in Palästina« vorbereitet. Ergebnis ihrer Arbeit war der Sportplatz an der Frontseite des Mädchenhauses.

zwischen 6 und 14 Jahren erhielten neben dem allgemeinen Unterricht durch Arbeiten im Schulgarten oder in den Werkstätten bereits Einblicke in mögliche spätere Berufsfelder. In der Lehrlingsabteilung wurden Jungen theoretisch und praktisch im Gartenbau oder in einem Handwerk wie Schuhmacher, Schneider oder Bäcker ausgebildet. In der zeitweilig existierenden Mädchenabteilung wurde Hauswirtschaft unterrichtet, nach dem Ersten Weltkrieg für kurze Zeit auch Gartenbau.

In vier Jahrzehnten erlangte die Schule einen internationalen Ruf. Hunderte Ahlemer arbeiteten als Gärtner, Gartenarchitekten, Handwerker oder Hauswirtschaftlerinnen im In- und Ausland. Besonders in der Zeit um den Ersten Weltkrieg waren viele Schülerinnen, Schüler und Lehrlinge aus Osteuropa, hauptsächlich aus dem österreichischen Galizien, aus Russland und Rumänien gekommen. Bis zur Zwangsschließung der Schule durch die Nationalsozialisten 1942 wurden in Ahlem über 600 Gärtner ausgebildet, von denen die Hälfte schon vor 1933 auswanderte. Für etwa die Hälfte der 246 zwischen 1933 und 1939 ausgewanderten Ahlem-Absolventen war Palästina das Ziel.

Die Machtübertragung an die Nationalsozialisten 1933 zwang die Verantwortlichen – an ihrer Spitze der Direktor Leo Rosenblatt – zur Anpassung an die neuen Verhältnisse. Die Schule erlebte einen Ansturm von Hilfesuchenden, da Jugendliche für die Einwanderung

Abb. 3: Im ehemaligen Direktorenhaus der Israelitischen Gartenbauschule ist seit 2014 die Gedenkstätte Ahlem untergebracht.

nach Palästina den Nachweis einer zumindest rudimentären Ausbildung im agrarischen oder handwerklichen Bereich benötigten. Daher bot die Schule über die gewohnte Ausbildung hinaus nun zahlreiche Sonderkurse an.

Außerdem wurden nun Englisch, Neuhebräisch, Südamerika- und Palästinakunde unterrichtet. Da die Schule damit der Auswanderung der Juden diente – dem damaligen Hauptziel der nationalsozialistischen Judenpolitik –, entging sie zunächst der Schließung. Der enorme Zuspruch erforderte sogar einen weiteren Ausbau: Die 1921 geschlossene Mädchenabteilung wurde wiedereröffnet, und noch 1937 wurde ein Wirtschaftsgebäude mit Großküche, Speisesaal und Turnhalle eröffnet. 1939 erreichte die Zahl der Schüler und Lehrlinge mit rund 250 Lernenden ihren Höchststand.

Ahlem war eine der wenigen jüdischen Schulen in Deutschland, die bis zum endgültigen Verbot Ende Juni 1942 den Unterricht aufrechterhielt – mit kurzen Unterbrechungen. Bereits im Herbst 1941 und im März 1942 – noch vor Schließung der Schule – nutzte die Gestapo-Leitstelle Hannover das Gelände zeitweise als Sammelstelle für die Deportation der Jüdinnen und Juden in die Ghettos, Konzentrations- und Vernichtungslager Osteuropas. Bei der Organisation und Durchführung der insgesamt sieben Transporte über Ahlem war die gesamte hannoversche Gestapo beteiligt, unterstützt von Kommandos der Kriminal- und der Schutzpolizei. Zwischen Dezember 1941 und Januar 1944 wurden fast 2.200 jüdische Männer, Frauen und Kinder aus den damaligen Regierungsbezirken Hannover und Hildesheim nach Riga, Warschau, Theresienstadt und Auschwitz deportiert. Nur 144 von ihnen erlebten die Befreiung.

Ab Februar 1942 wurden im Zuge der Konzentration der hannoverschen Juden in sogenannten Judenhäusern auch in Ahlem Juden zwangseingewiesen, vorwiegend ältere Frauen und Männer und später Ehepaare, die in »Mischehe« lebten. Sie wurden auf dem gesamten Gelände untergebracht, besonders viele aber im alten Schulhaus, das deshalb als *Judenhaus* bezeichnet wurde. Einige von ihnen – auch die nichtjüdischen Ehepartner – mussten auf dem Gelände Zwangsarbeit leisten.

Nachdem das Hauptquartier der Gestapo in der hannoverschen Innenstadt Anfang Oktober 1943 durch einen Bombenangriff völlig zerstört worden war, errichtete die Gestapo im Direktorenhaus der Gartenbauschule eine Außenstelle. Untergebracht waren dort zur Überwachung der Zwangsarbeiter das sogenannten Russenreferat für die Ostarbeiter und das Referat für die Westarbeiter und Polen.

Da in den letzten Monaten des Kriegs über 90 Prozent der Gestapo-Häftlinge Zwangsarbeiter waren, ging die hannoversche Gestapo dazu über, die Häftlinge auf dem Gelände in Ahlem direkt unterzubringen, vor allem in den Kellern des leerstehenden alten Haupthauses, das mit dem Direktorenhaus über Durchgänge verbunden war. Nach dem Ausbau des gesamten Gebäudekomplexes wurden dort ab Juli 1944 alle Gestapo-Häftlinge untergebracht. Auf dem Gelände herrschten bald Zustände, die Beobachter an ein *KZ-Lager im Kleinen* erinnerten. In der Kriegsendphase erhielten die Gestapostellen den Befehl, ihre Häftlinge selbst abzuurteilen und hinzurichten. In der ehemaligen Laubhütte der Gartenbauschule, die jetzt als Hinrichtungsstätte diente, wurden mindestens 59 Häftlinge durch Erhängen ermordet.

Ab dem 3. April 1945 trafen über 500 Häftlinge aus dem evakuierten Arbeitserziehungslager Lahde (bei Petershagen), das der Gestapo Hannover unterstand, in Ahlem ein und sorgten für eine weitere Verschlechterung der dort bereits herrschenden katastrophalen Zustände. Angesichts der unmittelbar zu erwartenden US-Truppen führte der Gestapo-Chef Johannes Rentsch in Ahlem noch eine Selektion durch, bei der etwa 160 Häftlinge ausgewählt wurden, die auf keinen Fall von den Amerikanern befreit werden sollten. Sie wurden von einem Gestapokommando zum Seelhorster Friedhof gebracht; 154 wurden dort erschossen und in einem Massengrab verscharrt.

Am 10. April 1945 befreiten alliierte Einheiten Ahlem. Die Gestapo-Angehörigen waren geflohen, nicht ohne zuvor ihre Akten und vermutlich auch die Akten der Gartenbauschule in die Laubhütte zu schaffen und zu verbrennen.

Nach der Befreiung wohnten zeitweise ausländische Überlebende aus hannoverschen KZ-Außen- und Zwangsarbeitslagern auf dem Ahlemer Gelände. Im Oktober 1945 richtete das Rote Kreuz ein Flüchtlingslager ein. Anfang 1946 gründeten Displaced Persons – vor allem Überlebende des KZ Bergen-Belsen (→ *Bergen-Belsen*) – in Ahlem den landwirtschaftlichen Kibbuz »Zur Befreiung«. Etwa fünfzig jüdische Frauen und Männer polnischer Herkunft bereiteten sich auf ein Arbeitsleben in Palästina/Israel vor. Als im Mai 1948 die letzten Kibbuzniks auswanderten, war das Kapitel jüdischer Geschichte in Ahlem beendet.1952 wurde das Gelände an die Jewish Trust Corporation als Rechtsnachfolgerin der Gartenbauschule rückerstattet. Sie verkaufte es bald darauf an die Landwirtschaftskammer Hannover, die Institute, Versuchsgärtnereien und eine Fachschule für Gartenbau einrichtete. Die Fachschule ist seit 1976 ein Standort der Justus-von-Liebig-Schule des Landkreises Hannover, heute der Region Hannover.

In den 1980er Jahren richteten auf persönlichem Engagement beruhende Initiativen im Keller des ehemaligen Direktorenhauses einen Gedenkort mit einer kleinen Ausstellung ein. Eröffnung war 1987. Im Zuge der bundesweiten erinnerungskulturellen Entwicklungen konnte sich die Gedenkstätte etablieren und die Debatte um einen angemessenen Umgang mit der außergewöhnlichen Geschichte des Ortes in die Öffentlichkeit transportieren. 2007 brachten die politischen Gremien der Region Hannover eine umfangreiche Neukonzeption des Gedenkortes auf den Weg. Im Juli 2014 nahm die neue Gedenkstätte Ahlem ihre Arbeit auf.

Die Dauerausstellung im ehemaligen Direktorenhaus stellt zwei historische Erzählungen vor. Im ersten Stockwerk liegt der Schwerpunkt auf der Verfolgung und Ausgrenzung der jüdischen Bevölkerung während der Zeit des Nationalsozialismus. Das zweite Stockwerk ist vorrangig der Geschichte der Israelitischen Gartenbauschule in den Jahren von 1893 bis 1942 gewidmet, beschreibt aber auch die Geschehnisse auf dem Gelände in Ahlem nach der Befreiung 1945.

Das Außengelände ist in die Ausstellung einbezogen. An der *Wand der Namen* erinnern über 3.000 kleine Tafeln an die Menschen, für die Ahlem eine Station in den Tod war oder die in Verantwortung der Gestapo-Außenstelle Ahlem ermordet wurden. Am Ort der ehemaligen Laubhütte wird der Menschen gedacht, die auf dem Gelände der Gartenbauschule kurz vor Kriegsende hingerichtet wurden.

Literatur

Hans-Dieter Schmid (Hrsg.), Ahlem. Die Geschichte einer jüdischen Gartenbauschule und ihres Einflusses auf Gartenbau und Landschaftsarchitektur in Deutschland und Israel, 2. ergänzte Ausgabe Bremen 2017.

Zuckerfabriken

Von Karl H. Schneider

Abb. 1: Nordstemmen, Fabrikansicht um 1910.

Sie prägten einst einige Landschaften Niedersachsens, sie standen für eine starke Kommerzialisierung der Landwirtschaft, für bäuerlichen Wohlstand, für eine Veränderung der Lebens- und Essensgewohnheiten, sie standen aber auch für harte Arbeit auf den Feldern und für schwere Saisonarbeit und sie standen nicht zuletzt für frühe Formen der Umweltverschmutzung: die Zuckerfabriken.

Bis in das 19. Jahrhundert hinein war das Süßen von Nahrungsmitteln eine teure Angelegenheit, lange bildete der Bienenhonig die einzige Möglichkeit des Süßens, mit der Kolonisierung Amerikas kam der Rohrzucker dazu, seit dem 18. Jahrhundert wurde zunehmend daran geforscht, aus der heimischen Rübe Zucker zu gewinnen. Prinzipiell wusste man seit der Mitte des 18. Jahrhunderts, dass Rüben Zucker enthalten, der Chemiker Andreas Sigismund Marggraf hatte das 1747 nachweisen können, aber erst 1801 gelang dem Chemiker Franz Carl Achard der Durchbruch. Durch systematische Züchtung gelang es, aus der Runkelrübe die zuckerhaltige Zuckerrübe zu erhalten. Zwar hatte die Anlage von Fabriken in der französischen Zeit eine kurze Blütezeit erfahren, aber erst seit den 1830er Jahren wurden in mehreren Regionen Deutschlands Zuckerfabriken gegründet. Die Herstellung von Zucker durch Zuckerrüben hatte dabei am Anfang mit einer Reihe von Herausforderungen zu kämpfen. Sie betrafen nicht so sehr den Herstellungsprozess, wobei dieser immer weiter verbessert wurde, sondern die Auseinandersetzung mit Vorurteilen. So wurde von Kritikern befürchtet, dass durch den Anbau der Zuckerrübe der Boden zu sehr auslaugt und damit für den Anbau von Getreide unbrauchbar würde. Zudem wurde auf die wegfallenden Zolleinnahmen verwiesen, falls der Importzucker durch den selbst produzierten ersetzt würde.

Beides traf zwar nicht zu, aber Zölle spielten für die Etablierung der Zuckerfabriken eine wesentliche Rolle. Im Königreich Hannover hatte man sich 1834 entschieden, nicht dem preußischen Zollverein beizutreten, sondern einen eigenen Verein, den Steuerverein, zusammen mit Oldenburg, Braunschweig und Schaumburg-Lippe, zu gründen. Im Gegensatz zum Zollverein setzte dieser auf niedrige Eingangszölle, wodurch Zuckerfabriken im Lande benachteiligt wurden, weil sie bei geringen Einfuhrzöllen gegenüber Importzucker nicht konkurrenzfähig waren. Erst nach dem Eintritt in den Zollverein 1854 änderten sich diese Rahmenbedingungen. Da das Herzogtum Braunschweig schon 1841 dem Zollverein beitrat, setzte hier auch die Gründung von Zuckerfabriken früher ein, das Königreich Hannover folgte erst Mitte der 1850er Jahre.

Zu diesem Zeitpunkt gab es schon acht Zuckerfabriken im Herzogtum Braunschweig, 1860 waren es 14, 1871 25 und 1900 31. Damit war die Gründungsphase der Zuckerfabriken abgeschlossen. Im Königreich bzw. der Provinz Hannover setzte der Gründungsboom etwas später ein, jedoch konnte Hannover den Vorsprung Braunschweigs bald aufholen; bis 1914 wurden insgesamt 46 Fabriken gegründet, von denen zu diesem Zeitpunkt allerdings sieben schon wieder aufgegeben worden waren. Seit der Jahrhundertwende sank die Zahl der Fabriken langsam, aber sicher, seit den 1950er Jahren setzte dann ein besonders starker und schneller Rückgang ein. Der hohe Kapitalaufwand, sinkende Zuckerpreise und der Kampf um die Rübenlieferungen der Bauern führten dazu, dass es nach 1900 keine Neugründungen mehr gab.

Was sich wie eine einfache Erfolgsgeschichte liest, war in Wirklichkeit ein komplizierter Vorgang. Die Verbreitung der Rübenfabriken ist auch ein Beispiel für den komplizierten Prozess der Durchsetzung von Innovationen.

Zum einen gab es die erwähnten Bedenken gegen den Anbau der Zuckerrüben, zum anderen gab es ganz konkrete Herausforderungen.

Wie schwierig die Anfänge sein konnten, zeigt die Zuckerfabrik in Einbeck, die zu den ersten Gründungen im Königreich Hannover im 19. Jahrhundert gehörte. Obwohl wohlhabende Bürger sich finanziell an der Gründung beteiligten, scheiterte der erste Versuch. Erst nachdem der Unternehmer Carl Wilhelm Rabbethge den Betrieb übernahm, konnte sich die Fabrik weiterentwickeln. Rabbethge stammte aus Klein Wanzleben und betrieb dort die schon 1838 gegründete Zuckerfabrik.

Abb. 2: Königslutter, Rübenanfuhr, Jahr unbekannt.

Der Bau der Fabriken war kapitalintensiv, eine mögliche Rendite nur schwer abzuschätzen, zudem waren die Fabriken auf die Anlieferung von Zuckerrüben angewiesen. Das war am Anfang keineswegs einfach, denn während zunächst die Bauern vorsichtig mit dem Rübenanbau waren, lieferten sie später an die Fabrik, die die höchsten Preise zahlte. Mit einer zunehmenden Produktion während des Kaiserreichs verstärkte sich auch der Wettlauf um die Rübenlieferungen.

Bei der Struktur der Fabriken gab es verschiedene Varianten: Da gab es, allerdings nur in geringer Zahl, von Eigentümern betriebene Fabriken. Weit häufiger waren Aktiengesellschaften, in denen meist wohlhabende Kaufleute, Gutsbesitzer oder Bankiers dominierend waren, dazu kamen Großbauern, während mittel- und kleinbäuerliche Betriebe zunächst nur selten zu den Aktionären gehörten. Das lag an zwei Faktoren: Zum einen waren die Aktien relativ teuer, zum anderen wurde von den Aktionären erwartet, dass sie eine nicht geringe Menge an Zuckerrüben an die zu gründende Fabrik lieferten. Beide Voraussetzungen konnten großbäuerliche Betriebe leichter erfüllen als kleine Höfe.

Der Anbau von Zuckerrüben fand in Niedersachsen zunächst in den Gebieten mit guten Böden im mittleren und östlichen Niedersachsen statt, dehnte sich dann aber bis in das Uelzener Becken aus, wo 1883 eine der später größten niedersächsischen Zuckerfabriken entstand. Versuche, den Rübenanbau in anderen Gebieten des heutigen Niedersachsens auch einzuführen, scheiterten dagegen. Neben den Bodenverhältnissen spielte eine günstige Verkehrslage durch Straßen und Wasser, vor allem aber die Bahn eine große Rolle für die Standortfrage.

Eine wichtige Voraussetzung für den Rübenanbau bildeten die Agrarreformen, durch die die Bauern freie Eigentümer ihrer Höfe wurden, die Felder zusammengelegt wurden und nun sogenannte »späträumende Früchte« angebaut werden konnten. Der Anbau der Zuckerrüben erfolgte im Fruchtwechsel, bedeutete aber auch eine intensive Bearbeitung des Bodens, was wiederum die Mechanisierung der Landwirtschaft etwa durch das notwendige Tiefpflügen und eine intensive Bodenbearbeitung förderte. Andererseits waren die Rübenblätter ein gutes Viehfutter, wodurch wiederum die Stallfütterung intensiviert werden konnte, was wiederum mehr Dünger zur Folge hatte.

Technischer Fortschritt ermöglichte eine höhere Produktivität, indem die Zuckerausbeute erhöht und gleichzeitig der Energiebedarf gesenkt wurde. 1864 wurde das Diffussionsverfahren erfunden, wodurch die Zuckerausbeute deutlich erhöht werden konnte. Nachteilig an dieser Methode war allerdings der hohe Wasserbedarf. Da das Wasser stark belastet war, bildeten die Abwässer der Zuckerfabriken schon im 19. Jahrhundert immer wieder Anlass für Kritik. Seit den 1880er Jahren stieg der technische Aufwand für die Zuckerfabrikation. Dampfmaschinen gehörten jetzt zum Standard, die neugegründete Zuckerfabrik in Uelzen war sogar die erste, die elektrisches Licht hatte. Die Nachfrage nach einer guten technischen Ausstattung seitens der Zuckerfabriken war eine wichtige Voraussetzung für eine spezialisierte und leistungsfähige Maschinenbauindustrie, die besonders für das Braunschweiger Land kennzeichnend war.

Nicht nur in den Fabriken wurde durch Modernisierung und neue Verfahren versucht, die Zuckerausbeute zu erhöhen, sondern durch die Züchtung neuer Rübensorten sollte dieser Effekt ebenfalls erreicht werden. Die Züchtungen aus Klein Wanzleben spielten dabei eine entscheidende Rolle.

Allerdings waren sowohl der Rübenanbau als auch die Arbeit in den Fabriken personalintensiv. Mit der zunehmenden Industrialisie-

Abb. 3:
»Rübenburg« Holthusen.

rung Deutschlands wurde es immer schwerer, geeignete Arbeitskräfte zu finden. Zudem erschwerte die Sozialgesetzgebung des Kaiserreichs den Einsatz von Kindern oder die Nachtarbeit von Frauen. Die einheimischen Arbeitskräfte gingen bald lieber in die Fabriken, wo sie mehr verdienten und zudem ganzjährig beschäftigt waren. Die Arbeit in den Zuckerfabriken war dagegen Saisonarbeit. So ist es kein Wunder, wenn immer mehr Wanderarbeiter hier tätig wurden. Kamen sie zunächst eher aus den näher gelegenen Regionen wie dem strukturschwachen Eichsfeld, so erweiterten sich später die Einzugsgebiete bis nach Osteuropa. Für die Wanderarbeiter konnte die Saisonarbeit trotz der vergleichsweise geringen Bezahlung durchaus Vorteile haben.

In Niedersachsen gab es im Herzogtum Braunschweig, wo auch die ersten Fabriken entstanden waren, eine hohe Zahl an Zuckerfabriken; hier war auch der Anteil des Landes, der mit Zuckerrüben bebaut wurde, besonders hoch. Im Gegensatz etwa zur preußischen Provinz Posen mit ihren sehr großen Fabriken dominierten im Niedersächsischen aber kleine und mittlere Betriebe.

Um 1900 wurden ca. zwei Millionen Tonnen Rohzucker erzeugt, 1850 waren es noch 53.000 Tonnen gewesen. Von diesen zwei Millionen Tonnen ging die Hälfte in den Export. Mit dem zunehmenden technischen Aufwand und den Problemen mit den Rübenlieferungen setzte schon vor der Jahrhundertwende ein erst langsamer Konzentrationsprozess ein, der sich im 20. Jahrhundert beschleunigte. Mit dem Ersten Weltkrieg endete spätestens diese Phase des Ausbaus und einer starken Stellung auf den Exportmärkten. Die stärksten Veränderungen setzten dann aber seit den 1950er Jahren ein. Wie auch in anderen landwirtschaftlichen Industrien wie den Molkereien begann ein Konzentrationsprozess, dem nach und nach eine Vielzahl von kleinen und mittleren Zuckerfabriken zum Opfer fielen. Im heutigen Niedersachsen gibt es nur noch vier Fabriken (Nordstemmen, Clauen, Schladen, Uelzen), die im Unternehmen »Nordzucker AG« zusammengeschlossen sind. Auch wenn es bis heute noch Zuckerfabriken gibt, so war ihre große Zeit bereits zum Ende des Kaiserreichs vorbei. Ihr eigentliches Aus kam aber erst in den Jahrzehnten nach 1945, heute sind sie bis auf wenige Standorte nur noch Erinnerung.

Die Geschichte der Zuckerfabriken ist auch eine Geschichte der dramatischen Veränderung unserer Ernährungsgewohnheiten. Bildete Zucker bis ins frühe 19. Jahrhundert eine zwar begehrte, aber in größeren Mengen nur für eine kleine gesellschaftliche Schicht erschwingliche Nahrung, so änderte sich das mit dem Ausbau der Zuckerfabriken. Zucker wurde immer billiger, war zudem kalorienreich und erweiterte damit den Speisezettel auch der einfachen Leute. Als wichtiger Bestandteil unserer Ernährung fand der Zucker mit den Zuckerfabriken des 19. Jahrhunderts Einzug in unsere Ernährung. Damit stehen die Zuckerfabriken sowohl für eine stark veränderte Ernährung seit 1800 als auch für eine Landwirtschaft, die zunehmend industrialisiert wurde.

Hier könnte unsere Geschichte enden, doch da gibt es noch etwas. Der mit dem Zuckerrübenanbau einhergehende Wohlstand betraf vorrangig die bäuerlichen Betriebe, die diesen in prächtigen Neubauten, den sogenannten Rübenburgen, auch bis heute sichtbar zum Ausdruck brachten. Für die ärmeren Bewohner war der Zuckerrübensirup, der Stips, eine über Jahrzehnte wichtige und günstige Nahrungsquelle.

Literatur

Nordzucker AG (Hrsg.), 175 Jahre Nordzucker. Eine Zuckergeschichte, Braunschweig 2013.

Uwe Wallbaum, Die Rübenzuckerindustrie in Hannover: zur Entstehung und Entwicklung eines landwirtschaftlich gebundenen Industriezweigs von den Anfängen bis zum Beginn des Ersten Weltkriegs, Stuttgart 1998.

Die Lüneburger Heide

Johannes Laufer

Abb. 1: Romantisierung einer bedrohten Landschaft: Blühendes Heidekraut mit Schafstall. Ölgemälde von Heinrich Harder um 1910.

Zu Beginn des 20. Jahrhunderts entstand am Wilseder Berg das erste Naturschutzgebiet des späteren Landes Niedersachsen, das den Grundstein zum heutigen Naturpark Lüneburger Heide legte. Der tiefgreifende Wandel sozialer Lebenswelten und der ökologischen Umwelt im Industrialisierungs- und Urbanisierungsprozess veränderte im 19. Jahrhundert den Blick der Menschen auf die Natur. Um 1900 war bereits der größte Teil der ausgedehnten, vormals extensiv genutzten Heideflächen im nordwestlichen Niedersachsen und in der Lüneburger Heide zur land- oder forstwirtschaftlichen Nutzung umbrochen. Die verschonten Reste der Heidelandschaft erfuhren eine ästhetische, aber auch politisch-ideologische Aufwertung als vermeintlich unberührte, urtümliche Natur. Ihre Erhaltung wurde zum Anliegen der im späten 19. Jahrhundert aufkommenden Heimat- und Naturschutzbewegung, die den Schutz der Natur mit dem von Natur- und Kulturdenkmälern verband. Die vorwiegend städtisch-bürgerlichen Initiativen korrespondierten mit Gründungen ›vaterländischer‹ oder heimat- und naturkundlicher Museen und Sammlungen. Verbindendes Ziel war es, natur- und kulturhistorische Zeugnisse,

Abb. 2: ›Gruß aus der Lüneburger Heide‹ – Postkarte mit stereotypen Heidemotiven und einem Vers von Theodor Storm, datiert 3. April 1900.

denen besondere regionale oder nationale Bedeutung zuerkannt wurde, vor den Folgen der Modernisierung und Technisierung zu bewahren. So wurden auch die sogenannten Hünengräber der Lüneburger Heide zu Relikten einer urdeutschen Geschichtstradition und zu Orten eines vielseitig beschworenen Heimat- und Nationalgefühls aufgewertet. Die Lüneburger Heide repräsentiert allerdings nur einen Teil der alten westeuropäischen Kulturlandschaft der Tiefland- oder Zwergstrauchheiden, die sich entlang der Atlantikküste von Portugal und Südwestfrankreich über die Britischen Inseln und die Niederlande bis nach Nordwestdeutschland und Norwegen erstreckten. Seit dem Neolithikum unterlag diese Landschaft anthropogenen Eingriffen durch Rodung, Beweidung und Ackerbau.

Im Zusammenhang mit dem zeitspezifischen Heimat- und Naturinteresse und einer verbreiteten Natursehnsucht entstand Ende des 19. Jahrhunderts ein wachsender Markt für Bilder, Geschichten und Informationen über die Heide, der die Bedürfnisse der Stadtbevölkerung nach Freizeit, Harmonie, Erholung oder Ablenkung vom Arbeitsalltag bediente. Die Lüneburger Heide fand jetzt einen festen Platz in den Wander- und Reiseführern. Zahlreiche Maler, Schriftsteller und Fotografen erreichten mit kommerziellen Heideansichten ein Massenpublikum. Die Postkarte war ein wichtiger Multiplikator für die Reichweite und Publizität stereotyper Heidebilder. Zu den typischen Elementen gehörten scheinbar endlose Heideflächen, Birkenalleen, Wachholdersträucher, Schafherden oder Schafställe, Bienenkörbe oder auch Findlingsgräber. Grußpostkarten vermittelten aber auch aktuelle Informationen wie die alljährlichen Kaisermanöver oder Militärübungen, für die die Lüneburger Heide zum bevorzugten Ort wurde. In krassem Gegensatz zu den Landschaftsmotiven stehen überdies Bildpostkarten vom Einsatz des Dampfpfluges zur Heidekultivierung, die der verbreiteten Technikbegeisterung Rechnung trugen. Seit den 1930er Jahren förderten auch Film und Kino die Popularität der Heide. Der 1951 gedrehte Kinofilm *Grün ist die Heide*, der als neue Version eines Films von 1932 entstand, traf mit einer Liebesgeschichte und dem Thema Heimat die Gefühlswelt der Nachkriegszeit und wurde zum Kassenschlager. Neben den Alpen etablierte sich die (Lüneburger) Heide als ›klassischer‹ Ort des westdeutschen Heimatfilms der 1950er und 1960er Jahre. Mit klischeehaften, identitätsfördernden Vorstellungen von der Besonderheit und Schönheit der Heide leistete der Film zudem Werbung für den wachsenden Fremdenverkehr. Zusätzlichen Antrieb erfuhren der Tourismus und der Strom städtischer Wochenendausflügler durch die beginnende Massenmotorisierung in den 1930er und 1950er Jahren.

Der populärste Protagonist des Schutzes der Lüneburger Heide war gewiss Hermann Löns, der als Autor zahlreicher Natur-, Tier- und

Jagdgeschichten oder Romane, aber auch durch seine Tätigkeit als Journalist bekannt wurde. In Zeitungsartikeln und Gedichten kritisierte er das Artensterben in Flora und Fauna als Folge industrieller und landwirtschaftlicher Umweltzerstörung. Löns wurde nicht zuletzt dank hoher Auflagen seiner Werke seit den 1920er Jahren zur Kultfigur der frühen Heimat- und Naturschutzbewegung. In seiner Person werden zeitspezifische Widersprüche zwischen Tradition und Moderne, aber auch die Irrwege nationalistischer Attitüden der Heimatschutzbewegung fassbar, die es geradezu konsequent erscheinen lassen, dass Löns posthum durch die Propaganda des Nationalsozialismus vereinnahmt wurde. Als Exponenten der Landschafts- und Genremalerei sind demgegenüber zu nennen Gustav Koken, Hugo Friedrich Hartmann oder Franz Hecker und Fotografen wie Wilhelm Dreesen, die nicht nur romantisierende Ansichten der Heidelandschaft, sondern auch subtile Bilddokumente der Menschen und ihrer Lebensverhältnisse schufen. Viele von ihnen assoziierten sich auch aus marketingstrategischen Motiven in der 1902 gegründeten Niedersächsischen Künstlervereinigung »Die Heidjer«. Nicht wenige Künstler, die den Ideen des Heimat- und Naturschutzes oder der Naturphilosophie anhingen, zeigten nach 1933 eine auffällige Affinität zur NS-Ideologie wie im Fall der Künstlerkolonie Worpswede (→ *Worpswede*).

Die Menschen des 18. und frühen 19. Jahrhunderts nahmen die Lüneburger Heide zumeist mit anderem Blick wahr. Prominente Reisende wie Joseph von Eichendorff beschrieben die Landschaft nicht als Idylle, sondern als öde und lebensfeindliche »Wüste«. Zu dieser Zeit erreichten die Heideflächen und die Versteppung der Landschaft ihre größte Ausdehnung. Kritische Zeitgenossen sahen darin ein Indiz für agrarstrukturelle und ökonomische Defizite. Denn die nährstoffarmen, sandigen Geestböden erlaubten nur eine dünne Besiedlung und einen spärlichen, relativ kleinflächigen Anbau von Roggen, Buchweizen und Hafer (die Kartoffel kam Mitte des 18. Jahrhunderts dazu). Dagegen boten die gemeinschaftlich genutzten Heideflächen die Grundlage für einen außerordentlich hohen Viehbestand sowie die Bienenzucht und Imkerei. Die kleinwüchsigen, genügsamen Heidschnucken förderten durch Verbiss und Düngung die Regeneration der Heidesträucher und verhinderten zugleich die Verbuschung der Landschaft. Eine massive Schädigung der Heidevegetation bedeutete dagegen der Plaggenhieb, der als traditionelle Methode zur Düngung der lebensnotwendigen Äcker diente. Dazu wurden die Heidesträucher samt der oberen Humusschicht der Heide- oder Waldböden abgetragen, als Einstreu in die Viehställe gebracht und anschließend als Dünger auf die Äcker aufgetragen.

Extensive Schafweide und düngerintensiver Getreideanbau auf Plaggeneschböden waren die typischen Merkmale der Heidebauernwirtschaft, die als bestmögliche Wirtschaftsform galt, aber gewöhnlich nur sehr spärliche Erträge abwarf. Diese im Grundsatz naturverträgliche Ökonomie geriet bei wachsender Bevölkerung aus der Balance. Die vermehrte und permanente Entnahme von Plaggen, die auch als Brenn- und Baustoff genutzt wurden, entzog dem Heideboden wichtige Nährstoffe. Auf diese Weise entstand der Bodentyp des ausgewaschenen Heidepodsols, der die agrarische Nutzung erheblich reduzierte. Wenn zudem der Wald oder die Gehölze durch verstärkte Holznutzung und Viehweide zurückgedrängt und die frischen Triebe der Heide aus Mangel an Viehfutter vorzeitig abgemäht wurden, schrumpfte die Vegetation, was wiederum die Degradation der Böden beschleunigte. Die Folgen dieser Übernutzung traten besonders im 18. und 19. Jahrhundert mit der Ausbreitung von Wehsänden und Wanderdünen zu Tage, die die Äcker bedrohten. Verluste von Acker- und Weideflächen schürten Konflikte in und unter den bäuerlichen Gemeinden. Um die Heideflächen als existenzielle Ressource der Bevölkerung zu schützen, griff die hannoversche Landesregierung mit Verordnungen und Sanktionen gegen die *verderbliche* Nutzung und *Verwahrlosung der Haide* ein. Die Heidebauernwirtschaft taugt insofern nicht als Beispiel für eine nachhaltige Art der vorindustriellen Bodennutzung.

Unter den Vorzeichen zyklischer Mangel- und Hungerkrisen rückten seit Mitte des 18. Jahrhunderts Vorschläge zur Verbesserung der Landwirtschaft in den Mittelpunkt reformerischer Debatten in Aufklärungssozietäten und fürstlichen Kabinetten. Dabei gerieten die extensive Nutzung der Heide und der zunehmend als Raubbau diskreditierte Plaggenhieb in den Fokus der Agrarreformer. Erste Maßnahmen zur *Artbarmachung* oder Kultivierung der großen Heide- und Moorgebiete kamen ab 1760 mit Unterstützung des englischen Königs und hannoverschen Kurfürsten Georg III. in Gang. Einen entscheidenden Impuls zum Durchbruch der modernen Landwirtschaft setzte das 1802 für das Fürstentum Lüneburg erlassene Edikt zur Teilung und Privatisierung der Gemeinheiten oder Allmenden. Diese erste Flurbereinigung durch Gemeinheitsteilungen und Verkoppelungen brachte Grundbesitzern und Bauern bedeutenden Flächengewinn aus Heide-, Moor- oder Ödland (→ *Moor*). Steigende Agrarpreise begünstigten die Melioration ertragsarmer Heideböden und die Verbreitung von innovativen, ertragssteigernden Anbaumethoden und Feldfrüchten. Die rasche Verdrängung der Schafhaltung durch Importwolle aus Übersee und der damit einhergehende Bedeutungsverlust der Heideflächen beschleunigten seit den 1870er Jahren die Umwandlung der Heidegebiete in land- und forstwirtschaftliche Nutzflächen. Der preußische Forstfiskus, aber auch private Kapitalanleger kauften im großen Stil Flächen auf. Von staatlicher Seite wur-

Abb. 3:
Die Erde bebt …:
Einsatz des Fowlerschen Dampfpfluges zur Heidekultivierung bei Uelzen, Postkarte um 1900.

den vor allem Aufforstungen zur Eindämmung der Sandwehen durchgeführt. Das fand Ausdruck im Wandel des Landschaftsbilds: Neben neuen Ackerflächen entstanden ausgedehnte Kiefern- oder Wirtschaftswälder.

Der Fortschritt der Heidekultivierung war maßgeblich von der neuen Dampfpflugtechnik beeinflusst. Mit Pflugtiefen von 40 bis 100 cm gelang es, die feste Ortsteinschicht der Podsolböden aufzubrechen und die Geest- und Heideböden schließlich auch mit Hilfe von Handelsdünger ertragreich zu bewirtschaften. Die Lüneburger Heide entwickelte sich Ende des 19. Jahrhunderts zu einem Schwerpunkt des Kartoffelanbaus in Deutschland und Europa. Darüber hinaus bildeten Schweinemast und Milchwirtschaft die Grundlagen der klein- und mittelbäuerlich geprägten Landwirtschaft, die von der Nachfrage der Großstädte Hannover, Bremen und Hamburg profitierte.

Hermann Löns vermittelt in seinen 1912/13 erschienenen *Haidbildern* einerseits unmittelbare Eindrücke vom radikalen, naturzerstörenden Werk des Dampfpflugs. Andererseits urteilt er im Zeitungsartikel *Die Bezwingung der Heide* differenzierend über die langfristigen Effekte: *Unklug wäre es, darüber zu jammern, daß die Heide ihr heutiges malerisches Aussehen aufgeben muß. Einmal ist das Bild, das die Heide bis vor kurzem bot, nicht das ursprüngliche … Außerdem ist es noch sehr die Frage, was in der Tat schöner ist: eine Einöde, die auf einer Geviertmeile keine zehn Menschen ernährt, oder die fruchtbar gemachte Scholle, die Hunderten Nahrung bietet.* Vor dem Hintergrund einer neuen Welle der deutschen Überseeauswanderung bekannte sich der Naturschützer Löns positiv zur viel diskutierten neuen Rolle der Landwirtschaft im Industriestaat.

Indes kollidierten die Interessen zwischen den überregional organisierten Naturschützern, die seit 1906 mit reichsweiter, teilweise hochrangiger politischer Unterstützung Flächen für einen »Naturschutzpark« am Wilseder Berg erworben hatten, und lokalen Grundbesitzern, die eine Urbarmachung ihrer als schutzwürdig eingestuften Heideflächen anstrebten. Im Zuge des verschärften Konflikts formierte sich regionaler Widerstand gegen den »Naturschutzpark« und eine 1921 von der preußischen Regierung erlassene Naturschutzverordnung. 1924 gelang ein Interessenausgleich, der mit einem gesetzlichen Rahmenplan für den »Naturschutzpark« besiegelt wurde. Damit war ein Präzedenzfall geschaffen, dem auch nach 1945 wegweisende Bedeutung für den Naturschutz in Niedersachsen zukam.

Die gegenwärtig im Naturpark Lüneburger Heide mit hohem Aufwand gepflegten Heidereste vermitteln den Eindruck einer Parklandschaft und erinnern kaum an die Ursprünge eines außergewöhnlichen Ökosystems und die prekären Lebensverhältnisse der Menschen früherer Jahrhunderte. Und wer denkt heute bei der als Heidekraut oder Erika weithin bekannten Zierpflanze noch an die ›Heimat‹ der Besenheide (Calluna vulgaris)?

Literatur

Horst Brockhoff/Giesela und Rolf Wiese (Hrsg.), Ja, grün ist die Heide … Aspekte einer besonderen Landschaft, Ehestorf 1998.

Peter-Michael Steinsiek/Johannes Laufer, Quellen zur Umweltgeschichte in Niedersachsen vom 18. bis zum 20. Jahrhundert. Ein thematischer Wegweiser durch die Bestände des Niedersächsischen Landesarchivs, Göttingen 2012.

Abb. 1: *Der Mittellandkanal im Landkreis Schaumburg, Aufnahme eines ehemaligen Wasserbausekretär-Dienstgehöfts bei der Ortschaft Rusbend.*

Der Mittellandkanal

Von Nadja Wischmeyer

Viele Niedersachsen haben schon als Kinder Bekanntschaft mit ›ihrem‹ Mittellandkanal gemacht: Ob sie sich im sommerlichen Kanalwasser erfrischten oder mit der Familie einen Sonntagsspaziergang entlang der mal nüchtern anmutenden, mal romantisch zugewachsenen Kanalufer machten. Der Kanal war da. Und noch heute schauen die meisten Kanalbesucher auf die künstliche Wasserstraße, ohne sie zu hinterfragen. Dabei stellt der Mittellandkanal gerade in der Rückschau eine der größten wasserbaulichen Leistungen Deutschlands dar. Für diesen etwas über 325 Kilometer langen künstlichen Wasserweg führten die damaligen Kanalbauer sowohl moderne als auch altbewährte Kenntnisse des Kunst- und Kulturwasserbaus zusammen.

Der Projekt Mittellandkanal wurde während seiner langen Entstehungszeit im 19. und frühen 20. Jahrhundert von den ökonomischen Kräften des Landes vorangetrieben, aber die planerische Ausgestaltung oblag den staatlichen Wasserbauern. Die wasserbauliche Profession dieser Experten wandelte sich von einer volkswirtschaftlichlandwirtschaftlichen Ausrichtung, bei der ein Umbau der Landschaft zur besseren Volksernährung oder Siedlungsmöglichkeit zumindest gleichrangig neben verkehrsplanerischen Aspekten stand, immer mehr zu einem ökonomisch-verkehrsplanerischen Denken, bei dem jedoch der volkswirtschaftliche Gewinn durch Kultivierung des Landes nicht außer Acht gelassen werden durfte.

Das beginnende 20. Jahrhundert war also weiterhin geprägt von der Euphorie, die Natur nach den Bedürfnissen der in ihr lebenden Menschen umgestalten zu können, und die Kanalplaner waren der Ansicht, dass der Landschaftsumbau größtenteils Verbesserungen für die Menschen mit sich bringen werde. Ein gewichtiger Anlass für den Bau der künstlichen Wasserstraße ab dem Jahre 1905 waren die möglich werdenden Meliorationen der Kanalumgebung, unter anderem durch die Regulierung der den Kanal kreuzenden Flüsse und Bäche. Der Mittellandkanal schneidet mit seiner west-östlichen Längsprofilgestaltung eine große Anzahl Flussgebiete. Zudem verlaufen die Hochwasser in den einzelnen Flussgebieten bei den hydrometeorologischen Ereignissen zuverlässig zeitlich nacheinander. Dadurch und durch den großen Kanalquerschnitt konnten die Ernteerträge zerstörenden Hochwasser abgeleitet, aber auch Wasser für die Landwirtschaft verteilt werden, ohne den Schiffsverkehr auf dem Kanal zu beeinträchtigen.

Trotz solcher noch heute vielfach genutzten positiven Effekte mussten die Mittellandkanalerbauer schon vor Bauende des ersten Kanalabschnitts erkennen, wie unvorhersehbar sich die Baumaßnahmen, insbesondere Grundwasserabsenkungen in der Westhaltung im Kanalgebiet rund um Hannover, gestalteten. Aber nur einige wenige mahnende Stimmen stellten seinerzeit den Kanalbau aus natur- und umweltschützerischen Gesichtspunkten in Frage. Vorerst sorgten sich die Menschen nur um den veränderten Grundwasserstand im Kanalumfeld. Zum Bauabschluss der Osthaltung des Mittellandkanals Ende der 1930er Jahre wurden in erster Linie die aus damaliger Sicht als gelungen erachteten Hochwasserschutzmaßnahmen im Drömling gelobt sowie die durchweg als positiv wahrgenommenen sichtbaren Veränderungen im Landschaftsbild gepriesen.

Die frühen Bestrebungen für das große Kanalprojekt sind im Herzen des Ruhrgebiets zu finden. Ein wichtiges Massengut waren die zur Energieerzeugung von der Industrie begehrten hochwertigen Steinkohlen des westfälischen Kohlebeckens. Die kontinuierlich ansteigenden Transporte durch das neue Verkehrsmittel Eisenbahn ergaben sich in Folge einer seit Mitte des 19. Jahrhunderts immer rasanter wachsenden industriellen Produktionsweise. Die erleichterten Transportbedingungen durch die Eisenbahn verschafften der Eisen- und Stahlindustrie, dem Maschinenbau ebenso wie dem Steinkohle-

Abb. 2: Postkarte vom vorläufigen Endhafen des Mittellandkanals in Misburg etwa um 1920.

bergbau überhaupt erst die Voraussetzungen zu boomen. Mit der schnell folgenden Überlastung der Eisenbahn wurde schon ab Mitte der 1850er Jahre nach innovativen Expansionsmethoden gesucht, um Massengüter günstig über weite Strecken befördern und dadurch neue Absatzmärkte erschließen zu können. Das rheinisch-westfälische Wirtschaftsbürgertum von Preußens westlichsten Provinzen wollte und sollte die politischen Geschicke des Landes mitbestimmen, und aus seiner Mitte kam der Vorschlag, durch eine künstliche Wasserstraße den Rhein mit der Weser und der Elbe im nordwestdeutschen Tiefland nördlich der Mittelgebirgsschwelle zu verbinden.

Eine Umsetzung des wasserbaulichen Großunternehmens wurde politisch vorstellbar mit der preußischen Annexion des Königreichs Hannover und Kurhessens. Aber erst die Gründung des Deutschen Kaiserreichs 1871 ermöglichte eine länderübergreifende Wasserstraßenpolitik. Die technischen Entwicklungen des Industriezeitalters wiederum boten auch beim Wasserstraßenbau Lösungen für bisher nicht gekannte konstruktive Anforderungen. Außerdem brauchte die stetig wachsende Bevölkerung mehr und mehr Raum für eine Ausweitung der Gewerbe- und Siedlungsgebiete sowie der landwirtschaftlichen Nutzflächen. Die geplante Wasserstraße sollte zudem für industrielle Dezentralisierung sorgen, um die zwischenzeitlich zu einem sozialpolitischen Problem gewordenen Industrieballungen aufzulockern. Die militärische Verwendbarkeit und die als dringlich er-

Abb. 3: Westkammer der Schleuse Anderten etwa drei Wochen vor der Eröffnung 1928.

achteten Meliorationen in Norddeutschland vervollständigten die Liste der Beweggründe für einen Kanalbau. Nicht zuletzt benötigte die Industrie immer dringender ein kostengünstiges Verkehrsmittel für Massengüter. Endlich, nach einem Zwischenschritt Ende des 19. Jahrhunderts mit dem Bau des Dortmund-Ems-Kanals, gelang es zu Beginn des 20. Jahrhunderts, das lang geforderte Verkehrsprojekt politisch durchzusetzen – allerdings sollte der Mittellandkanal vorerst nur bis kurz hinter Hannover geführt werden. Das damalige Kanalende war der Hafen Misburg. Zwei weitere Bauabschnitte folgten nach dem Ende des Ersten Weltkriegs.

Im Allgemeinen fanden die Planer ein für die Herstellung eines Kanals geeignetes Erdreich vor. Im westlichen Kanalgebiet war die Höhe der Trasse nicht an das Gelände gebunden, daher behielten die Kanalplaner bei der Westhaltung des Mittellandkanals die durch den Dortmund-Ems-Kanal vorgegebene Wasserspiegelhöhe bei. Für einen späteren Trassenverlauf musste ausreichend Kanalspeisungswasser vorhanden sein, das aus zwei an der Oberweser geplanten Talsperren gewonnen werden sollte. Wiederum in Abhängigkeit der zur Verfügung stehenden Wassermenge stand die Ausführung des Kanalprofils mit seinen Brückenbauwerken und möglichst wenig Schleusenanlagen. Da sich die Verantwortlichen damals der zähen Auseinandersetzungen mit den am Bau Beteiligten und den von der Anlage eines solchen Großprojektes Betroffenen bewusst waren, wurden schon im

Vorfeld die Vorstellungen und Wünsche der verschiedenen Interessengruppen aus Landwirtschaft, Industrie und Handel ebenso wie aus den größeren Städten berücksichtigt. Die technische Realisierbarkeit in Verbindung mit dem größtmöglichen wirtschaftlichen Nutzen der ursprünglich hauptsächlich für den Schiffsdurchgangsverkehr geplanten Kanallinie war ausschlaggebend für den tatsächlichen Kanalverlauf. Die Lage der Rohstoffvorkommen im Umfeld der Kanaltrasse wurde dabei als weniger relevant erachtet.

Für den Weiterbau des Kanals östlich von Hannover war die Wasserspiegelhöhe der Scheitelhaltung abhängig davon, welchen weiteren Verlauf die Trasse nehmen würde. Eine Doppelschleusenanlage, aufwendig geplant mit zwei unabhängig voneinander zu bedienenden parallel liegenden Schleusenkammern einschließlich jeweils fünfzig im Boden versenkten Sparbecken aus Eisenbeton verteilt auf fünf übereinanderliegenden Stockwerken, sollte zwischen den Haltungshöhen der West- und der Scheitelhaltung vermitteln. Bei der Entleerung einer Schleusenkammer wird zirka drei Viertel des Wassers Etage für Etage in den unterirdischen Becken aufgefangen. Bei einer erneuten Füllung der Kammer wird das Wasser nach und nach aus den Sparbecken wieder abgegeben. Der an dieser Stelle zu überwindende Höhenunterschied beträgt heute 14,7 Meter. In Betrieb genommen wurde das seinerzeit nach dem amtierenden Reichspräsidenten Paul Hindenburg benannte Bauwerk (heute Schleuse Anderten) mit einer feierlichen Einweihung am 20. Juni 1928 unter Anwesenheit des Namensgebers. Den Bau dieser groß dimensionierten Schleusenanlage, ebenso wie viele andere Arbeiten entlang der Kanaltrasse, koordinierten die Verantwortlichen damals äußerst modern in den per Telefon miteinander verbundenen Büros der jeweils zuständigen Streckenbauleitungen. Allein das Einrichten der Großbaustelle bei der Ortschaft Anderten veränderte die Landschaft südlich der Firmengelände der Misburger Zementindustrie nachhaltig – denn am Ortsrand wurden nicht nur Baracken und Schuppen errichtet, Baugleise verlegt und riesige Baumaschinen aufgestellt, sondern auch bestehende Straßen- und Wegeverbindungen neu geplant. Noch zu Beginn des 21. Jahrhunderts entspricht diese eindrucksvolle, heute denkmalgeschützte Schleuse, die schon kurz nach ihrer Fertigstellung als beliebtes Ausflugsziel diente, baulich und technisch fast unverändert den neuzeitlichen Anforderungen eines effizienten Verkehrsbetriebes. Eine weniger aufwendig geplante Schleusenanlage mit offen liegenden Sparbecken bewältigte den Höhenunterschied zwischen der Scheitel- und der Osthaltung.

Der Mittellandkanal hat mit seinen Bauwerken immer wieder für Superlative gesorgt und zudem Innovationen hervorgebracht. Zur Verkehrsfreigabe der Westhaltung während des Ersten Weltkriegs war das Wasserstraßenkreuz bei Minden mit der Schachtschleuse und der Mittellandkanalbrücke über die Weser ein Wunderwerk der Technik und der Ingenieurskunst. Als Feldversuch planten die Kanalbauer zum Baubeginn des Großprojektes sieben Betonbrücken. Nach erfolgreichen Material- und Materialbelastungsproben wurden sogar 23 Betonbrückenprototypen schon am ersten Trassenabschnitt gebaut, weitere folgten im zweiten und dritten Bauabschnitt. Damit fanden systematische Materialstudien mit dem Werkstoff Beton knapp ein Jahrzehnt früher als ursprünglich angenommen statt. Innerhalb des ersten Bauabschnitts ließen die Kanalbauer obendrein etwa drei Viertel der benötigten Brücken in einer zuvor festgelegten Standardform aus Stahl errichten. Ende der 1920er Jahre war dann das Schleusenbauwerk in Anderten das Größte seiner Art in Europa. Am dritten Bauabschnitt wurde schließlich noch eine neuartige Montagemethode für die normierten Stahlbrücken eingeführt. Die seit der Zwischenkriegszeit geplante Elbüberführung, deren Ausführung wegen des Zweiten Weltkriegs unterblieb, konnte im Jahre 2003 fertiggestellt werden. Zu Beginn des 21. Jahrhunderts ist dieses herausragende Bauwerk die längste Kanalbrücke der Welt.

Das Besondere am Mittellandkanal und seiner an Kulturwerken reichen Landschaft ist, dass der künstliche Wasserweg sich gerade über einen langen Zeitraum mit seinen vielen Baumaßnahmen den Erfordernissen der Zeit anpassen musste. Wie schon zu seiner Planungszeit bestimmten auch in den nachfolgenden Jahrzehnten hauptsächlich wirtschaftliche Überlegungen die notwendigen Veränderungen innerhalb der Kanallandschaft. Über die Jahrzehnte gesehen war und ist der Kanal mit seinen heute noch verbliebenen historischen ebenso wie mit den zeitgenössischen Kunst- und Verkehrsbauten ein eindrucksvolles Zeitzeugnis der Ingenieurs- und Wasserbaukunst.

Literatur

Emil Abshoff, Der »Mittellandkanal« in seiner selbstständigen Bedeutung, Hannover 1901.

Emil Abshoff, Der »Kanal«, Münster i. W. 1905.

Reichsverkehrsministerium, Der Mittellandkanal, Berlin 1938.

Nadja Wischmeyer, Der Mittellandkanal. Landschaft – kultivierte Landschaft – Kulturlandschaft, Hannover 2019.

Göttinger Nobelpreisträger

Von Holger Berwinkel

Abb. 1: Nobelpreisträger-Rondell auf dem Göttinger Stadtfriedhof.

Stockholm, 10. Dezember 2014: Wie in jedem Jahr werden am Todestag Alfred Nobels die von ihm gestifteten Preise verliehen. Im Konzerthaus erhalten die Laureaten, d.h. Preisträger, der Physik, Chemie, Medizin, Literatur und Wirtschaftswissenschaft die Auszeichnung aus der Hand des schwedischen Königs, im Stadthaus schließt sich das Festbankett an. Einer der drei Laureaten für Chemie dieses Jahres ist Stefan W. Hell vom Max-Planck-Institut für biophysikalische Chemie in Göttingen. Er erhält die Auszeichnung für die Entwicklung der STED-Mikroskopie, die es erlaubt, die Auflösungsgrenze der Wellenlänge des Lichts zu unterschreiten und in lebenden Zellen biologische Prozesse auf molekularer Ebene zu beobachten. Vorerst ist Hell der letzte Preisträger aus einer europäischen Stadt, die nach Stockholm wie wenige andere mit dem Nobelpreis verbunden wird.

Hells Göttinger Wirkungsstätte ist ein Zweckbau der 1970er Jahre am Faßberg im Norden der Stadt. Das Institut lebt in Symbiose mit den naturwissenschaftlichen Fakultäten der Georg-August-Universität, die sich auf der anderen Seite des Berges weit ausbreiten. Die Innenstadt erreicht man von hier auf Hauptstraßen, die nach den Nobelpreisträgern Otto Hahn und Robert Koch benannt sind. Wer den ruhigeren Weg durch das Ostviertel vorzieht, kann den Spuren der Laureaten durch die typischen Göttinger Gedenktafeln an den alten Professorenvillen folgen. In der Merkelstraße, »Straße der Quantenphysik« genannt, haben Max Planck, James Franck und Werner Heisenberg gewohnt. Ist die Innenstadt umrundet, erreicht man die wuchtigen Ziegelsteinbauten der alten Physikalischen Institute in der Bunsenstraße und damit den zentralen Erinnerungsort im wortwörtlichen Sinne des »Nobelpreiswunders« der 1920er Jahre. Der Rundgang endet jenseits der Leine auf dem Stadtfriedhof, wo neun Laureaten bestattet sind. Seit 2006 erinnert daran das Nobelpreisträger-Rondell: Jede Persönlichkeit wird mit einer Stele geehrt, die im Ring um einen Obelisken mit dem Bild Nobels stehen.

Vor den Ehrengräbern Max Plancks und Otto Hahns stellt sich aber die Frage, wer »die« Nobelpreisträger, die die Stadt Göttingen in das kollektive Gedächtnis eingeschrieben hat, eigentlich waren. Planck verbrachte hier nur seine zwei letzten Lebensjahre. Würde man alle Laureaten mitzählen, die in der Stadt studiert oder kurzzeitig gearbeitet haben, käme man auf weit über 40. Eine Liste, die sich sinnvoll auf den besonderen Erinnerungsort bezieht, muss auf die 14 beschränkt bleiben, deren prämierte wissenschaftliche Leistungen in Göttingen entstanden sind.

Aus dieser Reihe sticht eine Häufung zwischen 1919 und 1932 ins Auge. Wenn von den Göttinger Nobelpreisträgern die Rede ist, geht es häufig zuerst um dieses beispiellose »Nobelpreiswunder«; um eine Serie von Durchbrüchen in der gerade entstehenden Quantenphysik; um ein bereicherndes akademisches Umfeld; schließlich um eine Wissenschaftspolitik, die dies mit langem Atem ermöglicht hat.

Das preußische Kultusministerium bildete, nicht zuletzt aus Kostengründen, an den einzelnen Universitäten fachliche Schwerpunkte. Die Georg-August-Universität in Göttingen, preußisch seit 1866, hatte sich mit Gelehrten wie Carl Friedrich Gauß, Georg Christoph Lichtenberg und Friedrich Wöhler eine Reputation in Mathematik und Naturwissenschaften schon lange erworben und wurde nun zum Zentrum für diese Fächer ausgebaut. Als treibende Kraft wirkte der 1886 berufene Mathematiker Felix Klein, der in Göttingen das Zeitalter der interdisziplinären Großforschung einleitete. Er förderte die Einrichtung innovativer Fächer wie Physikalische Chemie, lenkte die Berufungen und akquirierte Drittmittel aus der Industrie, wo der Staatshaushalt für nötige Investitionen nicht aufkam. Dieser Aufschwung kam zunächst der Mathematik und Chemie zugute; die Physik blieb hinter ihren Möglichkeiten zurück.

Jahr	*Preis*	*Laureat(en)*	*Prämierte Forschungen*
1910	Chemie	Otto Wallach (1847-1931)	Terpine (Riechstoff-Industrie)
1919	Physik	Johannes Stark (1874-1957)	Kanalstrahlen, »Stark-Effekt«
1920	Chemie	Walther Nernst (1864-1941)	Thermodynamik
1925	Physik	James Franck (1882-1964)	Atomare Stoßprozesse
1925	Chemie	Richard Zsigmondy (1865-1929)	Kolloid-Chemie
1928	Chemie	Adolf Windaus (1876-1959)	Sterine (Cholesterin), Vitamine
1932	Physik	Werner Heisenberg (1901-1976)	Quantenmechanik
1936	Chemie	Peter Debye (1884-1966)	Molekularstrukturen
1939	Chemie	Adolf Butenandt (1903-1995)	Sexualhormone
1954	Physik	Max Born (1882-1970)	Quantenmechanik
1967	Chemie	Manfred Eigen (1927-2019)	Extrem schnelle Reaktionen
1991	Medizin	Erwin Neher (*1944) und Bert Sakmann (*1942)	Ionenkanäle in Zellhüllen
2014	Chemie	Stefan W. Hell (*1962)	Fluoreszenz-Mikroskopie

Otto Wallach, der erste Göttinger Laureat, hatte noch bei Wöhler studiert. Auch Richard Zsigmondy, Adolf Windaus und Adolf Butenandt gewannen ihre Nobelpreise in der Forschungstradition der Göttinger organischen und anorganischen Chemie. Die wissenschaftliche und auch gesellschaftliche Bedeutung ihrer Leistungen steht außer Frage; man denke nur an Butenandts Isolierung der Sexualhormone.

Der entscheidende Schritt zum »Nobelpreiswunder« war aber die Neuausrichtung der Göttinger Physik auf eine stark mathematisch geprägte Theorie, die 1914 mit der Berufung Peter Debyes begann und 1920, als Max Born ihm nachfolgte, ein wissenschaftliches Erdbeben auslöste. Born erhielt den Nobelpreis seltsamerweise erst 22 Jahre nach seinem Assistenten Heisenberg, aber im Grunde für dieselbe Leistung, nämlich die Begründung der »Göttinger Quantenmechanik«, mit der Kleins Aufbauwerk seine Jahrhundertaufgabe gefunden hatte. In Borns Schule wurden um 1925 zentrale quantenphysikalische Konzepte formuliert, aber auch die prämierten Leistungen anderer Göttinger Laureaten verwiesen auf die Quantentheorie oder fanden in dieser ihre Begründung, ob es Francks Elektronenstöße auf Atome, Starks Doppler-Effekt, Debyes verschiedene Untersuchungen oder Nernsts Dritter Hauptsatz der Thermodynamik waren.

Diese Aufzählung von Leistungen ist freilich nur eine Seite des Erinnerungsortes. Die andere ist die akademische Kultur, in der diese möglich wurden. Es war eine offene, kollegiale und partizipative Kultur. Born hatte hier den Ton gesetzt, indem er in den Berufungsverhandlungen auf die ihm zustehende Institutsleitung verzichtete und so die Berufung von Franck ermöglichte, den er sich als Kollegen in Göttingen wünschte. Born, Franck und Robert Wichard Pohl waren von 1921 bis 1933 das Dreigestirn der Göttinger Physik. Dass sich die Schülerinnen und Schüler nach ihren Professoren »Bornierte«, »Franckierte« und »Pohlierte« nannten, gibt einen Eindruck von der Atmosphäre. Borns Assistent Friedrich Hund erinnerte sich so daran:

> *Das Leben der Göttinger Physiker bestand nicht nur aus Wissenschaft. [...] Es gab die Institutsfeste mit ihren Scherzen; so wurde einmal Francks Elektronenstoß-Versuch mit altmodischem riesenhaftem Voltmeter und Ampèremeter [...] vorgeführt. Ein anderes Mal wurde N. Bohr von einem echt aussehenden Polizisten verhaftet wegen ›Entführung Minderjähriger‹; er hatte gerade Heisenberg nach Kopenhagen gelockt. Als Hertha Sponer einer Einladung nach Amerika folgend abreiste, wurde sie mit einem damals noch völlig ungewöhnlichen Riesenomnibus zur Bahn gebracht, von allen mit Hilfe von Francks Töchtern aufgebrachten Schülerinnen des Mädchengymnasiums und von allen Institutsangehörigen begleitet [...]; tags danach stand alles so in der Zeitung, wie es die Veranlasser ihr als Text geschickt hatten.*[1]

In diesem Klima konnte ein 21-jähriger Student namens Heisenberg es wagen, den zum Gastvortrag angereisten Niels Bohr, die Koryphäe der Atomphysik, zu intensiven Diskussionen herauszufordern. Nachdem Born die Göttinger Ansätze auf einer Vortragsreise durch die USA verbreitet hatte, pilgerte ein buntes internationales Publikum zum Studium nach Göttingen, z.B. Robert Oppenheimer. Auch Frauen konnten sich nun wissenschaftlich etablieren. Ein Kulturkampf um die Habilitation von Frauen hat zu den Gründen gehört, aus denen sich Mathematik und Naturwissenschaften 1921 von den Geisteswissenschaften trennten, in denen es reaktionäre Strömungen gab, und eine eigene Fakultät bildeten. Borns Schülerin Maria Goeppert-Mayer erhielt 1963 als Professorin an der Universität Chicago selbst den Nobelpreis. Die Institutsgebäude mussten fortlaufend erweitert werden,

Abb. 2: Professoren der Mathematisch-Naturwissenschaftlichen Fakultät vor dem Altbau des Physikalischen Instituts, ca. 1924. In der hinteren Reihe Born (1. v. l.), in der mittleren Reihe Franck (1. v. l.), und Windaus (1. v. r.), sitzend Wallach (3 v. l.) und, zwei Plätze weiter, Zsigmondy.

um mit dem personellen und wissenschaftlichem Wachstum Schritt zu halten. Selbst die amerikanische Rockefeller-Stiftung beteiligte sich an der Finanzierung, wie schon an der des benachbarten Mathematischen Instituts. Alfred Nobel hat zwar keinen Nobelpreis für Mathematik gestiftet, dennoch ist die Göttinger Mathematik, vor allem der im Hintergrund wichtige Modelle entwickelnde David Hilbert, aus dem »Nobelpreiswunder« nicht wegzudenken.

Nur ein Nachtleben fehlte diesem Paradies, weshalb der spätere Physik-Nobelpreisträger Wolfgang Pauli nach kurzer Assistenz bei Born Göttingen verlassen haben soll.

Born und Franck waren jüdische Wissenschaftler. Born wurde mit anderen Lehrenden schon im April 1933 zwangsweise beurlaubt und emigrierte schließlich nach Großbritannien. Franck hätte zunächst weiter lehren können, trat jedoch von seiner Professur aus Solidarität zurück und ging in die USA. Das besondere Göttinger Umfeld brach zusammen. Welche Entdeckungen hätte etwa Hertha Sponer, die erste Physik-Professorin, hier noch machen können, wäre sie nicht wegen ihres Geschlechts hinausgedrängt worden? Der Nationalsozialismus hat das »Nobelpreiswunder« nicht nur akademisch liquidiert, sondern sich auch bemüht, es aus dem kollektiven Gedächtnis zu tilgen. Die Universität distanzierte sich von ihrem Weltruhm, indem sie die missliebig gewordenen Nobelpreisträger konsequent verschwieg, als sie 1937 ihr 200. Jubiläum feierte. Die »Göttinger Quantenmechanik« wurde von einer »Deutschen Physik« als »jüdisch« verworfen – auch Johannes Stark scheute sich nicht, Heisenberg deswegen politisch anzugreifen.

Es ist den Nazis nicht gelungen, den Erinnerungsort der kreativen und kosmopolitischen Exzellenz Göttingens zu tilgen. Nicht nur, dass Born und Franck 1953 Ehrenbürger der Stadt wurden. Als 1957 in der »Göttinger Erklärung« 18 Naturwissenschaftler vor einer atomaren Bewaffnung der Bundeswehr warnten, erhielt dieser Appell seine durchschlagende Wirkung in der Öffentlichkeit auch vom Nimbus der Göttinger Nobelpreisträger.

Neben Born und Heisenberg hatten Otto Hahn und Max von Laue unterzeichnet – zwei Laureaten, die mit der Max-Planck-Gesellschaft seit 1945 von Berlin nach Göttingen zugewandert waren. Nach dem geistigen Kahlschlag der NS-Zeit hatte die Etablierung von Max-Planck-Instituten entscheidenden Anteil an der Konsolidierung der Göttinger Naturwissenschaften. Eine zentrale Rolle spielte das Max-Planck-Institut für physikalische Chemie, dessen fachübergreifende Ausrichtung das Konzept Felix Kleins spiegelt. Sie wurde 1971 nochmals erweitert zu biophysikalischer Chemie. Alle vier Göttinger Laureaten aus jüngerer Zeit waren oder sind an diesem Institut tätig, das eingebettet ist in die enge Zusammenarbeit zwischen den Max-Planck-Instituten, der Universität und weiteren Forschungseinrichtungen, die als »Göttingen Campus« heute ein Markenzeichen im wissenschaftlichen Wettbewerb ist. Wenn ausländische Gäste die Atmosphäre des kollegialen Miteinanders und der kurzen Wege auf diesem Campus als »The Göttingen Spirit« loben, schwingt darin auch der Erinnerungsort der Göttinger Nobelpreisträger mit – ein Ort, der immer neu erinnert wird, wenn an einem 10. Dezember eine Person aus Göttingen vor den schwedischen König tritt.

Anmerkungen

1 Friedrich Hund, Die Geschichte der Göttinger Physik, Göttingen 1987, S. 69.

Literatur

Elmar Mittler/Fritz Paul (Hrsg.), Das Göttinger Nobelpreiswunder: 100 Jahre Nobelpreis. Vortragsband, Göttingen 2004.

Elmar Mittler/Monique Zimon (Hrsg.), Das Göttinger Nobelpreiswunder: 100 Jahre Nobelpreis. Ausstellungskatalog, Göttingen ²2002.

Nicolaas A. Rupke (Hrsg.), Göttingen and the Development of the Natural Sciences, Göttingen 2002.

Das Neue Rathaus von Hannover

Von Cornelia Regin

Abb. 1: Festakt zur Gründung des Landes Hannover am 23. August 1946 in der Kuppelhalle des Neuen Rathauses, Ansprache von General Sir Brian Robertson vor dem Ernannten Hannoverschen Landtag.

Das Neue Rathaus ist heute das Wahrzeichen Hannovers und ein Besuchermagnet. Das im Jahr 1913 fertiggestellte monumentale Bauwerk schmückt viele Souvenirs und wird gerne als Kulisse benutzt, wenn überregional aus der niedersächsischen Landeshauptstadt berichtet wird. Seit mehr als 100 Jahren ist das Rathaus politisches und administratives Zentrum der Kommune und stellt andere Bauten von administrativ oder politisch höherer Bedeutung wie den Niedersächsischen Landtag im ehemaligen Leineschloss in den Schatten.

In seinen ausladenden Dimensionen kann das hannoversche mit den Rathäusern weitaus größerer Städte konkurrieren, die im Deutschen Kaiserreich in großer Zahl neu gebaut wurden. Einzigartig ist seine Kuppel. Sie betont den Charakter des Gebäudes als kommunaler Parlamentsbau und übertrifft in ihrer Höhe selbst die Kuppel des 1892 fertiggestellten Reichstagsgebäudes. Zwischen 10 und 11 Millionen Reichsmark, fast doppelt so viel wie veranschlagt, betrugen die Baukosten. Wie genau die gewaltige Summe aufgebracht wurde, lässt sich heute wie damals nicht nachvollziehen. Die (kommunalpolitisch damals ohnmächtigen) hannoverschen Sozialdemokraten bezeichneten den teuren Neubau als *Ausgeburt eines nie dagewesenen kommunalen Größenwahns*.

Ab 1901 auf einem Fundament von über 6.000 Buchenpfählen im sumpfigen Untergrund der Leinemasch errichtet (→ *Maschsee*), wendet das Rathaus seine Hauptfassade dem Stadtzentrum im Norden zu. Die Freitreppe an seiner Südseite führt in den angrenzenden Maschpark samt Maschteich – eine Anlage, die den schlossartigen Charakter des Bauwerks unterstreicht. Die reich verzierten historistischen Fassaden mit zahlreichen Motiven aus der Stadtgeschichte sind im Stil der Neorenaissance gehalten. Die beherrschende Treppe in der Halle, die Foyers und einige noch erhalten gebliebene Festsäle im ersten Stock sind im Jugendstil gestaltet und suchen Anschluss an die damalige Moderne. Modern, ja auf viele Zeitgenossen provokativ wirkte das großformatige Wandgemälde von Ferdinand Hodler, das expressiv das Bekenntnis der Hannoveraner zur Reformation zeigt und den ehemaligen Sitzungssaal der städtischen Kollegien (Hodlersaal) prägt.

Den Zweiten Weltkrieg überstand das Gebäude, von Beschädigungen der Kuppel und vom Verlust einiger besonders aufwändig dekorierter Festsäle abgesehen, weitgehend unbeschadet. Schon bei seiner Fertigstellung war das Bauwerk nicht auf ungeteilte Begeisterung gestoßen und von Kritikern als geschmacklos bewertet worden. Nach Kriegsende war das pompöse Monument einer untergegangenen Epoche der neuen Architektengeneration, die den Historismus verabscheute, ein Dorn im Auge. Die zerstörten Räume wurden im betont nüchternen Stil der frühen Bundesrepublik wiederhergestellt. Der heutige Ratssaal etwa verzichtet auf fast jeden Schmuck.

In der Tat war das neue Rathaus das Werk einer kleinen politischen Elite. Nur 11.348 Männer von rund 300.000 Einwohnern Hannovers besaßen das Wahlrecht für die Bürgervertretung, und auch deren Einflussmöglichkeiten waren im Wesentlichen auf Haushaltsfragen begrenzt. Die wahre Macht lag beim Magistrat und mehr noch bei dem auf Lebenszeit gewählten Stadtdirektor. Dieses Amt hatte seit 1891 Heinrich Tramm inne. Er regierte in autokratischer Manier und war der eigentliche *spiritus rector* dieses kommunalen Prachtbaus. Der fähige und durchsetzungsstarke Verwaltungsfachmann hatte erheblichen Anteil an Hannovers Aufstieg zu einer wirtschaftlich sehr erfolgreichen und infrastrukturell gut aufgestellten Großstadt im Deutschen Kaiserreich. Sohn eines Hofbaumeisters und selbst kunstinteressiert, drückte Tramm diesem Gebäude, zum Teil auch gestalterisch, seinen Stempel auf. Mit seinem Kommunalpalast wollte er dem Erfolg der Stadt und nicht zuletzt sich selbst ein Denkmal setzen. Es war also konsequent, dass der Platz vor dem Neuen Rathaus 1917 den Namen

Abb. 2: Ausschnitt aus dem Hannover-Advents-kalender 2017.

des ein Jahr zuvor zum Ehrenbürger ernannten Stadtoberhaupts erhielt und ihn bis heute trägt.

Der Bau war zugleich ein politisches Statement der tonangebenden Kreise der Stadt. In der Ausstattung der repräsentativen Halle des Rathauses zeigt sich deutlich die nationalliberale Haltung. Eine Büste huldigt dem preußischen Staatsmann und Geburtshelfer des Deutschen Kaiserreichs Otto von Bismarck, zwei überdimensionale Statuen Wilhelms I. und Wilhelms II. flankierten die Treppe. Beide Statuen sind nicht mehr vorhanden, und es fehlt die ebenfalls ursprünglich in der Halle platzierte Büste Tramms. Das Preußen 1866 unterlegene welfische Königreich ist mit Vertretern des alten Herrscherhauses im Bauschmuck ebenfalls präsent, allerdings weniger prominent an der stadtabgewandten Südfassade.

Mit der Novemberrevolution verloren die etablierten Kräfte auch im hannoverschen Rathaus ihre Macht. Die Sozialdemokraten gewannen in den ersten demokratischen Kommunalwahlen 1919 die meisten Mandate und stellten mit Robert Leinert den Oberbürgermeister. Auch fünf weibliche Abgeordnete verschiedener Listen zogen erstmals in die Bürgervertretung ein. Die Sozialdemokraten konnten prägende Reformen in der kommunalen Wohlfahrtspflege verwirklichen und setzten mit der Eingemeindung der Nachbarstadt Linden 1920 einen überfälligen Schritt zur Stadterweiterung um. Aber die konservativen Kräfte, mit dem als Kommunalpolitiker ins Rathaus zurückgekehrten Heinrich Tramm in vorderster Front, wollten sich mit den neuen Verhältnissen nicht abfinden. Das Rathaus war in der Weimarer Republik Ort erbittert ausgetragener und unversöhnlicher Debatten zwischen den demokratisch-republikanisch orientierten Kräften der Weimarer Koalition und ihren Gegnern. Schon bei den Kommunalwahlen von 1924 mussten die Sozialdemokraten erhebliche Verluste hinnehmen. Zermürbt von Diffamierungskampagnen des rechten Lagers gab Leinert 1924 sein Amt vorzeitig auf. Die Konservativen wählten 1925 den Deutsch-Nationalen Arthur Menge zum Oberbürgermeister. Erst 1937 wurde er durch ein Parteimitglied der NSDAP, Henricus Haltenhoff, ersetzt, dem ab 1942 zwei Staatskommissare folgten. Der gewählte Rat wurde schon 1933 gleichgeschaltet und entmachtet, seit 1934 war er nur noch ein Gremium mit rein repräsentativen Funktionen. Die Bürokratie passte sich dem nationalsozialistischen Regime an, folgte seinen Direktiven und setzte auch im Rathaus Kriegsgefangene und Zwangsarbeiterinnen ein.

Nach dem verlorenen Krieg stellte die britische Besatzungsmacht wieder demokratische Verhältnisse her und bemühte sich um eine Entnazifizierung des Verwaltungsapparats. Am 29. Januar 1946 begrüßte der britische Kommandeur des Regierungsbezirks Hannover, Colonel Hume, im Hodlersaal den von der Militärregierung ernannten Rat und ermutigte die Hannoveraner zum politischen Neubeginn und Wiederaufbau der zerstörten Stadt. Seit den ersten Kommunalwahlen im Oktober 1946 regierte im hannoverschen Rathaus 40 Jahre lang mit absoluter Mehrheit die SPD. Sie stellte bis 2019 stets den Oberbürgermeister. 1972 zog Herbert Schmalstieg in das Büro des Stadtoberhauptes ein und übernahm nach der Abschaffung der kommunalen Doppelspitze neben seinen repräsentativen Pflichten bis 2006 auch die Verwaltungsleitung. Dem dienstältesten Oberbürgermeister einer deutschen Großstadt folgte Stephan Weil, seit 1997 Stadtkämmerer und seit 2013 niedersächsischer Ministerpräsident. Im

Rat allerdings waren die Sozialdemokraten seit 1986 auf die Unterstützung der Grünen (GABL) angewiesen, und seit 1989 stellen die Grünen auch einen Dezernenten. Seit 2016 unterstützt die FDP das geschwächte Bündnis von Rot-Grün und sorgt für Mehrheiten im Rat.

2017 wurde Hannover von einem Vorgang erschüttert, der als sog. »Rathausaffäre« bundesweit für Schlagzeilen sorgte. Dabei ging es nicht allein um rechtswidrig gezahlte Zulagen im engsten Umfeld des 2013 zum Oberbürgermeister gewählten Sozialdemokraten Stefan Schostok. Hinweise auf mögliche weitere Unregelmäßigkeiten führten zu einer öffentlichen Debatte, die über den engen Kreis der von der Staatsanwaltschaft Angeklagten hinausführte und unter dem Schlagwort »Filz« kritische Fragen zu den Strukturen in der seit Kriegsende ununterbrochen mehrheitlich von der SPD kontrollierten Stadtverwaltung aufwarf. Im November 2019 wählten die Hannoveraner mit Belit Onay erstmals einen Grünen zum Oberbürgermeister.

Das Neue Rathaus war nicht zuletzt als Ort der Selbstdarstellung der Kommune und ihrer politischen Elite angelegt. Im Sommer 1913 wurde die Einweihung mit Kaiserbesuch, Festessen und einer Sport- und Festwoche triumphal in Szene gesetzt. In der Weimarer Republik kehrten Ernüchterung und Sparsamkeit ein. Die Nationalsozialisten entdeckten das Rathaus als ideale Kulisse politischer Inszenierung. Sie dekorierten den Bau mit Hakenkreuzfahnen und nutzten den Trammplatz eifrig für Aufmärsche und Heldenverehrung. Am 9. Mai 1945, dem Tag der Kapitulation der deutschen Wehrmacht, wurden hier die Flaggen der Westalliierten aufgezogen und demonstrierten den Umbruch. Am 23. August 1946 eröffnete der stellvertretende Militärgouverneur der britischen Zone, General Sir Brian Robertson, in der Kuppelhalle feierlich die erste Sitzung des Ernannten Hannoverschen Landtags und verkündete die Gründung des Landes Hannover. Alle 13 Sitzungen des provisorischen niedersächsischen Landtags fanden im Rathaus statt.

Seit den 1950er Jahren nutzt die demokratisch gewählte Stadtspitze ihr Domizil zu repräsentativen Zwecken. Prominente Gäste, darunter zahlreiche Staatsoberhäupter, die Hannover vor allem zu Messezeiten besuchen, tragen sich hier ins Goldene Buch der Stadt ein. Erfolgreiche Hannoveraner wie die Mannschaft von Hannover 96 (Fußball-Pokalsieger im Jahr 1992) oder die Gewinnerin des Eurovision Song Contest 2010, Lena Meyer-Landrut, werden empfangen und von den Einheimischen gefeiert.

Für das Publikum hat sich das Rathaus in den letzten Jahrzehnten immer weiter geöffnet. Das war von seinen Erbauern nicht so gedacht. Interessierte mussten ursprünglich Eintritt zahlen, um die Kuppelhalle zu sehen. Erst in den 1960er Jahren wurde die dicke Kordel entfernt, die ein Betreten der großen Treppe und der Galerien verhinderte. Vor allem die vier Stadtmodelle in der Rathaushalle, die Hannover im Jahr 1689, vor und nach seiner Zerstörung 1939 bzw. 1945 und in seiner jeweils aktuellen Gestalt zeigen, ziehen seither viele Besucher an und fügen sich bestens in den Bau ein, der sich selbst wie ein Geschichtsbuch lesen lässt.

Das Neue Rathaus ist inzwischen ein lebendiger Ort hannoverscher Festkultur: Alljährlich startet hier das überregional ausstrahlende Schützenfest, am Rosenmontag erobern die Lindener Narren das kommunale Machtzentrum, zu Himmelfahrt lockt der Jazz Club zu Swinging Hannover auf den Trammplatz. Verwaltung und Oberbürgermeister laden zu Tagen der offenen Tür, zum Neujahrsempfang oder anderen Veranstaltungen ein. Halle, Treppe und Galerien fungieren inzwischen als beliebte Kulissen für Erinnerungsfotos von Hochzeitspaaren und Touristen. Heute gehört das Rathaus tatsächlich allen Hannoveranern, wie es schon in den 1920er Jahren ein berühmter Sohn der Stadt, Kurt Schwitters, in seinem Gedicht *Hannover* postulierte.

Mit seinem Bauschmuck, der Bildergalerie der Stadtoberhäupter, verschiedenen Gedenktafeln und als Schauplatz bedeutender Ereignisse und Prozesse der Geschichte Hannovers im 20. Jahrhundert ist das Neue Rathaus ein zentraler Ort vielschichtiger Erinnerungen und lädt die Stadtgesellschaft immer wieder aufs Neue zur Reflexion ein.

Literatur

Cornelia Regin (Hrsg.), Pracht und Macht. Festschrift zum 100. Geburtstag des Neuen Rathauses in Hannover, Hannover 2013.

Wolfgang Steinweg, Das Rathaus in Hannover. Von der Kaiserzeit bis in die Gegenwart, Hannover 1985.

Abb. 1:
Das Volksfreundhausgebäude 1914.

Das »Rote Schloß« in Braunschweig

Von Hans-Ulrich Ludewig

Die Apriltage 1914 waren für die Braunschweiger Arbeiterbewegung besondere Tage: Sie bezog ihr neues Heim. Auf dem Grundstück Schloßstraße/Ecke Oelschlägern war 1913 in einem ausgesprochenen Arbeiterviertel unter Leitung des Architekten Karl Munte mit dem Neubau begonnen worden. Im April 1914 hielten hier die Druckerei, die Geschäftsleitung, die Redaktion und die Expedition des *Volksfreund*, eine der ältesten Zeitungen in der deutschen Arbeiterbewegung, ihren Einzug. In dem Gebäude fanden darüber hinaus die Büros der SPD und sämtlicher Gewerkschaften, das Arbeitersekretariat, ein Laden des Konsumvereins sowie das Jugendheim und einige Wohnungen ihren Platz. Das »Rote Schloß«, wie das Volksfreundhaus sogleich genannt wurde, lag in Sichtweite zum Welfenschloss (→ *Braunschweiger Schloss*) und zu den großbürgerlichen Villen am Löwenwall.

Die Braunschweiger Sozialdemokratie gehörte zu den frühesten sozialdemokratischen Parteiorganisationen in Deutschland; sie gewann unter Wilhelm Bracke überregionale Bedeutung. Seit dem Ende des Sozialistengesetzes 1890 hatte sich im Herzogtum, vor allem in der Stadt Braunschweig, infolge der raschen Industrialisierung eine klassenbewusste, in vielen und erfolgreichen Streikbewegungen kampferprobte Arbeiterschaft entwickelt. Bei den Reichstagswahlen 1912 erzielte die SPD im Herzogtum 48% der Stimmen, in der Stadt Braunschweig waren es 61%. Im Land Braunschweig selbst sah sich die Partei mit einem politischen System konfrontiert, das ihr keinerlei politische Mitwirkung ermöglichte. Denn das Wahlrecht für den Braunschweiger Landtag, ein verschärftes Dreiklassenwahlrecht, verhinderte bis Kriegsende den Einzug eines Sozialdemokraten in den Landtag. Seit der Jahrhundertwende stand der Kampf gegen dieses rückständige Braunschweiger Landtagswahlrecht im Mittelpunkt sozialdemokratischer Politik. Zehntausende gingen auf die Straße, um für das gleiche Wahlrecht zu demonstrieren. Doch der Landtag lehnte eine Wahlreform ab, allen voran die ländlichen Abgeordneten, aber auch die liberalen Vertreter des Bürgertums. Der Reformunwille der herrschenden Kreise trug entscheidend zur Politisierung und Radikalisierung der Braunschweiger Arbeiterschaft bei. Staat und Bürgertum auf der einen, die Arbeiterbewegung auf der anderen Seite standen sich in gespannter Ruhe gegenüber. In dieser Situation war der prachtvolle rote Klinkerbau des Volksfreundhauses eine Stein gewordene Machtdemonstration.

Nur wenige Monate konnten die Menschen im Volksfreundhaus ihrer Arbeit nachgehen. Seit 1. August war Krieg in Europa. Nach anfänglicher Zustimmung zur Haltung der Reichsregierung kam nach wenigen Monaten aus dem »Roten Schloß« heftige Kritik an der Politik des Burgfriedens. Die Braunschweiger SPD entwickelte sich zu einer Hochburg der Opposition innerhalb der SPD. Als sich die SPD auf Reichsebene schließlich 1917 spaltete, ging in Braunschweig der ganz überwiegende Teil der Mitglieder zur neu gegründeten Unabhängigen Sozialdemokratie (USPD).

Im Frühjahr 1917 rückte bei dieser innerparteilichen Auseinandersetzung in Braunschweig das Volksfreundhaus in den Mittelpunkt. Die Geschäftsführung der Zeitung stand mehrheitlich auf Seiten der MSPD. Sie entließ Ende März 1917 die Mitarbeiter, die der Opposition nahestanden: unter ihnen Sepp Oerter, August Merges, August Wesemeier. Diese besetzten mit Gesinnungsgenossen das »Rote Schloß« und verwehrten der neuen MSPD-nahen Redaktion den Zutritt. Nur per einstweiliger gerichtlicher Verfügung und mit polizeilicher Unterstützung konnte die Opposition zum Verlassen des Volksfreundgebäudes gezwungen werden. Das Parteiblatt war jetzt in der Hand der MSPD. Die Opposition sprach vom *Volksfreund-Raub*. Zeitungsträger weigerten sich, den neuen *Volksfreund* auszutragen,

Anteilsscheine wurden zurückgegeben, die Gewerkschaften, mehrheitlich der Opposition nahestehend, verließen das Gebäude, die Auflage ging dramatisch zurück. Die USPD wich auf das *Hallesche Volksblatt* aus, das mit einer Sonderseite für Braunschweig erschien. Nichts hat die Gräben zwischen den beiden feindlichen Brüdern so vertieft wie der Konflikt um den *Volksfreund*.

Am Morgen des 8. November 1918 versammelte sich vor dem Volksfreundgebäude eine große Menschenmenge. Vom Balkon des Eckhauses am Oelschlägern hielt August Merges, prominenter Führer der Braunschweiger Arbeiterbewegung und dem Spartakusbund nahestehend, eine zündende Ansprache. Die Parteilinke habe sich den *Volksfreund* zurückgeholt. Zuvor hatten radikale Arbeiter das Gebäude besetzt. Wenige Stunden später zwang eine Delegation des Arbeiter- und Soldatenrates den Herzog zur Abdankung. Auf dem Welfenschloss, hundert Meter vom »Roten Schloß« entfernt, wehte die rote Fahne.

In den folgenden Monaten wurde der im »Roten Schloß« redigierte *Volksfreund* Sprachrohr der Linken in der USPD und des Spartakusbundes. Er begrüßte die Ausrufung der eintägigen Räterepublik Ende Februar 1919 und unterstützte mit leidenschaftlichen Artikeln den Generalstreik im April. Den Einmarsch des Freikorps von Generalmajor Georg Maercker am 17. April, der die Revolution in Braunschweig beendete, kommentierte der *Volksfreund* voller Resignation.

Im September 1919 erhielt die MSPD per Gerichtsbeschluss den *Volksfreund* und das Gebäude wieder zurück. Es gab erneut Proteste, sodass eine Woche lang zunächst ein Trupp Reichswehr, dann eine Einwohnerwehreinheit in das Gebäude gelegt werden musste. Die USPD gründete eine eigene Zeitung, die *Freiheit*, die eine höhere Auflage hatte als der *Volksfreund*. Nach der Vereinigung von MSPD und USPD 1922 gab es dann nur noch den *Volksfreund*. Aus dem Gebäude in der Schloßstraße 8 heraus berichtete er Tag für Tag über das politische Geschehen im Freistaat und in der ganzen Republik; über den Kapp-Putsch, die Attentate auf Erzberger und Rathenau, den Hitler-Putsch, die sozialen Verwerfungen der Inflationszeit. Er bezog scharfe Opposition gegen die seit 1924 amtierende bürgerliche Landesregierung. Er begleitete journalistisch die Jahre der sozialdemokratischen Alleinregierung von 1927-1930 unter Ministerpräsident Heinrich Jasper. Schockiert wurden im »Roten Schloß« im September 1930 die nationalsozialistischen Wahlerfolge im Reich und im Land Braunschweig zur Kenntnis genommen. Um jeden Preis wollten die bürgerlichen Parteien in Braunschweig eine weitere sozialdemokratische Regierung verhindern. Der Preis war ihr Regierungsbündnis mit der NSDAP. Scharfe Angriffe gegen deren Politik, gegen immer dreister auftretende Nationalsozialisten kamen jetzt aus dem Volksfreundhaus. Der nationalsozialistische Innenminister Klagges verbot mehrfach den *Volksfreund*. Es war der Volksfreund-Redakteur Otto Thielemann, der die NS-Parteibonzen mit seinen Kommentaren bis aufs Blut reizte. Er bezahlte sein Engagement später mit dem Leben.

Bereits in den ersten Tagen nach dem 30. Januar 1933 verschärfte sich in Braunschweig wie überall im Reich das Vorgehen gegen die Arbeiterorganisationen. Die Braunschweiger Regierung erließ Versammlungs- und Zeitungsverbote, es kam zu Hausdurchsuchungen und ersten Verhaftungen. Nach dem Reichstagsbrand am 27. Februar erreichten die Verfolgungsmaßnahmen eine neue Dimension. Trotz der massiven Einschüchterungsmaßnahmen erhielten im Land Braunschweig die Arbeiterparteien KPD und SPD bei den Reichstagswahlen am 5. März 1933 fast 40% der Stimmen, in der Landeshauptstadt lag ihr Ergebnis sogar über dem der NSDAP. Doch die Wahlergebnisse waren inzwischen bedeutungslos geworden.

Nach den Wahlen eskalierte die Gewaltanwendung. Der *Volksfreund* wurde verboten. Am 9. März stürmte ein SS-Trupp das Volksfreundhaus. Die Männer demolierten das Mobiliar, verbrannten Druckschriften und Akten auf dem »Ackerhof« – tagelang brannte das Feuer auf dem Platz vor dem »Roten Schloß« –, die erste Bücherverbrennung in Braunschweig. Die SS-Leute misshandelten wahllos die im Haus befindlichen Menschen und erschossen den Kaufmann Hans Saile. Leiter der Aktion vor Ort war der SS-Führer Friedrich Alpers, der wenige Wochen später Braunschweiger Justizminister wurde. Die Besetzung des »Roten Schloßes« war vom nationalsozialistischen Innenminister Dietrich Klagges angeordnet worden mit dem Ziel, die Strukturen von Partei und Gewerkschaften zu zerschlagen. Sie war Machtdemonstration und symbolische Politik zugleich.

In den folgenden Monaten diente das Volksfreundhaus der SS als Haftlokal und Folterstätte. Fast täglich schleppten SA- und SS-Männer Sozialdemokraten in das Haus. Heinrich Jasper wurde in das Volksfreundgebäude gebracht, unter demütigenden Verhöhnungen mit Schlagwerkzeugen schwer misshandelt; er verstarb nach Jahren der Verfolgung und Misshandlung im Februar 1945 im KZ Bergen-Belsen (→ *Bergen-Belsen*). Matthias Theisen, der Vorsitzende der Bauarbeitergewerkschaft, wurde im Volksfreundgebäude zu Tode geprügelt. Den sozialdemokratischen Oberbürgermeister Ernst Böhme verschleppten SS-Männer ebenfalls dorthin, schlugen ihn bewusstlos und trieben ihn später durch die belebten Straßen Braunschweigs ins Untersuchungsgefängnis Rennelberg. Fast sämtliche führenden Braunschweiger Sozialdemokraten wurden in den folgenden Tagen verhaftet und im Volksfreundhaus gefoltert. Nur wenige Meter vom Volksfreundhaus entfernt, auf dem Schlossplatz, strömten in diesen Wochen

Abb. 2: Bücherverbrennung auf dem Ackerhof am 9. März 1933.

immer wieder viele tausend Braunschweiger zusammen, um in Massenversammlungen Hitler und die NSDAP zu feiern.

Das Volksfreundhaus hieß seit Juli 1933 Gerhard-Landmann-Haus, benannt nach dem SS-Mann, den die eigenen Leute bei einer Razzia erschossen hatten und dessen Tod die Nationalsozialisten Anfang Juli 1933 zu furchtbaren Gewaltexzessen gegen die Linke nutzten.

Der Braunschweiger Staat eignete sich das Grundstück in der Schloßstraße und die Einrichtungsgenstände aufgrund des Reichsgesetzes vom 26. Mai 1933 über die Einziehung volks-und staatsfeindlichen Vermögens entschädigungslos an. In dem Gebäude wurde ab 1934 die *Braunschweigische Tageszeitung* gedruckt. Was mag sich ein Sozialdemokrat gedacht haben, als dieses Kampfblatt der NSDAP, das jahrelang gegen die Arbeiterbewegung gehetzt hatte, im Gebäude in der Schloßstraße 8 gedruckt wurde? Das Grundstück selbst verkaufte der Staat im September 1939 an den NS-Gauverlag Süd Hannover/Braunschweig, der sowohl die *Braunschweigische Tageszeitung* als auch die *Niedersächsische Zeitung* in Hannover herausgab. Bei dem schweren Bombenangriff auf Braunschweig im Oktober 1944 wurde das Gebäude Schloßstraße 8 schwer beschädigt.

Da als Besitzer der nationalsozialistische Gauverlag im Grundbuch stand, kam das Gebäude nach Kriegsende unter treuhänderische Verwaltung der britischen Militärregierung. 1947 wurde die *Volksfreund Druck- und Verlagsanstalt* als Rechtsnachfolgerin der Firma *Rieke und Co* gegründet. Sie stellte einen Rückerstattungsantrag beim Zentralamt für Vermögenskontrolle. Die *Druck- und Verlagsanstalt* mietete zunächst das Gebäude von der Treuhandstelle. Die gröbsten Schäden wurden beseitigt, dann das Haus mit Spenden der Parteimitglieder wieder aufgebaut. Nach einem längeren Verfahren wurde im Februar 1951 die Treuhandschaft beendet, das gesperrte Vermögen freigegeben und die *Volksfreund GmbH* als Besitzerin ins Grundbuch eingetragen.

Ab 1949 wurde im Gebäude wieder eine sozialdemokratische Tageszeitung gedruckt. Sie hieß nicht mehr *Volksfreund*, sondern *Braunschweiger Presse*; den überregionalen Teil bezog man von der größeren *Hannoverschen Presse*. Im Jahr 1972 stellte die *Braunschweiger Presse* ihr Erscheinen ein. Die Zeit der parteigebundenen Tageszeitungen war vorbei. Umfangreiche Renovierungsarbeiten fanden 1992/93 im Volksfreundhaus statt. Heute nutzen der SPD-Bezirk und der Unterbezirk derAB SPD nur noch Teile des Hauses. Eine Gedenktafel zur Erinnerung an die Vorgänge im März 1933 befindet sich an der Hauswand zum Ackerhof.

Auch das Residenzschloss wurde im Krieg schwer beschädigt. Während das »Rote Schloß« wieder aufgebaut wurde, beschloss 1960 die sozialdemokratische Mehrheit in der Stadtverordnetenversammlung den Abriss der Schlossruine. Der Entscheidung waren heftige Auseinandersetzungen vorausgegangen, die noch einmal von der politisch-gesellschaftlichen Polarisierung früherer Jahre geprägt waren.

Nach dem Wiederaufbau des Schlosses zu Beginn unseres Jahrhunderts stehen sich die beiden Gebäude wieder in Sichtweite gegenüber. Während das Schloss in der Braunschweiger Erinnerungskultur fest verankert ist, bleibt das »Rote Schloß« im öffentlichen Bewusstsein wenig präsent. Dabei wäre dieses Gebäude nicht nur für die Braunschweiger Arbeiterbewegung, sondern für die braunschweigische Geschichte des 20. Jahrhunderts ein stärker zu beachtender Erinnerungsort.

Literatur

Im Namen des Rechts! In der Strafsache gegen den früheren Braunschweigischen Ministerpräsidenten Dietrich Klagges, Braunschweig 1950.

Hans-Ulrich Ludewig, Erster Weltkrieg und Novemberrevolution in Braunschweig, in: Ute Daniel/Christian K. Frey (Hrsg.), Die preußisch-welfische Hochzeit 1913: Das dynastische Europa in seinem letzten Friedensjahr, Braunschweig 2016, S. 124-132.

Hans-Ulrich Ludewig, 160 Tage weht die rote Fahne. Die Revolution in Braunschweig 1918/1919, Braunschweig 2020.

Bernd Rother, Die Sozialdemokratie im Land Braunschweig 1918-1933, Bonn 1990.

SPD-Bezirk Braunschweig (Hrsg.), 150 Jahre SPD im Braunschweiger Land, Braunschweig 2015.

Wilhelm Kaisen

Von Konrad Elmshäuser

In Bremen und Bremerhaven (→ *Auswandererhafen*) hat keine zweite Person des 20. Jahrhunderts so vielfältige Spuren im öffentlichen Raum hinterlassen wie Wilhelm Kaisen (1887-1979), Bürgermeister und Präsident des Senats von 1945 bis 1965 sowie Ehrenbürger Bremens.

Abb. 1: Wilhelm Kaisen, 1965.

Abb. 2: Plakat der SPD zur Bürgerschaftswahl 1959.

Seinen Namen und den Namen seiner im öffentlichen Andenken ebenfalls präsenten Frau Helene tragen neben den üblichen Straßen, Plätzen und Brücken zudem u. a. Schulen, Bibliotheken und Sozialeinrichtungen, ein Bildungscampus, ein Containerterminal (CT 1 Bremerhaven), ein Gewächshaus, Denkmäler in der Bremer Innenstadt und im Ortsteil Borgfeld, eine Dokumentationsstätte am ehemaligen Wohnort der Familie, mehrere Stiftungen und sogar ein besonderer Wohnhaustyp. Den Namen Wilhelm Kaisen trugen auch Schiffe, darunter von 1978 bis 2012 in Nord- und Ostsee ein Seenotrettungskreuzer der 44-m-Klasse der Deutschen Gesellschaft zur Rettung Schiffbrüchiger (DGzRS) – mit dem Tochterboot Helene. Lediglich der große Bremer Bürgermeister des 19. Jahrhunderts, Bremerhavens Gründer Johann Smidt, bringt es auf eine ähnliche Präsenz, wenn er auch in der Anhänglichkeit der Landeskinder Wilhelm Kaisen klar das Feld überlassen muss. Den leicht antiquierten und in einem Stadtstaat nicht ganz unproblematischen Begriff des Landesvaters verbindet man in Bremen eigentlich nur mit Wilhelm Kaisen. In der kollektiven Memoria im Land Bremen gilt er nicht nur als politische Gründerfigur im Wiederaufbau, sondern als überparteiliche Verkörperung des »Bremischen«, die mittlerweile auch ihrem sozialdemokratischen Herkunftsmilieu weitgehend enthoben wirkt. Mit seinem politischen Profil, das durch ein programmatisches Bündnis von Arbeiterschaft und Kaufmannschaft, freiwillige, da parlamentarisch nicht notwendige Koalitionssenate und nicht selten Distanz zur Bundes-SPD geprägt war, hat sich Wilhelm Kaisen dennoch – so sein Biograph Karl-Ludwig Sommer – als »Prototyp eines erfolgreichen sozialdemokratischen Landespolitikers« der Nachkriegszeit erwiesen.

Wilhelm Kaisen stammte nicht aus Bremen, er wurde am 22. Mai 1887 in Hamburg in eine Arbeiterfamilie geboren. Der Schulzeit folgte eine Lehre als Stuckateur, seinem bis zum Kriegsausbruch 1914 ausgeübten Beruf. Kaisen betätigte sich früh politisch und trat 1905 der SPD bei, 1913/14 erfolgte der Besuch der Parteischule in Berlin. Im Ersten Weltkrieg war Kaisen von 1914-1918 durchgängig an der Westfront eingesetzt, noch während des Krieges heiratete er seine Frau Helene Schweida aus Bremen. 1918 kehrte er als Vorsitzender des Soldatenrats seines Regiments nach Hamburg zurück, Forderungen nach einer Räteherrschaft machte er sich gleichwohl nicht zu eigen. In das nach dem Ende der Bremer Räterepublik politisch zerrissene und unruhige Bremen kam Wilhelm Kaisen im Juli 1919 als Redakteur der MSPD-Zeitung *Bremer Volksblatt*. Schon nach einem Jahr folgte die Wahl in die Bremische Bürgerschaft. Als 1922 MSPD und USPD vereinigt wurden, fusionierten auch die beiden Pateizeitungen zur *Bremer Volkszeitung*, in der Kaisen einer der beiden Chefredakteure war. Kaisens auf Ausgleich und Zusammenarbeit mit bürgerlichen Kräften

Abb. 3:
Besuch des Bundespräsidenten Theodor Heuss beim erkrankten Präsidenten des Senats, Wilhelm Kaisen, in Borgfeld, Februar 1952.

ausgerichteten politischen Grundüberzeugungen prädestinierten ihn, dem im April 1928 eingesetzten Koalitionssenat als Wohlfahrtssenator beizutreten. Nach dem am 6. März 1933 durch die Nationalsozialisten erzwungenen Rücktritt des Senats ging Kaisen in die innere Emigration und bezog mit seiner Familie eine Siedlerstelle am Rand von Bremen-Borgfeld. Die Kleinbauernstelle ernährte die Familie im Krieg, der älteste Sohn fiel an der Ostfront. Von Borgfeld holten die amerikanischen Besatzungsbehörden Wilhelm Kaisen als Wohlfahrtssenator in den im Juni 1945 eingesetzten ersten Nachkriegssenat. Das Bild des *Cincinnatus aus Bremen* – Kaisen in den Medien zugeeignet – trägt in seinem Vergleich mit dem römischen Konsul, der sich von der Ackerarbeit in die politische Pflicht rufen ließ, erste Züge jener für Kaisen so typischen Mischung aus Pflichterfüllung und Verklärung. Mit seiner Berufung begann eine Ära unangefochtener und höchst erfolgreicher Tätigkeit an der politischen Spitze der Hansestadt.

Erst 1965 trat Wilhelm Kaisen 78-jährig – altersbedingt – von allen politischen Ämtern zurück. Im August 1945 war Kaisen Präsident des Senats geworden, mit den dann folgenden 20 Jahren als Bürgermeister und Präsident des Senats verbinden sich der Wiederaufbau der schwer kriegszerstörten Hansestadt und ihrer Industrien und Hafenanlagen sowie die Wiederbegründung des Landes Bremen aus der US-Enklave Bremen. Dabei nahm Bremen nach anfänglich territorial größerem Zuschnitt weitgehend das Gebiet der Freien Hansestadt Bremen von vor 1945 ein. In den Verhandlungen zwischen den Alliierten und dem entstehenden Land Niedersachsen bewährten sich Kaisens Beharrlichkeit und Geschick, wobei er harte Kontroversen mit seinem niedersächsischen Konterpart Hinrich Wilhelm Kopf (→ *H. W. Kopf*) nicht scheute. Die erfolgreichen Nachkriegssenate mit Einbindung der bürgerlichen Kräfte, die pragmatische Wirtschaftspolitik in dynamischen Zeiten der Vollbeschäftigung und das in der US-Enklave Bremen entschieden und glaubwürdig vorgebrachte Bekenntnis zur Westintegration der Bundesrepublik brachten Kaisen oft in Widerspruch zur Bundes-SPD – bis hin zur Abwahl aus dem Parteivorstand 1950. Seiner Beliebtheit in Bremen hat dies nicht geschadet.

Dass aus der Popularität lang wirkende Erinnerung erwuchs, hat durchaus Gründe. Wilhelm Kaisen war nicht nur Mitunterzeichner des Grundgesetzes von 1949, sondern hat von Bremen aus eigene deutschlandpolitische Initiativen entwickelt, so bereits 1946 mit den beiden Bremer Interzonenkonferenzen, später mit wirtschaftspolitischen Initiativen wie der zur Aufhebung der alliierten Beschränkung für den deutschen Schiffbau. Nicht zuletzt war er schon früh europapolitisch engagiert, u.a. in der Europa-Union.

Denn bei aller vordergründigen Bodenständigkeit war Kaisen ein durchaus intellektueller Kopf. Dies bezeugt die ca. 8.000 Bände umfassende und vollständig erhaltene Bibliothek der Eheleute Kaisen. Seine bereits 1967 veröffentlichten Lebenserinnerungen *Meine Arbeit, mein Leben* sind ein gelungenes Werk programmatisch-essayistischer Weltbetrachtung, von dem Kaisen in bewusster Untertreibung sagte, er wollte damit *nur erzählen, wie es mir als Arbeiter ergangen ist, und zwar als einem der vielen, zu denen ich mich immer mit Stolz bekannt habe*. So beginnen seine Memoiren mit dem Bekenntnis zu seiner Herkunft (*Ich bin in einer Arbeiterfamilie aufgewachsen … und dem Schicksal dankbar dafür*) und enden mit dem später vielzitierten Spruch *Ein Bremen, das leben will, wird leben!* Dennoch wird der Mann aus dem Hamburger Arbeitermilieu, der mit seiner späteren Frau in der Berliner SPD-Parteischule bei Rosa Luxemburg die Schulbank drückte, um danach als Journalist einer Parteizeitung tätig zu sein, in der öffentlichen Memoria als überparteilicher Landesvater, als Partner von Industrie und Hafenwirtschaft, ja vielfach sogar als niederdeutscher Kleinbauer erinnert. Den zwangsweisen Rückzug von 1933 in das innere Exil am Bremer Stadtrand hatte die Familie auch nach Kriegsende als Wohnort beibehalten. Diese zunächst irritierend und später charakterisierend wahrgenommene Entscheidung für einen einfachen Lebensstil mit einem ländlichen Lebensmittelpunkt wurde von Kaisen stets verteidigt. Er schrieb hierzu 1967: *Ich wohne jetzt noch in diesem Siedlungshaus. Es liegt am Rande Bremens, eingebettet in die niederdeutsche Landschaft. Ringsum herrscht Stille und Ruhe, kein Lärm dringt von außen in mein Arbeitszimmer. Vom Fenster aus habe ich freie Sicht über Wiesen und Felder, über Bäume und Hecken.*

Doch weniger dieses für die Gründergeneration der Bundesrepublik wohl einmalige Wohn- und Arbeitsensemble eines Landesvaters als vielmehr die kollektive Erinnerung an Wilhelm Kaisen haben ihn in Bremen zu einer noch immer präsenten Person gemacht. Hierzu haben auch Fotos beigetragen, die, vielfach reproduziert, ikonographischen Charakter erlangt haben. So der Bürgermeister beim Steineklopfen in den Kriegsruinen (1946), auf politischen Reisen in den USA mit dem späteren Bundespräsidenten Karl Carstens als Begleiter (1950) und immer wieder in Borgfeld, so beim Besuch des Bundespräsidenten Theodor Heuss im Jahre 1952.

Abb. 4: Das Wilhelm-Kaisen-Denkmal von 2012 am Herdentor in den Bremer Wallanlagen. Die Bronzeskulptur mit begleitenden Stelen stammt wie die Borgfelder Kaisen-Büste von 1985 von der Künstlerin Christa Baumgärtel.

Nicht nur Bilder, auch kolportierte Geschichten trugen zu einem Mythos bei, an dessen Formung Kaisens politischer Weggefährte und Pressesprecher Alfred Faust großen Anteil hatte. Dass kollektive Erinnerung auch instrumentell gestaltete Erinnerung sein kann, zeigt eine noch zu Lebzeiten Kaisens angelegte Akte der Senatsregistratur mit *Anekdoten über Bürgermeister Kaisen*. Sie enthält unter anderem eine Geschichte vom *ersten Auslandsbesuch eines deutschen Ministerpräsidenten* mit einem Bankett mit dem Schweizer Bundespräsidenten in Bern 1948, bei dem Kaisen die Schweizer Leckereien mit der Bitte um eine anständige Erbsensuppe zurückgewiesen haben soll. Die Anekdote – gedruckt u.a. in der SPD-Parteizeitung *Vorwärts* – war weitgehend frei erfunden.

Als publizistische Erinnerungsangebote blickten umfangreiche Kaisen-Dokumentationen bereits zu seinen Lebzeiten (1977) und dann im Jahr nach seinem Tod (1980) auf Leben und Werk. Auch wurde der Wunsch nach Gegenständlichem laut. Schon 1970 ließ die Sparkasse Bremen einen Bronzekopf Kaisens anfertigen, 1985 wurde in Borgfeld eine Kaisen-Büste als öffentliches Denkmal eingeweiht. Seit dem 22. Mai 2012, seinem 125. Geburtstag, steht am Herdentor in den Wallanlagen eine lebensgroße Bronzestatue Kaisens, die mit begleitenden Stelen auf den Wiederaufbau Bremens verweist. Die ohne Sockel aufgestellte Figur trägt zum Anzug eine Arbeitsmütze, wie Kaisen sie im Alter auf dem Feld zwar vielfach, aber nicht in der Stadt trug. Als Attribut des Volkstümlichen geht die Mütze hier eine Verbindung mit dem Bürgermeister ein, die der Memoria ein Bild gibt, das zwar nicht realer Vorlage, aber als echt empfundener Erinnerung entspricht.

Ganz ähnlich gingen politische Entscheidungen der Ära Kaisen eine untrennbare Symbiose mit seiner Person ein. So ist der in der Wohnungsnot der Nachkriegszeit in Bremen vom Senat geduldete Ausbau von Parzellenhäuschen zu Behelfswohnungen als *Kaisen-Erlass* legendär geworden. Von ehemals Zehntausenden Bewohnern *auf Parzelle* nahmen noch 2015 ca. 500 sog. *Kaisen-Bewohner* ihr Auswohnrecht wahr. Seit 2012 hält ein *Kaisenhaus-Museum* in Bremen-Walle die Erinnerung an diese Wohnform lebendig.

Dass das Borgfelder Anwesen der Kaisens, in dem sich innere Emigration in der NS-Zeit und die junge Bundesrepublik spiegeln, nach

Abb. 5: Wohnhaus und Scheune der Siedlerstelle in Bremen Borgfeld. In der umgebauten Scheune (rechts) befinden sich eine Ausstellung und Veranstaltungsräume, das unverändert eingerichtete Wohnhaus kann besichtigt werden.

dem Tod der letzten Tochter Inge als authentischer Ort erhalten blieb, darf als Glücksfall bezeichnet werden. Es wird von der *Wilhelm und Helene Kaisen-Stiftung* seit 2001 als Dokumentationsstätte unterhalten und zugänglich gemacht.

Das benachbart gelegene *Kaisenstift*, Wohnheim für Jugendliche mit einer Behinderung, und die *Wilhelm-Kaisen-Bürgerhilfe e.V.* (ehem. Volkshilfe) knüpfen mit ihrem Namen an das soziale Engagement der Kaisens an.

Fragt man nach kritischen Stimmen zu Wilhelm Kaisen, so sind diese rar. Gelegentlich werden ihm landespolitische Fehlentscheidungen zugeschrieben, so der Vorwurf, dass bei der Neugründung Bremens nach 1945 seine ablehnende Haltung gegenüber dem politisch konservativen niedersächsischen Umland dazu geführt habe, dass er freiwillig auf *die paar sauren Wiesen* verzichtet und leichtfertig einen größeren Landeszuschnitt abgelehnt hätte. Dies entspricht nicht den Tatsachen. In den letzten Jahren wurden Stimmen laut, die u.a. die Entnazifizierung in der Ära Kaisen kritisch bewerten. Fraglos hat Wilhelm Kaisen als Vertreter seiner Generation pragmatisches Handeln vor eine grundlegende Aufarbeitung und Erinnerung der NS-Zeit gestellt.

Literatur

Ilse Kaisen, Unser Leben in Borgfeld, Bremen 2003.

Wilhelm Kaisen, Meine Arbeit, mein Leben. München 1967.

Hans Koschnick u.a. (Hrsg.), Zuversicht und Beständigkeit – Wilhelm Kaisen. Eine Dokumentation, Bremen 1977.

Hartmut Müller (Hrsg.), Begegnungen mit Wilhelm Kaisen, Bremen 1980.

Hartmut Müller, Helene Kaisen. Annäherung an eine Biographie, Bremen 2013.

Karl-Ludwig Sommer, Wilhelm Kaisen. Eine politische Biographie, Bonn 2000.

Das Niedersachsenlied

VON THOMAS VOGTHERR

Abb. 1: *Die erste Zeile des Refrains des Niedersachsenliedes zeigt der rote Elefant im Garten der Vertretung des Landes Niedersachsen beim Bund in Berlin.*

Wir sind die Niedersachsen, / sturmfest und erdverwachsen. / Heil Herzog Widukinds Stamm! Kaum eine der offiziellen oder inoffiziellen Hymnen der deutschen Bundesländer weist einen derart selbstbewussten, ja selbstgewissen Refrain auf. Wird in Bayern *Gott mit Dir, Du Land der Bayern* beschworen, in Brandenburg mit den Worten *Steige hoch, Du roter Adler* das Wappentier des Landes besungen und gibt *Schleswig-Holstein meerumschlungen* die deutsch-nationale Tonlage des 19. Jahrhunderts wieder, da wird im *Niedersachsenlied* noch heute die Varusschlacht des *germanischen* Hermann beschworen (→ *Varusschlacht*), an den verlorenen Kampf der Sachsen gegen *den Franken* Karl den Großen erinnert (→ *Karl d. Gr.*) und an *der Söhne Heldenmut* im Kampf gegen alle Feinde von außen appelliert. Entstanden ist das Lied wohl um 1926, gesungen wird es hier und da bis heute, und das weit über den geographischen Raum hinaus, den der Text in den ersten Zeilen so beschreibt: *Von der Weser bis zur Elbe, / von dem Harz bis an das Meer.*

Ein niedersächsischer Erinnerungsort? Der Dichter und Komponist des Liedes, Hermann Grote, war ein aus Hohegeiß im Harz gebürtiger Musiklehrer, der den Text unter dem Eindruck von Heimatliteratur geschrieben hatte und dazu einen hinreichend schmissigen Niedersachsenmarsch als Vertonung komponierte. Auf dem Lehrerseminar in Wolfenbüttel hatte er als junger Mann seine Ausbildung erhalten und in der zweiten Hälfte der 1920er Jahre noch ein Musikstudium in Berlin angeschlossen, um sich fortan als Oberschulmusiklehrer an Braunschweiger Gymnasien wiederzufinden. In seiner Freizeit leitete er Chöre, unter anderem den Volkschor und den Chor der MIAG, einer bedeutenden Maschinenbaufirma. Grote wurde unter dem Eindruck der Weltwirtschaftskrise Sozialdemokrat, um wenige Jahre später 1933 umstandslos in die NSDAP einzutreten.

Welches Niedersachsen beschwört Grote in seinem Lied, dessen heute womöglich bekannteste Einspielung von dem Volkssänger Heino stammt? Niedersachsen war in den Jahren der Entstehung des Niedersachsenliedes keine politische Einheit. Es war eine Idee, die seit der Mitte des 19. Jahrhunderts zunehmend an Verbreitung gewonnen hatte. Als 1835 der *Historische Verein für Niedersachsen* gegründet wurde, da gab er sich einen Namen, der diese Idee auf den Begriff brachte. Aber zunächst und vor allem dachte, wer im Historischen Verein und sonst von »Niedersachsen« sprach, an das welfische Territorium, bis 1866 also vorrangig an das Königreich Hannover und das Herzogtum Braunschweig. Die damalige Niedersachsenidee bezog sich eben nicht auf das Gebiet des heutigen Bundeslandes, sondern im Wesentlichen auf dessen östlichen Teil *von der Weser bis zur Elbe …*

Die mangelnde politische Einheit dieses Niedersachsen bestimmte auch die Gedanken der Heimatbewegung, von denen Grote allem Anschein nach angetan war. In ihren Kreisen versuchte man, Gemeinsamkeiten zwischen all denen auszumachen, die man für Niedersachsen hielt, und das ging zwar vom welfischen Gebiet um Hannover und Braunschweig aus, griff aber weit darüber hinaus. Die kulturelle Zusammengehörigkeit begriff nach den Vorstellungen der Protagonisten der Heimatbewegung auch die Oldenburger und Ostfriesen, die Osnabrücker und die Bremer mit ein, ja bis ins heutige Westfalen hinein witterte die Heimatbewegung Niedersächsisches. Politisch nicht geeint, sondern in eine Reihe von ausgesprochen eigenständigen Territorien gegliedert, schien Niedersachsen jedoch noch lange eine Idee bleiben zu müssen und keine Realität werden zu dürfen. Umso wichtiger war die Herstellung symbolischer Einheit, für die das *Niedersachsenlied* eines der wichtigsten Vehikel werden sollte.

Im Inneren wie nach außen nicht als politische Einheit auftretend, musste Niedersachsen einen historischen oder kulturellen Beweis seiner Zusammengehörigkeit aufbieten. Ähnlich wie das *Lied der Deutschen* August Heinrich Hoffmanns von Fallersleben, das 1841 auf Helgoland entstand und gegen aktuelle territoriale Ansprüche Frankreichs im Rheinland die kulturelle Zusammengehörigkeit Deutschlands *Von der Maas bis an die Memel, / von der Etsch bis an den Belt* beschwor, ist auch Grotes *Niedersachsenlied* gegen äußere Bedrohun-

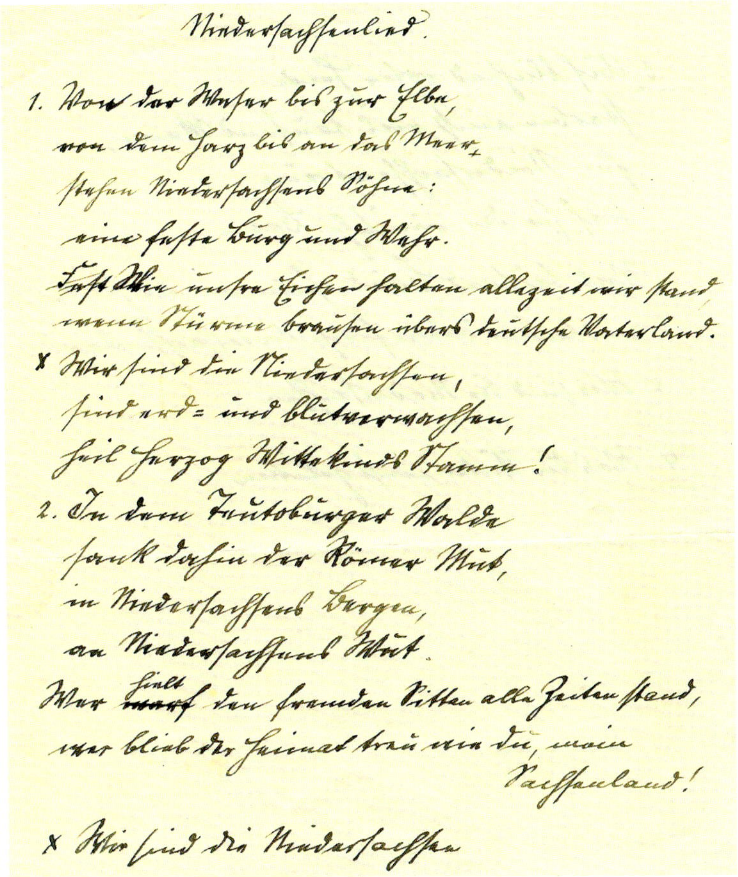
Niedersachsenlied.

1. Von der Weser bis zur Elbe,
von dem Harz bis an das Meer
stehen Niedersachsens Söhne:
eine feste Burg und Wehr.
Fest wie unsre Eichen halten allzeit wir stand
wenn Stürme brausen übers deutsche Vaterland.
x Wir sind die Niedersachsen,
sind erd= und blutverwachsen,
Heil Herzog Wittekinds Stamm!

2. In dem Teutoburger Walde
sank dahin der Römer Mut,
in Niedersachsens Bergen,
an Niedersachsens Wut.
Wer hielt den fremden Rittern alle Zeiten stand,
wer blieb der Heimat treu wie du, mein
Sachsenland!

x Wir sind die Niedersachsen

Abb. 2: Originalhandschrift des Niedersachsenliedes, *noch mit zahlreichen Textunterschieden zur heute gebräuchlichen Version, 1926.*

gen gerichtet, freilich gegen solche längst vergangener Zeiten, und es beschwört den Selbstbehauptungswillen der Verteidiger. Überhaupt steht das *Niedersachsenlied* in seiner Verherrlichung der eigenen Bevölkerung nicht alleine und reiht sich in viele Staaten- und Länderhymnen des 19. und frühen 20. Jahrhunderts ein: Wo »Väter«, »Söhne« und »Brüder« (keine Mütter übrigens und keine Schwestern!) apostrophiert werden, geht es oftmals um deren Willen und Fähigkeit zur Verteidigung des Eigenen gegen das bedrohlich wirkende Fremde. *Allons, enfants de la Patrie*, beginnt die französische *Marseillaise*, geschrieben während der Revolutionskriege gegen Österreich 1792. Die sprachlichen Bilder gleichen sich.

So allgemein zeittypisch Grotes *Niedersachsenlied* aber auch sein mag, es ist in der Erinnerung an die beiden bedeutenden, gemeinsamen Abwehrschlachten »der Niedersachsen« gegen auswärtige Feinde sehr niedersächsisch und greift wesentliche Elemente des vermeintlich gemeinsamen Niedersachsentums auf: Erinnert wird an den Sachsenstamm des hohen Mittelalters als die verbindende Herkunft (womit vor allem, aber nicht nur die Friesen ausgeschlossen sind), an den Namen »Niedersachsen« selbst (der im 14. Jahrhundert eher beiläufig und keineswegs konstant als Bezeichnung für den welfischen Herrschaftsbereich benutzt wurde) und an das Niedersachsenross (das in gleicher Zeit im Wappen der Welfen erscheint, damit aber wiederum nichtwelfische Territorien ausschließt).

Die zweite Strophe von Grotes Text gilt der Varusschlacht des Jahres 9. Der Kampf gegen und der Sieg über die Römer ist ein Sieg der Niedersachsen für Deutschland insgesamt: *Wer hielt die Freiheit hoch / im deutschen Vaterland?* Und selbst noch die Niederlage gegen Karl den Großen, die ihren Ausdruck in der legendär gewordenen Ermordung von 4.500 Sachsen in Verden 782 fand (→ *Sachsenhain*), wird in der dritten Strophe zum Zeugnis frühen Niedersachsentums umgedeutet: Die Sachsen starben *für Niedersachsens Treue* und *für ihr Niedersachsenland.* Grote hatte nach eigenem Bekunden Hermann Löns und seine Erzählung *Die Rote Beeke* (veröffentlicht 1907) gelesen, eine blutrünstige Darstellung des Verdener Blutbades, aus der er seine Kenntnisse und seine Wertungen des Geschehens übernahm.

Das Niedersachsen des Niedersachsenliedes ist ein Mythos, dessen reale Grundlagen bescheiden sind. Betont wird das Gemeinsame, beschworen wird die gemeinsame Kampferfahrung, herausgestellt wird das angeblich schon früh vorhandene Bewusstsein der Gemeinsamkeit aller Niedersachsen. So verstanden, kann der Mythos Niedersachsen für die Gegenwart und die Zukunft nutzbar gemacht werden. Wer gemeinsam im Kampf gegen Römer und Sachsen gestanden hat, wird seine Gemeinsamkeiten nicht aufgeben, so ist die Hoffnung. Wer um Niedersachsens willen Blut vergossen hat, für den ist dieses Land der Lebensinhalt. Insofern ist das *Niedersachsenlied* ein Text, der auf der Basis einer sehr selektiv betrachteten Vergangenheit für eine in den 1920er Jahren noch ungewisse Zukunft argumentiert.

Das Niedersachsenlied war aber keineswegs der einzige Bestandteil des Niedersachsenmythos. Anderes trat ergänzend hinzu: Symbole wie das Niedersachsenross (→ *Niedersachsenross*), das heutige Wappentier des Landes, beschworen auf andere Arten die Gemeinsamkeit der Niedersachsen. In vielen Gegenden des heutigen Bundeslandes zierten Pferdeköpfe die Giebel der »Niedersachsenhäuser«, wie man die norddeutschen Hallenhäuser noch bis in das 20. Jahrhundert hinein nannte. Wo diese Symbolik nicht benutzt wurde, ob im Lüneburger Wendland oder im Westen Niedersachsens, in Ostfriesland, Oldenburg und im Emsland, da tat man sich mit der Zugehörigkeit zu einem welfisch begriffenen Ur-Niedersachsen schwer.

Deswegen war und ist in einem Niedersachsen der Regionen heutiger Zeiten das Ausfindigmachen gemeinsamer, alle Niedersachsen verbindender Symbole so ungemein schwierig. Wenn in Ostfriesland die »Friesische Freiheit« beschworen wurde und wird (→ *Friesische Freiheit*), dann greift man auf Karl den Großen zurück und macht aus ihm den mythischen Begründer dieser Freiheiten. Für das *Niedersachsenlied* ist derselbe Karl der Große das genaue Gegenteil: der Sachsenschlächter. Wenn in Oldenburg eine Hymne des Landes gesungen wurde und wird, dann sicherlich zuallererst *Heil dir, o Oldenburg*, eine Komposition der Großherzogin Cäcilie mit einem Text Theodor von Kobbes, und eben nicht das *Niedersachsenlied*. Im Braunschweigischen schließlich spielt der Löwe als das Wappentier Heinrichs des Löwen bis heute eine symbolisch viel wichtigere Rolle als sonst irgendwo in Niedersachsen (→ *Heinrich d. Löwe*) und hat als Kühlerverzierung von LKWs selbst die Übernahme der Braunschweiger Büssing AG durch die MAN überlebt.

Die Karriere des *Niedersachsenliedes* ist symptomatisch für viele sehr zeitgebundene Symbole. Mit seinem Dichter und Komponisten, der sich der NSDAP anschloss, wurde es von den Nationalsozialisten vereinnahmt, weniger wegen des Appells an ein gemeinsames Niedersachsen als vielmehr wegen der eindeutigen Feindschaft zu Rom und Karl dem Großen, der mindestens in den Anfangsjahren nach 1933 als verabscheuungswürdiges Feindbild herhalten musste. Nach der Gründung des Bundeslandes war es der erste Ministerpräsident Hinrich Wilhelm Kopf (→ *H. W. Kopf*), der ungemein viel für die Popularisierung des Liedes leistete, übrigens weit über das ursprünglich welfische östliche Niedersachsen hinaus, und von dem berichtet wird, er habe das Lied selber mit Hingabe gesungen. So avancierte das Lied unter dem Ministerpräsidenten Ernst Albrecht (im Amt 1976-1990) zu einer inoffiziellen Landeshymne und wurde im Land auch bei offiziellen Anlässen neben dem *Deutschlandlied* gesungen. Zur ausdrücklichen Nennung in der Landesverfassung aber hat es das *Niedersachsenlied* nicht gebracht, ganz im Unterschied zu den Länderhymnen von Bayern, Hessen und dem Saarland.

Kritik an Grotes Lied konnte nicht ausbleiben, und damit verbunden waren und sind immer auch Versuche, den Text eines solchen Liedes politisch korrekt umzuformulieren oder es zu karikieren. Letztlich sind auch diese Versuche immer Arbeiten an einem Mythos geblieben und bilden die Zeitumstände ihrer Entstehung präzise ab. So hieß es in der Oldenburg-Hymne bis 1918 *Heil Deinem Fürsten, Heil*, danach und heute lautet die Stelle *Heil Deinem Volke, Heil*, nur von 1933 bis 1945 wurde *Heil Deinem Führer, Heil* gesungen. Das *Niedersachsenlied*, gleichermaßen zeitgebunden in seinem Text und heute nur noch als historisches Zeugnis hinnehmbar, verfiel in den 1990er Jahren dem Verdikt des Norddeutschen Rundfunks und wurde dort, weil »faschistoid« in seinem Text, in der gesungenen Version nicht mehr gespielt. Das tat seiner Beliebtheit im Lande nur wenig

Abbruch, sondern bestärkte eher konservative Ansichten über die Traditionsgebundenheit des Niedersachsengedankens noch. Das *Niedersachsenlied* – in seinem Text zu Recht umstritten – behauptete sich als eines der Symbole auch des demokratisch verfassten Bundeslandes Niedersachsen.

Text des Niedersachsenliedes *(Hermann Grote, 1926)*

Von der Weser bis zur Elbe,
von dem Harz bis an das Meer
stehen Niedersachsens Söhne,
eine feste Burg und Wehr.
Fest wie unsre Eichen
halten allezeit wir stand,
wenn Stürme brausen
übers deutsche Vaterland.
|*: Wir sind die Niedersachsen,*
sturmfest und erdverwachsen,
Heil Herzog Widukinds Stamm!
:|

Auf blühend roter Heide
starben einst vieltausend Mann.
Für Niedersachsens Treue
traf sie des Franken Bann.
Viel tausend Brüder fielen
von des Henkers Hand,
viele tausend Brüder
für ihr Niedersachsenland.
|*: Das war'n die Niedersachsen,*
Sturmfest und erdverwachsen,
Heil Herzog Widukinds Stamm!
:|

Wo fiel'n die röm'schen Schergen?
Wo versank die welsche Brut?
In Niedersachsens Bergen,
an Niedersachsens Wut.
Wer warf den röm'schen Adler
nieder in den Sand?
Wer hielt die Freiheit hoch
im deutschen Vaterland?
|*: Das war'n die Niedersachsen,*
sturmfest und erdverwachsen,
Heil Herzog Widukinds Stamm!
:|

Aus der Väter Blut und Wunden
wächst der Söhne Heldenmut.
Niedersachsen soll's bekunden:
für die Freiheit Gut und Blut.
Fest wie unsre Eichen halten
allezeit wir stand,
wenn Stürme brausen
über's *deutsche Vaterland.*
|*: Wir sind die Niedersachsen,*
Sturmfest und erdverwachsen,
Heil Herzog Widukinds Stamm!
:|

Literatur

Reinhard MÜLLER, Halten alle Zeit wir stand. Wenn Stürme brausen übers deutsche Vaterland – Die Niedersachsen anhand ihres Liedes, in: Frankfurter Allgemeine Zeitung, 19.1.2013, Nr. 16, S. 10.

Wir sind die Niedersachsen! Wer sind die Niedersachsen?, Hannover 1996.

Kardinal Clemens August Graf von Galen

Von Hans-Georg Aschoff

Abb. 1: Firmreise Bischof Clemens August Graf von Galens im September 1935 in Oldenburg.

Am 9. Oktober 2005 nahm der Präfekt der Kongregation für die Heilig- und Seligsprechungsprozesse, Kardinal José Saraiva Martins, im Auftrag Papst Benedikts XVI. im Petersdom zu Rom die Seligsprechung des Münsteraner Bischofs Clemens August Graf von Galen (1878-1946) vor. Mit der Seligsprechung charakterisiert die katholische Kirche eine Person als Vorbild im Glauben und Beispiel christlicher Nachfolge und erlaubt die regional begrenzte öffentliche Verehrung. Ein besonderer Förderer des 1956 eingeleiteten Seligsprechungsprozesses Galens war Papst Johannes Paul II. (Pontifikat 1978-2005), der als junger Student in Polen dessen Predigten gelesen und während seiner Deutschlandvisite 1987 das Grab des Bischofs in der Ludgeruskapelle des Domes zu Münster aufgesucht hatte. Dieser Besuch und die Seligsprechung führten zu einer Vermehrung der sich auf den Bischof beziehenden Gedenkorte, Denkmäler, Namensgebungen, Gedenkveranstaltungen, Ausstellungen und liturgischen Feiern.

Die Vielfalt der Bezugs- und Erinnerungspunkte im katholisch geprägten Oldenburger Münsterland, der Heimatregion Galens, weist auf die Wertschätzung und Verbundenheit weiter Bevölkerungskreise mit dem Bischof hin. So sind das *Clemens-August-Gymnasium* in Cloppenburg (seit 1949) sowie Grundschulen in Lohne (1961) und Dinklage (1953) nach ihm benannt; hier befindet sich auch das *Kardinal-von-Galen-Haus*, eine Schule und ein Internat für körperbehinderte Kinder und Jugendliche. Das *Kardinal-von-Galen-Haus* in Cloppenburg-Stapelfeld fungiert seit 1974 als *Katholische Akademie und Heimvolkshochschule*. In Neuenkirchen-Vörden erinnert die 1946 gegründete *Clemens-August-Stiftung* an Galen; sie besteht heute aus zwei Kliniken und einer Heimstatt sowie aus dem St. Franziskus-Stift in Steinfeld. Das *Kardinal-Graf-von-Galen-Siedlungswerk* förderte nach dem Zweiten Weltkrieg den sozialen Wohnungsbau im Kreis Vechta und Wilhelmshaven; es legte u.a. den Grundstein für das *Clemens-August-Dorf*, einem Ortsteil von Damme.

Zentrale Gedenkorte des Galen-Gedächtnisses im Oldenburger Münsterland sind bis heute Dinklage und der Wallfahrtsort Bethen. In Bethen predigte der Bischof häufig vor mehreren tausend Katholiken, wobei die Männerwallfahrt von 1934 mit rund 25.000 Gläubigen einen demonstrativ NS-kritischen Charakter erhielt; in der Krypta der Wallfahrtskirche wird eine Reliquie Galens aufbewahrt. Der Wasserburg Dinklage kommt besondere Bedeutung zu. Sie stammt aus dem Anfang des 15. Jahrhunderts und gelangte im 17. Jahrhundert in den Besitz der Familie, die zum westfälischen Uradel gehörte und 1803 in den Grafenstand erhoben wurde. 1949 übertrug Christoph Bernhard Graf von Galen, ein Neffe des Bischofs, die Burg Benediktinerinnen aus dem Kloster Alexanderdorf bei Berlin. In Zusammenarbeit mit regionalen Unternehmen gründeten die Ordensfrauen im Dezember 2009 die *Kardinal von Galen Stiftung Burg Dinklage*, die sich die *Würdigung des Andenkens von Galens* zum Ziel gesetzt hat. Die Burg ist der Endpunkt des *Kardinalswegs*, eines ca. 25 Kilometer langen Pilgerweges, der am ehemaligen Benediktinerpriorat St. Benedikt in Damme beginnt und an mehreren Stationen an von Galen verkörperte Tugenden erinnert.

Auf Burg Dinklage wurde Galen am 16. März 1878 als Sohn Ferdinand Heribert von Galens und dessen Ehefrau Elisabeth, geb. Reichsgräfin von Spee geboren; zu seinen Vorfahren zählten Fürstbischof Christoph Bernhard von Galen und der Mainzer Bischof und Sozialpolitiker Wilhelm Emmanuel von Ketteler. Galens Elternhaus kennzeichnete eine tiefe Religiosität. Nach dem Besuch des Jesuitenkollegs *Stella matutina* in Feldkirch (Vorarlberg) von 1890 bis 1894 und dem Abitur am Gymnasium Antonianum in Vechta (1896) studierte Galen Philosophie, Geschichte und Literatur an der Universität Fribourg

(Schweiz), wechselte 1898 zum Studium der Theologie nach Innsbruck, wo er Alumne des renommierten Jesuiten-Konvikts Canisianum war, und trat 1903 in das Priesterseminar in Münster ein. Am 28. Mai 1904 empfing er die Priesterweihe.

Nach einer Tätigkeit als Kaplan in der von Münsteraner Priestern betreuten Berliner Pfarrei St. Matthias (ab 1906) und als Kurat in der neu errichteten Gemeinde St. Clemens Maria Hofbauer am Anhalter Bahnhof (1911) wurde er 1919 zum Pfarrer von St. Matthias bestellt. Galen war ein engagierter Seelsorger und weniger ein hervorragender Theologe. Politisch stand er dem konservativen Flügel der Zentrumspartei nahe. 1929 übernahm er auf Wunsch Bischof Johannes Poggenburgs von Münster die Stelle des Pfarrers an St. Lamberti in der Bischofsstadt.

Nach Poggenburgs Tod erschien auf Anordnung Papst Pius' XI. hin Galens Name auf der von der Kurie aufgestellten Dreierliste, aus der das Münsteraner Domkapitel den neuen Bischof zu wählen hatte. Da Galen als konservativ und nationalbewusst galt, erhob die preußische Regierung gegen seine Wahl zum Bischof, die am 18. Juli 1933 erfolgte, keinen Einspruch. Die bischöfliche Konsekration durch den Kölner Erzbischof Kardinal Karl Joseph Schulte fand am 28. Oktober 1933 statt. Bei der Weihe waren auch SA- und Stahlhelmformationen mit Hakenkreuzfahnen anwesend, die das Einvernehmen zwischen Kirche und Staat demonstrieren sollten.

Schon bald nach seinem Amtsantritt ging Galen auf Konfrontationskurs zum NS-Regime. Sein Osterhirtenbrief vom März 1934 griff zentrale Inhalte der NS-Ideologie, insbesondere die Rassenlehre, an. Zusammen mit dem Berliner Bischof Konrad Graf von Preysing und einer Reihe von Bischöfen der jüngeren Generation kritisierte er in den folgenden Jahren die Vorgehensweise des Vorsitzenden der Bischofskonferenz, Kardinal Adolf Bertram, der auf die zunehmenden Angriffe des NS-Regimes auf die Kirche mit einer Vielzahl von Eingaben an die Reichsregierung protestierte, die letztlich erfolglos blieben. Galen und Preysing traten für ein offensives öffentliches Vorgehen und für eine stärkere Mobilisierung der katholischen Bevölkerung ein; in die Proteste sollten auch die Menschenrechtsverletzungen des Regimes einbezogen werden.

Ein besonders deutlicher Ausdruck für die Änderung der Kampftaktik waren die Predigten, die Galen auf dem Höhepunkt der militärischen Erfolge Hitlers am 13. Juli 1941 in St. Lamberti, am 20. Juli in der Überwasserkirche und am 3. August erneut in St. Lamberti hielt; sie machten ihn international bekannt und trugen ihm den Ehrennamen der *Löwe von Münster* ein. Während er in den ersten beiden Ansprachen die Auflösung von Klöstern und die Vertreibung von Ordensleuten verurteilte und dabei insbesondere das Vorgehen der Gestapo angriff, protestierte er in der dritten Predigt gegen den Abtransport von Geisteskranken und Behinderten aus den Heil- und Pflegeanstalten und deren Ermordung. Er wies darauf hin, dass er Strafanzeige bei der Staatsanwaltschaft Münster und dem Polizeipräsidenten erstattet habe. Die Predigten erreichten auf geheimen Wegen durch Abschriften eine breite Öffentlichkeit; sie gelangten auch zur Kenntnis Papst Pius' XII., bei dem sie einen nachhaltigen Eindruck hinterließen.

Für die nationalsozialistische Regierung galten Galens Äußerungen, namentlich jene gegen die Euthanasie, als einer der schärfsten Angriffe auf die Staatsführung. In Parteikreisen herrschte Uneinigkeit über die Sanktionen, die man gegen den Bischof ergreifen sollte. Während man im Umfeld Martin Bormanns, des Leiters der Partei-Kanzlei, für eine sofortige Hinrichtung Galens eintrat und Hitler ihn vor den Volksgerichtshof stellen lassen wollte, setzte sich der Standpunkt Joseph Goebbels' durch, der, um Unruhen zu vermeiden, empfahl, den Fall Galen *nach dem Endsieg* im Rahmen der Endabrechnung mit der katholischen Kirche zu lösen. Allerdings wurden als Folge der Verlautbarungen des Bischofs mehrere Welt- und Ordenspriester im Bistum Münster verhaftet, von denen einige in Konzentrationslagern ums Leben kamen. Galens öffentlicher Protest führte zu einer vorübergehenden Einstellung des Euthanasieprogramms; es wurde aber einige Zeit später in weniger auffälliger Form fortgesetzt.

Galen, der im Zweiten Weltkrieg auch einen Kampf gegen den Bolschewismus sah, unterhielt vermutlich Kontakte zum Widerstandskreis um Carl Friedrich Goerdeler. Nach dem Krieg wandte er sich energisch gegen die These von der Kollektivschuld des deutschen Volkes. In Anerkennung seines Einsatzes gegen den Nationalsozialismus nahm ihn Papst Pius XII. zusammen mit den Bischöfen Joseph Frings von Köln und Konrad Graf von Preysing am 18. Februar 1946 ins Kardinalskollegium auf. Einige Tage nach dem großartigen Empfang in Münster bei seiner Rückkehr aus Rom starb Galen am 22. März 1946 an den Folgen eines Blinddarmdurchbruches.

Als zuständiger Bischof unterhielt Galen eine enge Beziehung zum Oldenburger Münsterland. Im Freistaat Oldenburg hatten die Nationalsozialisten bei den Landtagswahlen vom Mai 1932 die absolute Mehrheit der Mandate gewonnen und stellten zum ersten Mal in einem Land des Deutschen Reiches die Regierung. Zum Ministerpräsidenten wurde der Leiter der NSDAP im Gau Weser-Ems, Carl Röver, bestellt, der seit Mai 1933 auch als Reichsstatthalter für Oldenburg und Bremen amtierte. Julius Pauly fungierte seit dieser Zeit als Minister der Kirchen und Schulen sowie der Justiz und war wesentlich für die bald nach der Machtergreifung einsetzenden antikirchlichen Maßnahmen verantwortlich. Diese beinhalteten wie in anderen deutschen Ländern u.a. die Beeinträchtigung und das Verbot der katholi-

Abb. 2: Einzug Clemens August Graf von Galens in Münster nach seiner Ernennung zum Kardinal, März 1946.

schen Presse und Vereine, die Einschränkung von Wallfahrten und Prozessionen sowie das Vorgehen gegen Geistliche, das von Verwarnungen, Verhören und Verhaftungen bis zur Einweisung in das KZ reichte. Einen besonderen Schwerpunkt des Kirchenkampfes bildete die Abschaffung der verfassungsrechtlich verankerten Konfessionsschulen und die Errichtung von Simultanschulen; dies sollte es der Regierung erleichtern, die Schulbildung mit der nationalsozialistischen Ideologie zu durchdringen, während die Kirche und die Eltern in der katholischen Bekenntnisschule ein wichtiges Mittel zur Sicherung konfessioneller Identität sahen. Zu den frühen Maßnahmen zur Entkonfessionalisierung des Schulwesens gehörte ein Erlass Paulys vom 4. November 1936, der die Entfernung aller religiösen Zeichen aus den öffentlichen Gebäuden verfügte. Die Entfernung der Kruzifixe aus den Schulräumen wurde von Geistlichen und Gläubigen als ein genereller Angriff auf das Christentum angesehen und hatte eine Welle von Petitionen und Demonstrationen zur Folge. Die zahlreichen Proteste, denen sich auch die Bekenntnissynode der evangelisch-lutherischen Kirche Oldenburgs anschloss und die den Charakter einer »Volkserhebung« (Joachim Kuropka) annahmen, veranlassten schließlich Gauleiter Röver, den Erlass auf einer Massenversammlung in der Cloppenburger Münsterlandhalle, an der ca. 10.000 Personen teilnahmen, am 25. November zurückzunehmen.

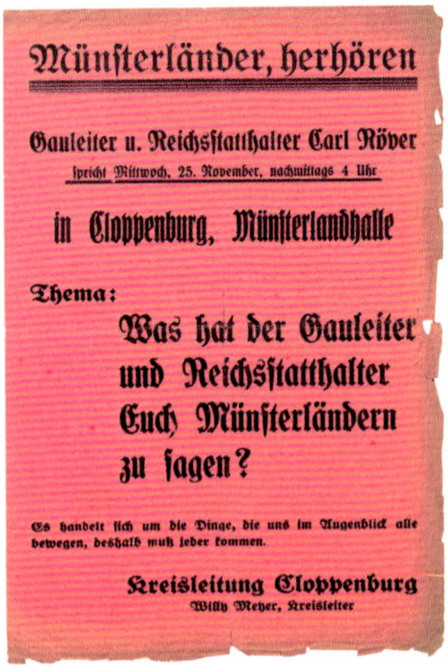

Abb. 3: Ankündigung einer Großkundgebung der NSDAP im November 1936 in Cloppenburg mit Gauleiter Röver.

Die Vorgänge um den *Oldenburger Kreuzkampf* wurden weit über die Region hinaus bekannt. Der Sieg der katholischen Bevölkerung im Kreuzkampf führte jedoch lediglich zu einer Verzögerung der Simultanisierung der Schulen, die auch Abstimmungen in den einzelnen Gemeinden zugunsten der Bekenntnisschulen nicht verhinderte und die 1939 erreicht war. Bis zum Kriegsbeginn verfielen auch Schulen, die von Orden wie den Schwestern Unserer Lieben Frau und den Dominikanern geführt wurden, der Auflösung.

In diesem Zusammenhang ereignete sich in der gemischtkonfessionellen südoldenburgischen Gemeinde Goldenstedt ein schwerer Zwischenfall. Als hier im Mai 1938 die Gemeinschaftsschule eingeführt werden sollte, kam es zu einer Demonstration katholischer und evangelischer Eltern und zu einem Schulstreik. Um eine Eskalation wie im Kreuzkampf zu unterbinden, versuchten die Regierung und die Gestapo, die Bevölkerung einzuschüchtern, und ließen zwölf Männer, die sich an dem Protest beteiligt hatten, für mehrere Monate verhaften und ins Konzentrationslager bringen. Außerdem wurde gegen sechs Priester ein Aufenthaltsverbot für das Land Oldenburg und den Regierungsbezirk Aurich verhängt. Galens Proteste blieben zwar erfolglos. Die antikirchlichen Maßnahmen führten jedoch nicht zu einer Auflockerung des katholischen Milieus im Oldenburger Münsterland, sondern förderten dessen Zusammenschluss und Resistenz.

Die seit den 1960er Jahren einsetzende kritische Auseinandersetzung mit der Haltung der Kirchen in der NS-Zeit wirkte sich auch auf die Beurteilung Galens aus. In der wissenschaftlichen Literatur wurden vor allem sein Staatsverständnis, sein Schweigen zur Judenverfolgung und seine Haltung zum Krieg kontrovers diskutiert. Außerdem stellte sich die Frage, ob sein Handeln während der NS-Zeit als aktiver Widerstand oder als nonkonformes Verhalten zu bewerten sei. Dabei fanden seine Predigten als Zeichen furchtloser Zivilcourage allgemein Anerkennung.

Literatur

Joachim Kuropka (Hrsg.), Streitfall Galen. Clemens August Graf von Galen und der Nationalsozialismus. Studien und Dokumente, Münster 2007.

Joachim Kuropka, Die katholische Kirche in Oldenburg im 20. Jahrhundert, in: Rolf Schäfer u.a. (Hrsg.), Oldenburgische Kirchengeschichte, Oldenburg 1999, S. 523-641.

Hubert Wolf u.a. (Hrsg.), Clemens August von Galen. Ein Kirchenfürst im Nationalsozialismus, Darmstadt 2007.

Der »Bremer Elefant« – ein Antikolonialdenkmal

Von Björn Allmendinger und Steven Heimlich

Verlässt man den Bremer Bahnhof zur Nordseite und richtet seinen Blick auf die Grünfläche des einstigen Herdentorsfriedhofs, ist er kaum zu übersehen: der sogenannte »Elefant« – eine aus rotem Klinker gefertigte Tierplastik mit einer Gesamthöhe von zehn Metern auf einem zwölfeckigen Fundament. Zu Freimarktzeiten oder Konzerten in der angrenzenden Stadthalle ist das ehemalige Kolonial-Ehrenmal ein beliebter Treffpunkt. Für Kunst- und Literaturfreunde der Hansestadt ist das rote Backsteinmonument und die sich darunter befindende Krypta, in der ursprünglich an die im Ersten Weltkrieg bei der Verteidigung der deutschen Kolonien gestorbenen Soldaten erinnert wurde, heute ein vielfältig genutzter Veranstaltungsort. Und vor einigen Jahren griff auch der aus Bremen stammende Moderator Jan Böhmermann die in der Hansestadt mit dem Elefanten assoziierten My-

Abb. 1: Das Kolonial-Ehrenmal, Ansichtskarte aus den 1940er Jahren.

then für einen satirischen Kurzfilm auf. Dass Legenden, wonach sich beispielsweise unter dem Denkmal ein unterirdischer Geheimgang in die Stadt befände oder hier gar der größte Elefant der Welt begraben läge, nach wie vor in der Bevölkerung kursieren und die Wahrnehmung des Denkmals prägen, versinnbildlicht einmal mehr die »koloniale Amnesie«, d.h. das deutsche Vergessen der eigenen kolonialen Vergangenheit. Tatsächlich wurde der Elefant in seiner fast neunzigjährigen Geschichte immer wieder zum »Stein des Anstoßes« und löste hitzige Debatten aus, die zumeist entlang jener konjunkturellen Wellen verliefen, die so charakteristisch für die Wahrnehmung des Themas »Kolonialismus« in Deutschland waren und sind.

Bereits seit 1908 verfestigte sich in der politisch-militärischen Führung des Deutschen Kaiserreichs der Gedanke, ein zentrales Denkmal für »die auf außereuropäischem Boden im Kampfe gebliebenen Deutschen« zu errichten, wobei als Standort zunächst die Reichshauptstadt Berlin favorisiert wurde. Den in diesem Zusammenhang stehenden Bildhauerwettbewerb 1913/1914 gewann der für seine Tierplastiken bekannte Münchner Bildhauer Fritz Behn mit seinem Modell eines afrikanischen Elefanten. Laut Joachim Zeller war Behn die »Leitfigur unter den deutschen Kolonialkünstlern seiner Zeit«; in der Kolonialbewegung galt er als »künstlerischer Pionier des deutschen Kolonialgedankens«. Nachdem der Siegerentwurf allerdings auf öffentliche Kritik stieß (vor allem in Bezug auf die als unwürdig, trivial und willkürlich empfundene Tierplastik als Symbolträger des deutschen Kolonialgedankens), ordnete Kaiser Wilhelm II. 1914 eine weitere Ausschreibung mit von ihm zuvor ausgewählten Künstlern an – welche aber wegen des Ersten Weltkriegs nicht mehr durchgeführt wurde.

Die Idee eines zentralen »Kolonialkriegerdenkmals« auf deutschem Boden geriet zunächst in Vergessenheit, wurde aber in der Weimarer Republik erneut aufgegriffen, als deutschlandweit Kolonialdenkmäler als lebendige Erinnerungsorte für – so Winfried Speitkamp – »die gemeinsame Vergangenheit der Nation in Übersee« und Agitationsorte des Kolonialrevisionismus entstanden. Nachdem die Bremer Abteilung der Deutschen Kolonialgesellschaft 1926 einen Antrag zur Errichtung eines kolonialen Ehrenmals einreichte, sorgte sie damit in der Politik und Öffentlichkeit Bremens für äußerst kontroverse Diskussionen. Strittig war vor allem die eigentliche symbolische Bedeutung der von Behn auf Grundlage seines einstigen Entwurfs erstellten Tierplastik: Sollte der Elefant lediglich dem Gedenken der gefallenen Schutztruppenangehörigen in den deutschen Kolonien dienen oder darüber hinaus auch dazu auffordern, die verlorenen Gebiete in Übersee zurückzugewinnen? Während Sozialdemokraten und Kommunisten das Monument ablehnten, äußerten sich rechte und bürgerliche Kräfte wohlwollend bis zustimmend. Doch erst mit Unterstützung der NSDAP, die nach den Wahlen von 1930 als zweitstärkte Kraft in die Bremer Bürgerschaft einzog, konnten die kolonialrevisionistischen Kreise ihr Vorhaben verwirklichen. Das Parlament gab schließlich 1931 seine Zustimmung zum geplanten Denkmalprojekt. Noch im selben Jahr wurde unter Leitung des Bremer Architekten Otto Blendermann das Kolonial-Ehrenmal errichtet – maßgeblich finanziert von bremischen Überseefirmen.

Aufgrund zahlreicher Kontroversen bezüglich der Gestaltung der offiziellen Einweihungsfeier (wegen der innenpolitisch angespannten Lage der Weimarer Republik galt seit Juli 1931 in Bremen ein Versammlungsverbot) verhüllte man das Monument zunächst mit einem Leinentuch. Nach und nach wurden jedoch einzelne Stücke dieser Umhüllung von Unbekannten abgeschnitten, sodass die rote Backsteinplastik alsbald zum Vorschein kam. Es waren gerade diese nächtlich-klandestinen Aktionen, die deutschlandweit für Schlagzeilen sorgten und das Denkmal weithin bekannt machten. Nach zahlreichen Diskussionen innerhalb der Bremer Politik verständigte man sich letztendlich auf eine offizielle Einweihungsfeier am 6. Juli 1932, die zu einer Machtdemonstration der kolonialrevisionistischen Bewegung wurde.

In der Zeit des Nationalsozialismus galt der Bremer Elefant neben dem Hamburger Wissmann-Denkmal als Deutschlands wichtigste koloniale Kultstätte und wurde gleichsam zum zentralen Bestandteil im Ensemble jener Marksteine, die den stolzen Namen *Stadt der Kolonien* legitimieren sollten. Neben dem Kolonial-Ehrenmal gehörten hierzu etwa das 1935 in *Deutsches Kolonial- und Überseemuseum* umbenannte vorherige *Städtische Museum für Natur-, Völker- und Handelskunde* (heute: Überseemuseum), das vom Bremer Kaffeehändler Ludwig Roselius zusammen mit der Stadt finanzierte und 1940 eröffnete *Lüderitz Museum* oder das 1938 in Lettow-Vorbeck-Schule umbenannte heutige Hermann-Böse-Gymnasium. Zu den kolonial-revisionistischen Erinnerungsveranstaltungen am Ehrenmal zählten damals z.B. eine Weihestunde am 25. November 1933 mit der Symbolfigur der deutschen Kolonialbewegung, General Paul von Lettow-Vorbeck, die am 11. November 1934 durchgeführte *Tangafeier* zum Gedenken an die Schlacht bei Tanga gegen britische Truppen im November 1914 oder das in der Nähe zum Elefanten veranstaltete koloniale Volksfest des Reichskolonialbundes am 28. November 1937.

Nach dem Ende des Zweiten Weltkriegs wurden gemäß einer von der amerikanischen Militärregierung 1945 erlassenen Anordnung sämtliche Hinweise auf die einstigen kolonialrevisionistischen Bezüge vom Ehrenmal entfernt und deren Bruchstücke schließlich 1958 endgültig vernichtet. Hierzu zählten beispielsweise der Schriftzug *Unse-*

Abb. 2: Einladungsplakat zu einer Festveranstaltung des Reichskolonialbundes in der Nähe des »Bremer Elefanten«, 1937.

ren Kolonien, der sich an der Vorderseite des Elefanten befand, die Porträtmedaillons des Bremer Kaufmanns Adolf Lüderitz und des Generals Paul von Lettow-Vorbeck sowie die vormals an der Seite des Sockels angebrachten Terrakottatafeln mit den Namen der einstigen deutschen Kolonien. Derart von seinem ursprünglichen Bedeutungszusammenhang »befreit«, gerieten der Entstehungshintergrund und die Symbolik des Ehrenmals zunehmend in Vergessenheit. Wie andernorts in Deutschland erfolgte auch in Bremen keine kritische Aufarbeitung der Kolonialzeit. Im Gegenteil: Noch im Jahre 1953 stiftete der Bremer Senat eine Gedenktafel zum 70-jährigen Bestehen der namibischen Hafenstadt Lüderitz, die am dortigen Lüderitz-Denkmal angebracht wurde. Und sogar einem Bittschreiben des Sohns von Adolf Lüderitz, die zuvor entfernten Plaketten wieder am Sockel des Bremer Ehrenmals anzubringen, wurde insofern nachgekommen, als der Bausenator für 1954 eine Neuanfertigung und den Einbau der Erinnerungstafeln plante – was jedoch nie umgesetzt wurde. Der Elefant diente mitunter noch zu folkloristischen Zwecken, wie z.B. als Wappentier des Hermann-Böse-Gymnasiums. Dass die Krypta des Denkmals in der Nachkriegszeit zudem als Aktenarchiv für lokale Behörden und später gar den Bremer Umweltbetrieben als Lagerraum für ihre Arbeitsgeräte diente, ist symptomatisch für den Entzug erinnerungskultureller Bedeutung.

Nicht einmal Ende der 1960er Jahre, als z.B. das Wissmann-Denkmal in Hamburg zum Gegenstand antiimperialistischer Proteste wurde, geriet der Elefant in das Blickfeld der protestierenden Jugend in Bremen. Inzwischen war offenbar »eine Art Vakuum um den Elefanten herum entstanden […], eine Phase, in der sich kaum noch jemand für den Bau interessierte«, wie Arie Hartog, Direktor des Gerhard-Marcks-Hauses, 2017 feststellte. Von einem Erinnerungsort »Bremer Elefant« konnte in jener Zeit kaum die Rede sein. Aber nicht nur die historischen Bezüge gingen verloren, auch die bauliche Substanz löste sich zunehmend auf. Durch Witterungsschäden drohte dem Elefanten damit nicht nur der erinnerungskulturelle, sondern ebenso der bauliche Verfall. Erst 1986 entschloss sich der Bremer Senat, den Elefanten umfangreich zu sanieren. Gleichzeitig begannen Dritte-Welt- und Solidaritätsgruppen das Denkmal im Lichte der Anti-Apartheid- und Friedensbewegung neu zu rezipieren.

Einer Kundgebung vor dem Denkmal unter dem Motto »Aus der Geschichte lernen« am 8. Mai 1985 folgten alsbald weitere Protestaktionen mit dem Ziel einer erinnerungspolitischen Aufarbeitung der Kolonialzeit und einer offiziellen Umwidmung des einstigen Ehrenmals in ein Antikolonialdenkmal, die schließlich am 18. Mai 1990 im Zuge des Namibia-Freiheitsfestes vollzogen wurde. Sechs Jahre später folgte die Einweihung einer Gedenktafel für die Opfer der deutschen

Abb. 3: Einweihung einer Gedenktafel für die Opfer der deutschen Kolonialherrschaft in Namibia, 1996.

Kolonialherrschaft in Namibia und 2009 die Errichtung eines Mahnmals für die Opfer des Völkermords an den Herero und Nama.

Zeitgleich wurde der Verein »DerElefant!« gegründet, der sich um die Erhaltung des Denkmals kümmert. Die den Elefanten umgebende Grünfläche erhielt 2014 den Namen *Nelson-Mandela-Park*. Laut den 2019 von der Bürgerschaft verabschiedeten *kulturpolitischen Leitlinien zum Umgang mit dem kolonialen Erbe* soll hier nun jährlich am 11. August der Opfer des Völkermords gedacht werden.

Rückblickend kann die Umwidmung des Denkmals als wesentlicher Auftakt zu einer schrittweisen historischen Aufarbeitung der kolonialen Vergangenheit Bremens betrachtet werden. Zugleich war sie aber auch ein Erfolg zivilgesellschaftlicher Gruppen, die bereits 1979 mit einer Protestaktion für eine Umbenennung der Lüderitzstraße auf eine kritische Auseinandersetzung mit der städtischen Kolonialtradition drangen. Dass der Elefant trotz zahlreicher Kontroversen niemals wirklich Gefahr lief, entfernt oder gestürzt zu werden, dürfte maßgeblich an dessen offener Ästhetik liegen. So kann der Bremer Elefant mit den Worten Winfried Speitkamps heute sowohl »als Zeichen deutscher Herrschaft in Afrika, aber auch als Sinnbild einer Beziehung zu Afrika oder gar als Symbol afrikanischer Standfestigkeit gelesen werden«. Auch aus diesem Grund gestaltete sich seine Umdeutung weniger problematisch als bei anderen Kolonialdenkmälern in Deutschland.

Literatur

Rudolf Bauer u.a., Der Elefant! – Bilder – Gedichte – Dokumente zum Anti-Kolonialdenkmal in Bremen, Bremen 2010.

Radek Krolczyk, »Deutsche Ästhetik ist plump« [Interview mit Arie Hartog], in: Die Tageszeitung (taz) 2017, https://taz.de/!5436571/, letzter Zugriff 14. Juni 2020.

Winfried Speitkamp, Kolonialdenkmäler, in: Jürgen Zimmerer (Hrsg.), Kein Platz an der Sonne. Erinnerungsorte der deutschen Kolonialgeschichte, Bonn 2013, S. 409-423.

Joachim Zeller, Kolonialdenkmäler und Geschichtsbewußtsein. Eine Untersuchung der kolonialdeutschen Erinnerungskultur, Frankfurt a.M. 2000.

Joachim Zeller, Das schwierige Erinnern an die koloniale Vergangenheit, in: Horst Gründer/Hermann Hiery (Hrsg.), Die Deutschen und ihre Kolonien. Ein Überblick, Berlin [2]2018, S. 297-315.

Die Heil- und Pflegeanstalt Wehnen

Hedwig Thelen

Abb. 1: Maschinenhaus, Wasserturm und Zentralküche der Heil- und Pflegeanstalt Wehnen 1934.

Wehnen: Der Name der kleinen Ortschaft, nahe der Stadt Oldenburg, ist untrennbar mit der Geschichte der Psychiatrie verbunden, denn dort wurde 1858 die erste psychiatrische Einrichtung in der Region, dem damaligen Großherzogtum Oldenburg, errichtet: die *Irrenheilanstalt zu Wehnen*. Seit 2007 trägt sie den Namen *Karl-Jaspers-Klinik*.

Der Psychiater und Philosoph Karl Jaspers war gebürtiger Oldenburger. Sein Name steht für eine moderne Psychiatrie, für ein einfühlsames Sich-Hinwenden zum erkrankten Menschen und eine kritische Haltung zum Nationalsozialismus. Mit der Umbenennung stellt sich die Klinik in die Tradition von Jaspers. Einen unmittelbaren Bezug zur eigenen Geschichte gibt es dabei nicht – ganz im Gegenteil.

Gegründet als Heilanstalt wurde die Klinik bis 1914 stetig ausgebaut. Aufgeteilt auf mehrere Krankenhauspavillons bot sie Platz für 400 Patient*innen. Im Ersten Weltkrieg brach die Krankenversorgung jedoch ein. Nur langsam erholte sich die Anstalt von den ökonomischen Folgen des Krieges, bevor mit der Weltwirtschaftskrise 1929 ein erneuter

Einbruch kam. Das Oldenburger Staatsministerium bzw. der Landesfürsorgeverband (LFV) als Träger der Klinik drängten darauf, den Anstaltsbetrieb zu verbilligen. Die Pflegesätze wurden reduziert, Anstaltspersonal entlassen. Den ideologischen Rahmen für den Sparkurs lieferte die Eugenik – die Idee, Menschen nach erbbiologischen Gesichtspunkten zu unterscheiden und zu bewerten. Diese Sparpolitik wurde konsequent fortgeführt. 1941 rühmte sich Carl Ballin, Vorstandsmitglied des LFV, mit den zwei Millionen Reichsmark, die der Verband durch die Senkung der Pflegesätze *»gespart«* hatte: *Dadurch wurde nachhaltig der Erkenntnis Rechnung getragen, daß die Ausgaben für das erbbiologisch unwerte Leben [...] möglichst niedrig zu halten sind.*[1]

Ab 1933 begann man zudem, Patient*innen anderer Anstalten aus dem nordwestdeutschen Raum aufzunehmen. Spätestens ab 1936 herrschte auf den Stationen drangvolle Enge. Anhaltende Überbelegung, mangelnde Hygiene und fehlende medizinische Versorgung führten zur Ausbreitung von Infektionskrankheiten. Infolgedessen starben zwischen 1936 und 1947 mehr als 1.500 Patient*innen an Unterernährung und Entkräftung. In der Anstalt etablierte sich eine Form des institutionellen Verhungernlassens, die erschreckend effektiv funktionierte und erst 1947 endete. Die Heil- und Pflegeanstalt Wehnen übernahm damit die Rolle einer regionalen Sammel- und Tötungsanstalt. Abtransporte im Rahmen der zentral organisierten *Aktion T4* – der Ermordung von Anstaltspatient*innen in speziell dazu eingerichteten Gaskammern – blieben hingegen aus.

Nicht mehr Heilanstalt, sondern Nervenklinik,[2] unter diesem Titel erschien im Februar 1950 ein Artikel in der *Nordwest-Zeitung*. Deutlich sprach der Wunsch nach einem Neuanfang aus dieser Zeile. Die Heilanstalt sollte Vergangenheit sein, und auch die NS-Zeit wollte man hinter sich lassen. Doch die Unterbringungsbedingungen waren weiterhin katastrophal. Daher sparte der 1946 neu eingesetzte Klinikleiter Dr. Rudolf Köhler nicht mit Kritik. Er sei nicht länger bereit, weiterhin die Öffentlichkeit zu beruhigen und die Verantwortung für Zustände zu übernehmen, die er als unhaltbar und menschenunwürdig ansah. In einem internen Bericht verglich er das Krankenhaus in seinem aktuellen Zustand 1948 mit einem *Konzentrationslager für Geisteskranke.*[3] Auch die Frage der Verantwortung sprach er an: *dieses traurige Erbe ist letzten Endes nicht die Folge von politischen und wirtschaftlichen Schwierigkeiten.*[4] Vielmehr sei es das Ergebnis der Prinzipien, mit denen die Heil- und Pflegeanstalt Wehnen geführt wurde: dem Vorrang der Wirtschaftlichkeit vor dem Wohl der Kranken.

1948/1949 untersuchte die Staatsanwaltschaft Hannover die nationalsozialistischen »Euthanasie«-Verbrechen im Raum Niedersachsen und erhob in diesem Zusammenhang unter anderem detaillierte Angaben zur Sterblichkeit in der Heil- und Pflegeanstalt Wehnen. 1945 hatte sie bei über 30% gelegen, trotzdem wurde den Hinweisen auf eine mögliche Tötungspraxis nicht weiter nachgegangen. Das Ermittlungsverfahren wurde eingestellt. Vor diesem Hintergrund forcierte der Landesfürsorgeverband in den Nachkriegsjahrzehnten die Legende, *dass die Auswüchse des Denkens, die schließlich zu dem sog. Euthanasieverfahren in besonderen Anstalten führten, sich in Wehnen nicht ausgewirkt haben.*[5] Noch Ende der 1970er Jahre zitierte die Klinik diese Aussage ungebrochen in einer offiziellen Selbstdarstellung. Die Tatsache, dass keine Patient*innen aus Wehnen verlegt und im Rahmen der *Aktion T4* ermordet worden waren, diente hierfür als Begründung. Die hohe Sterblichkeit vor Ort wurde hingegen mit keinem Wort erwähnt.

Das Verschweigen, Verleugnen und Verdrängen der Patiententötungen war keine Besonderheit der Wehner Klinik. Bis in die 1980er Jahre hinein fand in kaum einer Psychiatrie – weder in der Bundesrepublik noch in der DDR – eine Auseinandersetzung mit dem Tatkomplex der NS-»Euthanasie« statt. Erst die massive Kritik an den damals bestehenden Verhältnissen in den psychiatrischen Kliniken, die 1975 in einer Psychiatrie-Enquete zusammengefasst und öffentlich gemacht wurde, ließ Fragen nach der NS-Vergangenheit, nach personellen Kontinuitäten und der juristischen Aufarbeitung aufkommen. Klinikmitarbeiter*innen, zum Teil auch Journalist*innen begannen die Geschichte der Psychiatrie im Nationalsozialismus kritisch aufzuarbeiten. Dies setzte eine Welle historischer Forschung in Gang, die zunehmend auch die Ereignisse auf lokaler Ebene in den Blick nahm. Diese Entwicklung geschah parallel zu den sich ausweitenden Erinnerungsdiskursen der 1980er Jahre: zu den aufkommenden Forschungen zur NS-Geschichte und den »vergessenen« Opfergruppen sowie zu den vielerorts entstehenden Gedenkinitiativen. Für Niedersachsen entstand Anfang der 1990er Jahre eine groß angelegte Studie zur *Psychiatrie im Dritten Reich* von Raimond Reiter, weitere historische Forschungen folgten unter anderem zur *Kinderfachabteilung* Lüneburg. Dort waren behinderte Kinder und Jugendliche während der NS-Zeit ermordet worden. Die umfassenden Forschungsarbeiten von Raimond Reiter legten den Grundstein für die spätere Entstehung der »Euthanasie«-Gedenkstätte auf dem Gelände der psychiatrischen Klinik Lüneburg.

Zeitgleich zur Studie von Raimond Reiter setzte auch in der Region Oldenburg eine Auseinandersetzung mit den Patientenmorden ein. Der entscheidende Impuls dazu kam von dem Oldenburger Historiker Ingo Harms, der 1996 in seiner Dissertation das Hungersterben in der Anstalt nachwies. Die Gründe für den Wehner Sonderweg lassen sich nicht eindeutig rekonstruieren, eines aber lässt sich belegen: Für das systematische Hungersterben in der Heil- und Pflegeanstalt Wehnen waren lokale Akteure – der Landesfürsorgeverband so-

Abb. 2:
»Die Schwachen und Kranken zu schützen ist die Würde der Gesunden«: Mahnmal für die Opfer der NS-»Euthanasie«, errichtet 2001.

wie die Klinikleitung und -verwaltung – verantwortlich: ein gerade für die örtliche Erinnerungskultur bedeutsamer Befund.

Damit war ein radikaler Gegenentwurf zum bis dahin herrschenden Verdrängungsdiskurs der Nachkriegsjahrzehnte formuliert worden. In einigen Teilen der Bevölkerung rief dies Widerstände hervor. Bei Anderen trafen die Forschungsergebnisse auf großes Interesse: bei den Angehörigen der Ermordeten. In den betroffenen Familien hatte vielfach der vage Verdacht geherrscht, dass die Menschen in der Anstalt *gestorben worden waren.*[6] Nun wurde daraus Gewissheit. Angehörige fanden sich zu einer Gruppe zusammen, um sich gegenseitig bei der Aufklärung der Familienschicksale zu unterstützen. 2003 gründeten sie den Gedenkkreis Wehnen e.V. mit dem Ziel, der Opfer

Abb. 3: Die Gedenkstätte Wehnen auf dem Gelände der heutigen Karl-Jaspers-Klinik.

der rassenmedizinischen Maßnahmen in der Region Weser-Ems[7] – den Zwangssterilisierten und Ermordeten – zu gedenken. Die Errichtung eines Mahnmals auf dem Gelände der heutigen Karl-Jaspers-Klinik war ein erster Schritt in diese Richtung.

2004 folgte die Eröffnung der Gedenkstätte *Alte Pathologie* in der ehemaligen Leichenhalle der Heil- und Pflegeanstalt Wehnen. In dem kleinen, kreuzförmig angelegten Gebäude befindet sich im Eingangsbereich und dem früheren Sezierraum eine Dokumentation. Mit der Einweihung der Erinnerungsstätte auf dem nahe gelegenen Anstaltsfriedhof, der Ende der 1990er Jahre eingeebnet worden war, erfüllte sich 2009 für viele Angehörige der Wunsch nach einem Ort individueller Trauer.

2019 feierte die Gedenkstätte ihr 15-jähriges Bestehen. Bis heute wird sie ehrenamtlich von den Mitgliedern des Gedenkkreises geführt. Viele Angehörige »der ersten Stunde«, die die NS-Zeit noch selbst erlebt haben, sind inzwischen verstorben oder haben sich aus der aktiven Mitarbeit zurückgezogen. Angehörige der dritten Generation und Menschen, die sich für das Thema engagieren, führen die Arbeit des Gedenkkreises fort. Um dem wachsenden Interesse von Schulen und Besuchergruppen an Führungen und Vermittlungsangeboten zu begegnen, bemüht sich der Verein um eine Professionalisierung der Gedenkstättenarbeit.

Die Rahmenbedingungen dafür sind nicht einfach, doch zeigt die »Euthanasie«-Gedenkstätte der Psychiatrischen Klinik Lüneburg, dass eine solche Entwicklung möglich ist. Ebenfalls 2004 eröffnet, gelang es 2012 eine Personalstelle einzurichten. Seit 2015 läuft ein groß angelegtes Projekt zur Neugestaltung. Eine breite Trägerschaft der Gedenkstätte, die Unterstützung durch die Klinik und lokale Institutionen sowie die Förderung durch die Stiftung niedersächsische Gedenkstätten machen dies möglich.

Anmerkungen

1 Carl Ballin an das Oldenburgische Ministerium des Innern, 6.2.1941, Archiv des Bezirksverbands 20-01-08, Bl. 1/3, S. 2.
2 Siehe Nordwest-Zeitung, 3.2.1950, S. 4.
3 Bericht von Rudolf Köhler, *Oldenburgische Heil- und Pflegeanstalt und Geisteskrankenfürsorge*, 27.2.1948, Archiv des Bezirksverbands 20-01-08, Bl. 15/27 S. 5.
4 Ebd. S. 10.
5 Das Oldenburgische Landeskrankenhaus Wehnen, in: Der Landesfürsorgeverband Oldenburg und seine Anstalten (Broschüre zum 25-jährigen Bestehen), Oldenburg 1958, o.S.
6 Hedwig Thelen, *»Unsere Mutter ist gestorben worden«*. In der Gedenkstätte »Alte Pathologie« erinnern Angehörige an die Opfer der NS-»Euthanasie« in Wehnen, in: Topographie des Terrors (Hrsg.), Gedenkstätten-Rundbrief 146, Berlin 12/2008, S. 26-31.
7 Vgl. Satzung des Gedenkkreises Wehnen e.V. in seiner Fassung vom 20.5.2003.

Literatur

Heinz Faulstich, Hungersterben in der Psychiatrie 1914-1949. Mit einer Topographie der NS-Psychiatrie, Freiburg i.B. 1998.

Alfred Flessner, Wahr-Nehmungen. Öffentliche Deutungskultur und die Aufarbeitung der NS-»Euthanasie« in den Familien der Opfer, in: Christine Wolters u.a. (Hrsg.), Abweichung und Normalität. Psychiatrie in Deutschland vom Kaiserreich bis zur Deutschen Einheit, Bielefeld 2013, S. 219-242.

Ingo Harms, »Wat mööt wi hier smachten ...«. Hungertod und »Euthanasie« in der Heil- und Pflegeanstalt Wehnen 1936-1945, Oldenburg 1996.

Raimond Reiter, Psychiatrie im Dritten Reich in Niedersachsen, Hannover 1997.

Maike Rotzoll u.a. (Hrsg.), Die nationalsozialistische »Euthanasie«-Aktion »T4« und ihre Opfer. Geschichte und ethische Konsequenzen für die Gegenwart, Paderborn 2010.

Der Bückeberg und das Reichserntedankfest

Von Dietmar von Reeken

Abb. 1: Luftbild des Bückebergs mit dem geplanten Wegenetz des Dokumentations- und Lernortes, Planungsstand Frühjahr 2021.

Eigentlich ein unscheinbarer Ort: ein kleiner Hügel im Weserbergland, gerade mal 160 m hoch, am Ufer der Weser ca. fünf Kilometer südlich von Hameln gelegen, idyllisch, landwirtschaftlich genutzt. Dies wäre eine Anhöhe unter vielen in der deutschen Mittelgebirgslandschaft, wenn hier nicht von 1933 bis 1937 ein Ereignis von nationaler Bedeutung stattgefunden hätte: Der Bückeberg war der Schauplatz der sogenannten »Reichserntedankfeste«, die hier seit 1933 einmal jährlich abgehalten wurden. Es handelte sich um eine von den Nationalsozialisten organisierte Massenveranstaltung, die nach der ersten Durchführung am 1. Oktober 1933 einen festen Platz im neuen Festkalender erhielt. Der Ort wurde aus mehreren Gründen gewählt: Er war im ländlichen Raum angesiedelt, verkehrsgünstig gelegen, im staatlichen Besitz und ideologisch passfähig: in der Nähe der »deutschen« Weser (→ *Weser*) und im »völkischen Kernland« Niedersachsen. Mit großem organisatorischem Aufwand wurden Hunderttausende hierhergebracht, vor Ort erwartete sie bei der mehrstündigen Veranstaltung nationalsozialistisches Ambiente mit unzähligen Fahnen und Dekorationen, Marschmusik, Tanz- und Turndarbietungen, Flugvorführungen, einer Militärübung und einer Reihe von Ansprachen – allen voran eine Rede Hitlers, die als Höhepunkt des »Reichserntedankfestes« inszeniert wurde. Nach einer improvisierten Vorbereitung im ersten Jahr wurden Ablauf und Infrastruktur immer stärker durchorganisiert. Dazu trug auch die Gestaltung und Ausstattung des Geländes bei, das zwar günstige naturräumliche Voraussetzungen bot, aber für den Propagandabedarf überformt werden musste. Der Reichsarbeitsdienst veränderte daher das Areal so, dass eine Art Freilichtbühne von ca. 600-800 x 300 m entstand, die genügend Menschen Platz bot. Prinzipiell war vorgesehen, den Ort dauerhaft für diesen Zweck zu nutzen; die sehr kurzfristige Absage 1938 wegen des Einmarsches in das »Sudetenland« nach dem Münchener Abkommen deutete aber bereits die neuen politischen Prioritäten im Zuge der unmittelbaren Kriegsvorbereitung an.

Das »Reichserntedankfest« war ein wichtiger Teil der nationalsozialistischen Selbstinszenierung. Hiermit wurden unterschiedliche Ziele verfolgt: Zum einen sollte die Landbevölkerung gezielt angesprochen, gewürdigt und dadurch in die nationalsozialistisch gestaltete Gesellschaft integriert werden. Dazu diente nicht zuletzt die Anknüpfung an ein vertrautes, traditionelles Fest, das seiner christlichen Bestandteile entkleidet und ideologisch im Sinne von »Blut und Boden« überformt wurde. Die Forschung betont daher auch, dass es ein Pendant zu anderen zentralen Bestandteilen des neuen Festkalenders war, die sich an andere Zielgruppen richteten: der 1. Mai vor allem an die Arbeiterschaft, der Nürnberger Parteitag an die NSDAP-Mitglieder. Zum Zweiten sollte das Fest als Massenveranstaltung die nationalsozialistische »Volksgemeinschaft« symbolisieren – wozu durchaus passte, dass zwar bäuerliche Trachten aus vielen Teilen des Reiches zur visuellen Signatur des Tages gehörten, die Landbevölkerung aber bei den Teilnehmerinnen und Teilnehmern eher in der Minderheit war und das eigentliche Thema Erntedank in der Feier und in den Ansprachen kaum eine Rolle spielte. Dass »Volksgemeinschaft« nicht ohne Ausgrenzung denkbar war, war bei diesem Fest für viele Beteiligte nicht offen sicht- und spürbar. Exklusion fand eher im Vor- und Umfeld des Festes statt, in der Schließung von jüdischen Geschäften etwa oder der zeitweiligen Schutzhaft für politische Gegner. Zum Dritten diente das Fest zur Inszenierung des »Hitler-Mythos« – seine Rede sollte nicht nur den Höhepunkt darstellen, zuvor war er nach seiner Ankunft auch noch zweimal auf einem speziell hierfür gestalteten, 800 Meter langen Weg mitten durch die Massen gegangen. Zum Vierten schließlich deuteten die militärische For-

mierung der Massen und die Veranstaltung von Militärübungen während des Festes auf die zunehmende Kriegsvorbereitung hin. Bei aller Propaganda und bei allem Druck, der auf die Menschen in der Region und darüber hinaus ausgeübt wurde, damit sie teilnahmen – das Fest war auch ein Ereignis, das von Freiwilligkeit, von Mitmachbereitschaft, von Faszination und Begeisterung vieler Besucherinnen und Besucher geprägt war.

Abb. 2: Das »Reichserntedankfest« auf dem Bückeberg, 1937.

Auch wenn gerade in den ersten Jahren manche organisatorischen Schwierigkeiten zu verzeichnen waren, so war die Massenveranstaltung für viele Beteiligte offenbar ein Gemeinschaftserlebnis, das emotional bewegte, im Gedächtnis blieb und von dem man bei seiner Rückkehr in der Familie und im Bekanntenkreis erzählte. Die Historikerin Anette Blaschke resümierte in einem 2013 erschienenen Aufsatz zum Reichserntedankfest: »Für viele Besucher boten die Reichserntedankfeste durch die Verknüpfung von Volksfesttrubel und der auf rauschhaftes Gemeinschaftserleben zielenden Liturgie eines politischen Festes eine außeralltägliche Erfahrung jenseits ihres gewohnten Mikrokosmos.« Damit dieses Erlebnis nicht nur auf die Anwesenden beschränkt war, wurde das Fest von einer intensiven medialen

Inszenierung begleitet – Schilderungen in Zeitungen und Illustrierten, Berichte von Heimkehrenden in Parteiveranstaltungen vor Ort, tausendfach verbreitete Fotos des Geschehens, Radiosendungen und Filme, die auch in Wochenschauen gezeigt wurden, sollten das örtliche Geschehen reichsweit verfügbar und nacherlebbar machen.

Nachdem das Gelände seit 1938 nicht mehr genutzt und einige Einrichtungen im Krieg abgebaut wurden, fiel es nach 1945 in einen Dornröschenschlaf, was angesichts seiner Bedeutung und Rezeption in den 1930er Jahren erklärungsbedürftig ist. Hierzu trug sicher mindestens zweierlei bei: Zum einen hatte wohl kaum jemand vor Ort Interesse daran, an diesen Teil der jüngeren Vergangenheit der Region zu erinnern, schon gar nicht kritisch. Zwar hatte der Massenansturm Belastungen für die Menschen, die dort lebten, mit sich gebracht, die Veranstaltung hatte aber auch eine Aufwertung der Region bedeutet, und viele hatten die Feste durchaus in positiver Erinnerung. Dies unterschied einen solchen Ort massiv von den Orten, an denen Menschen gelitten hatten und gestorben waren; dort gab es anders als hier Überlebende und Angehörige, die auf Erinnerung drängten. Zum anderen waren, anders als in Nürnberg und bei vielen Lagern, keine Großbauten vorhanden, mit denen man irgendwie umgehen musste. Erhalten waren neben dem Gelände und den Fundamenten der oberen Tribüne auch noch Treppen und Wege sowie Infrastruktureinrichtungen, aber diese waren eben nur sichtbar, wenn man genau hinschaute. So geriet das Gelände eher in Vergessenheit. Es wurde landwirtschaftlich genutzt, die für das Fest errichteten Straßen wurden weiter befahren und in späteren Jahrzehnten rückte die Wohnbebauung näher heran. Bemerkenswert ist allerdings, dass in den frühen 1990er Jahren die noch vorhandenen und sichtbaren Betonfundamente der »Ehrentribüne«, die am ehesten daran erinnern konnten, dass hier mal eine größere Veranstaltung stattgefunden hatte, durch eine Bepflanzung quasi unsichtbar gemacht wurden. Angesichts der nationalen Bedeutung des Ortes hätten Impulse zur Erinnerung an das »Reichserntedankfest« wohl eher von außen kommen müssen.

Umso bemerkenswerter ist es, dass in den 1990er Jahren die entscheidende Initiative doch aus der Region kam: Bernhard Gelderblom, ein Gymnasiallehrer aus Hameln, begann sich hiermit zu beschäftigen, sammelte Mitstreiter um sich, baute eine umfangreiche Materialsammlung auf und veranstaltete Führungen auf dem Gelände für Interessierte. Ende der 1990er Jahre entstanden eine erste Broschüre über das Fest und eine Ausstellung, die nicht nur in der Region gezeigt wurde und damit den Menschen vor Ort »ihren« Bückeberg und seine Geschichte vermittelte, sondern auch überregional vielbeachtet wurde. Damit begann dann ein langjähriger Prozess, der bis heute nicht ganz abgeschlossen ist und vor allem zwei Ziele verfolgte: das

*Abb. 3:
Stelen des künftigen Dokumentations- und Lernortes Bückeberg, Planungsstand Frühjahr 2021.*

Gelände als Denkmal unter Schutz stellen zu lassen und vor Ort an die damaligen Geschehnisse zu erinnern. Das erste Ziel wurde 2002 mit einem entsprechenden Antrag verfolgt und führte zu einer langjährigen kontroversen Debatte in der Region. Während die Gemeinde Emmerthal das Gelände zunächst als Bauerwartungsland nutzen wollte und manche Anwohner von einer Unterschutzstellung und einer Dokumentation vor Ort befürchteten, hier würde so etwas wie eine Kultstätte für Rechtsradikale entstehen (so zumindest eine öffentlich genannte Begründung), wurden Gelderblom und seine Mitstreiterinnen und Mitstreiter von einem Teil der politischen Kräfte in der Region und im Land sowie von Expertinnen und Experten unterstützt. Ein Symposium im Jahr 2009, das das Niedersächsische Ministerium für Wissenschaft und Kultur als Oberste Denkmalschutzbehörde veranstaltete, beantwortete die von dem Göttinger Historiker Habbo Knoch aufgeworfene Frage, ob man eine solche Stätte der Selbstinszenierung und Mobilisierung erhalten solle, mit einem klaren »Ja« und empfahl die Ausweisung als Baudenkmal, die dann tatsächlich 2011 geschah. Damit war das erste Ziel erreicht, allerdings vor allem durch Intervention von »außen«.

Gelderblom und der von ihm gegründete *Verein für regionale Kultur- und Zeitgeschichte Hameln e. V.* setzten sich weiter für die Entwicklung des Ortes zu einem Lern- und Dokumentationsort ein – unterstützt von der Landeszentrale für politische Bildung bzw. deren Nachfolgerin, der Stiftung niedersächsischer Gedenkstätten. Auch die Schulen und Lehrkräfte in der Region bekundeten ihr Interesse. Dennoch blieben die Vorbehalte und Widerstände vor Ort groß, vorgetragen wurden sie mit manchmal heftigen, zuweilen persönlichen Angriffen zum Teil auf öffentlichen Veranstaltungen, zum Teil in den Leserbriefspalten der örtlichen Tageszeitung. Ein 2013 von der Stiftung veranstalteter zweiter Expertenworkshop verabschiedete zehn Handlungsempfehlungen, die darauf abzielten, das Gelände »lesbar« zu machen, jedoch ohne eine Rekonstruktion von früheren baulichen Elementen und (zunächst?) auch ohne den Bau eines Dokumentationszentrums. Ein von der Stiftung gefördertes und vom Verein getragenes Forschungsprojekt entwickelte ein Konzept für ein historisch-topographisches Informationssystem und endete mit einem Gestaltungswettbewerb. Die anhaltende politische Debatte, die nunmehr den Niedersächsischen Landtag erreichte und vor Ort zu einer Unterschriftensammlung gegen das Projekt führte, mündete in einen Beschluss des Kreistages Hameln-Pyrmont. Dass dieser mit 27 (SPD, Linke, Grüne und FDP) zu 20 Stimmen (CDU, AfD) denkbar knapp ausfiel, zeigt die nach wie vor vorhandenen Widerstände in der Region gegen eine Erinnerung an das historische Geschehen. Immerhin gelang es dem Landrat, durch kleinere Veränderungen des Konzepts eine etwas breitere Akzeptanz zu erzeugen (oder wenigstens die Gemüter zu beruhigen). Ende 2018 wurde von Landkreis und Verein eine gemeinnützige GmbH gegründet, der es nun obliegt, das Konzept umzusetzen. Damit wird der Bückeberg künftig ein institutionalisierter Erinnerungsort sein, der das Vergessen und Verdrängen verhindern und Angebote zum Erinnern und zur kritischen Auseinandersetzung bereithalten soll.

Literatur

Anette Blaschke, Die Reichserntedankfeste vor Ort. Auf der »Hinterbühne« einer nationalsozialistischen Masseninszenierung, in: Dietmar von Reeken/Malte Thiessen (Hrsg.), »Volksgemeinschaft« als soziale Praxis. Neue Forschungen zur NS-Gesellschaft vor Ort, Paderborn 2013, S. 125-141 (Zitat S. 126).

Bernhard Gelderblom, Die NS-Reichserntedankfeste auf dem Bückeberg 1933-1937. Aufmarsch der Volksgemeinschaft und Massenpropaganda, unter Mitarbeit von Mario Keller-Holte, Holzminden 2018.

Juliane Hummel/Rolf Keller, Der Bückeberg bei Hameln. Ein langer Weg zum Kulturdenkmal und Informations- und Lernort, in: Gedenkstätten-Rundbrief 174 (2014), S. 26-31.

Stefan Winghart (Hrsg.), Die Reichserntedankfeste auf dem Bückeberg bei Hameln. Diskussion über eine zentrale Stätte nationalsozialistischer Selbstinszenierung, Hameln 2010.

Der Maschsee

Von Florian Grumblies und Karljosef Kreter

Abb. 1: Arbeiter mit Lore beim Aushub des Maschsee-Beckens, 1935. Im Hintergrund ist der Bismarckturm zu erkennen.

Für die Bürgerinnen und Bürger der Landeshauptstadt Hannover ist der Maschsee neben dem Stadtwald Eilenriede das bevorzugte Naherholungsgebiet. Weit über die Stadtgrenzen hinaus bekannt, zählt er zu den touristischen Sehenswürdigkeiten. Im kollektiven Bewusstsein der Stadt ist der Ort fest verankert. Sein Ursprung in der Zeit des Nationalsozialismus ist zwar bekannt; die etwa aus dem Schulunterricht oder den Medien gewonnene Vorstellung von der brutalen NS-Diktatur passt jedoch gar nicht zu dem freundlichen Vergnügungs- und Erholungsort südlich des Neuen Rathauses (→ *Rathaus Hannover*).

An der Stelle des heutigen Maschsees lagen früher die ausgedehnten Wiesen der Aegidienmasch, die jährlich von den Fluten der Leine überschwemmt wurden. Ein 1876 vorgelegter erster Plan und spätere Initiativen zur Anlegung eines künstlichen Sees wurden nicht realisiert. Den Durchbruch für das Projekt brachte erst die Bekämpfung der durch die Weltwirtschaftskrise hervorgerufenen Arbeitslosigkeit. Im Oktober 1932 forderten Sozialdemokraten und bürgerliche Parteien in Hannover die zeitnahe Durchführung des Maschsee-Projekts als Maßnahme zur Arbeitsbeschaffung. Über den Bau und die spätere Gestaltung des Maschsees entschieden letztlich aber die Nationalsozialisten, die ab März 1933 die Stadtpolitik in Zusammenarbeit mit dem seit 1925 amtierenden Oberbürgermeister Arthur Menge bestimmten. Öffentlichkeitswirksam propagierten sie: *Schafft Arbeit, baut den Maschsee!*

Während um die Finanzierung des See-Projektes noch gerungen wurde, kündigte sich in zwei Propagandaveranstaltungen in der Leinemasch der nun herrschende Geist im »Dritten Reich« an. Als Zeichen gegen Meinungs- und Glaubensfreiheit und gegen die Freiheit der Kunst brannten am Abend des 10. Mai 1933 Bücher und Schriften jüdischer, liberaler, pazifistischer und marxistischer Autoren am Fuße des Bismarckturms in den Maschwiesen. Am 24. September 1933 marschierten 30.000 ehemalige Soldaten des »Stahlhelm – Bund der Frontsoldaten« über die Maschwiesen. In Anwesenheit des Reichskanzlers dankte Oberbürgermeister Menge dem Stahlhelm für seine Mithilfe *am Einigungswerk Adolf Hitlers*. Menge gelang es in der Folgezeit, das See-Projekt als Hochwasserschutzmaßnahme für das Leinetal zu präsentieren. Die Anlage des Sees wurde am 28. November 1933 beschlossen.

Am 21. März 1934 ließen die Nationalsozialisten zum reichsweiten *Großkampftag der Arbeitsschlacht* Hunderte von Arbeitslosen zur *Baustelle Masch* marschieren. Anstelle von Maschinen sollte vornehmlich ihre Muskelkraft die mühsamen Erdarbeiten verrichten. Bis zu 1.650 Arbeiter bewegten in der Bauphase rund 780.000 Kubikmeter Erde. Der Stundenlohn mit brutto 64 Pfennigen bei einer Wochenarbeitszeit von 48 Stunden harter körperlicher Arbeit war entgegen der großspurigen Propaganda aber, wie die Gestapo in ihren Stimmungsberichten einräumen musste, nur ein Hungerlohn, der kaum über das Arbeitslosengeld hinausreichte.

Die Einweihungsfeier am 21. Mai 1936 (Himmelfahrt) war mit dem Oberbürgermeister und dem NSDAP-Gauleiter als Hauptrednern ein Großereignis für Stadt und Partei. Optisch wurden die Eröffnungsfeierlichkeiten am Nordufer nicht durch die gewohnten NS-Marschkolonnen, sondern die zahlreichen Sportler in ihren Booten geprägt. Sie waren die eigentlichen Gewinner des Sees, der durch seine Länge Training und Wettkämpfe auf internationalem Niveau ermöglichte. Generell sollte der Maschsee der Erholung der deutschen »Volksgemeinschaft« dienen, wie die heute noch zu lesende Widmungsinschrift des hannoverschen Unternehmers und Spenders Fritz Beindorff im Pfeiler am Nordufer verheißt: *Wille zum Aufbau gab werkfrohen*

Abb. 2: Hermann Scheuernstuhls Fackelträger mit dem Fischreiter im Vordergrund. O.J. ca. 1938.

Händen den Segen der Arbeit[.] Freude, Gesundheit und Kraft spende fortan euch der See. Schon vor der Eröffnung des Sees war deutlich geworden, dass der Gestaltung und Randbebauung des Seeufers auch politische Bedeutung zukommen sollte. Erster propagandistischer Höhepunkt war 1935 die Einweihung der Hindenburg-Jugendherberge (heute Waldorfschule) am östlichen Ufer, an der Reichsjugendführer Baldur von Schirach persönlich teilnahm. In der neuen HJ-Jugendherberge bildete die Hitlerjugend fortan ihr Führungspersonal aus.

Der Bismarckturm war im gleichen Jahr restlos abgebrochen worden; das Relikt aus dem Kaiserreich galt als nicht mehr erinnerungswürdig. In den vorgeblich »unpolitischen« Raum der Naherholung drang am Nordufer und an der Promenade des Ostufers die Kunst ein, u.a. mit der Statue des *Fackelträgers* von Hermann Scheuernstuhl auf dem Pfeiler am Nordufer (1937), mit Georg Kolbes *Menschenpaar* (1938) und mit den beiden Löwen von Arno Breker im Jahre 1939. Für viele Besucher und Besucherinnen werden allerdings das Strandbad mit echtem Nordseesand und die zugehörige Gaststätte am Südufer sowie die Anlagen der Wassersportvereine am Westufer und der Musikpavillon mit einer erst später fertiggestellten Gaststätte für bis zu 4.000 Besucher am Nordufer mehr Bedeutung gewonnen haben.

Schon kurz nach der Eröffnung begannen die Nationalsozialisten neue Pläne für den Maschsee zu schmieden. Der See sollte ein Teil der baulichen Neugestaltung der Gauhauptstadt Hannover werden. Am Westufer war ein riesiges »Parteiforum« vorgesehen mit einer 30.000 Sitzplätze fassenden *Halle der Volksgemeinschaft* und einem Aufmarschplatz von 90.000 m^2. Bis zur Einstellung dieser Planungen 1942, als alle Mittel für den Krieg benötigt wurden, wurde nichts hiervon realisiert. Während des Krieges deckte man den See ab, um den feindlichen Bomberpiloten keine Orientierung zu bieten.

Nach der Befreiung Hannovers durch US-Truppen am 10. April 1945 verschwanden bald auch am Maschsee die Symbole der NS-Herrschaft. Ein Wandgemälde an der früheren HJ-Jugendherberge wurde ebenso entfernt wie das Hakenkreuz am Pfeiler des Fackelträgers. An dem bereits zitierten Widmungsspruch nahm hingegen niemand Anstoß. Am Nordufer des Maschsees ließen die Alliierten einen Ehrenfriedhof anlegen. Sie verpflichteten die hannoversche Bevölkerung, die in Massengräbern auf dem Seelhorster Friedhof verscharrten Leichen von 232 KZ-Häftlingen und 154 noch kurz vor Kriegsende auf dem Friedhof ermordeten Zwangsarbeitern und Kriegsgefangenen zu exhumieren. Die sterblichen Überreste wurden in 386 Gräbern würdig bestattet. Das auf diesem Ehrenfriedhof errichtete Mahnmal in unmittelbarer Nähe zum Neuen Rathaus sollte die Bevölkerung stetig an die Verbrechen der Zeit des Nationalsozialismus erinnern. Dennoch kam es wiederholt zu Anschlägen auf das im Volksmund abschätzig genannte *Russendenkmal.* In der Stadtverwaltung und in der Öffentlichkeit geriet der Ehrenfriedhof schon nach wenigen Jahren in Vergessenheit.

Die allmähliche Entdeckung des Maschsees als Erinnerungsort resultierte aus den Aktivitäten der zivilgesellschaftlichen »Geschichtswerkstätten«-Bewegung, die um 1980 einsetzten. Publikationen vor allem zu den Jubiläen thematisierten die NS-Geschichte rund um den Maschsee: 50 Jahre »Bücherverbrennung« (1983), 50 Jahre Maschsee

(1986). Nach etlichen Nazi-Schmierereien im Stadtgebiet hatten DGB und IG Metall im April 1979 erstmalig eine *Gedenkfeier zu Ehren der Opfer des Hitler-Faschismus* am Ehrenfriedhof durchgeführt. Eine kritische Auseinandersetzung mit der »braunen« Vergangenheit des Maschsees beförderte im Juni 1979 ebenfalls die Einweihung des am Ufer gelegenen Sprengelmuseums. Als *ein deutliches Zeichen der Moderne gegenüber den aus der Zeit des Nationalsozialismus erhaltenen Plastiken am Ufer des Sees* war in der Bauphase des Museums 1978 beispielsweise die Plastik *Hellebardier* von Alexander Calder am Nordufer in wohldosierter Beziehung zum *Fackelträger* von Hermann Scheuernstuhl positioniert worden. In den folgenden Jahrzehnten rückte der See zunehmend auch als Hinterlassenschaft des NS-Regimes in das allgemeine Bewusstsein in Hannover. Die kritische Auseinandersetzung wurde insbesondere von künstlerischer Seite immer wieder gesucht. Der spanische Künstler Santiago Sierra fragte mit seiner 2005 in der Kestnergesellschaft in Hannover gezeigten Installation, dem *Haus im Schlamm,* mit Verweis auf die Entstehungsgeschichte des Maschsees nach dem Wert der Arbeit. Das temporäre Lichtkunst-Projekt *Neulicht am See* im Februar/März 2009 hielt u.a. mit einem Hebekran dem Fackelträger in 18 Meter Höhe einen Spiegel vor.

2012 wurde eine Informationstafel zum historischen Maschsee-Komplex enthüllt, die insbesondere über die Kunst am Seeufer informierte und auf den Ort der Bücherverbrennung 1933 hinwies. Das Informationsangebot für Besucher des Maschsees wurde seither auf Drängen der Zivilgesellschaft stetig erweitert. Eine Stadttafel am Pfeiler des *Fackelträgers* erläutert heute beispielsweise dessen Armhaltung, die immer wieder als Hitlergruß gedeutet wird. Neben weiteren Tafeln sind heute auch Broschüren, wissenschaftliche Publikationen und digitale Angebote (Geocache-Tour, Audiospaziergang) zur historischen Bildung verfügbar. Jährliche Gedenkveranstaltungen am Maschsee (8./10. Mai, 1. September) mit schulischen und gesellschaftlichen Kooperationspartnern wirken in die Stadtgesellschaft.

Das Ensemble der Erinnerungsorte, die am Ufer des Maschsees liegen, vermittelt in großer Breite und Komplexität, was Nationalsozialismus im städtischen Raum bedeutete: Intoleranz und Verfolgung von Andersdenkenden (Bücherverbrennung), Werbung der Diktatur um Zustimmung durch die Schaffung von Naherholungsraum, Erziehung von Jugendlichen in paramilitärischen Einrichtungen (Jugendherberge), Indienststellung von Kunst zur Propagierung eines ideologisch geprägten Menschenbildes, Antisemitismus und Ausgrenzung aus der »Volksgemeinschaft« in den Vorkriegsjahren und schließlich die Entmenschlichung der Opfer des NS-Terrors, wie sie z.B. durch die Erschießungen auf dem Seelhorster Friedhof oder die Sklavenarbeit in den Konzentrationslagern der Stadt deutlich wird. Alle diese Wesensmerkmale der NS-Herrschaft sind und bleiben untrennbar mit dem Maschsee verbunden. Zugleich zeigt dieser Ort Entwicklung und Wandel kommunaler Erinnerungskultur in Hannover.

Literatur

Landeshauptstadt Hannover, Städtische Erinnerungskultur (Hrsg.), Der Maschsee. Bebauung und Skulpturen aus der Zeit des Nationalsozialismus, Hannover 2018 (Broschüre).

Landeshauptstadt Hannover (Hrsg.), Die Erschießungen auf dem Seelhorster Friedhof 1945, Hannover 2005.

Waldemar R. Röhrbein (Hrsg.), Der Maschsee in Hannover. Seine Entstehung und Geschichte, Hannover 1986.

Städtische Erinnerungskultur der Landeshauptstadt Hannover, https://www.erinnerungskultur-hannover.de

Wolfsburg: Die Autostadt als Roman

Von Michael Siems

Abb. 1: Entwurf zum ersten Stadtwerbeplakat »Die moderne Autostadt«, 1957.

Wolfsburg ist längst nicht die einzige Stadt, deren Geschichte und Gegenwart untrennbar mit der Automobilindustrie verbunden ist, doch keine andere identifizierte und identifiziert sich noch heute so sehr mit der Bezeichnung »Autostadt« wie die Kommune am Mittellandkanal

(→ *Mittellandkanal*). Das besondere Verhältnis der Stadt zum Volkswagenwerk war bereits in ihrem Gründungszusammenhang angelegt. So erfolgte die Grundsteinlegung des Automobilwerkes im Mai 1938 in Anwesenheit Adolf Hitlers, zahlreicher NS-Funktionäre und über 50.000 extra für den Anlass herbeigeholter Zuschauer*innen. Im Schatten dieser propagandistischen Inszenierung wurde dagegen die Gründung der Stadt erst Wochen später ohne jedwedes Pathos als bloßer Verwaltungsakt vollzogen. Auch später vermochte die Stadt mit dem Wachstum des Automobilwerks kaum Schritt zu halten. Bereits während des Krieges kam der Bau von Wohngebäuden vollkommen zum Stillstand. Noch als die Volkswagenwerk GmbH, seit 1960 Volkswagenwerk AG, längst zum weltweit bekannten Symbol des westdeutschen Wirtschaftswunders geworden war, lebten nicht wenige der Einwohner*innen weiterhin in Holzbaracken aus den Kriegsjahren. Auch die Stadtbibliothek befand sich bis 1962 in einem provisorischen Holzbau. Ebendort aber konnten die Wolfsburger*innen seit Anfang der 1950er Jahre eine Einordnung und Historisierung ihrer Lebensverhältnisse in Romanform vorfinden, die der Unternehmenshistoriker Manfred Grieger treffend als »Meistererzählung vom Volkswagen und der dazugehörigen Stadt« bezeichnete.

Schöpfer dieser »Meistererzählung« war der Schriftsteller, Journalist und frühere Kriegsberichterstatter Horst Mönnich (1918-2014), den seine Arbeit für das Sonntagsblatt der Evangelisch-lutherischen Landeskirche Hannover nach Niedersachsen verschlagen hatte. In der *Autostadt* näherte er sich den miteinander verflochtenen Geschichten von Stadt und Automobilwerk über die Biografien einzelner Personen mit ihren jeweiligen Beiträgen zum großen Projekt Volkswagen an. Dabei werden vielfach geteilte zeittypische Schicksale wie Flucht, Kriegsgefangenschaft oder der Verlust von Angehörigen mit dem Neuanfang in Wolfsburg kontrastiert. Witwen, Kriegsheimkehrer und Vertriebene kamen in Mönnichs Darstellung über die Arbeit am Fließband nicht nur in Lohn und Brot, sondern schöpften auch neue Hoffnung für die Zukunft. Mehr Raum als die Geschichten der Arbeiterinnen und Arbeiter erhalten jedoch die Taten einiger weniger Männer, die unter anderem durch ihre Präsentation im Roman in den Rang ehrenwerter Stadtväter erhoben wurden. Unter ihnen ragt der Konstrukteur Ferdinand Porsche besonders heraus. Seine Biografie wird so umfassend wie wohlwollend geschildert, wobei seine tragende Rolle in der Rüstungswirtschaft und seine Verantwortung für die Ausbeutung tausender Kriegsgefangener und Zwangsarbeiter*innen gänzlich außen vorbleibt.

Die Zwangsarbeit im Volkswagenwerk spricht Mönnich zwar beachtlich offen an, sie erscheint aber seltsam unverbunden mit dem Projekt Volkswagen oder den Taten der Protagonisten. Die osteuro-

Abb. 2: Der Roman Die Autostadt, *Cover der Erstausgabe von 1951.*

päischen und sowjetischen Zwangsarbeiter*innen – nicht so jedoch die Westeuropäer – betitelt er gar geringschätzig als *Menschenernte aus fünf Jahren Krieg*. Wo Mönnich ihre Befreiung zum Thema macht, werden sie als wütender Mob geschildert, der die junge Stadt mit Mord, Brandschatzung und Vergewaltigungen heimsucht. Dem zuvor erlittenen Leid der Zwangsarbeiter*innen werden indes stets die weit empathischer geschilderten Nöte der Deutschen entgegengestellt. Einem fiktiven sowjetischen Kriegsgefangenen, der im Roman während eines Bombenangriffs zu Tode kommt, schreibt Mönnich gar verständnisvolle Worte für die unzureichenden Essensrationen zu, selbst dem deutschen Lagerarzt habe er Vertrauen geschenkt. Bei jenem Mediziner handelte es sich um den SS-Hauptsturmführer Hans Körbel, der 1947 wegen seiner Verantwortung für den Tod hunderter Säuglinge im »Ausländerkinderpflegeheim« des Volkswagenwerks hingerichtet wurde. Auch dessen Verteidigung nimmt in der *Autostadt* beträchtlichen Raum ein und fügt sich in den Kontext kollektiver Schuldabwehr. Sein Todesurteil erscheint als eine Konsequenz von Denunziationen, bürokratischer Inflexibilität und einer polnischen Verschwörung, schließlich hätten sich die polnischen Mütter freiwillig zu früh von ihren Neugeborenen getrennt und deren Tod somit selbst verschuldet.

Während Körbel seinen »Freispruch« in der *Autostadt* nicht mehr erlebte und auch Porsche bereits im Januar 1951 starb, konnten andere Wolfsburger durchaus noch von ihrem Ruhm profitieren. Der Architekt Peter Koller beispielsweise berichtete Mönnich von seinen Verdiensten als Stadtplaner wie auch von seiner Kriegsgefangenschaft. Die wohlwollende Wiedergabe dieser Erfahrungen durch den Autor dürfte ihren Teil zu Kollers folgender Karriere in der Stadtverwaltung beigetragen haben. Auch Heinrich Nordhoff, der das Unternehmen von 1948 bis zu seinem Tod 1968 als Generaldirektor und später als Vorstandsvorsitzender führte, kann zu den Profiteuren gerechnet werden. Der Unternehmer nahm das Manuskript vor der Veröffentlichung in Augenschein, sandte dem Verlag seine Anmerkungen zurück und steuerte auch ein lobendes Geleitwort zur Erstausgabe bei.

Schließlich profitierte auch Mönnich selbst. Dass er als Kriegsberichterstatter und Literat noch im Frühjahr 1945 Propagandatexte veröffentlicht hatte, beeinträchtigte seine weitere Karriere ebenso wenig, wie Koller oder Nordhoff unter ihren jeweiligen NS-Verstrickungen litten. Dem jungen Schriftsteller gelang mit der *Autostadt* sein literarischer Durchbruch, vor allem, da das Buch auch über Wolfsburg hinaus ausgesprochen erfolgreich war. Die Erstauflage von 20.000 Exemplaren war schnell vergriffen, sodass noch im selben Jahr zwei Neuauflagen erschienen. Noch innerhalb der 1950er Jahre gab es zwei überarbeitete Lizenzausgaben, bereits 1960 wurde eine Gesamtauflage von 110.000 Stück erreicht. Der Roman bediente weit mehr als nur ein allgemeines Interesse an der Geschichte von Stadt und Werk. Indem er die Zeit des Nationalsozialismus und die nationalsozialistischen Verbrechen schon Anfang der 1950er Jahre freimütig thematisierte, dabei aber die Täter*innen, Mitläufer*innen und Profiteur*innen sämtlich exkulpierte, bot er eine Blaupause zur Apologie zahlloser belasteter Biografien in ganz Deutschland. Dass auch in Argentinien bereits 1952 eine deutschsprachige Ausgabe erschien, belegt einen erfolgreichen Vertrieb auch entlang der »Rattenlinie«.

Gleichzeitig erreichte der Roman in Wolfsburg selbst eine Bedeutung, die sich nicht allein in der Auflage messen lässt. Als die Stadt im September 1955 den Baubeginn ihres Rathauses feierte, wurde neben einigen anderen Gegenständen – darunter selbstverständlich ein Modell des Volkswagens – auch ein Exemplar der *Autostadt* eingemauert. Die hohe Fluktuation und das außergewöhnlich schnelle Wachstum der Wohnbevölkerung Wolfsburgs führten dazu, dass bald nur noch ein recht kleiner Teil der Einwohner*innen eigene Erinnerungen an die Gründungs- und Kriegsjahre hatte. Die in der *Autostadt* kodifizierten Berichte einiger privilegierter Zeitzeugen blieben für Jahrzehnte die einzige umfassende Darstellung der frühen Stadtgeschichte und wurden nicht selten als Geschichtsschreibung missverstanden. Zwar publizierten die beiden Lokalzeitungen zuweilen kurze historische Texte, doch stellte dies keine Konkurrenz zum Roman Mönnichs dar, zumal die ortsansässigen Journalisten meist auf denselben Kreis an Zeitzeugen zurückgriffen, der schon Mönnich zur Verfügung gestanden hatte – wenn sein Buch nicht sogar direkt zitiert wurde. Auch die circa 1976 erschienene Stadtchronik des pensionierten Lehrers Adolf Köhler stand den Mythen der »Autostadt« noch gänzlich unkritisch gegenüber.

Obwohl in progressiven Kreisen bereits in den späten 1960er Jahren alternative Perspektiven auf die Stadtgeschichte kursierten und besonders zu Gedenktagen zunehmend auch Opferperspektiven Gehör fanden, dauerte es bis in die 1980er Jahre, bis den von Mönnich kodifizierten Mythen wissenschaftliche Publikationen entgegengestellt wurden. Hier erwarb sich besonders der damalige Stadtarchivar Klaus-Jörg Siegfried Verdienste, später erarbeitete eine Kommission unter der Leitung des Historikers Hans Mommsen eine umfassende Studie im Auftrag der Volkswagen AG. Als 2011 schließlich eine Neuauflage der *Autostadt* erschien – die erste seit 1969 –, betonte der mittlerweile 92-jährige Autor, seine *Fiktion aus Fakten* bringe *subjektive Wahrheiten* zum Ausdruck und habe gerade dort historischen Wert, *wo sie sich von den heute üblichen Betonungen und Bewertungen unterscheidet*. Dem ist sicherlich zuzustimmen, denn so wie die *Autostadt* bis in die 1970er Jahre hinein als Zeugnis der frühen Stadtgeschichte galt, lehrt sie heute viel über das Selbst- und Geschichtsbild Wolfsburgs in eben diesen Jahrzehnten. Horst Mönnichs Roman bleibt damit auch nach inzwischen 70 Jahren ein literarischer Erinnerungsort, dessen konkrete Bedeutung sich fortwährend wandelt. Heute stehen ihm dabei glücklicherweise ein reicher Bestand wissenschaftlicher Literatur sowie eine Auswahl von Texten aus der Opferperspektive gegenüber.

Marcel Brüntrup, Verbrechen und Erinnerung. Das »Ausländerkinderpflegeheim« des Volkswagenwerks, Göttingen 2019.

Marcel Glaser/Alexander Kraus, Von der »Volksgemeinschaft« zur »Schicksalsgemeinschaft von Werk und Stadt«. Wolfsburg und das Volkswagenwerk 1945-1963, in: Frank Becker/Daniel Schmidt (Hrsg.), Industrielle Arbeitswelt und Nationalsozialismus. Der Betrieb als Laboratorium der »Volksgemeinschaft« 1920-1960, Essen 2020, S. 241-260 und Bildteil S. 121-124.

Manfred Grieger, Schriftstellerarbeit am Volkswagenmythos. Der Tatsachenroman »Die Autostadt« von Horst Mönnich aus dem Jahre 1951, in: David Oels/Erhard Schütz, Non Fiktion. Arsenal der anderen Gattungen, Heft 1/2010, S. 159-166.

Manfred Grieger, Eine Meistererzählung vom Volkswagen und der dazugehörigen Stadt. Der Roman *Die Autostadt* von Horst Mönnich aus dem Jahr 1951, in: Christoph Stölzl (Hrsg.), Die Wolfsburg-Saga, Stuttgart 2009, S. 144-147.

Hans Mommsen/Manfred Grieger, Das Volkswagenwerk und seine Arbeiter im Dritten Reich, Düsseldorf 1996.

Klaus-Jörg Siegfried, Rüstungsproduktion und Zwangsarbeit im Volkswagenwerk 1939-1945. Eine Dokumentation, Frankfurt a.M. 1986.

Klaus-Jörg Siegfried, Das Leben der Zwangsarbeiter im Volkswagenwerk 1939-1945, Frankfurt a.M. 1988.

Klaus-Jörg Siegfried, Die Autostadt. Zur Selbstbarstellung Wolfsburgs in der Nordhoff-Ära, in: Rosmarie Beier (Hrsg.), Aufbau West – Aufbau Ost. Die Planstädte Wolfsburg und Eisenhüttenstadt in der Nachkriegszeit, Ostfildern-Ruit 1997, S. 239-248.

Bergen-Belsen

Von Jens-Christian Wagner

Abb. 1: Gedenkstätte Bergen-Belsen, 2016. Links das jüdische Mahnmal von 1946, rechts hinten der Obelisk mit Inschriftenwand von 1952.

Bei Bergen-Belsen dürfte es sich um den mit Abstand bekanntesten zeitgeschichtlichen Erinnerungsort in Norddeutschland handeln. Namensgeber ist das 300-Seelen-Dorf Belsen, ein Ortsteil der Stadt Bergen in der Südheide. Internationale Bedeutung erlangte Bergen-Belsen durch das nahe gelegene Kriegsgefangenenlager Bergen-Belsen (1940-1945), das KZ Bergen-Belsen (1943-1945), das in der benachbarten heutigen Niedersachsen-Kaserne befindliche Displaced-Persons-Camp Bergen-Belsen (1945-1950) und schließlich durch die zugehörige Gedenkstätte Bergen-Belsen.

Das Kriegsgefangenenlager Bergen-Belsen geht baulich auf ein Barackenlager zurück, in dem 1935 bis 1939 Arbeiter untergebracht waren, die beim Bau der benachbarten Kaserne Bergen-Hohne eingesetzt waren. Nach Fertigstellung der Kaserne stand das Lager leer und wurde ab Juni 1940 zur Unterbringung von französischen und belgischen Kriegsgefangenen genutzt. In Vorbereitung des Überfalls auf die Sowjetunion im Juni 1941 baute die Wehrmacht das Lager zum

Mannschafts-Stammlager (Stalag) XI C Bergen-Belsen aus. Bis zum Herbst 1941 wurden mehr als 21.000 sowjetische Kriegsgefangene eingeliefert. Da in den wenigen vorhandenen Baracken bei weitem nicht so viele Gefangene untergebracht werden konnten, waren viele gezwungen, auf freiem Feld, in Erdhöhlen oder in Laubhütten zu leben. Daran änderte sich auch im Winter nichts. Entsprechend hoch waren die Todesraten. Bis April 1942 starben 14.000 sowjetische Kriegsgefangene an den Folgen von Hunger, Seuchen, Kälte und katastrophalen hygienischen Bedingungen. Ähnlich hohe Todesraten gab es auch in den benachbarten Kriegsgefangenenlagern in Oerbke, Fallingbostel und Wietzendorf.

Ab 1942 begann die Wehrmacht die Behandlung der sowjetischen Kriegsgefangenen zu verbessern – die deutsche Rüstungsindustrie brauchte Zwangsarbeiter. Die noch arbeitsfähigen Gefangenen der »Russenlager« in der Heide wurden nun in Arbeitskommandos überall in Norddeutschland überstellt. Das Stalag XI C Bergen-Belsen, ab 1943 ein Zweiglager des Stalag XI B Fallingbostel, diente nun als zentrales Lazarett für nicht mehr arbeitsfähige Kriegsgefangene und italienische Militärinternierte. Zwischen April 1942 und Januar 1945, als das Kriegsgefangenenlager aufgelöst wurde, starben hier etwa 5.600 weitere sowjetische Kriegsgefangene, 142 italienische Militärinternierte sowie eine Soldatin der polnischen Heimatarmee (Armia Krajowa), die meisten von ihnen an den Folgen von Erschöpfung und Krankheiten. Sie wurden, wie die zuvor schon Gestorbenen, auf dem Kriegsgefangenenfriedhof Hörsten, etwa 500 m westlich des Lagers, bestattet. Insgesamt ruhen hier etwa 20.000 Tote.

Noch mehr Menschen, etwa 52.000 Männer, Frauen und Kinder, starben im *KZ Bergen-Belsen*, das die SS im April 1943 in einem Teil des bisherigen Kriegsgefangenenlagers einrichtete. Das KZ Bergen-Belsen unterschied sich deutlich von anderen Konzentrationslagern. Es bestand aus drei Teillagern mit divergierenden Funktionen. Als erstes wurde das Austauschlager eingerichtet. Hier waren insgesamt knapp 15.000 jüdische Geiseln untergebracht, teils ganze Familien, die das Auswärtige Amt und die SS gegen deutsche Internierte im Ausland oder gegen Waren austauschen wollten. Es wurden aber tatsächlich nur wenige Häftlinge ausgetauscht; die meisten Geiseln blieben deshalb bis April 1945 in Bergen-Belsen.

Während die Existenzbedingungen im Austauschlager lange Zeit vergleichsweise erträglich waren, war das Männerlager, das im April 1944 eingerichtet wurde, von Beginn an ein Siechen- und Sterbelager. Hier waren Häftlinge untergebracht, die in anderen Konzentrationslagern nach Monaten oder Jahren der Zwangsarbeit als nicht mehr arbeitsfähig ausgemustert worden waren. Da sie für die SS keinen Wert mehr darstellten, ließ sie sie an den Folgen organisierter Ver-

Abb. 2: Massengrab in der Gedenkstätte Bergen-Belsen, 2020.

nachlässigung sterben. Überwiegend handelte es sich um politische Häftlinge aus allen Teilen Europas, insgesamt über 50.000 Männer.

Den dritten Lagerteil, das Frauenlager, richtete die SS im Sommer 1944 ein. Hier wurden Frauen und Mädchen untergebracht, die aus anderen Lagern, vor allem aus Auschwitz, nach Bergen-Belsen gebracht worden waren und von hier aus zur Zwangsarbeit in der Rüstungsindustrie in Außenlager überstellt werden sollten. Dazu kam es jedoch nur in geringem Umfang (das KZ Bergen-Belsen hatte drei Außenlager mit knapp 2.000 weiblichen Häftlingen), vor allem, weil die Frauen nach langer Haft in anderen Lagern bereits stark geschwächt und für die Zwangsarbeit ungeeignet waren. Sie blieben deshalb in Bergen-Belsen – am Ende mehr als 50.000 Frauen, überwiegend Jüdinnen, aber auch politische Häftlinge sowie Sintize und Romnja. Sie litten bald ähnlich wie die Insassen des Männerlagers, auch im Frauenlager verbreiteten sich seuchenartig Krankheiten. Zu den Todesopfern zählten die Schwestern Margot und Anne Frank, die im Herbst 1944 aus Auschwitz überstellt worden waren und im Februar oder März 1945 an Typhus starben.

Ab Dezember 1944 entwickelten sich die Zustände in Bergen-Belsen dramatisch. Ständig trafen neue Transporte mit Häftlingen aus geräumten frontnahen Lagern ein – teils per Bahn, teils nach Fußmärschen. Die neu eintreffenden Häftlinge, bis April 1945 rund 85.000 Frauen und Männer, waren extrem geschwächt, viele hatten ansteckende Krankheiten. Im überfüllten Lager breiteten sich immer mehr Seuchen aus, die hygienischen Bedingungen waren katastrophal und die Nahrungsrationen wurden immer weiter gesenkt. Das Massensterben griff immer mehr um sich; allein im März 1945 starben mehr als 18.000 Häftlinge.

Als am 15. April 1945 britische Soldaten das Lager befreiten, fanden sie ein Inferno vor: Zwischen 38.000 Kranken und Sterbenden lagen 10.000 unbestattete und teils verwesende Leichen – ein Anblick, der auch hartgesottene Frontsoldaten erschütterte. Die Fotos und Filmaufnahmen aus dem befreiten Lager gingen sofort um die Welt. Sie trugen maßgeblich dazu bei, dass Bergen-Belsen neben Auschwitz zu einem Synonym für die NS-Verbrechen geworden ist.

Schnell herangebrachte britische Sanitätseinheiten versuchten, die Sterbenden zu retten. Um die Seuchengefahr einzudämmen, mussten zudem die Leichen schnell begraben werden. Das geschah wegen des Zeitdrucks und da man die Leichen nicht identifizieren konnte (die SS hatte vor der Befreiung die Lagerregistratur vernichtet) in anonymen Massengräbern. Die Überlebenden evakuierten die Briten in die benachbarte Kaserne Bergen-Hohne. Dort befanden sich bereits 17.000 Häftlinge aus dem aufgelösten KZ Mittelbau-Dora. Sie waren kurz zuvor mit Räumungstransporten eingetroffen und wegen der Überfüllung des Hauptlagers in Bergen-Belsen im Südteil der Kaserne untergebracht worden. Die Überlebenden aus dem Hauptlager wurden nun in Nothospitäler gebracht, die in den übrigen Bereichen der Kaserne eingerichtet wurden. Doch trotz der aufopferungsvollen Hilfe durch die Briten starben bis Juni 1945 noch 14.000 Befreite an den Folgen der Haft. Sie wurden in den Massengräbern im Lager- und teils auch auf dem Kasernengelände bestattet.

Im Sommer 1945 entwickelte sich die Kaserne Bergen-Hohne schrittweise zum *Displaced-Persons-Camp Bergen-Belsen*. Während vor allem die westeuropäischen und auch die sowjetischen Überlebenden relativ schnell in ihre Heimat zurückkehren konnten, gestaltete sich die Rückkehr für zwei Gruppen schwierig. Von den nichtjüdischen polnischen KZ-Überlebenden und ehemaligen polnischen zivilen Zwangsarbeiter/-innen wollten viele nicht zurückkehren, weil sie Repressionen der kommunistischen Regierung in Polen fürchteten oder sich ihre Heimatorte im sowjetisch annektierten Ostpolen befanden. Sie lebten bis 1946 im polnischen DP-Camp Bergen-Belsen. Weitaus größer war das jüdische DP-Camp in der Kaserne. Hier lebten bis 1950 zeitweise bis zu 12.000 Holocaust-Überlebende. Sie konnten oder wollten nicht in ihre Heimatorte zurückkehren, die

Abb. 3: Dauerausstellung in der Gedenkstätte Bergen-Belsen, 2020.

Ausreise in die USA oder nach Palästina blieb ihnen aber wegen restriktiver Einwanderungsbestimmungen verwehrt. Deshalb waren viele gezwungen, noch jahrelang im DP-Camp Bergen-Belsen zu bleiben, das sich zur größten selbstverwalteten jüdischen Stadt in Deutschland entwickelte.

Im benachbarten ehemaligen Lagergelände, in dem die Briten im Mai 1945 wegen der Seuchengefahr sämtliche Baracken abgebrannt hatten, errichteten jüdische sowie polnische Überlebende schon 1945/46 zwischen den Massengräbern ein jüdisches Mahnmal und ein Hochkreuz. Zur selben Zeit wiesen die Briten die deutschen Behörden an, eine Gedenkstätte einzurichten. Architektonischer Kern des von Bundespräsident Theodor Heuss Ende 1952 eingeweihten Denkmals waren ein Obelisk und eine langgezogene Inschriftenwand. Während die Flächen rund um die 1945 angelegten Massengräber nach Plänen des früheren NS-Gartenarchitekten Wilhelm Hübotter parkähnlich gestaltet wurden, blieb der größte Teil des ehemaligen Lagergeländes aber unberücksichtigt. Er wucherte zu.

Überhaupt blieb die Gedenkstätte in der Region ein Fremdkörper. Im nahen Bergen wollte man vom ehemaligen Konzentrationslager nichts wissen, deshalb war die Gedenkstätte auch lange nur nach dem Ortsteil Belsen, nicht aber nach Bergen benannt. Die Bevölkerung sah sich selbst als das eigentliche Opfer des Krieges. Dazu passten Narrative von angeblichen Plünderungen durch befreite Häftlinge, die sich bis in die 2000er Jahre hielten. Exemplarisch für die weitreichende Abwehr und Verdrängungshaltung der lokalen Bevölkerung ist ein Bericht, den der ehemalige Berger Amtsrichter Ernst von Briesen nach dem Krieg verfasste und in der Stadt verteilte. Er war zwischen

1943 und 1945 mehrfach im Lager gewesen, um jüdische Häftlinge in zivilrechtlichen Angelegenheiten zu sprechen. In seinem Bericht bestritt er das Massensterben im Lager und verwies stattdessen auf die angeblichen Verbrechen der Alliierten – eine Schuldumkehr, die nicht nur in Bergen häufig anzutreffen war. Bis heute gilt der »Briesen-Bericht«, der in den 1960er Jahren in der rechtsextremen Zeitschrift *Nation Europa* publiziert wurde, vor allem unter älteren Bürgern in der Region als Beweis dafür, das Bergen-Belsen nicht so schlimm gewesen sein könne.

1966, gut 20 Jahre nach der Befreiung, eröffnete die Landesregierung ein Dokumentenhaus mit einer kleinen Ausstellung zur Geschichte des KZ Bergen-Belsen (das Kriegsgefangenenlager blieb bis zum Ende des Kalten Krieges ausgeklammert). Eine wirkliche Bildungsarbeit mit vor Ort tätigem Personal begann jedoch erst 1987. Nachdem 1990 eine Interimsausstellung im erweiterten Dokumentenhaus eröffnet worden war, erfolgte 2007 die Einweihung eines neuen Dokumentationszentrums mit einer umfangreichen neuen Dauerausstellung. Zugleich wurde das ehemalige Lagergelände wieder zugänglich und mittels Sichtachsen und Infotafeln lesbar gemacht.

Heute ist die Gedenkstätte Bergen-Belsen ein international bedeutsamer Lern- und Gedenkort mit einem breiten Bildungsangebot, der jährlich von 250.000 Menschen besucht wird. Gleichwohl bleibt es fraglich, wie sich die Gedenkstätte und die Erinnerungskultur insgesamt nach dem Ende der Zeitzeugenschaft und angesichts zunehmender Anfeindungen von Rechtspopulisten und Rechtsextremisten weiterentwickeln. Selbstzufriedenheit und Bewältigungsstolz sind jedenfalls fehl am Platze.

Literatur

Eberhard Kolb, Bergen-Belsen. Geschichte des »Aufenthaltslagers« 1943-1945, Hannover 1962.

Stiftung niedersächsische Gedenkstätten (Hrsg.), Bergen-Belsen. Kriegsgefangenenlager 1940-1945, Konzentrationslager 1943-1945, Displaced Persons Camp 1945-1950, Katalog zur Dauerausstellung, Göttingen 2008.

Stiftung niedersächsische Gedenkstätten (Hrsg.), Bergen-Belsen. Historischer Ort und Gedenkstätte, 2. aktualisierte Auflage, Celle 2017.

Der Bunker »Valentin«

VON MARCUS MEYER

Abb. 1: Der südöstliche Teil des Bunkers »Valentin« im Jahr 2018.

Im Frühjahr 1943 begannen die Arbeiten an dem, was in den folgenden Monaten eines der wichtigsten Rüstungsprojekte der deutschen Kriegsmarine während des Zweiten Weltkriegs wurde, dann als *8. Weltwunder am Weserstrand* (*Bremer Zeitung*) in die Nachkriegsgeschichte einging und für lange Zeit fast vergessen war. Heute sind der Bunker »Valentin« und die ihn umgebende ehemalige Lagerlandschaft zwischen dem Bremer Stadtteil Farge und dem niedersächsischen Neuenkirchen Erinnerungszeichen an Zwangsarbeit unter den Bedingungen des »totalen Kriegs«.

Der Bau des Bunkers »Valentin« war eine direkte Konsequenz aus der Entwicklung des U-Boot-Kriegs im Atlantik einerseits und der Lufthoheit der Alliierten über dem Gebiet des Deutschen Reichs andererseits. Geplant war der Bunker als Montagewerft für den Bau des neuentwickelten U-Boots Typ XXI, dessen vorgefertigte Teile dort zusammengesetzt werden sollten. Karl Dönitz, Oberbefehlshaber der Kriegsmarine, sah in der schnellen Indienststellung möglichst vieler dieser Boote den entscheidenden Beitrag der Kriegsmarine zum »Endsieg«. Deshalb räumte er den Bauarbeiten im Norden Bremens höchste Priorität ein, sowohl was die Belieferung mit Baumaterial als auch die Zuteilung von Arbeitskräften anging. In Rüstungsminister Albert Speer fand Dönitz einen wichtigen Unterstützer.

Ab Mai 1943 entstand im Bremer Ortsteil Farge, in der bis 1923 eigenständigen Gemeinde Rekum, eine der größten Rüstungsbaustellen des Zweiten Weltkriegs. Bis zu 8.000 Zwangsarbeiterinnen und Zwangsarbeiter, Kriegsgefangene, KZ- und Polizeihäftlinge arbeiteten täglich auf der Baustelle. Sie waren in sechs verschiedenen Lagern untergebracht, darunter eines der größten Außenlager des KZ Neuengamme und eines der ersten im Deutschen Reich eingerichteten Arbeitserziehungslager. Die Arbeits- und Lebensbedingungen waren abhängig vom Status und der Herkunft der Häftlinge. Den sogenannten zivilen Zwangsarbeitern aus Westeuropa ging es vergleichsweise gut. Die Zwangsarbeiter und Zwangsarbeiterinnen aus den besetzten Ostgebieten, vor allem aber die KZ- und die Polizeihäftlinge, litten unter Schwerstarbeit bei gleichzeitiger Mangelernährung sowie der Gewalt durch die Wachmannschaften. Während der Bauarbeiten kamen über 1.200 Häftlinge ums Leben. Die genaue Zahl ist bislang unbekannt. Neue Unterlagen z.B. aus den Arolsen Archives (seit 2019 Nachfolgeorganisation des Internationalen Suchdienstes) versprechen hier in Zukunft genauere Angaben.

Ende März 1945 wurden der Bunker und die umliegende Baustelle durch einen Präzisionsangriff der Royal Air Force so schwer zerstört, dass die Bauarbeiten eingestellt werden mussten. Anfang April begann die Räumung der Lager. Als britische Truppen über vier Wochen nach der Räumung in Bremen-Rekum einrückten, waren nur noch wenige Häftlinge vor Ort, die Auskunft über die Verbrechen während des Bunkerbaus geben konnten. Dementsprechend war der Zusammenhang zwischen der hochtechnisierten Baustelle und dem archaischen Einsatz von Zwangsarbeiterinnen und Zwangsarbeitern schon für die britischen und später die amerikanischen Truppen kaum noch sichtbar. Stattdessen trafen sie auf zwei verantwortliche Ingenieure, die voller Stolz über ihr Werk bereitwillig Auskunft zu bautechnischen Fragestellungen gaben und letztlich dafür sorgten, dass der Bunker »Valentin« erhalten blieb: Arnold Agatz und Erich Lackner. Beide machten bemerkenswerte Karrieren nach dem Krieg, beide starben als hochgeachtete Ingenieure und Bürger Bremens.

Die Verbrechen, die während des Bunkerbaus begangen worden waren, traten schnell in den Hintergrund. Zwar erschien früh ein Artikel des lokalen Heimatvereins, der in bemerkenswerter Deutlichkeit über die Zustände in den Lagern und auf der Baustelle berichtete. Auf Initiative der US-Militärregierung wurde auch von Bremer Senat und

Abb. 2:
Der Bunker »Valentin« als Postkartenmotiv in den 1950er Jahren.

Bürgerschaft noch Ende der 1940er Jahre über eine angemessene Würdigung der Opfer nachgedacht. Allerdings verweigerte die niedersächsische Seite, wo die meisten Lager errichtet worden waren, eine relevante finanzielle Beteiligung. Die in Farge exhumierten Opfer wurden deshalb in einem Ehrengrab auf dem Friedhof in Bremen-Osterholz beigesetzt, über 30 Kilometer entfernt vom eigentlichen Tatort. Bis auf einen Prozess gegen die Wachmannschaften des Arbeitserziehungslagers vor einem britischen Militärgericht gab es auch keinerlei juristische Aufarbeitung. Kritische Betrachtungen des Ortes selbst wurden schnell von technischen Narrativen verdrängt, die sich einerseits mit den Dimensionen des Gebäudes befassten, andererseits auch mit zeittypisch gefärbten Möglichkeiten einer Nachnutzung zum Beispiel als Hülle für Atomreaktoren oder als Lager für Atomwaffen. Die Umgebung des Bunkers, vor allem die künstliche Bucht vor der Schleusenkammer, entwickelte sich derweil zu einer beliebten Badestelle, die sie bis heute ist. Und auch als Postkartenmotiv diente der Bunker »Valentin«.

Die Verbrechen während des Baus spielten jenseits meist unausgesprochener individueller Erinnerungen der Bewohnerinnen und Bewohner Farges keine Rolle mehr. Dass ehemalige Häftlinge und deren Angehörige, vor allem aus Frankreich und Belgien, bereits Anfang der

1950er Jahre nach Farge zurückkehrten, um ihrer Toten zu gedenken, wurde von der lokalen Öffentlichkeit weitestgehend ignoriert. Die Übernahme des Bunkers durch die Bundesmarine ab 1960 besiegelte dann vorläufig das Schicksal des Bunkers. Aus »Valentin« wurde die »Außenstelle Marinematerialdepot II, Teileinheit Wilhelmshaven«, womit die Geschichte auch namentlich überschrieben werden konnte. Auf dem Höhepunkt des Kalten Kriegs verschwand der zweitgrößte überirdische Bunker Europas sogar von den offiziellen Karten und Luftaufnahmen. Allerdings waren die 1980er Jahre die Zeit der Geschichtswerkstätten und der Graswurzelhistoriker und -historikerinnen, die sich getreu dem Motto »Grabe, wo du stehst« in erster Linie der Aufarbeitung lokaler NS-Geschichte, auch lokaler Zwangsarbeit, widmeten. Zu ihnen gehörten zunächst eher zufällig auch Christian Siegel, Redakteur bei Radio Bremen, und Rainer Habel, Referent des Senators für Gesundheit und Umweltschutz. Habel hatte Mitte der 1970er Jahre eine Anfrage der CDU-Fraktion von 1948 zu den Gräberfeldern in der Nähe des Bunkers gefunden. Zusammen mit Christian Siegel präsentierte er seine weiteren Recherchen 1981 in dem Feature *Keiner verlässt das Lager lebend*.

Die Auswirkungen dieser Sendung auf die lokale Geschichtsbewegung und die öffentliche Auseinandersetzung mit dem Arbeitseinsatz am Bunker »Valentin« sind kaum zu überschätzen. Insbesondere die Aussage des ehemaligen Leiters des Planungsbüros, Erich Lackner, die Bedingungen auf der Baustelle seien für alle gleich gewesen, und seine Weigerung, irgendeine Form der Verantwortung für das Geschehen zu übernehmen, führten zu einer intensiven Diskussion über den Umgang mit der Geschichte des Bunkers. Greifbares Ergebnis dieser Debatte war die Aufstellung des Mahnmals »Vernichtung durch Arbeit« vor dem Bundeswehr-Materialdepot im September 1983. Zahlreiche ehemalige Häftlinge waren anwesend, eingeladen vom Bremer Senat unter der Führung von Hans Koschnick.

In den folgenden Jahren bemühten sich verschiedene, bürgerschaftlich getragene Initiativen aus Bremen und Niedersachsen um eine Aufarbeitung der Geschichte: Rainer Habels Initiative »Blumen für Farge« etablierte die Verbindungen zur Amicale International Neuengamme, dem Zusammenschluss ehemaliger französischer Häftlinge, die nun regelmäßig Farge besuchten. Die Internationale Friedensschule Bremen-Nord bietet seit den 1980er Jahren Führungen durch den Bunker an. Ein antifaschistischer Arbeitskreis aus dem Umfeld des Vegesacker Bürgerhauses organisierte 1985 einen Gedenkmarsch entlang der Routen der Todesmärsche aus Farge. Der Bremer Verein Geschichtslehrpfad Lagerstraße/Baracke 27 und die Heimatfreunde Neuenkirchen/Baracke Wilhelmine erwarben noch vorhandene Baracken des ehemaligen Marinegemeinschaftslagers, richteten dort

Abb. 3: Gedenkzeremonie anlässlich der Eröffnung des Denkorts Bunker Valentin am Mahnmal »Vernichtung durch Arbeit« im Jahr 2015.

Ausstellungen mit jeweils unterschiedlichen thematischen Schwerpunkten ein und starten von dort bis heute ihre Führungen über das ehemalige Lagergelände. Anfang der 1990er Jahre erschienen erste Publikationen zur Geschichte des Bunkerbaus und der Lager. 1992 führte der Dokumentarfilm *Der Bunker* schließlich auch einem breiteren Publikum die Geschichte ehemaliger Zwangsarbeiter und Zwangsarbeiterinnen vor Augen.

Von der Einweihung des Mahnmals bis zur Eröffnung des heutigen Denkorts Bunker Valentin, einer vom Land Bremen getragenen Gedenkstätte, vergingen 32 Jahre. Erst der Abzug der Bundesmarine 2010 und die Neugestaltung der Gedenkstättenförderung des Bundes machten dies möglich. Der heutige Denkort ist, anders als zum Beispiel das Historisch-technische Museum Peenemünde, ausdrücklich nicht als Technikmuseum konzipiert, sondern erinnert lokal an die Ausbeutung von über 8.000 Menschen innerhalb des rassistisch strukturierten Systems der Zwangsarbeit im Nationalsozialismus. Neben den Biografien der ehemaligen Häftlinge geht es im Sinne der Multiperspektivität auch um die Verantwortlichen, die Profiteure, die Zuschauer und Zuschauerinnen und die Handlungsspielräume aller Beteiligten. Die zweite Ebene weist über Bremen-Farge hinaus: Der Bunker steht für das Prinzip des »totalen Kriegs« allgemein. Als die Bauarbeiten in Rekum begannen, war der Krieg nicht zuletzt wegen der überlegenen alliierten Rüstungskapazitäten schon längst verloren. Die deutsche Luftwaffe konnte den eigenen Luftraum nicht mehr verteidigen, weshalb britische Piloten den Baufortschritt in Bremen-Rekum über die gesamte Bauzeit hinweg ungehindert dokumentierten. Dass ein solches Bauwerk unter den Bedingungen der zweiten Kriegshälfte jederzeit angegriffen werden und schon deshalb niemals fertiggestellt werden konnte, dürfte den meisten Beteiligten klar gewesen sein. Die Befehle aber gaben diejenigen, die keinen Krieg um Ressourcen und Territorien führten, sondern einen brutalen, rassistischen Vernichtungskrieg, an dessen Ende nur der eigene Sieg oder der eigene Untergang stand. Projekte wie »Valentin«, die »V2« oder andere »Wunderwaffen« halfen, den irrationalen Glauben an den »Endsieg« aufrechtzuerhalten. Die Forschungen vor allem von Magnus Brechtken haben gezeigt, dass zu dieser Riege auch Albert Speer und Karl Dönitz gehörten. Speer gab noch im Dezember 1944 die Pläne für den Bau des Bunkers »Valentin II« frei und drängte gemeinsam mit Dönitz bis zum Schluss auf die Fertigstellung des Gebäudes. Ihre Befehle richteten sich an Offiziere und Ingenieure, die bereitwillig Folge leisteten, da ein vorzeitiges Ende der Bauarbeiten eine Versetzung an eine der vielen Fronten bedeuten konnte. So erzählen der Bunker »Valentin« und die wenigen Überreste der Lager nicht nur die lokale Geschichte des Zweiten Weltkriegs im heutigen Bremen und Niedersachsen, sondern die Geschichte des »totalen Kriegs« im Deutschen Reich und in Europa.

Literatur

Magnus Brechtken, Albert Speer. Eine deutsche Karriere, München 2017.

Marc Buggeln, Bunker »Valentin«. Marinerüstung, Zwangsarbeit und Erinnerung, Bremen 2010.

Marcus Meyer, Bunker »Valentin« in Bremen-Farge. The Submarine Pen that never was – Navy Storage Site – Memorial, in: Jens Andersen u.a., The Atlantic Wall in regional, national and international perspective, Aalborg 2019, S. 259-278.

Julia Pörtner, »Was wird aus dem Bunker Valentin«? Der geschichtspolitische Umgang mit dem ehemaligen U-Boot-Bunker Valentin in Bremen, in: Bremisches Jahrbuch 89 (2010), S. 262-283.

Christel Trouvé u.a., Zweiter Entwurf der Gedenkstättenkonzeption für den Denkort U-Boot-Bunker Valentin, Bremen 2010 (https://www.denkort-bunker-valentin.de/fileadmin/Lernen_Lehren/Texte_und_Karten/Konzeption_Bunker_Valentin.pdf).

Abb. 1: Fotomontage: Luftbild Felix-Nussbaum-Haus Osnabrück, 2017 (1), und Plakat zur Dauerausstellung, 2020 (2), sowie Gemälde von Felix Nussbaum, Mummenschanz, um 1939 (3).

Felix Nussbaum

Von Eva Berger

Wenn ich untergehe, lasst meine Bilder nicht sterben! Zeigt sie den Menschen, soll Felix Nussbaum gesagt haben. Wem mag er diesen persönlich Letzten Willen mitgeteilt haben? Schriftlich überliefert wurde er von Wendelin Zimmer und Peter Junk, der eine Journalist, der andere Bibliothekar in Osnabrück. Gemeinsam suchten sie ab 1971 nach den Spuren des Malers Felix Nussbaum (1904-1944). Ausschlaggebend für diese Suche war Nussbaums Cousine Auguste Moses-Nussbaum, die 1970 den aus Brüssel juristisch erstrittenen Nachlass Nussbaums nach Osnabrück brachte, um hier eine fachkundige Einschätzung der Bedeutung des Künstlers und seines Werkes zu erhalten. 1982 lag die Monografie von Zimmer und Junk vor, die zum Basiswerk für die Nussbaum-Forschung wurde. Sie war ausschlaggebend für die erste Dauerausstellung im Kulturgeschichtlichen Museum in Osnabrück 1983 und führte letztlich zum eigenen Haus für die Werke Felix Nussbaums.

1998 – passend zum 350-jährigen Jubiläum des Westfälischen Friedens (→ *Friedensstadt*) – konnte das Felix-Nussbaum-Haus, ein Entwurf des Architekten Daniel Libeskind, als *Räume gegen das Vergessen* eröffnet werden. 1998 war Daniel Libeskind mit dem Neubau des Jüdischen Museums in Berlin in der bundesdeutschen Öffentlichkeit bereits präsent. Er hatte mit seiner architektonischen Lösung für den Erweiterungsbau des Städtischen Museums Berlin eine Kontroverse ausgelöst, die mit der organisatorischen Eigenständigkeit des Jüdischen Museums beendet wurde. Vor dem Hintergrund der medialen Berichte über die Berliner Situation erhielt der Libeskind-Bau in Osnabrück größte öffentliche Aufmerksamkeit. Die *Räume gegen das Vergessen* stellten architektonisch in Material und Gestaltung weniger einen Anbau zum vorhandenen Museumsgebäude dar als vielmehr eine zentrale Raumskulptur inmitten der Altgebäude.

Die Architektur trotzt in ihrer Eigenart den benachbarten Baustilen, dem neo-klassizistischen Museumsbau von 1889 wie dem protzig wirkenden Neorenaissance-Palais des Textilfabrikanten Floris Schlikker von 1901. Die Villa, die zur Museumsanlage gehört, war zwischen 1932 und 1945 im Besitz der NSDAP, die dort ihre Parteizentrale einrichtete. Das vom Architekten bewusst gesetzte Spannungsverhältnis zwischen dem neuen Bau und der Villa Schlikker wurde von Auguste Moses-Nussbaum bereits beim ersten Spatenstich 1996 wahrgenommen: *Von dort aus wurde die Bevölkerung dieser Stadt systematisch mit Parolen der Menschenverachtung und des Hasses verdorben,* wurde Nussbaums Cousine anlässlich des Festaktes in der *Neuen Osnabrücker Zeitung* am 5. September 1996 zitiert.

Daniel Libeskind störte mit der Positionierung des Neubaus das architektonische Zusammenspiel der auf Repräsentation angelegten Baustile am Wall und formulierte mit diesem Kontrast letztlich deren Abgesang. Das Felix-Nussbaum-Haus ist das Zentrum der Museumsanlage. Die alten Gebäude werden architektonisch einbezogen. Libeskind entwarf hier ein Gesamtkonzept, das die Sammlung Felix Nussbaum in den Mittelpunkt der musealen Präsentation der Häuser stellt. Dies wurde – ähnlich wie in Berlin – nicht sofort erkannt. Doch in den folgenden Jahren wurden Dauerausstellungen zur Stadtgeschichte thematisch angepasst. Im Felix-Nussbaum-Haus kann man Nussbaums Bilderwelt als Rundgang entlang seiner Lebenssituationen betrachten. Sonderausstellungen von Arbeiten Nussbaums im Dialog mit Werken von Zeitgenossen oder gegenwärtigen Kunstschaffenden ergänzen den Zugang zu den Werken. Stets ist dabei das Vermächtnis Nussbaums – *zeigt sie den Menschen* – gewahrt. Inzwischen hat das Felix-Nussbaum-Haus einen Sonderstatus unter den Museen erhalten. Neben dem Zentrum für verfolgte Künste in Solingen ist es bundesweit das einzige Haus, das sich konsequent mit Exil- und Widerstandskunst auseinandersetzt.

Abb. 2:
Gemälde von Felix Nussbaum, Selbstbildnis mit Judenstern und Judenpass, nach August 1943.

Was ist so besonders an der Sammlung? Es ist eine Kunst-Sammlung, die im Jahre 2000 zum Nationalen Kulturgut erklärt wurde. Auf den ersten Blick sind es die Werke, die Felix Nussbaum zwischen 1939 und 1944 malte, die sie singulär macht. Denn sie zeigen Menschen, die ausgegrenzt, vereinsamt und verloren, gezeichnet mit dem gelben Stern, in zerstörten Räumen fast versteinert verharren.

Das berühmteste Werk aus dieser Periode ist das *Selbstbildnis mit Judenpass* von 1943.

Erst auf den zweiten Blick ist das Gesamtwerk als außergewöhnlich und einmalig zu erkennen. Nussbaums narrative Bilderwelten spiegeln emotionale Reaktionen auf Alltägliches wider. Situationen, die traurig machen, uns ein Lächeln schenken, Erinnerungen wachrufen.

Nussbaums Erlebniswelt unterschied sich damals nicht von der anderer aus bürgerlich-jüdischen Verhältnissen. Er wurde 1904 in eine gut situierte Familie hineingeboren, er erlebte den Ersten Weltkrieg als Jugendlicher, dessen Vater Soldat in Belgien war. Der Gym-

Abb. 3: Porträts der 1944 in Auschwitz ermordeten Eltern Rachel und Philipp Nussbaum, Gemälde von Felix Nussbaum, links: Meine Mutter, rechts: Mein Vater, 1926

nasiast träumte von einer Zukunft als Künstler, konnte 1922 Osnabrück verlassen, in Hamburg auf die Kunstgewerbeschule gehen und ab 1923 in Berlin sein künstlerisches Können erproben. Erste Erfolge stellten sich wenige Jahre später ein. *Die ganze Raffinesse liegt im Nebeneinander des Themas. Farben sind die Leitmotive des Malers,* zitierte der Osnabrücker Fritz Steinfeld seinen Malerfreund. Er selbst war als Arzt in Berlin tätig und mit Felix Nussbaum und dessen Lebenspartnerin Felka Platek – auch sie Malerin – befreundet. *Mein Vater,* ein Werk von 1926, ist für die Raffinesse, wie Nussbaum sie verstand, ein Beispiel. In farblich feinen Grau-Weiß-Abstimmungen porträtierte er seinen Vater. Zwei leuchtende Farbfelder fallen in dem Werk auf: das Kolorit der Krawatte und ein Häusermotiv im Hintergrund. Die fröhliche Buntheit der Krawatte korrespondiert mit der Farbigkeit des Blumenstraußes im Porträt *Meine Mutter*, das er im gleichen Jahr als Pendant schuf. Auf diese Weise deutete der malende Sohn die emotionale Verbundenheit zwischen den Personen an. Mit den Häusern aus Emden brachte er die Heimatstadt des Vaters ins Bild.

Das Talent Nussbaums wurde erkannt: 1932 erhielt er ein Stipendiat in der Villa Massimo in Rom. Seine Zukunft als ernst genommener Künstler schien gefestigt. Doch dann änderte sich seine Welt, wie die des jüdischen Teils der Bevölkerung Europas. Menschenverachtung, Hass, Todesdrohung wurden ihre Begleiter. Die Veränderung manifestierte sich mit der Ernennung Adolf Hitlers zum Reichskanzler. Für Nussbaum verschlechterte sich die Arbeitsatmosphäre in der Villa Massimo, Juden wurden nicht mehr geduldet. Etwa zur gleichen Zeit brannte es in Nussbaums Berliner Atelier, und ein großer Teil seiner dort lagernden Werke wurde zerstört. Felix Nussbaum und Felka Platek verließen Rom. Eine Wende in ihrem Leben, die sich in seiner Kunst wiederfindet. 1935 fand das Paar Zuflucht in Ostende. Nussbaum zeichnete zu dieser Zeit eine Anzahl von Selbstporträts mit grimassierenden Physiognomien, geradezu eine Maskerade der Deformation. Wenige Jahre später verarbeitete er die Selbst-Studien in dem Ölgemälde *Mummenschanz* und zeigt dem Betrachter eine irritierende, verkehrte Welt. Ab 1939 herrschte Krieg. Die Menschen wurden, um Auguste Moses-Nussbaum zu zitieren, *mit Parolen der Menschenverachtung und des Hasses überschüttet*. Als 1940 die deutsche Wehrmacht in die Benelux-Länder einmarschierte, wurde Felix Nussbaum als feindlicher Deutscher im Lager Saint-Cyprien interniert; als die Deutschen Südfrankreich besetzten, sollte er als Jude zum Arbeitseinsatz nach Deutschland abtransportiert werden. Es gelang ihm die Flucht, und er kehrte ins besetzte Brüssel zurück, wo er seit 1937 mit Felka Platek lebte. Doch auch dort bestimmte die rassistische Ideologie der deutschen Besatzungsmacht das Alltagsleben. Bis Ende 1942 schuf Nussbaum eine Reihe von Stillleben, die daran erinnern, dass *die Farbe das Leitmotiv des Malers* ist, wie er einst seinem Freund Fritz Steinfeld verriet. Spätestens 1943 versteckte sich das Paar in der Mansarde des Hauses, in dem sie auch registriert waren. Zum Malen gingen sie in eine heimlich angemietete Wohnung in der Rue Général Gratry. Mit den dort entstandenen Ölgemälden dokumentierte Felix Nussbaum die Unmenschlichkeit der mörderischen Menschenjagd, der Juden ausgesetzt waren. Die emphatische Darstellung der Vertriebenen, der Verlassenen, der Todgeweihten entzieht sich einer stilorientierten Einordnung in die klassische Moderne – diese Werke handeln von der Würde des Menschen und vom Lebenswillen eines Malers. Dank eines Aufrufs, initiiert durch Wendelin Zimmer in der *Neuen Osnabrücker Zeitung*, konnte dieses Konvolut mit Spendengeldern 1975 von dem belgischen Antiquitätenhändler Willy Billestraet erworben werden.

Felix Nussbaum und Felka Platek wurden durch einen der sogenannten Kopfgeldjäger denunziert. In der Nacht vom 20. auf den 21. Juni 1944 wurde ihre Mansarde von Soldaten der deutschen Wehrmacht gestürmt, das Paar verhaftet und in das Sammellager Mechelen gebracht. Von dort wurden sie nach Auschwitz-Birkenau deportiert. Die Werke blieben damals im geheimen Atelier zurück. Das letzte Lebenszeichen von Felix Nussbaum, datiert vom 20. September 1944, ist ein Eintrag auf einer Patienten-Aufnahmekarte der Krankenbaracke, Block 21 des Stammlagers Auschwitz I.

Wenn ich untergehe, lasst meine Bilder nicht sterben! Zeigt sie den Menschen. Ein Vermächtnis, das eingelöst werden konnte, weil der

Nachlass Nussbaums Osnabrück anvertraut wurde und die Stadt den Auftrag annahm. Nach 50 Jahren umfasst die Sammlung über 200 Arbeiten. Sie wird von der Niedersächsischen Sparkassenstiftung Hannover und der Stadt Osnabrück betreut. Schenkungen, Stiftungen und Förderungen von Privatpersonen wie Institutionen lassen die hohe Akzeptanz der Bedeutung Nussbaums erkennen. Es sind Werke, die einen wichtigen Teil unseres kollektiven Gedächtnisses bewahren. Die Bilder haben im Libeskind-Bau ihr Zuhause gefunden und erinnern an die stete Aufgabe, das kollektive Gedächtnis wach und lebendig zu halten – und dazu gehören sicher auch die historischen Fakten dieser Zeit.

Literatur

Eva Berger u.a., Felix Nussbaum. Verfemte Kunst – Exilkunst – Widerstandskunst, neu überarbeitet von Anne-Sibylle Schwetter, Bramsche 2007.

Thorsten Heese, Felix Nussbaum und der ›gemalte Holocaust‹. Biografie – Sammlung – museale Vermittlung, in: Claudia Müller u.a. (Hrsg.), Die Shoah in Geschichte und Erinnerung: Perspektiven medialer Vermittlung in Italien und Deutschland, Bielefeld 2015, S. 225-243.

Auguste Moses-Nussbaum, Reise mit zwei Koffern. Lebenserinnerungen, Göttingen 2017.

Fritz Steinfeld, Vergast – nicht vergessen. Erinnerungen an den Malerfreund Felix Nussbaum, Bramsche/Osnabrück 1984.

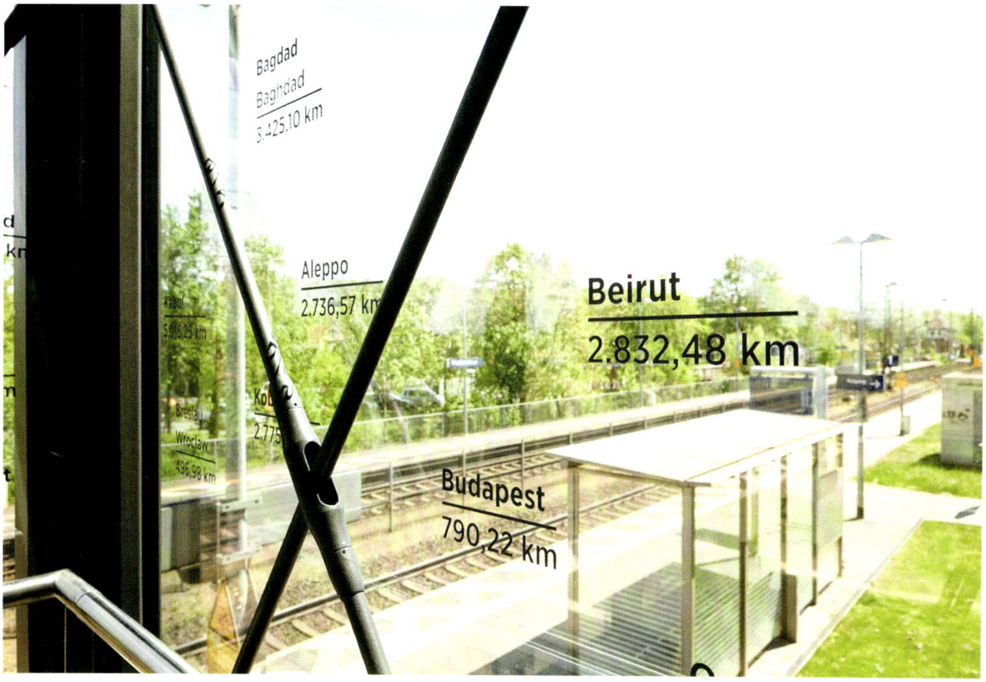

Abb. 1: Friedland global verortet.

Das Lager Friedland

Von Jochen Oltmer

Das Grenzdurchgangslager Friedland müsse, so forderte der niedersächsische Landtag am 11. Oktober 2006, *weiterhin als Einrichtung erhalten bleiben* und zwar *auch wegen seiner historischen Bedeutung als »Tor zur Freiheit«*. Den Hintergrund für diesen Appell bildete der erhebliche Rückgang der Zahl der Ankünfte im Lager Friedland: Zuletzt hatten die Restriktionen des bundesdeutschen Zuwanderungsgesetzes von 2005 den Umfang der Einwanderung von Spätaussiedlerinnen und Spätaussiedlern sowie von Jüdinnen und Juden aus den Nachfolgestaaten der UdSSR weiter sinken lassen. Angesichts des drohenden Funktionsverlusts sei es nötig, Friedland *schrittweise in ein Integrationszentrum umzugestalten*, könnten doch hier die mit dem Zuwanderungsgesetz eingeführten Integrationskurse abgehalten werden. Außerdem gelte es, die *historische Bedeutung* des am 20. September 1945 von der britischen Besatzungsmacht eingerichteten Lagers *angemessen zu würdigen*. Dafür seien *historische Gebäude in Friedland für die Einrichtung einer zeitgenössischen Gedenkstätte* zu nutzen.[1]

Die Landesregierung folgte dem Beschluss des Landtags. Im Mai 2007 wies sie darauf hin, dass das Lager seit Ende 2006 als *Niedersächsisches Zentrum für Integration* firmiere. Auch sei ein Beirat eingerichtet worden, um das häufig in *Heimatstuben ausgestellte Kulturgut* von Flüchtlingen und Vertriebenen der Nachkriegszeit des Zweiten Weltkriegs sichern und präsentieren zu können. Ziel sei der Ausbau des Lagers *zu einer nationalen Gedenkstätte* unter Berücksichtigung von *Friedlandglocke, Heimkehrerdenkmal, die Nissenhütte und weiteren unter Denkmalschutz stehender Gebäude*. Seine nationale Bedeutung fordere *eine finanzielle Beteiligung des Bundes*.

Mit der Übergabe der Verantwortung für den Aufbau einer Stätte zur Auseinandersetzung mit der Geschichte des Lagers an das niedersächsische Innenministerium und der Einrichtung mehrerer Beratungsgremien ergab sich eine intensive Diskussion um die Frage, auf welche Weise woran zu erinnern und zu gedenken sei. Sie mündete schließlich nach rund zehn Jahren in die Eröffnung des Museums Friedland. Es residiert seit März 2016 im Gebäude des Bahnhofs Friedland, das unmittelbar an das Lager grenzt. Ein umfangreicher Neubau wird das Museum zukünftig erheblich erweitern.

Die Befürchtung von Landtag und Landesregierung, das Grenzdurchgangslager könne geschlossen werden, erwies sich als unberechtigt: In den 2010er Jahren war Friedland angesichts vielfältiger Zuwanderungen von Schutzsuchenden aus aller Welt nicht selten überbelegt. Und das Museum Friedland präsentiert sich nicht als Gedenkstätte oder als Ort des Erinnerns insbesondere an Flucht und Vertreibung von Deutschen. Es versteht sich vielmehr als ein Migrationsmuseum, dessen Entstehungsgeschichte auf die seit Anfang der 2000er Jahre intensivierten gesellschaftlichen Debatten um das Selbstverständnis der Bundesrepublik als Einwanderungsland und die Repräsentation von Geschichte und Gegenwart einer Migrationsgesellschaft verweist. Das Museum sieht das Lager Friedland als weltweiten »Fluchtpunkt« (so der Titel der Dauerausstellung), als eine Verortung globaler Migrationsverhältnisse.

Lager sind als provisorische Einrichtungen konzipiert. Auch das Lager Friedland stand mehrfach vor der Schließung. Die Unzahl der Durchgangs- und Unterkunftslager der Nachkriegszeit des Zweiten Weltkriegs, in denen Millionen von Menschen für Wochen, Monate oder Jahre gelebt oder sie als Kontroll-, Registrierungs- und Kategorisierungsanstalten sowie Verteilungszentren durchlaufen hatten, schlossen in aller Regel bis spätestens Anfang der 1970er Jahre. Das institutionelle Beharrungsvermögen Friedlands ist mithin erklärungsbedürftig. In erheblichem Maße trug dazu die symbolische Aufladung des Ortes bei. Sie war Ergebnis eines steten erinnerungspolitischen Bemühens aus dem Lager heraus sowie der Verfestigung politischer und öffentlicher Vorstellungen von der Erinnerungswürdigkeit der Einrichtung. Das hatte sich nicht nur 2006/07 auf der Ebene des Landes Niedersachsen gezeigt, sondern zuvor bereits 1999 auf der Bundesebene: Bis auf Friedland wurden die Erstaufnahmeeinrichtungen des Bundes für Einreisen aus Osteuropa geschlossen. Der zuständige Bundesinnenminister Otto Schily begründete seine Entscheidung für Friedland mit dem Hinweis auf einen *historischen Standort, der einen hohen Symbolwert innerhalb der deutschen Nachkriegsgeschichte hat.*[2]

Während über einen Großteil der Lager im Nachkriegsdeutschland nur im lokalen oder regionalen Kontext gesprochen oder berichtet wurde, rückte Friedland früh und mehrfach in den Fokus nationaler Aufmerksamkeit. Ein zentrales Element bildete die Rolle des Lagers als Aufnahmeeinrichtung für entlassene deutsche Kriegsgefangene. Friedland fungierte seit Mitte 1946 als Ankunfts- und Registrierzentrum für mehr als eine halbe Million ehemaliger Kriegsgefangener und bald als das einzige Durchgangslager für diese Gruppe in Westdeutschland.

Umfragen zufolge zählte die Behandlung und Rückkehr der deutschen Kriegsgefangenen für die Deutschen 1945-1949 zu den drei »Hauptsorgen« neben den Problemen der Versorgung mit Lebensmitteln und Gütern des alltäglichen Bedarfs. Mithin ergab sich eine hohe, auch mediale Aufmerksamkeit dem Thema gegenüber. Sie fokussierte seit Ende der 1940er Jahre vor allem auf die Berichterstattung über einzelne Rückkehrertransporte aus der UdSSR, die in Friedland ankamen. Das Lager symbolisierte nicht nur die Rückkehr von Kriegsgefangenen und die Hoffnung auf die Rückkehr weiterhin Internierter, sondern weit darüber hinaus das Gedenken an die deutschen Vermissten des Krieges insgesamt.

Den Höhepunkt der nationalen Aufmerksamkeit und der Produktion ikonischer Bilder bildete die Entlassung der letzten Kriegsgefangenen und Zivilinternierten aus sowjetischer Gefangenschaft Ende 1953/Anfang 1954 sowie Ende 1955/Anfang 1956. Eine umfangreiche, sehr emotionale Medienberichterstattung inszenierte Friedland als *Tor zur Freiheit* für die *Spätestheimkehrer*. Sie wurden als heldenhafte Überlebende sowjetischer Gewaltherrschaft verstanden in einer Phase der Geschichte der Bundesrepublik, in der angesichts der Debatten um Souveränität, Westbindung, Wiederbewaffnung und Wiedervereinigung die Abgrenzung zum »Ostblock« in der Systemkonkurrenz des »Kalten Krieges« als zentrale politische und öffentliche Handlungsmaxime erschien. Nicht thematisiert wurde, dass sich unter den Kriegsgefangenen zahlreiche Männer befanden, die an Mordaktionen des Zweiten Weltkriegs und an Kriegsverbrechen beteiligt gewesen waren. Vielmehr blieb die Berichterstattung über und die Erinnerung an die *Heimkehr der Zehntausend* Teil eines politisch aufgeladenen Diskurses über deutsche Opfer des Zweiten Weltkriegs und der Nachkriegszeit.

Zu diesem Zeitpunkt präsentierte die öffentliche Debatte in der Bundesrepublik Friedland schon seit längerem als den Ort eines rein deutsch gedachten Nachkriegsschicksals von Flucht, Vertreibung und Kriegsgefangenschaft. Vielfach hervorgehoben wurde die vorbildliche Betreuung durch staatliche Stellen und Hilfsorganisationen, der bereits Ende der 1940er Jahre als *Tor der Hoffnung*, als *Tür im Eisernen Vorhang*, als Ort des Friedens und der Linderung von Leid markierten Einrichtung.[3] Friedland erlangte einen guten Ruf, obgleich Lager im Deutschland der Nachkriegszeit in der Regel übel beleumdet waren. Sie galten als Inbegriff miserabler Unterkunfts- und Lebensverhältnisse, als Hort der Kriminalität, politischer Radikalisierung und gesundheitlicher Gefährdung und des Verfalls von Arbeits- und Sexualmoral – Ausnahmezustände, die es durch die Schließung zu überwinden galt, und zwar insbesondere dann, wenn die Bewohnerinnen und Bewohner als fremd markiert waren wie im Falle von Displaced Persons oder vieler Asylsuchender.

Dass Friedland als Ausnahme galt, dazu trug offenbar über viele Jahre die Medienpolitik der Lagerleitung bei, die nicht nur die Berichterstattung im Detail beobachtete, sondern sich immer wieder bei Redaktionen über negative Beiträge beschwerte und zum Teil mit Klagen drohte. Eine wichtige Rolle kam zudem den Wohlfahrtsverbänden sowie katholischer und evangelischer Kirche zu, die vor allem in den 1950er Jahren die hohe Bedeutung ihrer Hilfstätigkeit hervorhoben und auf einen *Geist von Friedland* für Lobbyarbeit und das Einwerben von Spenden in der gesamten Bundesrepublik verwiesen.

Dieser Aspekt bot einen wesentlichen neuen erinnerungskulturellen Anknüpfungspunkt: Seit den 1960er Jahren verlor in der bundesdeutschen Erinnerungskultur die Orientierung an dem auf Deutsche bezogenen Opfernarrativ erheblich an Gewicht. Die großen Prozesse gegen Kriegsverbrecher, die zunehmende wissenschaftliche und öffentliche Beschäftigung mit dem Holocaust und die kritische Auseinandersetzung mit dem Nationalsozialismus und der deutschen Rolle im Zweiten Weltkrieg führten ebenfalls zu einem Bedeutungswandel. Friedland verlor im Vergleich zu den späten 1940er und 1950er Jahren an Aufmerksamkeit, blieb aber dennoch Anknüpfungspunkt identitäts- und erinnerungspolitischer Debatten. Wenngleich der Bezug auf deutsche Opferschaft, beispielsweise im Kontext der Aufnahme von (Spät-)Aussiedlerinnen und (Spät-)Aussiedlern nicht ganz an Bedeutung verlor, stand nunmehr die Vorstellung von der selbstlosen humanitären Arbeit im Lager im Vordergrund. Sie gelte unterschiedslos denen, die als Opfer autoritärer politischer Systeme, Gewalt und Verfolgung verstanden wurden – zunächst solche jenseits des »Eiser-

Abb. 2: Medienberichterstattung über das Lager Friedland. Inszenierung im Museum Friedland.

nen Vorhangs«, später der ganzen Welt: vietnamesischen *boat people*, aus der DDR Geflüchteten, sowjetischen Dissidentinnen und Dissidenten, polnischen *Solidarność-Flüchtlingen*, Jüdinnen und Juden aus den Nachfolgestaaten der UdSSR, Schutzsuchenden aus Syrien … Diese Vorstellung korrespondierte mit der nach der Vereinigung 1990 gewachsenen bundesdeutschen Selbsterzählung von der Friedensmacht, die vor allem auf Diplomatie, Hilfsbereitschaft und humanitär motivierter Intervention setze.

Bemerkenswert bleibt schließlich, dass Friedland auch im amtlichen Sprachgebrauch ein »Lager« blieb: Mit der Intensivierung der wissenschaftlichen und öffentlichen Auseinandersetzung um nationalsozialistische Arbeits-, Konzentrations- und Vernichtungslager wurde in der Bundesrepublik seit den 1970er Jahren der Begriff Lager beinahe ausschließlich auf die Geschichte NS-Deutschlands bezogen. Deshalb wurde der Begriff Anfang der 1980er aus dem amtlichen Sprachgebrauch als Bezeichnung für bundesdeutsche Einrichtungen getilgt. Das Asylverfahrensgesetz etwa führte 1982 den Begriff der »Gemeinschaftsunterkünfte« ein. Wenn dennoch auch heute noch ganz selbstverständlich vom »Lager Friedland« die Rede ist, lässt dies erneut sichtbar werden, wie sehr die symbolische Aufladung des Erinnerungsortes verantwortlich dafür ist, dass ein Provisorium zu einer Dauereinrichtung werden konnte.

Anmerkungen

1 Unterrichtung über den Beschluss des Landtages vom 11.10.2006 durch die Landesregierung, 7.5.2007, Niedersächsischer Landtag, 15. Wahlperiode, Drucksache 15/3782.

2 »Respekt vor einem historischen Standort«, in: Frankfurter Allgemeine Zeitung (FAZ), 29.9.1999.

3 Zitiert nach: HOFFRICHTER/SCHIESSL, S. 330.

Literatur

Joachim BAUR/Lorraine BLUCHE (Hrsg.), Fluchtpunkt Friedland. Über das Grenzdurchgangslager 1945 bis heute, Göttingen 2017.

Arne HOFFRICHTER/Sascha SCHIESSL, »Tor zur Freiheit« – »Schauplatz erschütternder Tragödien«. Die Lager Friedland und Uelzen in der lokalen, niedersächsischen und bundesdeutschen Erinnerungskultur, in: Janina FUGE u.a. (Hrsg.), Gedächtnisräume. Geschichtsbilder und Erinnerungskulturen in Norddeutschland, Göttingen 2014, S. 325-347.

Sascha SCHIESSL, »Das Tor zur Freiheit«. Kriegsfolgen, Erinnerungspolitik und humanitärer Anspruch im Lager Friedland (1945-1970), Göttingen 2016.

Abb. 1: Blick auf das Gelände der Gedenkstätte Deutsche Teilung Marienborn.

Die innerdeutsche Grenze und der Grenzübergang bei Helmstedt und Marienborn

VON CHRISTIAN HELLWIG

In den Jahren der deutschen Teilung ist Niedersachsen von der innerdeutschen Grenze in besonderem Maße betroffen gewesen. Im Norden und in der Mitte des Bundeslands verlief die Grenze entlang der Elbe und durchschnitt im Süden Niedersachsens das Mittelgebirge des Harzes. Entlang des ehemaligen Grenzverlaufs hat sich eine facettenreiche Erinnerungslandschaft herausgebildet. An zahlreichen Orten der ehemaligen Grenze wird an die Geschichte der Teilung und der Sperranlagen erinnert. Dies umfasst sowohl kleinere Gedenkzeichen wie beispielsweise Mahntafeln oder Gedenkkreuze als auch materielle Hinterlassenschaften der Grenzanlagen, die an einigen wenigen Orten erhalten geblieben sind. Heute befinden sich entlang des ehemaligen Grenzverlaufes zudem zahlreiche kleinere und größere Grenzmuseen und Gedenkstätten, die sich mit der Geschichte der deutschen Teilung zumeist im regionalen Kontext auseinandersetzen. Des Weiteren ist der ehemalige »Todesstreifen« an vielen Stellen zu einem geschützten Naturraum geworden: Initiativen rund um das sogenannte »Grüne Band« haben die Entwicklung des ehemaligen Grenzverlaufes seit der Wiedervereinigung zu einer Landschaft mit ausgewiesenen Biotopen, Naturparks und Biosphärenreservaten vorangetrieben.

Dieses Ensemble ist für die erinnerungskulturelle Auseinandersetzung überaus wichtig. Drei Jahrzehnte nach der Grenzöffnung verschwindet die Teilung langsam aus dem Blickfeld jüngerer Generationen. In einer 2019 geführten Debatte über die Erinnerungskultur zur DDR-Geschichte hieß es, dass selbstverständlich ist, was Teil des Alltages sei und über das nicht weiter nachgedacht werden müsse.[1] Die Gedenkstätte Deutsche Teilung Marienborn liefert für diese These die ultimative Bestätigung. Wer heute von Hannover aus Richtung Berlin auf der A2 entlangfährt, dürfte die ehemalige Grenzübergangsstelle oftmals gar nicht oder nur am Rande wahrnehmen. Die materiellen Hinterlassenschaften des Ortes ziehen, in Fahrtrichtung blickend, auf der rechten Seite in einem kurzen Moment vorüber. Innerhalb des Bruchteiles einer Sekunde ist die Landesgrenze zwischen Niedersachsen und Sachsen-Anhalt überquert. Die als selbstverständlich empfundene Freiheit, sich innerhalb Deutschlands und der Europäischen Union weitestgehend grenzenlos bewegen zu können, wird oftmals erst dann als Privileg erkannt, wenn sie – wie im Fall der Corona-Pandemie – durch (temporäre) politische Maßnahmen in Frage gestellt wird.

Aus der Perspektive der Zeitzeuginnen und -zeugen ist der Erinnerungsort Marienborn jedoch Kulminationspunkt zahlreicher und heterogener Erinnerungen. Die Teilung prägte über Jahrzehnte den Alltag der Menschen auf beiden Seiten der Grenze. Die Grenzübergangsstelle – und damit die Transitautobahn – steht dabei für eine überwiegend westdeutsche Wahrnehmung der Grenze: In dieser dominiert zumeist das Narrativ einer »Passage vom Rechtsstaat in eine Zone der Willkür und Unberechenbarkeit«.[2] Ausdruck fand und findet dies in den zahlreichen Schilderungen westdeutscher Bürgerinnen und Bürger, die von ihren an der Grenzübergangsstelle erlebten und empfundenen Schikanen durch die ostdeutschen Grenzorgane und den dadurch hervorgerufenen Ängsten berichteten. Karl Schlögel hat in diesem Kontext in einem Essay von einer »Generation Marienborn« gesprochen.[3] Der Ort Marienborn ist nach diesem Verständnis nicht nur eine Grenzübergangsstelle, sondern bereits auch in den Jahren vor der Wiedervereinigung ein nationales Symbol der Teilung gewesen.

Daher ist es sicherlich kein Zufall, dass es der im Grunde unscheinbare Ort 1963 sogar in das Programm der Internationalen Filmfestspiele Berlin (Berlinale) schaffte. Der auf einem Drehbuch von Will Tremper basierende Spielfilm *Verspätung in Marienborn* eröffnete als

Abb. 2:
Der ehemalige Abfertigungsbereich für die Pass- und Identitätskontrolle.

zeitkritische Spielfilmproduktion das Filmfestival. Der Film handelt von einer gescheiterten Flucht eines Ostdeutschen, der sich an Bord eines amerikanischen Militärzuges befindet. An der Grenzübergangsstelle Marienborn wird der Zug von den sowjetischen Behörden gestoppt und der Flüchtling schließlich von den Amerikanern ausgeliefert, um eine internationale Krise zu verhindern. Tremper ließ sich nach eigenen Aussagen von einer entsprechenden Zeitungsmeldung zu dem Film inspirieren, der sich in den 1950er und 1960er Jahren als einer von sehr wenigen westdeutschen Kino- und Fernsehproduktionen mit der deutschen Teilung und deren Folgen auseinandersetzte und der bereits im Titel auf das ungelöste Problem der deutschen Teilung verwies.

Die Bedeutung von Marienborn als Synonym einer westdeutschen Grenzerfahrung im Sinne Schlögels erklärt sich dabei aus der realpolitischen Bedeutung, die der Grenzübergangsstelle während der deutschen Teilung zukam. Zu Beginn der 1980er Jahre wurde der Grenzübergang von einem Großteil aller von Westberlin kommenden Personen genutzt. Die Grenzübergangsstelle ist somit die wichtigste Durchgangsstelle zwischen Ost und West gewesen. Eingerichtet wurde der Grenzübergang bereits im Sommer 1945. Als sich zunehmend zeigte, dass die Strukturen vor Ort nicht ausreichend waren, um eine adäquate Kontrolle der Verkehrsströme zu gewährleisten, wurde von Seiten der DDR-Behörden der Ausbau der Anlage beschlossen. Dieser Ausbau sollte nicht nur der Verbesserung des Kontroll- und Abfertigungsverfahren dienen, sondern gleichsam auch die DDR als

»wirtschaftlich stabile, zeitgemäße und souveräne Republik«[4] repräsentieren. 1972 schließlich wurde mit der Durchführung entsprechender Baumaßnahmen begonnen. Es entstand ein völlig neuer Komplex, der unter anderem mit großflächig überdachten Kontrolltrakten für Pkw- und Lkw-Abfertigungen, Dienstgebäuden und Versorgungsanlagen sowie großzügig gestalteten Verkehrsflächen und Service-Einrichtungen für die Reisenden ausgestattet wurde.[5]

Mit dem Ende der deutschen Teilung wurde die Grenzübergangsstelle schlagartig obsolet, und damit begannen auch die Debatten über die weitere Nutzung des Ortes. Entsprechende Diskussionen wurden in der Nachwendezeit an zahlreichen Orten des ehemaligen Grenzverlaufes geführt. Die meisten Grenzanlagen wurden rasch demontiert. Oftmals ist es vor allem der Initiative von Privatpersonen zu verdanken gewesen, dass sich Fragmente dieser Anlagen erhalten haben. Dies gilt beispielsweise auch für das Grenzdenkmal Hötensleben, das seit 2004 zur Gedenkstätte Deutsche Teilung Marienborn gehört. Auf einer Länge von 350 Metern steht der erhaltene Grenzstreifen mit den entsprechenden Sperranlagen seit 1990 unter Denkmalschutz. Dies führte in Hötensleben zu intensiven Diskussionen über die Sinnhaftigkeit dieses Vorhabens. Unter dem Motto *Mauer oder Schwimmbad* protestierten zahlreiche Anwohner gegen den Erhalt der Grenzbefestigungen, konnten sich schlussendlich jedoch nicht durchsetzen.[6] Exemplarisch zeugt diese Episode von den widersprüchlichen Perspektiven und erinnerungskulturellen Auseinandersetzungen nach der Wiedervereinigung.

Während die Relikte anderer Grenzübergangsstellen verschwanden, wurden in Marienborn früh die Weichen für die Einrichtung einer Gedenkstätte und damit das Fundament für die Etablierung eines Erinnerungsortes gelegt. Bereits 1990 erkläre das Institut für Denkmalpflege in Halle das Gelände der Grenzübergangsstelle zu einem Flächendenkmal. Knapp zwei Jahre später beschloss der Landtag in Sachsen-Anhalt die Einrichtung einer *Mahn- und Gedenkstätte Deutsche Teilung Marienborn*. Der Weg bis zur Eröffnung der Gedenkstätte verlief allerdings nicht ohne Konflikte und Debatten, die sich um die Frage der Finanzierung und Trägerschaft der Einrichtung drehten und die sich auch auf das Gelände selbst auswirkten: Zugunsten des infrastrukturellen Ausbaus der Autobahn vor Ort wurden gegen die Vorschläge der Denkmalpflegerinnen und -pfleger unter anderem die vorhandenen Mauern und Zäune abgerissen. Zudem wurde die Entscheidung getroffen, einen Teil des Geländes aus dem Denkmalschutz zu entlassen, um unmittelbar auf dem Gelände eine Tankstelle mit angeschlossener Raststätte bauen zu können. Des Weiteren beschloss die Landespolitik, die ehemaligen Kasernen der Grenztruppen in Harbke zur Unterbringung von Asylbewerbern zu nutzen. Diese Nachnutzung war und ist nicht frei von Kritik, führte sie doch zu der Situation, dass – wie es Axel Doßmann ausdrückt – Flüchtlinge in unmittelbarer Nähe eines Erinnerungsortes untergebracht werden, der sich »Themen wie staatlicher Willkür, Flucht und Menschenrechten widmet«,[7] um dort auf Entscheidungen der deutschen Behörden über ihr weiteres Schicksal zu warten.

Eröffnet wurde die Gedenkstätte schließlich 1996. Mittlerweile wird der Ort jährlich von ca. 150.000 bis 160.000 Personen besucht. Die Geschichte des Ortes, insbesondere auch nach der Wiedervereinigung, zeigt deutlich, dass um die Ausrichtung eines Erinnerungsortes immer auch gerungen wird und sich dieser erst im Zuge gesellschaftspolitischer Aushandlungsprozesse konstituiert. Aus dem Blickfeld rückt in diesem Zusammenhang oftmals, dass auf bundesdeutscher Seite in Helmstedt natürlich auch eine Grenzkontrollstelle existierte (→ *Helmstedt*). Dass diese im Vergleich zu Marienborn oftmals nur am Rande oder gar nicht wahrgenommen wird, spiegelt den generellen Zustand, dass der westdeutsche Grenzraum in der Auseinandersetzung mit der deutschen Teilung bedauerlicherweise allzu oft nur eine untergeordnete Rolle spielt. Die Multiperspektivität, die jedoch bei diesem Thema dringend geboten ist, bleibt deshalb eine der Stärken und großen Potentiale des Erinnerungsraumes Marienborn/Helmstedt: Mit der Gedenkstätte Deutsche Teilung Marienborn, dem Grenzdenkmal Hötensleben und dem Zonengrenz-Museum Helmstedt befinden sich in unmittelbarer Nähe zueinander drei Erinnerungsorte, die den Besuchenden facettenreiche Themen nahebringen und verschiedene Perspektiven ermöglichen: Repression und Alltag an der Grenze, Abschottung und Durchlässigkeit, aber auch der Prozess der Wiedervereinigung werden so erfahrbar und erhalten erinnerungskulturelle Kontur.

Anmerkungen

1 Maximilian Kutzner, Die Generation 1989 und die deutsch-deutsche Vergangenheit, in: Deutschland Archiv, https://www.bpb.de/geschichte/zeitgeschichte/deutschlandarchiv/286431/die-generation-1989-und-die-deutsch-deutsche-vergangenheit, letzter Zugriff 9. Juni 2020.

2 Axel Dossmann, Die Transitautobahn, in: Martin Sabrow (Hrsg.), Erinnerungsorte der DDR, München 2009, S. 411-421, hier S. 411.

3 Siehe Karl Schlögel, Generation Marienborn, in: APuZ 21-22/2009, S. 3-6.

4 Yvonne Kalinna, Vom Provisorium zur leistungsstarken Grenzübergangsstelle – Marienborn aus baugeschichtlicher Perspektive, in: Stiftung Gedenkstätten Sachsen-Anhalt (Hrsg.), »Mit den Autos kommt die Ideologie«. Der Grenzübergang Helmstedt-Marienborn im Kontext der Teilung Deutschlands und Europas, 2., durchgesehene Auflage, Halle (Saale) 2016, S. 16-30, hier S. 23.

5 Ebd., S. 27.
6 Siehe Johannes Leithäuser, Der Grenzstreifen als Denkmal, in: FAZ, 31. Juli 1993, Nr. 175, S. 3.
7 Axel Dossmann, Die Transitautobahn, wie Anm. 2, S. 421.

Literatur

Anna Kaminsky (Hrsg.), Orte des Erinnerns, Gedenkzeichen, Gedenkstätten und Museen zur Diktatur in SBZ und DDR, 3., überarbeitete und erweiterte Auflage, Berlin 2016.

Rainer Potratz, Die Gedenkstätte Deutsche Teilung Marienborn. Ort der Erinnerung und der Begegnung, in: Thomas Schwark u.a. (Hrsg.), Grenzziehungen – Grenzerfahrungen – Grenzüberschreitungen. Die innerdeutsche Grenze 1945-1990, Darmstadt 2011.

Maren Ulrich, Geteilte Ansichten. Erinnerungslandschaft deutsch-deutsche Grenze, Berlin 2006.

Abb. 1: *Umbenennung des Platzes vor dem niedersächsischen Landtag in Hannover.*

Hinrich Wilhelm Kopf

Von Dietmar von Reeken

Landesvater, *roter Welfe*, *Landesgründer*, *Mann des Volkes* usw.: Diese zeitgenössischen Bezeichnungen für den langjährigen ersten Ministerpräsidenten des Landes Niedersachsen versuchen Hinrich Wilhelm Kopf (1893-1961), sein Profil als Politiker und seine Bedeutung für das Land zu charakterisieren. Gleichzeitig verweisen sie darauf, dass eine solche politische Figur es ohne Zweifel verdient hätte, im kollektiven Gedächtnis der Niedersachsen verankert zu sein. Allerdings wäre eine Aufnahme Kopfs in einen Band mit niedersächsischen Erinnerungsorten vor etwa zehn Jahren durchaus fragwürdig gewesen – jedenfalls dann, wenn man von solchen Orten erwartet, dass sie eine gewisse Präsenz in der Erinnerung der Niedersachsen besitzen. Ob dies bei Kopf der Fall war und ist, ist zwar nicht empirisch erforscht, doch zweifelhaft. Zwar erschien knapp zwei Jahre nach dem Tod Kopfs 1963 bereits eine erste Biographie aus der Feder des Münchner Historikers Thilo Vogelsang, die von der Niedersächsischen Staatskanzlei veranlasst und von der Landeszentrale für politische Bildung herausgegeben wurde.

Im Laufe der Jahre wurden im Land auch ca. ein Dutzend Straßen nach ihm benannt, dazu vier Schulen, ein Sommercamp der Arbeiterwohlfahrt, ein Seniorenheim, eine Kaserne und – erinnerungspolitisch und symbolisch natürlich besonders bedeutsam – der Platz vor dem Niedersächsischen Landtag. Sein Grab auf dem Stöckener Friedhof in Hannover war selbstverständlich ein »Ehrengrab«.

Bewusst erinnert wurde an Kopf jedoch nur bei wenigen Anlässen, und dann vor allem auf politischer Ebene: Landesregierung, Landtag, seine Partei, die SPD und die Gewerkschaften legten zu seinem Todestag Kränze auf seinem Grab nieder. Bei runden Gedenktagen der Landesgründung 1946 wurde ebenso an die zentrale Rolle Kopfs erinnert, sowohl im politischen Raum als auch in den niedersächsischen Zeitungen. Und der Landtag würdigte ihn anlässlich seines fünfzigjährigem Todestages 2011 in einer Rede des Landtagspräsidenten, der seine »politische Aufbauleistung für unser Land« hervorhob.[1]

Doch diese symbolischen Formen des Erinnerns waren eben auf wenige Anlässe beschränkt, ob man außerhalb der interessierten politischen Kreise zum Beispiel bei Anwohnern einer »Hinrich-Wilhelm-Kopf-Straße«, bei den Soldaten in der entsprechenden Kaserne in Cuxhaven oder bei den Bewohnern des Seniorenheims in Hildesheim wusste, wer der Namenspatron war und welche Bedeutung er für das Land hatte, ist durchaus zweifelhaft.

Aber auch viele andere Ministerpräsidenten des Landes und wichtige Landespolitiker der Vergangenheit sind wohl nicht wirklich präsent im kollektiven Gedächtnis der Niedersachsen. Woran dies liegt und ob es eine niedersächsische Besonderheit im Vergleich der Bundesländer ist, ist aufgrund des Forschungsstandes kaum zu beurteilen. Teresa Nentwig hat in ihrer Kopf-Biographie die Hypothese aufgestellt, dass dies möglicherweise an der geringen Bedeutung der Landesgeschichte in Schule und Öffentlichkeit liege.[2]

Dabei wäre Kopf in der Tat, wie die zu Beginn zitierten zeitgenössischen Bezeichnungen bereits nahelegen, geeignet gewesen, ein Identitätsanker in einem nach 1945 neu gegründeten Land zu werden. Das hat natürlich vor allem etwas mit seiner Bedeutung als Initiator der Landesgründung und als erster Ministerpräsident zu tun, aber auch mit seinem ganzen Leben, das ihn als einen eigenwilligen Menschen mit schillernder, wechselhafter Biographie in den Umbrüchen der ersten Hälfte des 20. Jahrhunderts ausweist: Kopf wurde 1893 in Neuenkirchen im Land Hadeln im ländlich-bäuerlichen Milieu geboren. Während der Gymnasialzeit in Cuxhaven entschloss er sich zur Auswanderung in die USA, kehrte jedoch bald wieder nach Deutschland zurück, absolvierte eine Lehre in der Landwirtschaft und nahm nach dem Abitur in Hildesheim ein Jurastudium auf, das er erfolgreich abschloss. Seine Politisierung fand wohl vornehmlich 1918/1919

Abb. 2: Hinrich Wilhelm Kopf, um 1955.

statt. Hier war er Mitglied des Arbeiter- und Soldatenrats in Cuxhaven, gehörte aber auch einem Freikorps und einer Studentenverbindung an und trat schließlich in die SPD ein: eine bemerkenswerte Kombination. Nach wechselnden beruflichen Stationen in Verwaltung und Wirtschaft wurde er 1928 zum Landrat seines Heimatkreises Hadeln gewählt, vier Jahre später aber nach dessen Auflösung in den einstweiligen Ruhestand versetzt. Nachdem er 1933/1934 durch das nationalsozialistische *Gesetz zur Wiederherstellung des Berufsbeamtentums* als Sozialdemokrat endgültig aus dem öffentlichen Dienst ausgeschieden war, arbeitete er während der ganzen NS-Zeit in diversen Funktionen in der Wirtschaft beziehungsweise ab 1940 in der *Haupttreuhandstelle Ost* in den besetzten polnischen Gebieten. 1945 wurde er unmittelbar nach seiner Flucht aus dem Osten von der britischen Militärregierung als Regierungspräsident in Hannover eingesetzt und übernahm wenige Monate später das Amt des Oberpräsidenten der Provinz Hannover. Intensiv setzte er sich in den folgenden Monaten für die Schaffung eines Landes Niedersachsen ein und übernahm nach dessen Gründung auch das Amt des Ministerpräsidenten in einer SPD-geführten Landesregierung. Dieses hatte er bis 1955 und dann noch einmal von 1959 bis zu seinem Tod 1961 inne. In den ersten fünfzehn Jahren des Bestehens des neuen Landes war er die zentrale politische Figur, prägte die Regierungspolitik und die politische Kultur und genoss überparteilich Anerkennung und Respekt. Nentwigs Bezeichnung als »konservativer Sozialdemokrat« charakterisiert Kopfs Profil treffend, hatte er doch durchaus eine gewisse Distanz zum sozialdemokratischen Milieu und zu seiner Partei. Er schien traditionelle Orientierungen mit einer modernen sozialdemokratischen Prägung in sich selbst zu vereinen und passte offenbar gerade deshalb zu dem eher konservativ geprägten neuen Bundesland.

Wäre er nicht durch eine wissenschaftliche Biographie dem Vergessen entrissen worden, die Erinnerung an seine ohne Zweifel vorhandenen politischen Leistungen, vor allem in den überaus schwierigen Aufbaujahren des durch eine erhebliche Struktur- und Finanzschwäche, hohe Flüchtlingszahlen und ein bedenkliches rechtsradikales Protestpotential geprägten Landes, wären wohl auf wenige symbolische Anlässe beschränkt geblieben. Aber die Göttinger Politikwissenschaftlerin Teresa Nentwig erarbeitete auf breiter Quellen- und Literaturbasis eine mehr als 800 Seiten umfassende gründliche Studie, in welcher es vor allem um die Rekonstruktion und Einordnung des politischen Führungsstils Hinrich Wilhelm Kopfs vor dem Hintergrund seines Lebenslaufs, seiner Prägungen und der politischen Landschaft Niedersachsens ging. Auch diese Studie wäre wohl nur in Fachkreisen beachtet worden, wenn Nentwig nicht auch in einem kleineren Teil ihrer Arbeit Kopfs bislang weitgehend unbekannte Rolle in der NS-Zeit intensiv beleuchtet und einige problematische Aktivitäten entdeckt hätte, die Kopf selbst in der Nachkriegszeit öffentlich geleugnet hatte. Es ging dabei sowohl um seine Tätigkeit in Berlin bei der Arisierung jüdischen Besitzes als auch während des Krieges im besetzten Polen bei der Erfassung und »Verwertung« des Vermögens polnischer und jüdischer Flüchtlinge. Schon 2012 hatte der Landtag bei der Diskussion über die Studie zur NS-Vergangenheit niedersächsischer Landtagsabgeordneter erste vorsichtige Zweifel an der Vorbildhaftigkeit Kopfs geäußert.[3] Nun sah sich der SPD-Ministerpräsident Stephan Weil genötigt, das Buch Nentwigs nach seiner Fertigstellung im

Juni 2013 selbst vorzustellen und sich in einer Erklärung, in der er auch die Verdienste Kopfs ausführlich würdigte, deutlich von diesem aufgrund seiner NS-Belastung und seinem Umgang hiermit nach 1945 zu distanzieren.[4] Gleichzeitig bat der Landtag auch die Historische Kommission für Niedersachsen und Bremen um eine Begutachtung der Angelegenheit, um Empfehlungen für den weiteren Umgang mit Kopf zu erhalten. Die Stellungnahme lag im November 2013 vor, lieferte allerdings keine klaren Handlungsempfehlungen, sondern kam zu einer differenzierten historischen Einschätzung der Rolle und Bedeutung Kopfs und schlug statt Umbenennungen eine kritische Auseinandersetzung vor.[5] Dies wurde im Landtag durchaus kritisch wahrgenommen, weil man sich wohl eine klarere Positionierung erhofft hatte.

In der niedersächsischen Öffentlichkeit führten die wissenschaftlichen Erkenntnisse Nentwigs und die politischen Reaktionen zu zum Teil heftigen erinnerungspolitischen Kontroversen auf Landes- und auf kommunaler Ebene. Letzteres war vor allem in den Städten und Gemeinden der Fall, in denen sich entsprechende Orte (vor allem Straßen) befanden, die vor Jahrzehnten nach Kopf benannt worden waren. Kopfs Name war plötzlich (wieder) in aller Munde – und die Konflikte entzündeten sich vor allem an zwei Fragen: Von einigen wurden die Ergebnisse der wissenschaftlichen Studie im Hinblick auf die NS-Belastung Kopfs in Frage gestellt und hierzu zum Teil sogar die von Nentwig genutzten Quellen erneut überprüft. Die Autorin selbst hat hierauf mittlerweile 2016 mit einer weiteren umfangreichen Studie, die sich auf zusätzlich erhobene Quellen stützt, reagiert und viele der Gegenargumente entkräftet. In der Öffentlichkeit wurden diese neuen Erkenntnisse allerdings kaum wahrgenommen. Bei anderen ging es eher um eine Abwägung der Lebensleistung Kopfs: Zum einen wurde seine NS-Belastung relativiert und zum Teil durch Zeugnisse aufgewogen, nach denen Kopf auch Verfolgten geholfen hatte, zum anderen wurden seine Verdienste nach 1945 deutlich stärker gewichtet. Durchaus gestützt wurde diese Haltung von der Stellungnahme der Historischen Kommission, die Kopfs ohne Zweifel demokratische Aktivitäten nach 1945 als »Haltung tätiger Reue« bezeichnet hatte. Allen Kritikern gemeinsam war jedenfalls die Überzeugung, dass eine Aberkennung der Ehrungen Kopfs in der Gegenwart völlig unangemessen wäre.

Die niedersächsischen Debatten wurden auch überregional wahrgenommen und in der Presse diskutiert. Im Land führten sie zu Konsequenzen: Schulen und das Seniorenwohnheim erhielten neue Namen, bei den Straßen allerdings gingen die Kommunen nach teilweise heftigen lokalen Debatten unterschiedliche Wege. Es gab die bloße Beibehaltung ebenso wie eine Kommentierung durch zusätzliche Schilder oder QR-Codes. Umbenennungen fanden wohl nach vorliegenden Informationen nicht statt. Die Adresse des Landtages aber konnte nach Auffassung des

Ältestenrates nicht länger den Namen Kopfs tragen. Der zuständige Bezirksrat Hannover-Mitte beschloss daher 2014 nach eingehenden lokalen Debatten die Umbenennung in *Hannah-Arendt-Platz*.

Nicht zuletzt durch die Diskurse der letzten Jahre ist Hinrich Wilhelm Kopf heute sicher ein niedersächsischer Erinnerungsort, auch wenn dabei seine eigentlichen politischen Leistungen kaum eine Rolle spielen, sondern er eher ein besonders prägnantes Beispiel für den geschichtskulturellen und geschichtspolitischen Umgang mit der NS-Zeit ist. Dies mag man bedauern, zeigt aber die Eigendynamik von Erinnerungen, bei denen es nicht in erster Linie um den Anspruch auf die Wiederherstellung historischer Gerechtigkeit geht, sondern um aktuelle Interessen, Einstellungen, Deutungen und Werte.

Anmerkungen

1 Niedersächsischer Landtag: Stenografischer Bericht der 121. Sitzung vom 6. Dezember 2011, S. 15561.
2 Teresa Nentwig, Hinrich Wilhelm Kopf (1893-1961). Ein konservativer Sozialdemokrat, Hannover 2013, S. 842-844.
3 Niedersächsischer Landtag: Stenografischer Bericht der 125. Sitzung vom 18. Januar 2012, Hannover 2012, S. 16113-16116.
4 Stephan Weil, Ansprache bei der Buchvorstellung in Hannover am 6. Juni 2013, https://www.stk.niedersachsen.de/download/78407/Anlage_Buchvorstellung_Hinrich_Wilhelm_Kopf.pdf (letzter Zugriff 9.6.2020).
5 Historische Kommission für Niedersachsen und Bremen, Empfehlungen zum geschichtspolitischen Umgang mit der Persönlichkeit des ersten Ministerpräsidenten des Landes Niedersachsen, Hinrich Wilhelm Kopf (1893-1961), 18. November 2013, in: https://www.niedersachsen.de/download/83790 (letzter Zugriff: 25.5.2020).

Literatur

Teresa Nentwig, Hinrich Wilhelm Kopf (1893-1961). Ein konservativer Sozialdemokrat, Hannover 2013.

Teresa Nentwig, Hinrich Wilhelm Kopf und sein Wirken während des »Dritten Reiches«, in: Niedersächsisches Jahrbuch für Landesgeschichte 88 (2016), S. 227-332.

Thilo Vogelsang, Hinrich Wilhelm Kopf und Niedersachsen, Hannover 1963.

Dietmar von Reeken, Die Gründung des Landes Niedersachsen und die Regierung Kopf (1945-1955), in: Gerd Steinwascher in Zusammenarbeit mit Detlef Schmiechen-Ackermann und Karl-Heinz Schneider (Hrsg.), Geschichte Niedersachsens, Bd. 5: Von der Weimarer Republik bis zur Wiedervereinigung, Hannover 2010, S. 625-681.

Das Schulbuch

Von Eckhardt Fuchs

Abb. 1: Erinnerungsort Schulbuch.

Die internationale Schulbuchforschung hat ihren Ort in Braunschweig – und insbesondere in der Villa von Bülow. Die Villa beherbergt das *Georg-Eckert-Institut – Leibniz-Institut für internationale Schulbuchforschung* (GEI), die weltweit einzige Institution, die sich auf vielfältige Weise mit diesem Gegenstand – Schulbüchern und schulischen Bildungsmedien – befasst. Und das Institut tut dies seit nunmehr 70 Jahren. Das von Georg Eckert 1951 gegründete *Internationale Institut für Schulbuchverbesserung* an der Kant-Hochschule, das 1953 in *Internationales Schulbuchinstitut* umbenannt wurde, hatte die Aufgabe, Forschungen zu Lehrmitteln unter besonderer Berücksichtigung des Geschichtsunterrichts durchzuführen und durch die Koordination bi- und multilateraler Aktivitäten zur nationalen und internationalen Schulbuchrevision beizutragen. Nach dem Tod Georg Eckerts im Jahr 1974 wurde das Institut auf Initiative von Alfred Kubel, dem damaligen Ministerpräsidenten Niedersachsens, aus der Pädagogischen Hochschule Braunschweig herausgelöst und unter dem Namen *Georg-Eckert-Institut für internationale Schulbuchforschung* in eine Anstalt des öffentlichen Rechts überführt.

Ein wissenschaftliches Institut mit solch einer Sammlung brauchte

Abb. 2: Die Villa von Bülow, um 1880.

eine Heimstatt. Georg Eckert gründete das Institut buchstäblich in seinem Dozentenzimmer an der Pädagogischen Hochschule, das sich im heutigen *Haus der Wissenschaft* der Technischen Universität Braunschweig befand. Eckerts Büro reichte aber schnell nicht mehr für die sich rasch vergrößernde Schulbuchsammlung aus, sodass das Institut zunächst in die Okerstraße und 1965 als Teil der damaligen Pädagogischen Hochschule in den Rebenring umzog. 1982 konnte das Institut die Villa von Bülow beziehen, einen spätklassizistischen Bau an der Celler Straße, der 1839 vom Architekten Carl Theodor Ottmer als Gartenhaus für den damaligen Kammerpräsidenten der Justizverwaltung, Heinrich Georg C. F. von Bülow, errichtet worden war. Heute verbindet der GEI-Campus die neue, architektonisch imposante Georg-Eckert-Bibliothek entlang der Freisestraße mit dem modernisierten, aus den 1960er Jahren stammenden Margarete-Rothbarth-Gebäude und der Villa von Bülow zu einem Gegenwart, Vergangenheit und Zukunft verbindenden Gebäudekomplex.

Die Villa von Bülow und das Georg-Eckert-Institut sind aber aus zwei Gründen nicht allein durch die Gebäude von erinnerungspolitischer Relevanz für die Stadt Braunschweig und darüber hinaus. Zum einen stieß man bei den Aushebungsarbeiten für das Fundament des neuen Bibliotheksgebäudes Anfang des Jahres 2019 auf 500 menschliche Überreste, die dem Friedhof des ehemaligen Kreuzklosters zuzuordnen sind. Bei den Ausgrabungen entdeckten die Archäologen auch ein Grab mit gut erhaltenen Skeletten von acht jungen Männern mit

Abb. 3: Der neue GEI-Campus, 2020.

Verletzungen. Sie vermuten, dass es sich um Soldaten handelt, die im Gefecht bei Ölper am 1. August 1809 gefallen sein könnten. Bei diesem legendären Gefecht war die »Schwarze Schar« des Braunschweiger Herzogs Friedrich Wilhelm auf die französische Armee getroffen. Der erfolgreiche Durchbruch der Braunschweiger Truppen nach Norden wurde von den Zeitgenossen als Auftakt der Freiheitskriege gegen die napoleonische Besetzung Deutschlands empfunden und hat in der zeitgenössischen Literatur und Dichtung für weiten Nachhall gesorgt.

Zum anderen ist das Medium selbst, das Schulbuch, ein zentraler Träger von Erinnerungskulturen und ein mitunter umkämpfter Gegenstand zumeist national gerahmter Erinnerungspolitik. Schulbücher leisten einen wichtigen Beitrag zur Konstituierung, Repräsentation und Vermittlung des kulturellen Gedächtnisses einer Gesellschaft. Sie sind institutionalisierte Massenmedien der Produktion, Verbreitung, Popularisierung und Vermittlung von als gesellschaftlich relevant erachtetem Wissen. Mit ihrem verdichteten, tendenziell kanonischen Charakter haben Schulbücher und andere schulische Bildungsmedien eine gesellschaftliche, wissenschaftliche und pädagogische Relevanz, die weit über die Wissens- und Kompetenzvermittlung hinausreicht. Da sich in Schulbüchern das Wissen findet, das eine Generation an die nächste weitergeben will und das stets auch durchaus kontroversen Aushandlungsprozessen unterliegt, werden sie immer wieder zum Politikum. Über sie definieren Staaten und gesellschaftliche Interessengruppen, welches Wissen tradiert und welche Kompetenzen gefördert werden sollen. Das in ihnen präsentierte Wissen dient damit der Markierung kultureller Grenzen von Gemeinschaften, spiegelt und beeinflusst gleichermaßen gesellschaftliche Inklusion und Exklusion.

Das GEI erwarb sich in den ersten Jahrzehnten seines Bestehens insbesondere durch sein Engagement in Schulbuchentwicklungsprozessen in Europa und wegen seiner friedenspädagogischen Praxisorientierung auf internationaler Ebene einen weitreichenden Ruf. Es gibt keine Stadt auf dieser Welt, in der so viele internationale Konferenzen zu Schulbüchern stattgefunden haben und stattfinden wie in Braunschweig. Mit der *Ersten britisch-deutschen Geschichtslehrertagung* an der Braunschweiger Kant-Hochschule im Juli 1949 begann diese Tradition, die sich bis in die Gegenwart zieht. Schulbücher entstehen in der Regel unter nationaler Ägide und ähneln in gewisser Weise nationalen »Autobiographien«. Georg Eckert hatte erkannt: Solange die Nationalgeschichte Dreh- und Angelpunkt des Geschichtsunterrichts ist, solange es Schulbüchern darum geht, nationale Ansprüche gegenüber dem Nachbarn mit historischen Argumenten zu begründen, solange sind Geschichtsschulbücher nicht friedenstauglich. Ging es in dieser Anfangszeit daher darum, Schulbücher vor allem in Bezug auf nationalistische, ideologisierte oder diskreditierende Inhalte zu prüfen, und dann im Rahmen einer bi- oder multilateralen Revision die Schulbücher zu verbessern, befasst sich die Schulbuchforschung heute sehr viel stärker mit erinnerungskulturellen und -praktischen Aspekten. Schulbücher, insbesondere für das Fach Geschichte, sind Medien, über die Gesellschaften ihr Bild von der Vergangenheit und damit die als relevant geltende Erinnerung zu vermitteln suchen. Mit Schulbüchern, zumindest in demokratisch verfassten Gesellschaften, ist dabei kein absoluter Wahrheits- und Objektivitätsanspruch verbunden, sondern über die Schulbuchnarrative lassen sich die erinnerungskulturellen Aushandlungsprozesse und zugleich die Impulse rekonstruieren, denen diese Narrative aus unterschiedlichen Zeiten und Orten folgen. Schulbücher reflektieren über die in ihnen erzählten »Geschichten« die Bedarfe der jeweiligen Gegenwart.

Diese Beobachtungen ließen sich an vielen Beispielen illustrieren, die zeigen, dass sich die Frage, was und wie durch Schulbücher »erinnert« werden soll, immer wieder neu stellt. Dabei geht es in den Schulbüchern zumeist um die Auseinandersetzung mit der jeweiligen eigenen nationalen Geschichte, wie etwa in Deutschland um den Umgang mit dem Nationalsozialismus oder die Aufarbeitung der DDR-Geschichte. Blickt man über den Tellerrand der nationalen Geschichtsnarrative hinaus, findet man in den Schulbüchern wiederkehrende Themen, die Bestandteile einer europäischen Erinnerungskultur bilden. Dazu gehören etwa die beiden Weltkriege, der Holocaust, Nationalsozialismus und Stalinismus, der Kalte Krieg, der Sozialismus oder der Kolonialismus. Die Behandlung solcher Themen in Schulbüchern spiegelt immer sowohl wissenschaftliche als auch aktuelle gesellschaftliche Diskurse und politische Machtverhältnisse. Zudem spielt auch die Aneignung der Schulbücher und ihrer Inhalte im Unterricht eine zentrale Rolle bei der Formung erinnerungskultureller Narrative. So zeigen Studien zu Deutungen des Sozialismus im Geschichtsunterricht, dass Lehrkräfte kanonisierte Erinnerungsnarrative in Schulbüchern unter Bezug auf ihre eigenen biographischen Erfahrungen in die schulische Praxis übersetzen und re-interpretieren.

Als ein weiteres Beispiel reflektieren Schulbuchdarstellungen zum Kolonialismus die (post-)kolonialen Deutungs- und Identifikationskonflikte in den europäischen Einwanderungsgesellschaften. In Abhängigkeit von den erinnerungspolitischen Debatten in Ländern mit verschiedenen imperialen Traditionen, etwa in Frankreich, Großbritannien oder Deutschland, präsentieren sie den Kolonialismus sehr unterschiedlich und deuten ihn als nationale, transnationale oder europäische Vergangenheit. Die fragmentierte Vielfalt der europäischen Erinnerungskulturen, wie sie am Beispiel der Darstellungen des Kolonialismus deutlich wird, schließt zwar ein singulär verbindliches historisches Narrativ europäischer Geschichte aus, aber die Alltäglichkeit multiethnischer Klassenräume verweist zugleich auf die Grenzen rein nationalgeschichtlich verfasster Erinnerungskulturen.

Heute ist das GEI mit seiner einzigartigen Forschungsbibliothek, deren Sammlung rund 180.000 Schulbücher aus mehr als 175 Ländern umfasst, ein internationales Referenzzentrum für Bildungsmedienforschungen aus kulturwissenschaftlich-historischer Perspektive. Der Campus ist zugleich ein Ort, der Bürger und Bürgerinnen einlädt, die einzigartige Bibliothek zu besuchen, sich über Lehrmaterialien zu informieren, mit ihnen zu experimentieren und sich über die Rolle und Gestalt von Bildungsmedien auszutauschen. Schulbücher haben ihren Ort in Braunschweig – und sie erzeugen ganz unterschiedliche Erinnerungen, individuell und kollektiv bezogen auf das kulturelle Gedächtnis einer Gesellschaft. So ist das Schulbuch ein ganz eigener Erinnerungsort: Erinnern, reflektieren und verändern – Gegenstand und Ort sind untrennbar miteinander verbunden.

Literatur

Ursula A. J. Becher / Rainer Riemenschneider (Hrsg.), Internationale Verständigung. 25 Jahre Georg-Eckert-Institut für internationale Schulbuchforschung, Hannover 2000.

Barbara Christophe, Was war der sowjetische Sozialismus? Konflikte um authentische Erinnerung in Litauen, in: Dies./Christoph Kohl/Heike Liebau (Hrsg.), Geschichte als Ressource. Politische Dimensionen historischer Authentizität, Berlin 2017, S. 35-63.

Barbara Christophe/Kerstin Schwedes, Den Ersten Weltkrieg erzählen: Schulbücher als Erinnerungstexte lesen, in: dies. (Hrsg.), Schulbuch und Erster Weltkrieg. Kulturwissenschaftliche Analysen und geschichtsdidaktische Überlegungen, Göttingen 2015, S. 15-92.

Dieter Dowe u.a. (Hrsg.), Georg Eckert. Grenzgänger zwischen Wissenschaft und Politik, Göttingen 2017.

Eckhardt Fuchs u.a., Schulbuch als Mission. Die Geschichte des Georg-Eckert-Institutes, Köln 2018.

Eckhardt Fuchs/Kathrin Henne, Wissensaustausch international – Schulbuchrevision und das Internationale Schulbuchinstitut in Braunschweig nach dem Zweiten Weltkrieg, in: Sabine Reh u.a. (Hrsg.), Wissen machen. Beiträge zu einer Geschichte erziehungswissenschaftlichen Wissens in Deutschland zwischen 1945 und 1990, Weinheim 2017, S. 108-123.

Susanne Grindel, Kolonialismus im Schulbuch als Übersetzungsproblem. Deutsche, französische und englische Geschichtslehrwerke im Vergleich, in: Geschichte und Gesellschaft 38 (2012), S. 272-303.

Heike Mätzing, Georg Eckert 1912-1974: Von Anpassung, Widerstand und Völkerverständigung, Bonn 2018.

Steffen Sammler, Die Institutionalisierung der internationalen Schulbucharbeit auf dem Gebiet der Geschichte. Das internationale Schulbuchinstitut in Braunschweig (1951–1965), in: Jürgen Elwert (Hrsg.), Geschichte jenseits der Universität. Netzwerke und Organisationen in der frühen Bundesrepublik, Stuttgart 2016, S. 169-185.

Abb. 1: Über das Melken bei den Ostfriesen.

Ostfriesenwitz

Von Paul Wessels

Warum gibt es in Ostfriesland Ebbe und Flut? Als die Ostfriesen ans Meer kamen, wich das Meer vor Schreck zurück. Jetzt kommt es zweimal am Tag, um nachzusehen, ob die Ostfriesen noch da sind. Vor allem in den 1970er Jahren verlachten die Bundesbürger die Bewohner im nordwestlichsten Zipfel Deutschlands. Kurze Witze über das angeblich primitive ländliche Leben in Ostfriesland und die vermeintliche Einfältigkeit seiner Bewohner hatten Hochkonjunktur und wurden in der besonderen Spielart des flachen und kurz gefassten Humors zum zugeschriebenen Kennzeichen der Ostfriesen.

Anders als bei ähnlichen ›Witzewellen‹ kennt man im vorliegenden

Fall ihre Entstehungsgeschichte. Die Ostfriesenwitze haben sich 1968 aus regionalen Neckereien zwischen ostfriesischen und Ammerländer Schülern des Gymnasiums im westoldenburgischen Westerstede entwickelt. Angeblich als Reaktion auf die Ausrufung einer »Autonomen Volksrepublik Ostfriesland« durch ihre ostfriesisischen Mitschüler auf einer Klassenfahrt nach West-Berlin, als man ja noch die DDR durchquerte, begannen die Schüler aus dem Ammerland mit dem Erzählen von Ostfriesenwitzen. In den Monaten um den Jahreswechsel 1968/1969 veröffentlichte der Schüler Borwin Bandelow, Redakteur der Schülerzeitung *Der Trompeter*, unter der Rubrik *Aus Forschung und Lehre* die Witze über den primitiven *Homo Ostfrisiensis*. Die Späße über die dummen ostfriesischen Nachbarn kamen gut an und wurden zunächst von Oldenburger Soldaten und Studenten und schließlich auch von Rundfunkredakteuren des NDR weiterverbreitet.

Ostfriesenwitze stehen in der Tradition des Dummenwitzes zur Verunglimpfung einzelner gesellschaftlicher Gruppen oder von Nachbarregionen, zu denen ein rivalisierendes Verhältnis besteht. Vorbilder für diese sehr traditionelle und schlichte Form des Witzes meist mit Frage und kurzer Antwort gibt es auch außerhalb Deutschlands, etwa in England (Irenwitze), den USA (Schwedenwitze) oder in den Niederlanden und Frankreich (Belgierwitze). Auch in Deutschland gab es bereits zuvor Bayern- oder Sachsenwitze. Neu an den Ostfriesenwitzen war, dass sie im Sommer 1971 von den Medien aufgegriffen wurden und in kurzer Zeit als große Modewelle über Deutschland hinwegschwappten.

Als Erster berichtete der Ostfriese Johann Haddinga am 26. Juni 1971 in der *Nordsee-Zeitung Bremerhaven* über *Ostfriesenwitze in aller Munde*. Es folgte eine breitere mediale Aufmerksamkeit: Noch im Juli griffen die *Wolfsburger Nachrichten* und die *Ostfriesen Zeitung* das Phänomen auf: *Von Flensburg bis zum Bodensee: Ostfriesland in aller Munde*. Kurze Artikel erschienen auch im Magazin *Der Spiegel* und in der *Welt*. Am 8. August 1971 berichtete schließlich sogar die *New York Times* über den Ostfriesenwitz.

Sehr schnell erfolgte auch eine Reaktion auf dem Buchmarkt. Das erste Bändchen mit Ostfriesenwitzen erschien noch 1971 im Falken-Verlag Wiesbaden: Im billigen Taschenbuchformat, mit schlechter Bindung und auf noch schlechterem Papier veröffentlichte ein »Onno Freese« *Ostfriesen-Witze und einiges über die Nachbarn*. Innerhalb von drei Wochen konnten 50.000 Bücher abgesetzt werden. Mit etwa 300.000 verkauften Exemplaren wurde die »Ostfriesen-Witze«-Sammlung sogar das meistverkaufte Buch des Jahres 1971 in Deutschland. Dieser Boom hatte zur Folge, dass in der *Ostfriesen Zeitung* eine Anzeige erschien, die Ersteinsendern von Ostfriesenwitzen 10 DM als Belohnung anbot. Und der *Bild-Zeitung* war es eine Meldung wert, dass ein ostfriesischer Gymnasiast Witze verkauft habe. *Noch mehr Ostfriesen-Witze* veröffentlichte der Falken-Verlag nur wenige Monate später unter dem Herausgeberpseudonym Enno van Rentjeborgh. Aber auch in Ostfriesland selbst reagierte man: Der bis heute in der Region unvergessene Liedermacher Hannes Flessner veröffentlichte 1971 eine Schallplatte mit Ostfriesenwitzen, und im Selbstverlag gaben die Ostfriesen Hinrich Huismann und Karl Oldiges eine bei Rautenberg in Leer gedruckte Sammlung mit dem Titel *Ostfriesen-Witze. Frisia non ridet, sed nos* heraus. Die beiden Autoren schreiben: *Viele halten die Ostfriesen für kleinkarierte Leute, die eigentlich noch nicht recht mit der Zivilisation in Berührung gekommen sind. Daß diese Behauptung einfach nicht stimmt, zeigt sich schon daran, daß die Ostfriesen selbst am meisten über diese makabren Scherzchen schmunzeln.* Dieses kleine, schlichte Heftchen mit Klebebindung, das durch seine Machart, aber auch die Qualität der etwa 150 Witze eher für die Hosentasche als für das Bücherregal gedacht war, blieb typisch für eine Welle von Veröffentlichungen von Ostfriesenwitzen in den nachfolgenden Jahren und bis in die jüngste Vergangenheit. Der Falken-Verlag war daran maßgeblich beteiligt. 1972 gab Peter Körner hier *Die Rache der Ostfriesen. Jetzt lachen mal die Ossis* heraus. Der Titel zeigt schon, dass der große Boom der Ostfriesenwitze langsam abebbte.

Man fühlte sich an der Nordseeküste von Beginn an auch ein wenig geschmeichelt durch die neue öffentliche Wahrnehmung Ostfrieslands. Sogar eine Sendung im seriösen Deutschlandfunk war 1971 mit *Ostfriesenwitze – ernst genommen* betitelt. Weil die Witze aber meist herabsetzend und nur selten liebevoll karikierend sind, kann man sich damit kaum identifizieren. Die *Bild-Zeitung* berichtete am 4. September 1971 unter der Überschrift *Ostfriesenwitze waren tödlich* über einen Totschlag im Zusammenhang mit Ostfriesenwitzen. Ein Montagearbeiter aus Leer (Ostfriesland) verwickelte in einer Gaststätte in Cappenberg bei Lünen einen Bauarbeiter, der ihn mit Ostfriesenwitzen geärgert hatte, in eine Schlägerei und traf ihn so unglücklich, dass dieser rückwärts in eine Glasscheibe fiel und verblutete. Bei weitem nicht alle ostfriesischen Reaktionen waren so rabiat, 1981 provozierte der damalige Niedersächsische Minister für Wissenschaft und Kunst, Johann-Tönjes Cassens, selbst Ostfriese aus der Gegend um Aurich, nur scharfe Proteste, als er einen Ostfriesenwitz-Wettbewerb ins Leben rufen wollte. Der in der Region weithin bekannte Pastor und Autor Gerrit Herlyn schrieb daraufhin, es werde *Zeit zur Neubesinnung. Daß wir uns mit echter und guter Gelassenheit gefallen lassen, was man über uns erzählt, mag für eine Zeitlang gerechtfertigt erscheinen. Mit der Zeit aber sind wir den anderen schuldig, ihnen unse-*

Abb. 2: Ostfriesische Tierzuchtspezialisten als Raumfahrer.

ren Humor zu vermitteln und nicht mit fragwürdigen Wettbewerben die unostfriesischen Ostfriesenwitze zu rechtfertigen und auch noch zu honorieren. Noch 2011 gab es eine Anzeige gegen Radio ffn, weil ein Moderator in seiner Sendung Ostfriesenwitze erzählt hätte. Ein Ostfriese wandte sich daraufhin an die Osnabrücker Staatsanwaltschaft, weil er sich auf diese Weise *als ethnische Minderheit* diffamiert fühlte.

Eine viel selbstbewusstere Form der Reaktion wählten Johann Haddinga und Theo Schuster, als sie 1982 das erste *Buch vom ostfriesischen Humor* veröffentlichten. Im Vorwort notierten die Herausgeber: *Die Autoren sind sich sicher, daß dieser Band […] dazu beitragen wird, das durch ausnahmslos primitive und konstruierte Witze verzerrte Bild von Ostfriesland und seinen Menschen zurechtzurücken.* In diesem Sinne folgten bis 2007 noch drei weitere Bände, und eine Anzahl weiterer positiv bestärkender Sammlungen zum ostfriesischen Humor sind seitdem veröffentlicht worden.

Man wehrte sich auch, indem der Ostfriesenwitz zum Gegenstand einer wissenschaftlichen Untersuchung gemacht wurde: Ebenfalls im Verlag von Theo Schuster veröffentlichte Wiard Raveling, Ostfriese und selber Lehrer am Gymnasium in Westerstede, 1993 die *Geschichte der Ostfriesenwitze*. Auf diese Weise hatten die verunglimpfenden scharfen Ostfriesenwitze aus der Region nicht nur blanke Abwehr, sondern auch produktive selbstbewusste Gegenreaktionen erzeugt, mit denen die Ostfriesenwitze mehr als 20 Jahre nach der großen Modewelle im Gespräch gehalten wurden. Ob solche regionalen Veröffentlichungen allein dazu ausgereicht haben, mag aber zweifellhaft erscheinen. Wichtiger waren in diesem Zusammenhang vielleicht die nationalen Fernseh-Karrieren der zwei ostfriesischen Komiker Otto Waalkes und Karl Dall, die ihrerseits ohne das auch durch den Ostfriesenwitz erzeugte Klischeebild vielleicht so nicht zustande gekommen wären. Gemeinsam trugen alle diese Faktoren dazu bei, dass Ostfriesland zeitweise als die *bedeutendste Witzregion der Deutschen* bezeichnet wurde.

Der Ostfriesenwitz gehört seitdem zur Identität Ostfrieslands, und »ostfriesischer« Humor wird auf unterschiedliche Weise immer wieder thematisiert. In der Region hat man sich damit versöhnt. Indem der Ostfriesenwitz von denjenigen, die damit der Lächerlichkeit preisgegeben werden sollten, als positives Merkmal einer zur Selbstironie fähigen Region übernommen wurde, hat er seine verletzende Schärfe verloren.

Langfristig hat Ostfriesland von dieser Welle profitiert, denn sein Bekanntheitsgrad nahm beträchtlich zu. Insbesondere die Tourismusbranche freute sich über die Welle der Ostfriesenwitze und griff sie früh durch Aktionen wie z.B. das *Ostfriesen-Abitur* auf. In Wittmund sollen allein von 1978 bis 2007 etwa 150.000 »Abiturzeugnisse« an Touristen vergeben worden sein. Bis heute ist das *Ostfriesen-Abitur* eine der Hauptattraktionen in der Kreisstadt. Die Tourismusbranche zeichnet aktuell gern das positive Bild von typischen Ostfriesen, die als spleenige oder schrullige Exzentriker in einer eigenen, schrägen Welt leben, wo die Uhren anders gehen und andere, menschenfreundlichere Regeln herrschen. Ostfriesen gelten jetzt als *ganz besonderer Menschenschlag mit einem ganz eigenen Humor*. Der Ostfriesenwitz, der zunächst als Welle über Ostfriesland hinwegzufegen schien, um dann wieder vergessen zu werden, ist zu einer »Marke« für eine zu neuem Selbstbewusstsein gelangte Region geworden und hat dadurch den schnellen Wandel der Moden überstanden.

Literatur

Gerrit Herlyn, Ostfriesland, wo liegt das denn? Freiburg i.B. 1988.
Hinrich Huismann/Karl Oldiges, Ostfriesen-Witze. Frisia non ridet, sed nos, Leer 1971.

Hanne Klöver, Dreißig Jahre Ostfriesenwitze und kein Ende? in: Ostfriesland-Magazin 1 (1999), S. 62-65.
Wiard Raveling, Die Geschichte der Ostfriesenwitze, Leer 1993.
Paul Wessels, Über die Ostfriesenwitze berichtet sogar die New York Times, in: Unser Ostfriesland, Beilage zur Ostfriesen-Zeitung, 15, 2019.

Abb. 1: Der Rote-Punkt-Verkehr am Steintor.

Die Rote-Punkt-Aktion 1969 in Hannover

Von Anna Berlit-Schwigon

Ein Gespenst geht um in Hannover. Das Gespenst des roten Punktes. Es fährt umsonst! So apostrophierten Mitglieder des Sozialistischen Deutschen Studentenbundes (SDS) in kreativer Anlehnung an Karl Marx den Ausnahmezustand, der im Juni 1969 Hannover erfasste. Die Rote-Punkt-Aktion war eine Kampagne gegen eine Fahrpreiserhöhung im öffentlichen Personennahverkehr, die ausgehend von Gruppen der Außerparlamentarischen Opposition (APO) einen großen Teil der hannoverschen Bevölkerung erfasste. Zum ersten Mal entwickelte sich hier eine beispiellose Solidarität zwischen Studierenden,

Schülerinnen und Schülern sowie Arbeitnehmenden, was der Rote-Punkt-Aktion einen singulären Charakter verlieh. Als einziges Ereignis der hannoverschen Studentenbewegung fand diese Kampagne bundesweite mediale Aufmerksamkeit. Wolf-Dieter Mechler, der zu diesem Thema die Grundlagenforschung erarbeitet hat, qualifizierte die Rote-Punkt-Aktion als »das bedeutendste Ereignis der politischen Nachkriegsgeschichte in Hannover«.

Hannover stellte im Vergleich zu den Epizentren der Revolte, Frankfurt und West-Berlin, eher die politische Provinz dar. Erst durch den Ausbau der Geisteswissenschaften als eigenständige Fakultät wurde die Technische Hochschule im April 1968 zur Universität und gewann durch Dozenten wie Peter Brückner, Hans Mayer und Peter von Oertzen ein dezidiert politisch-intellektuelles Profil. Nach der Erschießung des gebürtigen Hannoveraners Benno Ohnesorg durch den Polizisten Karl-Heinz Kurras anlässlich einer Demonstration gegen den Besuch des Schahs von Persien in West-Berlin am 2. Juni 1967 wurden auch in Hannover die für die bundesweite Studentenbewegung typischen sozialistischen Gruppen wie SDS und Sozialdemokratischer Hochschulbund (SHB) aktiv, die wesentliche Proteststrukturen wie Sit-ins und Demonstrationen etablierten. Inhaltlich setzten sich die Aktivisten unter anderem mit den Notstandsgesetzen, dem Vietnamkrieg, der nationalsozialistischen Vergangenheit bundesdeutscher Eliten und mit der Rolle tendenziöser Massenmedien in der Öffentlichkeit auseinander.

Neben den akademisch geprägten Gruppen wurde der ›Club Voltaire‹ unmittelbar nach seiner Gründung im Sommer 1968 zu einer prägenden Kraft in der APO. Intendiert als eine Art Republikanischer Club, diente die Kneipe mit Veranstaltungsraum in der Nikolaistraße in Hannover, in der der Kabarettist Dietrich Kittner sein Programm präsentierte, als Sammelbecken mit Vernetzungsfunktion. Den Gründungsaufruf, der sich wie ein Who is Who der hannoverschen APO liest, unterstützten linke Dozenten, Lokalpolitiker, Künstler und hochschulpolitisch engagierte Studierende. Der Anlass für die Rote-Punkt-Aktion im Sommer 1969 war eine Neuordnung der Tarife der privaten hannoverschen Verkehrsbetriebe (ÜSTRA). Am 1. Juni 1969 trat eine Fahrpreiserhöhung, die zuvor von allen Parteien und Gewerkschaften gebilligt worden war, in Kraft: Alle Tarife, außer dem besonders subventionierten Schüler- und Studententarif, wurden erhöht. Das Herzstück der Aktion war der hauptsächlich von Studierenden organisierte und von der Bevölkerung Hannovers getragene Rote-Punkt-Verkehr, der trotz der Betriebseinstellung der ÜSTRA den öffentlichen Verkehr weiterhin annähernd reibungslos ermöglichte. Fahrzeuginhaber zeigten mit einem roten Punkt auf weißem Papier hinter der Windschutzscheibe ihre Bereitschaft an, Personen als Anhalter mitzunehmen.

Abb. 2: Demonstranten verabschieden die abziehenden Polizisten mit dem »Hitlergruß«.

Der rote Punkt wurde – so die Berichterstattung im *Stern* – zum Symbol des selbst organisierten Widerstands für *bärtige Protestierer und brave Bürger*. Wem dieser Einfall gekommen war, ist heute nicht mehr zu klären. Am plausibelsten erscheint die Version, der AStA der TU Hannover habe den roten Punkt unters Volk gebracht. Für den Protest formierte sich ein breit angelegtes Aktionsbündnis unter anderem aus den Studentenvertretungen der hannoverschen Hochschulen, den politischen Hochschulgruppen, dem ›Club Voltaire‹ und der Deutschen Kommunistischen Partei (DKP), dessen zentrale Forderungen die Rücknahme der Erhöhung und die Überführung der ÜSTRA in Kommunaleigentum der Stadt Hannover mit dem Ziel der kostenlosen Beförderung waren. Um diesen Forderungen Nachdruck zu verleihen, wurde am 7. Juni 1969 zu einer ersten Protestveranstaltung auf dem Opernplatz aufgerufen.

Am 9. Juni 1969 wiederholte sich das auch für die folgenden Tage typische Muster des Protests aus Kundgebung, anschließender Demonstration und Blockade von Verkehrsknotenpunkten durch Sitins. Bei der Einkesselung des Steintorkreisels zwecks Räumung durch mehrere Hundertschaften der Polizei wurde neben dem Gebrauch von Schlagstöcken erstmals auch Tränengas gegen die Demonstranten eingesetzt. An diesem Abend begann der Rote-Punkt-Verkehr, der der Aktion den Namen gab. Am Morgen des 10. Juni 1969 verteilten die Gruppen des Aktionsbündnisses Flugblätter vor hannoverschen Großbetrieben und an ÜSTRA-Haltestellen. Die Aufmerksamkeit der hannoverschen Tageszeitungen verhalf der Rote-Punkt-Aktion zu immer größerer Anziehungskraft. Am 10. Juni waren bereits 3.000

Demonstrierende aktiv, die die Knotenpunkte Aegidientorplatz, Steintor, Bahnhof und Goetheplatz besetzten. Die Konfrontation mit der Polizei gestaltete sich an diesem Abend härter denn je. Straßenschlachtähnliche Zustände entwickelten sich während der Blockade des Steintorplatzes, als die dort sitzenden 200 Demonstrierenden von 700 Polizisten eingekesselt wurden. Die Polizeibeamten gingen mit Schlagstöcken gegen den Protest vor. Dieses Verhalten verstärkte die Solidarisierung der Bevölkerung und die quantitative Vergrößerung der Bewegung. Die Polizei musste sich letztlich zurückziehen. Dabei entstand eine eindrucksvolle Aufnahme der Stimmung unter den Demonstranten, die damals in vielen Presseorganen abgedruckt wurde: Sie zeigt, wie die im Spalier stehenden Demonstranten die abziehenden Polizisten mit dem »Hitlergruß« verabschiedeten.

Am 11. Juni 1969 verkündete der SDS für den nächsten Tag die Ausdehnung der Blockade auf den Berufsverkehr ab 4.30 Uhr. An diesem Tag schloss sich der Deutsche Gewerkschaftsbund (DGB) dem Protest an. Zum anderen erfolgte der Rückzug der Polizei, nachdem der niedersächsische Innenminister, der Sozialdemokrat Richard Lehners, die Ohnmacht derselben gegenüber den Demonstranten festgestellt hatte. In Erwartung der Blockade des Frühverkehrs stellte die ÜSTRA den Betrieb ab dem 12. Juni 1969 komplett ein. Der Rote-Punkt-Verkehr erreichte seinen höchsten Organisationsgrad: Studierende sowie Schülerinnen und Schüler betätigten sich als Einweiser der Autos in den als Umsteigestellen umfunktionierten Verkehrsknotenpunkten und Arbeitnehmende organisierten Fahrgemeinschaften.

Der Rat und die Verwaltung der Stadt hatten sich ebenfalls solidarisiert. Unter dem Motto *Demonstration ja! Gewalt nein!* sprachen Bürgermeister Otto Barche und Oberstadtdirektor Martin Neuffer in einer Zeitungsanzeige dem Protest eine generelle Berechtigung zu, jedoch warnten sie vor der Anwendung von Gewalt: *In die Aktionen, die in der vergangenen Woche friedlich begannen, haben sich inzwischen Gruppen eingeschaltet, die diesen Staat und seine freiheitliche Ordnung verneinen. […] Wir rufen alle Hannoveraner auf: Lassen Sie sich nicht von Agitatoren missbrauchen, die ›ÜSTRA-Fahrpreis‹ sagen und Anarchie meinen! Folgen Sie den Anordnungen der Polizei! Helfen Sie, Gewalt als Mittel der politischen Auseinandersetzung zu verhindern!* So setzte sich die Stadt an die Spitze der Bewegung, um ihr gleichsam die revolutionäre Spitze zu brechen.

Den sozialistischen Gehalt der Rote-Punkt-Aktion hingegen betonten die Akteure der Studentenbewegung in ihrem Organ *Extrablatt. Arbeiter-, Schüler- und Studentenzeitung*. Auf dem Titel der Ausgabe vom 13. Juni prangte, in Anlehnung an die Anti-Springer-Kampagne 1968, ein roter Punkt mit der Aufschrift: *Enteignet die ÜSTRA!* sowie eine der wichtigsten der von den Demonstranten ver-

Abb. 3: Demonstration auf dem Opernplatz am 16. Juni 1969.

wendeten Parolen: *ÜSTRA, ÜSTRA ungeheuer – erstens scheiße, zweitens teuer!*

Die Aktion bedeutete für die Beteiligten viel mehr als die Rücknahme der Tariferhöhung. Der Text eines am 15. Juni 1969 von SDS und SHB mit Lehrlings- und Schülergruppen herausgegebenen Flugblattes lautete:

> *Arbeiter, Schüler und Studenten haben uns letzte Woche bewiesen, dass es anders geht als Stadt, ÜSTRA und Wirtschaftsverbände es uns aufzwingen:*
>
> 1. *Unsere sozialistische Rote-Punkt-Aktion [...] ist von allen übernommen worden.*
> 2. *Die Privatautos wurden freiwillig allen zur Verfügung gestellt.*
> 3. *Wir haben selbstständig und mit Erfolg die Ordnungsfunktionen von Verkehrspolizei und ÜSTRA durch ein neues System ersetzt.*
>
> *Diese spontan organisierte Solidarität ist etwas ganz anderes als das profitorientierte System, dem das Verkehrswesen und auch das übrige Wirtschaftssystem unterworfen sind. [...] Deswegen sagen Staat und Unternehmer: Das ist Anarchie. Schöne Anarchie!*

Diese *schöne Anarchie* bewirkte sogar, dass die progressiven Teilnehmer der Rote-Punkt-Aktion am Wochenende des 14./15. Juni 1969 die in linken Kreisen als reaktionär angesehenen Besucher des Schlesier-Treffens, immerhin 20.000 Personen, auf das Messe-Gelände transportierten. Die Solidarisierung großer Teil der Bevölkerung und die lockere, sommerliche Stimmung, die ständig von Aktivität und Diskussionen geprägt war, sowie das abendliche Open-Air-Kabarett von Dietrich Kittner auf dem Steintor erzeugten eine ganz besondere Atmosphäre. Gerade dieser emotionale, solidarische Aspekt schien viele Menschen mitzureißen und dürfte als Motivationsfaktor nicht zu unterschätzen sein. Der 17. Juni 1969 war der Tag der Entscheidung. Oberstadtdirektor Neuffer (SPD) verhandelte mit der Preussen-Elektra, dem Hauptaktionär der ÜSTRA. Das Ergebnis war die sofortige Einführung eines 50-Pfennig-Einheitstarifs auf Sammelkarten, Rücknahme der Preiserhöhungen, Verhandlungen zwecks Kommunalisierung der ÜSTRA sowie der Verzicht auf die Dividendenauszahlung.

Mit der Rote-Punkt-Aktion leistete Hannover seinen eigenen, singulären Beitrag zur Geschichte der bundesdeutschen Studentenbewegung. Aus dem gemeinsamen Protest erwuchs eine emotionale Solidarisierung, die im links-alternativen Milieu über Jahrzehnte anhielt. Gerade die Erinnerung an den erfolgreichen Protest der Rote-Punkt-Aktion motivierte auch in kritischen Phasen der 1970er Jahre und diente ab den späten 1990er Jahren zur Ausbildung einer intensiven Erinnerungskultur zur Geschichte der Studentenbewegung.

Der rote Punkt wurde zum Symbol einer Generation für selbst organisierte Hilfe und erfolgreichen, kreativen Protest. Er steht als Erinnerungsort für die hannoversche Studentenbewegung.

Literatur

Simon Benne/Gunnar Menkens (Hrsg.), 1968. Als die Revolte nach Hannover kam, Hannover 2018.

Anna Christina Berlit, Notstandskampagne und Roter Punkt. Die Studentenbewegung in Hannover 1967-1969, Bielefeld 2007.

Alvons Diemer/Alfred Krovoza, Hannover, in: SDS Bundesvorstand: Straßenbahnaktion '69, A.o.O. 1969.

Wolf-Dieter Mechler, Die Rote-Punkt-Aktion im Juni 1969, in: Hans-Joachim Heuer u.a. (Hrsg.), Von der Polizei der Obrigkeit zum Dienstleister für öffentliche Sicherheit. Festschrift zum 100. Gebäudejubiläum des Polizeipräsidiums Hannover 1903-2003, Hilden 2003, S. 239-261.

Gerd Weiberg/Wolf-Dieter Mechler (Hrsg.), Ansichten der Revolte. Hannover 1967-1969, Hannover 2018.

Ort der Demokratie, Ort der Erinnerung: Gorleben und der Atomausstieg

Von Jenny Hagemann

Abb. 1: Seit 2013 liegt das Greenpeace-Schiff ›Beluga‹ vor dem Bergwerk in Gorleben.

Am 17. Juni 2019 lud das Bundesamt für kerntechnische Entsorgungssicherheit zu einer Informationsveranstaltung zur Endlagersuche für die atomaren Abfälle Deutschlands ein. Der Abend im Historischen Museum Hannover sollte den aktuellen Stand des Verfahrens für interessierte Bürger*innen möglichst transparent machen und so einen demokratischen Konsens ermöglichen.[1] Unter Atomkraftgegner*innen im Publikum rief die Wahl des Ortes prompt Widerspruch hervor, denn unter dem Titel *Trecker nach Hannover. Gorleben und die Bewegung zum Atomausstieg* präsentierte das Museum vom 27. März bis 28. Juli 2019 eine Ausstellung zum sogenannten ›Gorleben-Treck‹

und zur Anti-Atom-Bewegung in Deutschland. Der Treck hatte im Frühjahr 1979 hunderte protestierende Landwirt*innen auf ihren Traktoren vom soeben benannten Endlager-Standort Gorleben in die Landeshauptstadt Hannover geführt. Rund 100.000 Menschen hatten an der Abschlusskundgebung teilgenommen – es war die bis dahin größte Anti-Atom-Demonstration in der Bundesrepublik.

Ein Team aus Historiker*innen und Studierenden der Leibniz Universität Hannover sowie dem Gorleben-Archiv in Lüchow und dem Historischen Museum nahm das 40-jährige Jubiläum dieses Protestzuges zum Anlass, mithilfe einer Ausstellung an die Bedeutung dieses Trecks zu erinnern – auch als Initialzündung der deutschen Anti-Atom-Bewegung. Im Kreishaus in Lüchow wurde zeitgleich eine weitere Ausstellung zum Thema gezeigt, die vor allem Zeitzeugenberichte präsentierte. Dass das Bundesamt für kerntechnische Entsorgungssicherheit ausgerechnet die Ausstellung in Hannover als Hintergrund für seine Veranstaltung ausgewählt hatte, berührte letztlich das Selbstverständnis einer Bewegung, die sich seit über 40 Jahren für das Ende der Atomenergie in Deutschland einsetzte und die inzwischen vor allem den neuen Auswahlprozess für das benötigte Endlager kritisch begleitet: Weder schmückendes Beiwerk noch Legitimation wollte man dafür sein.

Im Salzstock Gorleben werden derweil die gegen alle örtlichen Widerstände geführten Erkundungen Schritt für Schritt eingestellt: Seit dem Beginn der neuen Endlagersuche im Herbst 2017 wurden aus dem oberirdischen Zwischenlager Fässer mit radioaktivem Abfall abtransportiert; die vorbereitende Pilot-Konditionierungsanlage sowie die das Bergwerk umgebende Mauer wurden 2020 ebenfalls abgebaut. Dennoch kritisierten Umweltverbände, Bürgerinitiativen und Vertreter*innen der Grünen die in ihren Augen unzureichende Transparenz und mangelnde Ergebnisoffenheit des Verfahrens. Die Sorge, Gorleben könne trotz fehlender objektiver Eignung schon allein aufgrund seiner Geschichte als Endlager ausgewählt werden, war bis zum Ausschluss des Salzstockes durch die Bundesgesellschaft für Endlagerung (BGE) Ende September 2020 groß. Auch abseits erinnernder Prozesse wie der genannten Sonderausstellung und allen Rückbau-Arbeiten zum Trotz behält der Ort so seine politische Brisanz und Aktualität. ›Gorleben‹ – das ist nicht nur ein Erinnerungsort, sondern auch ein politischer Ort. An Gorleben zeigt sich: Erinnerungsorte sind politisch, weil sie stets gegenwartsverhaftet sind. Woran wir erinnern, das nutzen wir zur Gestaltung des Hier, des Jetzt und des Morgen.

Aber wo liegt Gorleben eigentlich? In der kleinen Gemeinde im Landkreis Lüchow-Dannenberg im Osten Niedersachsens leben derzeit rund 600 Menschen. Von deren Zentrum liegt das oberirdische

Zwischenlager zwei Kilometer südwestlich entfernt, das Bergwerk dreieinhalb Kilometer. Vor allem rund um das Erkundungsbergwerk haben sich innerhalb von 40 Jahren Atomwiderstand zahlreiche Informationspunkte und Erinnerungsstücke der Bewegung angesammelt.

Spätestens seit dem bundesweit beschlossenen Atomausstieg 2011 ist es nicht nur Aushandlungsort zivilen Ungehorsams und politischen Protestes, sondern auch Erinnerungsort an die Stationen, Errungenschaften und Schwierigkeiten der Anti-Atom-Bewegung: Diese werden auf Informationstafeln vor dem Bauch der ›Beluga‹ nachgezeichnet. Das ursprünglich von Greenpeace bei atomkritischen Forschungs- und Protestaktionen genutzte Schiff war 2013 als Mahnmal vor das Bergwerk transportiert worden. Der ›Erinnerungsort Gorleben‹ liegt damit zunächst mehr als drei Kilometer außerhalb des Ortszentrums. Aber Gorleben ist weit mehr als nur ein physischer Ort der Erinnerung. In der regionalen, nationalen und internationalen Berichterstattung der 1980er und 1990er Jahre wurde es so stark mit der Auseinandersetzung um die Atomnutzung identifiziert, dass es als Begriff längst pars pro toto für über 40 Jahre durchaus konflikthafte gesellschaftliche Aushandlungsprozesse steht, für facettenreiche Partizipation und zivilgesellschaftliches Engagement. Wer »Gorleben« hört, denkt heute an Castortransporte und an Schienen gekettete Aktivist*innen, aber auch an Kunstaktionen, die Geburtsstunde der Grünen und ökologisches Bewusstsein. Sie oder er denkt an die Freie Republik Wendland, die 1980 für vier Wochen als Hüttendorf auf der Probebohrstelle 1004 bestand, oder an die gelben X-Buchstaben vor den Häusern der Atomgegner*innen, die an den ersten Transport stark radioaktiven Abfalls nach Gorleben 1995 gemahnen und bis heute das Landschaftsbild des Landkreises Lüchow-Dannenberg prägen. Wie jeder Erinnerungsort, so ist auch »Gorleben« letztlich geographisch kaum fassbar, beginnt nicht am Ortseingangsschild und endet nicht am drei Kilometer entfernten Erkundungsbergwerk. Dieser Erinnerungsort ist vielmehr ein metaphysischer Kristallisationspunkt des kollektiven Gedächtnisses.

Als solchen kennzeichnet Gorleben auch, dass es inzwischen entsprechende Initiativen gibt, um diese Erinnerungen zu erhalten. Im Jahr 2000 zeigte das Museum Wustrow die Ausstellung *Gorleben sammeln* zur Geschichte des Widerstands. 2001 gründeten Atomkraftgegner*innen in Grabow das Gorleben-Archiv (mit heutigem Sitz in Lüchow). Sie schufen ein Speichergedächtnis für ihre Bewegung, in dem neben Pressematerial, Fotografien, Videoaufnahmen, Plakaten und Flugblättern auch Devotionalien der zahlreichen Protestaktionen gesammelt werden. Die projektbezogene Förderung durch das Niedersächsische Ministerium für Wissenschaft und Kultur kennzeichnet zudem die steigende Legitimation des Archivs und

Abb. 2: Informationspunkt der Bürgerinitiative Lüchow-Dannenberg vor dem Erkundungsbergwerk.

letztlich auch die erinnerungskulturelle Relevanz Gorlebens. Der einst kriminalisierte Protest ist zum bewahrenswerten Erinnerungsgut geworden, weil sich an ihm die vielfältigen Formen demokratischen Miteinanders studieren lassen. Mit diesem Gedanken war auch die Ausstellung *Trecker nach Hannover* und ihr entsprechendes Begleitprogramm gestaltet worden.

Aber anders als andere Erinnerungsorte ist Gorleben kein vollständig historisierter Ort. In und durch Gorleben wird nicht nur an die Anti-Atom-Bewegung erinnert. Erst kürzlich als geeignetes Endlager ausgeschlossen, ist Gorleben nach wie vor Brennpunkt gesellschaftlicher Diskurse. Das zeigt nicht nur die Kritik an der eingangs geschilderten Informationsveranstaltung, sondern auch die alljährliche Nutzung des Ortes für die sogenannte *Widerstandspartie*. Die atomkritische Zusammenkunft am *Ort der Empörung* ist auch nach 30 Jahren noch integraler Bestandteil der *Kulturellen Landpartie* – jener 1990 als *wunde.r.punkte* entwickelten Veranstaltungsreihe, bei der Kunst- und Kulturschaffende der Region ihre Häuser zur Besichtigung ihrer Arbeiten und zum Austausch über gesellschaftliche Themen öffnen. Das Bedürfnis und die Notwendigkeit, an Gorleben nicht nur zu erinnern, sondern über Gorleben auch zu diskutieren, sind also nach wie vor präsent. Es ist nicht nur ein Ort der Erinnerung, sondern ein Ort der Demokratie. Weil es ein Ort ist, an dem man sich Gehör verschafft und Protest ausdrückt.

Als solcher Ort entwickelte Gorleben im Laufe der Anti-Atom-Proteste eine enorme sozio-kulturelle Strahlkraft, die die gesamte Region betraf. Von zwei seiner drei Seiten bis 1989 von der innerdeutschen Grenze umgeben, war der Landkreis Lüchow-Dannenberg bis zur Standortbenennung vornehmlich Peripherie gewesen: als Zonenrandgebiet, aber auch als landwirtschaftlich geprägte und extrem dünn besiedelte, sogenannte ›strukturschwache‹ Region, die ab den 1950er Jahren kaum Industrie und dementsprechend hohe Arbeitslosenzahlen zu verzeichnen hatte. Auch die Zonenrandförderung der darauffolgenden Jahre änderte das Selbstbild der Region als besonders rückständig nicht grundsätzlich, wie der örtliche Journalist und jahrelange Begleiter der Proteste, Karl-Friedrich Kassel, schreibt: *Noch 1979 wurde die Bezeichnung »Wendland« von dessen Bewohnern als Schimpfwort verstanden und war nicht im Gebrauch. Er stand [...] für die ›armen Nachbarn‹, die Zurückgebliebenen.*[2] Die Bezeichnung der Region als *Land der Wenden*, die vor allem im 18. und 19. Jahrhundert wurzelt und deren mittelalterliche Besiedlung durch slawische Gruppen aufgreift, wurde besonders durch die Anti-Atom-Bewegung ins Positive gewendet. Wendisch zu sein stand nun für kreativen und auch etwas sturköpfigen Widerstand gegen die landes- und bundespolitisch gewollte Atomkraft – was sich insbesondere durch die *Freie Republik Wendland* ausdrückte und verfestigte. Durch diesen Widerstand gewann die Region bei politisch Engagierten, Künstler*innen und kulturellen Akteuren enorm an Attraktivität. Aus ihrem – teils auch konflikthaften – Aufeinandertreffen mit der nach wie vor zumeist ländlich geprägten Bevölkerung vor Ort entwickelte sich eine völlig neue regionale Identität, die vor allem auf Kreativität, ökologischem Bewusstsein und gesellschaftlichem Engagement beruht.

Die erinnerungskulturelle Bedeutung Gorlebens liegt deshalb nicht nur in der Geschichte des Ortes und ist auch nicht auf dessen geographische Ausdehnung beschränkt. Sie speist sich aus seiner tagesaktuellen Relevanz für den Umgang mit dem ›atomaren Erbe‹ einer sich dem Ende neigenden Industrieepoche. Sie speist sich aus den gesellschaftlichen Transformationsprozessen, die die Auseinandersetzung mit Gorleben in der Region und darüber hinaus angestoßen hat. Und sie speist sich aus dem demokratischen Lernpotential, das der ›Erinnerungsort Gorleben‹ birgt.

Von diesem Lernpotential gilt es auch zukünftig weiter zu schöpfen, um der gesamtgesellschaftlichen Herausforderung der Abfalllagerung und letztlich – entsorgung verantwortungsvoll zu begegnen – in den niedersächsischen Zwischenlagern, in der Bundesrepublik und letztlich weltweit.

Anmerkungen

1 ›Nicht die alten Fehler wiederholen‹: Wohin mit 1900 strahlenden Castoren? in: HAZ online, 20.6.2019. Unter: https://www.haz.de/Nachrichten/Politik/Niedersachsen/Gesucht-Lager-fuer-1900-Castoren, Abruf am 14.7.2020.

2 Karl-Friedrich KASSEL, Von der Zonenrandförderung zur Regionalentwicklung – An Modellen für die Zukunft Lüchow-Dannenbergs fehlte es nicht, in: Ulrich BROHM/Elke MEYER-HOOS (Hrsg.), Kali und Leinen. Industrialisierungsansätze im Raum Wustrow 1874 bis 1928, Wustrow 2005, S. 287-292, hier S. 288.

Literatur

Gorleben-Archiv e.V. (Hrsg.), »Mein lieber Herr Albrecht …!« Wie der Gorleben-Konflikt eine Region veränderte. 34 Gespräche mit Zeitzeugen, Lüchow 2019.

Detlef SCHMIECHEN-ACKERMANN u.a. (Hrsg.), Der Gorleben-Treck 1979. Anti-Atom-Protest als soziale Bewegung und demokratischer Lernprozess, Göttingen 2020.

Stephan FREIHERR VON WELCK, Hannoversches Wendland. Zur geographischen, kulturgeschichtlichen und politischen Bedeutung eines Begriffes der Landeskunde und Regionalgeschichte Niedersachsens, in: DERS. (Hrsg.), Regionalgeschichte Hannoversches Wendland, Bd. 1: Ernst-Köhring-Vorträge zur Geschichte des Wendlandes 2009-2011, Lüchow 2012, S. 25-37.

Verzeichnis der Autorinnen und Autoren

Björn Allmendinger, M.A., Regionalleiter der Bildungsvereinigung Arbeit und Leben in Niedersachsen.

Prof. Dr. Hans-Georg Aschoff, Professor für Neuere Geschichte und Kirchengeschichte am Historischen Seminar der Leibniz Universität Hannover i. R., Mitglied der Historischen Kommission für Niedersachsen und Bremen.

Dr. Axel Behne, Leiter des Archivs des Landkreises Cuxhaven, Mitglied der Historischen Kommission für Niedersachsen und Bremen.

Dr. Eva Berger, ehemalige Direktorin des Felix-Nussbaum-Hauses/Kulturgeschichtlichen Museums der Stadt Osnabrück.

Prof. Dr. Cord-Friedrich Berghahn, Professor für Neuere Deutsche Literatur an der Technischen Universität Braunschweig.

Dr. Brage Bei der Wieden, Leiter der Abteilung Wolfenbüttel des Niedersächsischen Landesarchivs, Mitglied des Ausschusses der Historischen Kommission für Niedersachsen und Bremen.

Dr. Jörn Brinkhus, wissenschaftlicher Archivar am Staatsarchiv Bremen, Mitglied der Historischen Kommission für Niedersachsen und Bremen.

Dr. Anna Berlit-Schwigon, Leiterin des Kommunalen Integrationszentrums des Kreises Minden-Lübbecke.

Dr. Holger Berwinkel, Leiter des Archivs der Georg-August-Universität Göttingen.

Dr. Stefan Brüdermann, Leiter der Abteilung Bückeburg des Niedersächsischen Landesarchivs, Mitglied des Ausschusses der Historischen Kommission für Niedersachsen und Bremen.

Dr. Marlis Buchholz, wissenschaftliche Mitarbeiterin der Gedenkstätte Ahlem, Mitglied der Historischen Kommission für Niedersachsen und Bremen.

Dr. Hans-Eckhard Dannenberg, Geschäftsführer des Landschaftsverbandes Stade, Mitglied des Ausschusses der Historischen Kommission für Niedersachsen und Bremen.

Dr. Heidrun Derks, Leiterin des Museums der Varusschlacht im Osnabrücker Land gGmbH – Museum und Park Kalkriese.

Prof. Dr. Caspar Ehlers, wissenschaftlicher Referent am Max-Planck-Institut für Rechtsgeschichte und Rechtstheorie in Frankfurt/Main, Mitglied der Historischen Kommission für Niedersachsen und Bremen.

Prof. Dr. Konrad Elmshäuser, Leiter des Staatsarchivs Bremen, Mitglied des Ausschusses der Historischen Kommission für Niedersachsen und Bremen.

Prof. Dr. Eckhardt Fuchs, Direktor des Georg-Eckert-Instituts - Leibniz-Institut für internationale Schulbuchforschung, Braunschweig.

Dr. Johannes Großewinkelmann, stellvertr. Museumsleiter und Kurator am Weltkulturerbe Erzbergwerk Rammelsberg.

Dr. des. Florian Grumblies, wissenschaftlicher Mitarbeiter des ZeitZentrum Zivilcourage, Städtische Erinnerungskultur der Landeshauptstadt Hannover.

Jenny Hagemann, M.A, wissenschaftliche Mitarbeiterin am Institut für Didaktik der Demokratie an der Leibniz Universität Hannover sowie am Sorbischen Institut e.V., Zweigstelle für niedersorbische Forschungen in Cottbus.

Dr. Elizabeth Harding, stellvertretende Leiterin der Abteilung Stipendienprogramme und wissenschaftliche Veranstaltungen, Herzog August Bibliothek Wolfenbüttel.

Dr. Michael Haverkamp, Museumsleiter des Emsland Moormuseums, Geeste.

Steven Heimlich, M.A., Projektreferent für Afrika-Kooperationen im International Office der Universität Bremen.

Dr. Christian Hellwig, wissenschaftlicher Mitarbeiter am Institut für Didaktik der Demokratie an der Leibniz Universität Hannover, Mitglied der Historischen Kommission für Niedersachsen und Bremen.

Dr. Christine van den Heuvel, Präsidentin des Niedersächsischen Landesarchivs a. D., ehemalige stellvertretende Vorsitzende und Geschäftsführerin der Historischen Kommission für Niedersachsen und Bremen.

Dr. Gerd van den Heuvel, wissenschaftlicher Mitarbeiter am Leibniz-Archiv der Gottfried Wilhelm Leibniz Bibliothek Hannover i. R., Mitglied der Historischen Kommission für Niedersachsen und Bremen.

Dr. Julia Kahleyß, Archivdirektorin des Stadtarchivs Bremerhaven, Mitglied der Historischen Kommission für Niedersachsen und Bremen.

Dr. Karljosef Kreter, Direktor des ZeitZentrum Zivilcourage, Städtische Erinnerungskultur der Landeshauptstadt Hannover, Mitglied der Historischen Kommission für Niedersachsen und Bremen.

Prof. Dr. Bernd Küster, Direktor der Museumslandschaft Hessen-Kassel a. D.

Dr. Jörg H. Lampe, wissenschaftlicher Mitarbeiter der Inschriftenarbeitsstelle der Göttinger Akademie der Wissenschaften, Mitglied der Historischen Kommission für Niedersachsen und Bremen.

Dr. Johannes Laufer, wissenschaftlicher Mitarbeiter am Niedersächsischen Landesarchiv Abteilung Hannover, Lehrbeauftragter für Wirtschafts- und Sozialgeschichte an der Universität Osnabrück, Mitglied der Historischen Kommission für Niedersachsen und Bremen.

Dr. Hans-Ulrich Ludewig, akademischer Direktor am Institut für Geschichtswissenschaft der Technischen Universität Braunschweig a. D., Mitglied der Historischen Kommission für Niedersachsen und Bremen.

Dr. Marcus Meyer, wissenschaftlicher Mitarbeiter bei der Landeszentrale für politische Bildung in Bremen und wissenschaftlicher Leiter des Denkortes Bunker Valentin.

Prof. Dr. Hans-Werner Niemann, em. Professor für Wirtschafts- und Sozialgeschichte an der Universität Osnabrück, Mitglied der Historischen Kommission für Niedersachsen und Bremen.

Prof. Dr. Jochen Oltmer, Mitglied des Vorstands des Instituts für Migrationsforschung und Interkulturelle Studien der Universität Osnabrück, Mitglied des Ausschusses der Historischen Kommission für Niedersachsen und Bremen.

Prof. Dr. Hans Otte, Direktor des Landeskirchlichen Archivs Hannover i.R., Mitglied der Historischen Kommission für Niedersachsen und Bremen.

Karolin Quambusch, M.A., wissenschaftliche Mitarbeiterin am Institut für Didaktik der Demokratie der Leibniz Universität Hannover und freie Mitarbeiterin bei den Museen für Kulturgeschichte der Landeshauptstadt Hannover.

Prof. Dr. Dietmar von Reeken, Professor für Geschichtsdidaktik an der Universität Oldenburg, Mitglied des Ausschusses der Historischen Kommission für Niedersachsen und Bremen.

Dr. Cornelia Regin, Leiterin des Stadtarchivs Hannover, Mitglied der Historischen Kommission für Niedersachsen und Bremen.

Prof. Dr. Arnd Reitemeier, Direktor des Instituts für Historische Landesforschung an der Universität Göttingen, Mitglied des Ausschusses der Historischen Kommission für Niedersachsen und Bremen.

Prof. Dr. Antje Sander, Leiterin des Schlossmuseums Jever, Mitglied der Historischen Kommission für Niedersachsen und Bremen.

Prof. Dr. Thomas Scharff, Professor für Mittelalterliche Geschichte an der Technischen Universität Braunschweig, Mitglied der Historischen Kommission für Niedersachsen und Bremen.

Dr. Thomas Scharf-Wrede, Leiter des Bistumsarchivs Hildesheim, Mitglied der Historischen Kommission für Niedersachsen und Bremen.

Dr. Ulrich Scheuermann, ehemaliger Mitarbeiter an der Arbeitsstelle Niedersächsisches Wörterbuch, Mitglied der Historischen Kommission für Niedersachsen und Bremen.

Dr. Hans-Dieter Schmid, Hochschuldozent für Neuere Geschichte und Didaktik der Geschichte am Historischen Seminar der Leibniz Universität Hannover i.R., Mitglied der Historischen Kommission für Niedersachsen und Bremen.

Prof. Dr. Detlef-Schmiechen-Ackermann, Direktor des Instituts für Didaktik der Demokratie an der Leibniz Universität Hannover, Mitglied des Ausschusses der Historischen Kommission für Niedersachsen und Bremen.

Prof. Dr. Karl Heinz Schneider, Professor für Regionalgeschichte an der Leibniz Universität Hannover i. R., Mitglied der Historischen Kommission für Niedersachsen und Bremen.

PD Dr. Lu Seegers, Geschäftsführerin der Schaumburger Landschaft, Mitglied der Historischen Kommission für Niedersachsen und Bremen.

Michael Siems, M.A., wissenschaftlicher Volontär der Gedenkstätte Berlin-Hohenschönhausen.

Christiane Schröder, M.A., wissenschaftliche Mitarbeiterin am Institut für Didaktik der Demokratie und Geschäftsführerin des Leibniz Forschungszentrums »Center for Inclusive Citizenship« an der Leibniz Universität Hannover.

Prof. Dr. Thomas Schwark, Direktor der Museen für Kulturgeschichte Hannover, Mitglied der Historischen Kommission für Niedersachsen und Bremen.

Dr. Henning Steinführer, Leiter des Stadtarchivs Braunschweig, Lehrbeauftragter am Institut für Geschichtswissenschaft der Technischen Universität Braunschweig, Vorsitzender der Historischen Kommission für Niedersachsen und Bremen,

Prof. Dr. Gerd Steinwascher, ehemaliger Leiter der Abteilung Oldenburg des Niedersächsischen Landesarchivs, Honorarprofessor an der Universität Oldenburg, stellvertretender Vorsitzender der Historischen Kommission für Niedersachsen und Bremen.

Dr. des. Jana Stoklasa, wissenschaftliche Assistentin der Historischen Kommission für Niedersachsen und Bremen sowie wissenschaftliche Mitarbeiterin am Institut für Didaktik der Demokratie an der Leibniz Universität Hannover.

Dipl. päd. Hedwig Thelen, freiberufliche Museumspädagogin und Ausstellungskuratorin sowie Mitarbeiterin in der inklusiven Erwachsenenbildung beim Martinsclub Bremen e.V.

Prof. Dr. Gert Ueding, Direktor des Seminars für Allgemeine Rhetorik an der Universität Tübingen, a. D.

Dr. Justus H. Ulbricht, Historiker, Germanist und freischaffender Publizist in der kulturellen Bildungsarbeit.

Prof. Dr. Hans-Jörg Uther, ehemaliger Leiter der Arbeitsstelle „Enzyklopädie des Märchens" der Akademie der Wissenschaften zu Göttingen.

Prof. Dr. Thomas Vogtherr, Professor für Geschichte des Mittelalters an der Universität Osnabrück, ehemaliger Vorsitzender der Historischen Kommission für Niedersachsen und Bremen.

Dr. Klaas-Dieter Voß, wissenschaftlicher Mitarbeiter der Johannes a Lasco Bibliothek in Emden.

Dr. Jens-Christian Wagner, Direktor der Stiftung Gedenkstätten Buchenwald und Mittelbau-Dora, Professor für Geschichte in Medien und Öffentlichkeit an der Friedrich-Schiller-Universität Jena, Mitglied der Historischen Kommission für Niedersachsen und Bremen.

Dr. Paul Weßels, Leiter der Landschaftsbibliothek in Aurich und stellvertretender Direktor der Ostfriesischen Landschaft, Mitglied des Ausschusses der Historischen Kommission für Niedersachsen und Bremen.

Dr. Oliver Werner, freiberuflicher Historiker und assoziierter Mitarbeiter am Institut für Didaktik der Demokratie an der Leibniz Universität Hannover.

Dr. Nadja Wischmeyer, Projektmitarbeiterin der Technischen Universität Clausthal in Clausthal-Zellerfeld.

Abbildungsverzeichnis

Cover

Abb. »Maske«:	Copyright Varusschlacht im Osnabrücker Land, Foto: Christian Grovermann.
Abb. »Rattenfänger«:	Archiv Uther, Göttingen.
Abb. »Medaille«:	Historisches Museum Hannover – Artothek.
Abb. »Pferdesiegel«:	Niedersächsisches Landesarchiv – Abteilung Wolfenbüttel, 7 A Urk Nr. 94.
Abb. »Braunsch. Schloss«:	Braunschweig Stadtmarketing GmbH/ Foto: Gerald Grote.
Abb. »Br. Stadtmusikanten«:	Staatsarchiv Bremen.
Abb. »Maria Jever« :	Schlossmuseum Jever.
Abb. »Urkunde 6.12.1397«:	Staatsarchiv Bremen.
Abb. »Lüneburger Heide«:	Museumsdorf Hösseringen.
Abb. »Platzumbenennung«:	Historisches Museum Hannover.
Abb. »Felix Nussbaum«:	Felix-Nussbaum-Haus, Leihgabe der Niedersächsischen Sparkassenstiftung, Foto: Museumsquartier Osnabrück, Fotograf Christian Grovermann.

Die Varusschlacht (Heidrun Derks)

Abb. 1: Copyright Varusschlacht im Osnabrücker Land, Foto: Thomas M. Weber.

Abb. 2: Copyright Varusschlacht im Osnabrücker Land, Foto: Christian Grovermann.

Abb. 3: Copyright Varusschlacht im Osnabrücker Land, Foto: Heidrun Derks.

Karl der Große (Thomas Vogtherr)

Abb. 1: Universität Osnabrück, Jorg Sabel.

Abb. 2: Helmuth Seger bei www.staedte-fotos.de.

Der Sachsenhain (Justus H. Ulbricht)

Abb. 1: Foto-Postkarte 1930er Jahre; Kreisarchiv Verden / Aller, Fotosammlung.

Abb. 2: Kreisarchiv Verden / Aller, Fotosammlung.

Niederdeutsche Sprache (Ulrich Scheuermann)

Abb. 1: Akademie der Wissenschaften zu Göttingen, Inschriftenkommission, Foto: Julia Zech.

Abb. 2: Stadtarchiv Goslar, B 823, pag. 37.

Der Rammelsberg (Johannes Großewinkelmann und Karl H. Schneider)

Abb. 1: Weltkulturerbe Rammelsberg, Foto: Stefan Sobotta, 2019.

Abb. 2: Wikimedia Commons.

Abb. 3: Sammlung Weltkulturerbe Rammelsberg.

Der Uptalsboom bei Aurich (Paul Weßels)

Abb. 1: Ostfriesische Landschaft, Aurich.

Abb. 2: Foto: Ostfriesische Landschaft, Aurich.

Abb. 3: Foto: Reinhard Former, Ostfriesische Landschaft.

Abb. 4: Foto: Karlheinz Krämer, Ostfriesische Landschaft.

Königslutter – Eine niedersächsischer Herrschergrablege (Caspar Ehlers)

Abb. 1: Stiftung Braunschweigischer Kulturbesitz.

Abb. 2: Wikimedia Commons, CC BY-SA 3.0.

Die Welfen (Thomas Vogtherr)

Abb. 1: Holzstich, Michael Gäbler 1864, Wikipedia Commons.

Abb. 2: Residenzmuseum im Celler Schloss. Foto: Fotostudio Loeper, Celle.

Heinrich der Löwe (Thomas Scharff)

Abb. 1: Stadtarchiv Braunschweig, H XVI B I 3b.

Abb. 2: Stadtarchiv Braunschweig, H XVI A XI 26 Format 3.

Kloster Loccum (Hans Otte)

Abb. 1: Klosterarchiv Loccum, Foto: Marion Graw.

Abb. 2: Klosterarchiv Loccum, Foto: Janko Woltersmann.

Die Stedinger (Konrad Elmshäuser)

Abb. 1: Staats- und Universitätsbibliothek Bremen.

Abb. 2: Staatsarchiv Bremen.

Abb. 3: Foto: H. Kunst, in: Gerhard Kaldewei, »›Stedingsehre‹ soll für ganz Deutschland ein Wallfahrtsort werden«. Dokumentation und Geschichte einer NS-Kultstätte auf dem Bookholzberg 1934-2005, Delmenhorst 2006.

Der Rattenfänger von Hameln (Hans-Jörg Uther)

Abb. 1: Jobus Fincelius, Wunderzeichen (1556), Frankfurt 1566, Stadtbibliothek Braunschweig, 4°, M 474.

Abb. 2: Archiv Uther, Göttingen.

Abb. 3: Archiv Uther, Göttingen.

Die Weser (Arnd Reitemeier)

Abb. 1: Städtisches Museum, Hannoversch-Münden, Inventarnr. 2006-269.

Abb. 2: Historische Abb. Niedersächsisches Landesarchiv – Standort Bückeburg, S 2 N Nr. 01087.

Das Niedersachsenross (Brage Bei der Wieden)

Abb. 1: Niedersächsisches Landesarchiv – Abteilung Wolfenbüttel, 7 A Urk Nr. 94.

Abb. 2: H. Ahrens, Hannoversche Landschafts- und Städtewappen, Hannover 1891.

Abb. 3: Niedersächsisches Landesarchiv – Abteilung Wolfenbüttel, 21 Slg Nr. 1

Abb. 4: Niedersächsisches Gesetz- und Verordnungsblatt 1952, S. 169, Anlage.

Das hannoversche Schützenfest (Karolin Quambusch)

Abb. 1: Historisches Museum Hannover.

Abb. 2: HAZ-Hauschild-Archiv, Historisches Museum Hannover.

Abb. 3: HAZ-Hauschild-Archiv, Historisches Museum Hannover.

Einbecker Bier und schnelle Räder (Christine van den Heuvel)

Abb. 1: Niedersächsisches Landesarchiv – Abteilung Hannover, Celle Br. 61 Nr. 8571 – Celler Vogteiregister aus dem Jahr 1378.

Abb. 2: Stadtarchiv Einbeck.

Abb. 3: Stadtarchiv Einbeck.

Die Große Kirche Emdens (Klaas-Dieter Voss)

Abb. 1: Bildarchiv der Johannes a Lasco Bibliothek Emden.

Abb. 2: Bildarchiv der Johannes a Lasco Bibliothek Emden.

Abb. 3: Bildarchiv der Johannes a Lasco Bibliothek Emden.

Der Bremer Roland (Jörn Brinkhus)

Abb. 1: Foto Druck: Staatsarchiv Bremen.

Abb. 2: Zeichnung/Druck: Denkmale der Geschichte und Kunst der Freien Hansestadt Bremen, Bd. 1, Bremen 1862.

Abb. 3: Staatsarchiv/Bremen, Foto: Joachim Koetzle.

Die Dynastie der Oldenburger (Gerd Steinwascher)
Abb. 1: Foto: Gerd Steinwascher.
Abb. 2: Niedersächsisches Landesarchiv – Abteilung Oldenburg, Dep 50 Best. 6 D Nr. 374, Foto: Frank Klingebiel.

Maria von Jever (Antje Sander)
Abb. 1: Schlossmuseum Jever.
Abb. 2: Schlossmuseum Jever.
Abb. 3: Schlossmuseum Jever.

Till Eulenspiegel (Brage Bei der Wieden)
Abb. 1: Digitale Historische Bibliothek Erfurt/Gotha.
Abb. 2: E.A. Roloff: Eulenspiegel Streiche, Braunschweig 1944, Zeichnung von Rudolf Koch.

Die Klosterkammer Hannover und die ihr verbundenen Frauenklöster (Christiane Schröder)
Abb. 1: Foto: Frank Aussieker/Klosterkammer Hannover.
Abb. 2: Foto: Kristina Weidelhofer, Klosterkammer Hannover.

Die Weserrenaissance (Thomas Schwark)
Abb. 1: Stadtarchiv Alfeld, Foto: Tanita Teichfischer.
Abb. 2: Evangelisch-lutherische Stadtgemeinde Bückeburg, Foto: Wieland Kastning.

Universität Helmstedt (Elizabeth Harding)
Abb. 1: Wikimedia Commons, CC-BY-SA 2.5 / GFDL, Foto: Times.
Abb. 2: Herzog August Bibliothek, Wolfenbüttel; http://diglib.hab.de/drucke/th-2150-2s/start.htm

Pferdeland Niedersachsen (Hans-Werner Niemann)
Abb. 1: Hannoveraner Verband Verden (Hrsg.): Hannoveraner. Zucht und Entwicklung der weltweit gefragten Pferde. Warendorf 2016.
Abb. 2: Pferde. Niedersachsens Stärke. Begleitheft zur Ausstellung im Historischen Museum Hannover [Hannover 2006].

Hollandgänger (Jochen Oltmer)
Abb. 1: IMIS-Archiv, Osnabrück.
Abb. 2: Denkmal von Leo Janischowsky, Foto: Gouwenaar, Wikimedia Commons.

Graf Anton Günther von Oldenburg (Gerd Steinwascher)
Abb. 1: Foto: Gerd Steinwascher.

Abb. 2: Foto: Gerd Steinwascher.
Abb. 3: Johann Just Winkelmann, Oldenburgische Friedens- und der benachbarten Oerter Kriegshandlungen, Oldenburg 1671, nach S. 512, Foto: Frank Klingebiel.

Friedensstadt Osnabrück (Gerd Steinwascher)
Abb. 1: Stadt Osnabrück, Foto: Gert Westdörp.
Abb. 2: Erich Maria Remarque-Friedenszentrum, Osnabrück.

Der tausendjährige Rosenstock am Hildesheimer Dom (Thomas Scharf-Wrede)
Abb. 1: Bernward Medien, Hildesheim.
Abb. 2: Bernward Medien, Hildesheim, Foto: Florian Monheim.

Sophie von der Pfalz (Christine van den Heuvel)
Abb. 1: Landesmuseum Hannover, Münzkabinett, NLMH MK Inv.-Nr. 03:050:017, Foto: Ursula Bohnhorst.
Abb. 2: Bildarchiv Historisches Museum Hannover 055432, Foto: Reinhard Gottschalk, 2012.

Gottfried Wilhelm Leibniz (Gerd van den Heuvel)
Abb. 1: Wikimedia Commons, CC BY-SA 4.0, Foto: Raycer.
Abb. 2: Ilustrirte Zeitung vom 18.01.1912, Landesbibliothek Hannover.

Die Schaumburger Tracht(en) (Lu Seegers)
Abb. 1: Schaumburger Landschaft, Foto: Madeleine Chevalier.
Abb. 2: Wolf Lücking, Trachten im Schaumburger Land, Münster (u.a.) 2002, Foto: Wolf Lücking.
Abb. 3: Nach Neuem Trachten – Schaumburger Modebilder, hrsg. von der Schaumburger Landschaft, Hannover 2013, Foto: Norbert Müller.

Die Personalunion (Arnd Reitemeier)
Abb. 1: Foto: Landesmuseum Hannover – Artothek.
Abb. 2: Foto: Jana Stoklasa.

Graf Wilhelm zu Schaumburg-Lippe (Stefan Brüdermann)
Abb. 1: Journal von und für Deutschland 1788.
Abb. 2: Schloss Bückeburg, Foto: A. Perl.

Gotthold Ephraim Lessing (Cord-Friedrich Berghahn)
Abb. 1: Gleimhaus, Museum der deutschen Aufkärung, Halberstadt.
Abb. 2: Foto: Privatbesitz; verwahrende Institution: Herzog August Bibliothek, Wolfenbüttel.

Justus Möser (Christine van den Heuvel)
Abb. 1: Museumsquartier Osnabrück, Sammlung Justus Möser.
Abb. 2: Foto: Thorsten Heese, Osnabrück.

Torf und Moor (Michael Haverkamp)
Abb. 1: Kreisarchiv Emsland, Meppen.
Abb. 2: Firmenarchiv Klasmann-Deilmann GmbH, Bild 148.

Die Bremer Stadtmusikanten (Konrad Elmshäuser)
Abb. 1: Foto: Pressestelle des Senats.
Abb. 2: Staatsarchiv Bremen.
Abb. 3: Staatsarchiv Bremen.

Landschaften als Institutionen in Niedersachsen (Hans-Eckhard Dannenberg)
Abb. 1: Staatsarchiv Bremen.
Abb. 2: Ostfriesische Landschaft, Foto: Reinhard Forner.
Abb. 3: Foto: Jutta Brüdern.

Der Auswandererhafen Bremerhaven (Julia Kahleyß)
Abb. 1: Stadtarchiv Bremerhaven, Bildsammlung.
Abb. 2: Foto: Marco Butzkus.

Die Waterloo-Säule in Hannover (Christine van den Heuvel)
Abb. 1: Bomann-Museum, Celle.
Abb. 2: Historisches Museum Hannover, Druckreproduktion.
Abb. 3: Historisches Museum Hannover, Foto: Reinhard Gottschalk.

Die Göttinger Sieben (Jörg H. Lampe)
Abb. 1: Foto: Jorg H. Lampe.
Abb. 2: Städtisches Museum Göttingen.

Das »rote Linden« (Detlef Schmiechen-Ackermann)
Abb. 1: Foto: Andreas Becke, Hannover.
Abb. 2: Historisches Museum Hannover.

Das Braunschweiger Residenzschloss (Henning Steinführer)
Abb. 1: Braunschweig Stadtmarketing, GmbH/Foto: Gerald Grote.
Abb. 2: Stadtarchiv Braunschweig, H XVA A XI 8c.

Rechtenfleth, Allmers und das Marschenbuch (Axel Behne)
Abb. 1: Allmers-Haus Rechtenfleth, H.-Allmers-Gesellschaft e.V. 2020.
Abb. 2: H.-Allmers-Gesellschaft e.V. 2020.

Die erste Erdölbohrung »der Welt« in Wietze (Oliver Werner)
Abb. 1: Deutsches Erdölmuseum Wietze.
Abb. 2: Deutsches Erdölmuseum Wietze.
Abb. 3: Deutsches Erdölmuseum Wietze.

Wilhelm Busch: »Max und Moritz« (Gert Ueding)
Abb. 1: Wilhelm Busch, Max und Moritz, München 1901, S. 19.
Abb. 2: Ebd., S. 12.

Wilhelmshaven – Stadt der Marine? (Gerd Steinwascher)
Abb. 1: Marinemuseum Wilhelmshaven, 2009-190-001.
Abb. 2: Marinemuseum Wilhelmshaven, DMM_0003.

Die Konsumgenossenschaft Hannover (Jana Stoklasa)
Abb. 1: ver.di Landesbezirk Niedersachsen / Bremen/ co op-Geschichtsgruppe Hannover (Hrsg.), Bildgeschichte der Konsum-Genossenschaften in Niedersachsen: co op – ein Stück Wirtschafts- und Sozialgeschichte 1867–1994, Archiv mit 1250 Dokumenten (CD-Rom), Hannover 2008, Kapitel 8.1, S. 9.
Abb. 2: Ebd., Kapitel 8.2, S. 89.
Abb. 3: Foto: Jana Stoklasa.

Worpswede (Bernd Küster)
Abb. 1: Foto: Rüdiger Lubricht.
Abb. 2: Foto: Klaus Rohmeier.

Israelitische Gartenbauschule Ahlem
(Marlis Buchholz und Hans-Dieter Schmid)
Abb. 1: Ost und West, Illustrierte Monatsschrift, Berlin, Oktober 1906, Universitätsbibliothek Frankfurt a.M.
Abb. 2: Gedenkstätte Ahlem, Sammlung Familie Rosenblatt.
Abb. 3: Gedenkstätte Ahlem, Foto: Marlene Rehbein.

Zuckerfabriken (Karl H. Schneider)
Abb. 1: Nordzucker AG, Unternehmensarchiv.
Abb. 2: Nordzucker AG, Unternehmensarchiv.
Abb. 3: Museumsdorf Hösseringen, Foto: Kerstin Weinig.

Die Lüneburger Heide (Johannes Laufer)
Abb. 1: Museumsdorf Hösseringen.
Abb. 2: Museumsdorf Hösseringen.
Abb. 3: Museumsdorf Hösseringen.

Der Mittellandkanal (Nadja Wischmeyer)
Abb. 1: Foto: Nadja Wischmeyer, 2011.
Abb. 2: Postkartensammlung Nadja Wischmeyer.
Abb. 3: Postkartensammlung Nadja Wischmeyer.

Göttinger Nobelpreisträger (Holger Berwinkel)
Abb. 1: Foto: Stadt Göttingen.
Abb. 2: Niedersächsische Staats- und Universitätsbibliothek Göttingen, Sammlung Voit, Gruppenbild 48.

Das Neue Rathaus von Hannover (Cornelia Regin)
Abb. 1: Historisches Museum Hannover.
Abb. 2: Agentur Agitares.

Das »Rote Schloß« in Braunschweig (Hans-Ulrich Ludewig)
Abb. 1: Niedersächsisches Landesarchiv – Abteilung Wolfenbüttel, 2 Z Nr. 563.
Abb. 2: Stadtarchiv Braunschweig, H XVI: H III 1 f.

Wilhelm Kaisen (Konrad Elmshäuser)
Abb. 1: Staatsarchiv Bremen, Foto: Leonhard Krull.
Abb. 2: Staatsarchiv Bremen.
Abb. 3: Staatsarchiv Bremen.
Abb. 4: Foto: Quarz Wiki CC BY 3.0.

Das Niedersachsenlied (Thomas Vogtherr)
Abb. 1: Niedersächsische Landesvertretung, Foto: Kai Freimann.
Abb. 2: Heimatmuseum Hohegeiß, Museumsverein Hohegeiß e.V.

Kardinal Clemens August Graf von Galen (Hans-Georg Aschoff)
Abb. 1: Offizialatsarchiv Vechta.
Abb. 2: Bistumsarchiv Münster.
Abb. 3: Offizialatsarchiv Vechta.

Der »Bremer Elefant« als Antikolonialdenkmal (Björn Allmendinger und Steven Heimlich)
Abb. 1: Privatbesitz.
Abb. 2: Staatsarchiv Bremen.
Abb. 3: Staatsarchiv Bremen.

Die Heil- und Pflegeanstalt Wehnen (Hedwig Thelen)
Abb. 1: Privatbesitz.
Abb. 2: Foto: Hedwig Thelen, 2020.
Abb. 3 Foto: Hedwig Thelen, 2020.

Der Bückeberg und das Reichserntedankfest (Dietmar von Reeken)
Abb. 1: kerck + partner landschaftsarchitekten mbB, Hannover.
Abb. 2: Bayerische Staatsbibliothek München / Bildarchiv.
Abb. 3: kerck + partner landschaftsarchitekten mbB, Hannover, Christoph Ermisch und Martina Jung.

Der Maschsee (Florian Grumblies und Karl-Josef Kreter)
Abb. 1: Historisches Museum Hannover.
Abb. 2: Nachlass Hans Pusen, Historisches Museum Hannover.

Wolfsburg: Die Autostadt als Roman (Michael Siems)
Abb. 1: Stadtarchiv Wolfsburg, HA 7595, Bd. 1.
Abb. 2: Horst Mönnich, Die Autostadt, München 1951 (Cover).

Bergen-Belsen (Christian Wagner)
Abb. 1: Foto: Jens-Christian Wagner.
Abb. 2: Foto: Jens-Christian Wagner.
Abb. 3: Foto: Jens-Christian Wagner.

Der Bunker »Valentin« (Marcus Meyer)
Abb. 1: Foto: Henry Fried, Landeszentrale für politische Bildung Bremen, Denkort Bunker Valentin.
Abb. 2: Archiv Denkort Bunker Valentin.
Abb. 3: Foto: Allegra Schneider, Landeszentrale für politische Bildung Bremen, Denkort Bunker Valentin.

Felix-Nussbaum (Eva Berger)
Abb. 1: Fachdienst Geodaten Stadt Osnabrück; (2) Museumsquartier Osnabrück, Villa Schlikker; (3) Aufbewahrungsort: The David and Alfred Smart Museum of Art, The University of Chicago, Foto: Museumsquartier Osnabrück, Felix-Nussbaum-Haus.
Abb. 2: Aufbewahrungsort: Felix-Nussbaum-Haus Osnabrück, Leihgabe der Niedersächsischen Sparkassenstiftung, Foto: Museumsquartier Osnabrück, Felix-Nussbaum-Haus.
Abb. 3: Felix-Nussbaum-Haus, Leihgabe der Niedersächsischen Sparkassenstiftung, Foto: Museumsquartier Osnabrück, Fotograf Christian Grovermann.

Das Lager Friedland (Jochen Oltmer)
Abb. 1: Foto: Marco Warmuth, Museum Friedland.
Abb. 2: Foto: Marco Warmuth, Museum Friedland.
Die innerdeutsche Grenze und der Grenzübergang Helmstedt/Marienborn (Christian Hellwig)

Abb. 1: Foto: Karolin Quambusch.
Abb. 2: Foto: Karolin Quambusch.

Hinrich Wilhelm Kopf (Dietmar von Reeken)
Abb. 1: Historisches Museum Hannover.
Abb. 2: Privatbesitz Familie Ludwig.

Schulbuchforschung (Eckhard Fuchs)
Abb. 1: Foto: Eckhard Fuchs.
Abb. 2: Stadtarchiv Braunschweig.
Abb. 3: Foto: Eckhard Fuchs.

Der Ostfriesenwitz (Paul Weßels)
Abb. 1: Hinrich Huismann/Karl Oldiges (Hrsg.), Ostfriesen-Witze. Frisia non ridet, sed nos, Leer 1971, S. 17.
Abb. 2: Ebd., S. 42.

Die Rote-Punkt-Aktion 1969 in Hannover (Anna Berlit-Schwigon)
Abb. 1: HAZ-Hauschild-Archiv, Historisches Museum Hannover.
Abb. 2: Stadtarchiv Hannover, 3 NL 130 Weiberg.
Abb. 3: HAZ-Hauschild-Archiv, Historisches Museum Hannover.

Gorleben (Jenny Hagemann)
Abb. 1: Foto: Jenny Hagemann.
Abb. 2: Foto: Jenny Hagemann.

Index der Personennamen

Aufgenommen sind alle im Text der Beiträge (außer der Einleitung) und in den Erläuterungen zu den Abbildungen genannten Personen.

Abkürzungen

Bf = Bischof, Braunschw. = Braunschweig, dt. = deutsch, Gf/Gfn = Graf/Gräfin, Ghz/Ghzn = Großherzog/Großherzogin. Hzg/Hzgn = Herzog/Herzogin, Kfst/Kfstn = Kurfürst/Kurfürstin, Kg/Kgn = König/Königin, Ks/Ksn = Kaiser/Kaiserin, Lüneb. = Lüneburg, nds. = niedersächsischer, NS = nationalsozialistischer, Schaumb. = Schaumburg, v. = von

Alphabetisches Verzeichnis der Verweise